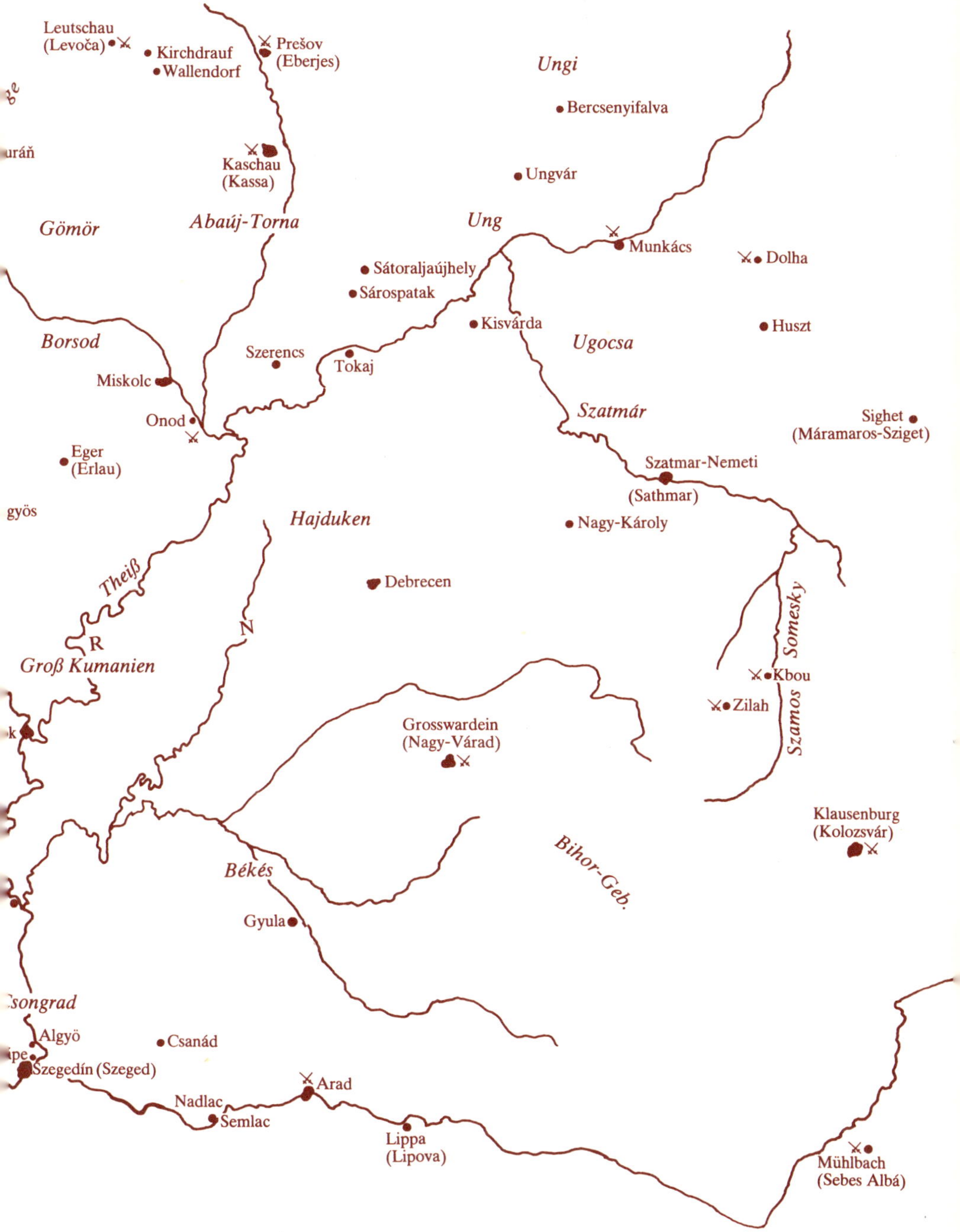
Leutschau
(Levoča)
Kirchdrauf
Wallendorf
Prešov
(Eberjes)
Ungi
Bercsenyifalva
uráň
Kaschau
(Kassa)
Ungvár
Gömör
Abaúj-Torna
Ung
Munkács
Dolha
Sátoraljaújhely
Sárospatak
Kisvárda
Huszt
Borsod
Ugocsa
Szerencs
Tokaj
Miskolc
Szatmár
Onod
Sighet
(Máramaros-Sziget)
Eger
(Erlau)
Szatmar-Nemeti
(Sathmar)
gyös
Hajduken
Nagy-Károly
Theiß
Debrecen
Somesky
N
R
Groß Kumanien
Kbou
Zilah
Grosswardein
(Nagy-Várad)
Szamos
Klausenburg
(Kolozsvár)
Bihor-Geb.
Békés
Gyula
songrad
Algyö
Csanád
Szegedín (Szeged)
Arad
Nadlac
Semlac
Lippa
(Lipova)
Mühlbach
(Sebes Albá)

FRANZ THEUER · BRENNENDES LAND

EIN BÖHLAU SONDERBAND

Brennendes Land

Kuruzzenkriege

Ein historischer Bericht

von

FRANZ THEUER

1984

HERMANN BÖHLAUS NACHF. WIEN · KÖLN · GRAZ

Gedruckt mit Unterstützung durch die Burgenländische Landesregierung
und das Bundesministerium für Wissenschaft und Forschung

CIP-Kurztitelaufnahme der Deutschen Bibliothek

Theuer, Franz:

Brennendes Land : Kuruzzenkriege ; e. histor.
Bericht / von Franz Theuer. – Wien ; Köln ; Graz:
Böhlau, 1984.
(Ein Böhlau-Sonderband)
ISBN 3-205-07255-3

Inhaltsverzeichnis

Kaiser Leopold I.
Türkenkriege und die Rückeroberung von Ofen

Nach der vernichtenden Niederlage der türkischen Heere vor Wien am 12. September 1683 verfolgten die kaiserlichen Truppen und die (sich am Heimwege über die Slowakei befindlichen) Polen jenen Teil der feindlichen Verbände, der sich nördlich der Donau nach Oberungarn zurückzog, und eroberten am 9. Oktober das starkbefestigte Párkány am Nordufer des Stromes in erbitterten Kämpfen. *Kara Mehmed* Pascha verlor dabei über 7.000 Mann und die verzweifelten Hoffnungen *Kara Mustaphas,* daß dieser mit 20.000 Mann am Nordufer der Donau noch bis Preßburg vorstoßen könne, um seine eigene Niederlage vor Wien abzuschwächen, erfüllten sich nicht mehr. Mit der angestrebten Eroberung der Stadt und Festung Preßburg und der Erreichung der March hätte sich der geschlagene Großvezier, gedeckt durch die mächtige Festung Neuhäusl, eine starke Ausgangsposition für weitere Feldzüge sichern, *Tököly* bei der Stange halten und Sultan *Mohammed IV.* gnädig stimmen wollen. Aus diesem strategisch so wichtigen Raum heraus wäre es den Türken möglich gewesen, nicht nur Österreich, sondern auch Mähren, Böhmen und Schlesien zu bedrohen, ohne zuerst Wien erobern zu müssen. Aber Herzog *Karl von Lothringen,* der Oberbefehlshaber der kaiserlichen Armee, ließ die zerschlagenen, über die Donaubrücke von Párkány an das Südufer des Flusses fliehenden Türken verfolgen und am Südufer des Stromes sofort einen Brückenkopf bilden. Da *Mehmed* Pascha am Südufer keinen Widerstand leistete und sich mit den Resten seines in wilder Flucht befindlichen Korps nach Ofen zurückzog, konnte die durch Beschuß beschädigte Donaubrücke rasch wieder instandgesetzt und weitere Truppen und schweres Gerät in den Brückenkopf gebracht werden. Schon am 20. Oktober begann der Herzog mit der Belagerung von Gran. Die Befestigungen des Thomasberges fielen im ersten Angriff. Nach zweitägiger Bombardierung ergab sich die stolze Wasserstadt, und schon am 23. Oktober versuchten die Kaiserlichen die hoch über der Stadt, auf einem Felsen liegende Festung selbst zu stürmen. Aber *Ibrahim* Pascha, der Kommandant der Burg, konnte den Angriff abwehren, übergab jedoch schon am nächsten Tag, gegen freien Abzug, die Festung, denn der Herzog hatte seine schweren Batterien in Stellung bringen und den Beschuß aufnehmen lassen. *Ibrahim* Pascha rückte am 24. Oktober unter Zurücklassung aller Waffen, mit 5.000 Mann nach Ofen ab. Dennoch gerieten 700 vornehme Türken, unter ihnen zwei Pascha, in Gefangenschaft. Die Beute war unübersehbar: „. . . funfzehen thausend Väsl Pulver, groszes Proviant, vil Stuckh, worunter 20 ganze

Carthaunen, neben vil Gefangenen Christen . . . ." und „Ebentheils hat ein Teil von der königlich polnischen Armee den Tököly geschlagen, Stuckh und Pagäsche bekommen; er aber, weilen er bey Zeiten fortgangen, entrunnen, sich in die Stadt Caschau salviern wollen, aber nit eingelassen worden . . . ."

Nach 150jähriger Besetzung war Gran (Esztergom), der eigentliche Amtssitz des Fürstprimas von Ungarn, befreit worden. Ungesäumt begannen die kaiserlichen Truppen damit, Stadt und Festung wieder in einen guten Verteidigungszustand zu bringen. 50 erbeutete Geschütze wurden in Stellung gebracht. Unter dem Donner der Geschütze und dem Geläute der Glocken wurde der Dom des Primas von Ungarn wieder geweiht.

Kara Mustapha erfuhr noch auf dem Wege von Ofen nach Belgrad vom Verluste dieser wichtigen Bastion. Dem Statthalter von Ofen ließ er durch einen Eilkurier den Befehl überbringen, *Ibrahim* Pascha, der Gran übergeben hatte, bei seinem Eintreffen in Ofen ohne Verzug hinrichten zu lassen.

Vergebens wütete der Großvezier, der durch Grausamkeit versuchte, seine eigene Schuld auf andere abzuwälzen. *Kara Mustapha* hatte den früheren Vezier von Ofen, den greisen *Koca Arnaut Uzun Ibrahim* Pascha, der auf Betreiben *Tökölys* ihn zum Krieg gegen Kaiser *Leopold I.* überredet hatte, wegen seiner voreiligen Flucht vor Wien im Lager vor Raab geköpft. Jetzt aber verlangte *Mohammed IV.* auf Betreiben seiner Lieblingsschwester, der Witwe des hingerichteten Veziers, den Kopf *Kara Mustaphas*.

Auf seinem Heimwege nach Polen zwang König *Johann Sobieski* noch die Städte Szécsen und Zeben, dem Kaiser zu huldigen, und kaiserliche Regimenter besetzten noch vor dem Wintereinbruch Leutschau, die Zips und im Norden die Bergstädte Schemnitz, Alt-Sohl und Kemnitz. Sempte ergab sich dem Palatin Graf *Paul Esterházy*.

Indessen war das Gros der geschlagenen türkischen Armeen in größeren und kleineren Scharen, führerlos und plündernd durch Ungarn gezogen. Die schon kühle Jahreszeit, der Herbst, jagte sie mit Regenfällen und Stürmen erbarmungslos. Wer überleben wollte, mußte jetzt trachten, noch vor dem Wintereinbruch seine Heimat zu erreichen. Und nach Anatolien und Ägypten war es weit, besonders für jene, welche diese enormen Entfernungen zu Fuß zurückzulegen hatten. Unvorstellbar aber war, wie zeitgenössische Chronisten berichten, was die Landbevölkerung durch die disziplinlosen Horden zu erdulden hatte.

Bisher waren die kaiserlichen Armeen erst in den Monaten August—September auf volle Kriegsstärke gebracht und kampffähig gemacht worden. Das genügte, weil die türkischen Heeresverbände wegen des Wetters erst im April aus Anatolien aufbrechen konnten, Ende Juni Belgrad erreichten und bis Ende Juli brauchten, um in die jeweiligen Operationsgebiete einzurükken. Nach dem neuen strategischen Konzept des kaiserlichen Generalstabs sollten ab jetzt die Schwierigkeiten der Türken, vor allem ihr langer Anmarschweg genützt und der Beginn der Kampfhandlungen zeitlich vorverlegt werden. So hoffte der Lothringer die türkischen Operationsbasen überren-

8

nen zu können, ehe die großen Heere aus Anatolien in Ungarn eintreffen und in die Kämpfe eingreifen konnten. Dies mußte in Hinkunft zu militärischen Erfolgen führen, weil die kaiserlichen Truppen einen relativ kurzen Anmarsch sowie die kürzeren und besseren Nachschubwege hatten. Die Regimenter sollten im Monat Mai schon auf volle Kriegsstärke gebracht werden. Mit seinem großen Vorhaben, die Rückeroberung ganz Ungarns zu betreiben, schien *Leopold I.* die schon im Verblassen gewesene römisch-deutsche Kaiseridee mit neuem Leben erfüllen und ihr wieder jene Faszination verleihen zu wollen, die schon einmal Jahrhunderte überstrahlte und wohl in dem Motto auf der Krone des Heiligen Römischen Reiches Deutscher Nation „Per me reges regnant" (Durch mich herrschen die Könige) gipfelte. Dabei schien es *Leopold* unerheblich zu sein, was die Ungarn anfangs selbst zu ihrer Befreiung beitragen konnten und wollten. Wenn seine Heere siegreich wären, so würden auch die *Tököly* huldigenden Madjaren wieder zu Treue und Gehorsam zurückfinden und mit ihrer Rückkehr in sein Lager noch seine Kräfte und das neue strategische Konzept verstärken. Diesem großen Gedanken war daher auch die allgemeine Amnestie vom Jänner 1684 zugeordnet, die er den ungarischen Ständen gewährte, obwohl diese im Vorjahr, gemeinsam mit den Türken große Teile Westungarns und Niederösterreichs verwüstet und seine Residenzstadt hart bedrängt hatten. War es zu verantworten, nachdem schon soviel Blut für die Befreiung Wiens vergossen werden mußte, abermals viel Blut und vor allem das Blut deutscher Soldaten für die Befreiung eines Volkes opfern zu wollen, dessen überwiegender Teil weder von den Habsburgern noch von den Deutschen schlechthin etwas wissen wollte? Wie alle deutschen Herrschergeschlechter fühlten sich auch die Habsburger mit dem Heiligen Römischen Reiche selbst ident. Nur kam bei den Habsburgern noch hinzu, daß sie sich um die Krone eines Landes beworben hatten, das in drei Teile geteilt war und von dem sie kaum ein Drittel beherrschten. Ober- und Zentralungarn befanden sich, großteils schon seit 150 Jahren, in türkischer Hand, waren mit einem dichten Netz osmanischer Verwaltungsstellen überzogen, und das Fürstentum Siebenbürgen hatte sich dem Schutze der Hohen Pforte anvertraut. Nur das Restgebiet westlich der Linie Plattensee-Komorn-Waag war noch habsburgisch. Aber auch die Stände in diesem Restgebiet, vor allem die Kalviner, neigten aus religiösen Gründen ständig zur Rebellion und huldigten offen dem Motto „Lieber türkisch als papistisch".

Lohnte es sich unter solchen Umständen für den Kaiser als König von Ungarn überhaupt noch, die Stephanskrone seinem Hause erhalten und eine Reihe blutiger Kriege zur Befreiung Ungarns führen zu wollen? Gewiß nicht! Aber Kaiser *Leopold* glaubte wie viele seiner Vorgänger, die Schutzmacht der katholischen Kirche und Kurie zu sein und im Namen Gottes seinen Degen für den Weiterbestand des katholischen Glaubens führen zu müssen. Darüberhinaus galt es, die Hegemonie der Hohen Pforte in Südosteuropa zurückzudrängen. Wiederholte Einfälle starker türkischer Verbände in Österreich und in die Steiermark bewiesen die ständige Gefahr, die von der religiös motivierten Politik der Hohen Pforte ausging. Wenn die Habsburger daher bereit waren, Westungarn zu verteidigen, so verteidigten sie dort auch ihre Erbländer. Gelang es ihnen aber die Türken aus Ungarn zu vertreiben, so konnten nicht nur die Ungarn, sondern auch die Menschen in ihren eigenen Ländern in Frieden leben.

Am 16. Feber 1684 wurde im Hofkriegsrate die Fortsetzung des Krieges gegen die Türken beschlossen. Das Ziel war die Eroberung Ofens. Das Schutz- und Trutzbündnis mit Polen konnte nur unter intensiver Mithilfe der Kurie verlängert werden, denn *Johann Sobieski* war wegen des Verhaltens des Kaisers nach der Befreiung von Wien verärgert gewesen, weil ihn *Leopold* wegen des spanischen Hofzeremoniells nicht als gleichrangig behandelt hatte. Die Republik Venedig trat diesem Bündnis bei und bekämpfte die Türken auf allen Seewegen. Wegen der Verstimmungen trat Papst *Innocenz XI.* persönlich an die Spitze der Verbündeten. Die Beistandsverträge traten mit 31. März 1684 in Kraft, die „Heilige Liga" war zustandegekommen. Eine wahre Kreuzzugsstimmung bemächtigte sich hierauf des Abendlandes, und über energisches Betreiben der Kurie hatte sich selbst *Ludwig XIV.*, der allerchristlichste Türke bereit erklärt, mit *Leopold I.* am 15. August in Regensburg einen zwanzigjährigen Waffenstillstand zu schließen, wenn der Kaiser zustimme, daß Frankreich auf zwanzig Jahre im Besitze aller bis zum 1. August 1681 (widerrechtlich) „reunierten" Gebiete – also auch Straßburgs und Luxemburgs – bleibe. *Leopold* schloß diesen Vertrag wegen der brutalen Einfälle der Franzosen in das Rheinland nur mit großem Widerwillen. Er tat es aber letztlich dem Papst zuliebe und um freie Hand für den Kampf mit den Türken zu haben.

Schon Ende Mai hatte sich mittlerweile die kaiserliche Hauptarmee zwischen Párkány und Komorn gesammelt. Am 14. Juni begann der Vormarsch. Die Festungen Visegrad und Waitzen fielen in den ersten drei Tagen. Am 30. Juni drangen die Kaiserlichen in Pest ein und nahmen es im Handstreich. Nach einem Kriegsrat am 3. Juli beschloß die Generalität, die Donau zu überqueren und Ofen zu belagern. Am 27. Juli war es endlich so weit. 10.000 Türken verteidigten Ofen mit 200 Kanonen gegen 34.000 christliche Streiter. Nur wenige Meilen südlich von Ofen, bei Érd, lagerte der Serdar *Mustapha* Pascha mit einem Entsatzheer von 15.000 Mann. In schweren Kämpfen wurden die unteren Stadtteile von Ofen erobert und der Serdar am 21. Juli vom Lothringer geschlagen. In diesen Kämpfen hatte sich Prinz *Eugen von Savoyen* als junger Regimentskommandeur besonders hervorgetan und *Mustapha* Pascha seinen Geschützpark weggenommen. Erst nach der Vertreibung des Entsatzheeres konnten sich die Kaiserlichen wirklich auf die Belagerung der schwerarmierten Oberstadt und Festung konzentrieren. Markgraf *Ludwig* war zwar im Kriegsrat am 3. Juli der Meinung gewesen, es sei „keineswegs zu zweifeln, daß wir selbiges Ort innerhalb acht Tagen ohnfehlbarlich emportieren werden, wann anders die Sache recht angestellt wird", aber trotz des einigermaßen gut bewerkstelligten Überganges über die Donau waren aus den zur Rede gestandenen Tagen Wochen und Monate geworden. *Kara Mohammed* und dessen Nachfolger *Ibrahim Scheitan* (der Satan) verteidigten die obere Stadt und die Festung trotz wochenlangen Beschusses durch die kaiserliche Artillerie tapfer und mit großer Ausdauer. Sie schlugen alle Angriffe der Kaiserlichen blutig zurück. Zu den schweren Verlusten in den Kämpfen kamen große Ausfälle durch Epidemien, so daß das Belagerungsheer, das anfangs 34.000 Mann gezählt hatte und dem *Paul Esterházy,* der Palatin, weitere 9.000 Ungarn zuführte, im September nur mehr über 12.500 Mann an kampffähigen Truppen verfügte. Auch *Karl von Lothringen* war erkrankt, und obwohl jetzt der Kurfürst *Max Emanuel von Bayern* mit 8.000 Mann im Lager eintraf und wenig später 4.000 schwäbischer Kreistruppen und kaiserliche Regimenter aus Böhmen ankamen, vermochten diese nicht mehr, das Blatt zum Besseren zu wenden. Auch der Generalsturm am 4. Oktober scheiterte. Vergebens hatte der Kaiser selbst den Hofkriegsratspräsidenten, den Markgrafen *Hermann von Baden,* in das Feldlager geschickt, weil er es für „hochnotwendig" erachtet hatte, daß „ein so erfahrener General bei Meiner Armata sey, damit diese Campagna noch so viel möglich gloriosa beschlossen werde". Ende Oktober beschlossen die Generäle dennoch, die Belagerung abzubrechen, und in den ersten Novembertagen rückte die Armee in geordnetem Marsche nach Gran ab. Das fehlgeschlagene Unternehmen hatte dem Kaiser 23.000 Mann gekostet. Trotzdem beschloß aber der Hofkriegsrat, den Krieg im nächsten Jahr fortzusetzen.

Da die Truppen aus dem Reiche erst in der zweiten Junihälfte bei Párkány eintrafen, konnte erst am 11. Juli des Jahres 1685 mit der Belagerung der Festung Neuhäusl begonnen werden. Obwohl diese Festung nur von 3.000 Mann verteidigt wurde, zogen sich die Kämpfe hin. Pater *Marco d'Aviano,* der wieder im kaiserlichen Lager weilte, konnte sich über das „fleißige Banquettieren" nicht genug entrüsten. Um Neuhäusl zu entlasten, eröffnete *Ibrahim Scheitan* seinerseits die Kämpfe, brach von Ofen auf, eroberte Visegrad und legte sich belagernd vor Gran. Als aber der Lothringer, nachdem er ein Korps zur Bedrängung von Neuhäusl zurückgelassen hatte, dem Seraskir mit 40.000 Mann entgegenzog und diesen bei Tát, in der Nähe von Gran, vernichtend schlug, war Gran gerettet, und die Türken flohen unter Zurücklassung ihres schweren Kriegsgerätes nach Ofen. Drei Tage später, am 19. August, wurde Neuhäusl nach zweistündigem Kampfe im Sturme genommen. Noch in den Sommermonaten vertrieben die Generäle *Schulz* und *Caprara Tököly* aus ganz Oberungarn. Er zog sich mit seinen Streitkräften wieder nach Siebenbürgen zurück. Nur eine Festung in Oberungarn kapitulierte nicht, Munkács! Diese wurde von der Gemahlin *Tökölys, Helene Zrinyi* verteidigt, die sich mit ihren Kindern aus erster Ehe (mit *Franz I., Rákoczy)* dorthin begeben hatte.

Damit war mehr als nur das Kriegsziel für das Jahr 1685 erreicht, und das Komitat Preßburg, Mähren und Niederösterreich konnten aufatmen, denn sie waren oft von Neuhäusl aus von Tökölyanern und türkischen Streifscharen heimgesucht worden. Aber auch in Kroatien und Slavonien waren die kaiserlichen Truppen erfolgreich gewesen, und das bewog „den Satan" mit Friedensvorschlägen an den Herzog heranzutreten. *Karl von Lothringen* verwies aber den Seraskir an den Hofkriegsrat in Wien.

Erbost über die Niederlagen ließ der Sultan *Emmerich* am 4. Oktober 1685 *Tököly* verhaften und gefangen nach Belgrad abführen. Diese Gefangennahme wirkte auf *Tökölys* Anhänger wie ein Schock. Sie erblickten in diesem schändlichen Verhalten der Hohen Pforte Wortbruch und Verrat, denn die Tökölyaner hatten den Türken bisher als loyale Vasallen gedient, große Opfer gebracht, teils freiwillig, teils von *Tököly* erzwungen, und unter dem Vorwand für die Religionsfreiheit zu kämpfen tatkräftigst mitgeholfen, dem Islam Wien zu erobern, um den Halbmond in Mitteleuropa aufrichten zu können. Jetzt aber, unter den eindrucksvollen Siegen der kaiserlichen Waffen, waren 17 Komitate und 12 Städte Oberungarns in das königliche Lager zurückgeführt worden. Jetzt begriffen auch jene, die ihr Religionsbekenntnis in politischen Hochverrat umgemünzt hatten, daß ab 1683 die Uhren anders gingen. Im Schatten dieser Ereignisse und empört und enttäuscht über das Verhalten der Türken *Tököly* gegenüber, trat Graf *Petneházy* mit hunderten kalvinischen Adeligen in das königliche Lager des Palatins *Esterházy* über.

Die Truppen, die für den Feldzug des Jahres 1686 vorgesehen waren, hatten bis 25. Mai im Lager von Párkány einzutreffen. Um den Ehrgeiz seines Schwiegersohnes, des Kurfürsten *Max Emanuel von Bayern*, zu befriedigen, wurde die Armee mit Zustimmung des Kaisers in zwei Heeresgruppen geteilt. Im Korps des Kurfürsten befand sich Markgraf *Ludwig von Baden*, der, wie sein Bruder *Hermann*, der Hofkriegsratspräsident, kein Freund des Lothringers gewesen war. Zu den jüngeren Generälen des Kurfürsten gehörte der inzwischen zum Generalfeldwachtmeister (Generalmajor) beförderte Prinz *Eugen von Savoyen*.

Die Hauptarmee kommandierte Herzog *Karl von Lothringen*. Nach einem Kriegsrat vom 9. Juni setzten sich die kaiserlichen Armeen am 12. Juni in Bewegung. Das Korps des Kurfürsten rückte am linken Ufer der Donau gegen Pest vor, während der Herzog am rechten Ufer gegen Ofen marschierte. Vor dem Tagesanbruch des 17. Juni erreichte das bayerische Korps Pest und Generalfeldwachtmeister *Prinz Eugen* drang mit seinen Dragonern sofort in die Stadt ein. Nach kurzem Widerstande zogen sich die völlig überraschten Türken im Feuerschutze der schweren Geschütze der Festung Ofen über die Donaubrücke nach Ofen zurück und brachen die Brücke ab. Die Bayern machten in Pest große Beute an Proviant und Fourage.

Am 18. Juni rückte die Hauptarmee bis Altofen vor. Sofort wurde mit dem Bau einer Potonbrücke begonnen, um eine Verbindung zu den am anderen Ufer stehenden Truppen herzustellen. Gleichzeitig ließ der Herzog Reiterei und 2.000 Mann Infanterie nach Ofen vorgehen und die alten Retranchements besetzen, die die Türken unbegreiflicherweise nicht zerstört hatten. Somit lag die Vorhut wieder in den Stellungen am Nordende von Ofen, die bei der Belagerung von 1684 angelegt worden waren.

Die Festung Ofen erstreckte sich in einem rechtwinkeligen Dreieck über das Plateau des auf dem rechten Donauufer frei stehenden Festungsberges. Im Südosten dieses Festungsdreieckes (etwa bei der heutigen Burg) befand sich das große viereckige Schloß, ein weitläufiger Komplex aus festen Gebäuden und eingewölbten Räumen, der eigentliche Kern der riesigen Befestigungsanlage. Gegen Süden war das Schloß durch ein großes Rundell, auf den übrigen Seiten durch mehrfache Ringmauern mit dazwischenliegenden geräumigen und durch Erdaufschüttungen verstärkten Zwingern gesichert. Die „obere Stadt" selbst war mit einer starken crenelierten, durch Rundelle flankierten Mauer und einem trockenen Graben umschlossen und stand mit den Vorstädten durch das Pester-, das Graner- und Stuhlweißenburger Tor in Verbindung. Mit Ausnahme der stellenweise durch doppelte und dreifache Mauern geschützten Nordfront war die Umfassungsmauer einfach, besaß aber in ihrer ganzen Ausdehnung eine mächtige Erdanschüttung zur Plazierung der Geschütze. Da die Besatzung der Festung das Wasser ausschließlich aus der Donau entnahm, stand das Schloß mit dem Strome durch einen von zwei fast parallelen Mauern gebildeten Gang, der am Ufer durch die beiden starken Wasserrondelle verteidigt wurde, in Verbindung. Erst 1685 war eine dritte Mauer zur Sicherung der Wasserversorgung angelegt worden.

Die „untere Stadt" (Wasser- oder Judenstadt), die dem Festungsberge im Norden und Süden vorgelagert war, war nur von einer vier bis fünf Fuß dicken Mauer umgeben und statt des Wallganges mit einer hölzernen Galerie versehen worden. Diese mächtige Mauer zweigte von dem in der nordwestlichen Spitze der „oberen Stadt" befindlichen Graner oder St. Pauls-Rundell gegen die Donau ab und endete am Strom in einem Rundell. Auch durch diese Mauer führten drei Tore: das untere (nächst dem Ufer), das mittlere und das obere Tor. Die „nördliche Vorstadt", die „Raizenstadt" (oder untere Vorstadt) und die längs des Teufelsgrabens sich hinziehende „lange Vorstadt", die nur aus einer Reihe von Gebäuden bestand, hatten keine Befestigungen und lagen seit der Belagerung von 1684 noch in Trümmern.

Die im Halbkreise um die Stadt gelegenen Ofener Berge waren, teils wegen ihrer Nähe, teils weil sie die Festung dominierten, ebenfalls von strategischer Bedeutung. Doch gab es außer einem auf dem Blocks- oder St. Gerhardsberge gelegenen türkischen Blockhause auf diesen Höhen keinerlei Befestigungen.

Verteidigt wurde die Festung von *Abdurrahman Abdi* Pascha mit 10.000 Mann und 215 Kanonen. Der „letzte Pascha von Ofen" war albanischer Herkunft und galt trotz seiner 70 Jahre noch als hervorragender Stratege. Wenige Jahre vorher erst hatte er die Grenzfestung Kameniec 40 Tage gegen die Polen gehalten und alle Stürme zurückgeschlagen. Als Janitscharen-Aga hatte er sich auf der Insel Kreta, bei der Belagerung von Kandia, ausgezeichnet, und deshalb hatte man ihm, einem tapferen Mann, Ofen anvertraut.

Bei der Generalität der kaiserlichen Hauptarmee befanden sich außer dem Herzog *Karl von Lothringen* noch die Feldmarschälle Graf *Rüdiger von Starhemberg,* der heldenhafte Verteidiger Wiens, *Aeneas Caprara,* der die Kavallerie kommandierte, der Feldzeugmeister und Artillerie-General Herzog *Eugen de Croy,* die Feldmarschall-Leutnante Graf *de Souches* und *Ludwig von Pfalz-Neuenburg,* Großmeister des deutschen Ordens; die General-Feldwachtmeister Freiherr *von Dieppenthal* und Freiherr *von Thüngen,* der Anführer der fränkischen Hilfstruppen; bei der Kavallerie: General Graf *Dünnewald,* die Feldmarschall-Leutnante Graf *Taaffe* und Freiherr *von Mercy* und die Generalmajore Graf *Lodron* und Graf *Styrum;* der Brandenburger Feldmarschall-Leutnant *Johann Adam Schöning* und die beiden Generalfeldwachtmeister *Marwitz* und *Barfuß* sowie Feldmarschall-Leutnant Markgraf *Karl von Baden-Durlach* als Kommandant der schwäbischen Hilfstruppen. Der Generalstab tagte auf Einberufung des Generals der Kavallerie Graf *Rudolf Rabatta,* dem auch das Verpflegswesen unterstand.

Die Hauptarmee bestand aus 24.530 Österreichern (13.350 Mann Infanterie und 11.180 Mann Kavallerie), aus 7.346 Brandenburgern, 4.000 Schwaben und 3.000 Franken, zusammen also 40.878 Mann. Das kurbayerische Korps zählte 8.000 Bayern (5.000 Mann Infanterie und 3.000 Reiter), 8.350 Mann kaiserlicher Truppen und 4.700 Mann sächsischer Hilfstruppen, zusammen also 21.050 Mann. Beide Heeresgruppen zusammen erreichten einen Gesamtstand von etwa 62.000 Österreichern und Deutschen. Die kaiserlichen Truppen führten 186 Kanonen mit sich, die Bayern 21 und die Brandenburger 16.

An ungarischen Truppen standen zu Beginn der Belagerung überhaupt nur 800 Husaren zur Verfügung. Wegen der geringen Stärke konnten diese keine eigenständige Formation bilden und wurden daher dem kurbayerischen Korps unterstellt. Erst im Verlaufe der Belagerung und nachdem *Petneházy* viele Tökölyaner in das königliche Lager geführt hatte, wuchs die Anzahl der Ungarn auf etwa 14.000 Mann an. Die letzten kamen erst kurz vor dem Fall der Festung mit dem Scherffenbergschen Korps, geführt von *Franz Csáky.*

Am 19. und 20. Juni wurde im Kriegsrate festgelegt, welche Kampfaufgaben die beiden Korps bei der Belagerung übernehmen würden. Herzog *Karl,* der Generalissimus, sollte gegen die Nordseite der Stadt, der Kurfürst gegen das Schloß vorgehen. Hierauf rückten die Belagerungstruppen vor. Feldmarschall *Rüdiger von Starhemberg* besetzte noch am 20. Juni die nördlichen Bäder und begann mit den Vorbereitungen zum Angriff auf die Wasserstadt. Seine Truppen konnten dabei die von den Kaiserlichen zwei Jahre vorher aufgeworfenen Stellungen besetzen und innerhalb von zwei Tagen vollends ausbauen. Schon am 23. Juni konnte die in Stellung gebrachte Bresche-Batterie mit 6 Halbkartaunen das Feuer gegen die Mauer der Unterstadt eröffnen und noch bis zum Abend dieses Tages in die fünf Fuß dicke Mauer eine Bresche im Ausmaß von 15 Schritten schießen. Um 10 Uhr abends begann der

Sturm auf die Unterstadt, die den mit großer Bravour kämpfenden österreichischen Regimentern im ersten Angriff in die Hände fiel. Auch viele Freiwillige aus den meisten Fürstenhäusern West- und Mitteleuropas hatten sich in diesem Kampfe durch besonderes Ungestüm hervorgetan. Die Kaiserlichen hatten nur 4 Tote und 30 Verwundete zu beklagen.

Mittlerweile hatte der Kurfürst am 21. Juni die Donau passiert und nach der Vereinigung mit den sächsischen Truppen am Südhange des Blocksberges Stellungen bezogen. Das auf der Kuppe dieses Berges gelegene türkische Blockhaus wurde besetzt, ebenso das Donauufer und die Zugänge zur Raizenstadt. Am darauffolgenden Tage schon wurde das Terrain gegenüber der Burg in Besitz genommen und an den Hängen des Blocks- und des Spießberges je eine Batterie feuerbereit gemacht. Damit war die Festung Ofen von der Landseite her eingeschlossen. In harten Kämpfen wurde der Belagerungsring enger gezogen, täglich wurden die Gräben weiter vorgetrieben.

Zu Beginn der Belagerung waren nur die kaiserlichen Regimenter, die kurbayerischen Truppen und die Sachsen vor Ofen gewesen. Am 30. Juni 1686 rückten die schwäbischen und am 3. Juli die brandenburgischen Kriegsvölker an.

Die Geschütze der kaiserlichen Artillerie nahmen die Mauern der Nordfront unter schweres Feuer und richteten an diesen beträchtliche Schäden an. Laufgräben wurden, im Schutze der Nacht, bis an die Mauern vorgetrieben und mehrere Kanonen bis auf 30 Meter an das Mauerwerk herangebracht. Ein Ausfall von 400 Türken am 9. Juli, bei dem diese vorgeschobenen Geschütze zerstört werden sollten, wurde in harten und verlustreichen Nahkämpfen zurückgeschlagen. Den zweiten Ausfall am 13. Juli leitete eine schwere Minenexplosion ein. Diese bewirkte aber, daß das Mauerwerk des mittleren Turmes, das von kaiserlichen Mineuren bereits unterminiert worden war, schwer erschüttert wurde, starke Risse zeigte und durch einige Kanonenschüsse zum Einsturz gebracht werden konnte. Die Türken hatten sich mit der Wirkung ihrer Mine arg verrechnet. Die noch um 7 Uhr abends versuchte Erstürmung der Bresche durch österreichische Regimenter, verstärkt durch Freiwillige aus Spanien, England und Frankreich, zu der sich der Lothringer von seinen Ingenieuren hatte überreden lassen, scheiterte im schweren feindlichen Abwehrfeuer. Obstlt. Graf *Guido Starhemberg* führte seine Grenadiere gegen das Rundell. Mühsam erkletterten es die Österreicher. Mörderisches Musketenfeuer, ein Pfeilhagel und Steinregen dezimierte sie. Bomben und vorbereitete Gegenminen detonierten und lichteten die Reihen der Nachdrängenden. Dennoch griffen die Grenadiere weiter an. Die Palisaden mit den Händen umklammernd, versuchten sie todesmutig voranzukommen, aber ihre Füße fanden an der Verpfählung so wenig Halt, daß es unmöglich war, weiterzukommen. Als auch Obstlt. *Starhemberg* durch eine Musketenkugel im Fuß, einen Pfeil in der Schulter und mehrere Steine getroffen, zusammenbrach und vom Platze getragen werden mußte, traten auch seine Grenadiere den Rückzug an. Der zu früh und ohne Artillerieunterstützung unternommene Angriff hatte dem Lothringer 39 Offiziere und 570 Unteroffiziere und Grenadiere an Toten oder Verwundeten gekostet.

Freiherr *von Haßlinger* schrieb über diesen Angriff der Österreicher in das Operationsjournal des Hauptquartiers: „Sie thaten alles, was man möglicher Weise von dem ersten Fußvolk in der Welt hat begehren können, aber vergebens. Es war keine Möglichkeit, die doppelt gesetzten Palissaden und die dazwischen geworfenen Steine und Sandsäcke, so dem Feind als gutes Parapet gedient, herauszureißen." Aber auch die Türken traf ein furchtbarer Schlag. Am 22. Juli, nach einem abermals mißlungenen Ausfall, schlug eine Karkasse (Brandgeschoß aus einem schmiedeeisernen, mit Leinwand umhüllten und mit einem Brandsatz gefüllten Gehäuse) aus einem Mörser der Bayern in das Hauptarsenal des Schlosses ein und setzte den dort angehäuften Vorrat von 8.000 Zentner Pulver in Brand. Eine furchtbare Explosion folgte und hüllte die ganze Burg in eine gewaltige Wolke von Rauch und Staub. Balken und Steine wirbelten durch die Luft und Mauertrümmer, in der Größe von Mühlsteinen, flogen bis zum Blocksberg hinüber. 1.500 Menschen fanden dabei in der Festung den Tod. Als sich endlich die Rauch- und Staubwolke verzogen hatte, sahen die Belagerer, daß eine Ecke des Schlosses weggerissen worden, in der gegen die Donau gewandten Mauer eine 100 Schritte breite Bresche entstanden und ein Rundell halb in Trümmer gefallen war. Dem Herzog erschien es aber trotzdem nicht ratsam, sofort wieder zum Sturme blasen zu lassen. Er forderte *Abdurrahman Abdi* Pascha auf, zu kapitulieren. Stolz lehnte dieser ab und schrieb an den Lothringer: „Welche Festung Ihr auch wünschen möget, Euer Wunsch wird erfüllt werden, wenn Ihr von Ofen abzieht. Aber diese Festung, den Schlüssel des Reiches, die Vorhalle des Propheten, kann ich nicht übergeben!" Erst am 27. Juli begann der nächste Großangriff, ein Generalsturm. Auf der Nordseite griffen die kaiserlichen Truppen das Graner Eckrundell und die emporragende Courtine, die Brandenburger das mittlere Rundell der Nordfront an. Gleichzeitig stürmten die Bayern auf der Südseite das Schloßrundell. Nach dreistündigen erbitterten Kämpfen hatten die Verbündeten alle drei Vorwerke der Festung erobert. Der Sieg war teuer erkauft, denn die Angreifer waren vor allen drei Vorwerken mit einem Regen von Musketenkugeln, Pfeilen und Steinen überschüttet worden. Selbst türkische Weiber und Kinder standen in den Breschen und warfen mit Steinen. Als die Sturmspitze der Österreicher den Wall des Graner Eckrundells erstieg, öffnete sich die Erde. Eine von den Türken vorsorglich gelegte Mine warf die Grenadiere zerfetzt in die Luft. Mit bloßem Degen, den Kopf nur durch eine Sturmhaube geschützt, stellte sich der Herzog *Karl von Lothringen* an die Spitze seiner Grenadiere. Begeistert von der Anwesenheit und dem Mut ihres Oberbefehlshabers, drangen sie viermal gegen die Bresche vor und warfen beim vierten Angriff die Türken in blutigen Nahkämpfen aus dem Vorwerk hinaus. „Wenn ich es nicht mit eigenen Augen gesehen hätte, so würde ich einem Berichte darüber keinen Glauben beimessen", schreibt der Kapuzinermönch *Marco d'Aviano*. „Die Türken warfen unablässig Pulversäcke auf die unsrigen, so daß sie, beständig von Flammen umzingelt, sich wie in einer Hölle befanden. Dennoch kämpften sie in diesem Feuer wie Löwen." Die Verluste der Österreicher waren auch an diesem Tage schwer (etwa 2.000 Tote und Verwundete). Die Brandenburger, denen es fast gelungen wäre, in die Festung selbst einzudringen, verloren 300 Mann. Die Bayern und Sachsen, die das Schloßrundell erstürmt und gegen alle Gegenangriffe behauptet hatten, hatten 700 Ausfälle. Zusammen verloren die Verbündeten an diesem Tage 3.000 Mann, darunter zahlreiche Offiziere. Mit dem Verlust der drei schwerbefestigten Vorwerke der Festung war auch die Lage der Türken äußerst kritisch geworden. Am 30. Juli forderte der Lothringer wieder die Kapitulation, und wieder wies sie *Abdurrahman Abdi* Pascha zurück. Doch am nächsten Tage, am 31. Juli bot er dem Kurfürsten an, Ofen zu übergeben, wenn dieser zwischen dem Kaiser und der Hohen Pforte einen Frieden zustande brächte. Er sei zu diesem Schritte ermächtigt, betonte *Abdurrahman Abdi* Pascha. *Max Emanuel,* der Kurfürst, lehnte ab. Im Generalstab glaubte man, daß der schlaue Albaner nur Zeit gewinnen wolle, bis ihm ein Entsatzheer zu Hilfe kommen würde. Diese Annahme sollte sich bald bestätigen. Schon am 2. August stand der Großvezier mit 70.000 Mann nur mehr vier Meilen entfernt. Die Besorgnis stieg. Am gleichen Tage aber trafen die kaiserlichen Generäle *Heißler* und *Caraffa* mit 4.500 Mann, dem Theiß-Korps, im Lager ein.

Um nicht zwischen zwei Fronten zu geraten, wurde am 3. August wieder ein Generalsturm auf die Festung versucht. Österreicher und Brandenburger griffen auf der Nordseite dreimal an. Aber alle drei Angriffe brachen im schweren Abwehrfeuer zusammen. Hätte das Entsatzheer jetzt eingegriffen, so wären die durch die schweren Kämpfe erschöpften Verbündeten in eine bedenkliche Lage gekommen. Aber der Großvezier ließ sich Zeit. In aller Eile gelang es den Verbündeten noch, einen Schutzwall gegen das Entsatzheer aufzuwerfen. Erst am 8. August erschienen Voraustruppen des Großveziers auf der Höhe von Promontor. Zwei Tage später war der Schutzwall fertiggestellt. Er reichte vom Ufer der Donau vor der Nordseite der Festung bis wieder an das Ufer des Stromes vor der Südseite des Schlosses, also von Altofen bis zum Fuße des Blocksberges. Im Schutze dieser „Circumvallationslinie" fühlten sich die Verbündeten relativ sicher. Im Generalstab wurde beschlossen, die Belagerung fortzusetzen und mit einem starken Korps dem Großvezier in offener Feldschlacht entgegenzutreten. Da traf die Nachricht im Lager ein, der Großvezier beabsichtige von Promontor her die Wallanlage zu durchbrechen, um Verstärkungen in die Festung werfen zu können. „Wir hatten", schrieb der brandenburgische Offizier Graf *Christoph von Dohna,* „vor uns eine zahlreiche Garnison von Janitscharen und Spahis und auswärts eine Armee von 70.000 Mann, die uns ganz nahe zusetzte; hienach wird man uns glauben, daß wir unsere Arbeit hatten und nicht immer das Vollmaß unseres Schlafes bekamen. Es gab unter uns nur Einen Mann von unerschütterlicher Ruhe, unsern Führer, den Herzog von Lothringen."

Auf die Nachricht von der beabsichtigten Aktion des Großveziers änderte der Herzog die schon erwogenen Dispositionen und erwartete den türkischen Angriff hinter der Linie. Am 13. August unternahmen die Türken eine Rekognoszierung, und am darauffolgenden Tag versuchte der Großvezier den Durchbruch. Ein Korps von 8.000 Spahis und Janitscharen wollte die Belagerungsarmee umgehen und über den großen Schwabenberg in das St. Paulstal und von dort in die Festung vordringen. Diese Umgehung war fast schon gelungen, als General *Dünnewald* die feindlichen Bewegungen bemerkte und nach erlangter Verstärkung das türkische Korps überraschend angriff und zum Rückzug zwang. Die österreichische Reiterei kämpfte mit solchem Ungestüm an, daß die Janitscharen ihre Geschütze im Stiche ließen und auf der Flucht alles mit sich rissen. Mehr als 2.000 Türken waren gefallen, 500 wurden gefangen, 8 Kanonen und 42 Feldzeichen erbeutet. Als der Herzog hierauf das ganze für die Feldschlacht bestimmte Korps gegen die Türken vorrücken ließ, zog sich der Großvezier auf die Höhen von Promontor zurück.

Eine Stunde vor Tagesanbruch jagten am 20. August 7.000 berittene Janitscharen durch das St. Paulstal, vertrieben die Vedetten und Feldwachen und stürmten durch das Lager der Brandenburger. Sie wurden aber mit starkem Musketenfeuer begrüßt. Im Nu waren das ganze Lager alarmiert. Das Gros der Janitscharen wurde zum Stehen gebracht und niedergemacht. Nur etwa 300 Türken dürfte es gelungen sein, sich in die Festung durchzuschlagen. Aber auch von diesen dürfte ein erheblicher Teil verwundet und daher kampfunfähig zu *Abdurrahman Abdi* Pascha gekommen sein. Seine Lage war inzwischen hoffnungslos geworden. In einem Briefe vom 23. August schreibt er an den Großvezier: „Ich kann das Schloß nicht mehr behaupten, mit dem Schlosse wird aber auch die Stadt fallen. Ich bitte um des großen Gottes willen um schleunigen Succurs." Und doch hatte der Albaner noch am 15. August die dritte Aufforderung zur Kapitulation zurückgewiesen. Gewiß hätte der Großvezier seinem Pascha gerne geholfen, denn er versuchte am 29. August ein drittesmal durchzubrechen. Diesesmal drangen 3.000 berittene Janitscharen von Altofen her auf der Straße gegen die „Circumvallationslinie" vor. Es kam zu schweren Kämpfen. Der Janitscharenangriff brach im vernichtenden Abwehrfeuer der Kaiserlichen zusammen. *Marco d'Aviano* notierte: „Es ist nicht Ein Türke in die Stadt gekommen und sehr wenige dürften zurückgekehrt sein."

Doch die Belagerung dauerte schon neun Wochen und die empfindlichen Verluste der Verbündeten, die übermenschliche Anstrengungen und die nur geringen Erfolge hatten die Stimmung unter den Truppen sinken lassen. Würde man die Belagerung wieder abbrechen müssen wie vor zwei Jahren? Gegensätze in der Generalität trugen nicht wenig zur Mutlosigkeit bei, die sich breitzumachen drohte, und *Marco d'Aviano* hatte genug zu tun, um die Intrigen des Grafen *Starhemberg* und des Markgrafen *Ludwig von Baden* gegen den Herzog zu ersticken. Es gelang ihm immer wieder, die offen hervortretenden Differenzen auszugleichen. Endlich, die Niedergeschlagenheit hatte schon bedenkliche Ausmaße angenommen, erschien das solange schon erwartete Scherffenbergsche Korps mit 5 Kürassier-, 2 Dragoner- drei Infanterieregimentern und ungarischen Nationaltruppen, zusammen 12.000 Mann, im Lager. Es war aus Siebenbürgen gekommen, erprobte Kerntruppen, die das geschwächte und niedergeschlagene Belagerungsheer beträchtlich verstärkten und den Lothringer in die Lage versetzten, abermals an einen Generalsturm zu denken. Für den 31. August und 1. September berief der Generalissimus eine Lagebesprechung ein. Am 1. September kam eine weitere Verstärkung an. 1.095 Schweden trafen im Lager ein. Die Zeit drängte, denn Kundschafter hatten erfahren, daß der Großvezier ebenfalls auf Verstärkung warte. 4.000 Janitscharen sollten am Wege zu ihm sein. Sein Heer zählte noch immer an 40.000 Mann, und seine Artillerie umfaßte noch immer mehr als 100 Kanonen.

Am 2. September sollte daher der entscheidende Großangriff beginnen. Schon in den frühen Morgenstunden dieses Tages rückten die zum Generalsturm ausersehenen Truppen in die Approchen ein. Sie sollten sich, um die Absicht des Lothringers nicht zu früh zu verraten, in den Laufgräben solange ruhig verhalten, bis durch Artilleriefeuer das Signal zum Angriff gegeben würde. Die Türken bemerkten aber die Bewegungen im kaiserlichen Lager und ließen eine Mine detonieren. Aber diese schadete abermals nur ihren Werken, und die österreichischen Geschütze aus dem Graner Eckrundell fegten den Rest der noch vorhandenen Palisaden hinweg. Wenige Minuten nach 3 Uhr (nachmittags) hatten die Kanonen auf dem Schwabenberge das Feuer eröffnet. Das war das Signal. In drei Kolonnen griffen die Verbündeten die Breschen der Nordfront an. Feldmarschall-Leutnant Graf *Souches*, Generalfeldwachtmeister *Dippenthal*, Oberst Graf *Oettingen*, Oberstleutnant *d'Asti* und Oberstwachtmeister *Bischofshausen* kommandierten die erste Sturmkolonne; Oberst Marchese *Spinola*, Oberstleutnant *von Malovec* und Oberstwachtmeister Baron *Berfé* die zweite und der brandenburgische General *Barfuß* die dritte aus Kaiserlichen, Brandenburgern und Schweden bestehende Sturmkolonne. 1.000 Reiter bildeten die Reserve, während 3.000 Bayern in den Approchen abzuwarten hatten.

Unaufhaltsam drangen die Angreifer vor und erreichten noch vor den überraschten aber zu spät zur Verteidigung herbeistürzenden Türken die Palisaden, erstiegen die Mauern und stürmten längst derselben in die Festung. Die Türken wurden aus den Befestigungen verjagt und in einem wilden Gemetzel gegen das Schloß getrieben. Nur an einigen Stellen wehrte sich die Besatzung verzweifelt. Besonders heftig war ihr Widerstand in der Judengasse und beim Wiener-Tor. *Abdurrahman Abdi* Pascha starb hier, inmitten seiner Leibwache, den Heldentod. Vom Erfolg an der Nordfront beflügelt, griffen jetzt auch die Bayern an, wurden aber von der Schloßbesatzung zurückgeworfen. Da zog der Kurfürst seine Reserve heran und befahl abermals anzugreifen. Es gelang ihnen aber noch immer nicht, die Türken aus den Gemächern und Gängen der Burg zu vertreiben. Zimmer um Zimmer mußte im Nahkampf erobert werden. Endlich brachten es die Kaiserlichen zuwege, die von der entgegengesetzten Seite durch die Stadt bis zur Burg vorgedrungen waren, das Tor auf dem Georgiplatze für die bayerische Reiterei zu öffnen. Nun wurde jeder Widerstand der Verteidiger zwecklos. In Scharen drangen die Stürmenden in alle Räumlichkeiten des Schlosses ein und trieben die Türken im Hofe eines Zwingers zusammen, in dem der verhaßte Feind mit Granaten und Salven niedergemacht wurde. Erst nach geraumer Zeit sicherte der Kurfürst den sich ergebenden Feinden Gnade zu und wies seine erbitterten Truppen an, die überlebenden Türken gefangenzunehmen.

Plündernd durchzogen die siegreichen Angreifer die Stadt. Selbst die zur Bewachung der Laufgräben abkommandierten Soldaten verließen diese, um Beute machen zu können. Dragoner mußten daher zum Schutze der Bresche vorrücken.

In diesem Augenblicke traf die Nachricht ein, daß die Vorausabteilungen der türkischen Entsatzarmee von den Höhen heranstürmten und daß es den Anschein habe, *Suleiman* Pascha wolle angreifen. Hierauf wurde der Schutzwall sofort von starken Verbänden besetzt. Es kam aber zu keinen weiteren Kampfhandlungen mit dem Entsatzheere mehr. Der Großvezier war viel zu spät aus seinem Lager aufgebrochen, um *Abdurrahman Abdi* Pascha noch helfen zu können. Als *Suleiman* Pascha sah, daß Ofen gefallen und im Besitze der christlichen Armeen war, zog er vorerst nach Ercsény und von dort nach Esseg weiter.

Nach zweistündigem blutigem Ringen waren Stadt und Schloß Ofen zur Gänze im Besitze der Verbündeten. Um 5 Uhr nachmittags wehten die kaiserlichen Farben nach 78tägiger Belagerung auf den eroberten Bastionen.

Da die Beute damals einen Teil der Besoldung ausmachte, suchten die Soldaten in den Häusern gierig nach Türken, Juden und Schätzen. Unvorsichtiges Hantieren mit offenem Licht hatte verheerende Folgen. Brände brachen an verschiedenen Stellen aus, und nach wenigen Stunden stand die Stadt in Flammen. Hierauf besetzten Feldmarschall-Leutnant *Souches* und General *Wallis* die brennende Stadt, um dem Plündern energisch Einhalt zu gebieten.

Verhältnismäßig gering scheinen die Opfer der Erstürmung von Ofen an diesem Tage. Es waren etwa 200 Tote und Verwundete zu beklagen, unter ihnen Oberst *Spinola* und der brandenburgische Oberstleutnant *Trützschler*. Von der türkischen Besatzung, die am Morgen des 2. September noch 4.000 Mann zählte, waren 2.400 gefallen und 1.600 in Gefangenschaft geraten. 215 Geschütze, große Mengen Proviant und Munition fielen den Siegern in die Hände. Viele Soldaten gelangten durch Plündern zu Wohlstand und Vermögen. Aber es muß auch bedacht werden, daß sie während der langen Kämpfe Außerordentliches geleistet hatten. Unvergleichlich waren die Leistungen der Österreicher und Brandenburger, verheerend die Wirkung des Artilleriefeuers der kaiserlichen Batterien.

Nach 145 Jahren türkischer Besetzung war Ofen wieder befreit worden.

Die Nachricht von der Eroberung Ofens wurde dem Kaiser von Herzog *Ludwig von Neuburg*, dem Großmeister des Deutschen Ritterordens, der Kaiserinwitwe durch den Prinzen *von Commercy*, der Kurfürstin *Maria Antonia von Bayern* durch Graf *Serényi* und dem Papste durch den Malteserritter Graf *Thun* überbracht. Eilboten verkündeten das Ereignis an allen Fürstenhöfen Europas. Ganz Europa jubelte über den Sieg der christlichen Waffen über den Halbmond. Dankgottesdienste, Festlichkeiten, Feuerwerke und Kanonendonner verkündeten in Wien, Rom, Berlin, Madrid, London und Paris den Sieg über die Türken.

Mit dem Verlust von Ofen war die Macht der Türken an der mittleren Donau zusammengebrochen. Nachdem auch Szegedin am 19. Oktober erobert und die Theiß erreicht worden war, ließ der Großvezier Feldmarschall-Leutnant *Caraffa* fragen, ob er zu Unterhandlungen für einen Frieden bereit wäre. Später machte die Hohe Pforte den Vorschlag, einen Friedenskongreß einzuberufen, der von der Türkei, den Mächten der „Heiligen Liga" und allen mit dieser gegen die Türkei verbündeten Staaten beschickt werden sollte. Inzwischen war am 12. November Kaposvár erobert und auch die Drau erreicht worden.

Durch diese Niederlagen war die Herrschaft des Islam in ganz Ungarn schwer angeschlagen und der Feldzug der kaiserlichen Truppen und ihrer Verbündeten ruhmreich abgeschlossen worden. Hochmut und Stolz des „Erbfeindes christlichen Namens" waren durch den machtvollen Einsatz österreichischer und deutscher Kriegsvölker, nach dem Siege von 1683, jetzt abermals nachhaltig gedemütigt worden.

Auch 1687 sollte der Krieg zur Befreiung Ungarns fortgesetzt werden. Wieder sollte die Armee in zwei Heeresgruppen geteilt agieren. „Getrennt marschieren, gemeinsam schlagen!" war von *Eugen von Savoyen* dem Kurfürsten *Max Emanuel* als Rechtfertigung geraten worden. Im Juni setzten sich die Heere, die eine Gesamtstärke von 60.000 Mann erreichten, in Bewegung. Ihr Ziel war die Eroberung von Esseg und die Erreichung der „Draulinie" als vorläufigen Grenzverlauf. Aber auch der Großvezier *Suleiman* Pascha war in diesem Jahre schon mit einem etwa gleichstarken Heere vor Esseg eingetroffen. Er bezog feste Stellungen, von denen aus er die ungedeckt angreifenden Kaiserlichen unter schweres Feuer nehmen wollte. Aber der Herzog *Karl von Lothringen* war ein zu gewiegter Stratege, um *Suleiman* Pascha diese Freude zu bereiten. In einem Kriegsrate ordnete der Herzog an, zum Schein zurückzuweichen. Er hoffte den Großvezier dazu zu bringen, seine Stellungen aufzugeben und ihn zu verfolgen. Es war eine taktische List, denn ein Sturmangriff auf die schwerbefestigten Stellungen hätte viele Opfer gekostet, und der Erfolg wäre zu zweifelhaft gewesen. So beschloß der Generalstab am 20. Juli den Rückzug. „Es hat ein schändliches Aussehen", schrieb Markgraf *Ludwig von Baden* seinem Oheim *Hermann von Baden,* dem Hofkriegsratspräsidenten, gegen besseres Wissen. Beide intrigierten seit Jahren gegen den Herzog. *Suleiman* Pascha zog den Kaiserlichen wirklich nach, die beim Berge Harsan, längs der Straße von Mohács nach Siklos, zwischen Villany und Harsany, ein Lager bezogen hatten. So kam es am 12. August bei Mohács, wo vor 161 Jahren König *Ludwig II.* von Ungarn im Kampf gegen Sultan *Suleiman* Reich und Leben verloren hatte, wieder zur Schlacht. Den ganzen Vormittag über währten die schweren Kämpfe, doch die Türken, die vorerst dem Siege näher waren, mußten unter der Wucht der Attacken der kaiserlichen Kavallerie letztlich weichen und in den Nachmittagsstunden den allgemeinen Rückzug antreten. Besonders die Kavalleriebrigade, die *Prinz Eugen* kommandierte, zeichnete sich bei den Kämpfen und der diesen folgenden Verfolgung des fliehenden Feindes aus, der sich in Richtung auf sein vorheriges Lager, aus dem er herausgelockt worden war, zurückzog. Vergebens versuchte der Großvezier hinter der Verschanzung des Lagers den Widerstand seiner geschlagenen Truppen zu organisieren. Noch während des völligen Durcheinanders bei den Türken ließ *Prinz Eugen,* dem beim Angriff auf das Lager sein Pferd unter dem Leibe erschossen wurde, seine Dragoner absitzen und erstürmte mit diesen die Wälle. Noch ehe es für die zu Fuß kämpfenden Dragoner kritisch werden konnte, trafen die Infanterieregimenter ein und drangen, angeführt von Herzog *Karl* und dem Kurfürsten *Max Emanuel,* den Dragonern folgend, in das Lager ein und fielen die in völliger Auflösung befindlichen Türken an. Nach kurzem Kampfe schon floh der Feind aus seinem eigenen Lager, allen voran der Großvezier, in wilder Flucht nach Esseg. Mehr als 10.000 Türken blieben tot am Platze, und die Beute war beträchtlich, denn der Feind hatte das Lager nicht mehr ordnungsgemäß räumen können. *Prinz Eugen,* der als erster in das türkische Lager eingedrungen, den kaiserlichen Adler auf den Wällen aufgepflanzt und einen Halbmond erbeutet hatte, durfte wieder dem Kaiser die Nachricht vom Siege überbringen. Kaiser *Leopold* schenkte ihm für „die gute Zeitung" ein reichlich mit Diamanten besetztes Miniaturporträt und beförderte den Savoyer am 4. November zum Feldmarschall-Leutnant.

Der Sieg der Kaiserlichen (Am Berge Harsan) bei Mohács hatte die Türken schwer entmutigt, denn mit dieser Niederlage endete ihre Herrschaft über Ungarn dort, wo sie vor 161 Jahren begonnen hatte. Die Habsburger hatten Ungarn in schweren und blutigen Kriegen für ihr Haus erobert. Die Stephanskrone, die sie trugen, war daher keine leicht erworbene oder gar geschenkte Krone. Mit hohem Blutzoll österreichischer und deutscher Kriegsvölker war der faktisch beinahe schon bedeutungslos gewordenen ungarischen Krone das Land gewonnen worden, dessen Symbol sie eigentlich nur mehr 160 Jahren vorher gewesen war. Die Beiträge der Ungarn zur Befreiung Ungarns sollen nicht bagatellisiert werden, aber sie waren, unter Berücksichtigung der Situation, bescheiden. Es kann und soll ja nicht übersehen werden, daß der von *Emmerich Tököly* geführte kalvinische Adel, der immerhin doch den Großteil der Rebellen ausmachte, verhetzt von der kalvinischen Geistlichkeit, Schulter an Schulter mit den Sturmtruppen des Islam, das katholische Österreich mit allen ihm zu Gebote stehenden Mitteln bedrängte. Von

Tököly war daher ein Befreiungskrieg gegen die Türken nicht zu erwarten, und Graf *Paul Esterházy*, der Palatin, wäre auch bei bestem Willen mit seinen zahlenmäßig geringen Kriegsvölkern dazu nicht imstande gewesen. Außerdem fehlten ihm die finanziellen Mittel, während der Kaiser von der Kurie massiv mit Geld unterstützt wurde. *Michael Apafy*, der Fürst Siebenbürgens, war türkischer Vasall und hatte sich persönlich, wie sein ebenfalls kalvinischer Adel, mit der Hohen Pforte arrangiert. Das von den Türken vor 160 Jahren okkupierte Zentralungarn aber war so türkisch wie die Türkei. Nur dem unablässigen Bemühen der Habsburger und ihrer unendlichen Opferbereitschaft ist es zuzuschreiben, daß Ungarn seine nationale Wiedergeburt überhaupt erlebte, in seinem Volksbestande in der Folge gesichert wurde und seine eigene Kultur erhalten konnte.

Graf *Paul Esterházy* war sich dessen bewußt. Für den 24. August hatte der Kaiser ihn, den Palatin, den Fürstprimas Erzbischof *Széchenyi*, den ungarischen Hofkanzler *Peter Korompay*, Bischof von Neutra, sowie Kardinal *Dietrichstein* und die Minister *Kinski*, *Strattmann* und *Rosenberg* zu einer Besprechung zu sich befohlen. Auf Grund der Siege seiner Armeen verlangte *Leopold I*. die Einführung der erblichen Thronfolge in der Ordnung der Erstgeburt in Ungarn und, um künftigen Aufständen des stets zur Rebellion neigenden „nationalen Lagers" vorzubeugen, die Aufhebung des Artikels 31 der Goldenen Bulle von 1222, mit der König *Andreas II*. damals den Ständen das Recht eingeräumt hatte, sich bei Verletzung der Verfassung und ihrer Privilegien durch den König diesem selbst mit bewaffneter Hand zu widersetzen. Noch am gleichen Tage wurde der Ungarische Reichstag für den 18. Oktober nach Preßburg einberufen.

Genehmigungen der erblichen Thronfolge und Aufhebung des Widerstandsrechtes gegen den König durch den Reichstag von Preßburg

Sogleich nach dem Zusammentritt des Reichstages begannen die Sitzungen der „Unteren Tafel", beschickt durch den niederen Adel und die Städte, und der „Oberen Tafel", der die Magnaten und der Klerus angehörten. Geleitet wurden sie vom „königlichen Personal", dem Preßburger Domherrn *Stephan Orban*. Obwohl die Türken noch mehrere feste Plätze in Ungarn behaupteten, darunter Stuhlweißenburg, wurde General *Caraffa*, der mit General *Schulz* Oberungarn besetzt und *Tököly* vertrieben hatte, angezeigt, daß in Oberungarn schon wieder eine Verschwörung, die sich gegen die Herrschaft der Habsburger und das Leben des Kaisers richte, im Gange sei. *Caraffa* meldete dies nach Wien, und da die Festung Munkács noch immer von *Ilona Zrinyi* verteidigt wurde und *Tökölys* Gemahlin die Anhänger ihres

Mannes noch immer tatkräftig unterstützte, schien die Anzeige den Ministern des Wiener Hofes durchaus glaubhaft. General *Caraffa* wurde angewiesen, in Eperjes eine Kommission zur Untersuchung der Anzeige zu bilden und erforderlichenfalls Verdächtige in Haft zu nehmen und abzuurteilen. Da Kriegsrecht herrschte, war *Caraffa* damit Herr über Leben und Tod. Er ließ bald am Hauptplatz der Stadt ein Blutgerüst aufrichten und nach Einvernahme vieler ihm als verdächtig bezeichneten Personen Prozesse durchführen und zum Tode verurteilte Delinquenten hinrichten. Bald wurde ihm sein hartes Vorgehen als „Blutgericht" angelastet. Der Kommission sind krasse Fehlurteile unterlaufen, die dem General, der berechtigt gewesen wäre, Gnade zu üben, angelastet wurden. Bei den Ministern des Wiener Hofes und der kaiserlichen Generalität war das Mißtrauen, besonders den ungarischen Kalvinern gegenüber, begründeterweise, sehr groß. Umgekehrt war es ebenso, und nur zuviele Madjaren wären lieber unter türkischer Herrschaft verblieben als unter der des katholischen Hauses Habsburg. „Die Deutschen sind der Feind!" und „An allem Unglück Ungarns ist Österreich schuld!" waren geflügelte Zitate. Unter dem Eindrucke der Fehlurteile wurde daher von beiden Tafeln des Reichstages die Abschaffung des Blutgerichtes von Eperjes und die Abziehung *Caraffas* verlangt. Kaiser *Leopold,* dem rechtmäßigen König von Ungarn, kam, gerade im jetzigen Zeitpunkt, die Blutjustiz *Caraffas* ungelegen, denn er wollte ja Ungarn von der Türkenherrschaft befreien, die Stände versöhnen und seinem Sohne die ungarische Krone sichern. *Caraffas* Verhalten überschattete die Sitzungen der beiden Tafeln und einzelne Mitglieder versuchten, Unruhe zu stiften. Sie beanstandeten an und für sich formelle Geringfügigkeiten wie der zu frühen Zuerkennung der Stimme im Reichstag für die Stadt Szátmar, weil diese erst mit Gesetz zur Freistadt erhoben werden sollte, sowie an deren Einberufung durch den König.

Am 30. Oktober kam König *Leopold* mit seinen Söhnen *Joseph* und *Karl* nach Preßburg. Am darauffolgenden Tag empfing er die Herren beider Tafeln des Reichstages in der Burg. Bischof *Korompay,* sein ungarischer Kanzler, begrüßte ihn. *Leopold* beauftragte den Fürstprimas Erzbischof *Széchenyi,* den Ständen die Huldigung abzunehmen, und übergab ihm die königlichen Propositionen zur Bekanntmachung. Ihr wichtigster Teil lautete: „Nachdem Se. k. k. Majestät mit Gottes Hülfe die großen Gefahren überwunden hat, welchen Unser geliebtes Königreich Ungarn, das einst zur Zeit des glorreichen Kaisers und Königs Ferdinand I. der Herrschaft und Macht der österreichischen Fürsten und ihrer Nachkommen auf ewig unterworfen worden, welchen ferner die Krone, sogar die eigene Person Sr. Majestät und die Stadt Wien, folglich die Sache der ganzen Christenheit wegen des Aufstandes der Bösen ausgesetzt waren; nachdem der Feind besiegt, Ofen, die vormals blühende Hauptstadt des Reiches, sammt anderen Festungen und Ortschaften, dem Rachen der Türken entrissen, und der größte Teil des Landes aus der türkischen Sklaverei befreit worden ist; hat Se. Majestät Ihre

Sorge hauptsächlich darauf gerichtet, wie ähnlichen Gefahren vorgebeugt, das Land beruhigt und von den Uebeln, unter deren Last es bedauernswürdig seufzte, befreit werden könnte. Zu diesem Endzwecke hat Se. Majestät kein wirksameres und geeigneteres Mittel ersehen, als einerseits den siegreichen Krieg gegen die Türken fortzusetzen, andrerseits mit den Ständen am Reichstage sich zu berathen und zugleich Seinen ältern Sohn, den Erbprinzen Joseph, in gewöhnlicher Weise zum künftigen König krönen zu lassen . . . Se. Majestät, der Kaiser und König, hätte zwar das Recht, dem Reiche, welches er theils aus der Rebellen, theils aus der Türken Händen mit so viel Mühe, Gefahr, Kosten und Blute der Seinigen wieder gewonnen hat, neue Gesetze zu geben und das, was er mit den Waffen erobert, dem Kriegsrechte gemäß abgesondert für sich und seine glorreichen Nachkommen zu behalten, auch abgesondert nach milden und geeigneten Gesetzen zu regieren: aber ungeachtet dessen will er aus angeborener Huld die alten Gesetze auch fernerhin in Kraft bestehen lassen; die Freiheiten, Privilegien, Rechte und Gesetze der Stände unverkürzt erhalten und durch den zu krönenden neuen König jener Eidesformel gemäß, welche Ferdinand I. bei seiner Krönung beschwor, wie auch jener Eidesformel gemäß, über die man mit Beseitigung alles Zweifelhaften, Schädlichen, ja Unausführbaren übereinkommen wird, bestätigen lassen, auch die mit den Waffen zurückeroberten Landestheile wieder dem Reiche einverleiben: jedoch unter der Bedingung, daß zuvor das berichtigt werde, was die von Ferdinand I. beschworene Eidesformel über die Aufrechterhaltung des 31. Art. von 1222 Andreas' II. enthält, und zugleich das erbliche Thronfolgerecht, welches dem Hohen Hause Österreich vermöge feierlicher Verträge gebührt, und welches zwar durch die Reihe einander auf dem Throne ununterbrochen nachfolgender erstgeborener österreichischer Erzherzoge thatsächlich beobachtet, aber in ungünstigen Zeiten, bei Gelegenheit innerer Unruhen, zu Anfang des gegenwärtigen Jahrhunderts von Böswilligen durch falsche Deutung äußerlich erschüttert und in Zweifel gezogen wurde, von den Ständen durch feierlichen Ausspruch vollkommen hergestellt und durch einen Gesetzesartikel, der in den Krönungseid aufzunehmen ist, für ewige Zeiten gesichert werde. Denn Se. Majestät kann nicht begreifen, wie man so etwas beschwören vermöchte, das den göttlichen und menschlichen Gesetzen zuwiderläuft, ohne handgreiflichen Nachteil des Königs und des Reichs nicht beobachtet werden kann und den Ständen den Weg zu Empörungen öffnet . . ."

Dann forderte König *Leopold* die Stände auf, ihre Beschwerden einzureichen, was binnen zwölf bis vierzehn Tagen geschehen könne und für die Verbesserung der verwahrlosten Rechtspflege Sorge zu tragen. Bis 7. November hatte es hierauf gedauert, bis die Stände der „Unteren Tafel" (Unterhaus) „aus Ehrfurcht gegen Se. Majestät einwilligten, daß die Krone in seiner Nachkommenschaft vom Erstgeborenen auf den Erstgeborenen übergehe". Der Beschluß war nach manchem Für und Wider dann doch einstimmig zustande gekommen. Als nach diesen langen Beratungen König *Leopold* zur

Sitzung geholt wurde, damit er das Ergebnis vernehme, erklärte sich ausgerechnet Graf *Nikolaus Draskovich*, dem der Kaiser sein treuloses Verhalten in den Jahren 1682 und 1683 großmütig verziehen hatte und den er auch noch zum Landesoberrichter des Königreiches bestellt hatte, heftig gegen die Erbfolge. Zürnend ob solchen Undankes rief ihm *Leopold I.* zu: „Du allein bist es also, der meinen Sohn als erblichen König nicht anerkennen will?" *Draskovich* wagte keinen Widerspruch mehr. Als er bald darauf einem Schlaganfall erlag, sagten die Königstreuen: „Sein jäher Tod ist die Strafe Gottes für seine Widerspenstigkeit!" und die dem Kaiser schlechter Gesinnten munkelten: „Er ist durch Ermordung aus dem Wege geschafft worden."

Am 10. November nahmen beide Tafeln die Antwort auf die königlichen Propositionen an, die Graf *Esterházy*, der Palatin, konzipiert hatte: „Die Reichsstände sind bereit, den erstgeborenen Sohn Se. Majestät als ihren erblichen König zu krönen, jedoch mit dem Vorbehalte, daß beim Ausgange des Mannesstammes in gerader Linie das Wahlrecht der Nation wieder in Kraft trete. Sie sind ferner bereit, das Decret Andreas' II. zu ändern, aber unter der Bedingung, daß das Recht der Adeligen ungeschmälert fortbestehe, vermöge dessen sie nur nach gesetzmäßiger Vorladung vor Gericht gestellt, und selbst in Fällen des Hochverrats ausschließlich von dem durch das Gesetz vorgeschriebenen Gericht abgeurtheilt werden dürfen. Sie danken zuletzt Se. Majestät für das Versprechen, daß die zurückeroberten Landestheile wieder dem Reiche einverleibt werden sollen."

Da aber in bezug auf die spanische Monarchie und die österreichischen Erbländer die gegenseitige Erbfolge der beiden Linien nach dem Aussterben der einen oder der anderen als zu Recht bestehend angesehen wurde, glaubte sich König *Karl II.* durch die Nichteinbeziehung in seinen und seiner etwaigen Nachkommen Rechten von Spanien gekränkt, und er forderte die Anerkennung derselben. Obwohl diese Forderung fürs erste unbegründet schien, weil *Karl II.* schon alt, schwächlich und sehr krank war und noch keine Nachkommen hatte, konnte sie *Leopold I.* nicht zurückweisen, ohne den Vertrag über die gegenseitige Erbfolge zu verletzen. Darüberhinaus konnte für *Leopold* schon in absehbarer Zeit der Tag kommen, sein Erbfolgerecht auf die spanische Krone für sich oder einen seiner Söhne geltend machen zu müssen. *Leopold* beauftragte den Palatin daher, den an und für sich mehr formellen Wunsch *Karl II.* in das schon beschlossene Erbfolgerecht einzubeziehen. *Leopold* dachte aber auch daran, daß, falls einem seiner Söhne etwas zustoßen sollte, auch der zweite dann seinen Anspruch auf die so teuer erworbenen Rechte auf die ungarische Krone nicht verlieren solle. Wie recht er haben sollte, bewies der spätere Geschichtsverlauf. *Karl II.* hatte 1683 2,000.000 Gulden für die Kriegsrüstungen gegen die Türken zur Verfügung gestellt und eben erst durch seinen Botschafter die Beistellung weiterer 4,000.000 Gulden für die Fortsetzung der Feldzüge zugesagt. Graf *Paul Esterházy* konnte daher den Reichstag auch für diese formelle Berücksichtigung gewinnen, weil sich *Karl II.* durch die Beistellung so großer Geldbeträge auch für die Befreiung Ungarns sehr verdient gemacht hatte. Der Klerus der Oberen Tafel stimmte als erster für die Einbeziehung der spanischen Linie der Habsburger in das Thronfolgerecht, dann folgten die anderen Mitglieder beider Tafeln dem Schritt der hohen Geistlichkeit. Dem König aus spanischem Hause den Ungarn theoretisch einmal haben konnte, wurde jedoch zur Pflicht gemacht, entweder im Lande oder doch in den benachbarten österreichischen Erbländern zu residieren und Ungarn nicht durch einen Statthalter verwalten zu lassen.

Am 17. November wurde auch dieser Beschluß König *Leopold* überreicht. Der gleichzeitigen Bitte der Deputation, der außer dem Palatin und dem Fürstprimas auch Graf *Franz Kery* angehörte, das Blutgericht *Caraffas* aufzuheben, wurde entsprochen. Anschließend wurde der Termin für die Krönung *Josephs* festgelegt. Es war der 9. Dezember. Im Reichsrate, der sich ab nun mit den Landesbeschwerden zu befassen hatte, kamen wieder die Religionsangelegenheiten zur Sprache. In einem Verzeichnis führten die Protestanten alle Bedrückungen seit dem Ödenburger Reichstag im Jahre 1681 an und verlangten die Wiedereinsetzung in die ihnen damals zuerkannten Rechte und die Beseitigung der inzwischen eingeführten Beschränkungen. Der König verwies, nachdem er die Eingabe gelesen hatte, diese an den Reichstag. Gleichzeitig hatte aber auch der Fürstprimas Erzbischof *Széchenyi* im Namen des katholischen Klerus ein Gesuch vorgelegt, in welchem er sagte: „Die Evangelischen haben die Vergünstigungen, welche ihnen unter der Bedingung friedlichen Verhaltens zugestanden wurden, durch Aufstand verscherzt; sie sind, als *Tököly* mächtig war, mit den Katholiken unwürdig verfahren; sie nennen sich evangelischer Stand, während es doch bloß vier Stände, Klerus, Magnaten, Edelleute und freie Städte gibt; sie sind endlich nicht Evangelische, sondern Gegner des Evangeliums." *Leopold* verwies auch dieses Gesuch an den Reichstag.

Am 8. Dezember nahmen *Leopold I.* im Namen seines noch minderjährigen Sohnes *Joseph* einerseits und die Stände andererseits das Krönungsdiplom an, in welchem der junge König die Rechte und Freiheiten des Landes, ausgenommen den Artikel 31 der Goldenen Bulle aus 1222, bestätigte.

Am 9. Dezember erfolgte im Dom die feierliche Krönung *Josephs* in Anwesenheit des Wiener Hofes und der zahlreich erschienenen Stände. Obwohl die Erblichkeit in der Ordnung der Erstgeburt vom Reichstage gebilligt worden war, fragte der Palatin dennoch die Stände dreimal in ungarischer Sprache: „Wollen Sie den Erzherzog Joseph zu Ihrem König krönen?" Dreimal bejahten die Stände geschlossen die Fragen. Hierauf nahm der neunzigjährige Fürstprimas Erzbischof *Széchenyi* die heilige Stephanskrone vom Altar und setzte sie dem neunjährigen Erzherzog *Joseph* feierlich auf das Haupt und beglückwünschte den jungen König mit den Worten: „Siege über deine auswärtigen Feinde, siege besonders über den Halbmond! In deiner Heimat aber? Da sei der König der Altar, dem sich alle Untertanen mit Vertrauen zukehren. Die mächtigste Wehr und Stütze des Königs ist es, geliebt zu werden.

Glaube mir, auf Maßregeln, die Furcht einflößen, kann sich ein Herrscher nicht verlassen! Du wirst nicht glücklich sein, wenn du andere nicht beglücken wirst! Lebe also, o König, von Gott und den Völkern geliebt!"

Von den 29 Gesetzesartikeln, die der Reichsrat beschlossen und der König bestätigt hatte, bezog sich Art. 1 auf die Krönung des Erzherzogs *Joseph* und auf den Eid, durch welchen er sich verpflichtete, die Rechte und Freiheiten der Stände und aller Landesbewohner unversehrt zu erhalten; Art. 2 und 3 auf die Erblichkeit der Krone und die Ordnung der Thronfolge; Art. 4 bestätigt die Bulle *Andreas' II.* von 1222, mit Ausnahme des Art. 31; Art. 5 bringt die allgemeine Amnestie, von der nur *Tököly* und seine noch unter Waffen stehenden Anhänger ausgeschlossen sind; Art. 6 hebt das Eperjeser Gericht auf, erklärt alle Urteile und Akte desselben auf immer für ungültig und ordnet an, wider des Hochverrats Angeklagte künftighin nach den Gesetzen des Reiches zu verfahren; Art. 7 schreibt die Rückgabe der konfiszierten Güter an die noch lebenden Verurteilten, desgleichen an die Witwen und Waisen der Verstorbenen vor; Art. 8 sieht vor, daß bei Hofe und der Kanzlei in Wien ständig zwei ungarische Räte sind; Art. 9 bewilligt den Magnaten die Errichtung von Fideicommissen und Majoraten; Art. 10 sieht vor, daß Orte nur durch Gesetz des Reichstages in den Rang von Freistädten erhoben werden dürfen; Art. 20 erklärt die Jesuiten als gesetzlich anerkannte Körperschaft; Art. 21 lautet: ,,Obgleich die Bekenner der Augsburger und Helvetischen Konfession die Art. 25 und 26 des letzten Ödenburger Reichstages durch ihre Redamationen gegen dieselben gemisbraucht und dadurch aufgehört haben der Wohltat derselben theilhaftig zu sein, haben die Stände diese Artikel dennoch um der heimischen Eintracht und des Friedens willen, und weil Se. Majestät aus Huld deren Gültigkeit beschlossen hat, ungeachtet des Widerspruchs des Klerus und weltlicher Katholiken für erneuert und wieder in Kraft gesetzt erklärt, und angeordnet, daß dieselben, falls sie nicht vollstreckt . . . oder verletzt worden wären . . ., je eher in Vollzug gesetzt werden sollen;" Art. 26 setzt die Taxe für das Indigenat mit 1.000 Dukaten fest.

Stephan Csáky wurde zum Oberstlandesrichter ernannt. Endlich erfüllt aber *Leopold I.* auch den sehnlichsten Wunsch des Palatins *Paul Esterházy* und verlieh ihm den Titel eines ,,Reichsfürsten", der sich auf die Erstgeborenen seiner männlichen Nachkommen forterben sollte.

Der Aufstand der Janitscharen; der Fall von Munkács und die Erwerbung Siebenbürgens

Während *Leopold I.* durch die ruhmreichen Waffentaten seiner Armeen vor Wien und Ofen und anderen Plätzen dem Zenit seiner Macht und dem Gipfel seines Ansehens in ganz Europa zustrebte, vermochte er auch durch die neuen Gesetze des ungarischen Reichstages seinem Hause die Stephanskrone zu sichern. Seine Siege entmutigten aber gleichzeitig die Janitscharen, reizten sie zum Aufstand. Sie achteten den Befehl *Mohammed IV.* nicht, in Belgrad zu bleiben, sondern marschierten in starken Verbänden nach Konstantinopel und forderten die Hinrichtung des Großveziers, der nur durch die Flucht im letzten Augenblick ihrer Rache für die schweren Niederlagen entgangen war. Aber auch gegen andere Verantwortliche an der Hohen Pforte richtete sich ihr Zorn. Eigenmächtig ernannten sie *Siawusch* Pascha zu ihrem Seraskier, ihrem Großvezier. Vergebens schickte ihnen Sultan *Mohammed IV.* den Kopf *Suleimans* entgegen und ließ *Siawusch* Pascha das große Siegel des Reiches mit einer freundlichen Botschaft überbringen. In dieser Botschaft versprach der Sultan den Janitscharen Genugtuung für alles erlittene Unrecht, wenn sie in Sofia oder Philippopolis Winterquartiere nehmen würden. Seine Nachgiebigkeit stimmte sie aber nur noch trotziger. Sie setzten ihren Marsch fort und forderten, als sie sich Konstantinopel näherten, die Entthronung des Padischah, des Sultans, der über seiner Jagdleidenschaft die Regierungsgeschäfte des Reiches vernachlässigt habe. Am 8. November 1687 setzten die Ulema, auf Antrieb des Kaimakams *Köprili Mustapha*, *Mohammed* ab und hoben dessen Bruder *Soliman* auf den Thron. Der Aufruhr nahm aber kein Ende. Jetzt standen die Janitscharen sogar gegen den von ihnen selbst eingesetzten Großvezier auf, erschlugen *Siawusch* Pascha und stürmten seinen Palast. Von Konstantinopel griff der Aufstand auf die Provinzen über, und das allerorts der Rebellenherrschaft verfallende Reich der Osmanen war nach außen machtlos geworden.

Diese Situation nützten die kaiserlichen Generäle sofort. General *Johann Esterházy*, der während der Belagerung Wiens, im Rücken der türkischen Heere die Stadt und Festung Raab heldenmütig verteidigt und gehalten hatte bis die Türken zurückgeschlagen werden konnten, eroberte schon am 22. November Palota. Auch Stadt und Festung Erlau, die von *Stephan Kohary* und Oberst *Doria* belagert wurden, litten bereits großen Mangel. Trotzdem wies *Rustem* Pascha, der auf Entsatz hoffte, alle Aufforderungen sich zu zu ergeben zurück. Als aber General *Caraffa*, der aus Eperjes abgezogen worden war und in Siebenbürgen ein Kommando erhalten hatte, im Lager eintraf und *Rustem* Pascha in einem Gespräch zwischen den Lagern die im Osmanischen Reiche herrschende Empörung schilderte, sah dieser ein, daß er auf keinen Entsatz mehr zu rechnen hatte. *Rustem* Pascha erklärte sich bereit zu kapitulieren, wenn ihm und seinen Truppen freier Abzug gewährt und dieser vom Kaiser persönlich bewilligt würde. Sofort gingen Eilkuriere nach Preßburg ab und kehrten nach wenigen Tagen mit der Zustimmung *Leopolds* zurück. Hierauf übergab *Rustem* Pascha Erlau am 7. Dezember und wurde samt seinen Truppen nach Großwardein geleitet. Nach dem Verluste Erlaus räumten die Türken auch Stadt und Burg Sirok und mehrere kleinere Plätze in der Umgebung. In verhältnismäßig kurzer Zeit war so das Theißgebiet bis weit nach Süden feindfrei und von kaiserlichen Truppen besetzt worden.

Nur *Ilona Zrinyi, Tökölys* tapfere Gemahlin, hielt in Oberungarn die Festung Munkács und weigerte sich zu kapitulieren. Standhaft hoffte sie, daß *Emmerich Tököly* eines Tages mit einem Entsatzheere vor Munkács stehen und sie befreien werde. Jedoch ihr Schloßhauptmann *Radics* und *Daniel Absalon*, der einstige Erzieher ihres Mannes, der später sein vertrauter Rat und Kanzler geworden war, sahen ebenfalls den Zerfall der türkischen Macht. Ihr Herr war dazu noch von tausenden seiner Getreuen verlassen worden, die nach dem Fall von Ofen in das königliche Lager übertraten. Deshalb zweifelten *Radics* und *Absalon* daran, daß es dem Kuruzzenkönig, ihrem Herrn möglich sein würde, ihnen und seiner Gemahlin Hilfe zu bringen. Aus diesem Grunde hielten sie es für ratsamer, die Festung zu einem Zeitpunkt zu übergeben, zu dem man noch Bedingungen stellen könne. In diesem Vorhaben bestärkte sie auch ein Brief *Tökölys* an seine Gemahlin. Eigenmächtig öffneten sie diesen und lasen mit Staunen, daß *Tököly Ilona Zrinyi* auftrug, durch ihren Beichtvater dem Papste zu melden, daß er nicht allein zur katholischen Kirche übertreten, sondern auch zur Bekehrung der Lutheraner und Kalviner beitragen wolle, wenn *Innocenz XI.* seine Aussöhnung mit dem Kaiser unter annehmbaren Bedingungen zustande brächte. *Radics* und *Absalon* waren bestürzt. Sie beschlossen, der Fürstin nichts von diesem Briefe zu sagen, denn es sollte und durfte nicht geschehen, daß *Emmerich Tököly* diesen Weg beschreiten konnte. Ihr protestantischer Eifer ließ dies nicht zu. Sie traten daher heimlich mit *Caraffa* in Verbindung und eröffneten ihm, daß sie dazu bereit wären, ihre Herrin unter gewissen Bedingungen zu nötigen, ihm Munkács zu übergeben. *Caraffa* ging sofort auf ihre Vorschläge ein, und nun ging der Schloßhauptmann mit den Lebensmittelvorräten der Burg, die nach ungarischer Darstellung noch länger als ein halbes Jahr gereicht hätten, so verschwenderisch um, daß diese in kurzer Zeit aufgebraucht waren und sie ihrer Herrin melden konnten, daß die Vorräte zur Neige gehen würden und sie daher noch vor Ablauf von zwei Monaten in Unterhandlungen treten müsse, wenn sie nicht gezwungen sein wolle, sich auf Gnade zu ergeben. *Caraffa* stellte ihr dazu in einem langen Schreiben die Hoffnungslosigkeit ihrer Lage vor Augen. „Die Türken“, teilte er ihr mit, „sind den kaiserlichen Waffen unterlegen und fast gänzlich aus Ungarn vertrieben, und Aufruhr tobt von dem einen Ende ihres Reiches bis zum anderen. Ihr Gemahl, von den Türken gefangengesetzt, von seinen Anhängern verlassen, ist nichteinmal imstande sich selbst zu helfen, geschweige denn ein Entsatzheer auf die Beine zu bringen. Petneházy und viele andere haben dem König gehuldigt und Leopolds Sohn wurde von ihnen als erblicher König angenommen. Wollen Sie denn, edle Fürstin, allein in einer einzigen Festung dem Kaiser widerstehen? Oder haben Sie Ihrem Gatten gelobt, Munkács nicht zu übergeben? Ein solcher Eid wäre nichtig, denn er ist an sich schon ein Treuebruch dem Kaiser gegenüber. Befolgen Sie den Rat eines Freundes und Christen, und stellen Sie Ihr Schicksal und das Ihrer Kinder, den fürstlichen Nachkommen des Rákoczyschen Hauses der Gnade des Kaisers anheim, und seien sie ihnen keine

Stiefmutter sondern eine Mutter." *Ilona Zrinyi* zögerte und versuchte für die Übergabe die Begnadigung ihres Gatten zu erwirken. Als der Kaiser das ablehnte, war sie bereit, Munkács am 14. Jänner des Jahres 1688 unter nachangeführten Bedingungen zu übergeben: Alle in der Festung Anwesenden sind amnestiert, außer jenen, die sich noch bei *Tököly* befinden. Die Fürstin begibt sich mit ihren Kindern *Juliana* und *Franz* nach Wien, wo sie auf freiem Fuße leben, die Stadt aber nicht ohne Erlaubnis des Kaisers verlassen wird. Den Kindern werden alle Rákóczyschen Herrschaften und das gesamte bewegliche Vermögen zurückgegeben, nur die Rückgabe von Munkács und St. Miklos, die der Krone gehören, bleibt einer späteren Entscheidung vorbehalten. Die der Fürstin von ihrem Gemahl verschriebenen Güter, die sie als Morgengabe erhalten hat, erhält sie entweder zurück oder eine Summe zuerkannt, die dem Werte derselben entspricht. Wenn die ihr zuerkannte Summe nicht ausbezahlt werden kann, bekommt sie vorerst die Zinsen von dieser, und zwar ohne Benachteiligung ihrer Kinder. Die Fürstin liefert dafür das Athname und die Zeichen der Herrschaft aus, welche *Tököly* vom Sultan im Jahre 1683 erhalten hat. Die Kinder *Juliana* und *Franz* bleiben, wie es ihr Vater *Franz Rákóczy* in seinem Testament niedergelegt hat, unter der Vormundschaft des Kaisers und dessen, den dieser zu ihrem Vormund ernennen wird. *Ilona Zrinyi* wurde mit ihren Kindern nach Wien gebracht und mit diesen in ein Kloster der Ursulinerinnen eingewiesen. Die Vormundschaft über ihre Kinder übertrug der Kaiser Kardinal *Kollonitsch,* der wieder den Zempliner Vizegespan *Franz Klobusiczky* zum Kurator ihres Vermögens ernannte. *Kollonitsch* ließ durch *Klobusiczky* den evangelischen Gottesdienst in den Rákóczyschen Herrschaften einstellen, die Kirchen und Schulen konfiszieren und die Prediger vertreiben. Während der zwölfjährige *Franz II.,* der Sohn *Ilonas,* schon nach vier Tagen Aufenthalt bei den ehrwürdigen Schwestern von *Kollonitsch* in das Jesuitengymnasium nach Neuhaus eingewiesen wurde und seine Mutter nie mehr gesehen hat, verblieb *Juliana* bis zum Tage ihrer Vermählung mit dem um vieles älteren Grafen *Aspremont* am 24. Juni 1691 und ihre Mutter bis zum Austausch gegen General *Heißler* im Feber 1692 im Kloster.

Tököly gab aber noch immer nicht auf, obwohl er wußte, daß mit Munkács sein letzter Stützpunkt in Oberungarn gefallen und seine Frau nach Wien gebracht worden war. Weil man längere Zeit von ihm nichts mehr gehört hatte, vermutete *Caraffa,* daß ihn der Sultan habe beseitigen lassen, weil er einem Frieden zwischen der Pforte und dem Kaiser im Wege stehen würde. Es war aber nicht so, und *Tököly* konnte sich in der Gefangenschaft sehr wohl der Feder bedienen. Von Gyula aus erließ er einen Aufruf an das ungarische Volk: „Deine und meine Feinde sagen mich tot, aber Gott sei Dank, ich lebe, lebe um für deine Freiheit zu kämpfen. Ich weis, ihr habt nur gezwungen das Joch auf euch genommen, weil es die Umstände erforderten . . . Ich weiß aber auch, daß ihr eure eigene That verabscheut; daß ihr die hasset, die euch in Fesseln geschlagen haben, ungeachtet es ihre Pflicht gewesen wäre, die

Fesseln zu brechen. Schande und Schmach, daß ein Esterházy nach dem Titel eines Fürsten des römischen Reiches lüstern ist, als wäre die ungarische Palatinswürde nicht weit mehr! Das war also der Preis, den er für so viele Verräthereien empfing? Ich will lieber all mein Gut verlieren, als es um diesen Preis zu erkaufen. Was hat man mir nicht versprochen, und was verspricht man mir nicht noch heute, damit ich euch verlasse? Aber ich will lieber unglücklich als ein Verräther sein . . . Für euch habe ich das Schwert gezogen, solange ich die Kraft dazu hatte; auch jetzt ziehe ich den Tod einem schimpflichen Leben vor! Ich zweifle nicht, daß ihr anerkennen werdet, ich sei unendlich unglücklich, aber eines besseren Schicksals würdig gewesen. Wir haben jedoch nicht Ursache schon zu verzagen. Die Macht des türkischen Kaisers, unter dessen Schutz ich stehe, und der auch Ungarn unter seinen Schutz nehmen will, ist durch Unfälle, von denen sie betroffen worden, nicht so geschwächt worden, nicht so geschwächt als daß sie sich nicht nächstens wieder gewaltig erheben kann. Ich mahne euch, die Ungarn, an das Blut, das eure und meine Feinde, die euch vernichten wollen, schon vergossen haben! Fragt ob einer unter ihnen ist, der nicht einen Bruder, Verwandten oder Freund auf dem Blutgerüst Caraffas verloren hat und fordert sie zuletzt auf, sich zur Rettung der Nation und ihrer Freiheit zu erheben!" Der verzweifelte Aufruf des Kuruzzenkönigs verhallte ungehört. Mit seinem Glücke hatten ihn auch seine besten Freunde verlassen, selbst *Stephan Szirmay* und *David Absalon*. *Tököly* hatte keinen Anhang mehr, und von den Türken wollten die Ungarn (zumindest derzeit) auch keine Hilfe haben.

Die Wirren, die im Osmanischen Reiche herrschten, klug für seine politischen Ziele nützend, griff Österreich in die Angelegenheiten Siebenbürgens ein. Die Minister *Leopolds* wollten dieses Fürstentum zu einer Provinz des Hauses Habsburg machen, und die ungarischen Stände wollten es mit der Stephanskrone wieder vereinigen. *Caraffa*, der zwar von Eperjes abgezogen worden war, war nicht bestraft, sondern zum Feldmarschall ernannt worden. Er hatte bei der Inbesitznahme mehrerer Festungen staatsmännische Klugheit bewiesen und war mit dem Oberbefehl über die kaiserlichen Truppen in Siebenbürgen und allen Verhandlungsvollmachten mit *Apafy* ausgestattet worden. Als Ratgeber und Gehilfen gab man ihm *David Absalon* bei, der als ehemaliger Kanzler *Tökölys* mit den Verhältnissen in Siebenbürgen bestens vertraut war und seit der Übergabe von Munkács in kaiserlichen Diensten stand. *Apafy* hatte *Caraffa* zwölf wichtige Burgen zu übergeben und seinen dort in Winterquartieren liegenden Soldaten Lebensmittel zu liefern gehabt. Unter *Absalons* Einfluß sank die Regierung des Fürsten zu einem Schattendasein herab, und alles hatte zu geschehen, was der kommandierende General wollte. Im sogenannten „Blasendorfer Vertrag", den noch der Herzog *Karl von Lothringen* schloß, waren die Verpflichtungen niedergelegt worden. Siebenbürgen stellte sich vollends unter *Leopolds* Schutz, und die Städte und Festungen Kövar, Huszt, Görgény und Kronstadt nahmen seine Truppen auf. Am 9. Mai unterfertigten die Stände, von *Teleki*, den *Caraffa* für sich gewonnen hatte, bewogen, eine Huldigungsurkunde für den Kaiser, und am Tag darauf, am 10. Mai bestätigte sie der Landtag und leistete dem Kaiser den Treueid.

Leopold schrieb an *Caraffa*, der Siebenbürgen erobert hatte, ohne das Schwert gezogen zu haben: „Nie werde ich deine großen Verdienste vergessen." Graf *Teleki*, der sich um das Haus Habsburg sehr verdient gemacht hatte, erhielt den Titel „Graf des Römischen Reiches" verliehen.

Caraffa ernannte *Veterani* zum Oberbefehlshaber in Siebenbürgen und brach mit 2.000 Mann Infanterie und 400 Mann Kavallerie auf, um die Festung Lippa zu erobern, die in türkischem Besitz, den Kaiserlichen zwischen Peterwardein und Siebenbürgen im Wege war und andererseits die Verbindung der Türken zwischen Temesvár und Großwardein sicherte.

Eroberung von Belgrad

Am 19. Mai kapitulierte Stuhlweißenburg, das von Graf *Adam Batthyány* hart belagert wurde. *Amhad* Pascha ergab sich, weil General *Caprara* dem Güssinger zu Hilfe gekommen war und erhielt für sich und 1.118 Mann freien Abzug nach Esseg.

Caraffa aber hatte am Wege nach Lippa erst Solymcos erobert und rief, als er die Stärke der Besatzung von Lippa erfuhr, *Veterani* und *Piccolomini* zu sich. Erst dann belagerte er Lippa, dessen Besatzung sich am 18. Juni auf Gnade ergab. 2.000 Türken gerieten in Gefangenschaft. Hierauf ergaben sich auch 300 Raizen, die Lugos besetzt hielten, ohne Widerstand. *Caraffa* ging über die Theiß und die Donau und hatte Auftrag sein Korps auf die Armeen des Markgrafen *Ludwig von Baden* und des Kurfürsten *von Bayern* aufzuteilen. Diese hatten die Weisung Belgrad zu erobern, denn die Wirren im Osmanischen Reich hielten unvermindert an. *Hassan,* der Pascha von Belgrad war zwar von Mustapha zum Seraskier ernannt worden, aber der Rebell *Jegen Osman* zog mit seinen Scharen selbst nach Belgrad und vertrieb *Hassan* aus der Stadt. *Jegen Osman* machte sich selbst zum Seraskier. Indessen erschlug die türkische Besatzung von Temesvár den eigenen Stadt-Pascha, weil die Besoldung ausgeblieben war.

Während der Kurfürst am 7., 8. und 9. August die Save überschritt, ernannte *Jegen Osman,* der zwar ein trotziger Rebell aber kein Stratege war, den Szegszárder Beg *Ibrahim* zum Befehlshaber in Belgrad und *Ahmed* Pascha zum Serdar (Befehlshaber der Truppen), zündete die meist von Juden und Christen bewohnte unbefestigte Vorstadt an und zog sich mit *Tököly* nach Semendria zurück. Die Truppen des Kurfürsten, die nach Belgrad vorstießen, besetzten die brennende Vorstadt kampflos. Bis 25. August dauerte es aber, bis schwere Artillerie im Lager des Kurfürsten einlangte. Belgrad bestand aus der gegen Westen auf einem Berge gelegenen Festung, aus der östlichen Oberstadt und der an der Mündung der Save in die Donau sich hinziehenden Wasserstadt. Außer der Mauer und dem Graben, die das Ganze umfaßten, war jeder dieser Stadtteile von einer Mauer mit Türmen und einem Graben umschlossen. Nach schwerem Beschuß durch die Artillerie, die zwei breite Breschen in das Mauerwerk gelegt und einen Eckturm zum Einsturz gebracht hatte, ließ der Kurfürst am 6. September zum Generalsturm antreten. Zwei Kolonnen zu je 2.000 Mann stürmten von Süden gegen die Breschen, zwei andere erkämpften die Mauern der Oberstadt im Osten und Westen, die fünfte die der Wasserstadt an der Save. Die Breschen wurden genommen, aber die Truppen sahen sich jetzt der zweiten Mauer gegenüber. Unter großer Kraftanstrengung aber und in blutigen Nahkämpfen erstürmten sie auch die Hauptumwallung der Oberstadt, wobei auch der Kurfürst und *Prinz Eugen,* die in vorderster Reihe fochten, verwundet wurden. Gleichzeitig hatten aber auch die anderen Sturmkolonnen unter der Führung der Generäle *Arco, Heister* und *Pinni* die Mauern erstiegen und drangen ebenfalls in die Oberstadt ein. Die Türken wurden unter schweren Verlusten durch die Straßen in die Festung zurückgetrieben, steckten aber sofort die weiße Fahne aus und ergaben sich auf Gnade. Der Kurfürst rettete *Ibrahim* Pascha, der Belgrad recht tapfer verteidigt hatte, und 1.000 Janitscharen vor der Wut seiner Soldaten, die alles niedermachten, was ihnen unterkam. 7.000 Türken waren gefallen, die Verluste der Kaiserlichen betrugen aber nur 700 Mann, darunter aber die Generäle *Scherffenberg* und *Fürstenberg.* Die Beute war unbedeutend, weil die wohlhabenderen Leute schon vorher mit ihrer Habe geflohen waren. Unter 77 erbeuteten Kanonen befanden sich zwei von großem Kaliber. Eine konnte 320- und die andere 440pfündige Kugeln verschießen.

Jegen Osman zündete nach dem Falle Belgrads Semendria an und ging mit *Tököly* bis Sofia zurück.

Bald darauf wurden Nisch, Widdin, der größte Teil Serbiens und Bosniens eingenommen und der Woiwode der Walachei, *Brankován,* zur Anerkennung der Oberhoheit Kaiser *Leopolds* gezwungen. Im Verhältnis zu den erbitterten Kämpfen um Ofen, das von einer straff geführten Besatzung verteidigt wurde, waren jetzt, infolge der Wirren in der Türkei Siege leicht errungen worden.

Nicht nur *Leopold* gegenüber verfolgte das Unglück die Türken. Zur selben Zeit brachten *Johann Sobieski* in der Moldau und beim Schwarzen Meer, die Russen beim Asowschen Meer, Venedig und Dalmatien und Morea wie auch zur See den Türken große Verluste bei.

Auch beim Wiener Hofkriegsrat waren indessen bemerkenswerte Veränderungen vor sich gegangen. Markgraf *Hermann von Baden,* der als bisheriger Hofkriegsratspräsident gegen *Karl von Lothringen* am Hofe Stimmung zu machen versuchte, war als „kaiserlicher Prinzipal-Commissarius" zum „immerwährenden deutschen Reichstag" nach Regensburg delegiert worden, um dort die Interessen der Krone und des Hauses Habsburg zu vertreten. An seiner Stelle war Graf *Rüdiger von Starhemberg,* der heldenhafte

Verteidiger Wiens im Jahre 1683, Hofkriegsratspräsident geworden und Markgraf *Ludwig von Caprara* wurde mit der Ergänzung und Neugliederung des Heeres betraut, das er bis zum Eintreffen des Kurfürsten von Bayern auf volle Kampfstärke bringen sollte.

Pfälzischer Erbfolgekrieg; Kämpfe in Ungarn und der Verlust Belgrads

Während *Leopold I.* Ungarn eroberte, Siebenbürgen der Krone wieder gewonnen wurde und es den Anschein hatte, daß die Türken jetzt vom Kontinent wieder vertrieben werden könnten, war dem Kaiser, wegen der Erfolge im Osten, im Westen ein Feind erstanden, *Ludwig XIV. Leopolds* Siege und der Zusammenbruch des türkischen Heerwesens hatten den Bourbonen zutiefst beunruhigt, denn bei der Lösung der pfälzischen Erbfolgefrage würde es voraussichtlich zu politischen und militärischen Konfrontationen mit *Leopold I.* kommen, und da hätte er es gerne gesehen, wenn der Kaiser auch an einer zweiten Front stärkere Truppenkontingente binden müßte. Dabei war die Lage *Leopolds* ungleich schwieriger, denn seine Armee war durch die langen und schweren Türkenkriege ziemlich erschöpft, die deutschen Länder ausgeblutet, die Staatskasse des Heiligen Römischen Reiches leer, während *Ludwig XIV.*, der die Arroganz buchstäblich personifizierte, über eine hochgerüstete starke Armee verfügte.

Mit dem Tode des Kurfürsten *Karl von der Pfalz* war der Mannesstamm der Linie Pfalz-Simmern ausgestorben. *Ludwig XIV.* erhob für seine Schwägerin *Elisabeth Charlotte von Pfalz-Simmern,* die Schwester des verstorbenen Kurfürsten und zweite Gemahlin seines Bruders, des Herzogs *Philipp von Orleans,* trotz früherer Verzichtleistung, Anspruch auf den kurpfälzischen Allodialbesitz, vor allem auf Simmern, Sponheim und Lautern. Französische Truppen rückten am 25. September in die deutschen Rheinprovinzen ein und zerstörten zahlreiche Städte. Am schwersten war Heidelberg vom Vandalismus der Franzosen betroffen. Die französischen Streitkräfte, die in einer Stärke von 80.000 Mann eingefallen waren, fanden vorerst keinen nennenswerten Widerstand. Sie hatten den Auftrag, bei Gegenmaßnahmen des Wiener Hofes Städte und Plätze, die sie nicht halten können würden, dem Erdboden gleichzumachen. Kaiser *Leopold* war gezwungen worden, *Karl von Lothringen* mit 25.000 Mann aus Ungarn abzuziehen, um den Schutz des Reichsgebietes im Westen gewährleisten zu können. Damit wurde der militärische Druck auf die Hohe Pforte, mit der *Ludwig XIV.* das Bündnis gegen den Kaiser erneuert hatte, wesentlich verringert. Der neue Großvezier *Mustapha Köprili,* der die Erneuerung des Bündnisses mit den Franzosen betrieben hatte, schlug den Aufstand der Janitscharen nieder, reorganisierte das türkische Heerwesen und errang, entlastet durch die Franzosen, erste bedeutende Erfolge gegen die habsburgischen Kriegsvölker. Für den Wiener Hof war aber damit das eingetreten, was man immer vermeiden wollte, der Zweifrontenkrieg. *Karl von Lothringen* eroberte das von den Franzosen verwüstete Mainz zurück, und Kurfürst *Friedrich III.* von Brandenburg entriß den Franzosen Kaiserslautern und Bonn.

Gemäß den Beschlüssen des türkischen Kriegsrates von Adrianopel, an dem auch der wieder zu Ehren gekommene *Tököly* teilnahm, griffen der Khan der Krimtataren und *Chalil,* der türkische Befehlshaber in Morea, die Kaiserlichen in Südserbien an. Herzog *Karl von Holstein,* der nach dem Lothringer zeitweise das Kommando führte, glaubte alle eroberten Plätze schützen zu können und zu müssen und verteilte seine Streitkräfte auf viele Plätze. Dies hatte zur Folge, daß er alle Plätze verlor, weil die zersplitterten Kaiserlichen nicht in der Lage waren, stärkeren Verbänden zu trotzen. Der Tatarenkhan eroberte Uskup, wo er den „Häuptling Karpos" gefangennahm, der sich zufolge eines Diploms *Leopolds* „König von Albanien" genannt hatte und ließ ihn auf einen Pfahl spießen.

Leopold I. war aber wenigstens auf diplomatischem Gebiet erfolgreich gewesen. Der brutale Einfall der Franzosen in das Reich, die schweren Verwüstungen, die sie angerichtet hatten, und letztlich auch die militärischen Erfolge des Herzogs *Karl von Lothringen,* dem es gelungen war die Vandalen zurückzudrängen, brachten es mit sich, daß die deutschen Kurfürsten auf dem „immerwährenden Reichstag" dafür gewonnen werden konnten, daß *Joseph I., Leopolds* ältester Sohn, am 24. Jänner 1690 am Kurfürstentag zu Augsburg zum römischen König gewählt wurde. Der Versuch des arroganten Bourbonen, die deutsche Kaiserkrone für sich selbst oder einen seiner Söhne zu erwerben, scheiterte.

Am 3. Feber 1690 schlug Markgraf *Ludwig von Baden* in einer Denkschrift dem Hofkriegsrat in Wien vor, wegen der Unzulänglichkeit der Mittel, der stark verringerten Truppenanzahl in Ungarn und der leeren Kriegskasse, die Armee hinter die Save und Donau zurückzunehmen, denn sie sei augenblicklich nicht in der Lage, die ausgedehnten Eroberungen am Balkan zu behaupten. Siebenbürgen aber solle gehalten werden, weil man so Oberungarn am besten sichern und für die vorübergehend aufgegebenen Gebiete das nähergelegene Großwardein und Temesvár erobern sollte. Sein Plan wurde verworfen, weil General *Veterani* versprach, daß sich die Völker des Balkans gegen die Türken erheben und daß es ihm daher ein leichtes sein werde, Konstantinopel zu erobern und die Türken nach Kleinasien zurückzuwerfen. Selbst *Tököly,* der Erzrebell, wollte mit ihm in Verhandlungen treten, weil er alles verloren sehe. Der Hofkriegsrat glaubte *Veterani,* worauf der Markgraf von Baden sein Kommando in Ungarn niederlegte. Kaiser *Leopold, Veteranis* Gedanken folgend, erließ ein Manifest an die Völker des Balkans, in dem er diesen freie Religionsausübung und die Bestätigung aller ihrer Privilegien verhieß, wenn sie sich gegen die Türken erheben würden und es gelänge, diese aus Europa zu vertreiben.

Am 13. April ergab sich die Besatzung der Festung Kanizsa, der letzte Stützpunkt der Türken in Ungarn. General Graf *Adam Batthyány* und Graf *Stephan Zichy* hatten sie seit Monaten hart belagert.

Da bereitete ein weiteres Ereignis dem Kaiser Sorge. Am 15. April war *Michael Apafy,* der Fürst von Siebenbürgen, gestorben. Hierauf war *Emmerich Tököly* von der Hohen Pforte zum Fürsten von Siebenbürgen ernannt worden, und er schickte sich nun an, mit dem Rest seiner Kuruzzen, der ihm auf türkisches Gebiet gefolgt war, und einem türkischen Hilfskorps in Siebenbürgen einzurücken. Der Sohn des verstorbenen Fürsten war noch minderjährig, weshalb es ein Teil des siebenbürgischen Adels mit *Michael Teleki* an der Spitze einsah, daß es in so unsicheren Zeiten besser sein würde, wenn ein Gubernium das Land verwalte als ein Jüngling, der selbst noch der Führung bedürfe.

Auf die Nachricht, daß *Tököly* anrücke, teilte General *Heißler* seine Streitkräfte. Er sandte General *Heister* mit einigen Regimentern und *Ladislaus Gyulayi* mit siebenbürgischen Truppen an die Enge beim Eisernen Tor, damit dieser den Engpaß an der südwestlichen Ecke Siebenbürgens besetze. *Heißler* meinte, wenn er mit drei deutschen Regimentern und Graf *Teleki* mit 3.000 bis 4.000 Mann die Engpässe von Bozza besetze, so würde das ausreichen, *Tököly* an beiden Pässen daran zu hindern, in Siebenbürgen einzudringen. Aber *Brankován,* der Fürst der Walachei, hatte sich *Tököly* ebenfalls angeschlossen, und so kam es, daß *Heißler* sich plötzlich einem viel stärkeren Gegner gegenüber sah. *Tököly* ließ *Brankován* vor den Engpaß von Bozza rücken, um *Heißlers* Truppen zu täuschen, während er mit 10.000 Mann, darunter tatarische Reiterei, es zuwege brachte, seitlich der Paßstraße durch weglose Bergwälder *Heißler* zu umgehen, der sich am Paß verschanzt hatte. Bei Zernyest griff *Tököly* die völlig überraschten Siebenbürger an, und Graf *Teleki* fiel, von Wunden überdeckt. *Heißler* sah sich hierauf von zwei Seiten angegriffen, denn auch *Brankován* rückte vor, und wehrte sich tapfer gegen die Übermacht. Aber auch seine Regimenter und ein Teil der Siebenbürger wurden in erbittertem Kampfe aufgerieben, und *Heißler* und mehrere seiner Offiziere gerieten in *Tökölys* Gefangenschaft. Nur ein Rest von etwa 1.000 Mann entging dem Gemetzel und konnte sich durch Flucht retten. General *Veteranis* groß angekündigte Aufstände fanden vorerst nicht statt. Da die Lage am Balkan indessen immer bedrohlicher wurde, mußte der Kaiser Markgraf *Ludwig von Baden* bitten, auf sein Kommando in Ungarn zurückzukehren. Der Markgraf wollte nicht und verwies auf seine Warnungen, die man in den Wind geschlagen hatte, ließ sich aber letztlich doch bewegen, wieder den Oberbefehl in Ungarn zu übernehmen. Er traf am 21. August in Belgrad ein, von wo er nach Jagodin zur Armee weiterreiste. Als er am 26. August im Hauptquartier ankam, hörte er, daß der Großvezier seit 15. August Widdin und Nisch mit 60.000 Mann belagere. Und kurz darauf traf die Hiobsbotschaft ein, daß General *Heißler* bei Zernyest von *Tököly* geschlagen und gefangengenommen worden sei und daß *Tököly* über den Bozzapaß in Siebenbürgen einrücke. Die kaiserliche Armee hingegen bestand nur mehr aus 14.024 Mann. Lange beriet Markgraf *Ludwig* mit dem Herzog von Holstein und den Generälen *Veterani* und *Aspremont* die Frage, ob es zweckmäßiger sei, *Guido Starhemberg* in Nisch zu entsetzen oder ob man nach Siebenbürgen gehen und *Tököly* von dort vertreiben solle, um einem eventuellen Aufstand in Oberungarn vorzubeugen. Die Generäle entschieden sich für die Sicherung Siebenbürgens. *Starhemberg* wurde angewiesen, Nisch solange zu halten, als es ohne die gänzliche Aufopferung seiner Kräfte gehe. *Aspremont* wurde angewiesen, mit 3.000 Mann nach Belgrad abzurükken, um die dortige Garnison, die nur aus 2.000 Mann bestand, zu verstärken. Graf *Csáky* hatte mit seinen Husaren an die obere Save zu Banus *Erdödy* zu reiten, und der Markgraf selbst setzte sich mit 8.000 Mann nach Siebenbürgen in Marsch. Am 7. September ging er bei Semendria über die Donau und zog die Truppen, mit denen General *Heister* beim Eisernen Tor stand, am 17. September an sich. Um das Eiserne Tor nicht zu entblößen, wurde *Paul Rács* mit seinem serbischen Korps mit dem Auftrag nach Orsova zu gehen und in der Walachei zu heeren, in Marsch gesetzt. Dadurch sollte *Brankován*, der mit *Tököly* in Siebenbürgen plünderte, gezwungen werden, *Tököly* zu verlassen, um sein eigenes Land vor den Serben zu schützen. In Karansebes eingelangt, erließ der Markgraf einen kurzen Aufruf an die Stände und Städte Siebenbürgens: „Ihr habt euch durch die Niederlage in Zernyest in Schrecken gesetzt und aus Besorgnis für euer Vermögen Tököly angeschlossen, werdet aber jetzt, wo ich mit einem starken Heere an der Grenze stehe, wieder zur Treue gegen den Kaiser zurückkehren!" Markgraf *Ludwig* passierte am 19. September unangefochten das Eiserne Tor. Das Gerücht von seiner Ankunft und der Schrecken über die Verheerungen, die *Paul Rács* in der Walachei anrichtete, veranlaßten *Brankován*, wie beabsichtigt, sich sofort von *Tököly* zu trennen. Aber auch die Tataren, die in Siebenbürgen arg geplündert hatten, wollten ihre Beute in Sicherheit bringen und verließen *Tököly* ebenfalls. Er aber hatte es verabsäumt, feste Plätze in seine Hand zu bringen und wagte es jetzt nicht mehr, dem Markgrafen in offener Feldschlacht entgegenzutreten. Nachdem er vergebens versucht hatte, den Markgrafen durch Hin- und Hermarschieren hinzuhalten, bis ein angefordertes Janitscharenkorps zu ihm stoßen könne, schnitten ihm der Markgraf und seine Reiterei den Weg ab und wollten ihn zur Schlacht stellen. Da *Tököly* keine Möglichkeit mehr sah, soviel Zeit zu gewinnen, bis ihm der Großvezier Hilfe schicke, stahl er sich in der Nacht über die Pässe von Bozza in die Walachei. Packwagen, die Räderbruch hatten, blieben beladen stehen, ebenso ein Teil der Beute. Siebenbürgen war wieder kaiserlich und die Stände die *Tököly* schon gehuldigt und als ihren neuen Landesherrn anerkannt hatten, beeilten sich, dem Markgrafen ihre Treue dem Kaiser gegenüber zu bekunden.

Am 29. August war indessen Widdin von Oberst *Hompesch* geräumt worden, und *Guido Starhemberg* übergab Nisch am 9. September, nachdem er es 24 Tage verteidigt hatte. Als die Lage aussichtslos zu werden begann, handelte er für sich und die auf die Hälfte des Standes zusammengeschmolzenen Truppen freien Abzug mit Waffen und Gepäck aus. Am 22. September traf er in Belgrad ein und zog nach kurzer Rast nach Esseg weiter, wo er den erkrankten General *Hofkirchen* im Kommando ablöste.

Nach der Einnahme von Nisch eroberte *Mustapha Köprili* Vetiszlam, Galaz, Semendria, Orsova und kleinere Plätze in dessen Umgebung. Er gab sich aber mit diesen Anfangserfolgen nicht zufrieden und stand am 1. Oktober vor Belgrad. Am 4. Oktober schon eroberten die Janitscharen die doppelten Wälle der Vorstadt. Hierauf traf *Köprili* Vorbereitungen, die Wasserstadt von der Donau, der Save und dem Raum zwischen beiden Flüssen zu stürmen. Am 8. Oktober, an dem Tage als auch Herzog *Croy* in Belgrad eintraf, um den ungeschickt taktierenden Herzog von Holstein in der Kommandoführung abzulösen und die Generäle eben im Kriegsrate berieten, explodierten alle drei Pulvervorratskammern der Festung hintereinander, und kurz darauf flog auch das Pulvermagazin in der Wasserstadt in die Luft. Mauern, Türme und Wälle stürzten wie bei einem Erdbeben in sich zusammen, und hunderte Soldaten wurden von den herumfliegenden Steinbrocken verwundet, erschlagen oder unter dem einstürzenden Gemäuer begraben. Verrat! *Andreas Cornero*, der Oberingenieur der Festung, hatte mit dem Großvezier zusammengespielt und die Pulverkammern in Brand stecken lassen. Sofort nach der furchtbaren Explosion stürmten die offenbar schon in Bereitschaft stehenden Janitscharen das Wassertor und die Breschen in Mauern und Wällen, und sie drangen zu Tausenden in die Stadt ein, ehe es den beiden Herzogen möglich war, Gegenmaßnahmen zu ergreifen. Wer sich den siegreich vordringenden Türken entgegenstellte, wurde erschlagen. Wo sich dort und da geringer Widerstand organisierte, erlag er der Übermacht. Wer noch konnte, floh zum Ufer der Donau, wo etliche Zillen lagen, um sich auf das nördliche Ufer des Stromes zu retten. Herzog *Croy*, der beinahe schon am nördlichen Ufer war, sah, daß das Boot mit dem Herzog von Holstein getroffen wurde und zerbrach, kehrte um und nahm trotz des feindlichen Feuers den Holsteiner zu sich ins Boot. Er hatte den Holsteiner aus größter Not gerettet. Wenige hatten das andere Ufer erreicht. *Croy* sammelte die Geretteten und führte sie nach Esseg, zu *Starhemberg*. *Andreas Cornero*, ein Grieche aus Kandia (auf der Insel Kreta), wurde von *Mustapha Köprili* reich belohnt, trat zum Islam über und behielt auch unter türkischer Besatzung in Belgrad sein bisheriges Amt inne.

Der Verlust Belgrads löste am Hofe *Ludwig XIV.* große Befriedigung aus. Im übrigen Europa aber war man bestürzt, besonders in Wien, denn jetzt stand ja ganz Ungarn dem Feinde offen. Die eroberten, zerschossenen Festungen waren nur notdürftig instandgesetzt worden und hatten meist nur geringe Besatzungen. Wäre *Mustapha Köprili* jetzt weitermarschiert, so hätte er binnen kürzester Zeit fast alle verlorengegangenen Plätze zurückerobern können. Aber er begnügte sich damit, die habsburgischen Kriegsvölker über die Donau und Save zurückgedrängt, und Belgrad, „das Haus des heiligen

Krieges" erstürmt zu haben. *Mustapha Köprili* entsandte nur mehr ein Korps von 10.000 Mann, um den belagerten Festungen Großwardein, Temesvár und Gyula Entsatz zu bringen. Der Großvezier selbst kehrte nach Konstantinopel zurück und ließ sich als Sieger feiern. Indessen erstürmte auch der Pascha von Bosnien die Festung Brod und warf sich mit 6.000 Reitern und 2.000 Janitscharen auf Esseg. *Starhemberg* gelang es aber, alle Angriffe abzuwehren. Am 5. November mußte der Bosnier nach schweren Verlusten abziehen. Mit Streifzügen der Tataren, die zum Entsatz von Großwardein ausgesandt worden waren, bis in das Gebiet um Debrezin, endete das verhängnisvolle Jahr. Nach einem letzten Gefecht am 31. Dezember zogen auch die Tataren ab.

Auch das Jahr 1691 wurde von der Drohung überschattet, daß *Mustapha Köprili* gewaltige Rüstungen anstrenge. Er wollte mit 120.000 Mann und Kuruzzen und Tataren Ungarn zurückerobern. Aber diesesmal sah sich auch der Hofkriegsrat vor, der zur Behauptung Ungarns 80.000 Mann auf die Beine brachte. Das Gros, 50.000 Mann mit 90 Kanonen, kommandierte wieder der Markgraf von Baden. Zu diesen deutschen und österreichischen Truppen kamen noch die *Batthyány-* und *Zichy-*Husaren und 3.000 Hajduken *Pálffys*. Feldmarschall Graf *Souches* führte die Verbände, die sich bei Ofen gesammelt hatten, vorerst nach Mohács. Ein weiteres Korps mit 12.000 Mann kommandierte General *Veterani* in Siebenbürgen und *Guido Starhemberg* stand mit enigen tausend Mann in Esseg.

Sultan *Soliman II.* hatte sein Heer bis Adrianopel begleitet, starb aber dort am 23. Juni. Hierauf blieb der Großvezier in Adrianopel stehen, um die Thronbesteigung *Ahmeds II.*, des jüngeren Bruders des Sultans, zu gewährleisten und auch, um seine eigene Bestätigung im Amte durch den neuen Herrscher abzuwarten. Erst am 12. August standen sich daher die Heere bei Semlin gegenüber. Da der Markgraf das stark befestigte türkische Lager nicht angreifen wollte, zog er sich dem Scheine nach zurück und verleitete *Köprili* dazu, sein festes Lager zu verlassen und ihm zu folgen. Am 17. August kam es dann bei Slankamen zur Schlacht. Nach dem Bericht des Markgrafen war es die blutigste des Jahrhunderts. Nachdem die Reiterei *Köprilis* die Stellungen des Markgrafen umgangen, in seinem Rücken Schanzen aufgeworfen und ihn von seinen Nachschublagern in Semlin abgeschnitten hatte, mußte der kaiserliche Feldherr alles wagen, wenn seine Truppen nicht ohne Verpflegung sein sollten. Die Türken griffen von beiden Seiten an. Schon schien alles verloren, als die Brandenburger unter General *Barfuß* in den Kampf eingriffen, die Einbruchstellen abriegelten und endlich die Reiterei General *Dünnewalds* am Platze erschien und den Türken sofort in scharfer Attacke in die Flanke fiel, durcheinanderbrachte und den bedrängten Infanterieregimentern Zeit zum Sammeln und zu abermaligem Sturm verschaffte. Als die Türken jetzt von allen Verbänden geschlossen angegriffen wurden, wichen sie zurück und wollten sich in ihr Lager retten. Ihr Rückzug artete unter dem Ansturm der Kaiserlichen aber in wilde Flucht aus, und gleichzeitig mit ihnen drang die sie verfolgende kaiserliche Reiterei in ihr Lager ein und säbelte nieder, was ihr vor die Pferde kam. Kurz darauf stürmten auch die nachstoßenden Infanterieregimenter die kaum besetzten Wälle und vollendeten das blutige Werk. 20.000 tote Türken bedeckten den Platz. Unter den Gefallenen waren der Großvezier, der selbst den Säbel zog und sich den Reitern mit seiner Leibgarde entgegenwarf, 13 Paschas und viele Offiziere. 158 Kanonen, alles Heergerät und die Kriegskasse „lauter Kupfergeld" wurden erbeutet. Aber auch die eigenen Verluste waren schmerzlich gewesen. 2.000 Soldaten waren gefallen, mehr als 3.000 verwundet, und unter den Toten befanden sich Feldmarschall Graf *Souches*, einer der fähigsten Generäle des Kaisers, die Herzoge *von Holstein* und *Arenberg*, die Oberste *Kaunitz* und *Below* und Oberstleutnant *Adam Zrinyi*, der Sohn des ungarischen Dichters *Nikolaus Zrinyi*, der bei den Kürassieren *Capraras* gedient hatte.

Das Jahr 1692 war durch keine großen Operationen gegen die Türken gekennzeichnet. Oberst *Doria* war in *Tökölys* Gefangenschaft gestorben, General *Heißler* sollte gegen *Ilona Zrinyi* ausgetauscht werden. Die Fürstin wurde dann im Feber nach Ujpalánka, an der äußersten Südgrenze Ungarns (aber schon oder noch unter türkischer Herrschaft) geleitet, ihrem Gemahl zugeführt, während gleichzeitig General *Heißler* den kaiserlichen Kommissären übergeben wurde. *Ilona Zrinyi* hatte sich von ihren Kindern getrennt. *Juliana* war seit einem Jahr mit dem Grafen *Aspremont* vermählt, und *Franz Rákoczy II.* war die Ausreise nicht genehmigt worden. Sie zog ein „Leben unter Barbaren" wie ungarische Historiker sagen, dem Aufenthalt in der Kaiserresidenz vor, um an der Seite ihres Mannes leben zu können.

General *Heißler* übernahm nach seiner Rückkehr in den kaiserlichen Dienst das Kommando über die Großwardein belagernden Truppen. Er zog Verstärkungen an sich und konnte am 5. Juni den Pascha zwingen, ihm Stadt und Festung zu übergeben.

Für 1693 kündigte *Büklü Mustapha,* der dem bei Slankamen gefallenen *Mustapha Köprili* als Großvezier im Amte folgte, an, Siebenbürgen wieder unter die Oberhoheit der Pforte zwingen zu wollen. Als er dazu Anstalten machte, rückte der Herzog *von Croy* mit den Kaiserlichen vor Belgrad, um einerseits den Großvezier von seinem Vorhaben, in Siebenbürgen mit großer Heeresmacht einzurücken, abzubringen und um andererseits zu versuchen, ob Belgrad nicht zurückerobert werden könne, ehe der Großvezier anrücke. Büklü Mustapha ließ sich zwar umdirigieren und marschierte nach Belgrad, als er hörte, daß Croy vor der Festung liege, aber Croy hatte wenig ausgerichtet, und der regenreiche Herbst machte beiden Heeren so arg zu schaffen, daß sie vorzeitig alle Kampftätigkeit einstellten und ihre Winterquartiere aufsuchten.

Auch 1694 kam es nur zu geringfügigen Scharmützeln. Zwischen den Türken und den Kaiserlichen herrschte beinahe Waffenruhe. Inzwischen begann sich in Ungarn die Lage zu stabilisieren, und das Leben nahm wieder friedlichere Formen an. Hatte Kaiser *Leopold* im Westen mit den Franzosen große

Sorgen, so lagen die Türken nicht nur mit ihm, sondern auch mit Polen, Rußland und der Seemacht Venedig im Kriege. So kam es, daß die Hohe Pforte ebenso erschöpft war wie der Wiener Hof. Hatte General *Caprara* bei den Kaiserlichen keine gute Hand für taktische Aufgaben bewiesen, so wurde *Biiklü Mustapha* ebenfalls seines Amtes enthoben, und *Ali Pascha,* der Statthalter von Tripolis, war neuer Großvezier geworden.

Als am 2. Feber 1695 *Ahmed II.* starb, folgte ihm als Sultan *Mustapha II.* Dieser erließ schon am dritten Tage seiner Herrschaft eine Proklamation, die den Gegnern der Hohen Pforte wenig Gutes verhieß: „Weil die Padischahe, die seit unseres erlauchten Vaters Mohammed (IV.) Abtreten regierten, sich dem Vergnügen und Lüsten, der Nachlässigkeit und Trägheit überließen, haben die Ungläubigen so viele islamische Länder widerrechtlich und gewaltsam in Besitz genommen, das Volk Mohammeds beraubt und in die Sklaverei geschleppt. Von nun an sind Lust, Vergnügen und Ruhe uns verboten. Ich werde, wie unser erlauchter Ahn Soliman – möge sein Grab duften – nicht nur die Veziere ausschicken, sondern selbst wider die Höllenbrut der Ungläubigen in den heiligen Krieg ziehen und Rache an ihnen nehmen . . .“ Gewaltige Rüstungen folgten seiner Proklamation. Auch Mars schien ihm hold zu sein, denn schon am 9. und am 18. Feber errang die Türkenflotte bei Chios Siege und über die Schiffe der Dogenrepublik, die mit der Rückeroberung der Insel endeten. Aber auch die Tataren streiften bis Lemberg und Halitsch und machten den Polen zu schaffen, und als ein Haufe Janitscharen einen Aufstand versuchte, kostete dies *Ali* Pascha den Kopf. Damit griff der Sultan hart durch und ernannte *Elmas Mohammed* zu seinem Großvezier.

Die Rüstungen der Hohen Pforte und die Niederlagen der Venezianer und Polen veranlaßten auch den Wiener Hofkriegsrat zu neuen Anstrengungen.

Guido Starhemberg wurde angewiesen, die Befestigungsanlagen von Peterwardein zu verstärken. Der Oberbefehl für dieses Jahr wurde aber dem Kurfürsten *Friedrich August II.* von Sachsen, der dem Kaiser 8.000 Mann zuführte, übertragen. Aber weder der Sachse noch *Caprara,* der ihm vorsichtshalber beigegeben worden war, waren erfolgreich. Nach einem heftigen Gefecht bei Hettin glaubten sowohl der Kurfürst wie auch *Mustapha II.* die Schlacht verloren zu haben und ließen ihre Truppen abrücken. Die Festungen Lippa und Lugos wurden von den Türken erstürmt und der siebenbürgische Befehlshaber General *Veterani,* der vom Rückzug des Kurfürsten nichts wußte, nahm an, daß die Kaiserlichen am Wege zu ihm seien, um ihm in einer erwarteten Schlacht beizustehen. Er erlitt, allein geblieben, in offener Feldschlacht eine schwere Niederlage. Von seinen 6.000 Mann blieb die Hälfte am Platze, und er selbst wurde, obwohl schon schwer verwundet, erschlagen. *Mustapha II.* kehrte nach Konstantinopel zurück und ließ sich als großer Sieger feiern. In Wirklichkeit hatte er mit Lippa und Lugos zwei an und für sich unbedeutende Plätze erobert und ein einzelnes kaiserliches Korps geschlagen.

Sieg Prinz Eugens bei Zenta und Ende des Pfälzischen Erbfolgekrieges

Kurfürst *Friedrich August* sollte auch 1697 wieder das Oberkommando über die kaiserlichen Truppen innehaben. Diesesmal wurde ihm aber *Prinz Eugen* von Savoyen zur Seite gegeben, der die Armee bei Peterwardein versammeln sollte, um in der Folge Belgrad zu belagern. Da König *Johann Sobieski* starb, bewarb sich der Kurfürst von Sachsen um den polnischen Thron und wurde am 27. Juni zum König von Polen gewählt. Damit mußte *Friedrich August* das Oberkommando in Ungarn abgeben und Kaiser *Leopold* ernannte *Prinz Eugen* über Empfehlung *Rüdigers von Starhemberg* am 5. April zu seinem Feldherrn. Der Savoyer, der bisher unter dem Oberkommando des Kurfürsten von Bayern und später unter dem des Markgrafen von Baden das Kavallerieregiment Kufstein befehligte, stand seit 1683 in kaiserlichen Diensten. Er hatte sich schon bei Gran, an der Spitze seines Dragonerregimentes, ausgezeichnet, war zum Generalfeldwachtmeister befördert worden, wurde bei der Eroberung von Belgrad schwer verwundet und war 1693, im Alter von 30 Jahren, zum Feldmarschall ernannt worden. Mit der Ernennung des Savoyers zu seinem Oberbefehlshaber in Ungarn hatte *Leopold I.* nicht nur sich selber, sondern auch seinem Hause einen unschätzbaren Dienst erwiesen. Aber auch für den Prinzen begann mit der Übernahme des Oberkommandos im Kriege gegen die Türken die eigentliche Ruhmeslaufbahn, die ihm den Beinamen der „edle Ritter" einbringen sollte.

Das Gros der Armee, die der „kleine Kapuziner", wie ihn seine Soldaten wegen seines braunen Waffenrockes nannten, übernahm, bestand aus 16 kaiserlichen und 9 sächsischen Infanterieregimentern sowie 8 kaiserlichen und 3 sächsischen Kavallerieregimentern und einem Artilleriepark. Der Sollstand von 70.000 Mann erreichte kaum mehr als die Hälfte, und in der Kriegskasse befand sich „kein Kreuzer Geld". Es fehlte an allem, und vom ganzen Generalstab war noch „kein Mensch" anwesend. „Es ist", schrieb er an den Hofkriegsrat, „eine große Miseria, die nicht genugsam zu beschreiben."

Am 7. September sagte ein gefangener Türke aus, der Sultan habe seinen Plan, Peterwardein zu erobern, aufgegeben, wolle Szegedin stürmen, dort die Theiß übersetzen und in Siebenbürgen einfallen. Um dies zu verhindern, setzte sich der Savoyer mit der Reiterei sofort in Marsch und befahl der Infanterie und Artillerie, ihm in Eilmärschen zu folgen. Die Kundschafter hatten die Aussage des gefangenen Offiziers bestätigt und dem Prinzen gemeldet, daß der Sultan bei Zenta lagere und die Tataren in der Umgebung plündern und brennen. Auch die Generäle des Prinzen hatten seiner Ansicht beigepflichtet, daß man den Feind noch vor Szegedin einholen müsse. Am 11. September, am Vormittag, stießen die auf Rekognoszierung ausgeschickten Schwadronen des Savoyers auf einen türkischen Reiterschwarm und nahmen den Dschafer Pascha gefangen. In einem strengen Verhör verriet dieser, daß der Sultan bei Zenta eine Brücke über die Theiß habe schlagen lassen, um ohne weitere Aufenthalte in Siebenbürgen einzufallen. *Mustapha II.* selbst sei schon über den Fluß gegangen, ebenso die Reiterei, die Artillerie und der Troß. Die übrige Armee stehe noch diesseits der Theiß. Kundschafter bestätigten die Aussage.

Um 3 Uhr nachmittags kam das feindliche Lager in Sicht. Es war in einem Halbkreis im Ausmaße von etwa 4.000 Schritten angelegt und von einem tiefen Graben und einem hohen zweifachen Walle gesichert. Die offene Seite des Lagers war der Theiß zugekehrt. Immer noch zog türkische Reiterei über die Brücke. *Prinz Eugen* beschloß, sofort anzugreifen, denn würde er wegen des vorgerückten Tages zögern, so wäre auch das Fußvolk des Sultans über den Fluß hinüber und die Gelegenheit, dieses zu vernichten, vorbei. Sofort formierten seine Generäle die Angriffskolonnen im Halbkreis und gingen zum Angriff auf das Lager vor. Den rechten Flügel kommandierte General *Siegbert Heister*, das Zentrum, bei dem sich auch der Prinz befand, Comercy und den linken Flügel *Guido Starhemberg*. *Elmas Mohammed*, der sich noch im Lager befand, rief die Paschen vom östlichen Ufer zurück und forderte sie auf, auf ihre Posten zurückzukehren, aber die Truppen, nur auf ihre eigene Rettung bedacht, zogen in wildem Durcheinander zur Brücke, um noch das jenseitige Ufer zu erreichen. Die Tataren, die noch vor dem Lager standen, zogen sich eilends hinter die Verschanzungen zurück. *Tököly,* der sah was geschehen würde, riet dem Sultan die Brücke abbrechen zu lassen, damit die Janitscharen und Tataren gezwungen würden, um ihr Leben zu kämpfen, aber *Mustapha II.* wagte das nicht. Rasch hatten die Kaiserlichen das Lager umzingelt, und aufgefahrene Geschütze nahmen die Brücke unter Feuer, um ihrerseits zu verhindern, daß Verstärkungen vom drüberen Ufer herangebracht werden könnten. Erst jetzt ließ *Elmas Mohammed* seine letzten ihm auf dem diesseitigen Ufer verbliebenen Reiter aus dem Lager entlang einer Sandbank vorstoßen, um den Kaiserlichen in die linke Flanke zu fallen. *Starhemberg* aber hatte das Manöver rasch erkannt, griff selbst die Türken an, schlug sie in blutigem Scharmützel und verfolgte sie auf dem Fuße, stieß selbst in das Lager vor und besetzte den Zugang der Brücke. Gleichzeitig überstiegen die Infanterieregimenter mit solchem Mut und so rasch die Wälle, daß selbst der Prinz staunte. Durch aufgemachte Tore drang die Reiterei in das Lager ein, und im vollständigen Chaos auf türkischer Seite, lief alles dem Flusse zu. In einem blutigen Gemetzel wurden mehr als 20.000 Türken niedergesäbelt oder erschossen und über 10.000 ertranken im braunen Wasser der Theiß. Tausende Türken waren auf der Flucht kopfüber in die Theiß gesprungen oder von den nachdrängenden Massen hinabgestoßen worden, wobei sich die Janitscharen auch gegenseitig erschlugen. Ihre Leichen lagen in solchen Mengen im Wasser, daß die Soldaten des Prinzen auf diesen stehen konnten „wie auf einer Insel", und es war „als ob die Sonne selber nicht eher hat weichen wollen, bis sie mit ihrem glänzenden Auge den völligen Triumph der kaiserlichen Waffen hat schauen können".

Prinz Eugen schreibt in seinem Bericht über die Schlacht vom 11. September 1697: „Die Cavallerie ist mit der Infanterie zugleich biss an den graben dess trenchements avanciret, und hat aldorthen des Feindes Feyer ausgehalten, auch mitchargirt, gleichwie die Infanteria, welches ich Zeith meines Lebens noch niemahlen gesehen habe; alssdann, unnd wie man erwehntermassen durch den Linckhen Flügl Lufft bekommen, so ist mit gesambten gewalt alles hinein getrungen, unnd da ware es nit mehr möglich, den Soldaten zu halten die Cavallerie dannoch wurdte obligirt abzusteigen, unnd sich mit der handt eine passage zu machen, wornach sye an etlichen orthen den graben yber die todte, welche schon von dem Feindt gebliben, passirt hat. Die Battalions von Linckhen Flügl, unnd der Linckhen Flanque haben den Feindt die passage yber die Bruckhen abgeschnitten, unnd wurdte daryber ein greüliches Bluethbaadt, sowohl in dem trenchement alss auf der Bruckhen, unnd in dem wasser, wohinein der Feindt sich geworffen, unnd geglaubt hat durchzukommen. Der Soldat ist so ergrimmet gewesen, dass er fast Keinem quartier gegeben, obschon Baschen unnd Officier sich gefunden, welche viell geldt versprochen haben, unnd befünden sich dahero gahr wenig gefangene." Es war das gesamte türkische Heer, das noch diesseits der Theiß gestanden hatte, vernichtet worden. Die wegen des Versagens ihrer Führung aufgebrachten Janitscharen erschlugen viele ihrer Paschen und Offiziere. *Elmas Mohammed,* der Großvezier, 4 Veziere, der Veziraga der Janitscharen, 3 Statthalter, 13 Beglerbege und fast alle Offiziere fanden teils im Kampfe mit den Kaiserlichen, teils durch die Säbel der eigenen Meuterer den Tod. Trotz hoher Lösegeldversprechen war von den Österreichern kein Pardon gewährt worden. *Emmerich Tököly,* der den Großvezier angestiftet hatte, den Marsch nach Siebenbürgen beim Sultan durchzusetzen, verkroch sich feige unter den Toten. Er hatte Glück, denn er wurde, weil schon die Dunkelheit einbrach, nicht entdeckt und konnte sich während der Nacht schwimmend auf das andere Ufer retten. *Sultan Mohammed II.* sah vom jenseitigen Ufer ohnmächtig zu, wie sein ganzes Heer in einem fürchterlichen Blutbad, das sich in den Schanzen, auf der Brücke und im Wasser abspielte, vernichtet wurde. Entsetzt floh er mit den Spahis in Richtung Temesvár. „Dise victoriose action hat nicht geendet, mit scheidung tag unnd nachts, unnd hat sogahr die Sonnen selbsten von dem tag nit ehunder weichen wollen, biss sye mit ihrem glantzenden auge den völligen triumph Eurer Kayserlichen Majestät glorwürdigsten Waffen hat vollständiglich mit anschauen khönnen", schloß die Schlachtrelation des Prinzen.

Sultan Mohammed II. hat alles Heergerät im Stich gelassen, sämtliche Geschütze, 60.000 Pferde, Rinder und Kamele, 9.000 vollbepackte Wagen, die Kriegskasse mit 3,000.000 Piastern, seinen eigenen Säbel und zehn Frauen seines Harems. Im Lager selbst wurden nach dem Gemetzel sieben Roßschweife, 423 Fahnen und das Staatssiegel des Osmanischen Reiches zusammengetragen.

Der Aufstand der Janitscharen gegen ihre Offiziere und Paschas während des Sturmangriffes der kaiserlichen Truppen hatte eine Katastrophe herbeigeführt. *Prinz Eugen* ließ am nächsten Morgen die von seiner Artillerie am Vortage zerschossene Brücke instandsetzen und die gewaltige Beute einbringen. Hierauf führte der erfolgreiche Savoyer die siegreiche Armee vorerst nach Szegedin. Die Infanterieregimenter und die brandenburgischen Kriegsvölker wurden in und um Mohács, die Kavallerieregimenter und die sächsischen Truppen in und um Pest einquartiert und die Artillerie nach Böhmen in Winterquartiere gelegt. Zu einer großangelegten Fortsetzung des Feldzuges entschlossen sich die Generäle zwar nicht, aber *Prinz Eugen* wollte den Türken vor Augen führen, wie leicht sie zu schlagen seien. Mit 4.000 Mann Infanterie und 1.500 Reitern ging er vorerst nach Esseg und rückte am 13. Oktober durch das Tal der Bosna nach Süden vor. Es waren durchwegs ausgesuchte Truppen, denen sich noch ein Regiment Grenzer anschloß. Am 22. Oktober stand das Korps vor Sarajevo. Als aber die türkische Besatzung den Trompeter des Prinzen, den er als Parlamentär in die Stadt gesandt hatte, erschlagen hatte, ließ der Savoyer Sarajevo stürmen, vertrieb die Besatzung und ließ die Stadt durch seine empörten Soldaten plündern und brandschatzen. Nachdem Sarajevo am 23. Oktober zerstört worden war, ordnete der Prinz am 25. Oktober den Rückmarsch an. Außer Sarajevo waren noch mehrere feste Plätze erobert worden. Tausende katholische Christen schlossen sich den abrückenden Truppen an und verließen Bosnien. General *Rabutin* trennte sich unterwegs vom Savoyer und marschierte nach Siebenbürgen, während der Prinz, nachdem seine Eliteeinheiten Winterquartiere bezogen hatten, nach Wien reiste. General *Vaudémont* hatte er schon mit der Siegesmeldung vorausgeschickt.

Die Verluste der Kaiserlichen bei Zenta waren mit 300 Toten und 200 Verwundeten beziffert worden.

Auch nach türkischen Historikern „besiegelte die Schlacht bei Zenta den Sieg Österreichs und kennzeichnete den unwiderruflichen Verfall des osmanischen Reiches". *Alexander Maurocordatos,* der Großdragoman (Dolmetscher und Vizeaußenminister der Hohen Pforte), der den jeweiligen Großvezier auf dessen Feldzügen zu begleiten und die politischen Agenden wahrzunehmen hatte, berichtete von einem weitverbreiteten Sprichwort, wonach „die Janitscharen bekannt waren für ihre guten Augen und Beine; erstere gebrauchten sie, um die unzuverlässige Reiterei, die gerne Fersengeld gab, zu beobachten und letztere, um ihr folgen zu können". Trotz mancher harter Kritik blieb aber die türkische Armee, zahlenmäßig immer noch die stärkste Europas und für alle ihre Gegner ein furchtbarer Feind.

General *Caprara,* ein übelwollender Offizier, versuchte indessen gegen den siegreichen *Prinzen Eugen* ein Kriegsgerichtsverfahren anzustrengen, weil der Savoyer durch die Führung der Schlacht bei Zenta gegen den kaiserlichen Befehl „sich in keine Action mit den Türken einzulassen" verstoßen hatte. *Caprara* eröffnete dem Prinzen die Einleitung des Verfahrens mit dem Hinweis auf seine Eigenmächtigkeit und schloß: „Euren Degen, Prinz!"

Stolz erwiderte der beleidigte Savoyer: „Hier ist er! Er ist noch rot vom Blute der Türken!" überreichte Caprara seine Waffe und verließ den Hofkriegsrat. Kaiser *Leopold,* der anscheinend anfangs ebenfalls über das eigenmächtige Verhalten des Prinzen ungehalten gewesen sein dürfte, überlegte sich das aber, und als der Akt auf seinem Schreibtisch landete, schlug er das Verfahren mit dem eigenhändigen Hinweis nieder, daß er glaube, Gott für die erwiesene Gnade einen schlechten Dank zu bekunden, „wenn Er dasjenige Instrument, wodurch er sie erhalten, als einen Verbrecher vor Gericht ziehen wollte". In einer Sitzung des Hofkriegsrates war der Prinz voll rehabilitiert worden, und als er dem Kaiser das bei Zenta erbeutete Reichssiegel der Osmanen überreichte, beschenkte ihn *Leopold* (für den abgenommenen Säbel) mit einem mit Diamanten besetzten Degen und einem Landsitz in Ungarn.

Indessen hatte Markgraf *Ludwig von Baden,* der nach dem Tode Herzog *Karls von Lothringen* den Oberbefehl im Westen geführt hatte, doch so bedeutende Erfolge erringen können, daß *Ludwig XIV.* zu einem Frieden bereit war. Am 30. Oktober war im Schlosse Ryswyk (beim Haag) dem neunjährigen Krieg um die pfälzische Erbschaft ein Ende gesetzt worden. *Ludwig XIV.* mußte *Wilhelm von Oranien* als König Englands anerkennen, auf alle auf Kosten Spaniens und Hollands gemachten Eroberungen verzichten und das rechte Rheinufer zur Gänze räumen. Lothringen fiel an das Reich zurück, Elsaß mit Straßburg aber blieb bei Frankreich.

Erste Unruhen in Oberungarn

Während alle verfügbaren Truppen an der Hauptfront, in Südungarn, gegen die Türken kämpften, waren die Besatzungen der Festungen in Oberungarn auf wenige Leute zusammengeschrumpft. Dies nützten versprengte, führerlose Kuruzzen, die sich in den weiten Wäldern Oberungarns versteckt hielten, um als Wegelagerer Kaufleute und Bürger zu belästigen und ihr Leben durch Raub und Schandtat zu fristen. So auch *Franz Tokaji* und *Georg Szalontai,* die am Ujhelyer Jahrmarkt eine erregte Volksmenge gegen den Kommandanten der Festung Patak aufhetzten, als dieser eine Abgabe einhob. Da er nur von zwei oder drei Soldaten begleitet worden war, konnten ihn die widerspenstigen Marktfahrer und Bauern überwältigen und samt seiner Begleitung erschlagen. Nun gaben sich *Tokaji* und *Szalontai* als ehemalige Offiziere *Tökölys* aus, stellten sich an die Spitze der erregten Haufen und übernahmen das Kommando. In der Nacht auf den 1. Juli 1696 zogen sie gegen die Festungen Tokaj und Patak, die mit Hilfe der in diesen Orten ansässigen Bewohner überfallen und erobert wurden. Die völlig überrumpelten kleinen Besatzungen wurden teils gefangen genommen, teils erschlagen. Die Siegesstimmung der raublustigen Haufen, die beide Festungen plünderten und sich erst richtig mit Waffen versahen, griff rasch auf die Hegyalja über. Sie erhielten Zulauf und sahen sich nach einem geeigneten Anführer um, um einen größeren Aufstand entfesseln zu können. Da sich *Franz Rákoczy II.* damals gerade auf seinen Besitzungen in Szerencs aufhielt, wollten sie diesen ebenfalls überfallen und zwingen, an ihre Spitze zu treten. *Franz Rákoczy* hörte davon, und da er keine Lust dazu hatte, sich an die Spitze des räuberischen Gesindels zu stellen, reiste er sofort ab und begab sich nach Wien. Unterdessen hatten der Szatmárer Obergespan Baron *Alexander Karoly* und General *Nigrelli* in Kaschau bereits alle Vorbereitungen getroffen, die Empörung niederzuschlagen. Ein Haufe von 800 Leuten wurde vom Kommandanten von Erlau, Oberst *Buttler,* bei Harrand, ein zweiter von *Paul Deák* aufgerieben. Herzog *Vaudemont* eroberte am 17. Juli Tokaj zurück und übte für die Mordtaten an der überrumpelten Besatzung blutige Vergeltung. *Franz Tokaji* wurde gefangen, *Georg Szalontai* floh über die Theiß zu *Tököly* nach Siebenbürgen. Als sich *Vaudemont* Patak näherte, kam ihm ein Haufe Rebellen entgegen. Sie hatten keine Möglichkeit mehr zu entkommen und wurden niedergemacht. Die aufgegriffenen Anführer wurden, bis auf *Tokaji,* der nach Wien gebracht wurde, gehenkt. Er und der Prediger *Kabai* retteten ihr Leben durch den Übertritt zur katholischen Kirche.

Der Friede von Karlowitz und das „Einrichtungswerk für das Königreich Ungarn"

Auch *Sultan Mohammed II.*, der bei seinem Regierungsantritt angekündigt hatte, sich an den Feinden des Islam rächen zu wollen, suchte, vernichtend geschlagen, den Frieden mit dem Kaiser. Er beauftragte den greisen *Husein Köprili,* der dem bei Zenta gefallenen Großvezier *Elmas Mohammed* im Amte gefolgt war, zwar neue Rüstungsanstrengungen zu unternehmen, um die Hohe Pforte in die Lage zu versetzen, den Krieg fortführen zu können, andererseits aber zu ermitteln, unter welchen Bedingungen ein Friede entweder nur mit dem Kaiser oder mit den Mächten der „Heiligen Liga" möglich wäre.

Für Kaiser *Leopold* ließ *Wilhelm von Oranien,* der König Englands, durch *Paget,* seinen englischen und durch *Collier,* den ihm ergebenen holländischen Gesandten in Konstantinopel sondieren, wie die Hohe Pforte auf Friedensvorschläge reagiere. Als König von England sah *Wilhelm von Oranien,* der langjährige Verbündete *Leopolds* im Kampf um das pfälzische Erbe voraus, daß es auch beim Erlöschen der spanischen Linie der Habsburger zwischen dem Kaiser und dem König abermals zum Kriege kommen werde. Da aber eine Vereinigung der gewaltigen Ländereien und überseeischen Besitzungen der Kronen Frankreichs und Spaniens in einer Hand das Gleichgewicht der Mächte in Europa vollends zugunsten Frankreichs verschieben würde, hätte England gar keine andere Wahl, als mit *Leopold I.* ein Bündnis einzugehen. Um es *Leopold* aber überhaupt zu ermöglichen, stärker als im Pfälzischen Erbschaftskrieg gegen *Ludwig XIV.* auftreten zu können, mußte, auch im Interesse Englands, der Friede zwischen Österreich und der Türkei herbeigeführt werden. *Wilhelm* ließ es sich daher 50.000 Taler kosten, die entgegengesetzten Bemühungen des französischen Botschafters *Châteauneuf* zu unterlaufen. Den Gesandten Englands und Hollands gelang es, vor allem den Großdragoman, *Alexander Maurocordato,* den wohl erfahrensten Diplomaten der Hohen Pforte, für ihre Pläne zu interessieren. *Husein Köprili,* ein betagter Herr, auf dessen Schultern die Verantwortung für die Politik des Osmanischen Reiches ruhte, gedachte aber, trotz umfangreicher Rüstungen, der Niederlage der türkischen Heere in vierzehn Feldzügen und war ebenfalls für den Frieden zu gewinnen. *Paget,* der einen früheren Friedensvorschlag erneuerte, wurde am 27. Jänner 1698 ein vom Sultan eigenhändig unterzeichneter Gegenvorschlag und ein Begleitschreiben des Großveziers an den König von England ausgefolgt. In diesem Gegenvorschlag gab sich die Hohe Pforte noch selbstsicher und forderte, daß der Kaiser Siebenbürgen räume, die ganzen Ländereien zwischen der Theiß, Maros und Siebenbürgen ihr überlasse, Peterwardein, Illok und Posega schleife, wofür die Hohe Pforte ihrerseits versprach, die nördlich von der Unna in ihrem Besitze befindlichen festen Plätze ebenfalls zu schleifen. Polen sollte nur einige Orte in der Moldau, aber nicht Kaminiez bekommen, das aber desarmiert werden sollte. *Paget* konnte es nur mit Hilfe *Maurocordatos* durchsetzen, daß auch die Dogenrepublik Venedig in den bevorstehenden Frieden einbezogen werden konnte. Kaiser *Leopold* lehnte die Forderungen der Türken ab und ermächtigte *Paget* und *Collier,* auf Grundlage des gegenwärtigen Besitzstandes zu verhandeln. Dies löste jedoch bei seinen Verbündeten Unwillen aus. Venedig strebte eine Abrundung seiner doch lückenhaften Eroberungen an, Polen bestand auf der Abtretung von Kaminez und Zar *Peter I.,* der Asow erobert hatte, wollte noch die Halbinsel Kertsch abgetreten erhalten. Der Hofkriegsrat entschloß sich jedoch bald, eigene Wege zu gehen, und Venedig fand sich damit ab, daß auf dem Stande der gegenwärtigen Besitzungen zu verhandeln wäre. *Paget* und *Collier* gelang es dann auch in Konstantinopel, die Hohe Pforte für diese Ansicht zu gewinnen. Hierauf begann das Feilschen um den Verhandlungsort. Wien, Debrezin und Slankamen, die der Hofkriegsrat vorschlug, waren den Türken nicht genehm. Sie bestanden darauf, daß die Unterhändler auf der rechten Seite der Donau zusammenkämen. Endlich wurde Karlowitz für die Verhandlungen ausersehen. Die Unterhändler Kaiser *Leopolds* waren der Hofkriegsratspräsident Graf *Wolfgang Oettingen* und General Graf *Leopold Schlickh.* Der Sultan entsandte den Reiseffendi *Rami* und *Maurocordato,* Venedig vertrat der Edelmann *Ruzzini,* den König von Polen *Stanislaus Malachowsky* und den Zaren *Boganowitsch Wonizinow.* Erst Mitte Oktober trafen die bevollmächtigten Unterhändler in Karlowitz ein.

In Bosnien hatten indessen wieder kleinere Scharmützel stattgefunden.

Datlaban-Pascha brannte einige Orte nieder, die *Prinz Eugen* besetzt hatte. *Husein Köprili* befand sich bei der Armee, die bei Sofia stand und zog vor Semendria, von wo er 1.000 Tataren gegen die Kaiserlichen, die bei Becskerek lagerten, in Marsch setzte. Am 13. September noch lieferten sich die Flotten Venedigs und der Pforte auf der Höhe von Lesbos eine erbitterte Seeschlacht, und *Prinz Eugen* war mit einem starken Heer bis Kobil vorgerückt, um die Friedensbereitschaft der Pforte zu erhöhen. Am 18. Oktober brachte der englische Legationssekretär die Botschaft nach Karlowitz, daß die Unterhändler in Belgrad die Waffenruhe für das Gebiet der Friedensverhandlungen kundgemacht haben. Erst am 13. November begannen die Verhandlungen. Nach 36 Beratungen, am 26. Jänner 1699, konnten die drei Urkunden, welche den Frieden mit dem Kaiser, Venedig und Polen einerseits und der Türkei andererseits regelten, von den bevollmächtigten Unterhändlern der Vertragsparteien unterzeichnet werden. Rußland hatte nur einem zweijährigen Waffenstillstand zugestimmt. Der Friedensvertrag mit Kaiser *Leopold* legte fest: Siebenbürgen, in seinen alten Grenzen, kommt zum Reich, das Temeser Gebiet zwischen der Theiß und Maros bleibt bei der Türkei. Die befestigten Plätze in diesem Gebiete, Karansebes, Lugos, Lippa, Csanád, Kis-Kanizsa, Becse und Becskerek, die im Besitze des Kaisers verbleiben, werden geschleift und nie wieder befestigt. Zwischen der Theiß und Donau scheidet eine von der Mündung der Theiß in die Donau bis an die Mündung der Boszut in die Save gezogene Linie das kaiserliche Gebiet von dem südlich gelegenen türkischen Territorium. Von der Mündung der Boszut bis an die der Unna in die Save bildet die Save und dann die Unna die Grenze. Die jenseits der Unna von den Kaiserlichen besetzten Plätze werden von diesen geräumt. Die Benutzung der Flüsse und Gewässer, welche die bezeichneten Gebiete trennen, für Mühlen, die Schiffahrt, Fischerei steht den Untertanen beider Mächte zu, der Handel ist, früheren Vereinbarungen gemäß, frei, und die Christen genießen im Osmanischen Reiche Religionsfreiheit. Österreich und die Türkei verpflichten sich, Räuber und Rebellen der anderen Seite nicht aufzunehmen. Kriegsgefangene, die den Herrschern gehören, werden unentgeltlich, diejenigen aber, die Privatpersonen gehören, gegen ein angemessenes Lösegeld freigelassen. *Emmerich Tököly*, der „Kuruzzenkönig", hatte erwartet, daß die türkischen Unterhändler seine Person und die *Ilona Zrinyis* in die Vereinbarungen einbeziehen und den Abschluß des Friedens davon abhängig machen würden. *Rami* wollte dies auch durchsetzen, stand aber davon ab, als er sah, daß dadurch die Verhandlungen gefährdet würden. Auch *Maurocordato* lehnte es ab, sich für *Tököly* zu verwenden. Auf seine Bitte antwortete der Großdragoman lediglich, „er möge nicht an das Vergangene erinnern sondern selbst für das Künftige sorgen". *Tököly* wurde im Friedensvertrag ein eigener Artikel gewidmet: Er lautete: „Tököly und alle, die im Abfalle vom Kaiser beharrten, werden als Untertanen des Sultans betrachtet und sollen, damit sie den Frieden nicht stören, von der Grenze in das Innere des Reiches entfernt werden." Der Friede wurde auf 25 Jahre geschlossen. Die Dogenrepublik erhielt Morea samt der Landenge von Korinth und in Dalmatien einen zusammenhängenden Landstrich bis an die Grenze Ragusas. Die Polen bekamen Kaminez.

Mit diesem Friedensvertrage war es Kaiser *Leopold I.* gelungen, das mit sovielen Opfern an Gut und Blut der Erbländer aber auch der anderen deutschen Länder befreite Ungarn in Freiheit zu erhalten. Von 1683 bis 1699 hatten die blutigen Kämpfe gewährt, hatte *Leopold I.* für sich und sein Haus unermeßliche Opferbereitschaft und Sorge ertragen und erlitten.

Schon dem Reichstage von 1687/88, nach der Rückeroberung von Ofen, Gran und anderen Plätzen, wurde in den königlichen Propositionen (Gesetzvorschläge) dem Reichstag zu Preßburg kundgetan, „daß Se. Majestät zwar das Recht habe, dem Reiche, welches der König aus den Händen der Türken und Rebellen mit soviel Mühe, Gefahr, Kosten und dem Blute der Seinen wieder gewonnen hat, neue Gesetze zu geben und mit demselben wie mit einem eroberten Lande, nach Kriegsrecht, zu verfahren, es also für sich und die Seinen zu behalten und nach geeigneten Gesetzen zu regieren, aber aus angeborener Huld auf dieses Recht unter der Bedingung verzichten würde, wenn der Reichstag die Erblichkeit der Krone nach der Ordnung der Erstgeburt anerkenne, Artikel 31 der Goldenen Bulle aufhebe und der Beseitigung alles Zweifelhaften, Schädlichen und Unausführbaren in den Eidesformeln und Gesetzen zustimme." Der Reichstag hatte diese Bedingungen nach langen und eingehenden Beratungen angenommen, damit die aus den Händen der Türken und Rebellen von *Leopold I.* „mit den Waffen eroberten Länder" wieder mit den verbliebenen Restgebieten des Königreiches Ungarn vereinigt und der König sie nicht dem Kriegsrechte gemäß abgesondert vom Reiche für sich und seine Nachkommen behalte und abgesondert vom Reiche nach geeigneten Gesetzen regiere. König *Leopold* hat damit, um eine Krone (die kaum mehr wert war als ihr Goldgehalt und ihre Edelsteine) und für einen Thron ohne Land, für den sich sonst niemand mehr interessierte und für den er sich erst ein Reich erobern mußte, auf die umfangreichen, Türken und Rebellen abgerungenen Gebiete, verzichtet, die nach Kriegsrecht ihm gehörten, weil er sie „mit seinen Waffen erobert" hatte. *Leopold I.* hatte sich dafür aber auch das Recht ausbedungen, dem von ihm erst geschaffenen Reich selbst Gesetze zu geben, die es regierbar machen, ohne dabei alle Privilegien des Adels aufheben zu müssen.

Palatin Fürst *Paul Esterházy* stellte daher den Antrag, daß der Reichstag einen Ausschuß wähle, der den Plan zu der nötig gewordenen Neugestaltung der Regierungsbehörden, Gerichtshöfe und der Militärverwaltung entwerfe und dem künftigen Reichstag unterbreite. *Leopold* stimmte zu, aber die Stände lehnten ab, obwohl vorerst nur ein Ausschuß, der einen Entwurf, also eine Verhandlungsgrundlage erstellen sollte, zu wählen war, und sie hatten sich somit selbst von der Mitarbeit an der erforderlichen Neugestaltung der Verwaltung absentiert. Und das, obwohl sie dieser im Prinzip schon am Reichstag in Preßburg zugestimmt hatten. Demzufolge arbeitete der Palatin allein einen Entwurf aus, der aber, weil er nur die exorbitanten Forderungen der zur Befreiung des Landes unfähig gewesenen Stände enthielt, daß sämtliche Ämter in allen Zweigen der Staatsverwaltung in Ungarn ausschließlich Ungarn vorbehalten bleiben und den Ungarn der Befehl über die kaiserlichen Truppen in Ungarn zugesprochen wird, vom Wiener Hofe als glatte Provokation abgelehnt wurde. Um solche Forderungen zu stellen, hätten die Ungarn mehr zur Befreiung Ungarns von der türkischen Sklaverei beitragen müssen. Mit diesen Forderungen wäre die Macht des Königs, dem die Stände vorher nur ein von Türken und Rebellen okkupiertes Land anbieten konnten, völlig ausgeschaltet worden. König *Leopold* desavouierte hierauf seinerseits die ungarischen Stände, die ja sogar die Wahl eines Ausschusses abgelehnt hatten, der eine Verhandlungsgrundlage ausarbeiten sollte. Er ernannte eine Kommission, die den Auftrag erhielt, den Plan zur beabsichtigten Neuorganisierung der Regierungs- und Gerichtsbehörden und der Militärverwaltung auszuarbeiten. Dieser Kommission stand der Obersthofmeister Fürst *Friedrich Dietrichstein* als Präsident vor, aber die Beratungen wurden von Graf *Leopold Kollonitsch,* dem Bischof von Raab, geleitet, der nach dem Tode des Primas *Georg Szechényi,* der am 25. Feber 1696 im Alter von 99 Jahren starb, Erzbischof von Kalocsa wurde und zum Fürstprimas des Königreiches avancierte. Weiters gehörten der Kommission noch Reichskammerpräsident *Siegfried Breuner,* die kaiserlichen Räte Graf *Julius Buccellini,* Graf *Maximilian Thurn,* Baron *Friedrich Dorsch, Georg Hoffmann* und der Kriegsrat *Josef Krapf* an, der bei den Beratungen als Schriftführer fungierte. Der Fürstprimas wurde beauftragt, das Ergebnis der Beratungen im ,,Einrichtungswerk des Königreiches Hungarn" zusammenzufassen, damit die Ungarn dem Hofe nicht den Vorwurf machen könnten, daß ein Fremder das Einrichtungswerk erstellt habe. Dieses enthielt, bis auf weniger wichtige Punkte, folgende Vorschläge: ,,Die ungarische Hofkanzlei werde nach dem Muster der deutschen Reichshofkanzlei umgestaltet und erhalte neben dem Kanzler (einem Bischof) zwei geistliche und zwei weltliche Räte; von letzteren sei einer ein Deutscher; ferner zwei Sekretäre, einen Registrator und das erforderliche Dienstpersonal. Zur Vertretung der Parteien bei der Hofkanzlei könne man zwölf Sachwalter ernennen. Damit aber die Rechtspflege gründlich verbessert werde, sollen drei oberste Gerichtshöfe errichtet werden; der eine in Ofen habe als Mitglieder: den Fürstprimas, den Palatin, den königlichen Personal, den Tavernicus, einen Beamten des Oberhofkriegsrats und der Hofkammer, einen ungarischen und einen deutschen Sekretär. Der zweite Gerichtshof habe seinen Sitz in Kaschau. Ihm gehören an: der Oberstlandrichter, die Bischöfe von Erlau und Großwardein, ein Beamter der oberungarischen Kammer, ein Oberkriegskommissär, ein Kammeral-Zollbeamter, ein Protonotar und ein Sekretär. Der dritte Gerichtshof wurde für Kroatien, Slawonien und Dalmatien vorgesehen. Ihm sollten angehören: der Banus, der Bischof von Agram, ein Oberkriegskommissär, ein Kamme-. ral-Zollbeamter, ein Protonotar und ein Sekretär. Das ,Tripartitum', das von

Verböczö verfaßte Gesetzbuch, bedarf dringend einer Anpassung. Mit der Ausarbeitung eines neuen Gesetzentwurfes und einer neuen bürgerlichen Strafprozeßordnung werde Hofrat Hoffmann betraut, weil er als Mitglied der Preßburger-Statthalterei die Verhältnisse in Ungarn kennt. Die Gewalt der Protonotare muß beschränkt, ihr Mißbrauch verhindert werden. Der Bestechlichkeit der Richter muß vorgebeugt, und die Kosten der Rechtspflege müssen gesenkt werden. Die Octavalgerichte, die nie zusammentreten, sind aufzulassen. Abgeschafft werden müssen die unbilligen Vorrechte der Magnaten und Adeligen, z. B. daß der Untertan seinen Herrn nicht gerichtlich belangen darf; daß das Zeugnis eines Bauers gegen einen Adeligen bei Gericht nicht angenommen wird; daß ein Adeliger, einige Verbrechen ausgenommen, erst nach erfolgter Vorladung und gefälltem Urteil zu einer Haft eingezogen werden darf." Graf *Kollonitsch* brachte hierauf die Anliegen der katholischen Kirche zur Sprache: Abhaltung von Synoden; Besoldung der ärmeren Bischöfe, deren Sprengel und Güter noch im Herrschaftsbereich der Türken liegen, mit 1.200 Gulden; Donation der römisch-katholischen Pfarren mit 48 Joch Feldbesitz, einem Sechzehntel der Zehnten und Stollgebühren, der griechisch-unierten Kirche mit der Hälfte hievon; Errichtung von Schulen und Wohnungen für die Schulmeister und deren Besoldung mit 15 Joch Feldern und einem Teile der Stollgebühren; Erbauung von Kirchen, wo keine sind, durch den Grundherrn und die Gemeinde; Belebung der Neigung zu frommen Stiftungen durch das Beispiel der Staatsschatz-Verwaltung; unumwundene Annahme der Tridentiner Synodalbeschlüsse durch den Klerus. Forderungen der Akatholischen sind nach den bestehenden Gesetzen zu behandeln.

Für die Wiederbesiedlung des Landes, insbesondere der wiedereroberten Gebiete, muß gesorgt werden; man berufe dorthin Ungarn und Ausländer und gewähre den ersten für drei, den andern, weil sie aus der Ferne kommen, für fünf Jahre Befreiung von allen öffentlichen Lasten. Deutschen Einwanderern, besonders aus den Ländern Se. Majestät, gebe man immer den Vorzug, damit das Land oder doch ein beträchtlicher Teil desselben germanisiert und das zu Aufständen geneigte ungarische Blut durch deutsches gemäßigt werde. Die akatholische Religion übersehe man bei den Einwanderern, gestatte jedoch die öffentliche Übung anderer Bekenntnisse nicht und mische überall Katholiken unter Nichtkatholiken. Die befestigten Orte sind, insofern es möglich ist, mit Deutschen zu bevölkern. Grund und Boden überlasse man den Einwanderern nicht nur unentgeltlich, sondern auch als bleibendes und veräußerliches Eigentum. Die Frondienste sollen im ganzen Lande auf drei Tage pro Woche festgesetzt werden. In den Städten sei der Betrieb von Fleischereien, des Weinausschanks und des Getreidemahlens etc. ausschließlich den Bürgern erlaubt, nicht aber den Kammerbeamten oder Festungskommandanten, die versucht haben diese in den eroberten Gebieten zu monopolisieren. Verwüstete oder verlassene Häuser in den Städten überlasse man Einwanderern um geringe Beträge und gebe diesen 32 Joch Ackerland, damit sie sich niederlassen. Königliche Freistädte und mit Mauern bewehrte Städte am Land sollen nicht den Komitaten eingegliedert werden, damit sie von diesen nicht bedrückt und Edelleute nicht in ihnen staatsfeindliche Versammlungen abhalten können. Herrenloses Ackerland sollen Einwanderer gegen ein geringes Entgelt in Besitz nehmen dürfen. Meldet sich aber der frühere Eigentümer nachträglich, so löse er das Grundstück ein oder überlasse es gegen einen angemessenen Preis dem neuen Besitzer. Zur Vermehrung des Wohlstandes ist das Kreditwesen einzurichten. Da es aber in ganz Ungarn keinen Ort gibt, wo man den Stand und die Belastung eines liegenden Besitzes ersehen und erfahren kann, ob man es ohne Gefahr kaufen oder darauf Geld leihen könne und die bei den Kapiteln geführten Aufzeichnungen ungenügend sind, wird die Errichtung einer solchen Anstalt (Grundbuch) empfohlen. Es soll jeder, der von Se. Majestät ein Gut im Wege des Kaufes oder der Schenkung bekommt, dieser den Treueid leisten.

Um Wissenschaft und Kunst in Ungarn zur Entfaltung zu bringen, mögen in Ofen und Kaschau Universitäten eingerichtet und in allen größeren Städten Akademien und Gymnasien eröffnet werden.

Gewerbe und Handel sollen durch Privilegien und zweckmäßige Zollgesetze, nach holländischem Beispiel, gefördert werden.

Da aus den Rechnungen der Kammer ersichtlich ist, daß die Ausgaben des Staates in Friedenszeiten 500.000 Gulden ausmachen, die Einnahmen aber nur 60.000 Gulden betragen, hat das Land den Abgang durch Steuern aufzubringen. Es wäre unbillig diesen horrenden Abgang anderen Provinzen zur Abdeckung anzulasten. Vornehmlich aber können die den Türken entrissenen Gebiete eine Quelle vermehrter Einkünfte werden. Der Kaiser ist nicht verpflichtet, die mit seinen Waffen, seinem Gelde und dem Blute seiner Heere eroberten Landesteile den früheren weltlichen Besitzern zurückzugeben. Es bleibt der königlichen Gnade und Freigebigkeit überlassen, ob Besitzungen, deren Eigentumsrecht durch Urkunden nachgewiesen werden kann, früheren Besitzern zurückgegeben werden oder nicht. Werden sie zurückgegeben, so haben die Beschenkten Se. Majestät den Treueid zu leisten und für ihr Gut Steuern zu entrichten und mit der Einquartierung von Truppen zu rechnen. Dem Klerus dagegen müssen, kraft kanonischen Rechts, ehemalige Besitzungen zurückerstattet werden. Güter, auf die bis zu einem festgesetzten Termin niemand Anspruch erhebt, sollen, ohne Rücksicht auf Stand, Nationalität und Religion, an die Meistbietenden verkauft werden.

In Hinkunft sollen die Steuern nach Porten (Gehöften) ausgeworfen werden. Eine Porte besteht gesetzlich aus vier ganzen oder acht halben Bauernwirtschaften oder aus sechzehn Häuslern. Im Jahre 1647 gab es, ohne die Gehöfte in den Frei- und Landstädten, in Ungarn 7.215 Porten, von denen damals jede mit 4 Gulden Steuer belegt war. Künftig wird jede Porte 24 Gulden aufzubringen haben. Der zusätzliche Frondienst von zwölf Tagen pro Porte kann durch drei Gulden abgelöst werden. Diese Steuer trage jeder, wessen Stande er auch sei, ob Prälat, Magnat oder Edelmann, ob Kapitel oder Stadt, ob Offizier oder Kammerbeamter, denn es ist billig, daß jeder, der den Nutzen eines Besitzes genießt, Steuern entrichte. Die Steuern werden aber nicht, wie bisher, also für ein oder mehrere Jahre, sondern ein für allemal eingeführt. Sie sind nicht, wie bisher durch Kriegskommissäre und Kammerbeamte, sondern durch die Stadt- und Komitatsbehörden einzutreiben. Mit der Angleichung und Neuregelung der Gefällsgebühren und Einnahmen aus Erzgruben etc. schließt der Entwurf.

Die Vorschläge dieses Entwurfes waren teilweise so revolutionär, daß sie ihrer Zeit weit vorausgriffen: so die Gleichheit vor dem Gesetze, die Besteuerung adeligen und kirchlichen Grundbesitzes sowie die Abschaffung des Genehmigungsrechtes der Steuern durch den Reichstag. Eine moderne Verwaltung, funktionsfähige Regierungs- und Gerichtsbehörden und die Versorgung des Heeres erforderten laufende und gesicherte Einkünfte. Es ging nicht mehr, daß der König, wie bisher, alle paar Jahre den Reichstag einberufen und diesen um die Genehmigung der erforderlichen Mittel für ein oder drei Jahre bitten mußte und gezwungen war, für die jeweils erhaltene Zustimmung noch die Privilegien der Stände zu vermehren.

Die bisher steuerfrei gewesenen Stände, insbesondere der Adel und die Geistlichkeit, protestierten betroffen und unterstellten *Kollonitsch*, daß sein Entwurf von der Feindseligkeit gegen alle Ungarn, insbesondere aber gegen die Evangelischen bestimmt worden sei und daß er den Ausspruch getan habe: „Faciam Hungariam captivam, postea mendicam, deinde catholicam" (Ich werde Ungarn zuerst rechtlos, dann bettelarm und zuletzt katholisch machen).

Zu der Zeit, zu der *Kollonitsch* seinen Entwurf über die Umgestaltung und Neugliederung des Rechtswesens dem Kaiser vorlegte, standen die siegreichen kaiserlichen Heere am Balkan, gehorchte Ungarn und wurde die Oberhoheit des Reiches von Siebenbürgen anerkannt. Es durfte daher angenommen werden, daß sich die Neuerungen, trotz des Gezeters der zahlungsunwilligen Stände, würden durchziehen lassen. Da die Stände insgesamt die Mitarbeit an einem Entwurf verweigert hatten, ließ *Leopold* einzelne Persönlichkeiten der Stände zu sich laden, damit ihnen durch *Kollonitsch* der Entwurf gezeigt und ihre Ansicht dazu gehört werde. Die Herren nahmen den Entwurf zur Kenntnis. Nur Erzbischof *Széchenyi*, er lebte zu dieser Zeit noch, opponierte heftig. Aber nicht aus Liebe zu Ungarn, sondern weil *Széchenyi* seinem Ärger darüber zum Ausdruck bringen wollte, daß nicht er, sondern der Kardinal Herzog *Karl August von Sachsen* zum Koadjutor des Erzbistums Gran ernannt worden war. Jetzt wollte der hochbetagte Primas die kaiserlichen Minister fühlen lassen, was er ihnen für Schwierigkeiten bereiten konnte, erwirkte eine Audienz beim Kaiser und verlangte, daß der Entwurf überdacht und daher erst zu einem späteren Zeitpunkt überarbeitet werden solle. Dem stimmte der Kaiser zu, weil ja der Entwurf eine Verhandlungsgrundlage sein sollte. Als *Leopold* aber erfuhr, daß *Széchenyi* in einer Sitzung dem Palatin die Arbeit erschwere und behauptet habe, „daß Steuerbewilligungen außerhalb des Reichstages durch die Gesetze als Hochverrat erklärt werde", war er sehr ungehalten. In einer Denkschrift, die nach langwierigen Beratungen und vielen gleißenden Reden verfaßt und dem Kaiser am 1. Oktober überreicht wurde, gaben die Prälaten und Magnaten zwar zu, daß eine allgemeine Besteuerung der Billigkeit entspreche, führten aber an, daß die Bauern übermäßig belastet seien und daß sie ihren Untertanen daher durch die Verringerung der Frondienste schon hätten helfen müssen, wodurch sie aber selbst Nachteile erlitten haben. Gleichzeitig erklärten sie, es sei Sache des Reichstages eine solche Steuer zu genehmigen, und sie seien weder ermächtigt noch berechtigt, eine Zustimmung zu geben. Die beabsichtigte Steuer sei auch so groß, daß sie ebenso wie ihre Untertanen unter deren Last zusammenbrechen würden, wenn sie diese bezahlen müßten. Sie wollten jedoch den fünfzigsten Teil übernehmen, der Zehnte möge auf die Städte und das übrige den Bauern aufgelastet werden.

Die Denkschrift wurde nicht berücksichtigt und die Gespanschaften angewiesen, nach dem vorgesehenen Schlüssel die Steuern einzuheben. Das Reskript dazu, daß Bischof *Ladislaus Matyasovszky*, der Bischof von Neutra als ungarischer Hofkanzler am 24. Dezember 1698 erließ, zeugte vom Ärger und Unwillen des Kaisers: „In der Absicht, dem gemeinen Volke durch eine billige Vertheilung der Steuern zu helfen, beriefen wir eine Anzahl Prälaten, Magnaten, Obergespane, wie auch Abgeordnete der Gespanschaften und Städte an unsern Hof, welche die Sache reiflich erwägen sollten, damit später in einer ungarischen Stadt, namentlich in Preßburg, darüber mit Vorwissen und Zustimmung aller, Beschluß gefaßt werde. Unsere Hoffnung und Mühe wurde vereitelt. Die Einberufenen reichten uns eine Denkschrift ein, aus welcher offenbar wurde, was sie bisher in ihren Herzen verborgen hatten, denn aus den vielen gleißenden Reden und Berufungen auf Gesetze leuchtet das Bestreben der Mächtigen hervor, die Steuern selbst auszuwerfen und einzutreiben, um die Last von sich auf die Geringern und besonders auf das gemeine Volk zu wälzen. Als sie sahen, daß wir dagegen sind, füllten sie die ganze Zeit der Berathung mit unnützen und, wie es sich in der Folge zeigte, hinterlistigen Haarspaltereien aus, um unser die Erleichterung der Bedrückten bezweckendes Vorhaben zu vereiteln, sich selbst als Wächter der Gesetze hinzustellen, in uns hingegen die Ursache der Bedrängnisse suchen zu lassen. Es verträgt sich nicht mit der Würde unserer Majestät, mit unseren Untertanen zu streiten, oder denen, deren Rath wir verlangten, von unsern Absichten Rechenschaft zu geben; darum haben wir die Verfasser jener Denkschrift ohne Antwort gelassen, wollen aber unsern getreuen und geliebten Comitaten insgesamt und einzeln zu wissen thun, was jene Denkschrift enthält, und welcher Meinung wir über dieselbe sind. Die Einberufenen beschweren sich bei uns vornehmlich über die Berufung der Stände zur Berathung außerhalb des Landes nach Wien; über Begünstigung des gemeinen Volks, dem sie durch Erlassung von Urbarialleistungen schon auf eigene Kosten zu helfen gesucht haben, und darüber, daß die Steuerangelegenheit dem Reichstage, der allein in derselben entscheiden kann, entzogen wurde. Der Denkschrift legten sie ein veraltetes Verzeichniß der Porten bei, wollten, daß den Prälaten, Magnaten und Edelleuten der fünfzigste, den Städten der zehnte Theil der gesamten Steuer auferlegt werde, den ganzen übrigen Betrag das gemeine Volk trage, und forderten zugleich die Absetzung der bisherigen Steuereinnehmer.

Wir wünschten Euch, Getreue, ausführlicher zur Kenntnis zu bringen, wie redlich wir uns bemühten, jenen Magnaten und Edelleuten verständlich zu machen, daß wir die Gesetze nicht überschreiten wollen, daß aber die Gerechtigkeit uns, den König und Vater, verpflichtet, die unter Lasten seufzenden Armen durch die Mächtigen nicht unterdrücken zu lassen, sondern eben zur Wahrung der Landesrechte auf eine billige Vertheilung der Vortheile und Lasten zwischen den privilegierten Klassen und dem gemeinen Volke hinzustreben. Um so schmerzlicher war es uns, daß die Versammlung, die Zeit einige Monate lang verschwendend, . . . lieber die Uebel zunehmen lassen, als unsere Absicht unterstützen wollte, die öffentlichen Angelegenheiten zu verbessern, die Lasten durch deren richtige Vertheilung zu erleichtern, den Ausschweifungen der Soldaten Einhalt zu thun. Wir erwähnen dieses, daß jene, die sich im gegenwärtigen Winter durch die Einquartierung der Soldaten vielleicht übermäßig belastet fühlen werden, wüßten, wem sie es zu verdanken haben, und ihr Unmuth nicht der Lohn unserer väterlichen Bemühungen sei.

Was die Einberufung nach Wien betrifft, wird niemand leugnen, daß dazu eine gesetzliche Ursache vorhanden war . . . Unserer königlichen Pflicht gemäß wollten wir die Quelle der vielen Uebel verstopfen; . . . hielten es für erlaubt und heilsam, den Rath solcher Männer zu vernehmen, deren Adel, Weisheit und Vaterlandsliebe uns besonders angerühmt wurde, und luden sie zu uns, um ihre Ansichten mit den unsrigen zu vergleichen. Aber es kam uns nicht in den Sinn, aus ihren Antworten und Rathschlägen ihre gesetzliche Einwilligung zu folgern, oder gar durch sie außerhalb des Landes Beschlüsse fassen und Gesetze geben zu lassen. Dasselbe haben unsere Vorfahren in kaum wichtigeren Angelegenheiten gethan; auch gibt es kein Gesetz, das verböte sich an den Hof des Königs zu Berathungen zu begeben.

Die gepriesene Hülfe, welche die Grundherren bisher dem Volke gewährten, kann Einzelnen zum Verdienste angerechnet werden, darf aber den Prälaten, Magnaten und Edelleuten nicht zum Vorwande dienen, sich den öffentlichen Lasten zu entziehen, denn durch tausend Zeugen läßt es sich beweisen, daß der Zustand des gemeinen Volks und geringen Adels eben darum so traurig geworden ist, weil die Mächtigen das Recht, die Steuern auszuwerfen, zu vertheilen und einzutreiben, willkürlich mißbrauchten, sich steuerfrei machten, und die ganze Last dem gemeinen Volke und den weniger Mächtigen aufbürdeten. Den Armen nicht zu helfen, widerstreitet den Gesetzen Gottes, die kein Beschluß der Stände abzuschaffen vermag. Wir wagten es nicht, die Sache bis zum nächsten Reichstag zu verschieben, und es blieb nichts anderes übrig, als Prälaten, Magnaten und Edelleute zur Berathung über die verhältnißmäßige Vertheilung der Steuern und Uebernahme eines Theils der Militärlasten auf ihre Schultern zu berufen. Das getraue sich niemand für ungesetzlich zu erklären, denn eben dasselbe Gesetz, welches die Edelleute von den Steuern befreit, legt ihnen die ganze Last der Landesvertheidigung auf, und zwar mit solcher Strenge, daß es jene, die sich der Last entziehen wollen, zu zerstücken oder zu ewiger Knechtschaft zu verdammen gebietet." Im Reskript wird in der Folge darauf kundgemacht, daß Krieg jetzt nicht mehr nach alter Art mit Banderien und Aufgeboten, sondern mit besoldeten Truppen geführt werden müsse. Um dies zu können, seien Steuern notwendig. Weiters wird darauf hingewiesen, daß die Magnaten und Edelleute zweckmäßigerweise vom wirklichen Kriegsdienst befreit wurden, dafür aber verpflichtet sind, Steuern zum Unterhalt der Soldaten zu entrichten und mit den anderen Volksklassen die Kosten der Landesverteidigung zu tragen. Nach dem Schlüssel, wie die Steuern zu verteilen sind, nimmt der Text des Reskripts auf den Reichstag Bezug: „Was endlich das Dringen der Hinaufberufenen auf Abhaltung des Reichstags anbelangt, so diente uns dasselbe als neuer Beweis, daß sie nur eine Ausflucht suchten. Denn es steht zwar im Gesetz, daß die Bewilligung von Subsidien außerhalb des Landes verboten ist, aber das Verbot hört auf, sobald so wichtige Angelegenheiten, wie die unsrigen gewiß sind, die Abhaltung des Reichstags hindern. Auch bedarf das keiner weiteren Behandlung am Reichstage, was auf Reichsbeschlüssen und Gesetzen beruht, nämlich daß an die Stelle der persönlichen Insurrection das zweckmäßige Militärsystem trete. Jene, die aus unreifem und gesetzwidrigem Eifer nicht erröteten zu behaupten: Subsidien außerhalb des Landes zu bewilligen, sei soviel als sich des Hochverraths schuldig zu machen, und ziehe mithin auch dessen Strafe nach sich, ermahnen wir, wenn sie unseren Unwillen nicht fühlen wollen, von solchen Reden abzulassen . . . Bei alledem sind wir nicht abgeneigt, einen vollständigen Reichstag abzuhalten, sobald es die Klugheit rathen und der Krieg nicht hindern wird, denn wir erlauben nicht, daß die Freiheiten des Landes einen Abbruch erleiden, werden aber auch Sorge tragen, daß wir unser geliebtes Erbreich Ungarn gleichsam mit eisernen Ankern inmitten der Fluten befestigen; ihm endlich die Ruhe verschaffen, welche es, zum Leidwesen eurer Vorfahren, bei allen Gaben der Natur und des Glücks allein nicht besaß, und zu bewirken, daß eure Nachkommen sie nicht schmerzlich vermissen, werden wir mit Gottes Hülfe streben."

Die Ungarn höhnten, daß dieser kaiserliche Erlaß, der den Zweck verfolge, das gemeine Volk gegen die hohe Geistlichkeit und die Magnaten aufzuwiegeln, demselben schwerlich zur Kenntnis gelangen werde und ärgerten sich im gleichen Augenblick darüber, daß sie im Angesicht des Volkes mit dieser Verfügung gekränkt worden seien. Sie lehnten die nach ihrer Meinung willkürlichen Auflagen ab und verschanzten sich hinter der Goldenen Bulle, die ihnen jahrhundertelang Steuerfreiheit zugestanden hatte. Ferner bestanden sie auf dem Rechte des Reichstages, der ja von ihnen gebildet wurde, Steuern zu bewilligen, weil sie auf diesem alle Vorschreibungen hintertreiben hätten können.

Da kurz vorher, am 26. Jänner 1699, der Friede von Karlowitz ausgehandelt und den Verhandlungen keine Ungarn beigezogen worden waren, flammte jetzt, weil Prälaten, Magnaten und Edelleute ab diesem Jahre wirklich Steuern zahlen mußten, das vermeintlich mehrfach gedemütigte Selbstgefühl der Beleidigten wieder auf. In Karlowitz wäre wohl ohne die Ungarn über Ungarn entschieden worden, meinten die Ungarn. Es wurde über mit den Waffen erobertes Gebiet, das nach Kriegsrecht dem Kaiser gehörte, verhandelt, nicht über Ungarn, behaupteten die kaiserlichen Minister. Deshalb wäre es auch nicht erforderlich gewesen, Ungarn zu Verhandlungen beizuziehen, die vorläufig Ungarn noch gar nicht betrafen. Weiters störte die Ungarn, daß in den Vertragstexten immer nur vom Kaiser und von kaiserlichem Gebiet gesprochen wurde, nicht aber vom König von Ungarn und ungarischen Landesteilen. Sie warfen *Leopold I.* vor, damit seine Versprechen im Krönungseide gebrochen zu haben, daß er die vom Feind besetzten Landesteile befreien und dem Reiche wieder eingliedern wolle, ja in Teilen des von ihm eroberten Gebietes nach Kriegsrecht verfahre. Für die Gespanschaften Pozsega, Veröcze, Valpó und Syrmien war *Peter Gotthal* als Statthalter eingesetzt worden. *Gotthal* zog in diesen Gespanschaften eine vom Reiche unabhängige Verwaltung auf.

Unter der Bezeichnung „Commissio neoacquistica" trat die von *Kollonitsch* ins Leben gerufene Institution in Tätigkeit und entschied über die geltendgemachten Eigentumsrechte in den eroberten Gebieten. Sie gab den früheren Eigentümern, die ihr Besitzrecht urkundlich nachweisen konnten, deren Güter gegen Bezahlung von ihr je nach Größe der Besitzungen festgelegten Beträge zurück. Wer keine Urkunden beibringen konnte, weil ihm diese im Verlaufe der Kriegshandlungen abhanden gekommen und die hiefür zuständigen Archive niedergebrannt worden waren, erhielt seine Besitzungen nur gegen Erlag beträchtlicher Ablösegelder wieder. Wer auch diese nicht aufbringen konnte, ging seiner ehemaligen Besitzungen verlustig. Sie wurden an Meistbieter verkauft.

Klein-Kumanien, ein eigener Distrikt geworden, wurde, trotz des Einspruches *Paul Esterházys,* dem Deutschen-Ritterorden für 500.000 Gulden verpfändet.

Auf Betreiben von Fürstprimas *Kollonitsch* erließ Kaiser *Leopold* für die von ihm eroberten Gebiete am 9. April eine Verordnung: In den von den Türken befreiten Gebieten sollen dem Klerus die Kirchengüter rückerstattet werden, und das Recht auf den Zehnten soll wieder aufleben. Bei Verpachtungen kirchlicher Besitzungen aber bleibt das Vorrecht des Fiskus gewahrt. Der Klerus hat als Ablöse seiner Verpflichtung dem König Banderien zu stellen, dem Fiskus in Kriegszeiten den Zehnten vom Zehnt zu entrichten. Weltliche und geistliche Grundherren werden als Patrone dazu verhalten, auf ihren Gütern die fehlenden Kirchen, Pfarrhöfe und Schulen zu errichten und vorhandene besser zu dotieren. Alle Landesbewohner, gleich zu welcher Konfession sie sich bekennen, haben dem katholischen Klerus von jeder Gattung den Zehnten abzuführen. In Gemeinden, deren Grundherr nicht katholisch ist, geht das Patronat auf den Fiskus über.

In einer zweiten Verordnung, die ebenfalls 1699 erlassen wurde, verfügte der Kaiser: Die Ausübung des Augsburgischen und Helvetischen Bekenntnisses ist auf jene Landesteile beschränkt, die sich 1681 tatsächlich im Besitze Se. Majestät befunden haben. In Orten, wo diese Bekenntnisse aber nur deshalb zugelassen worden waren, weil diese damals Grenzorte waren, es aber jetzt nicht mehr sind, ist die Ausübung der protestantischen Bekenntnisse untersagt.

Ähnliche Maßnahmen wie für Ungarn wurden in allen Bereichen auch für Siebenbürgen erlassen.

Die Protestanten, die während aller Türkenkriege auf der Seite des Feindes gekämpft hatten und deshalb als Hochverräter angesehen worden waren, hatten jetzt in jenen Gebieten, die 1681 nicht im Besitze *Leopolds* gewesen waren, manches Ungemach zu erdulden. Auf diese Weise glomm die oft nur durch Verdrehungen zustande gekommene Abneigung gegen das Haus Habsburg unter der Asche fort, und was der Reichstag von Preßburg aus Dankbarkeit für die Befreiung sovieler Gebiete aus den Händen der Türken genehmigt hatte, konnte schon einige Jahre später für Unzufriedene Anlaß zu neuer Rebellion sein.

Was aber verstand der Adel Ungarns damals unter dem Begriffe „Volk"? In einer Art Präambel im Buch der ungarischen Landesgesetze war die Auslegung enthalten: „Unter dem Namen Volk sind nur die Herren Prälaten, Barone und andere Magnaten sowie alle Adeligen zu verstehen." Der Bauer hingegen war nicht nur der politischen Rechte, sondern jedes Rechts überhaupt beraubt. Es fehlte ihm nicht nur die Gleichstellung mit dem Adel, sondern überhaupt jeder Status vor dem Gesetze. Er hatte weder einen Anspruch auf beweglichen noch auf unbeweglichen Besitz und konnte nicht einmal über seinen eigenen Körper verfügen. Alles was er im Ungarn dieser Zeiten sein eigen nennen durfte, war seine Seele. Die Bauern zählten nicht einmal als Masse, die, hätte der Adel sie sich zugerechnet, seine Position zweifellos verstärkt haben würde. Somit war der Bauer zu einer Sache degradiert, ein für den Grundherrn bewegliches, jederzeit veräußerbares Gut, das seinem Eigentümer eben nur soviel wert war, als es ihm an materiellem Nutzen, also als Arbeitskraft, abwarf. Für den Adel war daher die Bestimmung im „Einrichtungswerk für das Königreich Hungarn" unfaßbar, daß der Bauer, der Untertan, auch seinen Herrn gerichtlich belangen durfte und daß auch sein Zeugnis gegen Adelige bei Gericht angenommen wurde, also die Gleichheit vor dem Gesetz. Mit Fug und Recht mußten die mißtrauischen Feudalherren fürchten, daß *Kollonitsch* die getretene Kreatur im Laufe der Zeit dazu bringen werde, sich gegen Unrecht zur Wehr zu setzen, weil dieses Vaterland, von dem ihre Prälaten und Grundherren redeten, für diese armen Teufel weiter nichts war als eine Anstalt für leibhaftige Sklaverei. So kam es, daß der Adel, der fast ausschließlich madjarischer Nationalität war, überall mit sich selbst in Widerspruch geriet. Er ließ immer die Fahnen seiner eigenen Freiheit von seinen unfreien Leibeigenen zum Sturme tragen. Stets kämpfte der Adel für „seine Verfassung", das heißt, seine Vorrechte und Absichten. Von den Wohltaten, die ihm aus seinen Privilegien erwuchsen, schloß er die Bauern, seine Leibeigenen und damit den größten Teil des wirklichen Volkes, bewußt aus. Gegen den König verteidigten Prälaten und Adel „ihr Recht", das faktisch nichts anderes war als ein Vorrecht zum Unrecht. So war es auch beim Versuch gewesen, die Steuerlasten, die diese nach dem Willen von *Kollonitsch* mit dem gemeinen Volke mittragen sollten, auf ihre Bauern abzuwälzen. Das ließen aber weder der Kaiser noch *Kollonitsch* zu. Da vom Begriff „Volk" nur einige privilegierte Stände erfaßt wurden, ist der Vergleich der „Goldenen Bulle" Ungarns mit der „Habeas-Corpus-Akte" Englands irreführend. Die englische „Habeas-Corpus-Akte" brachte allen Bewohnern des Inselreiches wirklich Freiheit und Recht. Die „Goldene Bulle" Ungarns den Ungarn nicht! Das ist schlicht die Wahrheit. In Ungarn kämpfte immer nur die oligarchische Selbstsucht gegen die dynastische der Arpaden, Jagellonen, Luxemburger und Anjou. Eigennutz war auf beiden Seiten Trumpf gewesen. Unrecht stand gegen Unrecht und Anmaßung gegen Anmaßung! Kein einziger der vielen ungarischen Reichstage hat jemals daran gedacht, die Freiheit, in deren Namen sie Revolutionen vom Zaune brachen, auch dem eigenen Volke, ihren leibeigenen Bauern gegenüber, anzuwenden.

Ähnlich verhielt es sich auch mit der so oft und fast immer mißbräuchlich ausgelegten Religionsfreiheit. Die Religionsspaltung war und ist bis in die heutige Zeit eines der größten Übel für alle Betroffenen. Sooft die protestantischen Vorkämpfer der Religionsfreiheit diese für sich zu erringen vermochten, deuteten auch sie diese auf ihre Art: Auch sie hielten sich für berechtigt, ihren katholischen Untertanen die protestantischen Bekenntnisse aufzuzwingen oder, wo sie es konnten, diesen wenigstens die katholischen Kirchen wegzunehmen. Daß die immer wieder blutig errungene Religionsfreiheit aber auch ihren Leibeigenen zugute kommen sollte, fiel auch diesen Oligarchen nicht ein. Auch für sie galt der Satz, daß der Untertan die gleiche Religion haben müsse wie sein Herr. Graf *Kollonitsch*, dem auch seine Gegner nicht absprechen konnten, daß sein Reformwerk auch positive Aspekte enthalte, wagte es als Bischof und als Fürstprimas all diese Ungeheuerlichkeiten und Ungerechtigkeiten aufzuzeigen und mit Hilfe seines großen Einflusses auf den Kaiser einzuschränken, und er wurde damit der von den Ungarn am meisten gehaßte Ungar Ungarns.

Beginn des Spanischen Erbfolgekrieges

Im Sommer des Jahres 1700 rechnete man an vielen Höfen Europas damit, daß es beim bevorstehenden Heimgange des todkranken Königs *Karl II.* von Spanien zu schweren politischen Spannungen zwischen Kaiser *Leopold I.* und König *Ludwig XIV.* kommen werde, weil beide Monarchen ihre Ansprüche auf den erledigten spanischen Thron geltend machen würden. Sowohl *Leopold I.* wie *Ludwig XIV.* waren Söhne von Schwestern *Philipps IV.* von Spanien, des Vaters *Karls II.* Es lag aber weder im Interesse der Seemächte England, Holland und Portugal noch in jenem Rußlands und anderer Kontinentalmächte, daß das Gleichgewicht der Kräfte in Europa gestört würde. Nach Meinung dieser Mächte wäre das der Fall, wenn die ganze spanische Monarchie mit dem Reiche der Habsburger oder dem der Bourbonen vereinigt würde, weil damit entweder das Übergewicht der Habsburger oder eine französische Dominanz am Kontinent und auf den Meeren gegeben wäre. Die Seemächte wollten weder das eine noch das andere. In diesem Sinne versuchte König *Wilhelm III.* von England und Statthalter der Niederlande zwischen Österreich und Frankreich zu vermitteln und hatte *Leopold I.* und *Ludwig XIV.* schon am 11. Oktober 1698 einen Teilungsvertrag vorgelegt, der vorsah, daß Philipp von Anjou Neapel und Sizilien, *Leopold I.* Mailand und *Joseph Ferdinand,* der Kurprinz von Bayern, Spanien, die Niederlande und die Gebiete in Übersee (beide Indien) erhalten sollte. Damit war *Leopold I.* aber nicht einverstanden gewesen. So billig ließ er sich nicht abspeisen, denn er hatte das am besten begründete Anrecht auf das spanische Erbe. Als *Karl II.* davon erfuhr, daß die Seemächte schon mit Österreich und Frankreich wegen der Aufteilung seiner Monarchie verhandelten, setzte er erzürnt ein Testament auf und vermachte die ganze Monarchie dem Kurprinzen *Joseph Ferdinand.* Da aber der Kurprinz unerwartet starb, kam es am 13. März 1700 zu einem weiteren Teilungsvorschlag der Seemächte. Nach diesem sollte der Dauphin (Sohn und Kronprinz *Ludwigs XIV.)* *Ludwig* Neapel, Sizilien und Lothringen erhalten, der Herzog von Lothringen mit Mailand entschädigt werden und Erzherzog *Karl,* der jüngere Sohn *Leopolds,* die übrige Monarchie (Spanien und überseeische Besitzungen) bekommen. Aber auch gegen diesen Aufteilungsplan erhob der Kaiser Einspruch, und König *Karl* wollte, über den abermaligen Aufteilungsplan seiner Monarchie empört, jetzt Erzherzog *Karl* von Österreich als seinen alleinigen Erben einsetzen. Der Erzherzog sollte, von einem Expeditionskorps von 12.000 Mann begleitet, nach Spanien kommen und noch unter seiner Egide in die Regierungsgeschäfte eingeführt werden. Zu diesem Entschluß hatte Graf *Harrach,* der kaiserliche Gesandte am spanischen Hofe, *Karl II.* mit Hilfe seines Feundes, des ersten Ministers *Oropeza* überreden können, weil diese Lösung den wechselseitigen Erbzusicherungen der beiden habsburgischen Linien entsprach. Dies konnte aber der Kaiser im Augenblicke nicht, weil er nach den langen Türkenkriegen nicht soviele Mittel hatte, ein solches Korps aufzustellen und nach Spanien zu entsenden. Er eröffnete Graf *Harrach,* daß seine Erbansprüche durch Verträge hinlänglich abgesichert wären und ihm die ganze spanische Monarchie zufallen müßte. *Leopold* begründete sein Recht mit der direkten Abstammung vom spanischen Königshause, mit den gegenseitigen Erbverträgen der spanischen und deutschen Linie der Habsburger, mit dem Testament König *Philipps IV.,* welches der deutschen Linie die Erbfolge sicherte, wenn sein Sohn *Karl II.* keine Erben hinterlasse und letztlich damit, daß *Ludwig XIV.* und dessen Gemahlin, die Infantin von Spanien, bei ihrer Vermählung mit einem Eide allen Ansprüchen auf Spanien entsagt hatten. Jetzt aber berief sich *Ludwig XIV.,* im Namen seines Sohnes, des Dauphins, darauf, daß dieser der Enkel der älteren Tochter *Philipps III.* und Sohn der älteren Tochter *Philipps IV.* ist und daß seine Entsagung bei der Vermählung mit der Infantin sich nur auf ihn beziehe, nicht aber auf die männlichen Nachkommen seiner Gemahlin. Diese Spitzfindigkeiten bewiesen nur abermals die maßlose Arroganz des Bourbonen. Beide Herrscher suchten nun die Bedenken der Seemächte zu zerstreuen und versicherten diesen, nicht die ganze Ländermasse der spanischen Monarchie mit ihren Reichen vereinigen zu wollen. *Leopold I.* bot an, seinen jüngeren Sohn *Karl* den Spaniern als König geben zu wollen, und *Ludwig XIV.* brachte *Philipp von Anjou,* den jüngeren Sohn des Dauphins ins Gespräch. Kurfürst *Max Emanuel von Bayern* war nach dem Tode seines Sohnes *Joseph Ferdinand* als Bewerber ausgeschieden. Er hatte den Erbanspruch seines Sohnes damit begründet, daß dessen Mutter, *Maria Antonia,* eine Tochter von *Leopolds* spanischer Gemahlin, der jüngeren Tochter *Philipps IV.* war und die Gemahlin *Ludwigs XIV.,* die einstige Infantin und Schwägerin *Leopolds* feierlich auf den Thron verzichtet hatte.

Inzwischen hatte der Herzog *von Harcourt,* der gefinkelte Gesandte König *Ludwigs XIV.* in Madrid, durch große Geschenke seines Königs und beträchtliche Bestechungsgelder mächtige Freunde gewonnen, während Graf *Harrach, Leopolds* Gesandter, lediglich auf die Verwandtschaft der habsburgischen Linie und die bestehenden Verträge verweisen konnte. Als aber *Harrachs* Freund, Minister *Oropeza,* durch den frankophilen Kardinal *Puertocarrero* von Toledo ersetzt wurde, setzte sich die französische Partei am Hofe durch und erlangte sogar die Unterstützung des Papstes *Innocenz XII.* Es konnte der todkranke *Karl II.* am Totenbette bewogen werden, Herzog *Philipp von Anjou* mittels Testament vom 2. Oktober und eines Kodizills vom 5. Oktober zum alleinigen Erben aller spanischen Reiche einzusetzen. Am 1. November darauf starb König *Karl II.,* der letzte Habsburger auf dem spanischen Thron. *Ludwig XIV.* nahm das Testament für seinen Enkel an, der hierauf von der französischen Partei am Madrider Hof am 16. November mit der Bezeichnung *Philipp V.* zum König von Spanien ausgerufen wurde. *Ludwig XIV.* hatte, trotz des scheinbaren Eingehens auf die Teilungspläne der Seemächte, einen blendenden Erfolg erzielt und erfolgreich diese und den Kaiser getäuscht.

Graf *Harrach* sandte einen Eilkurier nach dem anderen nach Österreich. Die Nachrichten über diese unglaublichen Ereignisse lösten in London und im Haag Bestürzung, in Wien aber helle Empörung aus. Mit ungewohnter Schnelligkeit entschloß sich der sonst manches lange erwägende *Leopold I.* sein Erbrecht, von dem er zutiefst überzeugt war, zu verteidigen und bezeichnete das einem Sterbenden auf dem Totenbette abgerungene Testament als ungültig, weil *Karl II.* ebenfalls an das Testament *Philipps IV.*, seines Vaters, gebunden war. Als dringendste Maßnahmen wurden vorgesehen, die Festsetzung der Bourbonen im Herzogtum Mailand und im Königreich Neapel-Sizilien zu verhindern. Mailand war deutsches Reichslehen, das jetzt, nach dem Ableben *Karls II.* an das Reich heimfiel. *Leopold I.* hatte als Kaiser die Pflicht, Mailand für das Reich einzuziehen. Dieses Herzogtum hatte den Habsburgern immer viel bedeutet, weil es das territoriale Bindeglied zwischen den Reichen beider Linien war. Neapel-Sizilien aber war deshalb für den Kaiser so wichtig, weil es von seinen Häfen aus möglich war, die Verbindung mit Spanien über das Meer aufrechtzuerhalten und andererseits ein Eindringen der Franzosen in die Adria zu verhindern. Die kaiserliche Politik richtete sich daher zunächst auf Italien, und schon am 21. November 1700 wurde *Prinz Eugen* von Savoyen mit dem Oberkommando der nach Italien zu entsendenden Armee betraut, und bereits am 25. November wurden im Hofkriegsrate die Marschdispositionen beraten. Dennoch war *Ludwig XIV.* zeitmäßig im Vorteil gewesen. Schon im Jänner und Feber 1701, als die Straßen und Pässe über die Alpen durch Schnee und Eis blockiert waren, landeten die ersten französischen Truppen, die auf dem Seewege nach Italien entsandt worden waren, im Hafen von Finale (westlich von Genua), rückten sofort in die Lombardei ein und vereinigten sich mit den Streitkräften des spanischen Statthalters in Mailand. Der Statthalter, Prinz *Karl von Vaudemont,* trat auf die Seite *Philipps V.* und anerkannte das Testament seines verstorbenen Königs. Bereits im März überschritten die Vorausabteilungen der Franzosen und Spanier die Grenzen des Herzogtums Mantua, dessen Herzog ihnen am 5. April die so wichtige Festung am Südrand der Alpen, von der aus Wege und Pässe kontrolliert werden konnten, kampflos übergab. Am Tag darauf bequemte sich auch Herzog *Viktor Amadeus von Savoyen* zu einem Bündnis mit *Ludwig XIV.* und, als Marschall *Catinat* am 7. April in Mailand eintraf, war Oberitalien bereits in seinem Besitz. *Catinat* war ein Günstling *Ludwigs XIV.* Damit hatte, ohne daß eine formelle Kriegserklärung durch den Kaiser oder die vereinigten Mächte Frankreich-Spanien erfolgt wäre, im Jahre 1701 der Spanische Erbfolgekrieg begonnen.

Prinz Eugen setzte nun alles daran, ehestens eine einsatzfähige Armee zusammenzubringen. Aus Ungarn wurden, bis auf ein Kavallerieregiment und geringe Wachmannschaften in den Festungen, alle Truppen abgezogen, die Regimenter aus Böhmen und Innerösterreich Richtung Südtirol in Marsch gesetzt und mit Bayern, dem Erzbistum Salzburg und der Republik Venedig, mit der der Kaiser während der Türkenkriege verbunden war, wegen des

Durchmarschrechtes der kaiserlichen Truppen verhandelt. Dazu kam, daß Teilgebiete der Republik Venedig Kriegsschauplatz werden würden. Diese Verhandlungen, das Aufstellen und Ausrüsten neuer Regimenter, die Ergänzung der bestehenden Formationen und die wie immer fast leere Kriegskasse brachten es mit sich, daß *Prinz Eugen* erst im Mai im Etschtale erschien und seine Truppen im Raume Bozen—Rovereto Stellungen beziehen lassen konnte. Die Franzosen, durch *Villars,* den französischen Gesandten in Wien, über die Stärke und Bewaffnung der Truppen Prinz Eugens bestens informiert, erwarteten den Angriff der Österreicher am Monte Baldo, zwischen Gardasee und Etsch.

Trotz der starken Partei, die Erzherzog *Karl* in Spanien gehabt hatte, hatte sich Spanien *Philipp V.* ohne Widerstand unterworfen, hatten dem Franzosen Sizilien, Sardinien, Mailand, Neapel, die spanischen Niederlande (heute etwa Belgien) und die großen überseeischen Besitzungen gehuldigt, nachdem er, von seinem Großvater mit Geld und Truppen ausgestattet, nach Spanien aufgebrochen und im April 1701 in Madrid eingezogen war. Selbst England und Holland (die heutigen Niederlande) hatten den Bourbonen als König von Spanien anerkannt und Kurfürst *Max Emanuel von Bayern,* dessen verstorbener Sohn für den spanischen Thron vorgesehen gewesen war, war durch den geheimen am 7. November 1700 zu Madrid geschlossenen Vertrag bewogen worden, von seinem kaiserlichen Schwiegervater abzufallen und mit ihnen ein Bündnis gegen den Kaiser zu schließen. In diesem Vertrag hatten *Ludwig XIV.* und *Philipp V.* ihm und seinen Nachkommen die spanischen Niederlande, deren Verwaltung ihm der Kaiser als Statthalter übertragen hatte, abzutreten versprochen. Die Bourbonen versprachen dem Wittelsbacher etwas, was ihnen gar nicht gehörte und *Max Emanuel,* der eigenwillige einstige Feldherr und Schwiegersohn des Kaisers, der am 2. September 1686 an der Erstürmung von Ofen, am 12. August 1687 an der Schlacht bei Harsany und am 6. September 1688 an der Eroberung von Belgrad so ruhmreichen Anteil gehabt hatte, wurde zum Verräter! *Max Emanuel* gewann auch seinen Bruder *Joseph Clemens,* den Erzbischof und Kurfürsten von Köln, der diese Würden ebenfalls dem Einfluß des Kaisers beziehungsweise seiner Gnade zu verdanken hatte, für das Bündnis mit den Bourbonen. Dem Beispiel von *Joseph Clemens* folgten der Herzog von Braunschweig-Wolfenbüttel und andere deutsche Stände. In Italien hatte indessen auch *Viktor Amadeus,* der Herzog von Mantua französische Truppen in seine Festungen aufgenommen und seine eigenen Truppen Marschall *Catinat* unterstellt, nachdem selbst der Vetter *Prinz Eugens,* der Herzog von Savoyen, sich *Ludwig XIV.* angeschlossen hatte.

Kaiser *Leopold* verfügte bei Kriegsbeginn über zwei Heere. Eines lag unter dem Oberbefehl des Markgrafen *Ludwig von Baden* am Rhein, um einen abermaligen Einfall der Franzosen in das Reich vorzubeugen und ein zweites, das Prinz Eugen in Südtirol zusammenzog, um Österreichs Interessen an Italien durchzusetzen und seinen wankelmütigen Vetter, der sich auf die Seite der Franzosen geschlagen hatte, zu bekämpfen. *Prinz Eugens* Heer befand sich anfangs in einer sehr schwierigen Lage, weil alle nach Oberitalien führenden Gebirgspässe schon von den Franzosen gesperrt worden waren. „Wenn die kaiserliche Armada nicht Flügel hat", hieß es bei den Franzosen, „wird sie nie nach Wälschland kommen!" Der geniale kaiserliche Feldherr umging aber trotzdem die französischen Stellungen und führte seine Truppen in einem kühnen Zug über die unwegsamen Gebirge südöstlich von Rovereto und südlich von Ala. Durch die wilden Schluchten von Terragnuolo und Val Fredda ließ er durch seine Soldaten und hunderte Bauern die schlechten Saumpfade in Eile so gut als möglich verbessern und verbreitern. Am 26. Mai begann von Rovereto aus der Marsch der verschiedenen Heeresgruppen. Seine Infanterie zog, samt der leichten Geschütze, nach Ala, und von dort führte der Prinz selbst am 28. Mai zwei Regimenter auf beschwerlichem Weg durch das Val Fredda. Zwei andere Regimenter marschiertem im Etschtal weiter bis Peri und von dort auf die steile Höhe von Breoni, wo sich die Infanterie am 30. Mai glücklich vereinigte. Die Kavallerie mit dem schweren Geschütz vollzog unter Feldmarschalleutnant *Pálffy* einen nicht minder mühevollen Übergang aus dem Tal von Terragnuolo über den Borcalapaß nach Arsiero. Beide Heeresgruppen zogen sodann in Eilmärschen nach Süden und vereinigten sich bei Legnano an der unteren Etsch. Sie hatten das für unmöglich Gehaltene geschafft und erschienen für die Franzosen, Spanier und Savoyarden völlig unerwartet in deren Rücken.

Catinat wußte noch am 30. Mai nicht, wo der Feind stand. Dann jedoch sah er sich genötigt, seine Truppen der Etsch entlang bis nach Legnano aufzuteilen und schuf damit selbst die Voraussetzung dafür, daß ihn *Prinz Eugen* am 9. Juli mit seinen konzentrierten Kräften bei Carpi in einem blutigen Gefechte schlagen konnte. Einen Bericht an *Ludwig XIV.* vom 11. Juli schloß *Catinat* mit den Worten: „Wir sind gezwungen, Sire, die Schritte abzuwarten, welche die Feinde machen wollen." *Ludwig XIV.* tauschte hierauf seine Generäle aus. *Catinat* wurde an den Rhein berufen, *Villeroy*, sein Liebkind, nach Italien entsandt. Obwohl *Villeroy* 50.000 Franzosen, Spanier und Savoyarden unterstanden, wurde auch er am 1. September von *Prinz Eugen*, der über nur 32.000 Mann befahl, bei Chiari, westlich von Brescia, geschlagen. *Villeroy* war nicht imstande, den Auftrag seines Königs zu erfüllen, die Kaiserlichen aus Italien zu vertreiben und zu verhindern, daß sie dort überwintern. Obwohl *Prinz Eugen* auch nicht offensiv vorgehen konnte, weil er dazu zu schwach war, vollbrachten seine Reitergenerale *Pálffy*, *Vaubonne* und *Colomba* mit der Kavallerie in zahlreichen glücklichen Streifzügen tolle Bravourstücke und fügten den immer wieder überraschten Franzosen und Spaniern schwere Verluste zu. Da so die Gegend von Chiari völlig geplündert und ausgelaugt worden war, mußte sie auch *Villeroy* räumen. Er zog in der Nacht vom 12. auf den 13. November in das Gebiet von Cremona, wo seine Truppen in Winterquartiere gingen. Der Prinz hingegen wandte sich am 19. November in die Gegend südlich von Mantua, wo er zwischen Mincio und Po ebenfalls Winterquartier nahm. Damit hatte er aber gleichzeitig Mantua zerniert und von der französischen Armee abgeschnitten, konnte die Polinie halten und noch im Dezember den Fluß übersetzen und Guastalla und Mirandola einnehmen. Inzwischen waren ihm auch noch 14.000 Mann an Verstärkungen zugeführt worden. Es sei vorweggenommen, daß Marschall *Villeroy* bei einem Handstreich auf Cremona am 1. Feber 1702 gefangengenommen und nach Innsbruck gebracht worden ist.

Jetzt erst spürte *Ludwig XIV.* die Auswirkungen des Friedens von Karlowitz voll. Auf 25 Jahre hatte der Kaiser Ruhe vor den Türken und konnte fast alle Truppen aus Ungarn, Böhmen, Mähren und Innerösterreich abziehen und nach Westen werfen. Als deshalb Graf *Hector de Villars* aus Wien nach Versailles berichtete, daß die ungarischen Stände mit dem „Einrichtungswerk für das Königreich Hungarn" unzufrieden und über die Vorschreibung von vier Millionen Gulden an Steuern empört seien, erinnerten die Minister *Ludwig XIV.* daran, daß es ihm auch vor dreißig Jahren schon gelungen sei, Graf *Wesselényi* und seine Mitverschwörer und zehn Jahre darauf *Apafy* und *Tököly* gegen den Kaiser aufzubringen. Es scheine auch jetzt wieder möglich zu sein, die zahlungsunwilligen Magnaten und Edelleute, die sich sehr unzufrieden gaben, aufzuwiegeln. Da Ungarn fast aller Truppen entblößt war, wie *Villars* berichtete, würde eine Empörung beinahe ungehindert, wie ein Steppenbrand, um sich greifen können und den Kaiser zwingen, stärkere Verbände von Italien oder vom Rhein abzuziehen und nach Ungarn zu verlegen, um einen Aufstand niederschlagen zu können. Dies würde eine Entlastung für seine eigenen Truppen zur Folge haben und daher seinen politischen Absichten förderlich sein. Es müßte nur ein Mann mit einem zugkräftigen Namen gefunden werden, auf dessen Ruf hin die Ungarn bereit wären, zu den Waffen zu greifen. Graf *Villars* glaubte ihn schon 1696 in *Franz Rákoczy II.* gefunden zu haben. Als sich dieser damals in Wien aufhielt, bot ihm *Villars* bereits die mächtige Unterstützung seines Königs an, wenn er die ihm vorenthaltenen Besitzungen nicht zurückbekommen oder den Wunsch haben sollte, den Fürstenthron von Siebenbürgen zu erwerben. *Villars* war an *Rákoczy* herangetreten, weil der Bauernaufstand von 1696 von den Rákoczyschen Gütern seinen Ausgang genommen hatte und der junge Aristokrat nur mit Mühe glaubhaft machen konnte, daß er mit diesem nicht in Zusammenhang gebracht werden könne. Man hatte ihm mißtraut, weil seine eigenen Güter verschont worden waren.

Rákoczy bot dem Hofe damals sogar an, seine ungarischen Besitzungen gegen gleichwertige am Rhein vertauschen zu wollen, wenn der Kaiser dies begehre. Fortan aber mißtraute man dem Magnaten trotzdem.

Verhältnis Franz Rákoczys II. zum Hof und seine Anbiederung an Frankreich

Franz Rákoczy II. hatte schon wenige Monate nach seiner Geburt im Jahre 1676 seinen Vater *Franz I.* verloren. Da sich seine Mutter, *Ilona Zrinyi,* abermals vermählte, bekamen er und seine Schwester *Juliana* in Graf *Emmerich Tököly,* dem „Kuruzzenkönig", noch im Kindesalter einen Stiefvater. *Ilona Zrinyi* brachte die riesigen Rákoczyschen Besitzungen *Emmerich Tököly* in die Ehe ein, wodurch dieser mit einem Schlage zu einem der reichsten Magnaten Ungarns geworden war. Obwohl Kaiser *Leopold* als König von Ungarn *Ilona Zrinyi* die Rákoczyschen Besitzungen, die ihrem Gemahl wegen der Teilnahme an Rebellion und Hochverrat an der Seite seines Schwiegervaters *Peter Zrinyi* weggenommen worden waren, auf ihr Begehren zurückerstatten ließ und selbst der Ehe mit dem aufrührerischen Grafen *Tököly* seine Zustimmung erteilte, konnte sie dem Kaiser die Hinrichtung ihres Vaters in Wiener Neustadt im Jahre 1671 nicht verzeihen. Auch ihre Mutter, ihr Bruder und ihre Schwester waren in kaiserlichem Gewahrsam gestorben. Sie hatte es daher als tiefe Befriedigung empfunden, mit *Emmerich Tököly* die Türken zum Kriege von 1683 angestiftet und die Verwüstung der habsburgischen Erbländer verursacht zu haben. Ihr Gemahl war als Vasall der Türken an der Spitze seines protestantischen Heeres, Schulter an Schulter mit Janitscharen und Spahis gegen Österreich im Felde gelegen, und als die Türken vor Wien und in Ungarn in großen Schlachten geschlagen worden, sich ihr Gemahl in Oberungarn nicht mehr halten konnte, hatte sie die Festung Munkács noch drei Jahre verteidigt.

Vier Jahre, vom Feber 1688 bis zum Austausch gegen General *Heißler* im Feber 1692 hatte *Ilona Zrinyi* bei den Ursulinerinnen in Wien verbracht. Während dieser Zeit war ihr Sohn bei den Jesuiten in Neuhaus und Prag im Studium gewesen, und *Juliana* hatte am 24. Juni 1691 Graf *Aspremont* geheiratet. *Juliana* betrieb mit Hilfe ihres Gatten beim Fürsten *Strattmann,* der seit 1683 (seit dem Tode *Dr. Hochers)* österreichischer Hofkanzler war, die Großjährigsprechung ihres Bruders. Dies gelang nicht nur, weil Kardinal *Kollonitsch* zu dieser Zeit in Rom lebte, sondern auch weil *Strattmann,* Jurist, Staatsmann und Diplomat, sehr liebenswürdig und entgegenkommend war. Seine Tochter, deren Schönheit gerühmt wurde, war mit Graf *Batthyany* vermählt. Dadurch ergaben sich sehr freundschaftliche Bande *Strattmanns* zu den Ungarn, wo er schon 1687 das Indigenat erhalten hatte. Der Kaiser stimmte dem Vorschlag *Strattmanns* zu. Mit Dekret vom 9. März 1692 erfolgte hierauf die Großjährigsprechung des nach dem Gesetz noch minderjährigen *Franz Rákoczy.* Dieser hatte schon vorher das Jesuitengymnasium verlassen und mit Zustimmung seines Vormunds, des Kaisers, die Vormundschaft über sein Mündel aus den Händen von *Kollonitsch* zurückgenommen hatte, eine einjährige Italienreise, zur Ergänzung seiner Studien, unternehmen dürfen. *Rákoczy* war, als er seine Italienreise antrat, 16 Jahre alt gewesen, und er schreibt später, in seiner Selbstbiographie, er hätte im Frühling 1694 in Rom durch seine Schwester davon erfahren, daß er mündig erklärt worden war. Es ist somit klar, daß ihm die Befugnis, selbst über sich zu entscheiden, im Jahre 1692 nicht kraft geltenden Rechts, sondern durch die besondere Gunst des Kaisers, der sein oberster Vormund war, zuerkannt worden ist. Hierauf erst konnte *Franz II.* mehrere Herrschaften aus der konfiszierten Rákoczyschen Besitzmasse zurückerhalten. So wurde es ihm möglich, diese selbst zu bewirtschaften und auf seinen Schlössern zu wohnen. Im September 1694 reiste *Rákoczy* nach Köln, wo er beim Landgrafen *Karl von Hessen-Rheinfels* und dessen Gemahlin, seinen künftigen Schwiegereltern, abstieg und sich am 25. September mit der aus Thorn zurückkehrenden Tochter des Landgrafen, *Charlotte Amalia,* ohne den Kaiser gefragt zu haben, vermählte. Der Kaiser war verärgert, weil er als Vormund übergangen worden war, stimmte aber nachträglich der Ehe zu. *Rákoczys* Ansuchen um die Zuerkennung des Fürstentitels ließ *Leopold* aber bis 1697 unerledigt liegen. Dafür erlaubte er aber dem 18jährigen „Grafen", wie *Rákoczy* bis dahin anzureden war, daß er mit seiner Gemahlin *Charlotte Amalia* auf seine Schlösser nach Ungarn gehen durfte. Charlotte Amalias Lieblingsaufenthalt wurde bald das Schloß Sáros, wo sie bis 1696 wohnen blieben. In dieser Zeit lebte das junge Paar ziemlich zurückgezogen, weil *Franz II.* sich nur österreichisch (= spanisch) kleidete und vorwiegend, wohl auch wegen seiner Gemahlin, deutsch sprach. Dies vergrämte in der Folge seine ungarischen Freunde und Nachbarn. 1696 bat *Rákoczy* den Kaiser, zur Rheinarmee, die der Markgraf *Ludwig von Baden,* der in Ungarn schon große Schlachten geschlagen hatte, gehen zu dürfen, weil er einerseits bei diesem Feldherrn des Kaisers das Soldatenhandwerk erlernen und *Charlotte Amalia* auf einige Zeit zu ihren Eltern zurückkehren wollte. *Leopold* bewilligte *Rákoczys* Bitte, und dieser konnte daher noch während der zwei letzten Jahre des „Pfälzischen Erbschaftskrieges" militärische Kenntnisse erwerben.

Der Rang und Titel eines Fürsten des Heiligen Römischen Reiches war *Georg Rákoczy,* seinem Vorfahr, im Vertrag von Linz im Jahre 1645 von Kaiser *Ferdinand III.* verliehen worden. Alle seine Nachfolger hatten ihn getragen und waren am Wiener Hof als Fürsten anerkannt worden. Ebenso sein Vater, *Franz I.,* obwohl dieser nie in Siebenbürgen regiert hatte. 1697 nun war auch er in dieser Fürstenwürde bestätigt worden, obwohl gerade auf seinen Gütern ein Bauernaufstand ausgebrochen war. *Rákoczy* war damals über die Absicht dieser Banden, ihn gefangenzunehmen und zu zwingen an ihre Spitze zu treten, so empört gewesen, daß er gesagt hatte: „Wenn ich eine Rippe in meinem Leibe wüßte, die ungarisch empfindet, würde ich sie herausreißen!"

Als *Franz II.* und *Charlotte Amalia* nach *Rákoczys* Dienst bei der Rheinarmee und der Beendigung des „Pfälzischen Erbschaftskrieges" nach Ungarn zurückkehrten, lernten sie in Graf *Nikolaus Bercsényi* einen Mann kennen, der dem Fürsten später Glanz, Elend und den Zerfall seiner Familie bringen sollte.

Graf *Nikolaus Bercsényi*, dessen Vater für treue Dienste vom Kaiser in den Grafenstand erhoben worden war, war wegen tapferen persönlichen Verhaltens bei den Kämpfen um Ofen zum Kommandanten der Festung Szeged avanciert und nach der Vermählung mit *Christina Homonnay* Obergespan des Komitates Ung geworden. In zweiter Ehe war *Bercsényi* mit *Christina Csáky* vermählt. Durch diese Ehen war Graf *Nikolaus Bercsényi* mit den vornehmsten Familien Ungarns verwandt geworden und lehnte, wie diese, die im „Einrichtungswerk für das Königreich Hungarn" auch für den Adel eingeführte Steuerpflicht ab. Graf *Bercsényi* erwies sich als ein sehr begabter, fähiger Verwaltungsbeamter und Soldat, er war um 10 Jahre älter als *Franz Rákoczy*. Bercsényi galt aber auch als ein Feuergeist, ein Patriot und wurde bald der grimmigste Feind der Deutschen genannt. Er nützte alle Gelegenheiten, Jagden und Bälle, um auf *Franz II.*, den Träger eines großen Namens, Einfluß zu gewinnen. *Bercsényi*, dessen Großvater noch Pferdehändler gewesen war, wäre nicht imstande gewesen, die großen Magnatenfamilien für seine Zwecke vor seinen Karren zu spannen. Mit Hilfe *Rákoczys* war es vielleicht möglich, seine Pläne von einer abermaligen Erhebung gegen das Haus Habsburg zu verwirklichen. Seine kühnen und aufrührerischen Gespräche mit *Rákoczy* beeinflußten diesen nach und nach: „Kollonitsch ist der Bannerträger der habsburgischen Tyrannei! Ungarn hat vier Millionen Gulden aufzubringen, mit denen Leopold seine Armee modernisieren will, um Ungarn leichter unterdrücken zu können! Er braucht unser Geld, um seine spanischen Erbansprüche militärisch durchsetzen zu können. Ist der Adel Ungarns verpflichtet, Leopolds Krieg gegen die Franzosen, unsere alten Freunde, zu finanzieren? Der Adel Ungarns wurde seiner wichtigsten Privilegien beraubt! War die Goldene Bulle für uns nicht der Inbegriff der Gesetzmäßigkeit? Sah der ‚Primae nonus‘, der neunte Artikel dieser Bulle, unserer Verfassung, nicht vor, daß keine Verhaftung eines Adeligen ohne richterlichen Befehl erfolgen darf, daß es nicht zulässig ist, außerordentliche Gerichte zu bestellen? Was ist aus der Unantastbarkeit unseres Besitzes geworden, aus dem Rechte, daß der König keine Steuern ohne Zustimmung der Stände ausschreiben darf, was aus der Teilung der gesetzgebenden Gewalt zwischen dem König und den Ständen? Und was wurde aus dem Rechte des Artikels 31, dem Rechte des offenen Widerstandes gegen ungesetzliche Maßnahmen der Regierung? Bewunderte nicht alle Welt die heldenhafte Ausdauer, den heldenhaften Mut und den ständigen Kampfwillen des ungarischen Adels, der durch Jahrhunderte und besonders seit der habsburgischen Fremdherrschaft für die Aufrechterhaltung seiner 1222 erkämpften Privilegien und Freiheiten rang? Zu welchen Opfern waren Ihre Ahnen bereit, Fürst? Und was tun wir? Sehn wir nicht tatenlos zu, wie Kollonitsch und Esterházy aus dem Königreich Ungarn eine österreichische Provinz werden lassen? Bringen die hohen Steuern, die bisher nur die Bauern und die Städte trugen, die uns Kollonitsch auferlegte, für uns etwas? Muß man nicht Staunen darüber empfinden, daß soviel Freiheitsgefühl, soviel Tapferkeit und soviele Anstrengungen nie ein anderes Ergebnis zeitigten als Erfolge für den Augenblick? Jetzt kommt eine Gelegenheit, wie sie unsere Vorfahren nie hatten. Prinz Eugen hat alle in Ungarn stationierten Truppen angewiesen, sich zum Abmarsch nach Italien bereit zu machen. Nur ein Regiment wird in Ungarn verbleiben. Sogar die Besatzungen der Festungen werden reduziert, damit Kräfte gegen Frankreich freiwerden! Böhmen, Mähren und Innerösterreich werden ebenfalls von Truppen entblößt. Nur in Siebenbürgen soll Rabatta mit drei Regimentern bleiben, die sich der Hofkriegsrat nicht abzuziehen getraut, weil die Herren Minister noch immer Angst vor den Türken haben! Niemand denkt in Wien daran, daß wir etwas unternehmen würden! Eine solche Situation kommt sobald nicht wieder! Wenn wir dann, wenn alle Truppen aus Ungarn und den benachbarten habsburgischen Ländern abgezogen sind, nicht aufstehen und für Wien überraschend zu den Waffen greifen, wird den Ungarn nie mehr gelingen, was schon Peter Zrinyi und Emmerich Tököly gewollt haben. In kürzester Zeit wäre ganz Ungarn in unseren Händen, weil der Bauer ebenso unzufrieden ist wie wir. Der Adel wird sich dazu gesellen, wenn ein Mann mit einem großen Namen an die Spitze der Erhebung tritt! Dieser Mann, Franz Rákoczy, seid Ihr! Die französischen Gesandten in Wien, Warschau und Konstantinopel suchen Kontakte mit uns. Frankreich wird uns helfen, mit Waffen, Offizieren und Geld, weil es uns brauchen wird! Bereiten wir uns daher für die große Stunde Ungarns vor!" Dies darf als allgemeine Antwort auf das Reskript König *Leopolds* angesehen werden. Eine passende Gelegenheit abwarten, um zum Dank für die Befreiung aus 150jähriger türkischer Herrschaft gegen den Befreier Hochverrat planen und üben zu können! Ungarn war kein Geschenk des Adels an seinen König! Ungarn mußte in den blutigen Türkenkriegen mit deutschem Geld und deutschem Blute für eine ungarische Krone, die diesen Namen gar nicht mehr verdiente, erobert werden! Hätte Kaiser *Leopold* es doch zuwege gebracht, dieses ungarische Adelsvolk, das so undankbar war, auch weiterhin jener heidnischen Fremdherrschaft zu überlassen, die es sich teils gewünscht und teils immer schon verdient hat!

Franz Rákoczy war für Reden, wie *Bercsényi* sie führte, empfänglicher geworden als zu jener Zeit, als ihn Graf *Villars* in Wien prüfte. War es aber nur *Bercsényi*, der ihn jetzt auf abschüssiger Bahn vorwärtsdrängte, der psychologische Zwang der von *Bercsényi* aufgezeigten Gelegenheit oder das unruhige Blut seiner unglückseligen Ahnen? Bald wurden Freiherr *Stephan Szirmay*, ein anderer Gutsnachbar, der einstige Gesandte *Tökölys* an der Hohen Pforte, der vor kurzem aus der Festungshaft in Böhmen entlassen worden war, die Brüder *Adam, Ladislaus* und *Michael Vay, Franz Szluha*, der Sekretär *Szirmays* und Hauptmann *Longueval*, ein Offizier der Besatzung in Eperjes, ein Belgier, der durch seine guten Umgangsformen die Zuneigung Rákoczys und *Charlotte Amalias* gefunden hatte, von *Bercsényi* und *Rákoczy* ins Vertrauen gezogen. Sie erklärten sich alle bereit, zu gegebener Zeit zu den Waffen greifen zu wollen, und Hauptmann *Longueval* bot an, Urlaub zu machen, um seine Verwandten in Lüttich besuchen zu können. Bei dieser Gelegenheit könne er, ohne Verdacht zu erregen über Versailles reisen, wenn *Rákoczy* dies wünsche. Das kam den Verschwörern gelegen, denn *Rákoczy* wollte weder sich noch seine Freunde in eine Sache verwickelt sehen, von der man nicht sagen konnte, wie sie ausgehen werde. Er wollte sich daher, wie einst sein Großvater *Peter Zrinyi,* ausländischer Hilfe vergewissern. Da die Türkei in Karlowitz mit dem Kaiser auf 25 Jahre Frieden geschlossen hatte und auch seinen Stiefvater *Emmerich Tököly,* dem seine Mutter *Ilona Zrinyi* nach Serbien gefolgt war, nach Kleinasien abgeschoben worden war, war wohl von der Hohen Pforte derzeit keine Hilfe zu erwarten. Es blieb einzig und allein Frankreich. Nachdem ihm Graf *Hector de Villars* neuerlich Avancen gemacht und nahe gelegt hatte, mit dem Hof in Versailles zusammenzuarbeiten, nützte *Rákoczy* jetzt das Angebot der Franzosen. Mit 1. November 1700 datiert, schrieb *Rákoczy* Briefe an König *Ludwig XIV.* und dessen Minister für äußere Angelegenheiten *Barbesieux. Longueval* begab sich noch an diesem Tage auf seine Urlaubsreise.

Ob der geheime Kurier wirklich den Auftrag hatte, *Rákoczy* zu überwachen? Es spricht einiges dafür, denn auch in Wien wußten die kaiserlichen Minister vom Unwillen und der Abneigung der Magnaten und Edelleute, Steuern zahlen zu müssen, was ja augenscheinlich auch aus dem königlichen Reskript hervorgeht. *Longueval* begab sich mit den Briefen *Rákoczys* nach Wien, wo er bei den Jesuiten nächtigte. Vermutlich auf deren Vermittlung begab er sich zu Graf *Oettingen,* der die Schreiben sorgfältig öffnete, las, Abschriften anfertigen ließ und *Longueval* wieder zurückgab. Aus dem später über *Rákoczy* gefällten Urteil geht hervor, was er, gemäß der Abschrift, an *Ludwig XIV.* geschrieben hat. Unter anderem, daß „er und mit ihm die ganze ungarische Nation zum König von Frankreich, dem Beschützer unterdrückter Völker, Zuflucht nehme. Das Mißvergnügen über das gegenwärtige gesetzeswidrige und eigenmächtige Verfahren der Regierung sei unter sämtlichen Volksklassen gleich groß, und alle seien bereit, aufzustehen, um die Freiheit des Vaterlandes wieder zu erringen. Jetzt biete sich hierzu der geeignete Zeitpunkt dar, weil nur wenige deutsche Truppen im Lande liegen. Das Unternehmen werde sicher gelingen, wenn der König Hülfe reiche. Die Sache und das Wohl Ungarns sei auch die Sache und das Wohl Frankreichs. Er habe von seinen Vätern die Ergebenheit gegen den König Ludwig geerbt und verehre ihn als seinen Wohltäter und Vater!" Minister *Barbesieux* ersuchte *Rákoczy,* seine Vorhaben bei *Ludwig XIV.* zu unterstützen und dem Glauben zu schenken, was sein Briefüberbringer ihm mündlich noch berichten werde.

Graf *Wolfgang Oettingen-Wallersheim* erteilte Hauptmann *Longueval* hierauf den Auftrag, die Briefe in Versailles abzugeben und mit dem von *Rákoczy* erwarteten Antwortschreiben von *Barbesieux* wieder zu ihm zu kommen. Anfangs Jänner 1701 kehrte *Longueval* von seinem Urlaub in Lüttich wieder nach Wien zurück und übergab Graf *Oettingen* das Schreiben des französischen Außenministers, das mit 8. Dezember 1700 datiert war. In diesem Briefe teilte *Barbesieux Rákoczy* mit, „daß der König sein Schreiben und die mündliche Botschaft des Briefüberbringers sehr wohlgefällig aufgenommen habe und bereit sei, ihm, sobald die Zeit kommt, in seinem Vorhaben kräftig zu unterstützen". Nachdem wieder eine Abschrift angefertigt worden war, reiste *Longueval* mit dem Briefe nach Eperjes weiter und übergab ihn kurz darauf *Rákoczy* mit dem „mündlichen Auftrag von *Barbesieux*", daß König *Ludwig* eine genaue Darstellung des Planes und eine Liste mit den eigenhändig geleisteten Unterschriften jener Magnaten zu sehen wünsche, die zum Aufstand bereit sein würden. Er wolle sich davon überzeugen, daß es sich um eine Unternehmung großen Ausmaßes handle. Ob der Wunsch von *Barbesieux* oder von *Oettingen* stammte?

Am 11. November 1701 schrieb *Rákoczy* wieder an *Ludwig XIV.* und dankte dem König für die Zusage, seinen Aufstand unterstützen zu wollen. Dieses Versprechen erfülle ihn und die Ungarn mit Zuversicht und Freude. Eine Namensliste mit persönlich geleisteten Unterschriften könne er aber jetzt noch nicht übersenden. Sein Abgesandter werde erklären, warum er diese erst später übersenden wolle. *Longueval* erhielt von *Rákoczy* den Auftrag, *Barbesieux* mündlich zu bitten, daß König *Ludwig* ihm Geld zur Anwerbung von Truppen vorstrecke, ihm Offiziere schicke, die diese ausbilden könnten und ihm ein Hilfskorps sende, das in Polen am leichtesten aufzustellen wäre. Weiters bitte er, daß der König auf Polen und die Türkei Einfluß nehme, um diese für seine Absichten geneigt zu machen. Nachdem auch von diesem Schreiben in Wien eine Abschrift verfertigt und sein mündlicher Auftrag zu Protokoll genommen worden war, wurde *Longueval* auf seiner Weiterreise in Linz von kaiserlichen Offizieren verhaftet. Es scheint, daß der Hofkriegsrat von *Rákoczys* Ambitionen genug wußte und daß *Longueval* nicht in den Verdacht der Ungarn geraten sollte, in kaiserlichen Diensten als Spion tätig gewesen zu sein. So konnte man darüberhinaus auch noch den „überführten" *Longueval* als Zeugen gegen *Rákoczy* verwenden. Die bei *Longueval* gefundene Briefe wurden beschlagnahmt. Gleichzeitig wurde aber, wahrscheinlich um *Rákoczy* in Sicherheit zu wiegen, das Gerücht in Umlauf gesetzt, daß *Longueval* bei seiner Verhaftung einen Brief vernichtet habe. Am 18. April erhielt *Rákoczy* von seiner Schwester *Juliana Aspremont* einen Brief, in dem sie ihm mitteilte, daß *Longueval* gefangengenommen worden sei und daß man bei ihm Briefe ungarischer Herren gefunden habe. Von diesen Schreiben soll er eines zerrissen, gekaut und verschluckt haben. *Rákoczy* konnte sich daher in Sicherheit wähnen und glauben, daß *Longueval*, wie er ihm befohlen hatte, das Schreiben vernichten konnte, das ihn belasten würde. Er blieb daher auf seinem Schlosse in Sáros.

Rákóczys Verhaftung, Gefangenschaft und Flucht aus Wiener Neustadt

General *Solari* bekam vom Hofkriegsrat den Befehl, *Rákóczy* zu verhaften. *Solari* begab sich mit den Haftbefehlen nach Eperjes, nahm zwei höhere Offiziere unter sein persönliches Kommando und beriet mit diesen die geheime Aktion. In der Nacht zum 18. April umstellte General *Solari* mit mehreren Kompanien des Regimentes Salm das Rákóczyschloß Sáros. Hauptmann *Rosenbach* drang hierauf mit 50 Mann ausgesuchter Soldaten, die ihn mit aufgepflanztem Bajonett zu begleiten hatten, in das Schloß und Schlafgemach *Rákóczys* und seiner Gemahlin *Charlotte Amalia* ein, trat, in der einen Hand die entsicherte Pistole und in der zweiten eine brennende Kerze, an das Bett des völlig überraschten Magnaten und verhaftete ihn im Namen des Kaisers. *Rákóczy* hatte keine Fluchtmöglichkeit, denn das Begleitkommando *Rosenbachs* stand, die Gewehre im Anschlag, um die Ehebetten. *Rákóczy* wurde von seiner weinenden Frau getrennt, auf die Festung Eperjes gebracht und in strenger Haft gehalten. Hierauf ritten die Aufbringungskommandos nach Lipócz, wo *Stephan Szirmay* verhaftet wurde, und anschließend auf das Schloß der Brüder *Vay*, wo *Adam, Ladislaus* und *Michael Vay* gefangengenommen und ebenfalls nach Eperjes gebracht und in harte Haft genommen wurden. Nachdem die Verhaftungen nach Wien gemeldet worden waren, erhielt General *Solari* den Befehl, vorerst die anderen Gefangenen nach Wiener Neustadt bringen zu lassen. Inzwischen war auch *Paul Okolicsányi* eingefangen worden. *Stephan Szirmay* bat, seinen Sekretär *Franz Szluha* nach Wien senden zu dürfen, damit dieser dort für ihn persönliche Dinge erledige. Der so übertölpelte *Solari* stimmte zu, und *Szluha* ritt davon, um *Bercsényi* zu warnen. Er traf ihn und seine Gemahlin, die am Wege nach Wien waren, zwischen Tyrnau und Preßburg und berichtete *Bercsényi* was geschehen war. Er kehrte sofort auf sein Schloß Brunocz zurück, nahm, was er an Wertvollem und Notwendigem zusammenraffen konnte, an sich und floh nach Polen. In Pudlein (Podolin) in Polen machte er bei den Piaristen Aufenthalt, ließ sich von diesen Geld aushändigen und stellte Wechsel auf seine Güter aus. Hierauf begab er sich zu Freunden, die ihn unterstützten. *Bercsényi* suchte bei diesen aber nicht nur Zuflucht, sondern mit deren Hilfe Mittel aufzutreiben, um eine Revolution in Ungarn in Gang bringen zu können.

Während *Szirmay* und die anderen Gefangenen am 5. Mai in Wiener Neustadt einlangten, wurde der Fürst erst am 29. Mai unter starker Bedeckung eingeliefert und in die Gefängnisstube, die im ersten Stock des Nordwestturmes der Burg lag, gebracht. Dieser Turm wurde später nach dem prominenten Gefangenen benannt und heißt noch heute „Rákóczyturm". Die gleiche Stube des Prominentengefängnisses hatte drei Jahrzehnte früher auch der Großvater Rákóczys, Graf *Peter Zrinyi* 1670/71 während seiner Haft bewohnt, eher er am 30. April 1671 im Hofe des Zeughauses in Wiener Neustadt wegen Hochverrats enthauptet worden war. Ob dies Zufall oder Absicht war?

Es kann keinem Zweifel unterliegen, daß *Rákoczy* ebenso wie *Bercsényi* vorhatte, in Ungarn eine Revolution anzuzetteln. Er wagte sein Leben, als er die Briefe an König *Ludwig XIV.* und Minister *Barbesieux* schrieb, und er verlor das kaum begonnene Spiel als er diese Briefe und die mündlichen Botschaften Hauptmann *Longueval* anvertraute. Erstaunlich ist, daß ungarische und madjarophile deutschsprachige Historiker, obwohl sie *Rákoczys* Selbstbiographie kannten, die Aussagen *Longuevals* als Lügen bezeichnen. Dies tat auch *Rákoczy* bei seiner Gegenüberstellung mit dem Hauptmann, wo er dessen Aussagen insgesamt, namentlich aber die, daß *Stephan Szirmay*, die Brüder *Vay* und *Okolicsányi* an ein und demselben Tag bei ihm versammelt gewesen seien und sich mit ihm zum Hochverrat verbunden hätten, als erlogen erklärte. *Longueval* habe, log *Rákoczy*, diese Herren nie gesehen, und er könne durch tausend Edelleute bezeugen, daß sie nie an ein und demselben Tage bei ihm gewesen seien. Es ist verständlich, daß der Fürst nur das zugab, was man ihm beweisen konnte, denn seine Lage war schlimm genug. Erst später, in seiner Selbstbiographie, die er im türkischen Exil zu Rodosto am Marmarameer schrieb, gibt er freimütig zu, was er damals wollte: Auf den Seiten 70–72 und 102–105 erzählt *Rákoczy,* wie er und *Bercsényi* die Überzeugung bekommen hätten, daß Abhilfe gegen die Übelstände in Ungarn (Entrichtung von Steuern für den Adel) nicht durch friedliche Mittel erreicht werden könnte, sondern nur durch das Abschütteln des Joches. Dann bespricht er die Verhältnisse, die einen Aufstand unmöglich machten, und erzählt in der Folge, wie er während seines Besuches in Wien vom Stande der Verhandlungen über die spanische Erbfolge und die Unvermeidlichkeit eines Krieges Kenntnis bekommen habe, mit diesen erfreulichen Nachrichten nach Ungarn zurückgekehrt sei und wie er in Übereinstimmung mit seinen Freunden sich entschlossen habe, sich an den König von Frankreich zu wenden.

Vorbereitungen zu einer Verschwörung waren sicher getroffen worden, denn am 1. Dezember 1701 schrieb der französische Gesandte in Warschau, Marquis *du Heron* an *Ludwig XIV.*: „Euer Majestät würden gewiß eine gute Meinung von *Rákoczys* Geschicklichkeit bekommen, wenn Sie alles wüßten, was er zur Bildung einer starken Partei getan hat, ohne Verdacht zu erregen." *Du Heron* kann dies nur auf Grund dessen, was *Rákoczy* und *Bercsényi* ihm sagten, geschrieben haben, und beide Verschwörer müssen damals wohl auch ein Interesse daran gehabt haben, ihre persönlichen Bemühungen klar herauszustreichen. Hauptmann *Longueval* darf damit zumindest teilweise rehabilitiert werden: Er hat zwar als „agent provocateur" für den Hofkriegsrat in Wien gearbeitet, schließlich war er kaiserlicher Offizier, aber gelogen hat er weder in seinen Angaben in den Protokollen noch bei seiner Gegenüberstellung mit dem Fürsten. Eine unumstößliche Tatsache hingegen bleiben die Briefe *Rákoczys* an *Ludwig XIV.* und *Barbesieux,* um die niemand, auch der Fürst nicht, herumkommt. Es liegt damit, weil *Franz Rákoczy* deutscher

Reichsfürst und ungarischer Magnat war, auch im doppelten Sinne, gegen Kaiser und König Hochverrat vor! Dabei hatte Kaiser *Leopold I.* dem Fürsten viele Beweise seines persönlichen Wohlwollens und seiner Güte gegeben, so in der Zeit, als er mündig erklärt wurde und seine Güter zurückerhielt, als er den Titel eines Fürsten des Heiligen Römischen Reiches zuerkannt bekam und Kaiser *Leopold* und König *Joseph I.* bei der Geburt seiner Söhne *Joseph* und *Georg* Pate gestanden waren. Von einer Sippenhaftung oder Verfolgung durch die Habsburger *Rákoczy* gegenüber kann daher keine Rede sein. Selbst die glühendste Hasserin der Habsburger, *Ilona Zrinyi*, die im Kloster der Ursulerinnen zwar gelebt, sich aber in ganz Wien frei bewegen konnte, hatte der Kaiser zu ihrem (zweiten) Gemahl ausreisen lassen. Daß er ein wertvolleres Pfand aus der Hand gab, als er zurückerhielt, ist ebenfalls keine Frage. *Leopold I.* war somit selbst der Mutter *Rákoczys* und deren Gemahl *Emmerich Tököly* gegenüber großzügig gewesen, obwohl sie ihn wegen der Todesstrafen ihrer hochverräterischen Vorfahren bis zum Tod bekämpft und durch den von ihnen angestifteten Türkenkrieg seinen Ländern und Völkern furchtbare Schäden zugefügt hatten.

Als *Rákoczy* bei seiner Verhaftung von seiner Gemahlin getrennt wurde, war er 25 und *Charlotte Amalia* 22 Jahre alt gewesen. Zwei seiner drei Söhne überlebten *Rákoczy*, sind aber ohne männliche Nachkommen verstorben. Mit ihnen erlosch dieses große ungarische Geschlecht. *Charlotte Amalia* und ihre Kinder wurden, wie vorher Rákoczys Mutter *Ilona* mit ihm und seiner Schwester *Juliana*, vorerst nach Wien zu den Ursulerinnen in der Himmelpfortgasse gebracht. Auch *Charlotte Amalia* durfte sich frei bewegen und später in der Stadt eine Wohnung beziehen. Von „habsburgischen Klosterspielen" zu reden, wie dies lutherische und madjarophile Literaten gerne tun, und zu behaupten, „daß die Klöster der ehrwürdigen Schwestern Jahrhunderte hindurch verläßliche Frauengefängnisse der Habsburger gewesen sind" ist, zumindest was *Ilona Zrinyi* und *Charlotte Amalia Rákoczy* betrifft, eine gehässige Übertreibung.

In der Causa *Rákoczy* wurde von Kaiser *Leopold* ein „iudicium delegatum", ein Sondergericht, eingesetzt. Schon drei Wochen vor der Ankunft der Gefangenen war die Absicht erkennbar, den bevorstehenden Hochverratsprozeß gegen *Rákoczy*, in dem man das Oberhaupt der Verschwörung sah, in Wiener Neustadt anzustrengen. Die Durchführung des Verfahrens wurde allem Anschein nach so angelegt, daß Ort und Haftumstände nicht nur die Betroffenen, sondern auch ausländische Diplomaten an das Ende der „Magnatenverschwörung" von 1671 erinnern mußten. Als Kommissare des „iudicium delegatum" wurden bestellt: Kardinal *Leopold* Graf *Kollonitsch*, Erzbischof von Gran und Primas von Ungarn, Geheimer Rat und Präsident der ungarischen Hofkammer; Graf von *Oettingen*, Reichshofratspräsident; Graf von *Jörger*, Österreichischer Statthalter; Graf von *Traun*, Landmarschall. Graf *Buccellini*, Oberster Hofkanzler, wurde mit der Prozeßleitung betraut und reiste am 19. Juni mit dem Hofkriegsratsreferenten *Euler* nach Wiener

Neustadt, wo er drei Tage blieb, um das Verfahren gegen *Rákoczy* zu eröffnen. *Buccellini* hielt *Rákoczy* vor, er habe verbotene Bündnisse intendiert und das Königreich Ungarn fremden Gewalten und Protektionen unterwürfig zu machen gesucht; daß er am 1. November 1700 an den französischen König geschrieben und sich diesem in diesem Schreiben als Oberhaupt der unzufriedenen und unterdrückten Ungarn vorgestellt und um die Hilfe der französischen Krone bat; daß mit demselben Datum ein Brief ähnlichen Inhalts, der den Überbringer des Schreibens zur Mitteilung von Details ermächtigte, an den französischen Minister *Barbesieux* ging; daß *Rákoczy* über die mit 18. Dezember datierte Antwort in einem zweiten Schreiben an *Ludwig XIV.* vom 11. Feber 1701 seine und die Freude und Hoffnungen der Ungarn über die Antwort *Barbesieux* zum Ausdruck brachte; daß er *Longueval* die Verhandlungsvollmacht erteilte, der französische König möge Polen und die Türkei für die Interessen Ungarns zu gewinnen suchen; daß Frankreich Offiziere, Mineure und Ingenieure senden solle; daß er zu gegebener Zeit dem französischen Hofe eine Vollmacht mit den Unterschriften der an der Verschwörung beteiligten prominenten Ungarn, die von *Barbesieux* verlangt worden war, nachreichen werde, um von Frankreich die Zahlung von 2 Millionen Livres zur Aufstellung einer Armee zu erwirken und ihm ,in specie 200.000 Reichstaler' anzuweisen; daß er versucht habe, aus den einzelnen Komitaten Unterschriften zusammenzubringen, die *Longueval* nach Metz oder Luxemburg nachgeschickt werden sollten; daß er vorgehabt habe, bei einer Jagdveranstaltung die kaiserlichen Offiziere der Festungen Munkács und Ungvár gefangenzunehmen und die Festungen zu besetzen; daß er mit Assistenz Frankreichs die deutschen Besatzungen auf den Festungen in Ungarn überfallen wollte; daß er dem französischen Hofe versichert habe, daß, wenn die erwarteten 10.000 Mann beisammen wären, sich ihm das ganze Land anschließen würde und daß letztlich über Intervention französischer Diplomaten auch die böhmischen Hussiten und die lutherischen Schlesier für die ungarische Sache gewonnen werden sollten. *Buccellini* eröffnete dem Fürsten, daß er damit das „crimen laesae Maiestatis et perduellionis" (der Majestätsverletzung und des Hochverrates) für schuldig betrachtet werde, also eines Verbrechens, das mit Ehrverlust, Todesstrafe und Güterkonfiskation zu ahnden ist. Schon beim ersten Verhör bestritt *Rákoczy* als deutscher Reichsfürst und ungarischer Magnat die Zuständigkeit des vom Kaiser eingesetzten Gerichtes, was 1670 schon sein Großvater Graf *Peter Zrinyi* in einer ähnlichen Situation versucht hatte, und erklärte, daß ihn nur die Stände der beiden Staaten richten dürften. Er sei zwar, aus Gehorsam dem Kaiser gegenüber bereit, einige dieser Fragen zu beantworten, werde aber keinen Richterspruch des iudicium delegatum anerkennen. Am folgenden Tag, dem 21. Juni, kam es zur Konfrontation mit *Longueval,* der zur Empörung des Angeklagten nun als Belastungszeuge für den Briefkontakt *Rákoczys* mit dem französischen Hof aussagte, wodurch der Tatbestand des Hochverrates erwiesen war. Vergebens versuchte *Rákoczy* durch den Hinweis auf die ihm drohenden Folgen an das Gewissen seines „Geheimkuriers" zu appellieren. Graf *Buccellini* beendete die Verhöre und stellte dem Fürsten in Aussicht, daß ihm das Klagelibell (Anklageschrift) zugehen werde und daß er 30 Tage Zeit habe, sich zu rechtfertigen. Als *Rákoczy* abermals die Zuständigkeit des Gerichts bestritt, eröffnete ihm der Hofkanzler, daß er, falls er bei seiner Meinung bleibe, „in contumaciam" verurteilt werde.

Einige Tage später erschien *Leopold von Schwingheim*, der Bürgermeister von Wiener Neustadt beim Gefangenen und überbrachte ihm das Klagelibell. *Rákoczy* nahm es nicht an, worauf der Bürgermeister tags darauf abermals in seine Gefängnisstube kam, und mit dem Hinweis, daß er Befehl habe, das Klagelibell auszuhändigen, legte er es auf den Tisch und ging.

Am 7. Mai schon hatten 50 Dragoner des Regimentes *Castelli* eine Eskadron ihres Regimentes in der Neustädter Burg abgelöst. Sie waren zur Bewachung der nach Neustadt zu bringenden ungarischen Rebellen abkommandiert worden. Hauptmann *Gottfried Lehmann von Lehensfeld* hatte als deren Kommandant in der Folge mit dem Hofkriegsrat in Wien die Unterhaltskosten seiner Wachmannschaft zu verrechnen. Verpflegskosten und sonstige Aufwendungen für die als „Staatsgefangene" bezeichneten Verschwörer hingegen waren aus den Einnahmen des Niederösterreichischen Salzamtes zu bestreiten.

Rákoczy schrieb aus seiner Gefängnisstube drei Briefe an den Kaiser, in denen er sich über die Strenge der Behandlung beklagte, äußerte Verachtung für *Longueval*, der ihm seine Wohltaten auf diese Weise vergolten hatte und beteuerte, daß er schon mit seinem seinerzeitigen Anerbieten zum Gütertausch, das vom Hofe abgewiesen worden war, bewiesen habe, daß er friedliche Absichten hege und daß er sich auch jetzt keiner Handlung schuldig wüßte, die der Ruhe des Landes und der Würde des Kaisers nachteilig sein könnte.

Der Fürst wählte sich während seiner Haft als Beichtvater Pater Johann *Sagel*, den Rektor des Neustädter Jesuitenkollegs. Der Rektor wurde der Fürsprecher *Rákoczys* in allen Belangen und scheint mit Pater *Wolf* massiv in die Befreiungsaktion des Staatsgefangenen involviert gewesen zu sein, denn *Rákoczy* verweist in seinen Memoiren ausdrücklich darauf, daß die Jesuiten nicht nur beim Verrat, sondern auch bei seiner Rettung ihre Hand im Spiele gehabt haben.

Ohne den wahren Sachverhalt zu kennen, suchte die zeitgenössische Publizistik nach einer Erklärung für die Verhaftung *Rákoczys*, die allgemein großes Aufsehen erregte. Gerüchte machten die Runde, daß er den Kaiser in Laxenburg mit einem Heere, das die Magnaten heimlich aufgestellt hätten, überfallen habe, daß die Ungarn sich des Hofes bemächtigten und *Rákoczy* zum Fürsten von Siebenbürgen einsetzen wollten, daß der Sultan mit ihm unter einer Decke gesteckt habe.

Fest steht hingegen, die nicht oder nur kaum beachtete Tatsache, daß es durch die Tätigkeit *Longuevals* und dessen Enthüllungen gelungen war, den mit französischer Hilfe schon für 1701 geplanten und drohenden Aufstand der Ungarn vorerst im Keime zu ersticken und daß der wirkliche Ausbruch der Rebellion um zwei Jahre verzögert wurde, wodurch die kaiserliche Armee im Westen im beginnenden Spanischen Erbfolgekrieg vorübergehend Rückenfreiheit erhielt.

Hauptmann *Longueval* wurde am 12. Juni 1702 zusammen mit seinem Vater *Carl Peter de Longueval* in den Freiherrenstand erhoben, wobei nicht nur ihre Verdienste als kaiserliche Offiziere gewürdigt, sondern die Rolle des Sohnes bei der Aufdeckung der ungarischen Konspiration hervorgehoben wurden. Da aber der Hauptmann nicht nur von den Ungarn, sondern auch von nichteingeweihten Deutschen als Verräter angesehen wurde, weil man, wie sie sagten, zwar den Verrat aber nicht den Verräter liebe, sah sich der Hof veranlaßt, für den Hauptmann eine förmliche Ehrenerklärung auszustellen. *Baron Longueval* hat später in Kroatien Gutsbesitz erworben.

Wann die Vorbereitungen zur Flucht *Rákoczys* aus der Neustädter Burg begonnen haben und ob die Initiative dazu vom Fürsten oder seiner Frau ausging, läßt sich nicht eruieren. Sicher ist, daß *Charlotte Amalia* nach ihrer Ankunft in Wien sofort ihre Verbindungen benützte, um ihrem Gemahl zu helfen. Pater *Benilaqua*, ihr Beichtvater, machte ihre Wohnung unauffällig zum Mittelpunkt aller, die bereit waren, sie bei ihrem Vorhaben, dem Fürsten die Flucht zu ermöglichen, zu unterstützen. Ein kaiserlicher Trabant, der früher in *Rákoczys* Diensten gestanden hatte, erschien wiederholt im Kloster in der Himmelpfortgasse. Dieser ließ dem Fürsten die Nachricht zukommen, seine Gemahlin hätte sich dafür verwendet, daß sich die Gesandten der Könige von England und Preußen und des Kurfürsten von Mainz im Auftrage ihrer Souveräne nachhaltig um seine Freilassung bemühten. Da sich dieser Trabant aber nicht selbst mit *Rákoczy* in Verbindung setzen durfte, brachte er es zuwege, mit Hilfe der Neustädter Jesuiten, Hauptmann *Lehmann* für ihre Sache zu gewinnen. Pater *Wolf* hatte den Kommandanten der Wache davon überzeugen können, daß der Fürst unschuldig sei und daß sich *Lehmann* deshalb nicht nur um die Fürstin, die ihm eine große Belohnung in Aussicht stellen ließ, sondern auch um den Fürsten selbst und den König von Preußen, seinen ehemaligen Herrn, verdient machen würde, weil sich dieser ja um die Freilassung des Fürsten bemühe, wenn er bereit wäre, *Rákoczy* zur Flucht zu verhelfen. *Gottfried Lehmann,* ein protestantischer Edelmann aus Pommern, ließ sich von Pater *Wolf* überreden und wurde so zur Schlüsselfigur in der Affäre *Rákoczy*. *Gottfried Lehmann* und sein jüngerer Bruder *Jakob Christoph,* der im Regimente Montecuccoli als Kornett (Fähnrich) diente, waren in kaiserliche Dienste getreten. Pater *Wolf* hatte den Hauptmann auch bewegen können, zum katholischen Glauben zu konvertieren, weil er als Katholik in habsburgischen Diensten schneller Karriere machen könne. Hauptmann *Lehmann* gelang es bald, nicht nur seinen Bruder sondern auch seinen Leutnant *Andreas Adalbert Kerzl,* der aus Zettelau in Mähren stammte, für die Fluchthilfe für den Fürsten zu gewinnen. Leutnant *Kerzl* besuchte, im Auftrage *Lehmanns,* dreimal die Fürstin *Charlotte Amalia* in Wien, ohne daß der Hof davon wußte und überbrachte ihr Briefe und verschiedene Gegenstände ihres Gemahls. *Kerzl* war es auch, der der Fürstin eine heimliche nächtliche Zusammenkunft mit *Franz Rákoczy* in der Gefängnisstube der Neustädter Burg ermöglichte, denn die Wachposten, meist Serben, ja sogar Türken, waren leicht zu bestechen. Für seine Dienste war er von *Charlotte Amalia* mit einer silbernen Sackuhr und einem silbernen Degengefäß belohnt worden. Da in ihrer Wohnung aber alle Fäden des bald weitverzweigten Netzes zusammenliefen und allzuviele Leute ein- und ausgingen, erregte dies Verdacht. Die Besuche wurden untersagt. Diese Zwangsmaßnahme wurde aber bald wieder aufgehoben, und *Charlotte Amalia* erfuhr von *Juliana,* ihrer Schwägerin, daß *Rákoczy* des Verbrechens der Majestätsbeleidigung und des Hochverrates beschuldigt werde und daß es schlimm um ihn stehe. Hierauf änderte sie ihre Taktik und strengte gegen ihren Gemahl einen Alimentationsprozeß an, weil, wie sie behauptete, *Rákoczy* jene Güter, die er ihr bei der Vermählung als Morgengabe geschenkt habe, widerrechtlich eingezogen hätte. Damit sollte nach außenhin der Abbruch der Beziehungen zwischen den Eheleuten manifestiert, andererseits aber einige Güter vor der drohenden Konfiskation gerettet und damit ihr und ihrer Kinder Lebensunterhalt gesichert werden. Wieder wurde Kardinal *Kollonitsch* vom Hofe beauftragt, sich mit den Fragen des weiteren Aufenthaltes der hochschwangeren 22jährigen Fürstin zu befassen und im Alimentationsprozeß als Gutachter zu fungieren. Am 26. September kamen auch diese Angelegenheiten in einer Geheimkonferenz zur Sprache. Graf *Buccellini* berichtete in dieser vom Ergebnis seiner Voruntersuchungen und plädierte für einen Strafantrag „auf ewiges Gefängnis" für *Rákoczy.* Der Fürst sollte auf der Festung Rattenberg in Tirol inhaftiert werden. In Anbetracht der bevorstehenden Niederkunft seiner Gemahlin wartete er aber mit der Beantragung der Strafe zu. Dies war auch der Grund, warum *Rákoczy* weiter in der Neustädter Burg belassen wurde. Daran allerdings dachte niemand, daß sich damit auch die Zeitspanne für die Flucht *Rákoczys* verlängern würde.

Nach Abschluß der Voruntersuchungen kam der Hofkanzler nicht mehr nach Wiener Neustadt, so daß es jetzt den Offizieren der Wache möglich war, unzulässige Hafterleichterungen für die Staatsgefangenen zu erlauben, obwohl *Lehmann* „alle Speisen visitieren und bei Leib- und Lebensstrafe auf alles scharf Obacht haben mußte". Mit Hilfe dieser Freunde hatte *Rákoczy* erreicht, daß er nicht mehr hinter verschlossener Türe gefangengehalten wurde und nicht nur die Wache, sondern auch andere Leute bei ihm ein- und ausgehen konnten. Hauptmann *Lehmann* hatte neben der Gefängnisstube eine Futterkammer einrichten lassen, wo die Haferausgabe für seine Dragoner erfolgte. Hierher konnten in der Folge auch jene Zangen, Bohrer und Haken sowie das Seil gebracht werden, die einen Ausbruch des Gefangenen vortäuschen sollten. Die Uniform eines Gemeinen vom Regiment *Montecuccoli* hatte der Kornett besorgt und seinem Bruder gebracht. Da der Kornett seinen älteren Bruder fast täglich besuchte und dabei immer von seinem Offiziersdiener begleitet wurde, hatten sich die Wachposten daran gewöhnt, daß immer zwei Personen kamen und gingen. Der Flucht *Rákoczys,* die für Montag, den 7. November, geplant war, waren viele Gespräche zwischen dem Fürsten einerseits und Hauptmann *Lehmann,* Leutnant *Kerzl* und dem Kornett *Lehmann* andererseits vorausgegangen. Die Details der Flucht wurden in allen Einzelheiten abgesprochen, ebenso daß *Adam Berzeviczy,* der Page des Fürsten, mit Pferden und Kleidern in der Vorstadt auf *Rákoczy* wartete. *Berzeviczy* war von der Fürstin mit allem ausgestattet worden, was für die Flucht notwendig war, vor allem mit Geld. Es war ein richtiges Komplott gewesen, das zwischen dem Fürsten, seiner Gemahlin und den drei kaiserlichen Offizieren zustande gekommen war.

Lehmanns Rechnung ging auf, denn die Durchführung des Vorhabens war ebenso einfach wie der Plan selbst. Am Nachmittag des 7. November kam der Kornett wieder in die Burg, und als er die Burg mit *Rákoczy* verließ, hatten die Posten schon gewechselt, und keiner von ihnen hatte Verdacht geschöpft. Bei anbrechender Dämmerung begab sich Hauptmann *Lehmann* zur neben der Gefängnisstube liegenden Futterkammer und befahl dem vor Rákoczys Türe Wache haltenden Posten, den Fourier zu suchen und Fackeln zu besorgen, damit man Licht machen könne. Als der Posten antwortete, „Ich darf meinen Platz nicht verlassen!" nahm ihm *Lehmann* den Säbel ab und herrschte ihn an: „Ich werde für dich Wache halten, und jetzt geh, sonst mache ich dir Beine!" Der Dragoner gehorchte und entfernte sich. Was sich hierauf abspielte, könnte so erfolgt sein: Lehmann und sein Bruder öffneten die Tür der Gefängnisstube, brachten von der Futterkammer nebenan die vorbereiteten Werkzeuge und das Seil in Rákoczys Stube, brachen zumindest zu zweit mit einer Brechstange die Eisenstäbe des Fensters aus, befestigten an den restlichen das mitgebrachte Seil, warfen das andere Ende in den Burggraben und verschlossen die Türe wieder. Während der Kornett und *Rákoczy* sich in das Offizierszimmer des Hauptmannes begaben, wartete der Hauptmann auf den fortgeschickten Dragoner und übergab ihm, nach Abnahme der Fackeln wieder seinen Säbel. Inzwischen zog *Rákoczy* die vorbereitete Uniform eines Gemeinen des Regimentes Montecuccoli und den Reitermantel an, zog die Mütze tief ins Gesicht und folgte dem Kornett *Lehmann* mit einem Sack auf der Schulter durch die schon dunkel werdenden Gänge. Unbehelligt passierten sie alle Posten und die Torwache. Sie begaben sich in der Stadt zum Haus einer einsam lebenden Witwe, wo Hauptmann *Lehmann* für *Rákoczy* ein Pferd eingestellt hatte. Der Kornett half ihm satteln, dann ritt *Rákoczy* davon, verirrte sich aber, weil es schon dunkel war, und als er endlich das Ungartor erreichte, fragte ihn der Offizier der Bürgerwache, ob er vom Regiment Montecuccoli wäre. *Rákoczy* bejahte, worauf ihn der Offizier aufforderte, sich zu beeilen, weil sein Leutnant schon vorausgeritten sei, damit er ihn einhole. Der Leutnant war in Wahrheit sein Page *Berzeviczy,* der sich ebenfalls als Offizier des Regimentes Montecuccoli verkleidet hatte.

Rákoczy ließ sich die Aufforderung, sich zu beeilen, nicht zweimal sagen, er grüßte und trabte davon. *Berzeviczy* erwartete ihn ein Stück weiter, und sie begaben sich in das Gasthaus, wo sein Page die Fluchtpferde, sehr gute Pferde, eingestellt hatte. Sie kleideten sich um, ließen das Pferd *Lehmanns* zurück und ritten sofort Richtung Neudörfl weiter. Dem Wirt hatte *Berzeviczy* erzählt, daß er seinen Herrn erwarte, der aus Graz mit der Post kommen werde. Da *Berzeviczy* im voraus bezahlt hatte, hatte sich der Wirt auch nicht weiter um die Gäste gekümmert. In seiner Gefängnisstube hatte *Rákoczy* drei Briefe zurückgelassen, die an Kaiser *Leopold*, Kaiserin *Eleonore* und König *Joseph* gerichtet waren.

Rákoczy und sein Page ritten die ganze Nacht in scharfem Trab durch und verschafften sich so einen so großen Vorsprung, daß sie nicht mehr eingeholt werden konnten. Sie nahmen ihren Weg über Ungarisch-Altenburg und Raab, ließen sich über die Donau setzen, tauschten ihre Pferde gegen frische Postpferde, ohne daß sie erkannt worden wären und kamen unangefochten nach Oberungarn. Seit Montag abends unterwegs, erreichte der damals 25jährige Fürst mit einer Tagesleistung von etwa 150 km am Freitag, dem 11. November bei Pudlein (Podolin) die polnische Grenze, wo auch er, wie schon *Bercényi*, von den Piaristen mit Geld und Wechseln (auf seine Güter) versehen wurde. Drei Tage später kam der Fürst nach Krakau, wo er abermals die Kleidung wechselte und mit *Berzeviczy* in einem vierspännigen Wagen nach Warschau weiterreiste.

Vier Stunden waren indes in der Burg vergangen, ehe die Flucht *Rákoczys* entdeckt wurde. Aber nicht nur Graf *Mannsfeld*, der sofort die Verfolgung aufnehmen ließ, sondern auch der Amtmann von Schlesien, *Plenk*, und General *Haslinger* in Breslau sollten mit ihrer Fahndung zu spät kommen. Erst am 24. November, als *Rákoczy* bereits in Warschau war, wurde in Wien ein Steckbrief gegen ihn erlassen, in welchem dem, der *Rákoczy* lebend zurückbringe 10.000 und dem, der seinen Kopf bringen würde 6.000 Gulden Belohnung versprochen wurden. Auch Johann Baptist Prämer, der Burggraf von Wiener Neustadt, der schon zur Zeit der Inhaftierung *Rákoczys* schwer krank gewesen war, hatte in die Ereignisse nicht eingreifen können. Prämer meldete die Flucht des Staatsgefangenen nach Wien, nachdem er die Verfolgung Rákoczys angeordnet hatte.

Der Korporal der Wache, der bei einem Rundgang die Flucht des Fürsten entdeckt hatte, schlug Alarm. Unter den Dragonern herrschte große Aufregung. Der herbeigerufene Hauptmann, ihr Kommandant, versuchte sie zu beruhigen und versprach, bei Morgengrauen aufbrechen zu wollen, um *Rákoczy* wieder zu stellen. Aber vergebens versuchte er, sie zum Schweigen zu bringen. Als er sich bei Tagesanbruch anschickte, den Fürsten zu verfolgen, wurde er durch den Wachtmeister und seine Dragoner, die ihm mißtrauten, gehindert, die Burg zu verlassen und von ihnen arretiert. Des Hauptmanns jüngerer Bruder ritt, als er von dessen Festnahme hörte, in den Morgenstunden des Dienstags noch davon.

Die Witwe, in deren Behausung das Pferd gestanden, der Schneider, der das Kleid gemacht hatte und die Fuhrleute, die während *Rákoczys* Haft schwere Kisten des Fürsten von Wiener Neustadt nach Wien geführt hatten, wurden scharf verhört. Ebenso die Dragoner, die ihren Hauptmann verdächtigten, *Rákoczy* die Flucht ermöglicht zu haben. Hauptmann *Lehmann* leugnete alles und behauptete, daß der Gefangene durch das aufgebrochene Eisengitter, an dem sich ja noch das Seil befand, in den Burggraben und von dort weiter geflüchtet sein müsse.

Kaiser *Leopold* war empört und verlangte die Aufklärung des Falles. Hierauf wurde Graf *Franz Siegmund Lamberg,* der kaiserlicher Kämmerer war und als Kommandant der Wiener Stadtquardia dem Hofkriegsrat angehörte, nach Wiener Neustadt geschickt, um zu klären, wie es möglich gewesen sein konnte, daß *Rákoczy* die Flucht gelang. Graf *Lamberg* nahm den Hauptmann und alle Dragoner fest und übertrug der Neustädter Bürgerschaft die Bewachung der Burg und aller Festgenommenen. Hauptmann *Lehmann* versuchte im ersten Verhör Graf *Lamberg* einzureden, daß *Rákoczy* durch den Burggraben geflohen sein müsse, weil man ja in seiner Stube nach der Flucht Zangen, Bohrer, Haken und das am Eisengitter angebundene Seil gefunden habe, das bis zum Burggraben hinunter reichte. Aber *Leopold von Schwingheim,* der Bürgermeister, widersprach *Lehmann* und erklärte, daß der Fürst allein nicht imstande gewesen sein könne, mit diesen Werkzeugen die schweren Eisenstäbe herauszubrechen. Es müsse jemand dem Fürsten geholfen haben. Damit verstärkte sich der Verdacht gegen *Lehmann,* und auch der Dragoner, den der Hauptmann vor der Flucht um Licht gesandt hatte, sagte gegen ihn aus. Niemand von den Posten hatte gehört, daß in der Stube *Rákoczys* mit den Werkzeugen gearbeitet worden war. Graf *Lamberg* drohte hierauf dem Hauptmann die Folter an, wenn er nicht rede. Als er auch noch andeutete, daß ein Geständnis ein Milderungsgrund bei der Strafzumessung sein werde, bequemte sich *Lehmann* zu reden, erzählte, was vorgefallen war und wer ihm zugeredet habe, dem Fürsten zu helfen. Die Hauptschuld schob er auf seinen flüchtigen Bruder, den Kornett. Aber auch die Jesuiten bezichtigte er der Fluchthilfe.

Am 9. November befaßten sich die Geheimräte zum erstenmal in einer Konferenz mit dem Vorfall. Obersthofmeister Graf *Harrach* leitete die Sitzung. Er schlug vor, den Bericht Graf *Lambergs* abzuwarten, damit man Genaueres erfahre. Drei Tage später wurde die Fürstin *Charlotte Amalia* aus dem Wiener Himmelpfortkloster in das Kloster nach Tulln gebracht und dort unter strenge Bewachung gestellt. Wie sich nun herausstellte, hatte sie verkleidet ihren Gemahl in seiner Neustädter Gefängnisstube besucht. Ihre beiden Kinder wurden Kardinal *Kollonitsch* übergeben, der sie bei seinem Hofmeister in Raab unterbrachte. Der Beichtvater der Fürstin, Pater *Benilaqua,* der sich schon vor der Flucht *Rákoczys* der bevorstehenden Befreiung des Fürsten gerühmt hatte, wurde wegen seiner Hilfeleistung zu „ewigem Gefängnis" verurteilt. Im Hause der Gräfin *Aspremont* wurden jene Kisten beschlagnahmt, die *Rákoczy* hatte nach Wien bringen lassen. Der Postmeister von Raab wurde seines Amtes enthoben, weil er, entgegen der Vorschrift, Reisenden, die keine Pässe hatten vorweisen können, Pferde gegeben hatte. Er mußte das Land verlassen. Graf *Montecuccoli,* der Regimentskommandant des Kornett *Lehmann* mußte sich wegen dessen Teilnahme an der Befreiung des Fürsten rechtfertigen, und der Rektor des Neustädter Jesuitenkollegs, Pater *Sagel,* wurde von einem Hofkaplan streng verhört.

Hauptmann *Lehmann* und Leutnant *Kerzl* wurden vor ein Kriegsgericht gestellt. Ihre weiteren Einvernahmen und die Verhandlung leitete der Kriegsgerichts-Regiments-Schultheiß Dr. *Seyfried Leonhard Kyrchler.* Am 22. Dezember war das vom Hofkriegsrat bestätigte und vom Kaiser abgezeichnete Urteil in *Lambergs* Hand. Vom 23. Dezember datiert das Ersuchen des Regimentskommandanten der Castelli-Dragoner, „auf gemeiner Stadt iurisdiction die Exekution des gewesten Hautpmanns Lehmann vollziehen zu lassen". Am gleichen Tag wurde das Kriegsgericht von Graf *Lamberg* neuerlich einberufen, um den Delinquenten *Lehmann* und *Kerzl* ihre Urteile zu verkünden. Am Sonntag, dem 24. Dezember, zwischen 11 und 12 Uhr, wurde *Lehmann* auf dem Hauptplatz bei versperrten Stadttoren in Anwesenheit einer großen Menschenmenge enthauptet. Die Castelli-Dragoner bildeten einen Kreis, in dem Scharfrichter *Benedict Henthaller* seines Amtes waltete. „Wegen seines pflichtlos und meineidig, verräterisch begangenen Verbrechens wird nach vollzogener Enthauptung Lehmanns Leib in vier Theil zerhackt, sodann die vier Theil auf die gemeine Wegstraßen ausgehangen. Und dieses ihm zu einer wohlverdienten Straff, anderen aber seinesgleichen zu einem Greul, Abscheu und Exempl. Gott gnad seiner armen Seel", las der Kriegsgerichts-Regiments-*Schultheiß* nach der Exekution mit unbeweglichem Gesicht. Wie nach Wien gemeldet wurde, ging *Lehmann* mit geistlichem Beistand von Pater *Wolff* „ganz wohl disponiert" zur Exekution. Die Vierteilung des Justifizierten erfolgte vermutlich nicht auf dem Hauptplatz und im Anschluß an die Hinrichtung. Die sterblichen Überreste *Lehmanns* wurden auf vier Kniegalgen außerhalb der Stadttore zur Abschreckung aufgehangen.

Leutnant *Andreas Adalbert Kerzl,* 34 Jahre alt, katholisch, verheiratet, wurde wegen grober Fahrlässigkeit und pflichtwidrigem Verhalten im Umgang mit den Staatsgefangenen, bestehend in der Kontaktherstellung mit der Fürstin *Rákoczy,* die er ohne Erlaubnis dreimal in Wien aufgesucht hatte, um ihr verschiedene Gegenstände von ihrem gefangenen Gemahl zu überbringen und wegen der nächtlichen Zusammenkunft der Eheleute in der Burg, für die er mit einer silbernen Sackuhr und einem silbernen Degengefäß und Geld entlohnt worden war, sowie durch die Fluchtvorbereitungen in der Burg „cum infamia als ein Schelm, dem der Henker auf öffentlichem Richtplatz den Degen zerbrechen und vor die Füße werfen sollte, wehkgestoßen, und auf 6 Jahre nach einem Gränitz Haus in Eysen und Banden ad publicos labores angehalten". (Während des Kuruzzenaufstandes wurde *Kerzl* 1706 von den Rebellen in Raab im Zuge eines Gefangenenaustausches aus seiner Zwangsarbeit befreit.)

Das Todesurteil über *Lehmann* wurde im Strafrahmen der „Peinlichen Landgerichtordnung in Österreich unter der Enns" von 1556, der sogenannten „Ferdinandea" verhängt, die das Vierteilen „bei besonderen Umständen des Verbrechens" vorsah.

Sechs Monate hatte *Bercsényi* indessen in Polen mit großem Eifer und Geschick darauf hingearbeitet, den Aufstand in Ungarn vorzubereiten. Gelänge es *Rákoczy* nicht, aus der Haft zu entfliehen, so wollte er selber an die Spitze der Rebellion treten. *Bercsényi* hatte sich bereits an die Könige von Polen und Frankreich gewandt und diese um Hilfe gebeten. In sorgsam vorbereiteten Schriftstücken, die, wäre er ein souveräner Fürst gewesen, Dokumente von Staatskanzleien hätten sein können, schilderte er *Ludwig XIV.* und König *August* die Zustände in Ungarn, in dem, nach seiner wohl sehr subjektiven Darstellung, alle Stände bereit wären, sich in offenem Aufruhr gegen den Kaiser zu erheben. *Bercsényi* versäumte dabei nicht, die Vorteile aufzuzeigen, die Frankreich und Polen aus einem Aufstande in Ungarn zu ziehen vermöchten. König *August* stellte *Bercsényi* in schmeichelnden Reden jene Dankbarkeit für die Befreiung Ungarns in Aussicht, die es Kaiser *Leopold* ehrlicherweise schuldig gewesen wäre. *Bercsényi* hatte die Stirn, dem Polenkönig „für die Befreiung Ungarns" sogar die Stephanskrone anzubieten. „Wieder, wie in der ruhmreichen Zeit der Könige aus dem Hause Anjou, könnten Polen und Ungarn eine Einheit bilden." König *August* hatte *Bercsényi* eine „geheime Audienz" gewährt, in der ihm *Bercsényi* diese Gedanken vortrug, und *August* ließ sich betören und verlieh ihm einen Besitz in Litauen. Dies kam *Bercsényi* in seiner prekären Lage sehr gelegen. Ansonsten aber hatte *Bercsényi* nicht viel ausgerichtet, denn König *August* war von Kaiser *Leopold* tatkräftig unterstützt worden, als er sich nach dem Tode *Johann Sobieskis* um die polnische Krone bewarb und die Partei des Prinzen *Conti,* seines französischen Gegenspielers, am Einflusse Wiens scheiterte. *Ludwig XIV.* hatte damals den Abbé *de Polinac* abberufen, worauf sich drei Jahre kein französischer Gesandter in Warschau befand. Die diplomatischen Beziehungen zwischen Frankreich und Polen waren auf den Nullpunkt gesunken. Als jedoch die „spanische Krise" virulent wurde, hatte *Ludwig XIV.* den Marquis *du Heron* im Mai 1700 zu König *August* gesandt, damit dieser im Kriege zwischen Polen und Schweden vermittle (Nordischer Krieg) und versuche, *August* zu bewegen, in sein Lager überzutreten.

Über Marquis *du Heron* hatte sich *Bercsényi* jetzt an *Ludwig XIV.* wenden können. *Du Heron* war bald *Bercsényis* Vertrauter geworden. *Ludwig XIV.* wollte aber noch nicht auf die Vorstellungen seines Gesandten eingehen, weil er weder an den Erfolg eines ungarischen Aufstandes noch an die Fähigkeit des für ihn namenlosen *Bercsényi* glaubte, diesen leiten zu können. Er befahl *du Heron,* sich von jeder weiteren Beteiligung an der Angelegenheit zu distanzieren. *Ludwig XIV.* und seine Minister waren der Meinung, daß der König von Polen derjenige sei, der derzeit von der Unzufriedenheit der Ungarn am meisten zu profitieren hätte, weshalb es auch an *August* liege, *Bercsényi* zu unterstützen. König *August* aber hatte, trotz der Bemühungen *du Herons, Karl XII.* in Livland weiter vordringen gesehen und bezweifelte, daß Frankreich den Schweden ernstlich Einhalt gebieten könne oder wolle. König *August* entschied sich daher für ein Bündnis mit dem Kaiser. Als jedoch der kaiserliche Minister Graf *Strattmann* (der Sohn des früheren österreichischen Kanzlers) ihn ersuchte, *Bercsényi* an Österreich auszuliefern, lehnte *August* offiziell entschuldigend ab. Aber unter der Mitwirkung seines ersten Ministers wurde dennoch ein Übereinkommen, die Ungarn nennen es „Komplott", zu *Bercsényis* gewaltsamer Überbringung nach Österreich geschmiedet und ausgeführt. Minister *Beuchling* war es gewesen, der *Bercsényi* vorgeschlagen hatte, sich am 20. November heimlich in Petrikau, einem doch etwas abgelegenen Ort, mit einem Emissär *Tökölys* zu treffen, weil er über diesen auch Kontakte zur Hohen Pforte herstellen könne. Diesen Emissär gab es aber gar nicht und im Wagen, mit dem *Bercsényi* zu dieser geheimen Zusammenkunft reiste, verbarg sich auch der kaiserliche Hauptmann *Leonhard Schiller,* der ihm als geheimer Bevollmächtigter des polnischen Hofes vorgestellt worden war, in Wirklichkeit aber dieses „Sonderkommando" leitete. *Bercsényi* wurde nur von zwei ihm ergebenen Ungarn und einem seiner polnischen Freunde begleitet. Am Treffpunkt mit dem Emissär warteten 15 kaiserliche Dragoner auf *Bercsényi,* die den Wagen sofort umringten, Hauptmann *Schiller* gab sich zu erkennen und wollte *Bercsényi* verhaften. Aber *Bercsényi* riß sich geistesgegenwärtig los, schwang sich auf eines der Pferde und ritt, während seine drei Begleiter die Dragoner in ein Handgemenge verwickelten, davon. Diese Falle, in die er geschickt worden war, zeigte, daß *Bercsényi* auch in Polen nicht sicher war, obwohl Polen das einzige Land war, von dem aus er seine Ziele verfolgen konnte.

Rákoczy begegnete dem Reitertrupp, dem *Bercsényi* in Petrikau entkommen war, als er von Krakau nach Warschau reiste. Die Dragoner hatten ihn nicht erkannt.

Im Jänner 1702 hatte sich König *August II.* offen für den Kaiser erklärt und sich im Bündnisvertrag, in einer geheimen Klausel, auf der Rückseite des Dokuments angebracht, verpflichtet, alles was in seiner Macht stehe, tun zu wollen, um die ungarischen Rebellen an Österreich auszuliefern. Aber die mächtigen Edelleute der französischen Partei in Polen, die *August* gerne gestürzt hätten, dachten anders. Unter ihnen sind vor allem der Palatin von Belz, *Adam Sieniawski* und seine gegen *August* ständig Intrigen spinnende Gattin, die geistvolle Prinzessin *Helene Elisabeth Lubomirska,* zu nennen. Sie hatte leidenschaftlichen Anteil an der Politik Polens genommen, energisch für die Wahl des Bourbonenprinzen *Conti* gewirkt, viel Sympathie für die Ambitionen *Bercsényis* gezeigt und diesem Gastfreundschaft auf allen ihren Schlössern angeboten. Bald nach der Ankunft *Rákoczys* in Warschau stellte *du Heron* ihn der *Lubomirska* vor, die hierauf auch diesem ihre Gastfreundschaft gewährte. Die Freundschaft der *Lubomirska* war für *Rákoczy* und *Bercsényi* von höchstem Wert, denn sie lebten fortan, als Baumeister verkleidet, 18 Monate auf den Sieniawskischen Gütern Moscsenicza und Brzezan.

Der polnische Hochadel der Partei Contis durchkreuzte die Pläne des Königs und bot den ungarischen Rebellen nicht nur Gastfreundschaft und sichere Verstecke, sondern auch Hilfe für die Durchführung ihrer politischen und hochverräterischen Absichten an. *Rákoczy* und die noch *junge Lubomirska* verband bald auch eine innigere Zuneigung zueinander.

Du Heron hatte überall Fäden gezogen und war sogar bereit, mit der Conti-Partei gemeinsame Sache zu machen. König *August II.* sollte entthront werden. König *Ludwig* hatte die bisherigen Vorschläge seines Gesandten, die Conti-Partei bei ihrem Vorhaben zu unterstützen, nicht gebilligt. Als aber *August* offen auf die Seite des Kaisers getreten war, ermächtigte *Ludwig XIV. du Heron* die Pläne der Bourbonenpartei zu seinen eigenen zu machen. Diese rechnete damit, bei einem weiteren Vordringen der Schweden *August II.* vertreiben zu können. Aber *du Herons* Vermittlertätigkeit zwischen *Karl XII.* und der Conti-Partei kam König *August* zu Ohren, und er beschloß, sich *du Herons* zu entledigen. Als dieser am 11. November 1702 von einem Abendessen bei der *Lubomirska* in seine Residenz zurückkehrte, wurde er von einer Eskadron Dragoner vor dieser erwartet, verhaftet, nach Thorn eskortiert und dort über die Grenze abgeschoben. Seine Ausweisung war nicht nur für die Conti-Partei, sondern vor allem für *Rákoczy* und *Bercsényi* ein schwerer Verlust gewesen, denn *du Heron* hatte dem Fürsten ein Jahresgehalt von 12.000 und *Bercsényi* von 8.000 Franken erwirkt und erreicht, daß diese fortan am goldenen Leim der Bourbonen klebten. Die Ausweisung *du Herons* hatte abermals den Abbruch der diplomatischen Beziehungen zwischen Frankreich und Polen zur Folge.

Die „Große Allianz". Vorbereitungen und Beginn der Rebellion Rákoczys

Indessen hatte sich auch Kaiser *Leopold* um Bundesgenossen umgesehen. Die ersten waren König *Friedrich I.* von Preußen, dem *Leopold I.* die Königswürde zuerkannt und *Georg Ludwig* von Braunschweig-Lüneburg, dem er die Kurfürstenwürde von Hannover verliehen hatte. England und Holland, die Seemächte, forderten von *Ludwig XIV.* eine Barriere von Festungen im Grenzgebiet der spanischen Niederlande und eine angemessene Entschädigung für den Kaiser, der um sein Erbrecht auf die spanische Monarchie gebracht worden war und mit dem sie sich zur Erreichung ihrer Ziele, am 7. September 1702, in der „Großen Allianz" verbündeten. *Ludwig XIV.* beantwortete diese Forderungen der Seemächte mit der Kriegserklärung an

Holland und entschloß sich, König *Wilhelm III.*, der in England *Jakob II.* entthront hatte, zu beleidigen, indem er, nach *Jakobs II.* Tod jetzt dessen Sohn *Jakob III.* von Schottland als König von Großbritannien anerkannte. Das bedeutete auch für England Krieg. Ein neuberufenes Parlament bewilligte König *Wilhelm III.* Truppen und Geld, und jetzt forderten die Seemächte ihrerseits auch, daß Erzherzog *Karl* von Österreich die spanische Monarchie beschränkt auf deren Gebiete in Europa, sie selbst aber alle überseeischen Besitzungen Spaniens bekommen sollten. König *Wilhelm III.* starb aber noch vor Ausbruch des Krieges am 8. März 1702. Er hatte die Rüstungen schon abgeschlossen und *John Churchill*, Graf, später Herzog von Marlborough, zum Feldherrn ernannt. Königin *Anna,* die auf *Wilhelm III.* folgte, war mit den Zielsetzungen ihres Vorgängers einverstanden, und am 22. April 1702 erklärten England, der Kaiser und das Reich *Ludwig XIV.* den Krieg. Bald darauf flammten die Kämpfe in Deutschland auf. *Max Emanuel,* der die Burgen in Belgien schon den französischen Truppen geöffnet hatte, überfiel in der Nacht auf den 8. September die reichsunmittelbare Stadt Ulm. Zwei Tage später zwang der kaiserliche Feldherr Markgraf *Ludwig* von Baden die französische Festung Landau zur Kapitulation, und ein Monat darauf, am 10. Oktober, nötigte er Marschall *Villars*, nach der Schlacht bei Friedlingen, zum Rückzug über den Rhein. An der Maas hatte sich der inzwischen mit englischen und holländischen Truppen auf dem Kriegsschauplatz erschienene *Marlborough* erfolgreich behauptet, und in Italien hatte *Prinz Eugen* in einem Handstreich auf Cremona Marschall *Villeroy* gefangengenommen. Graf *Guido von Starhemberg,* der bald darauf *Prinz Eugen* in der Kommandoführung in Italien ablöste, weil dieser das Amt des Hofkriegspräsidenten in Wien annahm, hatte alle Mühe, sich gegen die französische Übermacht, die in Marschall *Vendôme* einen guten Heerführer erhielten, zu behaupten. Königin *Annas* Admiral, der Herzog von *Ormond,* kaperte in einem abenteuerlichen Überfall im Hafen von Vigo die eben aus Amerika heimgekehrte schwer beladene Silberflotte der Spanier und kehrte mit ungeheurer Beute nach England zurück.

Der gealterte *Ludwig XIV.*, der seine Regierungsgeschäfte meist im Kabinett der *Maitenon* abwickelte, beauftragte seinen Geschäftsträger, bei *Karl XII.* von Schweden Marquis *Bonnac,* der in Danzig seinen Amtssitz hatte, mit *Rákoczy* und *Bercsényi,* seinen Rentenempfängern, Verbindung aufzunehmen. *Rákoczy* entwickelte *Bonnac* sofort einen Plan, nach dem *Ludwig XIV.* in Danzig Geld, Waffen und Offiziere bereitstellen und von den polnischen Magnaten der Conti-Partei 4.000 Reiter und 4.000 Mann Fußvolk aufstellen lassen sollte, an deren Spitze er dann in Ungarn einfallen wolle, um sich, nach der Eroberung des von kaiserlichen Truppen entblößten Landes, bei Wien mit dem Kurfürsten *Max Emanuel* von Bayern, dem er die Krone Ungarns anbieten würde, vereinigen zu können. Weiters sollte die Hohe Pforte durch den französischen Gesandten in Konstantinopel bewogen werden, den in der Türkei im Exil lebenden *Emmerich Tököly* mit einem türkischen Hilfskorps ebenfalls in Ungarn einfallen zu lassen, um auch die habsburgischen Truppen in Siebenbürgen aufzureiben. Diese Pläne *Rákoczys*, insbesondere die Übertragung der ungarischen Königswürde auf den Kurfürsten von Bayern, schienen aber dem französischen Kabinett so exzentrisch, daß man in Versailles glaubte, solche Gedanken könnten nur dem Gehirn eines Verrückten oder völlig Verzweifelten entspringen. Ebenso skeptisch war Marquis *Bonnac* selbst, der von den Ungarn keine gute Meinung hatte.

In Ungarn aber rottete sich schon zwielichtiges Volk zusammen, um zu rebellieren, denn die Agenten *Rákoczys* hatten schon Vorarbeit geleistet. Die Bauern wurden aufgehetzt sich zu erheben, denn diese hatten die meisten finanziellen Lasten zu tragen. Die Unzufriedenheiten brachen, wie nicht anders zu erwarten, zuerst auf den Gütern *Rákoczys* aus. Seine Verwalter waren darüber informiert worden, daß sich ihr Herr in Polen befinde und sandten zu Beginn des Jahres 1703 einen aus ihrer Mitte, er hieß *Bige,* mit einem ruthenischen Priester nach Polen, um sich von dem, was sie gehört und was ihnen ausgerichtet worden war, zu überzeugen. *Bige* fand *Rákoczy* in Brzezan, führte ihm vor Augen, daß die Verwalter die Unzufriedenheit der Bauern schüren und daß diese bereit seien, zu rebellieren, wenn er, der Fürst, an ihre Spitze trete. Der Stallmeister *Bercsényis* war auf den Rákoczyschen Besitzungen gewesen, und es bestätigte sich später, daß *Bercsényi* und *Rákoczy* selbst schon den ersten Aufstandsversuch angezettelt hatten. Die Gelegenheit war eben günstig gewesen, weil nur mehr das Kürassierregiment Montecuccoli in Ungarn stand und auch dieses schon den Befehl zum Abmarsch nach Italien erhalten hatte, zu dem es aber dann wegen der zu früh ausgebrochenen Unruhen nicht kam. Selbst die Besatzungen in den Festungen waren schon stark reduziert und die, wie man glaubte, in Ungarn unnötig liegenden Truppen nach Italien abgezogen worden. Ein Aufstand mußte daher, wie *Bercsényi* richtig kalkulierte, wie ein Steppenbrand um sich greifen können, weil keine kaiserlichen Truppen im Lande waren, die ihn niederschlagen konnten. *Bige* versicherte dem Fürsten, daß er nur Fahnen und Befehle zu senden brauche, um Tausende in Bewegung zu setzen. Dies tat *Rákoczy. Bige* brachte Fahnen und einen Aufruf *Rákoczys* mit, indem er seine Getreuen aufforderte, daß sie trachten sollten, in den Besitz eines von einer schwachen kaiserlichen Garnison bewachten festen Platzes zu kommen. Die von *Bige* mitgebrachten Fahnen wurden auf den Gütern *Rákoczys* gezeigt und sein Aufruf verlesen. Er lautete: „Gott hat die Feinde des Landes, die ihm seine Rechte und Freiheiten raubten und an seinem Verderben arbeiten, unerwartet in eine bedrängte Lage versetzt und der Nation dadurch den Weg, ihre Freiheiten wieder zu gewinnen, geöffnet! Wir haben die Gelegenheit ergriffen, die so günstig nie wieder kommen wird, haben den Schutz der Könige und Fürsten angerufen, die das Schicksal des unterdrückten Ungarns bedauern und ihm helfen können und wollen! Daher rufen wir auf, bitten und nötigen jeden waffenfähigen Ungar, wider das uns despotisch beherrschende Geschlecht die Waffen zu ergreifen und sich mit den Scharen jener Führer zu vereinigen, die wir bis zu unserer Ankunft mit der Leitung des Unternehmens betraut haben. Zugleich gebieten wir, daß niemand es wage, Geistliche, Kirchen und Klöster, welch Glaubensbekenntnisses immer, Edelleute und deren Höfe, wie auch Reisende zu berauben und das arme Volk zu unterdrücken und zu plagen, wenn ihm sein Kopf und sein Leben lieb sind! Gegeben zu Brzena, den 12. Mai 1703. Fürst Franz Rákoczy, Graf Nikolaus Bercsényi."

Als *Bige* und der ruthenische Pfarrer abgereist waren, begab sich *Rákoczy* mit *Bercsényi* zu *Potocki,* dem Palatin von Krakau, und zum Fürsten *Wisniowecki* und erlangten deren Unterstützung zur Anwerbung einer kleinen Truppe. Hierfür gab er ihnen eine Hypothek auf seine Besitzungen in Ungarn. *Bercsényi* reiste sodann nach Danzig, um sich mit Marquis *Bonnac* zu beraten. Bis zur Rückkehr seines Freundes hielt sich *Rákoczy* wieder bei der *Lubomirska* auf Schloß Holesicz, nicht weit von der ungarischen Grenze, auf.

Es wäre vorherzusehen gewesen, daß *Rákoczys* Befehle an die Haufen des sich zusammenrottenden Raubgesindels schlecht oder gar nicht befolgt werden würden. Die Bauern seiner Güter, die jetzt als erste losgelassen worden waren, im Grunde aber ihre eigenen Grundherren ebenso haßten wie die kaiserlichen Soldaten und Steuereintreiber, warteten, als sie die Fahnen *Rákoczys* erhalten hatten, nicht mehr auf weitere Befehle, sondern schlugen los, zogen auf die Güter anderer Grundherren. Sie plünderten und brandschatzten Meierhöfe, Kirchen und Klöster. Sie begannen einen richtigen „Bauernkrieg" mit all seinen furchtbaren Ausschreitungen und Verwüstungen.

Schon sechs Monate nach seiner Flucht, am 30. April 1702, hatte das „Endurteil" gegen *Franz Rákoczy* festgestanden. Es war aber erst ein Jahr später, nach Approbation und Konfirmation durch Kaiser *Leopold* auf Anordnung des Kammerprokurators *Lorenz Saffran* in den Erblanden durch Anschlag an den Kirchentüren und Stadttoren publiziert worden. *Rákoczy* war „durch Briefe, Inquisition und Konfrontation" sowie durch seine Flucht, die als Schuldbekenntnis aufgefaßt wurde, des „crimen laesae Maiestatis et perduellionis" (der Majestätsverletzung und des Hochverrates) überführt und zu Ehrverlust, der Todesstrafe durch das Schwert „so man seiner habhaft wurde" und zur Güterkonfiskation verurteilt worden. Das Urteil lautet im Originaltext: „End=Urthl In der auß Befehlch Ihrer Kayserl. auch zu Hungarn und Böhaimb Königl. Majestät wider Frantzen Ragozi, in puncto Rebellionis & Perduellionis, allergnädigst anbefolchenen Inquisitions-Sach / und den darüber ex Officio vorgenohmenen Criminal Prozeß. Nach deme besagter Frantz Ragozi in denen / mit Ihme in der Guette vorgehabten Examinibus, auch thails durch seine Handbriefl / und andere / wider ihne / in der vorgenomenen Inquisition eingeloffene Zeugnussen / folgends ergriffene Fugam seines zu Neustadt gehabten Arrests offentlich / und überflüssig cofessus, und klar convictus worden; Daß Er aller von Ihrer Kayserl.

und Königl. Majestät empfangenen Ehren / Würden und anderer Kayserl. Königl. und Landesfürstl. hoher Gnaden / so gar der Natürlichen Schuldigkeit vergessend / und undanckbahr / auß lauter unzuläßlicher ambition, und verbotenen Ehr=Geitz / auch verdambter Vergessenheit / des nefandum Crimen laesae Majestatis, & perduellionis in nachvolgenden Stucken begangen.

Indeme Er mit verschiedenen / etwelche in Rechten höchst verbottene zum Schaden / und wider seinen gesalbten natürlichen König und Landesfürsten die Römis. Kayserl. auch zu Hungarn und Böhaimb Kön. Majestät unsern allergnädigsten Herrn etc. etc. Angesehene Bündnussen intentieret / und zu einer / wider allerhöchst gemelde Kayserl. und Königl. Majestät vorgenommen höchst gefährlichen Abschickung cooperiert / und gedachtes Königreich Hungarn frembden Gewalt und Protection unterwürffig zu machen gesucht / auch andere zu bedeutten der Natur selbst widerstrebenden Verbrechen verlaitet;

Derentwegen verschidene heimliche conventicula angestellet / und zu Fortsetzung eines höchst=sträfflichen Beginnes / und Gewün= auch an sich Ziehung deß Adels und Gespannschafften / allerhand Mittel vorgekehret / mit anderen berathschlaget / dergleichen gemachte Anschläg allezeit und biß Ihro Kayserl. Majestät anderwerts hievon wissen bekommen / uneröffnet gelassen.

Wie dann Er zu solcher Beförderung an den König in Franckreich den I. Novembris 1700. durch und durch aigenhändig geschriben: Und darinnen vorderist mit praemittieren der Anruehmung seiner Famili von der Cron Franckreich erwisener Gutthatten / die vermeintliche Untertruckung deß Königreichs Hungarn dahin vorgestellet / daß dieses Königreich das gantze Vertrauen auff ihne gefasset / Er Ihne König in Franckreich für seinen Vatter / Beschützer und Erlöser desselben ersuchet; Mit dem Beysatz: Daß anjetzo die beste Conjuncturen darzu verhanden wären / als die Eingkeit zwischen ihnen nit gering / der Unwillen in gemein / particular Familien übel zu frieden / und das eintzige Absehen der Stände / zu Nutz deß Königs in Franckreich Einhellig dergestalten eingerichtet stunde / daß / wann sie Cron Franckreich sich annehmen thätte / die Sach besser / als jemahls von statten gehen / er Ragozi aber alles beytragen wurde / zu zaigen / daß sein Gemueths=Naigung / die Er von seinen Vorältern ererbet / zu Nutzen und Ehr bemelder Cron Franckreich angesehen seye.

Dise seine angesponnene Intention hat er so gar in seinem de Eodem dato, an seinen Frantzösischen Minister Nammens Barbosieux abgelassen, durchauß aigenhändigen Schreiben bestättiget / nebst beygezogener Erinnerung / daß Uberbringer dessen / so in allen auff das beste informiret seye / solches Vorhaben mit mehrern entdecken wurde / also zwar / daß demselben geglaubet werden könne. Und als das von ersterwehnden Barbosieux von Versailles den 18. Decemb. 1700. darauff erfolgte Antwort=Schreiben sovil mit sich gebracht / daß er gedachten Brief erhalten / den Uberbringer angehöret / und

sovil effectuieret / daß sothannes Schreiben an Cron Franckreich / mit der
Versicherung solche Intention seiner Zeit zu sekundieren angenommen worden / welches mit mehrern der Abgeordnete zu entdecken hätte / unterdessen
aber Franckreich des Absehen möglichst zu helffen / scho nehmen wurde:
Hat Ragozi gleich bald darauff sub dato II. Februari 1701 hinwiderumben
dem König in Franckreich dises Inhatls zugeschriben: Mit was Freuden die
Hungarn die Hoffnung der Königlichen Protection, die ihnen durch obbe-
nenten Ministrum Borbosieux überschriben worden / vernommen hätten.
Und das Uberbringer dises Briefs die Ursach eröffnen werde / warumben die
verlangte Vollmacht von denen Hungarischen Häubtern nicht eingeschicket
worden? Dise aber nebst Versicherung der beständigen Treuheit von dem
Hungarischen Königreich / sowohl in das Gemain / als von einem jeglichen in
particulari, bevorab von ihme Ragozi bald nochfolgen solle / gestalten er zu
Fortsetzung dises seines verdambten Vorhabens / mit seinem Anhang / be-
rührten Überbringern selbst eine Instruction, was Er / der assistenz halber /
mit Franckreich negotijiren solle / andictieret / selbige etlichmahls bedächt-
lich überlesen / und übersehen / derselben auch noch beygesetzet worden /
das König in Franckreich Pohlen zu ersuchen hätte / die Hungarn zu animi-
ren. Ingleichen den Türckischen Hoff zu mainagieren, imo verlangt / daß
Franckreich zu Stabilirung solcher machinationen / Officier, Minirer / und
Ingenieurs überschicken möchte. Und als Er, Ragozi von der Cron Franckreich hierauff zur Antwort erhalten / daß / wann gedachte Vollmacht gefer-
tigter eingelauffen wurde / man noch anbey über Dantzig und Hamburg 2.
Million Livers, ihme Ragozi aber in specie 200.000 Reichsthaller zu Unter-
haltung der Völcker überschicken wolte Er Ragozi mit seinem Anhang / ohne
Anstandt / wider veranstaltet / einige in die Comitaten abzuschicken / selbe
zu Unterschreibung sothanner Vollmacht / zu disponieren; Welche Vollmacht sodann nacher Metz / oder Lutzenburg dem schon Abgeordneten
nachgeschicket werden solle; Bey allen disen und entzwischen hat Ragozi zu
weiterm Behueff dises seines so schändlich=Gott=Gewissen=und Ehrlosen
intentierten Lasters / die Kayserl. Guarnison in Mongatsch und Unguar, mit
seinen Complicibus effecctive umzubringen conspirieret / den aldasigen
Commendanten / und die übrige Officier auff ein Jagdt einzuladen / etliche
hundert Mann an dem Gebürg zuhalten / und erstbemelden Commendanten
/ durch Ansetzung eines Messers an die Gurgl / nebst anbetrohenter Ermordung / zur Übergaab berührter Vestung zu zwingen / auch bey erlangender
assistenz der Cron Franckreich / drey Corpo, und zwar eines unter dem Te-
kely in Siebenbürgen / das andere an der Theiß / das dritte gegen Caschau zu
formieren gedacht / wie nit weniger alle Teusche Soldaten in Quartieren umzubringen maschinieret / anbey auch Franckreich versichern lassen / daß /
sobald nur 10.000 Mann beysammen stehen werden / das gantze Königreich
Hungarn sich zu ihme schlagen / sodann sie sowohl die Jenige / welche mit
ihnen nit halten / darzu zwingen / als auch in Böhaimb und Schlesien / etwelche theils Hussiten / theils Lutheraner an sich ziehen wurde / und zu Be-

werckstellung alles dessen mit dem Frantzösischen Pottschaffter zu Rom /
oder Florenz die Unterredung selbst zu thun; Ingleichen / daß er Holland
und Engeland hierzu anfrischen wolte; Wie auch mehr andere auß denen actis
erscheinende aller Treu vergessene / und höchst straffmässige Verbrechen
vorzukehren sich keines weegs geschichen.

Deren allen und jeden durch seine aigene selbst bekäntliche Handbrief /
bey gehörten actis befündliche Schrifften / und vorgehabte Inquisition, und
Confrontation überwisen. Und daß er soche seine schwäre Verbrechen / on-
angesehen der zum Überfluß ihme von Ihro Römis. Kayserl. und Königl.
Majestät ertheilten / und allein auß lauter Gnaden / und Milde / da doch sie in
tam execrando, & exceptocrimine, ohne Process, so in dergleichen Fählen
nicht gebraeuchig / stante absque hoc notorietate facti wider ihne Ragozi
Fueg / Macht / und Recht gehabt hätten / ohne einiger Anhörung / Verantwortung und Vernehmung / die jenigen Straffen alsobalden executive ergehen zulassen / welche die Kayserl. und Königl. und andere Rechten dergleichen Lastern durchgehends setzen / und verordnen / zugelassener defension,
dafern er sich einer gebrauchen möchte keines weegs verantworten können /
sondern durch Violierung gleich / nach ordentlich intimierter deß Fisci criminal Anklag / seines zur Neustadt gehabten Arrests, mithin ergriffene Fugam, sich dißfahls ex superfluo confessum gemacht.

Als ist durch das / von höchst gedacht Ihro Kayserl. und Königl. Majestät /
in Sachen verordnete Judicium Delegatum, in reiffer Erwegung aller ein-
kommener Schrifften / Nothdurfften und Umbständen / zu Urthl und Recht
erkennet / von Ihro Majestät auch der Justitz ihren Lauff zu lassen allergnädigst resolviret worden, Daß der Frantz Ragozi, wegen dises begangenen=
und genuegsamb überwisenen Criminis laesae Majestatis, ac perduellionis,
mit Leib / Ehr / und Guet in Ihro Kayserl. und Königl. Majestät Straff verfallen seye; Solchemnach solle er von nun an aller Ehren / und Würden entsetzet
seyn / durch den Scharpftrichter / sobald man seiner habhafft werden wuerd /
an Orth und End / wo es sich gebühret / mit dem Schwerd von Leben zum
Todt hingerichtet und sein Haab und Gütter dem Kayserl. und Königlichen
Fisco verfallen seyn; Dises Ihme Ragozi zu einer wohlverdienten Straff / seines gleichen aber zu einen Greul und abscheulichen Exempel. Publiciert den
30. April 1703."

Die Voruntersuchung gegen *Franz Rákóczy* hatte 10 Monate gedauert,
wobei sich der Angeklagte nach 4 1/2 Monaten der Inquisition durch Flucht
entzogen hatte.

Den drei arretierten Vay wurden fast täglich 5—6 Maß Wein
(1 Maß=1,414 l) gereicht, was die Hofkammer wie folgt beanstandete: „Wie
es ein Exzess, als keineswegs gestattet ist, wird künftig dessen Verantwortung obliegen dann nebst dem daß die Gefangenen miemalen mit solcher De-
licatess und Abundanz in caffé, Zucker, Lemoni etc. wie die Freien tractiert
zu werden pflegen, so würde auch ihnen Gelegenheit an die Hand gegeben,
zu ihren üblen Intenten den Wein zu mißbrauchen, die Wacht damit anzu-

trinken und sodann auß dem Arrest zu entfliehen. Dannhero wür vor einen Extra- oder Jausen-Trunkh keines wegs mehrers verstatten und bey Reitung passieren wollen, alß vor jeden dieser dreyen Vay des Tags ein halb Wein." Daraus ist zu ersehen, daß mit der Flucht *Rakoczys* die recht gemütliche Haft seiner Mitverschwörer zu Ende gegangen war.

Rákoczy war die Ausfertigung eines Urteiles, ein Anschlag von einer Kirchentüre, nach Polen gebracht worden, und er wußte, daß es seinen sicheren Tod bedeuten würde, wenn er den Kaiserlichen in die Hände fiele. *Rákoczy* zögerte daher, sofort an die Spitze der räuberischen Haufen zu treten, denen er seine Fahnen geschickt hatte. Es waren zwar nur mehr wenige reguläre Truppen im Lande aber Marquis *Nigrelli*, der Oberbefehlshaber der kaiserlichen Truppen in der Festung Kaschau, hatte die Milizen der Komitate zu den Waffen gerufen, und diese gehorchten seinen Befehlen. *Rákoczys* räuberische Haufen konnten sich auch mit der Komitatsmiliz nicht messen. Er war gerade bei seinem Freund *Konski* in Drosdowicze zu Besuch, als sich diese Dinge ereigneten. Dort empfing er auch eine zweite Delegation der Insurgenten, die von Majos, einem seiner Verwalter, angeführt wurde. Majos beschwor *Rákoczy* nochmals, nach Ungarn zurückzukehren und an die Spitze der rebellierenden Bauern zu treten, die sich beim Anblick seiner Fahnen erhoben haben, ihm in Treue ergeben seien und sich im Stiche gelassen fühlen würden, wenn er in Polen bleibe.

Der Bauernaufstand war zuwenig vorbereitet worden und zeigte, daß Dilettanten am Werk gewesen waren. Dem wilden Haufen nur Fahnen und Verordnungen zu schicken, war zu wenig. Ein Befehl, dessen Verweigerung oder Nichtbeachtung nicht eine auf dem Fuße folgende Strafe droht, ist fast wertlos. Aber auch *Rákoczy* hatte von *Bonnac* bisher nur schöne Zusagen erhalten. Außer seiner und *Bercsényis* Rente vom französischen Hof waren keinerlei Gelder eingelangt und ohne französisches Geld konnte er weder mehr Truppen anwerben, als er es durch Hypotheken auf seine Güter schon getan hatte, noch weitere Waffen kaufen. Dennoch glaubte *Rákoczy*, sich sofort und jetzt entscheiden zu müssen, wollte er verhindern, daß das von ihm angefachte Feuer wieder erlösche. So sagte er *Majos* zu und brach, nur von wenigen Soldaten der Garden des Palatins *Konski* begleitet, nach Ungarn auf, denn seine eigenen, von ihm angeworbenen Truppen waren noch nicht einsatzbereit. In Dobrowitz, eine Tagesreise von der Grenze, erfuhr er, daß Baron *Károly* die plündernden und sengenden Haufen mit den Milizen der Komitate am 7. Juni bei Dolha vernichtend geschlagen hatte. Der erste Aufstand schien in sich zusammengebrochen zu sein. 150 Rebellen waren tot am Platze geblieben, 3 Deutsche und 10 Ungarn waren in Gefangenschaft geraten, der Rest floh, Richtung polnische Grenze, durch die Wälder. 5 Fahnen, die *Rákoczy* mit *Bige* nach Ungarn geschickt hatte, waren *Károly* in die Hände gefallen. Durch *Stephan Kalnok* bat *Rákoczy Wisniowecki* und *Potoki*, den Aufbruch der ihm versprochenen Truppen zu beschleunigen. *Majos* aber sandte er voraus, um den von *Károly* geschlagenen und versprengten

Banden auszurichten, daß sie sich wieder sammeln sollten und gab ihnen den Ort bekannt, wo sie ihn zu erwarten hätten. Am 19. Juni 1703 überschritt *Rákoczy* bei Klinez, am Fuße der Beskiden, die ungarische Grenze. Hier erwarteten ihn 200 herabgekommene Marodeure zu Fuß und 50 andere zu Pferd. Sie wurden von den zwei ehemaligen kaiserlichen Soldaten *Horvath* und *Moriz* sowie von dem einstigen Salzverschleißer *Thomas Esze,* der das Salzamt in Ujlak erbrochen und dessen Kasse geraubt hatte, und dem gesuchten Straßenräuber *Albert Kis,* der aus dem Gefängnis in Großwardein ausgebrochen war, geführt, waren halb nackt und nur mit Prügeln, Sensen und Gabeln bewaffnet. Diese vagabundierende Schar bot einen erbärmlichen Anblick, nannte sich aber, in Anlehnung an *Tökölys* Insurgenten, ebenfalls „Kuruzzen". Jetzt wurden *Rákoczys* Verwalter auf den Gütern seiner Munkácser Herrschaft richtig aktiv und führten ihm schon nach wenigen Tagen 3.000 Rußnyaken und Walachen, darunter 300 Reiter, zu. Als Kundschafter dem Fürsten meldeten, daß die Kürassiere Montecuccolis im Begriffe seien, nach Italien abzurücken und sich kein Feind mehr zeige, brach er nach Munkács auf, um dort vorerst in der Stadt Quartier zu machen, in der Folge aber die Burg, die seine Mutter *Ilona* drei Jahre verteidigt hatte, in Besitz zu nehmen. Dies schien ihm auch deswegen möglich, weil die Besatzung nur aus 300 Mann bestand und zum Teil mit ihm sympathisierte. Aber kaum hatten seine disziplinlosen Haufen die Stadt betreten, erbrachen sie die Weinkeller der Hauer, soffen sich an und begannen untereinander zu raufen.

Von diesen Vorgängen erfuhr aber auch Graf *Montecuccoli,* der sofort kehrtmachte und in scharfem Ritt nach Munkács eilte. Dies bewog wieder *Rákoczy,* nach Polen zurückkehren zu wollen, denn er getraute sich nicht mit seinem Haufen einer regulären Truppe der Armee entgegenzutreten. Aber er kam nicht mehr zum Abmarsch, denn die Kürassiere standen schon vor der Stadt, ehe er aufbrechen konnte. Die dem Regiment vorausgeeilte Aufklärungsschwadron griff seine Wachen sofort an, vertrieb diese von ihren Außenposten nach kurzem Kampf und verfolgte sie bis auf den Marktplatz. Nur mit Mühe gelang es dem Fürsten mit einem Teil seiner Reiter, während der Einschließung der Stadt durch das nachkommende Regiment, durch eine Furt der Latorza zu entkommen und die Wälder der Beskiden zu erreichen. Bei Zawadka sammelte er seine abermals stark dezimierten Haufen. *Rákoczys* erster, unbedachter Einmarsch in Ungarn war kläglich gescheitert, weil vor allem der Stratege des Aufstandes, Graf *Bercsényi,* nicht da gewesen und *Rákoczy* beim Markgrafen *Ludwig von Baden* anscheinend wenig gelernt hatte. Unbedacht hatte er sich in ein Abenteuer gestürzt. In dieser für *Rákoczy* so mißlichen Situation erschien der berüchtigte *Ladislaus Ocskay* mit 200 Reitern im Lager zu Zawadka und bot *Rákoczy* seine Dienste an. *Ocskay* war ungefähr 16 Jahre alt gewesen, als ihm vom Henker ein Ohr abgeschnitten wurde, und er war letztlich kaum 28, als er den Verrätertod am Blocke des Scharfrichters starb. Zwischen jenem Anfang und diesem Ende lag ein Leben voller Abenteuer, Ruchlosigkeiten und Verbrechen, aber auch voll verwegener Taten und außerordentlicher Leistungen. Er stammte aus guter alter Familie und befand sich im Jesuitenkollegium in Tyrnau, als er hörte, daß des Kaisers Offiziere Rekruten für das Husarenregiment Graf *Pállfys* anwerben. Er warf seine Bücher an die Wand, trat als gemeiner Soldat ins Heer ein und wurde an die untere Donau geschickt, wo sein Regiment gegen die Türken kämpfte. Hier beging er seine erste Missetat – was es war, wird uns nicht berichtet –, für die er sein Ohr verlor. Kurz danach tötete er einen Kameraden namens *Tisza*, dessen Schwester er durch ein merkwürdiges Zusammentreffen in späteren Jahren heiraten sollte, und um der Strafe zu entgehen, ging er zu den Türken über, deren Glauben er annahm, wobei er sich sogar der Beschneidung unterwarf. Nach dem Frieden von Karlowitz erlangte er seine Begnadigung und trat wieder in sein altes Regiment ein, mit dem er nach dem Ausbruch des großen Krieges an den Rhein marschierte. Hier zeichnete er sich durch seine Tapferkeit aus, aber da er ein Trinker und Raufbold war, kam er niemals über den Rang eines Sergeanten hinaus. Voll Unzufriedenheit desertierte er zu den Franzosen, wo er gut aufgenommen und zum Leutnant in der ungarischen Schwadron des Königs ernannt wurde. Da er aber die französische Disziplin noch lästiger empfand als die österreichische, floh er wieder zu den Kaiserlichen zurück. Er blieb nicht lange, sondern überredete, nachdem er sich unter falschen Vorspiegelungen einen Paß verschafft hatte, sieben Kameraden, mit ihm zu fliehen und heimzukehren. Auf ihrer langen Reise durch Süddeutschland und Österreich schlossen sich ihm andere Marodeure und Ausreißer an, die, in Ungarn angekommen, sich zerstreuten und Dörfer und Bauernhäuser ausraubten. *Ocskay* trieb seine Frechheit soweit, daß er sich in seiner alten Kollegiumstadt zeigte. Hier begegnete er dem Oberstleutnant seines eigenen Regiments, Baron *Pongráz*, der ihn verhaften und in Ketten legen ließ. Aber das Glück war noch mit ihm. Auf irgendeine Weise verstand er es, nicht nur seine Freiheit, sondern auch eine kaiserliche Vollmacht zu erwirken, die Deserteure, die mit ihm gekommen waren, zu sammeln und sie zu ihren Truppenteilen zurückzuführen. Als er bei diesem Geschäft von *Rákoczys* Ankunft hörte, wandte er sich nach Osten, um dem Fürsten seine Dienste anzubieten. Die Leute, die er mitbrachte, waren, wie er selbst, Freibeuter und Abenteurer. Einige hatten noch unter *Tököly* gedient wie die meisten von denen, die unter *Borbély* aus dem Gebiet jenseits der Theiß kamen, wo ihnen der Boden zu heiß geworden war, um sich zu halten. Sie hatten aber Soldatenblut in sich, und viele von ihnen stiegen später in der Armee der Konföderierten zu hohen Stellungen auf. Keiner stieg so hoch wie *Ocskay*, aber es fand auch keiner ein so schimpfliches Ende.

Endlich kehrte auch *Bercsényi* aus Danzig mit französischem Geld, das er von *Bonnac* erhalten, und mit 200 Dragonern, die er selbst angeworben, und mit weiteren 400 Reitern, die *Wisniowecki* und *Potoki* schickten, zurück. Jetzt erhielten die Truppen Sold für einen Monat und konnten so zur Disziplin angehalten werden. *Bercsényi* hatte schon unterwegs von *Rákoczys* erster Niederlage erfahren und tröstete, obwohl er verärgert war, den jüngeren

Kaiser Leopold I.

Kaiser Joseph I.

Kaiser Karl VI.

Karl V., Herzog von Lothringen

König Ludwig XIV.

Ludwig Wilhelm I., Markgraf von Baden-Baden

Max Emanuel, Kurfürst von Bayern

Johann Wenzel Graf Wratislaw

Freund, der jenen Namen trug, den er als Aushängeschild „für seine Revolution" brauchte, um auf ausländische Höfe und den ungarischen Adel Eindruck machen zu können. Er mußte allerdings darauf achten, daß *Rákoczy* in Hinkunft nicht seiner Sache durch ähnliche unbedachte Ausritte weiteren Schaden zufüge.

Da es im dürftigen Bergland schwierig war, die Truppen zu verpflegen, riet *Bercsényi* zum Marsch in die Ebene, in fruchtbarere Gefilde und ließ das Gerücht verbreiten, daß eine reguläre Armee von mehreren tausend Polen und Schweden unter *Rákoczys* Fahnen stehe und nach Szatmár vorrücke. Hatte *Rákoczy* befürchtet, mit den Milizen *Csákys*, der Kaiserlichen in Szatmár oder Graf *Montecuccoli* zusammenzutreffen, so erwies sich diese Angst bald als unbegründet. *Montecuccoli* war, nachdem Marquis *Nigrelli* in Kaschau schwer erkrankt war, von diesem zu sich gerufen worden und hatte geglaubt, den Haufen der Aufständischen in Munkács so dezimiert zu haben, daß im Nordosten keine Gefahr mehr bestünde. Szatmárs Besatzung aber war in ihrem Bereich geblieben, und Graf *Csáky* zog sich, als seine Außenposten bei Tiszabecs von *Ladislaus Ocskays* Reitern vertrieben wurden, mit den Milizen der Gespanschaften Ugocsa und Bereg in das befestigte Kis-Varda zurück. Unangefochten setzten daher *Bercsényi* und *Rákoczy* am 18. Juli bei Namény über die Theiß. Von Namény aus erließ *Rákoczy* noch am gleichen Tag einen Aufruf an alle Bewohner der Gespanschaft Szabolcs und befahl allen, ohne Unterschied des Standes und Ranges, binnen drei Tagen in seinem Lager zu erscheinen. Die Waffenfähigen hatten in sein Heer einzurücken, die Untauglichen ihrem Vaterland durch ihr Erscheinen den Beweis ihrer Treue zu erbringen. Wer sich weigere, für die Befreiung des Vaterlandes zu den Waffen zu greifen, werde mit Feuer und Schwert zur Rechenschaft gezogen werden. Durch diese Drohungen wuchs seine Streitmacht auf fast 8.000 Mann an. Wieder waren die Bauern gekommen, der Adel hingegen wartete ab. „Der Aufstand der Bauern", schrieb *Rákoczy* später, „die die Grundherren unter dem Vorwande plünderten, daß diese zu den Deutschen halten, schreckte den Adel ab." Da durch das Fernbleiben des Adels *Rákoczy* auch keine ausgebildeten Offiziere bekam, wählte das Volk selbst seine Führer. Es waren dies Bartscherer, Schneider und Hirten.

Auch im Gebiet jenseits der Theiß hatten sich große Scharen vagabundierender Soldaten, die noch im letzten Krieg gegen die Türken gekämpft, dann aber entlassen worden waren, gebildet, die unter ihren Anführern *Boné* und *Borbély* lange Zeit die ganze Gegend drangsaliert hatten. In glühendem Haß griffen die oft überfallenen Raizen (Serben) zur Selbsthilfe, sammelten sich in Olaszi und überfielen ihrerseits gemeinsam das Raubgesindel, das bei Dioszeg lagerte, rächten sich furchtbar und vertrieben *Boné* aus der Umgebung von Großwardein. *Boné* sammelte gerade die Reste seiner arg dezimierten Haufen, als ihm *Bercsényi* zu Hilfe kam, sie für *Rákoczy* verpflichtete und in das Lager der Kuruzzen führte. War es auch verwildertes vagabundierendes Kriegsvolk, so waren doch 7.000 alte Soldaten unter ihnen, eine weitere sehr erwünschte Verstärkung für das noch kleine Heer des jungen Fürsten. Beträchtlich verstärkt zog *Rákoczy* hierauf vor Kálló, das außer von den Ortsbewohnern, die sich beim Herannahen der Kuruzzen in die Burg flüchteten, nur von 40 deutschen Soldaten verteidigt wurde. Sie wehrten zwar den ersten Angriff der Kuruzzen ab, als sie aber sahen, daß diese anfingen ihre Häuser anzuzünden, zwangen sie Leutnant *Eckstein,* ihren Kommandanten, zur Übergabe der Burg. *Eckstein* trat mit seinen Soldaten in *Rákoczys* Dienste, was ihm später teuer zu stehen kommen sollte. *Rákoczy* bekam von *Eckstein* vier Kanonen, die den Grundstock seiner Artillerie bildeten. Nun ergriffen auch die kriegerischen Hajducken, die im Frieden Viehherden aus Ostungarn nach Österreich trieben, Partei für den Fürsten und schlossen sich, um Beute machen zu können, dem Fürsten an. Als erste Mitglieder des Adels (der Gentry) leisteten die Brüder *Valentin* und *Emmerich Ilosvay Rákoczy* den Treueid. Als *Bercsényi* erzählte, er habe erfahren, daß die deutsche Besatzung der Stadt und Festung Huszt die Befehle ihrer Offiziere verweigere, weil sie schon lange keinen Sold bekommen habe, bot *Emmerich Ilosvay* sofort an, in die Stadt schleichen zu wollen und zu versuchen die Soldaten zur Meuterei zu überreden. *Ilosvay* gelangte wirklich in die Stadt, wiegelte bei Wein und Speck die Unzufriedenen auf und versprach ihnen Beute und Sold, wenn sie in *Rákoczys* Dienste treten. *Ilosvay* hatte die beträchtlichen Rechnungen der Zechbrüder bezahlt, worauf sich diese zusammenrotteten, ihre Offiziere ermordeten und *Rákoczy* Stadt und Burg auslieferten. Da *Rákoczy* auch in Huszt Kanonen erbeutete, konnte er eine zweite Batterie aufstellen. Der erste bedeutende Erfolg aber war, daß *Bercsényi* gemeinsam mit *Boné* die Serbensiedlung Olaszi überfallen konnte, die Raizen überraschte und den Ort plünderte und niederbrannte. Den Anführer der Raizen, der *Boné* bei Dioszeg geschlagen hatte, *Blasius Kis,* der sich nach verzweifelter Gegenwehr ergeben mußte, ließ *Bercsényi* über die Klinge springen. *Olaszi* war nach einem fürchterlichen Gemetzel dem Erdboden gleichgemacht worden. Der Bandenführer *Boné,* der seine Gefolgschaft von seiner Rache an den Raizen abhängig gemacht hatte, war zufrieden. *Bercsényi* aber, der Kopf der Rebellion, hatte erstmals gezeigt, wie die Kuruzzen mit ihren Feinden umzuspringen gedachten. Er hatte sich aber auch den Haß aller Raizen in Ungarn für alle Zeit zugezogen. Sie blieben bis zum endlichen Zusammenbruch der Rebellion, also für die nächsten acht Jahre, treue und verläßliche Anhänger der Habsburger und lieferten den Streifscharen der Kuruzzen blutige Kämpfe.

Debrezin, das Mekka der Calviner Ungarns, öffnete *Rákoczy* nicht nur kampflos die Tore, sondern unterstützte ihn auch noch massiv. Freiwillig gab ihm die Stadt 24.000 Taler, 1.000 Gewehre, 1.000 Säbel, 6.000 Mäntel und ebensoviele Kalpaks, Stiefel, Sättel, Pulver, Lebensmittel und Futter. Jetzt waren *Rákoczy* und *Bercsényi* erst in der Lage, ihre buntzusammengewürfelten Haufen besser auszurüsten und etwas einheitlicher zu uniformieren. Debrezin blieb für die Dauer des Aufstandes einer der Hauptstützpunkte der Rebellen. Dem Beispiel von Debrezin folgte bald der Großteil der protestantischen Stände, so daß *Rákoczy* und *Bercsényi* nach und nach in die Lage versetzt wurden, über die von den Bauern gewählten Offiziere (Metzger, Schneider, Hirten etc.) Oberoffiziere aus dem adeligen Stande der Calviner zu setzen. Es war auch höchste Zeit, denn die Anzahl der Banditen und Wegelagerer, die ebenfalls als Kuruzzen in täglich wachsender Zahl das Land durchzogen und die eigenen Landsleute überfielen und beraubten, wurden zu einer Landplage, so daß selbst *Paul Orosz,* der damals vor Tokaj lag, im Namen des Fürsten den umherschweifenden Plünderern gebot, sofort in sein Lager einzurücken. Bei Ungehorsam drohte er ihnen die Todesstrafe an.

Ähnliche Strafexpeditionen wie *Bercsényi* sie gegen die Raizen durchgeführt hatte, befahlen die Kommandanten der kaiserlichen Garnisonen in den großen Städten Ungarns, die alle bis zur Niederschlagung des Aufstandes in österreichischen Händen geblieben waren, gegen jene Orte und kleineren Städte, die vom Kaiser abgefallen und *Rákoczy* gehuldigt hatten. Kehrten diese, bestraft, zur Treue gegen den Kaiser zurück und zogen die Österreicher ab, so wurden sie von den Kuruzzen terrorisiert. So zeichnete sich schon zu Beginn des Aufstandes eine Situation ab, die für die ganze Dauer des Kuruzzenkrieges bezeichnend bleiben sollte: Die großen Städte und etwa ein Dutzend starker Festungen blieben immer von kaiserlichen Truppen besetzt, während das offene Land nördlich und östlich der Donau mit seinen Dörfern, kleineren und mittleren Städten jeweils in der Hand desjenigen war, der es gerade besetzt hielt. Die Ländereien südlich und westlich der Donau hingegen blieben, weil dort noch der königstreue madjarische Hochadel den Ton angab, fast durchwegs in österreichischem Besitz, nur von den Streifzügen der Kuruzzen und für die Dauer derselben unterbrochen. Während der Rákoczyaufstand im Nordosten Ungarns wie ein Steppenbrand um sich gegriffen hatte, war Baron *Károly,* ein angesehener Obergespan, in Wien gewesen. Er hatte die den ersten Haufen der Kuruzzen am 7. Juni bei Dolha abgenommenen fünf Fahnen *Rákoczys* an den Hof gebracht und mit dem Hinweis auf die Gefahr, die Österreich von *Rákoczy* drohe, versucht, nicht nur die Steuerrückstände, sondern auch die Steuern selbst zu Fall zu bringen. *Károly* verfaßte zwei Denkschriften und wollte den Präsidenten der Ungarischen Kammer, Kardinal *Kollonitsch,* den Erfinder des „Einrichtungswerkes für Ungarn" bewegen, für die Abschaffung der von ihm selbst eingeführten Steuern einzutreten, damit sich der Adel nicht der Rebellion der Bauern anschließe. Daß *Károly* bei der Übergabe der fünf Fahnen auch auf seine persönlichen Verdienste aufmerksam machte, ja daß er eine Belohnung erhoffte, wurde wegen der Geringfügigkeit des Sieges belächelt. Es war aber nicht als persönliche Kränkung gedacht, daß die kaiserlichen Minister den Warnungen *Károlys* zuwenig Bedeutung beimaßen. Es war die Wucht der Ereignisse am Rhein, in Bayern, in Italien und vor allem in Tirol, die sein Scharmützel bei Dolha so unbedeutend erscheinen hatten lassen.

Kämpfe um Tirol und Károlys Parteiwechsel

Im Frühjahr 1703 hatten die Franzosen am Rhein die Feindseligkeiten eröffnet, und der Markgraf von Baden hatte es nicht verhindern können, daß sich eine französische Armee unter Marschall *Villars*, am 12. Mai mit den Truppen des Kurfürsten vereinigte. Mit 16.000 Mann regulärer Truppen war der Kurfürst in Tirol einmarschiert, eroberte am 18. Juni Kufstein, am 23. Rattenberg und am 25. Hall. In höchstem Schrecken war das allgemeine Landaufgebot unter Waffen gerufen worden. Tausende Bauern waren seit 17. Juni in Innsbruck zusammengeströmt, waren durch das untere Inntal bis Schwaz gezogen, aber ohne Führung gelassen worden. Sie zerstreuten sich daher wieder vor dem schnell vorrückenden Feind oder zogen nach Innsbruck zurück. General *Johann Martin Gschwind,* der zum Militärdirektor von Tirol ernannt worden war, hatte vollkommen versagt. Es fehlte einfach an allem: Die Grenzfestungen und Pässe waren nicht in Verteidigungszustand versetzt und der Zuzug des Landaufgebotes nicht geregelt. Jetzt flüchtete *Gschwind* vor den zurecht ergrimmten Bauern. Am 2. Juli war *Max Emanuel* mit größter Pracht in Innsbruck eingezogen, wo ihm auch die kaiserlichen Behörden huldigen mußten. Er ließ seine Truppen den Brenner besetzen und bis Sterzing vordringen, sandte mehrere Bataillone ins Oberinntal und gegen die Festung Ehrenberg außer dem Fern, ließ den Scharnitzpaß besetzen und weitere Truppen aus Bayern anrücken. Tirol schien verloren zu sein. Aber der drohende Einfall des Feindes nach Südtirol entflammte dort jenen Widerstand, der den Umschwung herbeiführen sollte. Ende Juni schon erhob sich im Etschland und im Vintschgau das Aufgebot. Herr *Anton von Cazan* zog mit den Bauern nach Norden. Zum Teil schickte er sie nach Brixen, zum Teil über den Jaufen nach Sterzing, wo sie die bis hierher vorgedrungenen Feinde zurückwarfen und den Brenner besetzten. Am 30. Juni bildete sich in Brixen eine provisorische Landesregierung, die sofort die allgemeine Erhebung des Landes organisierte. Am gleichen Tag war auch im Oberinntal ein glücklicher Schlag gelungen. *Martin Sterzinger,* der Pflegsverwalter von Landeck, hatte hier das Aufgebot vorbereitet. Man ließ die bayerisch-französischen Truppen von Landeck innaufwärts bis in die Schlucht von Prutz vorrücken und dort, an der Pontlatzer Brücke, wurden sie von den Stein- und Baumlawinen und den Kugeln der Tiroler Scharfschützen vernichtet. Darauf rückten die Landstürmer bis gegen Imst vor und besetzten den Fernpaß.

Der Plan der allgemeinen Erhebung sah vor: Vom Brenner aus soll ein kräftiger Vorstoß erfolgen, und wenn der Kurfürst zu dessen Abwehr herbeieilt, dann soll hinter seinem Rücken im Unter- und Oberinntal der Sturm ausbrechen. Mit Sicherheit rechnete die Landesregierung mit Verstärkungen durch die kaiserliche Armee, und in der Tat war es die erste Verfügung *Prinz Eugens,* des neuernannten Hofkriegsratspräsidenten gewesen, schon am 21. Juni General *Solari* mit sechs Bataillonen von Oberösterreich schleunigst nach Tirol zu beordern.

Am 17. Juli erfolgte ein wirksamer Angriff der Tiroler vom Brenner aus. Der Kurfürst eilte mit Verstärkungen heran und wollte in der Nacht vom 21. auf den 22. Juli einen vernichtenden Gegenschlag gegen die Tiroler führen. Aber da erreichte ihn eine schlimme Nachricht nach der anderen. Nach seinem Abzug von Innsbruck hatten sich das Ober- und Unterinntal sofort erhoben: An einem Tage fielen Rattenberg und Hall, und vom Oberinntal drang das Aufgebot bis nach Zirl vor und legte dort Schanzen an. Eilig kehrte hierauf der Kurfürst nach Innsbruck zurück und suchte vor allem den nächsten Rückweg nach Bayern über Seefeld und Scharnitz offen zu halten, was ihm aber erst nach erbitterten und blutigen Kämpfen um die Schanzen am 23. Juli gelang. Da ihn aber jetzt der bereits in Brixen eingetroffene *Solari* von Süden her ebenfalls bedrohte, verließ *Max Emanuel* Innsbruck und lagerte mit seinen Truppen bei Seefeld. Er unternahm nichts mehr. Auf die Nachricht hin, daß die Kaiserlichen von Österreich her über den Inn in Bayern einrücken, gab er Tirol auf und kehrte am 21. August nach München zurück.

Es war ein bitteres Eingeständnis dieses verräterischen Kurfürsten, als er am 28. Juli an seine Gemahlin schrieb: „Wenn Sie wüßten, was es heißt, ein bewaffnetes Volk in den Bergen!" Der unbeugsame Freiheitssinn der Tiroler, getragen durch bodenständige Wehrbereitschaft und eingelebte kriegerische Ordnungen, mit instinktiv sicherer Ausnützung der Vorteile der Bergwelt hatte mit urwüchsiger Kraft vernichtend zugeschlagen, in den Gang des Krieges eingegriffen, der sonst mit den Feldherrnkünsten jener Zeit in oft langwierigen aber unergiebigen Unternehmungen geführt worden wäre.

All diese großartigen Erfolge aber wären in Frage gestellt worden, wenn Marschall *Vendôme* vom Süden her gleichzeitig angegriffen hätte. *Vendôme* hatte, gegen den Willen *Ludwigs XIV.*, mit seinem Eingreifen gezögert. Erst als ihn Briefe *Max Emanuels* und des französischen Gesandten *Ricous*, der sich beim Stabe des Kurfürsten befand, erreichten, schrieb man schon den 25. Juni. Sie berichteten von den ersten Erfolgen und forderten ihn auf, sofort den Vormarsch anzutreten, „um den Todesstreich gegen das Haus Österreich zu führen". Als endlich auch geharnischte Befehle *Ludwigs XIV.* eintrafen, trat *Vendôme* am 19. und 20. Juli den Vormarsch in zwei Heeressäulen, die zu beiden Seiten des Gardasees vorrückten, an. Sie sollten sich bei Riva und Arco vereinigen und gemeinsam gegen Trient vordringen. Unter anhaltenden Kämpfen geschah dies dann im August. *Vendôme* war lange Zeit ohne Nachrichten über die Ereignisse in Nordtirol geblieben, denn alle Boten und Briefe des Kurfürsten waren von den Tirolern abgefangen worden. Inzwischen waren aber schon die siegreichen Schützenverbände aus dem Etschland, vom Eisak- und Inntal nach Süden gerufen worden, und am 29. Juli kam der energische und kriegserfahrene General *Solari* mit seinen sechs Bataillonen nach Tirol und übernahm die Organisation der Verteidigung. Am 1. September stand *Vendôme* vor Trient und begann mit der Beschießung der Stadt. Reguläres Militär, Landesaufgebot und Bürger kämpften Schulter an Schulter und wehrten alle Angriffe der Franzosen ab. Am 7. September zog Marschall *Vendôme* überraschend von Trient ab. Er hatte endlich Nachricht erhalten, daß der Einfall der Bayern gescheitert war. Eine Verbindung mit *Max Emanuel* war weder mehr möglich noch nötig. Mitentscheidend für seinen Abzug dürfte aber auch der um diese Zeit offenkundig gewordene abermalige Parteiwechsel des Herzogs von Savoyen gewesen sein, der wieder auf Kaiser *Leopolds* Seite getreten war. Marschall *Vendôme* wurde daher von *Ludwig XIV.* angewiesen, seine Truppen schleunigst nach Italien zurückzuführen. Mitte September hielt der bayerische Oberst Seefeld nur mehr Kufstein. Sonst stand kein Feind mehr auf dem Boden Tirols. Seit August fielen nun die ergrimmten Tiroler ihrerseits in Oberbayern ein, drangen bis vor München vor und rächten den Einfall der Bayern mit furchtbaren Plünderungen und Verwüstungen.

Auf dem süddeutschen Kriegsschauplatz hatten aber die Kampfhandlungen eine böse Wendung genommen. General *Tallard* war Mitte Juli mit einem französischen Korps über den Rhein gegangen und belagerte seit 15. August die Festung Breisach. Graf *Philipp Arco* und General Graf *Marsigli* hatten vom Markgrafen von Baden strikte Befehle erhalten, diesen so wichtigen Platz bis aufs Äußerste zu halten. Trotzdem kapitulierten beide Kommandanten am 5. September. Markgraf *Ludwig* stellte beide vor ein Kriegsgericht. *Arco* wurde zum Tode verurteilt und im Feber 1704 in Bregenz geköpft. *Marsigli* wurde aller Ehren und Ämter verlustig erklärt und sein Degen vom Henker zerbrochen. Während *Tallard* nach der Kapitulation von Breisach die Festung Landau zu belagern begann, wurden die Kaiserlichen und Reichstruppen von *Max Emanuel* und *Villars* in zwei Schlachten bei Schweningen und Höchstädt mit schweren Verlusten geschlagen und die Reichsstadt Augsburg von den Bayern bedroht. Mehr schlechte als gute Nachrichten liefen täglich bei Hof ein, und die Verhandlungen zwischen den Seemächten und den deutschen Fürsten einerseits und Kaiser *Leopold* und seiner Minister andererseits über die Lösung der „Königsfrage" verliefen im Vordergrund all dieser Ereignisse. Die Beratungen über den Vertrag, der als „Pactum mutae successioni" in die Geschichte eingehen sollte, sah vor, daß Kaiser *Leopold* für sich und seinen älteren Sohn König *Joseph I.* zugunsten seines zweiten Sohnes, des Erzherzogs *Karl,* auf die spanische Krone verzichte. Ebenso war die Erbfolgefrage geklärt worden, „wonach für die österreichische (josephinische) und die neue spanische (karolinische) Linie der Habsburger die männliche Erbfolge nach der Primogenitur der weiblichen Deszendenz voranzugehen habe". Am 12. September wurde der Erzherzog als *Karl III.* in Wien zum König von Spanien ausgerufen, und schon am 19. September ging *Karl* nach Portugal ab, wohin er mit englischen Kriegsschiffen gebracht und von wo aus er mit englischen Truppen sein Königreich erobern sollte. Das Reich war in Gefahr, ebenso die Erbländer. Überall mangelte es an Geld, um Truppen und Kriegsmaterial beschaffen zu können, und *Károly* war gekommen, berichtete vom Scharmützel bei Dolha, der Absicht

Rákoczys und *Bercsényis* den Aufruhr zu entfesseln und riet, um den Adel
von *Rákoczy* fernhalten zu können, diesem die Steuern, die mit dem „Einrichtungswerk für Ungarn" eingeführt worden waren, sowie die Steuerrückstände nachzulassen und jenen, die bisher *Rákoczys* Aufrufen gefolgt waren
und zu den Waffen gegriffen hatten, Amnestie zu gewähren. Es bestünde ansonsten Gefahr, daß die zahlungsunwilligen Stände sich *Rákoczy* anschließen, weil sie befürchten müßten, daß die Bauernhorden ihre Besitzungen
verwüsten würden. Kaiser *Leopold,* Kardinal *Kollonitsch* und die Minister
wußten um die sprichwörtliche „ungarische Treue" und um einer allgemeinen Rebellion vorzubeugen, bewilligte der Kaiser, trotz der tristen Situation
der Staatsfinanzen, mit 9. Oktober den Ständen Ungarns ein Viertel der
Steuern zu erlassen und mit 19. Oktober per Dekret den Rebellen Amnestie
zu gewähren. Diese Dekrete sollten in Ungarn in Umlauf gesetzt werden, um
zu verhindern, daß sich die Madjaren abermals von der französischen Politik
mißbrauchen lassen und dem schwer ringenden Österreich im Rücken eine
zweite Front entsteht. Darüberhinaus waren *Károly* auch die Preisanglei-
chungen für Salz, der Salzpreis war in den Komitaten unterschiedlich, an jene
seiner Nachbargespanschaften genehmigt worden. *Károly* hatte während
seines etwa dreimonatigen Aufenthaltes in Wien (er war seit Anfang Juli dort,
weil sein erster schriftlicher Antrag schon am 14. Juli behandelt wurde) zwei
Anträge eingebracht, war vom ungarischen Hofkanzler Bischof *Matyasowsky* dabei beraten, von den kaiserlichen Ministern wiederholt empfangen
worden und hatte selbst beim Kaiser eine Audienz erwirkt, in welcher *Leopold I.* auf die Verdienste der Vorfahren *Károlys* verwiesen und ihm für seine
Treue gedankt hatte. Da *Károly* erst am 15. Oktober, auf seiner Heimreise,
von *Bercsényi* zu *Rákoczy* geleitet wurde, muß *Károly* noch in Wien vom
Umsichgreifen des Aufstandes hinlänglich informiert worden sein. Zweifellos hat *Károlys* Gemahlin, die von *Bercsényi* längst gewonnen war, das
schwer bestückte Schloß ihres Gemahls, Nagykároly, nach einem „Schein-
angriff" *Rákoczy* übergeben und ihrem Gatten das durch einen Boten zur
Kenntnis gebracht. *Károly* konnte sich daher noch in Wien Gedanken darüber machen, ob er sich, wie *Bercsényi* von seiner Gemahlin verlangt haben
muß, *Rákoczy* und ihm anschließen oder ob er die Verwüstung seiner Güter
riskieren wolle. Menschlich verständlich ist, wie *Károly,* der bei Dolha fünf
Fahnen *Rákoczys* erbeutet und diese als Siegestrophäen nach Wien gebracht
hatte, dann bei der Begegnung mit *Rákoczy* darüber redete: er wäre in Wien
von den Ministern geringschätzig behandelt worden, man hätte ihn ausge-
lacht, als er die Fahnen übergab, und behauptet, die hätte er in irgendeinem
Winkel gefunden. Man hätte ihn beschuldigt, er wolle mit diesen Fahnen aus
der Zeit *Georg Rákoczys* nur protzen, um für sich und die Gentry Steuervor-
teile zu erlangen. Hätte er anders ausgesagt, hätte er sich um Kopf und Kra-
gen geredet. *Károly* schwur, vom Kaiser kommend, *Rákoczy* die Treue. Er
war damit einer der ersten der ungarischen Magnaten, der seinen König verriet. *Rákoczy* nahm *Károly* daher mit Freuden an, ernannte ihn sofort zum

General, übertrug ihm den Oberbefehl über die in der Umgebung von Solnok und Kecskemét stehenden Kuruzzenhaufen und beauftragte ihn damit, die Raizen in der Bácska friedlich zu gewinnen oder mit Gewalt zu unterwerfen. *Károlys* Übertritt war für *Rákoczy* deshalb so wichtig, weil der Fürst damit rechnete, daß dieses Beispiel den bisher noch immer abwartenden Adel, der seinen Bauernhaufen nicht traute, ebenfalls zum Parteiwechsel animieren würde. *Rákoczy* brauchte den Adel, denn er hatte noch immer zuwenig Offiziere. Ohne Offiziere aber konnte die Rebellion nicht durchgeführt, konnte aus den disziplinlosen Bauernhaufen und dem räuberischen Gesindel keine Armee formiert werden. *Károly* war jener Stein, der, wenn man ihn wegzieht, eine Lawine ins Rollen bringt.

Das steppenbrandartige Umsichgreifen des Rákoczyaufstandes geht auch aus einem Schreiben des Fürsten an König *Ludwig XIV.* vom 18. September, einer Zeit, zu der *Károly* noch in Wien war, hervor. In diesem Briefe teilt der Fürst dem französischen Hofe mit, daß er die 93.000 Livres Unterstützungsgelder erhalten habe, daß er das Land bis an die Donau für seine Sache gewonnen habe; daß er mit seinem Plane zur Befreiung Ungarns bisher auf keine Schwierigkeiten gestoßen sei; daß jedoch die schnelle Durchführung des Planes höchst nötig sei, bevor der Feind seine Streitkräfte ordne, seine Festungen armiere, seinen Einfluß wieder gewinne und daß beim gegenwärtigen Stand der Dinge die Hilfstruppen, welche der König schicken werde, sich leicht mit den seinen vereinigen werden.

Károly dürfte, nachdem was er in Wien gesehen und gehört hatte, nicht mehr geglaubt haben, daß das Haus Habsburg die schweren Kämpfe mit Frankreich und Bayern überdauern könne und daß *Rákoczy* dem Kaiserhaus den Todesstoß versetzen werde. Nur das und die Angst um seine Besitzungen, die schon im Machtbereich *Rákoczys* gelegen waren, können ihn bewogen haben, so schnell den Parteiwechsel vorzunehmen. Es sollte sich aber später, beim endlichen Zusammenbruch der Rebellion, zeigen, daß *Károly*, der ohne Zustimmung *Rákoczys*, mit den Resten der Kuruzzenarmee kapitulierte, sich so wieder auf die kaiserliche Seite schlagen und sich damit der Strafe für alle seine Schandtaten, die er bis dahin begangen hatte, entziehen konnte.

Siebenbürgen war zu dieser Zeit noch nicht vom Aufruhr angesteckt. Die kaiserlichen Generäle *Rabutin* und *Glöckelsberg* standen dort mit dreieinhalb Kavallerie- und drei Infanterieregimentern bester regulärer Truppen. Sie erhielten den Auftrag in Siebenbürgen zu bleiben und in diesem Fürstentum die Grenzwacht gegen die Türken beizubehalten. In Kroatien konnte *Rákoczy* überhaupt nicht Fuß fassen, und in den großen ungarischen Städten Budapest, Gran, Komorn, Raab, Preßburg und etwa in einem Dutzend starker Festungen wie Leopoldstadt, Trentschin und Großwardein lagen starke kaiserliche Garnisonen, so daß diese Städte und Plätze bis zum Ende des Aufstandes immer österreichisch geblieben waren. Das offene Land östlich und nördlich der Donau (außer Siebenbürgen) war meist im Besitz *Rákoczys*. Im Gebiet westlich und südlich der Donau aber dominierte der königstreue

Adel. Dazu zählten vor allem der Palatin Fürst *Paul Esterházy,* die *Batthyány, Erdödy, Pálffy, Matyasowsky, Illésházy, Hevenesy, Kery, Kohary, Draskovich, Csobor, Nádasdy, Szirmay, Okolicsányi, Kollonitsch* und viele andere. Der alte Adel Ungarns folgte *Rákoczy* und vor allem *Bercsényi* nicht auf seinem verderblichen Weg. Die Behauptung, daß das ganze offene Land immer in der Hand der Kuruzzen war, also auch die westlich und südlich der Donau gelegenen Gebiete, stimmt einfach nicht und diente für die madjarophilen Historiker lediglich zur Glorifizierung der Rebellion *Rákoczys.*

War Österreich beziehungsweise der Wiener Hof auch nicht imstande, die Revolution und deren Ausbreitung zu verhindern, weil alle habsburgischen Truppen auf den Kriegsschauplätzen im Westen, wo sich alles entschied, gebraucht wurden, so hätte doch eines von vornherein allen Beteiligten am Aufstand einleuchten müssen, nämlich, daß der Kaiser das zur Stephanskrone gehörende Land, das er in so furchtbaren und jahrzehntelangen Kriegen den Türken entrissen hatte, nicht einem Emporkömmling aus niederem Adel, wie es *Bercsényi* nun einmal war, oder einem *Rákoczy,* selbst wenn dieser zur Hocharistokratie gehörte, überlassen würde, obwohl ihm die Rebellenführer mit ihren Raubzügen bis vor seine Residenzstadt manche Sorge bereiteten. *Rákoczy* hatte auch aus dem Schicksal seines Großvaters *Peter Zrinyi* nichts gelernt, der von *Ludwig XIV.* fallengelassen wurde wie eine heiße Kartoffel, als er seine Schuldigkeit getan hatte, aber dann nicht mehr gebraucht wurde. *Rákoczy* hätte zumindest abwarten müssen, ob die kaiserliche Armee und die mit ihr verbündeten Armeen Großbritanniens und Hollands wirklich den Krieg gegen Frankreich verlieren würden. Er aber ließ sich als Figur im Schachspiel der Bourbonen um die Vormacht in Europa mißbrauchen, hatte eine zweite Front den Habsburgern aufzunötigen, ohne dafür als gleichrangiger Partner anerkannt zu werden. Für *Ludwigs XIV.* überhebliche Politik war ein *Rákoczy* nichts weiter als ein Renten- und Befehlsempfänger, den er nicht einmal aufgefordert hatte, zu den Waffen zu greifen. Er bestärkte *Rákoczy,* der sich ihm aufgedrängt hatte, lediglich darin, dem Kaiser zu schaden. *Bercsényis* unheilvolle Ambitionen, in deren Rahmen *Rákoczy* lediglich jene Rolle spielen konnte, die ihm *Bercsényi* zuordnete, wurden zum nationalen Unglück Ungarns. Von den Magnaten verachtet, die in den Türkenkriegen große kriegerische Unternehmen geleitet hatten, sich *Rákoczy* aber nicht anschlossen, mußte die Kuruzzenarmee bis zum Ende, ausgenommen die Hausregimenter des Fürsten, ein riesiger Haufen disziplinloser Horden bleiben, die Ungarn ebenso verwüsteten und ihre ungarischen Landsleute ebenso beraubten und drangsalierten wie die deutsche Bevölkerung im Grenzbereich der Erbländer. *Rákoczy* und *Bercsényi* haben daher die keinesfalls zwangsläufig notwendig gewesene abermalige Verheerung vieler ungarischer Dörfer, Klein- und Mittelstädte nach den Türkenkriegen auf dem Gewissen. Daß auch die kaiserlichen Generäle, besonders FZM *Heister,* die Verwüstungen in der Umgebung Wiens rächten und den Kuruzzen mit gleicher Münze heimzahlten, was sie in Niederösterreich, der Steiermark und den Besitzungen des königstreuen Adels in Westungarn angerichtet hatten, war zwar ebenso grausam und brutal aber nicht unverständlich. *Bercsényi,* der von allen Ungarn die Deutschen am meisten haßte, war der böse Geist *Rákoczys.* Er konnte es nicht verwinden, daß neben tüchtigen Ungarn auch tüchtige Deutsche in der Verwaltung Ungarns eingesetzt und anderen weniger tüchtigeren Ungarn vorgezogen worden waren, daß das deutsche Bürgertum in Ungarns Städten auf Grund seiner überragenden Leistungen dominierte und daß eben deutsche Bauerndörfer aus ihrer ungarischen Umgebung wie Perlen hervorstachen. *Bercsényi* wollte nichts mehr davon wissen, warum die Arpaden einst die Deutschen ins Land gerufen hatten, daß es deutsche Siedler waren, die den Ackerbau und das Handwerk in Ungarn begründeten und den damals noch nomadisierenden Stämmen ein Beispiel geben und diesen zeigen sollten, wie man aus unproduktivem Wiesen- und Steppengebiet Kulturland schaffen und auf diesem seßhaft geworden, besser leben kann, ohne andauernd auf Raubzüge zu gehen und durch die eigenen Opfer auf diesen den Fortbestand der eigenen Stämme in Frage stellen zu müssen. *Bercsényis* und *Rákoczys* „Kampf für die Freiheit" war „kein Kampf für die Freiheit des wirklichen ungarischen Volkes, der Bauern in den Dörfern und der Landarbeiter und Handwerker auf den Meierhöfen des ungarischen Adels", es war lediglich ein „Kampf um die Rückgewinnung der Privilegien des Adels, der Nation", in dem die Leibeigenen für ihre eigenen Sklavenhalter krepieren sollten. Mit dem primitiven Anreiz, ungestraft plündern, brennen und morden zu dürfen, wurden die Leibeigenen unter den Fahnen gehalten, zu immer neuen Raubzügen motiviert, auf denen sie für jene Adelsnation verbluteten, deren Joch sie seit Jahrhunderten zu ertragen hatten. Weder *Rákoczy* noch *Bercsényi* haben die Leibeigenschaft auf ihren Besitzungen aufgehoben.

Am 25. Oktober kam General *Schlick* mit zwei Reiterregimentern und 300 Mann Infanterie in Preßburg an. Er ging am 27. bei Szered über die Waag und vereinigte sich am 29. bei St. Benedikt mit den Komitatstruppen, die unter dem Kommando von *Forgács* und *Koháry* standen. *Bercsényi,* der in Erlau Bischof *Telekesi* überreden konnte, in seiner von den Kuruzzen besetzten Diözese zu verbleiben, erfuhr dort von einer Niederlage *Ocskays. Schlick, Koháry* und *Forgács* hatten seinen Haufen bei Ujbars geschlagen und die Stadt und Festung Leva, die *Rákoczy* gehuldigt hatten, im Sturm genommen. Die Kuruzzen in der Burg wurden niedergemacht und die Bewohner der Stadt wegen ihrer Untreue bestraft. Hierauf verlor *Ocskay* auch Altsohl, und *Schlick* ritt mit 600 Kürassieren nach Neusohl weiter. *Koháry* und *Forgács* waren mit der restlichen Reiterei der Komitatsmiliz und dem Fußvolk zurückgeblieben. Da *Schlick* nicht, wie vereinbart, zurückkehrte, sondern nach Schemnitz und Bajamócs weiterritt, inzwischen aber *Bercsényi* mit 20.000 Mann vor den Stadttoren Lager geschlagen hatte, entschlossen sich *Koháry, Forgács* und *Anton Esterházy* nachts aus der Stadt auszubrechen. Es gelang ihnen wohl, in der Dunkelheit mit der Reiterei das Kuruzzenlager zu durchbrechen, aber 2.000 Mann Fußvolk gingen verloren. Es wurde von *Bercsényis* Kräften aufgerieben und versprengt. Nur Oberst *Bottyán*, der von *Ocskay* verwundet worden war, war mit 230 Mann in der Burg zurückgeblieben. Am 22. November war *Bercsényi* in die Stadt Leva eingedrungen, ohne indes die Burg besetzen zu können. Er ließ eine Belagerungstruppe zurück und zog mit *Károly*, der zu ihm gestoßen war, nach Schintau (Sempte) weiter, wo er sein Hauptquartier aufschlug. Dieser Sieg *Bercsényis* ermutigte die Kuruzzen sehr. Dazu kam, daß *Rákoczy* von Baron *Vetes*, seinem Agenten in Versailles, die Nachricht erhielt, daß *Ludwig XIV.* zwar kein offizielles Bündnis mit ihm schließe, dafür aber doch einen Gesandten in *Rákoczys* Lager entsende. Marquis *Pierre Puchot Desalleurs* sei am 12. November für diesen Posten ernannt worden, und ab 15. November werde *Rákoczy* monatlich 10.000 Taler Hilfsgelder bekommen. Mit einem Schreiben vom 22. Dezember beglückwünschte König *Ludwig* (es war die Antwort auf den Brief des Fürsten vom 18. September) *Rákoczy* zu seinen bisherigen Erfolgen und ermunterte ihn zu weiteren Taten. In Bajamócs hatten sich viele vornehme Adelige verschanzt und lehnten es ab, zu *Rákoczy* überzugehen. Die Grafen *Koháry* und *Forgács* bezogen in Wartberg (Szencz) Winterquartier und General *Schlick* marschierte mit der Reiterei nach Preßburg zurück, wo er *Prinz Eugen* erwarten sollte.

Bei einem kurzen Vorstoß über die Leitha, bis an die Nordhänge des Leithagebirges, wurde am 11. Dezember 1703, um 10 Uhr vormittags, der zur Herrschaft Scharfenegg gehörende Markt Au, dessen Bewohner in die Wälder geflüchtet waren, geplündert und eingeäschert. Dem Brand fielen 77 Häuser, darunter die Pfarrkirche St. Nicolai (mit drei Altären), das Gemeindehaus, die Gemeindeschmiede und der Kirchkeller zum Opfer. Die geflüchteten Auer wurden teils von den Familien der 32 erhaltengebliebenen Häuser aufgenommen, teils begaben sie sich als Flüchtlinge nach Wien.

An diesem Tage wurde auch die Grangie Königshof der Abtei Heiligenkreuz geplündert und niedergebrannt. Königshof hatte nach dem Türkensturm von 1683 lange in Trümmern gelegen und war erst vor wenigen Jahren wieder aufgebaut worden. Auch Zurndorf wurde an diesem 11. Dezember geplündert und zum Teil niedergebrannt.

Nach dem Abzug *Schlicks* nach Preßburg hatte sich am 7. Dezember Oberst *Bottyán*, der 40 Jahre unter Habsburgs Bannern gedient hatte, ergeben und war in Leva in Gefangenschaft geraten. Es sollte für die Kuruzzen noch besondere Bedeutung haben, daß es *Bercsényi* gelang, *Bottyán* zu bewegen, zu *Rákoczy* überzutreten. Dieser hatte unter *Montecuccoli*, Herzog *Karl von Lothringen*, dem Markgrafen *Ludwig von Baden* und in den letzten Türkenkriegen noch unter *Prinz Eugen* gekämpft und verstand etwas vom Kriegshandwerk. *Bottyán* wurde von *Rákoczy* sofort zum General ernannt und mit dem Oberbefehl jenseits der Donau betraut. Das hatte zur Folge, daß die Stephanskrone am 12. November vom Palatin von Preßburg nach Wien gebracht wurde.

Bercsényi erteilte *Károly* und *Ocskay* am 22. Dezember den Auftrag, mit 3.000 Reitern in Niederösterreich einzufallen. Bei Theben überschritten in den Morgenstunden des 24. Dezembers ca. 300 Reiter die March, zerstörten die fast unbesetzten Schanzanlagen zum Teil und nahmen in Marchegg den kaiserlichen Generaladjutanten Baron *Rudolf von Oppersdorf*, 1 Hauptmann, 3 Leutnante, 1 Fähnrich und 50 Mann gefangen. *Oppersdorf* hatte *Ocskay*, gegen die Zusage freien Abzugs und Schonung Marcheggs, den Ort übergeben. Als die Besatzung die Waffen niedergelegt hatte und zum Abmarsch angetreten war, ließ *Ocskay* die wehrlosen Soldaten niederhauen und nahm die Offiziere als Gefangene mit. Marchegg ließ er plündern und niederbrennen. Hierauf überfielen die Kuruzzen Groißenbrunn, Markthof und den Ort Schloßhof, plünderten und sengten in aller Eile, denn sie hatten gehört, daß *Prinz Eugen* Truppen gegen sie in Marsch gesetzt habe, ließen aber vom Schloß Schloßhof ab, das vom Landschaftstrompeter und neun Mann verteidigt wurde und zogen sich noch am selben Tag, dem Heiligen Abend, über die March in Richtung Stampfen zurück, wo *Károly* mit dem Gros des Haufens lagerte. *Ocskay* aber hatte zwei Beinamen erhalten und wurde der „Feuerprinz" und „Rákoczys Brandfackel" genannt. Verärgert aber stellte *Prinz Eugen* wegen des Staubes, den der Kuruzzeneinfall ins Marchfeld in Wien aufgewirbelt hatte, fest, daß eine Anzahl von nur 40 entschlossenen Leuten hätte genügen müssen, um die 200–300 „liederlichen Reiter" abzuwehren. Darüberhinaus hatte der „Landaufbot" der Stände, vermutlich wegen der Weihnacht, größtenteils die Schanzen verlassen und war nach Hause gegangen. Der Rest lief davon, als die Kuruzzen kamen, was den Savoyer zu der bissigen Bemerkung veranlaßte, „der dumme Bauersmann, welcher anstatt der ihnen (den Kuruzzen) zu bereitenden retraite sich seiner angewohnten stölzigen Arth nach in die Moräst und Gesträuss verborgen, ist aus eigener Schuld da in geringer Anzahl niedergehauet worden".

In den Morgenstunden des Christtages kehrten *Károly* und *Ocskay* in das Lager *Bercsényis* nach Schintau zurück. Sie hatten reiche Beute eingebracht und Tausenden im Marchfeld ein übles Weihnachtsfest beschert.

Inzwischen waren in Wien weitere schlechte Nachrichten eingelaufen. Augsburg hatte am 13. Dezember kapituliert und *Max Emanuel* hatte mit der Belagerung von Passau begonnen. Obwohl Tirol gerettet worden war, schloß das Jahr 1703 schlecht, und das Jahr 1704 begann noch trister, denn am 9. Jänner fiel Passau, und der Kurfürst drang bis an die Traun in Oberösterreich vor. Hier blieb er aber stehen, weil der Markgraf von Baden mit einem kaiserlichen Heer in seinem Rücken stand.

Kämpfe in Süddeutschland. *Károly* in Westungarn. Kämpfe um Ödenburg und Eisenstadt

Eilends wurde jetzt um Wien ein neuer Wall und Graben aufgeführt, die „Linie". Das von den Kuruzzen heimgesuchte Landvolk aber strömte in die Stadt. Würde es wieder, wie 1683, zu einer Belagerung der Kaiserstadt kommen? Aufgeregt erzählte man sich in Wien, der Kaiser wolle seine Residenz nach Klagenfurt verlegen und revolutionäre Stimmen mußten zum Schweigen gebracht werden. Der holländische Gesandte *Hamel Bruyninx* schrieb am 16. Jänner 1704 nach Hause: „Die Sachen stehen hier sehr desperat, und es scheint dies Haus (Österreich) nahe an seinem Ende zu sein mit einem allgemeinen Umsturz des ganzen Kriegssystems, wenn nicht eine wunderbare Hilfe von Gott eintritt, denn hier ist man in der äußersten Konsternation und weiß kein Mittel, um sich aus dem Labyrinth zu retten." Die Lage war kritisch und Österreichs Schicksal stand auf dem Spiele. Würde aber Kaiser *Leopold* unterliegen, dann wäre auch die „Große Allianz" zerschlagen. Österreich besaß aber zwei Männer, die mit klarem Blick erkannten, daß nur eine Konzentration der Kriegführung und Kräfte auf dem wichtigsten Kriegsschauplatz eine entscheidende Wende herbeiführen könne, und die nun ihr ganzes Geschick und all ihre Energie für die Verwirklichung ihres großzügigen Planes aufwandten, eine Vereinigung der englisch-holländischen Armee mit der kaiserlichen in Süddeutschland zuwege zu bringen, den Kurfürsten von Bayern zu schlagen und die Franzosen von süddeutschem Boden zu vertreiben. Diese zwei Männer waren Graf *Johann Wenzel Wratislaw*, Kaiser *Leopolds* Gesandter am englischen Hof, und der Drahtzieher aller Unternehmen *Prinz Eugen*. Beiden, dem Böhmen und dem Franzosen, war die Größe Österreichs oberstes Ziel und Gebot. *Wratislaw* gelang es, bei den Engländern alles durchzusetzen, was *Prinz Eugen* wollte, und der Prinz hatte das volle Vertrauen des alten Kaisers und des jungen Königs *Joseph*.

Inzwischen waren endlich auch gute Nachrichten aus Italien in Wien eingelangt. Da der Herzog von Savoyen, der im Oktober 1703 wieder auf die Seite *Leopolds* übergewechselt hatte, um dringende Hilfe bat, wurde *Guido Starhemberg*, der 24.000 Mann kommandierte, angewiesen, seine Armee zu teilen, 10.000 Mann zur Sicherung Südtirols an der Secchia zurückzulassen und mit 14.000 Mann zur savoyischen Armee durchzubrechen. Am 24. Dezember war *Starhemberg* aufgebrochen, kam in den darauffolgenden Tagen glücklich an Reggio und Parma vorbei, ging über die Trebbia, nahm Stradella ein und wurde an der Bormida dann doch in schwere Kämpfe verwickelt. Marschall *Vendôme*, der ihm endlich nachgerückt war, zwang *Starhemberg* eine Schlacht auf, in der *Philipp von Liechtenstein* und der tapfere General *Solari* fielen. Es gelang aber den Kaiserlichen die französischen Stellungen zu durchbrechen, und am 14. Jänner hatte sich *Starhemberg* bei Nizza delle Paglia mit der savoyischen Armee vereinigen können. Das kühne Unternehmen war gelungen, und *Starhemberg* wurde für seine glänzende Führung auf Betreiben *Prinz Eugens* zum Feldmarschall ernannt.

In Ergänzung der March-Leitha-Linie waren an der Ostgrenze der habsburgischen Erbländer schon in der Zeit von 1682—1699 Schanzanlagen geplant worden. Aber erst jetzt, bei der flächenbrandartigen Ausbreitung der Rebellion in Ungarn, ging man wirklich an die Arbeit. Zuweit waren, nach den großartigen Siegen über die Türken, die Fronten auf dem Balkan vorgeschoben worden, als daß man die engere Heimat gefährdet glaubte, und die Arbeiten an den Schanzanlagen waren eingestellt worden. Vorgesehen war, daß die Verteidigungsanlage (heute als „Alte Schanze" bezeichnet) vom Neusiedler See bis an die Donau reichen sollte, um die wichtigste Heerstraße nach Wien, durch die schon viele Kriegsvölker im Verlaufe der Geschichte von Osten nach Westen gezogen waren, zu sperren. Die Anlage sollte durch gut ausgebaute Flügelwerke in Neusiedl und Petronell verstärkt werden. In Neusiedl am See war der „Tabor" mit seinen Vorwerken (vier Rondelle) schon zu einer starken Befestigungsanlage ausgebaut worden (um die am 3. August 1708 schwere Kämpfe toben sollten). Die Sperranlage zwischen Neusiedl und Petronell wurde durch die Leitha zwar zwischen Rohrau und Hollern unterbrochen, aber dieser Abschnitt wurde durch das befestigte Rohrau gedeckt. Nördlich und südlich der Leitha, ungefähr in der Mitte der beiden Schanzabschnitte, war je ein verstärkter Stützpunkt vorgesehen, der für den nördlich der Leitha gelegenen Abschnitt bei der „Hundsheimer Schanze", der für den südlichen Abschnitt bei Parndorf. Die Sperrlinie sollte in ihrem Verlauf aus Erdwällen mit vorgelegtem Graben und Palisaden bestehen. Sie wurde 1706 fertig. Eine zweite Schanzanlage sollte vom südlichen Westufer des Neusiedler Sees, von Wolfs über Ödenburg nach Forchtenstein angelegt werden, um den Raum zwischen Ödenburg und der niederösterreichischen Grenze zu sperren. Auch diese Sperranlage sollte aus Erdwällen mit vorgelegtem Graben und Palisaden bestehen und durch Redouten verstärkt werden. Beide Sperrlinien waren aber, weil sie von zuwenigen Truppen besetzt worden waren, von geringem militärischen Wert. Es konnte weder der Durchbruch der Kuruzzen bei Wolfs (Mitte August 1706) noch bei Parndorf am 20. November 1709 verhindert werden. Im Abschnitt Wolfs-Forchtenstein war die befestigte Stadt Ödenburg als Sammelplatz für das Landaufgebot bestimmt, im Abschnitt Neusiedl am See-Petronell war es Bruck an der Leitha. Als Sammelplatz für das Viertel unter dem Wienerwald war das starkbefestigte Wiener Neustadt vorgesehen. Wenn das „Landaufgebot" unter Waffen treten mußte, wurde jeder zwanzigste Mann ausgehoben.

Noch in den letzten Tagen des Jahres 1703 war *Károly* über *Bercsényis* Befehl mit 5.000 Mann über den kleinen Donauraum in die Schütt(insel) eingerückt, wo er zuwarten sollte, bis der Strom zufriere. *Károly* sollte die Donau überqueren und die westlichen Landesteile, wo bisher Ruhe geherrscht hatte, zum Aufruhr bringen. In Schütt-Sommerein, wo *Károly* lagerte, fanden sich *Johann Bezerédy* und *Ladislaus Sándor* mit zahlreichen Edelleuten ein und huldigten *Rákoczy*. Hierher schickte auch Erzbischof *Széchenyi* den Probst *Viza* mit dem Ersuchen, daß er mit *Bercsényi* im Auftrage des Hofes verhandeln wolle. *Károly* meldete dies nach Schintau und wurde von *Bercsényi* angewiesen, nach dem Überschreiten der Donau den Erzbischof in Sümeg zu besuchen. Unterdessen war die Donau zugefroren. *Károly* überschritt den Strom und besetzte am 12. Jänner 1704 Pápa. Er begab sich am nächsten Tag nach Sümeg und berichtete *Széchenyi,* daß *Bercsényi* und auch er selbst bereit seien, in Verhandlungen einzutreten, wenn *Rákoczy* hiezu die Erlaubnis erteilte. In Pápa verteilte *Károly* eine Woche lang Schutzbriefe an jene Städte, die bereit waren, *Rákoczy* zu huldigen. Viele schlossen sich seinen Truppen an, weil sie fürchteten, gebrandschatzt zu werden, und andere waren bereit, sich am Aufruhr zu beteiligen, um ebenfalls plündern zu können. So konnte *Károly* bald die neuaufgestellten Haufen nach allen Seiten ausschwärmen lassen. Oberst *Szarka* zog in Kanizsa und Tschakathurn ein und nahm Teile der Murinsel in Besitz, während *Ladislaus Sándor* Stuhlweißenburg, Veszprém, Simontornya und Siklos kampflos besetzte. *Daniel Esterházy* und andere Feldhauptleute marschierten gegen Komorn, Gran und die österreichische und steiermärkische Grenze und besetzten in wenigen Tagen Güns, Steinamanger, St. Gotthardt, Rust, Eisenstadt und andere Orte. Zwischen Save und Leitha verblieben dem Kaiser nur Ödenburg, Forchtenstein, Kobersdorf, Landsee, Bernstein und Güssing.

Am 10. Dezember 1703 schrieb Baron *Scalvinioni,* ein Geheimer Rat des Kaisers, an Erzbischof *Széchenyi,* der schon immer mit den nationalen Kreisen sympathisiert und sich offen gegen das Einrichtungswerk von *Kollonitsch* ausgesprochen hatte, weshalb er das Vertrauen der Rebellen besaß. *Scalvinioni* forderte ihn auf, die Gelegenheit zu ergreifen, sich um das Kaiserhaus verdient zu machen, die Ursachen und den Zweck des Aufstandes zu erforschen und die Mittel und Wege aufzuzeigen, wie dieser zum Stillstand gebracht werden könne. *Széchenyi* antwortete *Scalvinioni* am 20. Dezember aus Sümeg, daß er, ,,der Treue gegen den König gemäß" alles getan habe, um zu verhüten, daß der Aufstand sich nach den seiner Obsorge anvertrauten Landesteilen verbreite. Vom Ursprung des Aufstandes und den Absichten der Häupter habe er zwar keine genaue Kenntnis, wolle aber mit der Freimütigkeit, zu der ihn sein bischöfliches Amt verpflichte, darlegen, daß die ,,Misvergnügten sich über den Bruch des königlichen Wortes empören, worin sie den Ursprung allen Unrechts erblicken, das ihnen zugefügt werde. Angelöbnis, Krönungsdiplom, Privilegien und Gesetze wurden durch Rechtsverletzungen gebrochen. Weltliche beschweren sich über die Verleihung von Würden, Ämtern und Einkünften an Ausländer, über erpreßte Steuern, die nicht zur Verteidigung oder Erweiterung des Landes, sondern zu Zwecken verwendet werden, die Ungarn fremd sind, über gesetzwidrige Güterschenkungen an Ausländer, über das Verfahren des Fiskus, den Geiz der Staatsräte . . . Es wäre leicht gewesen, das Feuer im ersten Funken zu löschen. Jetzt aber haben die Aufständischen Zuversicht zu sich selbst gewonnen, sie fühlen ihre Kraft und sehen die benachbarten Provinzen erschrecken. Dem, der sie zum Frieden mahnt, werden sie sagen, daß sie bereits ein Bündnis mit Frankreich geschlossen haben, welches ihnen Geld gegeben hat, und von dem sie sich nicht trennen dürfen, weil es ihnen zur Strafe die Hilfe entziehen könnte, wenn sie derer wieder bedürfen. Man dürfe aber nicht müßig bleiben, denn Gott allein kenne den Ausweg und soviel sei gewiß, daß man die Überschwemmung Böhmens und Mährens durch die Aufständischen und ihre Vereinigung mit den Franzosen zu befürchten habe. Ich glaube, daß man die, welche mit den Waffen zu bezwingen es zu spät ist, zum Frieden bewegen muß. Wenn es Se. Majestät wünscht, bin ich bereit, das Amt des Friedensstifters zu übernehmen."

Hierauf erließ Kaiser *Leopold* am 1. Jänner 1704 ein Rundschreiben an sämtliche Gespanschaften und Städte, in welchem er ihnen versprach, wenn sie zur Treue zurückkehren und sich seinen Truppen anschließen, die Steuern bis zum nächsten Reichstag zu erlassen. Er ordnete an, dies besonders den Landleuten kundzumachen. Am 2. Jänner ermächtigte Kaiser *Leopold* Erzbischof *Paul Széchenyi*, in seinem Namen mit seinen im Aufstande begriffenen Untertanen zu verhandeln und wies ihn an, über alles zu berichten.

General *Schlick*, der in Oberungarn ein Korps halb zugrunde gerichtet hatte, wurde seines Kommandos enthoben und durch FZM *Siegbert Heister*, einen alten Haudegen, ersetzt.

Nun zu den Ereignissen im westungarischen, besonders im heute burgenländischen Raum, im einzelnen:

Ocskay, der in Karolys Lager in Pápa eingetroffen war, erhielt von *Károly* den Befehl, mit seinen 500 Reitern rasch auf Ödenburg vorzurücken, um diese wichtige Stadt im westlichen Grenzgebiet zu überraschen und zur Huldigung für *Rákoczy* zu veranlassen. Da sich im Augenblick keine kaiserlichen Truppen in Ödenburg befanden, würden die Bürger allein keinen Widerstand wagen. *Ocskay* brach mit seiner Schar auf, und am 17. Jänner erreichte er Kohlnhof, ein Stadtdorf von Ödenburg, lagerte sich und sandte den ihm von *Károly* mitgegebenen Kuruzzenoberst *Alexander Tallian* mit einigen Edelleuten in die Stadt. Er selbst und seine Reiter blieben den ganzen Nachmittag und die Nacht in Kohlnhof. *Tallians* kleine Abordnung wurde in die Stadt eingelassen und zum Rathaus geleitet, wo zu ihrem Empfang die Wache „das Gewöhr praesentierte". Im Rathaus verhandelte der Bürgermeister (Stadtrichter) *Ferdinand Dobner* und die Ratsherren *Koaschitz* und *Reichenhaller* mit ihnen und der Stadtschreiber *Kerserschitz* führte das Protokoll. Man kam überein, daß *Ocskay* selbst am nächsten Tag die Stadt besuchen möge, damit die Ratsherren mit ihm reden könnten. *Ocskay* kam, nur von wenigen Offizieren begleitet, getraute sich aber nicht bis in das Rathaus zu kommen, sondern blieb in einem Gasthaus in der Vorstadt. Von diesem Wirtshaus aus ließ er die Ratsherren fragen, ob sie *Rákoczy* huldigen wollten, sie sollten ja oder nein sagen, ihm sei es alles eins, ob sie huldigen oder nicht. Als Bürgermeister *Dobner* das hörte, sandte er den schlauen *Kerserschitz* zu *Ocskay*. Dieser setzte dem Rebellenführer in bedächtiger Weise auseinander, wie wichtig ihre Entscheidung für *Rákoczy,* aber auch für den Kaiser, ja für ganz Westungarn sei, denn die Stadt Ödenburg sei immer königstreu gewesen. Aus diesen Gründen bitte der Rat ihn um drei Tage Bedenkzeit. *Ocskay* aber lade die Stadt ein, diese drei Tage in ihren Mauern zu verbringen, ebenso die mit ihm mitgekommenen Herren Offiziere. In diesen drei Tagen werden die Müller kommen, die ihre Mühlen außerhalb der Stadt haben und ihn für diese um Schutzbriefe bitten. Sie seien auch bereit, für die Schutzbriefe *Ocskays* eine Gebühr zu bezahlen. *Ocskay* ließ sich übertölpeln und ließ den Mühlenbesitzern sagen, daß sie die Schutzbriefe selber ausfertigen sollen. Er würde dann für vier Gulden pro Schutzbrief sein Siegel unter diese setzen. Er war auch damit einverstanden, daß der Bürgermeister die Ratsherren *Koaschitz* und *Reichenhaller* nach Pápa zu *Károly* sende und vom Kuruzzengeneral die Bedingungen erfragen lasse, unter denen er bereit sei, der Stadt einen Schutzbrief und eine Schutzwache zu gewähren. *Ocskay* drohte aber, daß er nur auf die Gefahr der Stadtväter in Ödenburg bleibe und daß Oberst *Tallian* die Stadt vernichten werde, wenn ihm etwas geschehen sollte. *Ocskay* ging aber dann noch in derselben Nacht in die innere Stadt und begab sich in ein Bordell „allwo er wacker danzete und darauff in Schlitten (mit den Weibern) umbher fuhr, der Wacht aber beym hintern und vordern thor hat er ein guetes Trinkgeld gespendieret, dass sie ihme haben auss und Ein lassen". *Ocskay* vergnügte sich die drei Tage im Bordell. Indessen hatte Bürgermeister *Dobner* schon am ersten Tag, als Oberst *Tallian* die Stadt verlassen hatte, einen Eilboten nach Wien geschickt und den Hof um Hilfe gebeten. FZM *Heister,* der jetzt das Oberkommando in Ungarn führte, sammelte gerade in Bruck a. d. Leitha, Fischamend und Hainburg Truppen, um die von *Schlick* halbzugrunde gerichtete Armee wieder aufzustocken. *Heister* erhielt vom Hofkriegsrat den Auftrag, in Ödenburg sofort eine Garnison zu errichten. Am 26. Jänner, *Ocskay* war nach Kohlnhof zurückgeritten, kamen in den frühen Morgenstunden 400 deutsche Soldaten mit mehreren Kanonen in Ödenburg an und wurden sofort in die Stadt eingelassen. Sie waren am Nachmittag des 25. Jänner von Bruck aufgebrochen und am Westufer des Sees die Nacht durchmarschiert, ohne daß sie mit den Kuruzzen zusammengetroffen wären. Die Reiterpatrouillen der Kuruzzen, die sich in der Nähe der Stadt aufhielten, waren nicht in der Lage, den Einzug der deutschen Kriegsvölker in die Stadt zu verhindern. Sie ritten nach Kohlnhof, um *Ocskay* zu melden. An diesem Tage kamen auch die zwei Ratsherren aus Pápa zurück. *Károly* hatte für den Schutzbrief und sie Schutzwache 50.000 Gulden Kriegssteuer verlangt, die nun nicht mehr bezahlt wurde. So war durch *Ocskays* Saumseligkeit ein für allemal die Gelegenheit versäumt worden, die Stadt durch Überraschung gewinnen zu können, wie *Károly* es gewollt hatte. Ödenburg wurde in der Folge zum Mittelpunkt der Kampfhandlungen im westungarischen Grenzraum, aber es blieb, trotz mehrerer Belagerungen und Beschießungen bis zum Kriegsende in kaiserlicher Hand. Baron *Blumberg* übernahm das

Kommando über die Verteidigung der Stadt, und *Priquiz* wurde sein Platzmajor. Beide waren umsichtige, erfahrene Soldaten und begannen sofort mit den Verteidigungsvorbereitungen. Jetzt konnte sogar Bürgermeister *Dobner* selbst nach Wien reisen und den Hofkriegsrat um weitere Hilfe bitten. Noch in den Abendstunden des 17. Jänner, nachdem *Tallian* Ödenburg verlassen hatte, sandte *Dobner* einen zweiten Boten nach Rust und ließ den Ratsherren sagen, daß die Kuruzzen schon beim Potschitor stehen. Hierauf waren auch in Rust sofort die Ratsherren zusammengerufen worden und „Rat und Gemain" faßten den Beschluß: „Weillen es nunmehro schon nicht anders sein khann (doch ohne Bruch der beharrlichen Treuheit gegen Ihre Kaiserliche Majestät unseren allergnädigsten Herrn) also wolle man sich ergeben und huldigen." Hierauf machte sich eine kleine Abordnung unter Führung von *Johann von Gabriel* auf den Weg zu den Kuruzzen, um einen Schutzbrief und eine Schutzwache, wie man sie in den Türkenkriegen von *Tököly* erhalten hatte, zu bekommen. Schutzbrief und Schutzwache erhielten sie von Oberst *Tallian*, der sich, während *Ocskays* Hurerei in Ödenburg, bei den Kuruzzen im Lager von Kohlnhof befunden hatte. *Gabriel* hatte die Kuruzzen vorerst vor Ödenburg vermutet. Als sie diese dort nicht antrafen, kehrten *Gabriels* Begleiter um, während er herausfand, mit wem er reden und verhandeln mußte und wo er *Tallian* finden konnte. *Gabriel* berichtete nach seiner Rückkehr den Ratsherren, daß er nur „mit viel Mihe" vom Oberst der Rebellen einen Schutzbrief und die Zusicherung „von wegen Nachfolgung einer Salva quardia erhalten habe".

Am 20. Jänner rückte ein Rebellenhaufen in Rust ein, und zwei Tage später kam die Schutzwache nach. Mit ihrer Versorgung wurde der „Leutgeb" betraut, der dem Oberkämmerer alles Notwendige zur Verfügung zu stellen hatte. Nach acht Tagen mußte die Stadt Rust an das Rebellenheer 50 Metzen Getreide, 32 Metzen Mehl, 40 Metzen Hafer, 7 Rinder, 45 Eimer Wein und 30 Fuhren Heu, das von den Rustern in den Nachbargemeinden gekauft wurde, liefern. Am 7. Feber verlegte der die Stadt Ödenburg belagernde General *Károly* sein Hauptquartier nach Rust und zog mit seinem Stab und 2.000 Mann in die Stadt ein. Am 15. Feber ließ *Károly* das zur Stadt Ödenburg gehörende Dorf Kroisbach überfallen. Der Ort wurde geplündert und niedergebrannt. Hierauf schlugen *Károlys* disziplinlose Haufen bei St. Margarethen Lager. Am 18. Feber brach *Károly* mit 3.000 Reitern aus dem Lager auf und zog vor Ödenburg. Durch einen Trompeter forderte er die Stadt auf, zu kapitulieren. Baron *Blumberg* wies seine Aufforderung ab und ließ ihn wissen, wenn er etwas haben wolle, dann möge er angreifen. Er, *Blumberg*, hoffe, ihm gewachsen zu sein. Als sich *Károly* zuweit vorwagte, ließ *Blumberg* aus seinen Kanonen das Feuer eröffnen. Ein Geschoß hätte um Haaresbreite *Károly* selbst getroffen. Auch die abgesessenen Reiter, die mit den Ödenburgern scharmutzieren wollten, gerieten, als sie sich den Mauern nähern wollten in das Kanonen- und Musketenfeuer der Verteidiger, worauf sie sich schleunigst wieder zurückzogen. Als *Károly*, der nur wenige kleine Kanonen hatte, sah, daß er mit seinen Reitern gegen die gut verschanzten Verteidiger hinter den Mauern nichts auszurichten vermochte und seine Drohungen keine Wirkung zeigten, ließ er von Ödenburg ab und wandte sich gegen Eisenstadt. Am 19. Feber wurde Eisenstadt aufgefordert, sich zu ergeben und *Rákoczy* zu huldigen. Da aber die Eisenstädter gehört hatten, daß *Károly* vor Ödenburg zurückgeschlagen worden war, wiesen auch sie seine Parlamentäre ab. Der Ratsherr *Pirnstingl* und der Stadtschreiber *Kestler*, die der Stadtrichter *Matthias Paur* und der Stadtpfarrer *Matthias Markhl* nach Ödenburg geschickt hatten, um anzufragen, ob ihnen die Ödenburger mit Kanonen, Gewehren und Munition aushelfen könnten, waren mit der abschlägigen Antwort zurückgekommen, daß die Ödenburger selber alles brauchen würden und die Eisenstädter selber sehen müßten, wie sie davonkommen. *Matthias Paur* war dafür gewesen, so wie die Ruster *Károly* um einen Schutzbrief und eine Schutzwache zu bitten. Das hatten auch die Günser so gemacht. Aber *Paur* wurde im Rat niedergestimmt, denn die meisten Ratsherren hatten gemeint, daß nur kleine Kuruzzenscharen die Gegend unsicher machen würden. Und vor einer kleinen Schar wollten sie nicht kapitulieren. Die Stadttore wurden geschlossen und verrammelt und die Bürgerschaft zu den Waffen gerufen. Aber jene, die für die Verteidigung gewesen waren, hatten sich getäuscht. Am nächsten Morgen sahen die Wächter lange Staubfahnen, die sich der Stadt näherten. *Daniel Esterházy,* der ebenfalls schon vor einiger Zeit die Partei gewechselt hatte, zog mit einer beträchtlichen Streitmacht heran, ließ am Oberberg, wo der Palatin die Bergkirche zu bauen begonnen hatte, vier kleinere Kanonen in Stellung bringen und sogleich das Feuer auf die Stadt eröffnen. Etliche Schüsse aus den Stücken hatten aber genügt, jene, die für den Widerstand gewesen waren, dazu zu bringen, den Bürgermeister zu bedrängen, die Stadt zu übergeben. Dabei war der Schaden noch gar nicht arg gewesen. *Matthias Paur,* der von Haus aus für die Erlangung eines Schutzbriefes gewesen war, stimmte zu, ließ weiße Fahnen ausstecken und die Tore öffnen. Die bewaffneten Bürger schickte er nach Hause. Die Kuruzzen besetzten im Handumdrehen die ganze Stadt und das Schloß des Palatins. *Daniel Esterházy* ließ vor dem Schloß und den Schloßstallungen sofort Wachen aufziehen, um zu verhindern, daß diese geplündert werden. *Daniel Esterházy* ließ aber erfragen, wer gestern seine Parlamentäre abgewiesen und die Stadttore habe verrammeln lassen. Alle Helden von gestern verdrückten sich, und die Schuld kam auf *Matthias Paur. Paur* wurde im Rathaus gefangengenommen und ins Gefängnis geworfen. *Daniel Esterházy* aber hatte *Károly* melden lassen, daß Stadt und Schloß in seinem Besitze seien, worauf der General mit seinem Stabe in Eisenstadt einzog und im Schlosse sein Hauptquartier aufschlug. Indessen wurde in Eisenstadt Haus für Haus geplündert. Die Eisenstädter Chronik berichtet hierüber, „die Kuruzzen hätten, 8.000 Mann stark, die arme Stadt angefallen und seien mit gewalt eingedrungen, auch deshalb ganze sieben wochen mit der armen bürgerschaft ex puro religionis et nationis odio (weil die Stadt rein katholisch und in lauter Deutschen besteht) gehauset, daß welche auch das leben verloren und die es behielten durch plünderung und rauben um all ihr hab und gut gekommen".

Károly fällte über Matthias Paur ein grausames Urteil, obwohl die Kuruzzen vor Eisenstadt keinerlei Verluste erlitten hatten. Paur wurde zum Tod verurteilt und sollte öffentlich gepfählt werden. Schon wurde der Block auf dem Schloßplatz errichtet, der den Körper des Armen aufnehmen sollte. Ein Leiterwagen, bespannt mit sechs Ochsen, führte Paur heran. In Hemd und Unterhose, mit schwarzen Bändern geschmückt, eine Schlafmütze auf dem Kopf (er war ja ein Deutscher), saß der Richter auf dem Wagen, während ihm die Glieder vor Angst schlotterten. Fast in letzter Minute konnten die herbeigeeilten Nonnen des Augustinerinnenklosters seine Begnadigung erbitten. Die Frau des Richters war in ihrer Verzweiflung mit ihrem Kind am Arm ins Kloster gelaufen und hatte Mater Coelestine, eine geborene Gräfin Draskovich, auf den Knien gebeten, für ihren Mann, der ja nichts verbrochen hatte, bei Károly um das Leben zu bitten. Mater Coelestine begab sich eilends mit zwei Schwestern adeliger Herkunft zum nahen Schloßplatz und verlangte energisch, Károly zu sprechen. Sie wurde zum General geführt, der der Hinrichtung Paurs beiwohnen wollte. Erstaunt fragte er sie, was sie wolle. Hierauf sprach sie mit ihm ungarisch in halblautem Ton und erzählte ihm eine Geschichte, wie es den Anschein hatte. Der Baron war sichtlich betroffen und begnadigte den Delinquenten. Was sie ihm gesagt hatte? In der Nähe herumstehende Leute wollen gehört haben, daß Mater Coelestine von einer Komteß-Braut aus dem Hause Draskovich gesprochen habe, der Károlys Vater im Zweikampf den Bräutigam erstochen und, von Gewissensbissen geplagt, der Komteß als Buße ein mit Diamanten besetztes Kreuz aus Ebenholz mit der Versicherung übersandt habe, ihr oder den Ihren jeden wann immer erbetenen Dienst zu leisten. Als Károly sie fragte, ob sie die Komteß-Braut sei, hielt ihm Mater Coelestine das Kreuz, das ihr sein Vater übersandt hatte, mit standhaftem Blick entgegen. Károly erkannte das Kreuz aus dem Familienbesitz und wußte um den Zweikampf seines Vaters. Er schenkte Matthias Paur das Leben und befahl, ihn freizulassen. Murrende Kuruzzen wies er dabei mit der gezogenen Pistole in die Schranken und erzwang ihren Gehorsam. Von dem erlittenen Schrecken, Paur hatte an keine Rettung mehr geglaubt, konnte sich der Stadtrichter bis zu seinem Tode nicht mehr ganz erholen. Für die Erlösung aus Todesnot aber ließ er später eine Kapelle an der Westwand der Pfarrkirche (heute Domkirche) errichten. Sie enthielt ein großes Kruzifix und eine überlebensgroße Christusstatue. Eine Gedenktafel zu Füßen der Statue hielt die Begebenheit fest. Erst in den letzten Jahrzehnten verschwand die Gedenktafel. Heute gibt es auch die Kapelle nicht mehr und die Familie Paur ist ausgestorben. Die Familienchronik der Paur aber hat uns die schrecklichen Erlebnisse des Matthias Paur überliefert.

Unterdessen wurde Ödenburg von anderen Kuruzzenhaufen Károlys umschwärmt und von der Außenwelt abgeschnitten. Täglich kam es zu wiederholten kleineren und größeren Schießereien, wobei die Kuruzzen manchmal beträchtliche Verluste erlitten. Besonders arg aber litten die schutzlosen Dörfer der Stadt und die Besitzungen der Ödenburger, die außerhalb der Stadtmauern lagen. An manchen Tagen feuerten die Stücke der Verteidiger den ganzen Tag. Sogar nachts ließ *Blumberg* Lagerfeuer der Kuruzzen unter Beschuß nehmen.

Ende Feber, *Károly* hatte sich eine Woche im Schloß Esterházy aufgehalten, führte er wieder ein starkes Detachement unter die Mauern von Ödenburg, um den Druck auf die Stadt zu verstärken. *Károly* ließ seine Dalpatschen (Fußsoldaten, Schützen) in den außerhalb der Stadtmauern liegenden Mühlen, Scheunen und Lusthäusern gedeckte Stellungen beziehen und das Gewehrfeuer auf die Verteidiger auf den Mauern eröffnen. Mitgebrachte Kanonen nahmen die Stadt unter Beschuß. Aber *Blumberg* hatte die Strohdächer in der Nähe der Mauern abtragen lassen und aufkommende Brände in den Gassen konnten gelöscht werden, ohne daß nennenswerter Schaden entstanden wäre. Die Dörfer der Stadt wurden abermals heimgesucht, geplündert und in Brand gesteckt, um die Verteidiger zum Nachgeben zu zwingen. In diesen Tagen litten auch Oslip und Oggau sehr, weil die plündernden Horden jedes Haus vom Dach bis zum Keller umdrehten, ziemliche Beute machten und beide Dörfer anzündeten. Die vor Ödenburg liegenden Truppen mußten Sturmleitern anfertigen, was beweist, daß *Károly* die Stadt stürmen lassen wollte.

Während dieser für Ödenburg schweren Tage war FZM *Heister* mit einem Teil seiner Truppen, der Reiterei, aus Ebenfurth, wo er sein Hauptquartier hatte, in Richtung Eisenstadt vorgerückt. Bei Trausdorf a. d. W. schlug er mit seinen Dragonern die Kuruzzenreiterei des Oberst *Nyiri Endre,* der zur Deckung des in Trausdorf eingerichteten Versorgungslagers *Károlys* dort zurückgeblieben war, nach kurzem Scharmützel in die Flucht, nahm was er mitnehmen konnte mit, und legte an den Rest Feuer. Hierauf wandte sich *Heister* mit seinem Korps gegen Eisenstadt und schlug bei Großhöflein Lager. Von Großhöflein drang er bis vor die Mauern von Eisenstadt vor, konnte aber, weil er keine Artillerie bei sich hatte, nicht viel ausrichten. *Georg Räti,* den *Károly* als Kommandanten eingesetzt hatte, leistete heftigen Widerstand. Als *Räti* zu *Károly* um Hilfe schickte, weil *Heister* sich anschickte, vor den Mauern zu bleiben, zog *Károly* starke Kräfte von Ödenburg ab, um Eisenstadt zu entsetzen. Als *Heister* erfuhr, daß *Károly* mit einer gewaltigen Übermacht anrücke, zog er sich vorerst nach Großhöflein und dann nach Ebenfurth zurück. Er wollte es nicht riskieren, mit seinen geringen Kräften den Kampf mit *Károlys* ganzer Streitmacht aufzunehmen. War Eisenstadt auch nicht zurückgewonnen, so war doch Ödenburg entsetzt worden. Baron *Blumberg* und die Bürger der Stadt, insbesondere ihre Freireiter, konnten nun ihrerseits Ausfälle unternehmen, die Reste der in der Umgebung zurückgebliebenen Kuruzzenhaufen angreifen und Beute abnehmen. *Károly* blieb sechs Wochen in Eisenstadt, richtete sich im Schloß des Palatins häuslich ein und zwang dessen Dienerschaft ihm zu gehorchen. Aus einer Rechnung des *Esterházyschen* Archivs aus dem Jahre 1704 geht hervor: „Der Erzrebell Graf Károly hat sich sechs Wochen lang im Schloß Eisenstadt allhier aufgehalten und Horvath Sigismund hat 400 Gulden auf den Namen Károlys von Wibmer ohne Quittung erhalten. Den letzten Marty (März) Ugrinovich und Dugovics 100 Gulden." Alle drei waren Hauptleute *Károlys*. Als *Wibmer* eine Quittung verlangte, damit ihm der Palatin später glaube, daß er das Geld ausgefolgt habe, zog *Horvath* dem Verwalter die Reitpeitsche über den Rücken. Verprügelt suchte der Rentmeister Zeugen des Vorfalles, um später nicht in Schwierigkeiten zu geraten. Aufgetischt wurde für *Károly* und seinen Stab, was Schloßküche und Schloßkeller bieten konnten. Selbst das Papier für *Károlys* Schutz- und Erpresserbriefe wurde laut einer Aufzeichnung von Ladislaus *Bilakovich* aus der Kastenkammer des Schlosses geraubt. Am 7. März forderte *Károly* die Ödenburger mit einem Schreiben abermals auf, sich zu ergeben. „Wenn nicht", drohte er, „lasse ich innerhalb von vier Wochen 5.000 Dalpatschen kommen und in euren Weingärten alle Rebstöcke aushacken." An diesem Tag kamen auch einige Kroisbacher in die Stadt und berichteten den Ödenburgern, wie übel die Kuruzzen in ihrem Dorf gehaust hatten: . . . „die Kirche haben sie einwendig völlig ausgebrannt, haben auch dem Maria-Bild, welches in mitten Kirchen stundte, auff einer steinernen Säulen, den Kopf abgeschlagen, haben auch zehn Weiber geköpfft, und ihrer zwey gelegt an stadt der Feur-Rössel, und Feur darauff gehaizt; es ist nicht auszusprechen, wie Barbarisch diese Gruzen handelten, die Ursach aber war dieses, dieweillen die Kroisbecker, einen Gruzen erschlagen, und darauf das Geschäm ausgeschnieden, und ihm solches ins Maull gesteckt, hernach aber in eine Ruben Grub gesteckt, weil er ein Weibes-Bild geschändet; und das soll die Ursach sein, weil aldorten haben ihn die Gruzen gefunden. Das haben sie am 24. Feber angestellt. Am 25. sind sie wieder gekommen und haben mehrere Bauern zusammengefangen. Einen stachen sie beide Augen aus, einen legten sie einen Strick um den Hals, banden ihn an einen Roßschweif und trieben das Roß bis zur Seehütte hinunter. Den dritten führten sie gebunden mit sich, köpften ihn und steckten seinen Kopf auf einen Weingartenstecken.

An diesem 7. März haben die Kuruzzen Neudörfl überfallen, geplündert und niedergebrannt, am 11. März darauf Agendorf und am 12. Wandorf. Vom Schloß Esterházy aus hatte Károly indessen, bei strenger Strafe, die Stadt Güns schriftlich aufgefordert 60 Reiter in sein Lager nach Rechnitz zu senden und 35 Zentner Hafer, 4 Schlachtrinder und die auf das Komitat ausgeworfenen Mengen an Lebensmitteln und Futter in sein Verpflegungslager in Trausdorf zu bringen. Károlys Kriegsintendant Dezsö Georg ritt mit den Aufträgen nach Güns. Dezsö hatte für Károly persönlich von der Stadt 24 Zinnschüsseln und 36 Zinnteller zu bringen. 4 Schüsseln sollten größer sein als die übrigen. Dazu hatte Dezsö noch alte große Tabletts und einen Zinnuntersatz zu verlangen. Das Zinngeschirr mußte in einer schönen Truhe verpackt werden. Dazu hatte Güns 4 schöne große Tischtücher, 24 Servietten,

4 Silbermesser mit Perlmuttergriffen, roten Seidenstoff für Fahnen, Stoff und Pelze für 6 Husarendolmans samt Goldfaden für die Verschnürung derselben und schönen Knöpfen abzuliefern.

Baron Blumberg hingegen mußte in Ödenburg dumme Burschenstreiche ahnden. Er hat zwei Bürgersöhne von einem ‚Haur brigeln lassen unter dem Rathaus, darumb, dass sie in die stuck (Kanonenrohre) hineingeprunzt haben, wie auch die Wolsäck, die darbey waren, zerhackt'.“

Gegenmaßnahmen des Hofes und weitere Kämpfe im Grenzgebiet

Nach und nach liefen die kaiserlichen Gegenaktionen an, wie *Prinz Eugen* plante. FZM *Heister* sollte von der Leitha, FML *Pálffy* aus Kroatien und die Generäle *Herberstein* und *Rabatta* aus der Steiermark in Ungarn einrücken, wobei *Herberstein* die Raizen befehligen sollte. *Károly* hatte zahlenmäßig zwar eine weit stärkere Streitmacht als die kaiserlichen Befehlshaber, aber auch er hatte diese über weite Gebiete verstreut. *Károly* hat in der Absicht, die Vereinigung der Truppen *Pálffys* und *Herbersteins* zu verhindern, seine Hauptleute *Bakács*, *Szarka* und *Zana* auf die Murinsel vorgeschickt. Gegen seinen Befehl überschritt *Zana* die Drau, vertrieb *Herberstein* aus seinem Lager und plünderte Slawonien. Unterdessen besetzten *Pálffy* und *Rabatta* am 10. März die Murbrücke bei Szerdahely. Sie hatten damit *Bakács* und *Szarka* den Rückweg abgeschnitten, griffen sie an und schlugen sie vernichtend. *Bakács* und *Szarka* retteten sich nur mit wenigen Reitern schwimmend über den Fluß. Der Großteil ihrer Scharen, die *Jakey* verzweifelt zum Widerstand bewegen wollte, wurde niedergehauen oder gefangen. Csakathurn ergab sich den Siegern. Als *Zana* von der Niederlage seiner Freunde hörte, verließ er zwar eiligst Slawonien, wurde aber von *Herberstein* bis über Fünfkirchen hinaus verfolgt, wobei seine Haufen zersprengt wurden und vergebens ihre Beute in Sicherheit zu bringen trachteten. Auch Fünfkirchen, das *Rákoczy* gehuldigt hatte, wurde zur Räson gebracht. Die fliehenden Kuruzzen erfüllten nicht nur die Gebiete westlich, sondern auch östlich der Donau mit Schrecken und Verwirrung. Umsomehr Anklang fand die Proklamation des Palatins Fürst *Paul Esterházy* vom 20. März, daß der Kaiser allen, die zu Treue und Gehorsam zurückkehrten, Amnestie gewähren, den Reichstag einberufen, die Beschwerden abstellen und die Freiheiten der ungarischen Verfassung wieder herstellen werde. Viele Adelige und deren Bauern ergriffen die Gelegenheit in den Genuß der Amnestie zu kommen, so daß sich die Zahl der Kuruzzen westlich und südlich der Donau beträchtlich verminderte.

Károly war auf den Rat seiner Offiziere, von denen noch mehrere unter Tököly gefochten hatten und sich daher Kriegserfahrung anmaßten, vor die

Mauern Ödenburgs gezogen, das diese im ersten Angriff zu nehmen versprochen hatten. Da sich aber weder Baron *Blumberg* noch die Bürgerschaft hatten einschüchtern lassen, war es, während im Süden seine Truppen geschlagen worden waren, auch vor Ödenburg bloß beim Plündern und Verwüsten der Umgebung geblieben. Die einstigen *Tökölyaner* waren auf die Nachricht vom Ausbruche der Rebellion aus ihren Verstecken hervorgekrochen. Es waren meist noch jüngere Leute, die erst in den neunziger Jahren des 17. Jahrhunderts in subalternen Rängen gedient und daher den Krieg nur in untergeordneten Rollen kennengelernt und erlebt hatten. Dieser „damaligen Art von Krieg" gaben sie auch jetzt, unter *Károly*, den Vorzug. Sie vermieden den regelrechten Kampf, hielten sich immer möglichst weit vom Feinde entfernt, damit sie, des lästigen Wachdienstes enthoben, sich dann ohne Gefahr Trunk, Spiel und Weibern hingeben konnten, um dann, wenn Menschen und Pferde durch mehrtägige Ruhe gestärkt waren, den Feind in Eilmärschen zu überfallen. Wenn er floh, verfolgten sie ihn, stellte er sich ihnen entgegen, machten sie selber kehrt. Solches Taktieren mochte zur Zeit *Tökölys*, wo man gegen keine regulären Truppen der Armee, sondern bestenfalls die Komitatsmilizen gegenüber hatte, zweckmäßig gewesen sein. Es konnte aber sehr gefährlich werden, wenn man geübte und kriegsgewohnte Truppen vor und hinter sich hatte, die nun einmal die habsburgischen Kriegsvölker waren. Dazu kamen die schlechten Sitten der Offiziere *Károlys*, ihr derbes Auftreten, ihr disziplinloses und ausschweifendes Leben. Ihre niedrige Beutegier vertrieb alle guten Offiziere aus der Armee *Károlys*. Dieser sollte diese Zustände, denen er schon deswegen nicht Herr werden konnte, weil auch er auf Beute aus war, noch schwer büßen. *Matthias Gayer*, einer seiner Unterführer, sandte ihm nach der Plünderung von Lackenbach und Deutschkreutz 16 Zinnschüsseln, 13 Zinnteller, 200 Pinten Butter, 300 Eier und ein Faß mit Obst nach Eisenstadt.

Im Schloß Esterházy erfuhr *Károly*, daß *Pálffy* mit seinen gefürchteten Kroaten und Raizen auf Szent Grot und Pápa vorrücke, *Herberstein* auf Stuhlweißenburg losgehe und FZM *Heister*, der außer den kaiserlichen Truppen, die aus 2.355 Reitern, 1.950 Mann Infanterie und 17 Feldgeschützen bestanden, noch durch die dänischen Regimenter Güldenlöwe und Boyneburg, die ihm General *Tramp* nach Ebenfurth zugeführt hatte, verstärkt worden war und mit einer Armee von mehr als 8.000 Mann beabsichtige, ihn am 21. März in Eisenstadt einzuschließen. Diese Nachricht war nicht nur für *Károly* selber, sondern auch für seine Offiziere Grund genug, schon am 20. März mit mehr als 12.000 Mann zu einem Streifzug in die Umgebung von Wien aufzubrechen.

Am Wege in Richtung Wien kam Oberst Graf *Simon Forgács* Baron *Károly* entgegen. Er wollte zu *Rákoczy* überlaufen, weil nicht er, sondern General Graf *Johann Pálffy* Banus (Vizekönig) von Kroatien geworden war. *Forgács* bestätigte *Károly*, daß FZM *Heister* Befehl habe, Eisenstadt anzugreifen und zurückzuerobern und daß er umkehren müsse, wenn er die Stadt halten wolle. Da *Károly* und seine Offiziere andere Pläne und wegen *Heisters* Angriff Eisenstadt verlassen hatten, lehnte *Károly* ab. *Forgács* schloß sich daher *Károlys* Streifzug an und verblieb bei dessen Stab. Die Bevölkerung der Dörfer, die sie durchzogen, floh in die Wälder, insbesondere die von Hornstein, die erst vor kurzer Zeit von *Heister* gezwungen worden war, wieder kaiserlich zu werden. Die Hornsteiner wollten nun nicht von *Károly* abermals bestraft werden. *Károly* drang über Himberg wieder bis Schwechat vor, überfiel Mannswörth, plünderte das Armeelager, das *Forgács* verraten hatte und erbeutete den Troß mehrerer Regimenter, darunter auch den des Regimentes Dietmar. Hierauf wurden das Lager und der Ort Mannswörth niedergebrannt. Vor dem Weitermarsch teilte *Károly* seine Streifschar. Etwa 7.000 Mann zogen über Fischamend, Rohrau, Nickelsdorf und Straß-Sommerein nach Ungarisch-Altenburg. Dort sollten diese Kräfte auf *Károly* warten, der an der Spitze von 4.000–5.000 Mann seinen Weg über Schwadorf, Wilfleinsdorf, Königshof nach Neusiedl am See nahm, den Markt, einen kaiserlichen Stützpunkt, umging und in Gols Lager schlug. Auf dem Wege von Schwadorf bis Gols waren alle Dörfer, durch die die Kuruzzen ihren Weg genommen hatten, von ihnen erbarmungslos geplündert und teilweise abgebrannt worden.

In Eisenstadt hatte *Károly* 1.200 Mann Infanterie und 200 Husaren zurückgelassen, die von den Obersten *Loczy* und *Benkö* befehligt wurden. Er hatte den beiden Obersten befohlen, beim Anmarsch *Heisters* Eisenstadt zu räumen. *Heister* hatte aber nicht schon am 21. März, sondern erst am Vormittag des 22. März von Ebenfurth aufbrechen können, weil die Infanterie erst am Abend des 21. in seinem Lager eingetroffen war. Am 22. März, um 2 Uhr nachmittags stand *Heister* mit seinem Korps vor Eisenstadt. Die Kuruzzen, durch Rauchsignale auf den Bergen informiert, hatten Eisenstadt schon in zwei Kolonnen verlassen. Die erste von diesen hatte aus 800 Mann Infanterie, 14 Kanonen und hunderten Wagen, vollbepackt mit Raubgut, bestanden und war schon vor dem Mittagessen aufgebrochen. Die zweite Kolonne war eine Stunde vor dem Erscheinen *Heisters* mit 200 Reitern, sechs Kanonen und 60 Wagen Proviant und Raubgut aus Eisenstadt abgerückt. Die Stadt war vor dem Abzug nochmals restlos geplündert worden. Nur etwa 300 Mann waren noch im Schloß und in der Stadt anwesend, als *Heisters* Truppen durch alle Tore der Stadt in Eisenstadt eindrangen und die restlichen Kuruzzen niedermachten. Selbst jene wenigen, die noch versuchten, sich zu verstecken und die Eisenstädter baten, sie nicht zu verraten, wurden von der erbitterten Bevölkerung *Heisters* Soldaten ausgeliefert. Zu arg hatten die Kuruzzen die Bevölkerung traktiert, als daß sie jetzt auf Gnade und Wohlwollen hoffen hätten dürfen. FZM *Heister* soll angeordnet haben, alle Gefangenen über die Klinge springen zu lassen.

Loczy und *Benkö* hatten Befehl, über Gschieß (Schützen am Geb.), Donnerskirchen, Purbach, Breitenbrunn, Winden und Jois, Neusiedl umgehend nach Gols zu marschieren, wo sie auf *Károly* treffen sollten. Gols, eine protestantische Gemeinde, hatte *Rákoczy* gehuldigt und war zu einem Stützpunkt der Kuruzzen geworden.

FZM *Heister* ließ seine Infanterie, seine Artillerie und den Troß vorerst in Eisenstadt zurück und nahm mit seinen Reiterregimentern die Verfolgung der abgerückten Kuruzzen auf. In Purbach, wo die zuletzt aus Eisenstadt abgezogene Kolonne mit ihren sechs Kanonen und den 60 mit Proviant und Beute beladenen Wagen im Morast stecken geblieben war, holte die Vorhut *Heisters* die Kuruzzen ein, zersprengte nach kurzem Scharmützel den Konvoi und nahm ihnen alle Kanonen und Wagen ab. Hierauf setzte *Heister* den Marsch Richtung Neusiedl am See fort und holte beim Berg von Breitenbrunn die erste Kolonne der Kuruzzen ein, stellte sie zum Kampf und machte 500 Mann der 800 Mann starken Kuruzzeninfanterie nieder. Der Rest warf die Gewehre weg und ergab sich. Nur wenige entkamen in den nahen Wald. Zehn Fahnen, 14 Kanonen und das gesamte Raubgut, das auf Hunderten Wagen mitgeführt worden war, blieb auf dem Kampfplatz zurück und fiel den Truppen *Heisters* in die Hände. Damit waren die Truppen, die *Károly* beim Antritt seines Raubzuges in die Gegend von Wien in Eisenstadt zurückgelassen hatte, restlos aufgerieben worden. Nur ein Teil der Kuruzzenreiterei, der bei Purbach dem Scharmützel entkommen konnte, erreichte Gols. Der Dorfrichter von Purbach hatte erfahren gehabt, daß *Heister* die Kuruzzen aus Eisenstadt vertrieben habe und diese verfolge. Er hatte die Tore in der Befestigungsmauer schließen und den Zwinger und die Mauern mit seinen Bauern und Handwerkern besetzen lassen. Sie hatten sich hinter den Schießscharten postiert, um bei einem Angriff solange Widerstand leisten zu können, bis *Heisters* Truppen kommen würden. Trotzdem hatte ein räuberischer Haufen das außerhalb der Befestigungsmauern liegende Armenhaus, das von der Gemeinde Purbach für durchziehende Bettler erbaut worden war, geplündert und angezündet. Andere Haufen der Infanterie hatten die Weinkeller in der Kellergasse erbrochen, sich vollgetrunken, Faßböden eingeschlagen und waren dann nach Breitenbrunn weitergezogen. Als *Heisters* Vorhut den vor Purbach im Morast steckenden Konvoi angriff und zersprengte, öffneten die Purbacher die Tore, fielen über die Wagen her, hieben die Roßknechte nieder und brachten einen Teil der Wagen als Beute ein und hielten sich so für den Schaden am Armenhaus schadlos.

FZM *Heister* hatte vor den Toren von Neusiedl und teils im Markt Lager geschlagen und am 23. März seine Infanterie und Artillerie aus Eisenstadt nachgezogen. Am 24. März marschierte *Heister* über Weiden nach Gols, um die Kuruzzen aus ihrem Stützpunkt zu vertreiben und die Golser für ihre Teilnahme an den Raubzügen *Károlys* zu züchtigen. Seine Vorhut wurde von etwa 600 in den Häusern verborgenen Kuruzzen mit Gewehrfeuer empfangen und büßte einige Leute ein. Hierauf ließ *Heister* seine Infanterie vorgehen, die um vier Uhr nachmittags den Friedhof stürmte und dort, trotz starken Gewehrfeuers eine große Anzahl Kuruzzen niedermetzelte. *Heisters* Truppen hatten sich schon in Ebenfurth 150 Bauern aus Wiener Neustadt un-

122

ter Führung eines eigenen Hauptmannes und eines Leutnants angeschlossen, die nun an der Seite *Heisters* in Gols wacker mitkämpften. Der Rest der dem Scharmützel um den Friedhof entgangenen Kuruzzen und jene, die bisher aus einem Teil der Bauernhäuser vertrieben worden waren, rettete sich in die Pfarrkirche und verteidigte sich dort noch acht Stunden, indem sie aus den Fenster, vom Dach und Turm feuerten. *Heister* ließ zwei Kanonen in Stellung bringen und das Feuer auf das Gotteshaus eröffnen. Nach mehreren schweren Treffern ergaben sich die Kuruzzen endlich. Sie wurden entwaffnet und als Gefangene nach Bruck a. d. Leitha gebracht. Während der ganzen Nacht war um Gols erbittert gekämpft worden, denn auch die Golser hatten den Kaiserlichen Widerstand geleistet. Während der die Nacht über anhaltenden Kämpfe war der Ort in Flammen aufgegangen. Gefangene Golser erzählten, daß *Károly* selbst gerade noch im Hemd aus der Mühle habe entkommen können.

Warum die Gemeinde Gols *Rákoczy* zu Beginn des Jahres 1704 gehuldigt hat? Gols war protestantisch und *Rákoczys* Kuruzzenheer bestand, nach den Memoiren des Fürsten, zu 90% aus Protestanten. Zwei Jahre vorher, 1702, hatte Palatin Fürst *Paul Esterházy* die Golser gezwungen, vom lutherischen Glauben abzustehen und den katholischen Glauben anzunehmen. Die Jesuitenchronik von Ödenburg berichtet auf den Blättern 44 und 45 aus 1702 über die Bekehrung der Golser: „Mühsam war die Bekehrung von Gols, da außer dem Pfarrer, Lehrer, Chirurgen und seiner Frau mit drei Kindern niemand katholisch war. Während dieser volkreiche, an Wein, Getreide und Vieh reiche Markt unter der Jurisdiktion des Collegium Pazmaneum sich befand, der Rektor des Pazmaneums nach Vertreibung des Prädikanten und häretischen Lehrers einen katholischen Pfarrer und Lehrer kraft der grundherrschaftlichen Autorität einsetzte, die bis heute da sind, ist doch kein Häretiker bekehrt worden. Daher beschloß der Patron *Paul Esterházy*, der seit einigen Jahren auch hier Besitz hat, den Markt tatsächlich zu reformieren, und weil gute Worte, Gnadengeschenke nichts nützten, schickte er einen deutschen Capitän mit 25 Musketieren und einem Jesuitenpater dem Pfarrer zu Hilfe. So streng hielten die Bewohner an ihrer Häresie fest, daß sechs Mann zum Fürsten kamen und ihm 100 Imperiales und dann 200 Imperiales anboten, wenn er sie in Ruhe lasse. Der Fürst antwortete: ‚Ein schlechter Kaufmann wäre ich, wenn ich um einen so leichten Preis so viele Hunderte Seelen dem Teufel verkaufen würde.'"

Sie schreckten den Fürsten mit der Drohung, sie würden nach Zerstörung des Ortes alle abwandern. Darauf der Fürst: Wohin sie ohne Brot gehen würden, er glaube ihnen nicht, was würden sie im Winter tun? Wenn sie weggingen, hätte er alle Frucht und allen Wein, das wäre mehr als 200 Imperiales. Außerdem wisse er keinen verlassenen Ort, wohin sie gehen könnten.

Am 6. August beredete man die Golser wieder, katholisch zu werden. Da nach drei Tagen kein Erfolg war, drohte der Capitän mit Waffengewalt. Sie verlangten drei Tage Bedenkzeit. Inzwischen sandten sie zu dem Preßburger

Prädikanten, sie richteten mit Unterstützung mächtiger Protestanten ein Schreiben an den englischen Gesandten, der durch seinen Sekretär beim Fürsten in Forchtenstein vorstellig wurde, von der Reformation in Gols abzulassen. Der Fürst erinnerte ihn an die Behandlung der Katholiken und Priester in Irland. Er selbst aber wolle für die Golser nur Gutes und kein Blutvergießen.

Nachdem der Fürst den Capitän von dem Vorfall verständigt hatte, derselbe aber durch Ermahnung und Sarkasmus nichts erreichen konnte, ließ er sie zusammenkommen und ermahnte sie, den Fürsten nicht zu reizen. Darauf forderte er vom Fürsten mehr Militär und besetzte den Ort an verschiedenen Stellen. Es kamen zwanzig hinzu, gegen Abend aber nochmals zwanzig, ebenso während der Nacht mehrere. Jene, die nicht konvertieren wollten, sollten je zwei zusammengebunden in Prozession unter Bedeckung der Musketiere nach Forchtenstein geführt werden. Der Capitän ließ die Golser zusammenrufen und verkündete ihnen den Befehl des Fürsten. Diese standen mit gesenkten Augen und erbaten sich bis nächsten Sonntag Bedenkzeit, sie versprachen alle, sich zu bekehren.

„Am Sonntag begannen sie vor uns, vor dem Pfarrer, vor dem Franziskanerpater in der Kirche von Frauenkirchen Luther abzuschwören. Mittags sandte der Capitän in die Häuser der Konvertiten, um die Bestätigungen abzuholen. Die Geflohenen kehrten nach drei Tagen zurück und sagten, sie seien geflohen, um nicht als erste das Bekenntnis ablegen zu müssen. Am nächsten Tag legten auch diese das Bekenntnis ab. Unser Pater nahm 22 vor.

Eine Familie aber entfloh nur mit Ochsen, Pferden und zwei Wägen, alles andere, Schafe, Zugvieh, Frucht etc. ließ sie zurück. 2 Weingärten mit 200 Eimer Ertrag. Das verfiel dem Fürsten. Wert: über 1.000 fl. Drei Familien bekamen eine Fluchterlaubnis gegen 2.000 bis 2 1/2 Tausend fl. Das wiegt mehr als die 200 Gulden, die sie anfänglich geben wollten."

Diese Beugemaßnahmen *Esterházys* und die Tatsache, daß sie sich den Forderungen des Fürsten unterwarfen, haben die wohlhabenden Golser, die um ihres Besitzes willen von ihrem lutherischen Glauben abgelassen und den katholischen Glauben angenommen hatten, tief beschämt und in ihrem Stolz schwer verletzt. Schon 1673 hatten sie, im Zuge der katholischen Restauration die Kirche den Katholiken zurückstellen müssen, obgleich nach der Vis. can. von 1674 nur zwei Hausbesitzer katholisch waren und noch 1696 werden die Golser „indurati haeretici" genannt, obwohl *Gregor Osbold* aus Kroisbach im Ort als katholischer Pfarrer wirkte. Als daher der Rákoczyaufstand auf den westlichen Grenzraum Ungarns übergriff, schlugen sich die Golser auf die Seite der Kuruzzen und zogen mit diesen gegen *Esterházy* und gegen Österreich. Nachdem nun der Kuruzzenstützpunkt Gols gefallen war, sandte *Heister* seine Infanterie und Artillerie nach Neusiedl am See zurück und verfolgte *Károly*. Dieser hatte den Rückzug über Mönchhof und Halbturn nach Ungarisch-Altenburg angetreten, wo der größere Teil seines Streifkorps bereits lagerte. Anfangs verlief sein Rückzug mit der bei der

Fahne gebliebenen Reiterei noch in ziemlicher Ordnung, während die Aus-reißer teils niedergemacht, teils gefangen oder zersprengt wurden und alle Beute verloren. Als aber *Károlys* Nachhut, die den Rückzug decken sollte, nach Ungarisch-Altenburg von *Heisters* Vorausabteilungen abermals einge-holt, zum Kampf gestellt und nach schweren Verlusten aufgerieben wurde, gab es kein Halten mehr. *Károlys* Reiterei riß aus und floh in Richtung Abda, wo über die Raab eine Brücke führte. Aber die kaiserliche Besatzung der Stadt Raab hatte die westlich der Stadt gelegene Brücke zerstört. Hier ent-wickelte sich die in Eisenstadt beginnende Niederlage zur Katastrophe, *Ká-roly, Forgács* und die Offiziere seines Stabes versuchten die ausreißende Rei-terei zum Stehen zu bringen und hieben mit ihren Säbeln auf die Fliehenden ein. Aber erst vor Abda konnten sie diese wieder einholen, weil sie nicht über die Brücke gekonnt hatten. *Károly* schlug Lager und wollte die Brücke in-stand setzen lassen, um den Rückzug fortsetzen zu können. Aber da war *Heister* plötzlich wieder zur Stelle und überfiel mit 2.000 Dragonern und Kü-rassieren *Károlys* lagernde, demoralisierte Truppen. *Károly, Forgács* und eine Handvoll Offiziere retteten sich im allgemeinen Durcheinander des Kampfes schwimmend über die hier tiefe Raab, ebenso ein kleiner Teil der Reiterei, wobei sich die Reiter an den Sätteln der schwimmenden Pferde fest-hielten. Am Südufer des Flusses sammelte *Károly* den traurigen Rest seiner einst so stattlichen Armee und begab sich vorerst nach Pápa. In Pápa sah *Ká-roly* dann, daß kein einziger Mann aus den westlichen Landesteilen mehr da war. Die aus den östlichen und nordöstlichen Gegenden Ungarns stammen-den Kuruzzen in Pápa glaubten an Verrat und wollten ebenfalls nach Hause. Da entschloß sich „General Károly", die Gebiete westlich der Donau sich selbst, das heißt, den Kaiserlichen zu überlassen und marschierte mit seinen wenigen Reitern an die Donau. In ständiger Gefahr, entdeckt zu werden, übersetzten er und seine Leute auf Mühlkähnen den Strom. Am jenseitigen Ufer zerstreuten sich seine letzten Kämpfer. General Baron *Alexander Ká-roly* kam tief beschämt im Lager *Rákoczys* vor Erlau an. Er hatte den Fürsten um eine ganze Armee gebracht. Von seinen 12.000 Kuruzzen waren 2.000 ge-fallen, ebensoviele gerieten, meist verwundet, in Gefangenschaft, Tausende wurden versprengt. 30 Fahnen, weitere 19 Kanonen, 350 mit Beute beladene Wagen, darunter das gesamte Gepäck des Regimentes Dietmar das die Ku-ruzzen bei ihrem Überfall auf das Armeelager in Mannswörth erbeutet hatten, 400 Rinder und Hunderte Pferde waren *Heister* in die Hände gefallen.

Schon am 20. März, noch ehe *Heister* Eisenstadt erobert hatte, wagten auch die Ödenburger einen Ausfall. Sie hatten erfahren, daß in Wandorf 180 mit Proviant beladene Wagen der Kuruzzen stehen und nur geringe Wach-mannschaft bei diesen sein solle. Bis sie aber eine entsprechende Streitmacht beisammen hatten, war es schon drei Uhr nachmittags, und die meisten Pro-viantwagen waren schon auf der Fahrt in Richtung Schattendorf. Die Öden-burger gingen gleich auf die letzten Fuhrwerke zu und hielten sie zurück. Als die Begleitmannschaft der Kuruzzen, die noch in Wandorf lag, dies erfuhr, kam sie heraus, um die Fuhrwerke zu verteidigen. Aber die Ödenburger nahmen den Kampf auf und trieben sie ins Dorf zurück, wobei es zu Häuserkämpfen kam, denn die Kuruzzen suchten Deckung und schossen aus den Fenstern und von den Dächern. Als aber immer mehr bewaffnete Bürger aus der Stadt als Verstärkung der Angreifer herbeieilten, gaben die Kuruzzen auf und zogen sich durch die Gärten in den Wald zurück. Aber die Ödenburger verfolgten sie und schossen 40 von ihnen nieder. Die zuletzt angehaltenen Proviantwagen aber waren indessen ebenfalls in Richtung Schattendorf davongefahren, wurden aber teilweise von den Bauern geplündert, weil keine Bedeckung bei den Fuhrwerken war. In Wandorf erbeuteten die Ödenburger noch 70 Rinder, viele Pferde, Getreide, Mehl und Hafer. Die Rinder trieben sie nach Ödenburg. Als sie am nächsten Tag kamen, diesmal mit 1.000 Leuten, um zu holen, was sie am vorhergehenden Abend hatten stehen lassen müssen, kamen sie ins leere Nest. Noch in der Nacht waren die in den Wald geflohenen Kuruzzen zurückgekommen und hatten selbst das meiste von dem, was die Ödenburger nicht hatten mitnehmen können, nach Eisenstadt abtransportiert, wo es später *Heister* in die Hände gefallen war. Am 23. März, es war am Ostersonntag und einen Tag nach der Niederlage der Kuruzzen in Eisenstadt, erfuhren die Ödenburger, daß in der Gemeinde Kohlnhof 300 Kuruzzen angekommen waren, die sich als Verstärkung für *Károly* auf dem Wege nach Eisenstadt befanden, aber noch nicht wußten, daß *Heister* die Stadt schon besetzt hielt. Aus diesem Grunde war in Ödenburg die Ostermesse unterbrochen worden, und 500 Mann zu Fuß und zu Pferd eilten nach Kohlnhof und schlossen die Kuruzzen im Orte ein. Anfangs wehrten sich die Feinde und schossen aus den Häusern heraus. Aber sie mußten weichen und zogen sich in die Stadel (Scheunen) zurück. Wütend steckten hierauf die Ödenburger die aus Schilf erbauten und mit Stroh gedeckten Scheunen in Brand und metzelten nieder, was dem Feuer entkam. Ein Teil der noch lebenden Kuruzzen floh hierauf auf der anderen Seite der Scheunen in eine große Sandgrube, wo sie nochmals Widerstand organisierten, aber in den entbrennenden Kämpfen alle zugrunde gingen. Hierauf wurde Kohlnhof Haus für Haus gesäubert und viele der noch aufgestöberten Kuruzzen erschossen. Nur 60 von 300 gerieten in Gefangenschaft. Auch von diesen waren die meisten blessiert gewesen. Nur zwei Ödenburger waren in diesen Kämpfen gefallen, und zwölf waren verwundet worden. Etliche von den Verwundeten starben aber in den darauffolgenden Tagen. Die Gefangenen wurden zu Schanzarbeiten herangezogen, bis sie später gegen Lösegeld freigelassen wurden. Drei Fahnen, sämtliche Waffen und alle Pferde und alles Gepäck des aufgeriebenen Haufens wurden als Beute in die Stadt gebracht.

In raschem Fluge hatte *Károly* Transdanubien in Besitz genommen, aber ebensoschnell entglitten alle Gebiete westlich und südlich des Stromes wieder seinen Händen. Ganz Transdanubien fiel wieder von *Rákoczy* ab, und fast 10.000 Edelleute nahmen die von *Esterházy* und *Pálffy* verkündete Amnestie König *Leopolds* an. Als *Heister* am 5. April von Raab nach Pápa aufbrach, übergab ihm jener *Beszerédy* die Schlüssel der Stadt, der erst vier Monate vorher Graf *Bercsényi* gebeten hatte, Truppen über die Donau zu setzen.

FZM *Heister* ernannte Graf *Anton Esterházy* zum Kommandanten von Pápa, weil er glaubte, ihm vertrauen zu können. Hierauf zog *Heisters* Korps vor Stuhlweißenburg, das *Daniel Esterházy* die Tore geöffnet hatte. *Heister* überraschte *Daniel Esterházy* am 8. April vor der Stadt und stellte ihn zum Kampf. *Daniel Esterházy* hatte seine Streitkräfte, die *Heisters* Truppen zahlenmäßig weit überlegen waren, von einer Anhöhe westlich der Stadt bis zur versumpften Gurgö aufgestellt. FZM *Heister* postierte seine Kavallerie auf dem linken und seine Infanterie, die GWM *Kratz* befehligte, auf dem rechten Flügel. Oberst *Viard* eröffnete mit den Dragonerregimenten *Schlick* und *Bayreuth* den Angriff und schlug nach kurzem Kampf den linken Flügel *Esterhazys*. Gleichzeitig eröffnete die kaiserliche Artillerie das Feuer auf die Anhöhe und unterstützte den Angriff der Infanterie. Als die Kuruzzen aber sahen, daß ihr linker Flügel geschlagen war, warteten sie erst gar nicht den Angriff der Infanterie ab und flohen in Richtung auf die offenen Stadttore, um sich in die Stadt zu retten. *Heister* ließ die Fliehenden sofort verfolgen, und bestürzt ordnete *Daniel Esterházy* an, die Zugbrücken vor den Stadttoren hochzuziehen. Er hatte befürchtet, daß die Kaiserlichen gleichzeitig mit seinen Truppen in die Stadt gelangten und damit auch die Stadt verlorengehen würde. Mit dem Hochziehen der Brücken hatte er aber seine schon geschlagenen Truppen vollends *Heister* preisgegeben. Ein Chaos, das sich vor den Mauern abspielte, war die Folge des voreiligen Entschlusses *Esterházys*. Viele Kuruzzen warfen die Waffen weg und ergaben sich *Heisters* Truppen. Andere versuchten entlang der Stadtmauern um die Stadt herumzureiten, weil sie hofften, auf einer anderen Seite noch ein offenes Tor zu finden. Vergebens. Rasch ließ *Heister* alle Zugänge zur Stadt besetzen, so daß die Fliehenden nur mehr die Möglichkeit hatten, über den Fluß zurückzuweichen. *Heister* erfuhr aber von einem Überläufer, daß sich die einzige Brücke über die Gurgö vor dem Südtore befinde und ließ GWM *Kratz* die Brücke mit Infanterie besetzen. Als sich die Rebellen auch dieser Fluchtmöglichkeit beraubt sahen, versuchten sie oberhalb der Brücke den Fluß zu überqueren. Sie blieben aber in den versumpften Auen stecken und wandten sich hierauf gegen die bei der Brücke postierte Infanterie. *Heister* sandte Oberst *Viard* mit sechs Schwadronen Bayreuth-Dragonern an die Brücke, um die Infanterie zu verstärken. Hierauf gaben die Kuruzzen auf und streckten die Waffen. *Daniel Esterházy* aber gelang es, während der Nacht, aus der Stadt zu entkommen und zu Erzbischof *Széchenyi* nach Sümeg zu fliehen. Am nächsten Tag, dem 8. April, ergab sich die Besatzung der Stadt, nachdem *Heister* seine Geschütze hatte in Stellung gehen und das Ofener Tor in Trümmer legen lassen. 1.200 Hajducken und Husaren waren in Gefangenschaft geraten. Ein Teil von ihnen nahm kaiserliche Dienste an und wurde auf *Heisters* Regimenter aufgeteilt, der Rest wurde entlassen. Die Bürger und Bauern der Stadt leisteten den Treueid auf König *Leopold*. Wie Stuhlweißenburg wurden auch

Veszprém und andere Plätze kampflos an *Heister* übergeben. Transdanubien war gesäubert, und FZM *Heister* rückte nach Komorn ab, wo er wieder Lager schlug. General *Tramp* sandte er mit den dänischen Regimentern Güldenlöwe und Boyneburg nach Kittsee, von wo dieser sowohl Wien wie auch Preßburg im Auge behalten sollte. Nach einer Rast, die *Heister* seinen durch die gewaltigen Marschleistungen arg mitgenommenen Truppen hatte gewähren müssen, wandte er sich Ende April nach Norden, entsetzte die belagerte Festung Neuhäusl, verstärkte deren Besatzung und zog in der Folge *Pálffy* und General Franz *Nádasdy* (den Sohn des 1671 in Wien hingerichteten Landrichters), der freiwillig in die kaiserliche Armee eingetreten war und ein Reiterregiment kommandierte, an sich. Mit deren Kräften vereinigt, vertrieb er die Kuruzzen aus der Schütt und zwang *Bercsényi*, sich von der Grenze bis hinter die Waag zurückzuziehen. *Pálffy* vertrieb die restlichen Kuruzzen aus St. Georgen und Bösing und besetzte Tyrnau. *Bercsényis* Truppen waren durch die Niederlagen in zahlreichen kleineren Gefechten völlig demoralisiert. In welch verzweifelte Lage *Heister Bercsényi* gebracht hatte, geht aus fünf Briefen *Bercsényis* an *Rákoczy* hervor. Er schrieb am 14. April: . . . „Wenn Ihr die Donau nicht überschreiten könnt, weiß ich nicht, wie wir imstande sein werden, uns zu halten . . . Wenn Ihr stark genug seid, die Donau zu überschreiten, könnt Ihr den Dingen eine Wendung geben, wenn nicht, wird der Feind tun, was ihm beliebt . . . Bei Gott, jetzt wäre die Zeit für Vácz (Waiz)." Am 15. April schrieb *Bercsényi:* „. . . Auf meine Ehre, ich will dieses Land für Euch halten, wenn ich jemand habe, mit dem ich es kann . . . Wenn Ihr die Donau überschreiten könnt, wird alles gut sein." Am 18. April: „Ihr sollt nach Vács (Waiz) kommen und nur 4.000 Mann nach Földvár hinüberschicken. Es würde die Dinge wieder in Ordnung bringen . . . Wenn wir nicht rasch handeln, werden wir vernichtet werden." Am 19. April: „Ich will meinen Kopf nicht verlieren wie Károly . . . In Christi Namen flehe ich Euch an, nicht alles dem Schicksal zu überlassen, sondern selbst zu Hilfe zu kommen . . . Wieder haltet Ihr Euch mit einer Festung auf . . . Ihr wollt Euren Truppen mit den Serben eine Gunst erweisen, warum nicht mir? Wenn *Pálffy* irgend Truppen hat, kann er sie hinüberschicken gegen Ujvár (Neuhäusl) und uns in solche Verwirrung bringen, daß ich nicht wissen werde, was ich tun soll. Die Truppen von Léva und dem Oberland wollen mich verlassen, und ich hänge von der Gnade dieser Komitate ab. Diesen schweifwedelnden, beweglichen, auf den Universitäten gefütterten Hundesöhnen kann man nur trauen, wenn die Zeiten danach sind, das heißt, solange sie nicht selbst und ihre Hoffnung ohne Tod oder Schlacht erhalten können, aber anders wollen sie nicht für Ungarns, ja nicht einmal für des Himmels Freiheit sterben . . . Ich bitte Euch dringend, verlaßt die Serben und Szeged und kommt geradewegs nach Vács, Euer Name allein wird die Deutschen zurückhalten, sie werden nicht herüberkommen, und wenn sie es tun, werdet Ihr mich befreien . . . Wenn Ihr es nicht tut, kann ich entweder meinen Abschied nehmen oder mich bald empfehlen, denn ich will entweder zugrunde gehen oder fortgejagt werden." Und am 26. April, nach-dem *Heister* das belagerte Neuhäusl entsetzt und verstärkt hatte, schrieb *Bercsényi:* „Die Armee und das Land waren in solcher Verwirrung, daß ich ihnen kaum wieder etwas Mut einflößen konnte. Ich habe ihnen Euren Brief vorgelesen, soweit es angemessen war. Ich habe sie getröstet und geschwo-ren, daß Ihr schon an der Donau seid, obwohl sie heute glauben, daß Ihr in Vács seid, denn die Nachricht von Eurem Marsch nach Szeged würde dieses Land zur Verzweiflung gebracht haben . . ." Aus diesen fünf Briefen *Bercsé-nyis* ist klar genug zu ersehen, daß die Lage der Kuruzzen keineswegs so rosig war, wie madjarophile Historiker es immer wieder behauptet haben und gerne gesehen hätten. Auch *Bercsényis* Kritik an *Rákoczy* ist vernichtend. Es war auch keineswegs so, daß das Land nördlich der Donau immer fest in *Rá-koczys* Händen gewesen wäre. Nur der geringen Anzahl der kaiserlichen Truppen, die von einem Kampfplatz auf den anderen, quer durch das halbe Königreich, eilen und somit kampflos immer wieder die eroberten Gebiete verlassen mußten, ist es zuzuschreiben, daß die Kuruzzen überhaupt erfolg-reich sein konnten. Weil aber die von *Heister* eroberten Gebiete nicht durch österreichische Truppen gesichert werden konnten, da eben nicht soviele vorhanden waren und jene, die *Heister* hatte, als Kampftruppen gebraucht wurden, übertrug *Heister* notgedrungen ungarischen Edelleuten diese Auf-gabe, wie zum Beispiel *Anton Esterházy* in Pápa. Es sollte sich nun bewahr-heiten, was die kaiserlichen Minister immer wieder von den Ungarn des so-genannten nationalen Lagers und den Calvinern gesagt hatten, „daß man sich auf sie nicht verlassen könne". Hätte Kaiser *Leopold,* wie es die Ungarn im-mer wieder gefordert hatten, alle Schlüsselpositionen der Verwaltung in Un-garn mit Ungarn besetzt und die deutschen Regimenter zu anderer Zeit schon so aus Ungarn abgezogen, wie er es jetzt im Spanischen Erbfolgekrieg mußte, so hätte er Ungarn auch zu diesen Zeiten schon abschreiben und auf dessen Krone verzichten können. *Rákoczy* hatte vor, die von *Károly* vorübergehend in Besitz genommenen Gebiete Transdanubiens zurückzugewinnen. Als *Heister Bercsényi* durch die halbe Slowakei jagte, hatte er *Forgács* angewie-sen, mit 4.000 Reitern bei Donauföldvár über den Strom zu setzen. *Forgács* erhielt Zulauf, und nachdem ihm *Rákoczy* auch seine beste Infanterie, seine Hausregimenter, nachschickte, brachte er es bald auf eine Armee von 25.000 Mann. Mit dieser durchzog er, da *Heister* und *Pálffy* im Slowakischen stan-den, ungehindert Transdanubien, und als er die westlichen Gebiete erreichte, ging Anton *Esterházy,* den *Heister* zum Kommandanten von Pápa eingesetzt hatte, zu ihm über und übergab ihm kampflos die Stadt. Hierauf wurde *An-ton Esterházy,* für seinen Treuebruch, von *Rákoczy* zum General ernannt. Dasselbe tat *Daniel Esterházy,* der sich von Erzbischof *Széchenyi* hatte bestä-tigen lassen, daß er nur unter Zwang zu *Rákoczy* übergetreten und so mit Hilfe *Széchenyis* die Amnestie erschlichen hatte und zum Kommandanten von Veszprém ernannt worden war. Als *Heister* hierauf wieder die Donau überqueren und nach Transdanubien zu marschieren hatte, konnte *Bercsényi*

Erfolge buchen und kampflos die von *Heister* verlassenen slowakischen Gebiete in Besitz nehmen.

Heister stand am 17. Mai wieder in Stuhlweißenburg. Um seinem Zorn über die treulosen Ungarn und seinem Ärger über den zwielichtigen Erzbischof Luft zu machen, schrieb er an *Széchenyi:* „Mit Verwunderung sehe ich, daß Ew. Exzellenz die siegreichen Waffen Se. Majestät mehr fürchtet als ihnen Glück wünscht. Ganz Ungarn hat sich dem Kaiser ergeben, jene ausgenommen, die Ew. Exzellenz umgeben und unter Ihrem Schutze stehen!" *Heister* ging jedoch soweit, daß er – um *Széchenyi* einen Denkzettel zu verpassen – bei der Wiedereroberung Veszpréms nicht nur die abermals treulos gewordene Stadt plündern und in Brand stecken, sondern auch während einer Messe seine Truppen in den Dom eindringen und die dorthin und in das Kloster geflüchtete Bevölkerung auseinandertreiben ließ. Dabei wurden einige Domherren und der protestierende Großprobst, der die Messe zelebrierte, am Altar verwundet, weil dieser unter dem Meßgewand ein Terzerol getragen und auf *Heisters* Dragoner geschossen hatte. Als hierauf auch der Dom geplündert und das Kloster niedergebrannt wurde, verlangte *Széchenyi* die Ablöse *Heisters* vom Kommando in Ungarn. *Heister* wollte die treulosen Ungarn durch Härte zu Treue zu ihrem rechtmäßigen Landesherrn zwingen. Nach dem Abmarsch *Heisters* war *Nádasdy* mit seinem Regiment zu schwach gewesen, um das Einsickern der Kuruzzen in die Schütt zu verhindern, und auch *Pálffy* vermochte es nicht, gleichzeitig die Waaglinie zu halten und die österreichischen Erbländer vor weiteren Einfällen zu schützen. So konnte denn auch *Károly*, der für *Rákoczy* in Nordostungarn wieder eine neue Armee aufgestellt hatte, schon im Juni abermals in österreichisches Gebiet einfallen. Diesem Einfall in Österreich ging ein bedeutender Erfolg *Károlys* im Slowakischen voraus. General *Ritschan,* der am 4. Mai die Kuruzzen vor Trencsin vertrieben, die Festung frisch verproviantiert, mit Pulver und Blei versorgt und deren Besatzung durch neue Truppen verstärkt hatte, wurde von FML *Pálffy* zu sich gerufen. *Pálffy* glaubte, mit verstärkter und vereinter Streitmacht härter zuschlagen zu können. Aber der Melder *Pálffys,* der *Ritschan* den Befehl überbringen sollte, fiel den Kuruzzen in die Hände, wurde zu *Károly* geführt, und dieser studierte Pálffys Schreiben. Aus dem Schreiben *Pálffys* ging hervor, daß *Ritschan* mit seinem Korps den Weg zu ihm über den Somolyaner-Paß nehmen sollte. *Károly* und *Ocskay* beschlossen hierauf, *Ritschan* in den Weißen Bergen aufzulauern und ihn am Marsche zu überfallen. Hierauf schickte *Károly* das Schreiben an *Ritschan* weiter, und dieser zog am 28. Mai in die Weißen Berge. Als sich sein Korps, durch den Marsch auf der schmalen Paßstraße auseinandergezogen, die Bergstraße hinaufwand, stießen sie auf der Paßhöhe auf eine Sperre, die *Károly* schon errichtet hatte. Als *Ritschan* diese mit seinen vorausmarschierenden Kräften angriff, wurden seine Truppen nicht nur von den Schanzen her, sondern auch aus den Wäldern zu beiden Seiten des Weges angegriffen und in schwere Kämpfe verwickelt. Der Hinterhalt war gut gewählt, denn General *Ritschan* hatte keine Möglichkeit, sein Korps zu einer Schlachtordnung zu formieren und geriet samt seinem Stab in Gefangenschaft. Während seine Miliztruppen, unter denen sich viele Rekruten befanden, fast aufgerieben wurden, konnte das Regiment Mecklenburg, wenn auch unter Verlusten, den Rückweg frei-kämpfen, und es gelangten von diesem Regiment 900—1.000 Mann wieder nach Trencsin. Der Großteil des Regimentes war also intakt geblieben. Dieser militärische Erfolg gab den Kuruzzen wieder moralischen Auftrieb. Sie hatten ein kaiserliches Korps arg dezimiert. Von frischem Mut beseelt, wandte sich *Károly* hierauf gegen Niederösterreich.

In Wien wurde am 9. Juni der 65. Geburtstag Kaiser *Leopolds* gefeiert, als um die Mittagszeit in den Vororten der Stadt Alarm geschlagen wurde. In die Stadt flüchtendes Landvolk aus den östlich von Wien liegenden Dörfern berichtete, daß die Kuruzzen wieder heranzögen. *Károly* war, von Halaszi in der Kleinen Schütt kommend, am Nordufer der Leitha entlang mit etwa 4.000 Reitern in zwei Kolonnen ins Land gefallen und drang, Richtung Wien nehmend, plündernd und brennend über Prellenkirchen, Wildungsmauer, Haslau, Maria Ellend und Fischamend bis Schwechat vor. Von Graf *Grons-feld,* dem Kommandanten des Linienwalles ausgesandte Reiterpatrouillen meldeten, daß der Feind unterhalb des verwüsteten Marktes Schwechat auf freiem Felde Lager geschlagen habe und stärkere Reiterhaufen gegen das „Neugebäu" (eine Art Zoo) vordringen. Hierauf wurden in Wien die Bürger zu den Waffen gerufen und der Linienwall besetzt. Die Kuruzzen griffen aber nicht die Stadt an, dazu hätten *Károlys* Kräfte nicht gereicht, sondern den Zoo, in dem sich seltene, kostbare Tiere befanden. Ein Tiger, eine Löwin und zwei Leoparden, die der Sultan Kaiser *Leopold* vor einigen Jahren ge-schenkt hatte, wurden in ihren Käfigen erschossen. Ein zweiter Löwe, der ebenfalls angeschossen war, blieb am Leben. Es war typisch für die Art der Kuruzzen, hilflose Tiere abzuknallen, um dem Kaiser Ärger zu bereiten. Vom zweiten Haufen wurde das Jagdschloß des Kaisers in Ebersdorf überfal-len, geplündert und angezündet. Als die Madjaren aber hörten, daß kaiserli-che Truppen heranrücken, zogen sie sich mit ihrer Beute zum Lager bei Schwechat zurück. *Károly* verließ am gleichen Tage Niederösterreich. Ein Bote aus Trautmannsdorf berichtete Graf *Gronsfeld,* daß sich am 9. Juni nur 3.000 Rebellen vor Wien befanden und daß unter diesen aber viele Bauern aus Gols waren, die *Rákoczy* huldigten. Die ganze Schar würde jetzt bei Pama lagern.

Als General *Heister,* der mit seinem Korps bei Veszprém stand, von die-sem Raubzug *Károlys* hörte, brach er in Eilmärschen nach Norden auf, um die Rebellen abzufangen und zu stellen. Er besetzte auf diesem Marsche Pápa, aus der General *Anton Esterházy* nach Koronco zu Graf *Forgács* ge-flohen war, und Tét, um von dort das kaiserliche Raab zu erreichen. Als *Hei-ster* aber in St. Martin (Szemere) ankam, erfuhr er, daß *Forgács* mit seinem ganzen Heer in Koronco liege. *Heister,* der die Gegend kannte und für den es keine Frage war, *Forgács* zu stellen, gewährte seinen Truppen eine kurze Rast, um einerseits mit ausgeruhten Soldaten gegen die beträchtliche Übermacht der Kuruzzen vorzugehen und vorerst seinen Troß nach Raab vorauszusenden und um andererseits Oberst *Ronow*, den kaiserlichen Kommandanten von Raab, mit einem Teil seiner Kräfte an sich ziehen zu können. *Forgács*, der mit 18.000 Mann in Koronco lauerte, hatte Eilboten zu *Károly* gesandt, der sich durch seinen militärisch belanglosen Raubzug, bei dem es auch zu keinem Zusammentreffen mit kaiserlichen Truppen gekommen war, ziemlich weit von ihm entfernt hatte. *Forgács* bat diesen, in Eilmärschen nach St. Miklos (St. Nikolaus) zu kommen, damit sie gemeinsam den aus Veszprém anrückenden Heister zum Kampfe stellen, in das Sumpfgebiet am Zusammenfluß der Bakony und Marcal drängen und vernichten könnten. Nur mit einer gewaltigen Übermacht glaubte der einstige kaiserliche Oberst gegen den gefürchteten kaiserlichen Feldzeugmeister, der schon in den Türkenkriegen als Reitergeneral den Beinamen die „Türkengeißel" erhalten hatte, zum Kampfe antreten zu können. *Forgács* bat seinen einstigen Kameraden in *Heisters* Stab, Oberst *Viard,* am Abend des 11. Juni um eine Aussprache und versuchte, die bevorstehende Schlacht mit *Heister* zu verzögern. Es war eine Kriegslist, denn *Károly* sollte in drei bis vier Tagen eintreffen können. Aber *Heister* ließ sich nicht beirren. Schon am 13. Juni, kurz nach Mitternacht, nachdem der Troß nach Raab gebracht worden war, rückte der Feldzeugmeister in zwei Treffen gegen Koronco vor. Das erste Treffen bestand aus 1.600 Mann Infanterie, die Oberst *Kratz* kommandierte, und fünf Kanonen, das zweite Treffen, das Oberst *Viard* befehligte, aus 2.000 Mann Kavallerie und weiteren fünf Kanonen. *Heisters* berittene Vorausabteilung, bestehend aus Kroaten und Raizen (Serben), stieß um fünf Uhr früh vor Koronco auf die Sicherungstruppen der Kuruzzen und vertrieb diese nach kurzem Scharmützel aus dem Orte. Von diesem ersten Zusammenstoß mit *Heisters* Truppen alarmiert, rief *Forgács,* der von *Heister* im Glauben gelassen wurde, daß dieser keine Schlacht suche, seine Leute zu den Waffen. *Forgács*, der den Feldzeugmeister durch eine Kriegslist täuschen wollte, war nun selbst von *Heister* überrumpelt worden. *Forgács* sammelte seine Infanterie in aller Eile hinter einem Hügel nördlich von Szakavár und ließ seine Reiterei beim Heranrücken der kaiserlichen Truppen südlich von Koronco, mit der Front nach Norden, eine lange Gefechtslinie bilden, deren rechter Flügel bis auf die Höhe von St. Martin reichte. Ein massiver Angriff der Reiterei der Kuruzzen brachte den Vormarsch von *Heisters* Infanterie ins Stocken. Aber vom Salvenfeuer dezimiert, wichen die Kuruzzenreiter zurück und umschwärmten in großer Zahl das erste Treffen von allen Seiten, so daß *Heisters* Infanterie vorerst sich nach allen Seiten verteidigen mußte. Als aber Oberst *von Weilern* mit seinen Geschützen das Feuer eröffnete, das die Kuruzzen nur mit ihrem Kleingewehr erwidern konnten, gewann das erste Treffen wieder soviel Bewegungsraum, daß es seine in Unordnung geratene Bataillone neu formieren und den mittlerweile in nördlicher Richtung vorrückenden Fußtruppen von

Forgács wieder in fester Ordnung entgegentreten konnte. Nach 1 1/2stündigem Feuergefechte erfolgte überraschend eine weitere Attacke der Kuruzzen, die sich, durch eine Anhöhe gedeckt, versammeln konnten und mit ihrer Reiterei den rechten Flügel der Kaiserlichen, der von den Grenzmilizen gebildet wurde, angriffen. *Heister* erkannte die Gefahr und ließ das Dragonerregiment Schlick aus dem zweiten Treffen gegen den linken Flügel des Feindes preschen. Dieser kühne Gegenangriff, bei dem die ungarische Reiterei in einem blutigen Reitergefecht geschlagen und zum Rückzug gegen die versumpften Ufer der Marcal und Bakony gezwungen wurde, brachte wieder Bewegung in *Heisters* Truppen, die nun in einem allgemeinen Sturmangriff auch die Fußtruppen der Kuruzzen in blutigem Nahkampf zurückwarfen. In heillosem Durcheinander floh, wer sich retten konnte, nach Süden. Von *Heisters* gesamter Reiterei nun drei Stunden verfolgt, wurden die Kuruzzen in das Sumpfgebiet getrieben und vernichtend geschlagen. Die Reiterei der Kuruzzen jagte in Richtung Szent Miklos und Morizhida querfeldein davon. Für die Fußtruppen, die Artillerie und den ganzen Troß der Forgácsarmee gab es keine Rettung mehr. Von seiner 18.000 Mann starken Armee hatte *Forgács* mehr als 5.000 Tote, Tausende Verwundete und Tausende Soldaten, die in Gefangenschaft gerieten, zu beklagen, 28 Fahnen, sechs Kanonen, alles Kriegsgerät der Fußtruppen sowie aller Vorrat an Proviant, Munition und das gesamte Gepäck seiner Armee waren, nebst Hunderten Pferden, den Kaiserlichen als Beute in die Hände gefallen. Mit nur 3.600 Mann hatte Feldzeugmeister *Heister* die 18.000 Mann starke Armee, die *Rákoczy Forgács* anvertraut hatte, vernichtend geschlagen, und es zeigte sich, daß die Offiziere der Kuruzzen früher unter kaiserlichem Oberkommando erfolgreich waren, aber, auf sich gestellt und im Kampfe gegen die kaiserliche Armee und deren erfahrene Offiziere, völlig versagten. *Heister* hatte eine fünffache Übermacht angegriffen und in offener Feldschlacht besiegt. Aus der einstigen „Türkengeißel" war längst die „Kuruzzengeißel" geworden. Verbittert schrieb *Rákoczy* später in seinen Memoiren über den völligen Verlust seiner Fußtruppen an diesem Tag: „Dies war meine beste Infanterie, in den Türkenkriegen zum Kampfe abgehärtet und am vorzüglichsten ausgerüstet." *Forgacs* aber wurde, wegen seines Gespräches mit Oberst *Viard* am Abend des Vortages der Schlacht, von seinen Offizieren, die selber versagt hatten, verdächtigt, mit dem Feinde ein heimliches Einverständnis hergestellt und deshalb auch seine gute Stellung in Koronco verlassen und eine Feldschlacht riskiert zu haben. Fest steht, daß die Unfähigkeit der Kuruzzen-Offiziere, ihre schon geschilderte Gepflogenheit einer Schlacht aus dem Wege zu gehen, die Kriegserfahrung der habsburgischen Truppen und Offiziere, die Feuerwirkung der österreichischen Artillerie und die überlegene Taktik FZM *Heisters* diese Schlacht entschieden haben. *Heister* ließ seine Reiterregimenter in Gyarmat sammeln, zog dann in Koronco seine Infanterie und Artillerie an sich und schlug vor Raab Lager, um seinen durch Kampf und Gewaltmärsche mitgenommenen Regimentern eine Rast zu gönnen. Hierauf marschierte er nach

Nordwesten, um die Sicherung der Residenzstadt zu übernehmen. Er wollte sich wegen der wiederholten Einfälle in Niederösterreich nicht allzuweit von Wien entfernen und ließ bei Wieselberg und Ungarisch-Altenburg Lager schlagen. Von dort aus konnte *Heister* in kurzer Zeit nach jeder Richtung aktiv werden.

Den allzu ungarnfreundlichen Historikern deutscher Zunge hingegen darf man unterstellen, daß sie es nicht der Mühe wert fanden, den Kriegsverlauf eingehender zu studieren und die Karten der Operationsgebiete zu Rate zu ziehen. *Károly* war mit seinen disziplinlosen Haufen nie in der Lage, Wien zu bedrohen, und er hat die Stadt auch nie angegriffen. Verschiedene madjarophile Historiker aber haben versucht, die Raubzüge der Kuruzzen so darzustellen, als ob sie eine tödliche Bedrohung Wiens bedeutet hätten. Gewiß, sie verursachten schwere Schäden in den Erblanden, zu deren Verteidigung zuwenige Truppen vorhanden waren, aber das Kaiserhaus war in seiner Existenz durch *Rákoczy* allein nie gefährdet.

Forgács floh nach seiner Niederlage bei Koronco bis nach Sárvár. Dort sammelte er die traurigen Reste seiner einst wirklich beachtlichen Armee. Von Sárvár schrieb *Forgács* an *Károly*: „Folgen Sie unseren Fußstapfen nach Sárvár." Durch die Boten des Grafen *Forgács* erfuhr *Károly*, unterwegs nach Süden, von der Katastrophe bei Koronco und mußte gewärtigen, nun von *Heister* ebenfalls gestellt zu werden. Er hatte seinen Weg durch den Heideboden, über Kapuvár genommen und gelangte am Westufer der Raab, also durch den Fluß gedeckt, nach Sárvár; er war froh, daß er *Heister* nicht begegnet war.

Während *Heister* zwischen Wieselburg und Ungarisch-Altenburg lagerte, bekam die Umgebung von Ödenburg wieder die Nähe der Kuruzzen zu verspüren. Am 18. Juni lagerten sie bei Deutschkreutz, umschwärmten die deutsche Stadt Ödenburg und brannten an diesem Tage in Rohrbach acht und in St. Margarethen elf Häuser nieder.

Am 20. Juni durchbrachen die Kuruzzen in einer Stärke von 2.000 Reitern die Schanzen bei Wolfs, und da sie Ödenburg wieder nicht überrumpeln konnten, weil in der Zwischenzeit auch andere Einheiten der kaiserlichen Armee in der Stadt eingetroffen waren, zogen sie, nachdem sie bei der Annäherung an die Mauern beträchtliche Verluste erlitten hatten, abermals ab und wandten sich am späten Nachmittag wieder gegen Eisenstadt. Wenn *Károly* gemeint hatte, daß Eisenstadt ihm jetzt wieder die Tore öffnen würde, wie im Februar, so irrte er. FZM *Heister* hatte eine Garnison zurückgelassen, und als sich die Kuruzzen der Stadt näherten, wurden sie diesmal mit starkem Kanonenfeuer begrüßt. Ein Ödenburger Chronist hielt fest, „daß sie in Eisenstadt allwo sie auch so gut das Nachtmahl empfingen, gleich wie bei uns das Frühstück". Ehe die Kuruzzen aber von Eisenstadt abzogen, äscherten sie in ihrer Wut in der Vorstadt die Scheunen ein und ließen Kleinhöflein, das sie geplündert hatten, in Flammen aufgehen. Hierauf plünderten sie Trausdorf und Siegendorf und steckten auch in diesen Gemeinden die Scheunen in

Brand. Erst dann zog das räuberische Pack über Klingenbach, wo es ein Lager angelegt hatte, und Wandorf, an Ödenburg vorbei, wieder in sein Hauptlager bei Deutschkreutz zurück. Nachdem die Kuruzzen nicht alles hatten mitnehmen können, was sie nach Klingenbach zusammengeschleppt hatten, stellten sich nach ihrem Abzug bald die Klingenbacher ein, die am meisten ergatterten, weil sie die ersten im verlassenen Lager waren, die Siegendorfer und Klein- und Großhöfleiner hielten „Nachlese" und führten viele Beutesachen davon, so auch etliche Faß Wein. Hiebei „rafften die Bauern aus den Dörfern fest miteindander", weil sich alle möglichst schadlos halten wollten und jeder behauptete, „das gehört mir!"

Während FZM *Heister* südlich der Donau erfolgreich gewesen war und einen großartigen Sieg errungen hatte, fielen, zwei Tage darauf, die Kuruzzen wieder in das Marchfeld ein. Am 15. Juni, zwischen 7 und 8 Uhr abends, überquerte *Ocskay* bei Dürnkrut mit 1.000 Reitern und 1.000 Hajducken die March, überfiel das kaiserliche Lager bei Drösing und hob dort die Vorwacht aus. Die landständischen Dragoner, drei Kompanien, die Leutnant Graf *Königsegg* befehligte, wurden überrumpelt und konnten sich nicht mehr zeitgerecht, sondern erst während des Kampfes einigermaßen formieren. Die 225 Dragoner wehrten sich zwar tapfer und konnten 100 der Angreifer töten, verloren aber selber auch 60 Mann und mußten ihr Lager aufgeben und sich in das Schloß Jedenspeigen zurückziehen. *Ocskay* blieb mit den Hajducken noch die ganze Nacht im erbeuteten Lager, wo ihm alles Gepäck der Dragoner in die Hände gefallen war, und ließ seine Reiter die Orte Drösing, Sierndorf und Waltersdorf plündern und abbrennen. Als am nächsten Tag Verstärkungen aus Wien eintrafen, hatte sich *Ocskay* schon aus dem Staube gemacht. Er ließ sieben Wagen voller Toten jenseits der March begraben.

Einige Tage später überfiel Baron *Rumel* mit seinen Truppen die Rebellen jenseits der March und nahm ihnen 500 Rinder ab. 100 Bauern, die sich zusammengerottet hatten, taten ein Gleiches. Sie erbeuteten 124 Ochsen und Pferde mit bepackten Wagen.

Am Rückweg nach Marchegg fiel ein Kuruzzenhaufe am 6. Juli in Angern ein. Ein Trupp des Haufens beraubte bei Waidendorf die auf den Feldern arbeitenden Frauen ihrer Kleider und jagte sie nackt ins Dorf, während ein zweiter Trupp bei Zwerndorf 200 Schnitter auf den Feldern ermordete und deren Weiber und Kinder, die sich in die Pfarrkirche flüchteten, im Kirchenschiff bestialisch abschlachteten, „so daß man in der Kirchen in dem Blute gehen müssen". Der Ort Waidendorf wurde geplündert und verbrannt, Baumgarten und Breitensee ausgeraubt.

Rákoczy hatte seit Monaten erfolglos vor der Festung Erlau gelegen. Hier bekam er vom Gesandten Frankreichs in Konstantinopel Marquis *Ferriol* die Nachricht, daß dieser die Hohe Pforte dazu bewegen werde, ihn zu unterstützen. *Rákoczy* antwortete *Ferriol*, daß „nicht der eigene Vorteil sondern die Befreiung des Vaterlandes sein höchstes Ziel sei"; der Gesandte möge deshalb nicht die ganze türkische Macht für ihn in Bewegung setzen, sondern bloß die Entsendung eines Hilfskorps erwirken, zugleich aber auch im Namen des Königs von Frankreich von der Pforte die Garantie dafür verlangen, daß sie für die Hilfe ihr Gebiet in Ungarn nicht ausdehnen und die verlorengegangenen Festungen nicht in Besitz nehmen werde, wenn sie diese erobere. König *Ludwig XIV.* bat er am 15. Juni, seinem Residenten in Neapel den Befehl zu erteilen, daß dieser ihm ein Hilfskorps von 3.000–4.000 Mann und Waffen schicke, weil dadurch der Eifer des ungarischen Volkes neu entflammt würde; denn indem der Kurfürst von Bayern noch immer zögere, sich mit ihm vor Wien zu vereinigen, fange sein Volk bereits zu zweifeln an, „ob es nicht ratsamer wäre, einen noch so mageren Frieden mit Habsburg dem ungewissen Erfolge eines Krieges vorzuziehen". Am gleichen Tage ersuchte *Rákoczy* den französischen Minister *Torcy,* die von König *Ludwig XIV.* versprochenen, aber seit einem Jahre noch nicht ausbezahlten Hilfsgelder zu schicken. „Wenn ich", schrieb er, „meinen Truppen das Requirieren in Ungarn gestatte, morde ich mich selbst, wenn ich es ihnen untersage, so löst sich mein Heer auf . . . Die österreichischen Erblande stehen uns offen; aber sobald unsere Armee dort zu plündern anfängt, erhebt sich die Bevölkerung gegen uns; verbiete ich dagegen das Rauben, so laufen die Soldaten haufenweise davon und wir müssen mit Schimpf abziehen. Wenn Sie, Herr Marquis, unseren Zustand kennten, würden Sie selbst gestehen, daß Ihr König seine Hilfsgelder nirgends besser verwenden könne."

Niederlage Rabattas bei Mogersdorf

Graf *Alexander Erdödy,* der habsburgische Obergespan der Komitate Eisenburg und Zala, und *Johann Hevenesi* hatten General *Rabatta,* der die steiermärkische Landmiliz kommandierte, aufgefordert, mit seinem Grenzschutz in Ungarn einzurücken. Die steirische Landschaft (Landesregierung) stimmte zu, nachdem *Erdödy* auch beim Hofkriegsrat in Wien in dieser Sache interveniert hatte, und *Rabatta* rückte am 28. Juni mit 1.139 Mann Infanterie, gegliedert in 4 Bataillone, mit 6 Kanonen und 421 Dragonern, gegliedert in 5 Kompanien, in Ungarn ein, wo er von *Erdödy* und *Hevenesi* durch Komitatsmilizen und 400 Reitern aus Kopreinitz verstärkt werden sollte, ehe er weitere Operationen ins Auge fasse. General *Rabatta* rückte mit dem steirischen Grenzschutz bis St. Gotthard vor und schlug dort Lager, um vorerst auf die Verstärkung zu warten. Als *Rabatta* aber schon acht Tage vergebens auf die versprochenen Truppen wartete und erfuhr, daß *Károly* und *Forgács* bei Sárvár starke Kräfte zusammenziehen, was offensichtlich nur ihm gelten könne, und FZM *Heister* nach seinem Siege über *Forgács* nicht nach Süden weitermarschiert, sondern sich, zum Schutze Wiens und Preßburgs nach Raab begeben habe, beschloß er, nach einer Besprechung mit seinen

Offizieren am 3. Juli, am darauffolgenden Tag den Rückmarsch an die steiermärkische Grenze anzutreten. Um nicht überrascht zu werden, schlief seine Miliz mit schußbereiten Waffen. Am 4. Juli, zwischen 6 und 7 Uhr früh, eher ging es wegen des dichten Nebels nicht, erfolgte der Abmarsch. Die Landmiliz wurde „in wehrendem Marsch zu Mogersdorf an der Raab ganz unvermueth mit Übersetzung gedachten Raabflusses in höchster Furia und vollem Lauf an- und von der Cavalleria in Rukhen eingefallen, selbe durch continuierliches Feuer in eine Disordre und Confusion gebracht, zerstreut und mithin das ganze Corpo sowoll zu Fuß als Pferdt leider totaliter übern Hauffen geworfen". Die Sicherungskräfte *Rabattas* hatten den Angriff der 5.000 – 6.000 berittenen Kuruzzen, der aus dem Gebüsch der Raabauen heraus überfallsartig erfolgte, zu spät bemerkt und waren gar nicht dazugekommen, Alarm zu schlagen. Die Landmiliz aber, die sich auf dem Marsche befand, war während des Marsches auseinandergezogen gewesen. Der Spitze, in Zugstärke, folgten mit einigem Abstand 2 Kompanien Dragoner, diesen die 4 Bataillone Infanterie mit den 6 Kanonen zwischen ihren Kompanien und am Ende des kleinen Korps wieder 2 Kompanien Dragoner. Diesen folgte, mit einigem Abstand, die Nachhut. Ohne Widerstand geleistet oder Warnschüsse abgefeuert zu haben, flohen die 2 Kompanien Dragoner, die den Schluß der Kolonne bildeten, beim Anpreschen der auf sie feuernden Reitermassen und ritten in vollem Galopp 2 Bataillone der eigenen Infanterie, die eilends Stellung bezogen und spanische Reiter aufgestellt hatten, über den Haufen und nahmen diesen damit die Möglichkeit zur Gegenwehr. Eilends versuchten indessen die beiden weiter vorne marschierenden Bataillone hinter der Friedhofsmauer in Mogersdorf Stellung zu beziehen und Widerstand zu leisten. Als die zwei ersten Dragonerkompanien die gewaltige Übermacht der Kuruzzen sahen, weigerten sie sich in den Kampf einzugreifen, mißachteten die Befehle ihrer Offiziere, warfen ihre Gewehre weg und ritten davon. Weder Zureden noch Schläge vermochten sie zum Stehen zu bringen. Die Kanoniere, die bei ihren Geschützen geblieben waren, wurden von den Kuruzzen niedergeritten und niedergehauen, und die Pferde gingen mit den Kanonen durch. Das allgemeine Durcheinander nützten die Bauern von Mogersdorf, hieben die Stricke an den Kanonen durch und stahlen die Zugpferde. Die im Friedhof postierten zwei Bataillone Infanterie mußten mitansehen, wie die anderen beiden Bataillone zusammengeschlagen wurden. Aber auch sie mußten sich nach heftigem Widerstand ergeben, denn sie hatten wirklich keine Chance mehr zu entkommen, als auch die Mogersdorfer Bauern ihre Strohtristen anzündeten, da der Rauch den Steirern arg zu schaffen machte und die Kuruzzen im Schutze des Rauchvorhanges von allen Seiten an den Friedhof herangekommen waren und auf die Soldaten schossen. General *Rabatta* konnte sich jedoch, im Gegensatz zu General *Ritschan*, mit einigen Offizieren nach Fehring retten. Seine ganze Infanterie war aufgerieben worden, seine sechs Kanonen und sein ganzer Troß sowie alle Feldzeichen waren *Károly* in die Hände gefallen. *Károly* ließ über 1.000 Infanterie- und Reitergewehre und 1.200 Uniformen einsammeln, die den Toten und Gefangenen ausgezogen wurden. 281 Infanteristen, darunter sieben Offiziere, gerieten, zum Teil verwundet, in Gefangenschaft, während 344 von 421 Dragonern wieder die Steiermark erreichten. *Károly* war es gelungen, seine schwere Niederlage von Eisenstadt durch die Siege über die kaiserlichen Generäle *Ritschan* und *Rabatta* einigermaßen zu kaschieren.

Gegen General *Rabatta* wurde ein Kriegsgerichtsverfahren eingeleitet, bei dem er aber nicht verurteilt wurde, weil seine Miliz am Marsche gewesen war und Graf *Max von Thurn* sogar einen Dragoner erschossen hatte, um die Ausreißer zur Disziplin zu verhalten. Die oststeirische Grenze war aber durch *Rabatts* Niederlage völlig von Truppen entblößt, und die zurückgekehrten Dragoner weigerten sich, unter *Rabatta* Dienst zu machen.

Warum *Rákoczy* nicht alle Truppen zusammenzog und sich gemeinsam mit *Bercsényi*, *Forgács*, *Bottyán* und *Károly* FZM *Heister* entgegenstellte, wird von den Historikern verschieden kommentiert. Wahrscheinlich hatte er darauf gewartet, daß der Kurfürst von Bayern, unterstützt von den Franzosen, von der Traun nach Osten vorstoßen und sich vor Wien mit ihm vereinigen wolle und werde. Für diesen Fall hatte sich *Rákoczy* vermutlich Truppen bereit gehalten, denn eine Vereinigung mit den Bayern und Franzosen vor Wien wäre etwas ganz anderes gewesen als einer der vielen Raubzüge seiner Unterführer, die neben den materiellen Schäden den Hof nur in Unruhe versetzen sollten. Inzwischen belagerte *Rákoczy* allerdings mit seinen Truppen einige unbedeutende Festungen und vertrödelte Monat um Monat. Diese Vorwürfe hatte ihm sogar *Bercsényi* in einem seiner letzten Briefe gemacht.

Der Sieg der Alliierten bei Höchstädt und seine politische Bedeutung

In Bayern reifte indessen jene Entscheidung heran, die *Prinz Eugen* und Graf *Johann Wenzel Wratislaw* seit langem vorbereiteten. Der Savoyer war, über Verlangen von *Marlborough* von Wien an den Rhein abgegangen, weil man fürchtete daß „ohne ihn dort unfehlbar alles über und über gehen würde". Markgraf *Ludwig von Baden* blieb an der Donau, um dem Kurfürsten, der zeitweise wieder an einen Parteiwechsel dachte, nahe zu sein. Er wollte *Max Emanuel* „gern aus diesem Embarras helfen". *Marlborough* drängte aber im Einverständnis mit *Prinz Eugen* auf eine Offensive und griff am 2. Juli die feindliche Stellung am Schellenberge, der Donauwörth beherrschte, an. Markgraf *Ludwig* kam ihm zu Hilfe, obwohl er ständig mit *Max Emanuel* verhandelte und entschied die Schlacht.

Marschall *Tallard* trat über strikten Befehl *Ludwigs XIV.* am 29. Juni von Straßburg aus den Marsch über den Schwarzwald an. *Prinz Eugen* war zu schwach gewesen, um den Durchzug des französischen Korps zu verhindern. Mit wachsender Unruhe hatte *Eugen* gesehen, daß an der Donau alles stagnierte. *Marlborough* und Markgraf *Ludwig von Baden* hatten sich nach dem blutigen Gefecht auf dem Schellenberge damit begnügt, Rain am Lech zu erobern, das bayerische Land ringsum zu verwüsten und in der Nähe von Augsburg, bei Friedberg, Lager zu schlagen und mit *Max Emanuel* weiterzuverhandeln. Markgraf *Ludwig*, ebenfalls ein Reichsfürst, hoffte den Sturz *Max Emanuels* verhindern zu können. Aber deswegen allein war ja *Prinz Eugen* nicht wieder an die Front gegangen. Er erwartete in dieser Situation nichts mehr von Verhandlungen und faßte gegen den Willen des Markgrafen von Baden den Entschluß, zwar diese von diesem erdachten Stollhofer-Linien mit einem Teil seiner Kräfte zu halten, selbst aber mit dem Gros *Tallard* zu folgen, sich mit der Hauptmacht zu vereinigen und endlich eine Entscheidung der Waffen herbeizuführen. *Tallard* hatte sich mit dem bayerisch-französischen Heere am 4. August bei Augsburg vereinigt, nachdem er Villingen, das er kurz belagert hatte, nicht nehmen konnte. Nach dem Eintreffen von *Tallard* dachte der verräterische Kurfürst aber an keinen Parteiwechsel mehr, und Markgraf *Ludwig von Baden* mußte erkennen, daß all seine Bemühungen vergeblich gewesen waren. *Prinz Eugen* aber zog rasch an die Donau und lagerte am 3. August bei Höchstädt. *Marlborough* und der Markgraf hatten zunächst an die Belagerung von Ingolstadt und die Eroberung von Ulm gedacht, um die Donaulinie und Bayern zu beherrschen. In der Tat marschierte der Markgraf mit 14.000 Mann vor Ingolstadt, während *Marlborough* mit der Hauptarmee zu seiner Deckung südwestlich der Stadt stehen blieb. Nur ein Heerführer besaß die seiner Zeit vorauseilende Kühnheit der Niederwerfungs- und Vernichtungsstrategie, *Prinz Eugen!* Es gelang ihm, *Marlborough* für die Führung der Entscheidungsschlacht zu gewinnen. Im geheimen fürchtete *Eugen*, daß England und die Generalstaaten ihre Truppen aus Bayern nach Holland zurückberufen könnten und drängte daher auf eine sofortige Entscheidung. Außerdem stand Marschall *Villeroy* mit einem weiteren französischen Korps am Neckar, und es war zu befürchten, daß er sich mit der Hauptarmee vereinen und ein starkes Ungleichgewicht herbeiführen könnte.

Max Emanuel und *Tallard* zogen, in der Annahme, daß *Prinz Eugen* das Land räume, am 6. August von Augsburg nach Norden, überquerten am 10. zwischen Launingen und Dillingen die Donau und schlugen Lager. Sie glaubten bis zum Morgen des 13. August, daß der Prinz nach Nördlingen ausweichen wolle und dachten daher nicht an die Möglichkeit, daß *Eugen* die Schlacht suche. *Eugen* drängte *Marlborough* zur raschen Vereinigung. Sie fand am 12. August nördlich von Höchstädt am Kesselbache statt. Für den darauffolgenden Tag beschlossen sie die Schlacht, und am 13. August 1704 standen sich die Heere gegenüber: Österreicher, Preußen, Engländer und Holländer mit 52.000, Franzosen und Bayern mit 56.000 Mann. Die feindliche Armee bestand aus zwei Heeresgruppen. Tallard besetzte das Dorf Blindheim, das am steilen Donauufer lag, mit starker Infanterie und machte es zu seinem Hauptstützpunkt. Die Kavallerie stellte er, entgegen aller Gewohnheit in das Zentrum, während am linken Flügel Franzosen unter Marsin beim Dorf Oberglauheim und die Bayern unter dem Kurfürsten bei Lutzingen standen. Keiner der drei Feldherren war bereit, sich dem anderen unterzuordnen. *Prinz Eugen* und *Marlborough* aber waren ein Herz und eine Seele. Sie entwarfen den Plan, an der nach ihrer Meinung schwächsten Stelle der feindlichen Armee, im Zentrum durchzubrechen, während die eigenen Flügel die Aufgabe hatten, die des Feindes zu binden, damit diese nicht dem Zentrum zu Hilfe kommen könnten. *Prinz Eugen* kommandierte den rechten Flügel, Kaiserliche, Preußen und Dänen, Herzog *Marlborough* das Zentrum, bestehend aus Engländern und Holländern, und Lord *Cutts* den linken Flügel. Getrennt wurden die Armeen durch den teilweise versumpften Nebelbach. *Eugen* mußte einen längeren, beschwerlicheren Marsch über waldiges und bergiges Gelände machen und erreichte erst mittags seinen Bereitstellungsraum, von dem aus er den Kurfürsten umfassen wollte. Erst um halb ein Uhr begann der allgemeine Angriff der Verbündeten. Stunden wogte der Kampf, ohne daß sich eine Entscheidung abzeichnete. *Eugens* rechter Flügel kam gegen die Bayern und *Marsin* nicht voran, und der linke Flügel unter *Cutts* richtete bei Blendheim wenig aus. *Marlboroughs* Zentrum überschritt zwar in harten Kämpfen den Nebelbach, kam aber auch nicht weiter. In diesem kritischen Augenblick erwies sich der Herzog als Meister der Strategie. Mitten im Kampfe zog er alle verfügbare Kavallerie im Zentrum zusammen, stützte sie durch gut postierte Infanterie und im Rücken durch Artillerie. Dann stürzte er sich mit der gewaltigen Reitermacht von 109 Eskadronen auf die Kavallerie *Tallards*. Es entbrannte eine gewaltige Reiterschlacht, in der die schon zahlenmäßig unterlegenen Reiter *Tallards*, 60 Eskadronen, der Wucht des Ansturmes weichen mußten. *Tallards* Kavallerie erhielt weder von rechts noch von links Hilfe, weil *Prinz Eugen* und Lord *Cutts* ebenfalls wieder angriffen und die feindlichen Flügel in schwere Kämpfe verwickelt hatten. Im Zentrum vollzog sich indes die totale Niederlage der Franzosen. Marschall *Tallard* geriet in Gefangenschaft, während seine Reiterei nach schwersten Verlusten floh. Damit war die ganze Schlachtordnung des Feindes aufgebrochen, und jetzt gelang es auch Eugens Flügel, wo sich besonders das preußische Fußvolk tapfer schlug, den Kurfürsten zum Rückzug zu zwingen. Auf dem linken Flügel hingegen, in Blindheim, wurde die französische Stellung sich vorerst selbst überlassen und dann von allen Seiten eingeschlossen. Um acht Uhr abends ergaben sich dort 9.000 Franzosen nach erbittertem Widerstand. „Eine unerhörte Viktoria!" Mit diesen Worten fielen sich *Prinz Eugen* und Herzog *Marlborough* in die Arme. Aber auch die Verluste waren auf beiden Seiten groß. Auf alliierter Seite waren 4.600 Tote und mehr als 7.000 Verwundete und bei den Bayern und Franzosen 6.000 Tote, 7.000 Verwundete und 9.000 Gefangene zu beklagen. Unübersehbar war die Beute an Kriegstrophäen, Waffen und Munition. Dazu kamen der ganze Troß des Feindes mit großen Mengen an Proviant, Pulver, Futtermitteln und

„34 Wagen mit französischen Damen". Ungeheuer aber war die militärische und politische Bedeutung dieses Sieges, denn die Franzosen räumten ganz Süddeutschland. Kurfürst *Max Emanuel* mußte Bayern verlassen und schrieb am 16. August seiner Gemahlin: „Ich mache das Kreuz über Bayern und alles was mir bleibt." Am nächsten Tag übertrug er seiner Gemahlin *Therese*, der Fürstin, die Regentschaft und begab sich auf die Reise nach Brüssel um die Statthalterschaft für *Ludwig XIV.* in Belgien wieder zu übernehmen.

Am 4. August wurde von englischen und holländischen Truppen, die der kaiserliche Feldmarschall Landgraf *Georg von Hessen* kommandierte, in Spanien die Festung Gibraltar erobert und in der Folge gegen alle Angriffe der Franzosen und Spanier gehalten. Gibraltar wurde sofort durch die britische Flotte verstärkt und für diese zu einem wichtigen Stützpunkt an der Meerenge ausgebaut.

Am 10. September wurde von den Kaiserlichen Ulm erobert, und am 23. November kapitulierte die Besatzung der Festung Landau in der Pfalz. *Marlborough* nahm Trarbach und Trier.

Anfangs September war König *Joseph* in das Feldlager vor Landau gekommen, was unter den Truppen Begeisterung auslöste. Hier wurde, im Hauptquartier zu Ilbesheim, am 7. November 1704 von den Abgeordneten des Kurfürsten und des Kaisers ein Vertrag abgeschlossen. Er entsprach der Lage. Alle Festungen Bayerns und alles Kriegsmaterial waren abzuliefern und die Truppen zu entlassen. Kurfürstin *Theresia,* eine Tochter des verstorbenen Polenkönigs *Sobieski*, wurde die Landeshoheit im Rentamt München und die Einkünfte zuerkannt, im übrigen kam Bayern unter österreichische Administration.

In Wien, den Erbländern und bei den Alliierten herrschten Jubel und Siegeszuversicht, und Kaiser *Leopold* hatte in seinen alten Tagen noch einmal einen glücklichen, wundersamen Umschwung der Lage erlebt. Die bayrisch-französische Gefahr war mit einem Schlage gebannt, ganz Süddeutschland von den Franzosen befreit und das feindliche Bayern des abtrünnigen Wittelsbachers in österreichischer Gewalt.

In diesem Lichte nahm sich die Bedrohung Österreichs durch *Rákoczys* Rebellen anders aus als bisher. Auch der Herzog von Savoyen, dessen Truppen Graf *Starhemberg* kommandierte, konnte nun wirksamer unterstützt werden, und die große Allianz wurde in ihrem Kriegseifer nachhaltig gestärkt. Selbst die Sache des jungen Königs *Karl* in Spanien sah jetzt hoffnungsvoller aus. Die strategischen Fähigkeiten *Prinz Eugens* und die diplomatischen Glanzleistungen des kaiserlichen Gesandten Graf *Wratislaw* in London hatten die von beiden angestrebte Wende herbeigeführt. Höchstädt befreite den Kaiser von einer schweren Gefahr. Seit mehr als zwei Jahrhunderten war kein solcher Sieg über die Franzosen errungen worden, und der Ruhm Kaiser *Leopolds I.* und der Waffen seiner Armee und der Kampfwille der Alliierten hallten in ganz Europa wider. Die Wucht dieser Ereignisse hätten für *Franz Rákoczy* und *Nikolaus Bercsényi* Alarmsignale sein müssen, hätten sie zum Überdenken ihrer Situation und auf einen Weg führen können, mit Habsburg einen für beide Seiten annehmbaren Ausgleich zu finden. Aber die Führer des Aufstandes vermochten es, zum Unglück Ungarns, nicht, die Zeichen ihrer Zeit erkennen und blieben bis zum bitteren Ende zu in französischem Sold.

Vorgetäuschte Friedensbereitschaft der Rebellen; Kuruzzeneinfälle in Niederösterreich und der Steiermark; die finanzielle Lage Rákoczys

Forgács hatte zwar nach seiner Niederlage bei Kornoco, auf der Heide von St. Martin (Szemere) Abgeordnete aus den Gespanschaften westlich der Donau nach Jánosháza berufen, um über den weiteren Fortgang der Rebellion in diesem Raume zu beraten. Aber er hatte alles Vertrauen eingebüßt, und *Károly* hatte nach seinem Erfolge bei Mogersdorf gerufen werden müssen, um die Versammlung der Rákoczyaner zu leiten. Es wurde beschlossen, daß *Károly* in der Schütt und an den Grenzen zu Niederösterreich und zur Steiermark das Kommando führen und *Anton Esterházy* von Simontornya bis zur Drau befehligen solle. *Forgács* aber sollte sich zu *Bercsényi* an die Waag begeben. *Forgács* aber dachte gar nicht daran, den Beschluß des von ihm selbst einberufenen Gremiums zu beachten und streifte ziel- und planlos in der Gegend zwischen Deutschkreutz und Ödenburg, bis ihn *Rákoczy* zu sich befahl.

Erzbischof *Széchenyi* war während der kriegerischen Ereignisse der letzten Zeit darum bemüht, im Sinne des ihm vom Kaiser erteilten Mandats, Gespräche über Friedensverhandlungen zuwege zu bringen. Als *Károly* aus den Gebieten westlich der Donau vertrieben worden war, hatte *Széchenyi Rákoczy* auf die Unbeständigkeit des Kriegsglückes hingewiesen und den Fürsten ermahnt, seine Forderungen an den Wiener Hof, die er in seinem Manifeste schon umrissen hatte, auf ein für den Hof erträgliches Maß zu reduzieren. *Rákoczy* aber antwortete ihm, er halte die Ereignisse „jenseits der Donau nicht für so wichtig als daß er zu Zugeständnissen bereit sein müßte. Der Hof müsse einsehen, daß er Ungarn nicht mit 6.000 Deutschen niederhalten und niederzwingen könne." Dem Hof aber berichtete *Széchenyi*, der Kaiser dürfe hoffen, daß die von seiner Armee erfochtenen Siege die „Misvergnügten" nachgiebiger gemacht haben. Das war eine Falschmeldung seiner Eminenz! *Széchenyi* erhielt aber gerade auf Grund dieser Meldung den Auftrag, die Anführer der Rebellion aufzufordern, Abgeordnete nach Preßburg oder Tyrnau zu entsenden, damit über den Frieden gesprochen und vorerst über einen dreimonatigen Waffenstillstand verhandelt werde. Am 22. April 1704 hatte *Prinz Eugen* als Präsident des Hofkriegsrates durch den Prälaten *Viza* und den Führer des gemäßigten Flügels der Protestanten *Okolicsányi* die

Weisung ergehen lassen, die Gespräche mit den „Misvergnügten" wieder aufzunehmen. In seiner Weisung schrieb *Prinz Eugen* unter anderem: „Da aus dem Berichte des Erzbischofs und der Abgeordneten ersichtlich ist, daß die misvergnügten Ungarn Frieden zu schließen wünschen, auch verlangen, daß vorerst auf Waffenstillstand und auf Gewährleistung, als die vorläufigen Schritte, Bedacht genommen werde, wird kundgetan: Daß Se. Majestät bereit ist, ihren Beschwerden nach Recht und Billigkeit abzuhelfen und die Rechtsverletzungen mit Aufrechterhaltung der Gesetze und des königlichen Ansehens zu beseitigen. Indem hierzu vorerst ein Waffenstillstand erforderlich ist, so willigt Se. Majestät ein, daß ein solcher auf Grundlage folgender Vertragspunkt geschlossen werde: Der Waffenstillstand sei allgemein und erstrecke sich auf die benachbarten deutschen Provinzen, Ungarn und Siebenbürgen; während derselben bleibe jeder Theil im Besitze dessen, was er jetzt inne-hat; die Belagerung der Städte und Festungen, in denen kaiserliche Truppen liegen, werde aufgehoben; die Feldarmee der Misvergnügten ziehe sich in die oberen Gespanschaften, namentlich nach Zipsen, Sáros, Ung und Zemplin zurück; die zum Waffendienste gezwungenen Edelleute und Bauern sollen entlassen werden; der Waffenstillstand währe drei Monate.

Die Garantie auswärtiger Mächte beeinträchtigt das Ansehen des Königs und die Ehre der Nation, habe auch nie einen guten Erfolg gehabt, weshalb dieselbe bei den Friedensschlüssen Bethlens und Rákoczys von den misvergnügten Ungarn nicht gewünscht und sogar zurückgewiesen wurde. Darum mögen sich diesmal die Unzufriedenen mit der Vermittlung Englands und Hollands begnügen. Polen kann wegen der Zerwürfniß mit seinem König nicht vermitteln; die Vermittlung des schwedischen Königs ohne Polen wäre eine Verletzung der Neutralität, welche der Kaiser beim gegenwärtigen Kriege der beiden Mächte beobachtet. Es fehlt also nichts weiter, als daß die Misvergnügten Abgeordnete nach Preßburg oder Tyrnau senden, damit Sie, Herr Erzbischof, die von den Misvergnügten angenommenen Bedingungen des Waffenstillstandes einschicken, und Se. Majestät Bevollmächtigte nach dem Orte der Unterhandlung abgehen lasse."

Mitte Mai suchte hierauf *Széchenyi* den Fürsten in Paks auf, teilte ihm den Inhalt des Schreibens *Prinz Eugens* mit und verhandelte mit *Rákoczy* mehrere Tage. Am 22. Mai meldete *Széchenyi* dem Kaiser: „Rákoczy und seine Genossen sind zwar zum Frieden geneigt, nehmen aber den Waffenstillstand nicht an, weil derselbe Ew. Majestät zu große Vorteile gewährte, ihnen aber verderblich würde und ein Waffenstillstand überhaupt unnötig sei. Auch bestehen sie auf der Garantie auswärtiger Mächte." In einem Zusatz schreibt *Széchenyi:* „Nur mit Mühe ist es mir gelungen, die Reden über Abschaffung des Königtums, Aufhebung der Erbfolge und neuen Wahl des Königs Joseph zum Schweigen zu bringen. Die Abgeordneten Ew. Majestät Viza und Okolicsányi werden ausführlich Bericht erstatten."

Am 4. Juni hatten hierauf diese beiden Verbindungsleute die in 24 Punkten enthaltenen Beschwerden und Forderungen der „Misvergnügten" in Wien überreicht. Sie deckten sich mit dem Manifeste *Rákoczys*. Neu hinzu kam nur die Forderung, daß FZM *Heister* wegen der verübten Grausamkeiten abgesetzt und bestraft werde.

Kurfürst *Wilhelm von der Pfalz* wurde über Vorschlag *Prinz Eugens* ebenfalls in die beginnenden Verhandlungen eingeschaltet, um die Führer der Rebellion von dem aufrichtigen Wunsch des Kaisers zu überzeugen, den Frieden in seinem Königreich herbeizuführen. Er versicherte *Széchenyi* in einem Schreiben, „daß der Kaiser den Frieden aufrichtig wünsche, Franz Rákoczy begnadigen und jeden billigen Wunsch der Ungarn erfüllen wolle, auch den Grafen Lamberg bereits entsendet habe, Untersuchungen wegen der Ausschweifungen der Soldaten vorzunehmen und sie zu bestrafen. Er versprach ferner zu bewirken, daß der Kaiser, sobald der Waffenstillstand geschlossen sei, Heister aus Ungarn abberufen und nie wieder hinsenden werde. Darüberhinaus bewillige der Hof Änderungen der vorgeschlagenen Bedingungen des Waffenstillstandes und gestatte, daß die Rákoczysche Armee nur den Landstrich zwischen der Donau, Waag und Drau räume, sämtliche übrigen Landesteile aber besetze."

Széchenyi teilte den Inhalt dieses Schreibens am 11. Juni *Bercsényi* und *Forgács* mit. *Bercsényi* antwortete ihm nach drei Tagen: „Ich habe vorhergesagt, sobald der Hof bei uns Neigungen zu unterhandeln wahrnimmt, wird er Forderungen stellen, welche wir ohne Kränkung nicht anhören können. Als der Palatin den Waffenstillstand zum erstenmale zur Sprache brachte, verlangte er, daß derselbe auf Grundlage des gegenwärtigen Besitzes geschlossen werde; jetzt sollen wir wegen einiger Hoffnung, ohne Schatten von Gewißheit, aus dem Landestheile ausziehen, der uns so viel Blut gekostet hat und dessen Räumung die Macht des Feindes ungemein verstärken würde." *Forgács* schrieb am 16. Juni, drei Tage nach seiner Niederlage gegen *Heister:* „Der Waffenstillstand führt nicht zum Frieden, sondern die gänzliche Aufhebung der Steuern und die Übergabe der Regierung Ungarns an Ungarn . . . Der Deutsche ziehe aus dem Lande ab, und ich werde nicht bloß für den Waffenstillstand, sondern für den Frieden wirken. Der Hof höre auf, Ränke zu schmieden, solange es Zeit ist, sonst werden wir alle, die wir es mit Joseph halten, in den Spruch einstimmen: Der Weise richtet sich nach der Zeit."

Széchenyi berichtete dem Kurfürsten von der Pfalz und Minister *Kaunitz* über die Meinungen von *Bercsényi* und *Forgács*. Kaiser *Leopold* ließ hierauf am 20. Juni durch Graf *Kaunitz* dem Erzbischof mitteilen: „Das Recht des Hauses Österreich auf Ungarn und die zu demselben gehörenden Länder muß heilig und unantastbar bleiben; dasselbe ist längst erworben, durch den letzten Preßburger Reichstag festgestellt von ganz Deutschland und den übrigen Erblanden bestätigt, oder besser gesagt, mit deren Gut und Blut erkauft worden. Von diesem Rechte kann Se. Majestät nicht das Geringste vergeben, und die Stände des Reiches können nicht wollen, daß er etwas davon vergebe. Se. Majestät will hinwieder alle Theilnehmer am Aufstande, sobald sie zur

Treue zurückkehren, amnestieren und in ihre Güter und Würden wieder einsetzen; alle die Rechte und Privilegien sämtlicher Länder und Einwohner des ungarischen Reichs aufrecht erhalten; die Freiheit und Sicherheit der aufgenommenen Glaubensbekenntnisse dem wirklichen Sinne der vom Ödenburger und Preßburger Reichstage gebrachten Gesetze gemäß wahren und nicht erlauben, daß die Grundherren ihre Rechte mißbrauchen oder irgendjemandes Gewissen Gewalt anthun; jedermann den Weg zu Würden, Ämtern und Gütern, die ihm gebühren, offen halten; mit einem Worte, Se. Majestät wird mit allem Eifer dafür sorgen, daß alle Anordnungen der Gesetze vollzogen werden. Die übrigen Mißbräuche und Gebrechen wird Se. Majestät ebenfalls abstellen; Erlassung der Steuern bis zum Reichstage, der gleich nach Herstellung des Friedens berufen werden soll, aussprechen, den Preis des Salzes nach Möglichkeit herabsetzen; ohne Verzug die Verbesserung derjenigen Angelegenheiten bewirken, die von seiner alleinigen Verfügung abhängig, die künftige Besteuerung aber und andere dergleichen Angelegenheiten bis zum nächsten Reichstage hinausschieben und in allem nach dessen Rath und Zustimmung verfahren. All das Gesagte ist auch in bezug auf Siebenbürgen gesagt. Ferner will Se. Majestät bedacht sein, den ungarischen Wein nicht nur in die benachbarten, sondern auch in überseeische und andere entlegene Länder auszuführen, und wird ebensogern andere Vorschläge annehmen, welche die Förderung des auswärtigen Handels und überhaupt das Wohl ihrer Untertanen bezwecken. Das verspricht Se. Majestät schon jetzt und genehmigt nach angeborener Huld, daß nach Ablauf des Waffenstillstandes Abgeordnete der ihm entfremdeten Ungarn und Siebenbürger in Preßburg oder einer anderen benachbarten Stadt mit seinen Bevollmächtigten zusammentreten und, wenn es so gefällt, unter Mitwirkung der Gesandten der Königin von Großbritannien und der Vereinigten Niederlande (die Vermittlung anderer Mächte wird durch die eigenen inneren Unruhen verhindert) Mittel und Wege suchen, auf denen wir uns glücklicher dem ersehnten allgemeinen Wohl nähern können. Auch wird Se. Majestät bei mancherlei Gelegenheiten öfters und besonders zum nächsten abzuhaltenden Reichstage nach Ungarn hinabkommen, um dort mit allen Ständen, wenn und wie oft der Reichstag gehalten werden solle, und alles das zu beraten und zu beschließen, was hinsichtlich der Rechtspflege, der Cameral- und Militärsachen und jedes Zweigs der Staatsverwaltung beizubehalten, zu ändern und neu einzurichten sei, – oder in dieser Absicht den König Joseph hinzusenden, und ihn mit der Führung der ungarischen Angelegenheiten von nun an gänzlich betrauen."

Aber mit den Rebellen war einfach nichts anzufangen. Sie redeten nicht mehr von den Türkenkriegen, sondern warfen *Leopold* vor, schon 44 Jahre mit der größten Hartnäckigkeit den Plan zu verfolgen, die Verfassung Ungarns aufzuheben und taten so, als ob es die 150jährige Besetzung Ungarns durch die Türken und die fast ebensolange Vorherrschaft der Pforte über Siebenbürgen gar nicht gegeben, sondern Ungarn ihm von ihnen in Glanz und Pracht mit einer gefüllten Staatskasse übergeben worden und er, der König von ihren Gnaden, jetzt recht undankbar gewesen, dabei ertappt worden wäre und auf einmal, nur um die ihm von ihnen so großzügig geschenkte Stephanskrone doch noch seinem Hause erhalten zu können alles versprechen würde, um den Emporkömmling *Bercsényi* und dessen Aushängeschild *Rákoczy* gnädig stimmen zu können. Es könne ja nur der verzweiflungsvollen Lage *Leopolds* und Österreichs zugeschrieben werden, daß er ihnen anbiete, die Regierung Ungarns seinem Sohne, dem gekrönten König Ungarns, übergeben zu wollen. Jetzt besinne sich der Undankbare, wo schon ganz Ungarn (bis auf Budapest, Preßburg, Raab, Komorn, Gran, Großwardein, Szegedin, Stuhlweißenburg, Veszprém, Fünfkirchen, Ödenburg, Pápa ect., aller Städte Siebenbürgens, der Gebiete westlich und südlich der Donau und ganz Kroatien) in *Rákoczys* Händen sei, eines Besseren! Es ist erstaunlich, mit welcher Hingabe gewisse Leute die Schimäre pflegen, daß die Kuruzzen allzeit die Herren Ungarns gewesen seien. Kaum war *Heister* bei irgendeinem Tor hinausmarschiert, war alles schon wieder kuruzzisch. Sie tun als ob *Károly* nicht nach jedem Raubzug über die Donau hätte retirieren müssen, als ob *Rákoczy* nicht im Solde der Franzosen gestanden und nicht eine Woche vor der Schlacht von Höchstädt an *Ludwig XIV.* geschrieben hätte, „daß er zu dieser Jahreszeit nichts unternehmen könne, daß sein Heer sich (wegen der Ernte und bevorstehenden Weinlese) auflöse, daß er sich genötigt sehen würde, einen Waffenstillstand anzunehmen und seine Erhaltung tatsächlich nur der Unkenntnis des Feindes von seinem wahren Zustand verdanke". Sie tun, als ob *Rákoczy* allzeit der gebietende Herr ganz Ungarns gewesen wäre und gerade so, als ob *Heister*, *Rabutin* und *Pálffy* ständig vor *Károly*, *Bercsényi* und *Forgács* auf der Flucht gewesen wären, als ob die königstreuen Magnaten gar keine Anhänger gehabt hätten, ja nicht einmal vorhanden gewesen wären. Sie tun, als ob die niederträchtigen Raubzüge gegen die wehrlose Bevölkerung in den Dörfern der Erbländer, Mährens und selbst in Ungarn gegen die Raizen und die eigenen Landsleute, die nur von ihnen nichts wissen wollten, Heldentaten der Gerechtigkeit gewesen wären.

Als Erzbischof *Széchenyi* am 5. Juli in Sümeg, im Beisein des Grafen *Lamberg*, *Forgács* und *Daniel Esterházy* die Kundmachung des Kaisers vorlas, nahm sie *Esterházy* mit Befriedigung auf. *Forgács* hingegen sagte, auch ihm sei der Friede lieb, aber ein gewisser und der Nation nicht verderblicher Friede. Auch er habe einen Waffenstillstand (auf der Szemerer Heide) beantragt, aber *Heister* habe ihn abgelehnt. Jetzt komme der Antrag zu spät, denn *Max Emanuel* würde demnächst mit Bayern und Franzosen da sein, und die Türken würden auch bald eintreffen, um sich mit *Rákoczy* zu vereinen. Die Zeit, nach der sich der Weise richtet, wie er zu sagen pflegte, war dergestalt, daß man sich auch von *Joseph* lossagen müsse, zu dessen Partei er, wie er vorgab, gehört habe. In Westungarn aber, wo die königstreuen Magnaten auch ein gewichtiges Wort zu reden hatten, fand die Kundmachung des Kaisers einen beachtlichen Widerhall und *Daniel Esterházy* wurde mit einer 22köpfigen Abordnung zu *Rákoczy* geschickt, um ihn zur Annahme des Waffenstillstandes zu bewegen. Auch *Szechenyi,* der es gut mit *Rákoczy* meinte, forderte den Fürsten auf, selbst dann, wenn er keinen Waffenstillstand wolle, Unterhändler nach Preßburg zu senden, ehe die gegenwärtig günstige Stimmung des Hofes umschlage. *Rákoczy* aber wollte den Franzosen dienen, er mißachtete alle Appelle, zog am 12. Juli, sein Lager in Solt und den Földvárer Brückenkopf *Anton Esterházy* überlassend, entlang der Donau bis Titel hinab und von dort die Theiß aufwärts, ohne auf Widerstand zu stoßen. Bács, eine der kleineren Festungen, ergab sich. Hierauf zog er mit seinem Heer vor Szegedin, wo er den Stadtteil der Raizen verwüstete, die bei seiner Annäherung zum Teil auf türkisches Gebiet geflüchtet waren, während sich der Rest im Schilfgebiet versteckt hatte. Das Schilfgebiet ließ er bei günstigem Wind anzünden und die Raizen, die den Flammen entkommen wollten, niedermetzeln. Die Festung Szegedin aber, die mit Türmen, gedeckten Wegen und tiefen Gräben umgeben war, belagerte er vergeblich. Die 400 Mann starke Besatzung dachte gar nicht daran, sich zu ergeben. Hier erreichte ihn auch *Michelt,* der Sekretär des französischen Gesandten bei der Pforte, der *Rákoczy* sprechen wollte, ehe er nach Paris weiterreiste. *Rákoczy* sandte *Michelt* zum Pascha von Temesvár und bat, daß dieser die auf türkisches Gebiet geflohenen Raizen an ihn ausliefere und ihm erlaube, sich in seinem Gebiet mit Lebensmitteln einzudecken. Die Auslieferung der Raizen lehnte der Pascha, der kein so rachsüchtiger Mensch wie *Rákoczy* war, ab, weil sie gegen die Menschlichkeit verstieß und er verhindern wollte, daß sich *Rákoczy* an wehrlosen Menschen vergehe. Ehe *Michelt* weiterreiste, händigte ihm *Rákoczy* einen Brief an *Ludwig XIV.* aus, in dem er sich wegen seiner Verhandlungen mit dem Kaiser und dem Wiener Hofe entschuldigte und klagte, daß die versprochenen Hilfsgelder und Truppen noch immer nicht eingetroffen seien, seine Armee gegenwärtig nur mehr aus 6.000 Mann bestehe und sich bald ganz auflösen werde. Eben jetzt sei er gezwungen, die Belagerung Szegedins aufzuheben. Um den Krieg mit Erfolg weiterführen zu können, brauche er aber 15.000 gut besoldete Soldaten und Offiziere, die diese ausbilden.

Als *Rákoczy* die Einladung *Széchenyis* erhielt, nach Gyöngyös zu einer Besprechung zu kommen, erfuhr er auch von den Niederlagen der Bayern und Franzosen bei Donauwörth und Höchstädt. „Die Schlacht von Höchstädt vernichtete meine Hoffnungen, mich mit dem Kurfürsten von Bayern vereinigen zu können. In dieser Hoffnung habe ich den Krieg unternommen, dessen Schwierigkeiten ich vorhersah", schrieb *Rákoczy* zwar später in seinen Memoiren. Vor Szegedin aber nahm er die Nachricht, daß ihn ein Teil der siebenbürgischen Stände am 6. Juli in Weißenburg zum Fürsten gewählt und *Leopold I.* entthront habe, mit großer Genugtuung zur Kenntnis und nahm die Wahl nach einigem Zögern an. Es war ihm von *Pekry* mitgeteilt worden, daß sich auch *Bercsényi* bereiterklären würde, diese Würde anzunehmen und daß sie Stände im Falle seiner Weigerung *Tököly* zurückrufen wollten. Das und der Stolz, daß schon seine Ahnen die Krone Siebenbürgens getragen hatten, hatte ihn zu diesem folgenschweren Schritt bewogen. *Rákoczy* mußte wissen, daß die Annahme der Wahl, die er ja lange genug betrieben hatte, das Zustandekommen eines Friedens mit dem Kaiser unendlich erschweren würde. Nach der Schlacht von Höchstädt, als er auf keine massive Hilfe Frankreichs mehr rechnen konnte, diesen Schritt zu tun, war in den Augen aller seiner Zeitgenossen mehr als unüberlegt. General *Rabutin,* das Gubernium des Fürstentums und die Mitglieder des Herrenstandes, die sich in Hermannstadt seit einem Jahr als permanenter Landtag konstituiert hatten, erklärten in einem Manifeste vom 2. August den Weißenburger Landtag für gesetzwidrig, die Wahl für nichtig und alle, die *Rákoczy* wählten oder seine Wahl anerkannten, für Hochverräter.

Rákoczy lag indessen noch vor Szegedin und rief *Forgács,* der die Beschlüsse von Jánosháza nicht beachtet hatte, über die Donau zurück und ließ ihn Kaschau und Eperjes belagern.

Anfangs August berannte *Bercsényi* mit seinen Scharen in der westlichen Slowakei Trancsin, in dessen Festung sich der königstreue Obergespan *Illésházy* noch immer behauptete. Da aber ein deutsches Truppenkontingent aus Mähren anrückte, hob *Bercsényi,* von dem sein Vetter *Forgács* sagte „Den Pulvergeruch hat er nicht gern!", die Belagerung auf und marschierte nach Tyrnau, wo er am 21. August das Graner Domkapitel, welches hier seinen Sitz hatte, überfiel, plünderte, niederbrannte und somit aller Welt kund tat, daß er *Heister,* der in Veszprém ähnlich gehaust hatte, in nichts nachstand. Nur der Erzbischof beklagte sich diesmal nicht. Nachdem sich Neutra einige Tage darauf ergeben hatte, war der Weg nach Niederösterreich und Mähren wieder frei. *Bercsényi* schickte seine Hauptleute wieder auf Plünderung und Brandschatzung aus, und diese drangen mit 6.000 Reitern bis Dürnkrut vor, verbrannten die Stadt und die Dörfer in deren Umgebung und zogen sich mit mehreren tausend Stück Vieh, das sie geraubt hatten, und aller beweglichen Habe, die ihnen in die Hände gefallen war, wieder über die March zurück.

Einen Raubzug, wie ihn nur Mordbrenner übelster Sorte verüben können, unternahm *Károly* in der zweiten Julihälfte in die Oststeiermark. Er verwüstete mit seinen Banden, aus dem heute südburgenländischen Raum kommend – sein Hauptquartier hatte er vorübergehend in Deutsch-Kaltenbrunn aufgeschlagen – von Süden her die Gemeinden am westlichen Ufer der Lafnitz und zu beiden Seiten des Safenbaches bis südlich von Hartberg, heerte zu beiden Seiten der Feistritz bis Holling und Pischelsdorf, am Rittschein bis Söchau und an der Raab bis Johnsdorf. Insgesamt wurden am 25. und 26. Juli in den Bezirken Hartberg und Fürstenfeld 63 Dörfer und Märkte überfallen, geplündert und die meisten davon in Schutt und Asche gelegt. Bei seinem zweiten Raubzug wurden am 7. und 8. August im Bezirk Hartberg weitere 13 Ortschaften verwüstet. Bei beiden Einfällen wurden in der Umgebung der Städte Fürstenfeld und Hartberg auch die Meierhöfe und Mühlen verbrannt. *Pálffy* schrieb an *Károly* und kündigte ihm blutige Vergeltung auf den Besitzungen der Anhänger *Rákoczys* an und FZM *Heister,* der schon nach Wien berufen worden war und ein Kommando an der Westfront erhalten sollte – Kaiser *Leopold* wollte dem Wunsche *Széchenyis* und damit auch der Kuruzzenführer entsprechen – wurde vom Kaiser wieder mit dem Oberkommando in Ungarn betraut. So also hatten sich die Kalviner die Abberufung *Heisters* vorgestellt. Wenn er aus dem Lande abgezogen und sich *Leopold* selbst seiner Stütze beraubt habe, könne man ungestraft plündern und brennen! Wieder sollte *Pálffy* aus Kroatien und *Heister* aus dem Norden kommend, Ungarn westlich der Donau von *Károlys* Haufen säubern. Die kaiserlichen Minister waren über die Gemeinheit der Madjaren empört. Der zweimalige Einfall der Kuruzzen in die Oststeiermark war die Antwort auf das Entgegenkommen Wiens gewesen, *Heister* abzuziehen, und die Reaktion auf die Friedensbemühungen des alten Kaisers. Ihre weder auf militärischen noch taktischen Dauererfolg gerichteten Raubzüge gegen wehrlose Dörfer und Märkte im Marchfeld und in der Oststeiermark empörten das ganze Reich und den königstreuen Adel Ungarns. Die neuerliche Berufung *Heisters,* der von den *Rákoczyanern* wie die Pest gefürchtet wurde, war die einzig logische Konsequenz der enttäuschten Umgebung des Kaisers.

Graf *Siegbert Heister,* zum Feldmarschall befördert, marschierte mit seiner Armee über Eisenstadt, Ödenburg, Kapuvár nach Sárvár, wo er am 25. August eine Amnestie mit den Worten verkündete: „Obgleich der Kaiser die Rebellen, dieses gottlose Gesindel, in gerechtem Zorne ausrotten könnte, hat er dennoch aus angeborener Huld mich abermals als Feldherrn mit einer vermehrten Armee ausgeschickt, damit ich den Reumüthigen Gnade ertheile, diejenigen aber, die den Häuptern der Rebellion noch immer anhängen, ausrotte!" Weiters knüpfte *Heister* an die Amnestie die Bedingung, daß die Abtrünnigen und vornehmen Edelleute nach jeder Porte (Haus) aus ihrem eigenen Beutel, nicht aus dem ihrer Untertanen, binnen 3 Tagen 35 Gulden, bei sonstiger Brandschatzung erlegen und die übrigen Edelleute ihm die Waffen abliefern. Fürst *Paul Esterházy,* der Palatin, bemühte sich hierauf beim Kaiser, die von *Heister* inzwischen schon durchgezogenen Maßnahmen in eine allgemeine Amnestie umzuwandeln. Als *Heister* die schon zweimal untreu gewordene Stadt Pápa besetzte und seinen Soldaten zur Plünderung freigab und so *Károlys* Brutalität beantwortete, übertrafen sich Erzbischof *Széchenyi* und die Rákozyaner wieder in ihrem Gezeter, auf das sie während der Raubzüge der Kuruzzen völlig zu vergessen schienen. Die Raubscharen *Károlys* und *Anton* (Antal) *Esterházys* aber gaben eilends Fersengeld, als *Heister* und *Pálffy* mit seinen gefürchteten Kroaten und Raizen anrückten. Obwohl Alexander *Károly* und *Anton Esterházy* ihre Kräfte vereinigen konnten, zogen sie sich in weitem Bogen zurück, am Südende des Plattensees vorbei, und flohen, von *Pálffy* verfolgt, bei Paks über die Donau. Beide waren zu feige, gegen *Heister* und *Pálffy* zum Kampfe anzutreten. Der Raub hingegen war ihr Geschäft. Transdanubien war schnell wieder gesäubert worden.

Während der Reitergeneral Graf *Johann Pálffy,* der Ban von Kroatien bis Dunaföldvár vorstieß, übersetzte sein Vizeban Graf *Draskovich* in der Nacht vom 24. auf den 25. August bei Rácskanizsa auf einer Plätte die Mur und erstürmte mit 300 Husaren und 200 Hajducken das Schloß Belatincz. Das Schloß hatte 70 Mann Besatzung. Draskovichs Kroaten überrumpelten die Besatzung, machten 4 Mann nieder und nahmen 2 gefangen. Die anderen konnten entkommen. Von den Gefangenen erfuhr Graf *Draskovich*, daß der Feind in der Stärke von 1.000 Mann zwischen Oisnitz (Muraszombat) und Rakicsáh (Battyanfalva) stehe. Er zog sofort gegen die Kuruzzen und schlug sie „in einer Hitz" in die Flucht. 36 Kuruzzen fielen, etliche wurden gefangen, 3 Fähnlein, 5 Trommeln und ihr ganzes Lager erbeutet. Darauf überfiel *Draskovich* die Kuruzzenposten in Oisnitz und Rakicsáh, so daß er das linke Murufer gesäubert hatte. Der Vizeban hatte keine Verluste. Am Nachmittag desselben Tages traf *Graf Draskovich* in Radkersburg ein und teilte Baron *Rambschießl* mit, daß er mit seinen 800 Kroaten in die Steiermark einrücken werde und den Unterhalt für seine Truppen beanspruche. Der Ausschuß der Landschaft schrieb hierauf an *Pálffy* und bat ihn, die Steiermark vom Einmarsche der Kroaten zu verschonen. Indessen errang *Draskovich* einen weiteren Sieg über die Kuruzzen, die 200 Tote auf dem Kampfplatz zurückließen. *Pálffy* gab seinem *Vizeban* den Befehl, sich bei Unterlimbach zu postieren. 400 Mann der Landmiliz lagen zu dieser Zeit in Radkersburg und weitere 500 Mann wurden auf Chakathurn, Oberlimbach, Neuhaus, Fürstenfeld und Güssing aufgeteilt. Auch Hartberg, Friedberg, Schlaining und Bernstein bekamen in der Folge kleine Besatzungen. Der Rückzug der Rebellen über die Donau und die Einquartierung der Truppen in den vorgenannten Orten erlaubten es dem Verteidigungsausschuß der Landschaft, die Wacht an der oberen Mur aufzuheben.

Daß Friedensverhandlungen nach solchem Schlagabtausch unter keinen günstigen Vorzeichen stehen konnten, war allen Beteiligten klar. Bei der Zusammenkunft *Széchenyis* mit *Rákoczy* in Gyöngyös waren *Széchenyi* von kaiserlicher Seite der Titularbischof gewordene *Viza, Paul Okolicsányi* und der zum Baron erhobene *Stephan Szirmay* beigegeben worden. *Rákoczy* lehnte den Waffenstillstand, wie er von *Széchenyi* vorgetragen wurde, aus mehreren Gründen ab. „Ich bin zwar nicht abgeneigt", sagte er, „einen Waffenstillstand abzuschließen, aber keinen solchen, der dem Gegner alle Vorteile gewährt. Auch muß ich, da *Heister* die Ungarn zwingt, die Waffen nicht niederzulegen, an der Aufrichtigkeit des Wiener Hofes zweifeln." Das war pure Heuchelei, denn er hatte ja seine Raubscharen ins Marchfeld und in die Oststeiermark geschickt und damit die neue Berufung *Heisters* provoziert. Und *Rákoczy* war es ja, der sich bei *Ludwig XIV.* dafür entschuldigen zu müssen glaubte, daß er mit seinem Kaiser verhandle, und er war es, der den Franzosen versprochen hatte, den Waffenstillstand zu verzögern. Vor allem aber hatte er keinen Frieden gewollt. Da aber, wie er nach Versailles geschrieben hatte, seine Armee wegen der Ernte und der Weinlese auseinanderlief, bequemte er sich vorerst zu einer 15tägigen Waffenruhe, während welcher die kaiserlichen Truppen in ihren gegenwärtigen Stellungen bleiben sollten. Als Konferenzort wählte man Schemnitz, wo die Unterhändler des Kaisers, seine Delegierten und die Gesandten Englands und Hollands zusammentreten sollten. Die Waffenruhe sollte mit dem Tage des Konferenzbeginnes eintreten.

Paul Okolicsányi hatte seine gemäßigten protestantischen Landsleute schon einmal darauf aufmerksam gemacht, nicht wieder die Fehler der Vergangenheit zu begehen. In einer geheimen Unterredung hatte er ihnen zu bedenken gegeben, daß nicht nur der Kaiser, sondern auch *Rákoczy, Bercsényi* und *Károly* Katholiken seien, daß *Rákoczys* Verbündeter, *Ludwig XIV.*, die Evangelischen Frankreichs grausam verfolge und daß auch *Max Emanuel*, dem *Rákoczy* die ungarische Krone anbiete, die Lutheraner in Bayern ausrotte. *Rákoczy* sage zwar, daß seine Armee zu 90% aus Calvinern bestehe (das hat er auch später in seinen Memoiren wiederholt), aber wenn er uns nicht mehr braucht, wird auch er uns bedrücken. Der Kaiser hingegen habe erkannt, daß den lutherischen Glaubensbekenntnissen Unrecht zugefügt worden ist und ist ehrlich bereit, wie er schon auf den Reichstagen in Ödenburg und Preßburg merken hat lassen, unseren Beschwerden abzuhelfen. *Okolicsányi* hatte in dieser geheimen Unterredung im Frühjahr schon verurteilt, daß *Rákoczy* und *Bercsényi* es ablehnen, König *Joseph* als Vermittler zu akzeptieren, daß sie weder England noch Holland vertrauen und auf eine Garantie Polens und Schwedens bestehen, wenn sie überhaupt Frieden schließen. Auch jetzt wieder war *Okolicsányi* mit Abgeordneten der 11 Gespanschaften an der Waag in Verbindung getreten, weil deren Bewohner zum Großteil Calviner waren. Er trug ihnen auf, nachdem der Aufstand schon zwei Jahre dauere, von *Rákoczy* zu verlangen, daß er sie in seinem Herrschaftsbereich unverzüglich in den Genuß ihrer Rechte und Besitzungen setze und, falls er ihren Forderungen nicht sogleich entspreche, mit beiden Händen sofort nach jenen Zugeständnissen zu greifen, die der Kaiser den Evangelischen abermals anbiete. Die Abgeordneten traten an den Fürsten heran und forderten im Namen ihrer elf Gespanschaften, daß der Fürst ihre Forderungen sofort erfülle. Sein Gelöbnis, daß er die Stände sobald als möglich einberufen wolle und das durchführen werde, was diese beschließen, genüge den Gespanschaften nicht. In seiner Bedrängnis rief *Rákoczy* Baron *Vay*, den Kommandanten seiner Hoftruppen, der zu den Reformierten gehörte und *Ottlik,* seinen Obersthofmeister, einen Lutheraner, zu sich und zeigte ihnen ein Schreiben des französischen Gesandten *Bonnác* aus Warschau. Dieser teilte *Rákoczy* mit: „Mein König hat von Se. Heiligkeit Papst Clemens XI. ein Breve und als Beilage eine vom Wiener Hofe Se. Heiligkeit zugeschickte Forderungen der aufgestandenen Ungarn erhalten. Diese Forderungen widerstreiten dem katholischen Glauben so sehr, heißt es im Breve, und bezwecken dessen Ausrottung dermaßen (die Bedrückten verlangen nämlich die freie Religionsausübung und Rückerstattung des ihnen geraubten Eigenthums in der engen Begrenzung, in welcher ihnen dieselben von den letzten Reichstagen zugestanden wurden), daß der König ohne Zweifel getäuscht wurde, als er die Ungarn unter seinen Schutz nahm. Ich habe daher den Auftrag, von Seiten meines

Herrn zu erklären, daß dieser keine Neigung fühle, den Fürsten in seiner wider unseren heiligen Glauben gerichteten Bestrebungen zu unterstützen." *Rákoczy* sagte zu *Ottlik* und *Vay*, daß er sich, wenn die elf Gespanschaften auf ihren Forderungen bestehen, in einem Manifeste von diesen lossagen müßte, um den König von Frankreich und den Papst nicht zu beleidigen. Die 13 östlichen Gespanschaften würden hierauf gewiß auf seine Seite treten, und sie würden bald darauf gegenseitig in Waffen stehen. Er ersuchte *Ottlik* und *Vay* ihren Glaubensgenossen klar zu machen, wie gefährlich dies alles in dieser Situation sei und versprach abermals, zu gegebener Zeit auf ihre Forderungen Bedacht zu nehmen. *Ottlik* und *Vay* gelang es, ihre Glaubensfreunde einigermaßen zu beruhigen.

Auf dem Wege in das Bad Vihnye, das in der Nähe von Schemnitz lag, empfing *Rákoczy* in Ipolyság die Gesandtschaft der siebenbürgischen Stände, die ihm die Urkunde über seine Wahl zum Fürsten von Siebenbürgen überbrachten und ihn aufforderten, den Fürstenstuhl zu besteigen. Hatte *Rákoczy* vor Sziget erst gezögert, sich aber dann doch bereit erklärt, die Wahl anzunehmen, so war er jetzt, bei der Entgegennahme der Wahlurkunde bereit, den endgültigen Bruch mit dem Kaiser und rechtmäßigen König von Ungarn in Kauf zu nehmen. Er wußte, daß Siebenbürgen der Fels sein würde, an dem alle Verhandlungen mit Wien zerschellen mußten, denn es war weder dem alten Kaiser noch dem jungen König zuzumuten, freiwillig auf eine Provinz von der Größe und Bedeutung Siebenbürgens zu verzichten. Daß *Rákoczy* diesen Schritt nach der Niederlage der Bayern und Franzosen bei Höchstädt setzte, ist vielleicht damit zu erklären, daß er ein Postulat brauchte, um *Ludwig XIV.* bewegen zu können, ihn als souveränen Fürsten zu betrachten und mit ihm in der Folge als Gleichrangigen ein Bündnis zu schließen. Nach den Gepflogenheiten des 18. Jahrhunderts war es nicht üblich, daß ein souveräner Herrscher mit jemandem offiziell paktierte, der nicht auf gleicher Stufe mit ihm stand. Den Rebellen *Rákoczy* konnte er bestenfalls ermuntern, in der von diesem angefachten Rebellion fortzufahren, weil es zum Wohle Frankreichs war, mehr aber nicht. Tatsache war, daß sich ja *Rákoczy* dem französischen Hof angebiedert hatte, nicht umgekehrt. Und *Ludwig XIV.* hatte zwar *Rákoczy*, über dessen Wunsch, vor seinen Karren gespannt und lobte den Nutzen, den ihm der ungarische Aufstand einbrachte, aber dafür zahlte er ja *Rákoczy* und *Bercsényi* schließlich eine Rente. Jedes Regiment, das in Ungarn eingesetzt werden mußte, um den Aufstand zu bekämpfen, konnte nicht gegen Frankreich kämpfen, fehlte den kaiserlichen Feldherren am Rhein, in den Niederlanden, in Italien und Spanien.

Daß daher die mit dem Kaiser verbündeten Seemächte ihre eigenen Interessen ins Spiel brachten, wenn sie *Leopold* und später *Joseph* drängten mit den Ungarn zu einem Ausgleich zu kommen, ist ebenso klar, mußten sie doch selber mehr Truppen einsetzen, um die in Ungarn stehenden Regimenter des Kaisers zu ersetzen. Dies kostete ja die Seemächte nicht nur mehr Geld, sondern auch mehr Blut. Die Folge davon, daß die Seemächte Wien immer mehr zum Ausgleich mit den Ungarn drängten, war, daß das Klima unter den Verbündeten während der ganzen Zeit des Kuruzzenkrieges, mit der ungarischen Frage belastet war und zu mancher Verstimmung führte. Dazu kam weiters, daß nicht nur England und Holland, sondern auch die protestantischen Fürsten Deutschlands, vor allem Preußen, dem Bestreben der Protestanten Ungarns, für ihren Glauben die Glaubensfreiheit zu erringen, durchaus positiv gegenüberstanden, und *Bercsényi* und *Rákoczy* hatten es nun einmal vestanden, sich auf den Bock zu schwingen und dafür zu sorgen, daß der Karren der Protestanten dorthin fuhr, wohin sie, die katholischen Kutscher, ihn lenken wollten. Die Gegenmaßnahmen des Kaisers, die über *Okolicsányi* liefen, waren hingegen zwar ehrlicher gemeint, aber weit nicht so spektakulär. Daß die Habsburger darüberhinaus aber in Ungarn und Italien existentiellere Interessen hatten als in Spanien, liegt ebenfalls auf der Hand und erklärt wohl auch ihr konsequentes Verhalten während des ganzen Spanischen Erbfolgekrieges.

Kaiser *Leopolds* Bevollmächtigte in Schemnitz waren außer *Széchenyi* und seinen Gehilfen *Viza* und *Szirmay*, die Grafen *Stephan Koháry* und *Lamberg* und der Geheimrat Baron *Seilern*. *Rákoczys* Abordnung bestand aus *Bercsényi, Michael Mikes, Sigmund Jánoky* und *Paul Ráday*. Die zwischen beiden Parteien Vermittelnden waren der englische Gesandte *George Stepney* und der niederländische Gesandte *Hamel Bruyninx,* beide in Wien akkreditiert. Die Verhandlungen begannen am 17. Oktober und der hiefür anberaumte Waffenstillstand währte 15 Tage. Man kam aber über formalistische Fragen nicht hinaus, und eine Verlängerung des Waffenstillstandes um weitere drei Monate scheiterte, wie es schien, an der Forderung von *Seilern,* daß die Kuruzzen für diese Zeit die Gebiete im Süden und Westen der Donau zur Gänze, im Norden des Stromes bis an die Eipel, den südlichen Teil des zwischen Theiß und Donau gelegenen Landes und jenseits der Theiß den Landstrich zwischen der Körös und Maros räumen und in den den Kuruzzen überlassenen Landesteilen die Belagerung der Städte und Festungen aufheben und den Kaiserlichen die Versorgung ihrer Stützpunkte erlauben sollten. Das habe, wie *Prinz Eugen* gefordert hatte, auch für Siebenbürgen zu gelten. Diese Forderungen gingen über die Bereitschaft, die *Rákoczy* in Gyöngyös angeboten hatte, auf der Basis des derzeitigen Besitzstandes einen Waffenstillstand zu schließen, hinaus, weshalb die Kuruzzenführer eine Verlängerung der Waffenruhe ablehnten und versuchten, die Schuld am Abbruch der Verhandlungen der kaiserlichen Delegation zuzuschieben. Sie sagten, man sehe aus den Forderungen, daß die Kriegspartei am Hofe gar keine Verhandlungen wünsche, sondern nur Zeit gewinnen wolle, um Truppen vom Kriegsschauplatz im Westen nach Ungarn verlegen zu können. Weiters warfen die Rákoczyaner der kaiserlichen Delegation vor, daß *Heister,* während des Waffenstillstandes Siklos und Simontornya und einen großen Teil des Gebietes jenseits der Donau unterworfen und sich daher nicht an die Vereinbarungen des Waffenstillstandes gehalten habe. Während sich der holländische Gesandte neutral verhielt, war *Stepney* bereit, eher den Rákóczyanern zu glauben. Sie kannten die Ungarn und deren Art zuwenig und wußten nicht, daß diese selber keinen Waffenstillstand wollten, daß Kaschau und Eperjes nach dem Inkrafttreten des Waffenstillstandes von *Forgács* in Besitz genommen worden waren, der stolz über den Erfolg seiner Übergabeverhandlungen und den Auftrag, auch mit *Glöckelsberg* in Szatmár zu verhandeln, an *Károly* geschrieben hatte: „Ich bin wie ein Priester, überall, wo sie in Agonie liegen, werde ich hingesandt, sie können nicht ohne mich sterben." Weiters wußten die Gesandten nicht, daß *Rákóczy* ab November seine Kuruzzenhaufen wieder zusammenzog, weil die Ernte- und Lesearbeiten vorbei waren und daß er schon während der Waffenstillstandsverhandlungen seine Truppen vor Neuhäusl massierte, um ab November schlagartig die Kampfhandlungen fortführen zu können. Hierauf aufmerksam gemacht, pflichteten die Gesandten Baron *Seilern* bei, daß nicht er, sondern *Rákóczy* die Schuld am Abbruche der Gespräche treffe. *Rákóczy* war nicht bereit gewesen den von Seilern am 24. Oktober vorgebrachten Wunsch, den Waffenstillstand um die schon genannte Zeit zu verlängern, worauf die kaiserliche Delegation am 1. November die Rückreise nach Preßburg antrat. Was die Kuruzzenführer von den Verhandlungen wirklich dachten, kann am besten an einer Äußerung *Bercsényis* demonstriert werden. *Forgács* war auf die dominierende Stellung *Bercsényis* eifersüchtig, dem *Rákóczy* nicht nur die Leitung der Verhandlungen, sondern auch die Ehren der Repräsentation überlassen hatte. Verärgert beschwerte sich *Forgács* bei *Rákóczy* und schrieb: „Es ist wieder wie in den Tagen der Österreicher. Die Angelegenheiten der Nation werden durch eine willkürlich eingesetzte Kommission entschieden. Es liegt wieder ein Fall von ‚de nobis sine nobis' vor." Hierauf antwortete *Bercsényi* am 11. Oktober, also noch vor Beginn der Verhandlungen, und schrieb *Forgács:* „In Wirklichkeit handelt es sich um einen Fall von viel Lärm um nichts!" und zog damit nicht nur die Anklage von *Forgács,* sondern auch die Verhandlungen ins Lächerliche. In einer Proklamation aber machte *Rákóczy* in Ungarn bekannt, daß die Ränke der Feinde den Erfolg der Verhandlungen zunichte gemacht hatten.

Neuhäusl, einst von strategischer Bedeutung, war in den letzten 15 Jahren immer mehr vernachlässigt worden und verfallen, weil es keine Funktion (gegen die Türken) mehr zu erfüllen hatte und daher nicht mehr so notwendig wie einst gebraucht worden war. Die Lücken der zum Teil geschleiften Befestigungen waren nur mit Holzplanken geschlossen worden, und die Offiziere der Besatzung kannte *Rákóczy* noch von Munkács her. Nach einigen Tagen Beschießung ergab sich die Besatzung *Rákóczy,* ohne daß dieser einen Sturmangriff zu unternehmen brauchte. Damit war eine im Augenblick zwar funktionslose aber doch große Festung *Rákóczy* in die Hände gefallen. Hierauf zog der Fürst weiter nach Westen, um mit seinen Scharen die Festung Leopoldstadt zu belagern. *Bercsényi* aber sandte er nach Mähren. Die Belagerung der starken Festung Leopoldstadt verlief aber anders als die von Neuhäusl. Die leichteren Kanonen, mit denen er die schadhaften Mauern von Neuhäusl beschossen und dessen Holzplanken er hatte in Trümmer legen können, richteten hier keinen Schaden an. *Rákoczy* wartete daher auf die schweren Geschütze, die ihm mit der Festung Kaschau in die Hände gefallen waren. Sie trafen aber erst Mitte Dezember in seinem Lager ein.

Zu dieser Zeit hatte aber auch Feldmarschall *Heister,* der am Westufer der March bis Dürnkrut marschiert war, um einen weiteren Einfall der Kuruzzen in das Marchfeld zu verhindern, von der Belagerung Leopoldstadts Kenntnis erlangt, überschritt bei Theben mit 15.000 Mann die Donau und marschierte nach Tyrnau. In Dürnkrut war er mit 7.000 Mann Infanterie und 4.000 Mann Kavallerie aufgebrochen. Bei Preßburg stießen weitere 3.500 Mann zu ihm. Es waren die Truppen Herbersteins und 2 Regimenter, die aus Schlesien gekommen waren. Dazu kam bald darauf Graf *Nádasdys* Regiment, das sich in der Schütt befunden hatte, so daß die Gesamtstärke der Truppen *Heisters* fast 20.000 Mann erreichte. Weiters besaß er 26 Kanonen. Er hatte den Auftrag, die Festung Leopoldstadt zu entsetzen und rastete am Wege nach Tyrnau in Ruzindal. Als *Rákoczy* von der Bewegung der kaiserlichen Truppen hörte, ließ er vor Leopoldstadt ein Beobachtungskorps zurück und führte das Gros seiner Truppen nach Wolfs (Frankasfalva) in der Nähe von Freistadt. Dorthin beorderte er auch *Bercsényi,* der bereits von seinem Raubzug zurückgekehrt war. *Rákoczy* hatte die Absicht, *Heister* mit den vereinigten Scharen der Kuruzzen entgegenzutreten und den Entsatz von Leopoldstadt zu verhindern. „Noch ein Neuling in der Kriegskunst", schrieb *Rákoczy* später in seinen Memoiren, „nahm ich gern den Rat derer an, die sich rühmten, dieselbe zu verstehen. Ich überzeugte mich aber bald, daß auch sie nicht mehr davon verstanden. Alle waren der Meinung, daß wir ein offenes Feld gewinnen und Tyrnau besetzen müssen." *Rákoczys* Streitmacht bestand insgesamt aus 25.000 Mann und verfügte über 6 Kanonen. *Bercsényi* redete *Rákoczy* aus, schon um Mitternacht aufzubrechen, weil bei einem Nachtmarsch die Armee in Unordnung geraten könnte. So kam es, daß die Kuruzzen Tyrnau, das *Rákoczy* beim Morgengrauen des 26. Dezember hatte erreichen wollen, erst am Vormittag vor sich sahen. Feldmarschall *Heister* aber hatte von einem Unterführer *Rákoczys,* der ein Bataillon von 500 Deutschen, die bei der Kapitulation verschiedener Festungen gezwungenermaßen in *Rákoczys* Dienste getreten waren, in Ruzindal Nachricht darüber erhalten, wo *Rákoczy* und *Bercsényi* standen, wie stark ihre Armee war und daß sie ihn bei Tyrnau aufhalten wollten. FM *Heister* entschloß sich sofort zum Angriff und rückte in 4 Kolonnen vor, 2 davon voran, nach diesen, in der Mitte, der Troß und 2 Kolonnen hinter diesem. Die Artillerie befand sich hinter den ersten 2 Kolonnen. Als *Rákoczy* endlich Tyrnau vor sich sah, war ihm *Heister* schon so nahe gekommen, daß er die Schlacht beginnen mußte, ohne vorher das Gelände erkunden zu können. Es wußte bei den Kuruzzen daher niemand, daß westlich der Stadt, in einem tiefen Tal ein Bach floß, wodurch ihre Reiterei behindert und *Heisters* Flanke gedeckt wurde. Seine Reiterei auf beide Flügel verteilt, stieß das Kuruzzenheer, mit der Infanterie im Zentrum, von der Anhöhe, auf der Tyrnau lag, in die Ebene herab. *Anton (Antal) Esterházy* befehligte den linken Flügel und stellte seine Reiterei in einer langen Linie auf, weshalb der größte Teil dieser Truppen vor dem steilen Bachufer ankam und gar keine Möglichkeit hatte, in die Kämpfe einzugreifen. *Bercsényi*, dem Rákoczy den Oberbefehl übertragen hatte, hielt sich beim rechten Flügel auf. Im Zentrum kommandierte der Franzose *Fierville*. Hinter dem Zentrum, auf dem (Feldherrn-) Hügel, befand sich *Rákoczy*, der von dieser Stelle aus den Schlachtverlauf beobachten wollte. Es war schon 1 Uhr nachmittags als die Kuruzzen *Heisters* Kürassiere und Dragoner vor dem Dorfe Gerencsér zu Gesicht bekamen. Da *Heisters* Truppen in nördlicher Richtung marschierten, meinte *Bercsényi*, daß sich der Feldmarschall gar nicht schlagen wolle und riet seinerseits *Rákoczy*, ebenfalls auf einen Kampf zu verzichten. *Rákoczy* aber erwiderte, nach seinen Memoiren, verärgert: „Wir sind nicht zum Nüsseknacken hergekommen. Befehlen Sie den Angriff!" Kurz darauf setzte auf beiden Seiten das Artilleriefeuer ein. *Bercsényi*, auf den rechten Flügel zurückgekehrt, ließ *Ebeczky* gegen die österreichischen Kolonnen vorrücken. *Ilosvay*, *Onody*, *Somogy* und *Sreter* verstanden das Signal, das nur *Ebeczky* gegolten hatte, falsch und griffen mit ihren Reitern ebenfalls an. Sie stießen auf die Infanterieregimenter *Virmonds* und *Haslingers*, schlugen sich mit den Baireuthdragonern herum, brachen zwischen den Infanterieregimentern durch und stürzten sich auf den Troß, um zu plündern. Vergeblich forderten sie ihre Offiziere auf, weiterzukämpfen, denn die Schlacht sei noch nicht zu Ende. Sie gehorchten nicht mehr. Durch das Vorrücken sovieler ungarischer Regimenter war in deren Schlachtlinie, zwischen dem Fußvolk und der Artillerie, eine breite Lücke entstanden. FM *Heister* erkannte die feindliche Schwachstelle und ließ die Kürassierregimenter *Fels* und *Cusani* aus den rückwärtigen Kolonnen, die herausgeprescht waren, in diese hineinstoßen. Das Regiment *Cusani* fiel über die Plünderer her und säbelte sie nieder. Das Regiment Fels sprengte mit gesenkten Lanzen und gezückten Säbeln in die offene Flanke Fiervilles, der mit *Rákoczys* französischen Grenadieren, dem Hausregiment des Fürsten und den Komitatstruppen, die *Farkas* kommandierte, der disziplinlosen abgesessenen plündernden Reiterei zu Hilfe kommen wollte. Inzwischen hatten sich auch die Infanterieregimenter *Virmonds* und *Haslingers* neu formiert und griffen *Fierevilles* Zentrum von vorne an. In dieser jetzt auch für das Zentrum *Rákoczys* kritisch gewordenen Situation eröffneten plötzlich *Scharaudys* 500 Deutsche das Feuer auf die Kuruzzen. Nun war die Verwirrung bei den Kuruzzen heillos. Obwohl *Rákoczys* Hausregiment und die französischen Abenteurer tapfer kämpften, wurden sie unter schwersten Verlusten aufgerieben. Allein von den 180 französischen Grenadieren waren 100 und alle ihre Offiziere gefallen. Wer von den disziplinlosen Reiterhaufen *Rákoczys*, die bis zum Troß durchgebrochen waren, dem Gemetzel der Kürassiere *Cusanis* entging, floh in panischem Schrecken. Als *Rákoczy* die Verwirrung seiner sich auflösenden Armee sah, wollte er seiner

Infanterie mit seinen Karabiniers, die sich bei ihm befanden, seinem zweiten Hausregiment, persönlich zu Hilfe kommen. Aber *Ottlik* und *Vay* hinderten ihn daran und sagten, daß dies zu gefährlich sei und er fallen oder in Gefangenschaft geraten könne. Hierauf ließ der Fürst, der sah, daß die Schlacht verloren war, das Signal zum Rückzug blasen. Nur ein geringer Teil des linken Flügels hatte in den Kampf geworfen werden können. Der Großteil der Reiterei *Anton Esterházys,* der vor dem Steilhang des Baches stand, zog sich, als das Signal zum Rückzug geblasen wurde, mit dem Fürsten zurück, ging bei Vecse über die Waag und marschierte bis Leva.

Oberst *La Motte,* der französische Befehlshaber vor Leopoldstadt, wurde von *Heisters* Kürassieren überrascht. Seine Belagerungstruppen flohen in wilder Panik und ließen nicht nur die schweren Mörser, die *Rákoczy* aus Kaschau hatte kommen lassen, sondern auch die leichteren Geschütze und das ganze Gepäck im Stiche und konnten erst in Neutra wieder zusammengefangen werden. *Bercsényi* aber war mit dem Reste seines Regiments an die Brücke bei Selly geeilt, wo er Versprengte erwartete. *Heister* ließ das Kriegsmaterial einsammeln, denn der kurze Dezembernachmittag des Stephanietages ging zu Ende. Noch während der Nacht wurde der angeschlagene Troß wieder marschbereit gemacht. Den geschlagenen Feind konnte *Heister* wegen der einbrechenden Dunkelheit nicht mehr verfolgen. Die Kaiserlichen zogen in Tyrnau ein, von wo aus *Heister* Leopoldstadt hatte entsetzen und frisch versorgen können. Aber auch für *Heister* selbst hatte es während der Kämpfe einen kritischen Augenblick gegeben. Einige Husaren *Ebeczkys* waren bis zu *Heisters* Beobachtungsplatz gekommen, und als einer mit gezücktem Säbel auf ihn zusprengte, warf sich Graf *Csobor,* sein ungarischer Adjutant, dazwischen und schoß den Angreifer von seinem Pferd herab.

Von der noch am Vortage 25.000 Mann zählenden Armee befanden sich nur noch 2.000 Mann bei *Rákoczy.* 1.200 Mann waren gefallen, Tausende in Gefangenschaft geraten und Tausende versprengt. „Diese meine erste Schlacht", schrieb *Rákoczy,* „überzeugte mich, daß niemand unter uns etwas von Taktik verstand. Ich sah, daß meine Mannschaft zwar brav, aber mangelhaft bewaffnet war, keine Offiziere hatte, die sie zu führen wußten und daß man Überläufern nicht trauen darf." Nach der Schlacht waren die Städte Tyrnau, Bösing, St. Georgen und Modern von *Heister* besetzt worden und am 3. Jänner 1705 sandten die Gespanschaften Preßburg und Neutra Huldigungsschreiben an Kaiser *Leopold.*

Im Osten war die Lage für *Rákoczy* besser. Gemäß einem Vertrag vom 1. November hatte Graf *Sinzendorf* am 1. Dezember die Festung Eperjes an *Forgács* übergeben und war mit aller Mannschaft, Waffen und Troß, Fahne und Musik nach Pest abgezogen. Auch General *Glöckelsberg* hatte, unter der Bedingung des freien Abzuges, Szatmár übergeben und war ebenfalls nach Pest abmarschiert. Damit wurden in Ostungarn nur mehr Großwardein und Szegedin von den Kaiserlichen gehalten. Das Gebiet zwischen Donau und Theiß und der siebenbürgischen Grenze und der Großteil der östlichen Slowakei war Ende 1704 in *Rákoczys* Hand, und *Forgács* streifte mit einem Korps von 14.000 Mann an Siebenbürgens Grenzen. Die Verteidigung der Waaglinie wurde wieder *Bercsényi* anvertraut, die Streifung im Gebiet südlich und westlich der Donau *Bottyán* und *Károly* übertragen. *Bottyán* hatte bei einem Streifzug in das mährische Grenzgebiet am 29. Dezember im Weißen Gebirge (Beskiden) viele Kuruzzen, die in der Schlacht bei Tyrnau versprengt worden waren, angetroffen und am Heimweg *Rákoczy* zurückgebracht. Nach der schweren Niederlage bei Tyrnau schrieb *Bercsényi* an *Rákoczy:* „Forgács sollte mit der Abfassung eines Universalkodex für disziplinierte Truppen betraut werden. Er bittet mich oft, kodifizierten Regeln nicht zuwiderzuhandeln, weil sie gut seien. Ich gebe zu, es ist gut, Leuten zu befehlen, die gehorchen wollen . . . Aber die Ungarn werden es satt haben, ehe sie noch daran gewöhnt sind . . . Der Ungar hat die Seele eines Freiwilligen und wird sich niemals, weder durch monatlichen Sold noch durch Regelements, festhalten lassen. Er wird vom Impuls, nicht von der Vernunft beherrscht. Das ist schlimm und müßte gebessert werden, aber niemals ohne Verständnis . . . Zu welcher Disziplin und Ordnung wir auch versuchen mögen die Ungarn zu bringen, sie werden sich niemals daran gewöhnen, anders zu kämpfen, sie werden entweder verfolgen oder davonlaufen. Selbst die ,Schwarze Legion' in den Tagen des Königs Matthias war nicht ungarisch. Die ungarische Tapferkeit richtet sich auf Selbstvertrauen und wird keinen Zaum ertragen . . . Wenn der Sold eine Sicherheit gewähren soll, daß die Truppen nicht davonlaufen, so müssen wir ihnen auch Zuckerwerk geben. Es ist alles umsonst, wenn sie nicht siegen, werden sie der Sache überdrüssig, siegen sie aber, so wollen sie ihre Beute heimbringen."

Die Niederlage von Tyrnau überzeugte *Rákoczy* von *Bercsényis* Worten und davon, daß die größere Anzahl der Truppen allein nicht entscheide, daß er, um künftig Siege zu erringen, seine Armee besser organisieren, ihr bessere Waffen, tüchtige Offiziere und regelmäßigen Sold zahlen müsse. Dazu war viel Geld erforderlich. Die Erträge seiner Güter reichten dazu nicht, und auch die freiwilligen Beiträge seiner Anhänger waren zu gering gewesen. Mit diesen Geldern hatte er schon bisher die Kriegskosten nicht bestreiten können. Das Gold und Silber der Bergwerke aber, die in seinen Besitz gelangt waren, hatte er gebraucht, um Waffen, Tuch und Kleidung für seine Leibwache, Pulver und Blei in Danzig und Schlesien zu kaufen. Auch er dachte daran, das für die Rüstung fehlende Geld durch Steuern aufzubringen. Aber das ging ohne die Bewilligung des Reichstages nicht. Außerdem würde er ja damit dasselbe tun, wie König *Leopold,* gegen den sie ja wegen der Steuervorschreibungen aufgestanden waren. Um die aufgetretene Finanzkrise zu überwinden, hatte *Rákoczy* schon während des Jahres 1704 Kupfergeld prägen lassen. Es bestand aus dem „Libertas", von dem vier Stück einen halben Silbertaler wert waren, und aus dem kleineren „Poltura", von dem 40 einen halben Silbertaler ausmachten. 10 Poltura waren daher 1 Liberta. Beide trugen auf der einen Seite das Wappen Ungarns und auf der anderen die Aufschrift „Pro libertate". Da sein realer Wert gering war, wollte es niemand nehmen, und *Heister* hatte mit einer Proklamation vom 20. August 1704 erklärt: „Ihr habt es hinreichend erfahren, daß die Rebellen keinen anderen Zweck verfolgen, als die Schätze des Landes auf jegliche Weise zusammenzuscharren, indem sie das selbe mit Kupfergeld überschwemmen und Gold und Silber für sich behalten!" Auch *Cserey* erhob diese Vorwürfe gegen *Rákoczy* und *Bercsényi* und selbst Erzbischof *Széchenyi* schrieb dem Fürsten, daß mit der Vermehrung des Kupfergeldes dessen Entwertung Schritt halte und Ursache vieler Übel ist. Aber *Rákoczy* wußte sich sonst keinen Rat, und weil die Armeereform Geld kostete, beschloß sein „Staatsrat" am 1. Jänner 1705, daß noch mehr solches Geld geprägt werde und jedermann – bei harter Strafe – verpflichtet sei, es zum angegebenen Wert anzunehmen.

Kuruzzeneinfälle in Niederösterreich und Kämpfe am Neusiedler- und Plattensee

Károly war zwar am 2. Jänner 1705 von *Rákoczy* zum Befehlshaber im Osten der Theiß ernannt worden, aber, weil dort *Forgács* operierte, von Debrezin nach Verebely berufen worden, wo der Fürst einen Kriegsrat abhalten wollte. *Károly* war gekränkt gewesen, daß auch die Übernahme Szatmárs *Forgács* und nicht ihm übertragen worden war, und weil der Fürst seine Hauptleute *Genesy*, *Török* und *Pike* wegen brutaler Ausschreitungen während der letzten Feldzüge *Károlys* hatte arretieren lassen und bestrafte, ignorierte er *Rákoczys* Befehl nach Verebely zu kommen. Erst als der Fürst die Lieblingsoffiziere *Károlys* auf freien Fuß setzen ließ und ihm zwei Güter schenkte, fühlte er sich wieder versöhnt und erschien Ende Jänner mit 6.000 Reitern in Verebely. Im Kriegsrat, den *Rákoczy* nun halten konnte, wurde beschlossen, daß *Bottyán* und *Anton Esterházy* mit 9.000 Mann Gran belagern und *Károly* wieder einen Streifzug nach Österreich unternehmen und versuchen solle, die Bewohner Transdanubiens zu einem organisierten Widerstand gegen König *Leopold* zu bewegen. Diese Aktionen sollten den Mut der Kuruzzen beleben und *Heisters* heilsame Furcht vor denselben vermehren.

Unter dem Kommando der Kuruzzenoberste *Bogros*, *Blaschkowitz* und *Hussag* fielen am 4. Feber mehrere tausend Kuruzzen in das Marchfeld ein und suchten die Gemeinden Sierndorf, Eichhorn und Jedenspeigen heim. Besonders arg trieben sie es in Sierndorf, wo sie nicht nur die Häuser plünderten, sondern auch die Kirche verwüsteten. Schöne Ölgemälde wurden aus den Rahmen gerissen und mit den in Stücke gehauenen Holzstatuen verbrannt.

Weil Mähren die Erpresserbriefe *Ocskays* unbeantwortet gelassen hatte, setzte dieser im Städtchen Türnitz ein Exempel. Seine Kuruzzen haben dort „denen ellenden Leuthen die Hände, Füße, Köpfe, jeden Leib selbsten ab und aufgehauet, das Hertz herausgerissen und umb die Mäuler geschlagen, manchen den Hals aufgeschnitten, die Zungen und Gurgel herausgezogen, die Kirchen erbrochen, beraubt, das Hochwürdige auf die Erde geworfen, und was das erschröcklichste ist, die heilige Hostien denen todten Körpern in das Maul gestoßen haben".

Bei einem weiteren Einfall am 8. Feber haben 1.200 Rebellen Groß-Inzersdorf, Drösing, Ringelsdorf und Jedenspeigen überfallen. Nur in Jedenspeigen konnte eine kleine kaiserliche Besatzung den Angriff abwehren, die anderen drei Orte wurden geplündert und angezündet. Ein Kuruzze namens *János Szely* aus Simontornya, der bei Jedenspeigen in Gefangenschaft geraten und in das Wiener Stockhaus gebracht worden war, sagte aus, daß beim Überfall auf eines dieser drei Dörfer, den *Ocskay* mit 200 Husaren und 400 Tataren unternahm, viele Frauen nackt ausgezogen, zusammengebunden und wie Tiere als Beute mitgetrieben wurden. Besonders die Tataren, die selbst von den Kuruzzen gefürchtet wurden, haben sich hiebei wie Bestien aufgeführt. In einem der anderen zwei Dörfer kam *Ocskay* zu einer Hochzeit zurecht. Die Kuruzzen stiegen ab, setzten sich an die Tafel zu den Hochzeitsgästen, aßen und tranken mit ihnen ganz vertraulich und tanzten recht vergnügt. Während des Tanzes jedoch hieben sie der Braut und dem Bräutigam den Kopf ab, beraubten die Anwesenden ihrer Kleider und schändeten die ledigen Mädchen. Am 12. Feber wurden Ebenthal, Ollersdorf, Prottes und mehrere Meierhöfe und Schafflerhöfe verwüstet. Jedenspeigen und Dürnkrut konnten sich wieder halten.

Am 3. Feber 1705 überschritt *Károly* indessen mit seinen Kuruzzen die zugefrorene Donau bei Ungarisch-Altenburg, drang bis Wieselburg vor, von wo sich die kleine kaiserliche Besatzung nach Bruck a. d. Leitha zurückzog. Schutzlos aber waren auch die deutschen Gemeinden des Heidebodens und Seewinkels wieder den Raubscharen preisgegeben. Diesmal hatte es *Károly* besonders auf die Klosterdörfer der Abtei Heiligenkreuz abgesehen: Podersdorf hatte 300, Mönchhof 150, Winden 100 und Kaisersteinbruch 80 Gulden Brandsteuer zu erlegen. Trotzdem fielen die Kuruzzen in die Klosterdörfer ein, trieben alles Vieh weg und raubten, was sie wegschleppen konnten. Hierauf wurde auch von den Gemeinden Halbturn, Illmitz, Apetlon, Frauenkirchen, St. Andrä, Tadten und Andau sowie von Wallern und Pamhagen Steuer erpreßt. Die Esterházyschen Meierhöfe dieser Gegend wurden ebenso geplündert und gebrandschatzt. Ganze Dörfer standen in Flammen, denn die Häuser waren zumeist aus Holz und Lehm errichtet und mit Stroh oder Schilf gedeckt gewesen, und das Feuer äscherte oft ganze Häuserzeilen ein. Ein Schreckensruf ging durch das Land „Die Heide brennt!" Die Bewohner der Gemeinden Kittsee und Edelstal flohen nach Hainburg, wo sie als willkommene Verstärkung aufgenommen wurden. Die leeren Dörfer wurden von den Kuruzzen niedergebrannt. Nach einigen Wochen zogen die Raubscharen teils um den Hanság herum in Richtung Deutschkreutz, von wo sie wieder Ödenburg und dessen Umgebung heimsuchten, teils streiften sie wieder bis vor Wien und hernach am Westufer des Neusiedler Sees, wo sie Jois plünderten, brandschatzten und bis Gschieß (Schützen am Gebirge) vordrangen. Am 4. März ritt Oberstleutnant *von Kloben* mit 900 Kürassieren des Regimentes Gronsfeld von Bruck a. d. Leitha nach Ödenburg. Als er erfuhr, daß sich in Neusiedl am See etwa 250 Rebellen (3 Fähnlein), darunter 40 vornehme Edelleute, aufhalten, umringte er mit seinem Regiment den Markt und metzelte die überraschten Kuruzzen nieder. Nur wenige konnten durch das Wienertor entkommen. Viele gerieten in Gefangenschaft und wurden nach Bruck gebracht. Die Kuruzzenoberste *Andreas Nizzi* und *Caroli Vetter* büßten ihre Unvorsichtigkeit und fielen in den Kämpfen. Noch am gleichen Tag waren in Ödenburg die 900 Kürassiere eingetroffen, von denen am nächsten Tag 300 Mann zum Rekognoszieren bis Nikitsch ritten und in Erfahrung brachten, daß mehrere tausend Kuruzzen in der Nähe stünden. Am 9. März traf das Regiment der Bayreuth-Dragoner mit 1.200 Mann in Ödenburg ein, und für den nächsten Tag vermerkte der Ödenburger Chronist Georg *Ritter:*

„Den 10. März ist der Obrist=Leutenant von hier weg, und auf Preßburg zu, hat auch mit ihm 200 Mann Kurasierreiter genommen zur Convoy, als sie aber nach Margarethen kommen, da bekommen sie Kundschaft daß zu Gsieß Krutzen wären, wurden also geschwind ein Trouppen voraus commandiert zu besehen, wo dieselben oder wie stark sie sind, die andern aber blieben sammt der Pagasche zu Margrethen, da diese commandierten aber nach Gschieß kommen, so troffen sie sie am besten bey den Mittagmahl an, als sie aber die Deutschen wargenommen, eileten sie geschwind wer nur zu seinem Pferde konnt, und scharmutzierten gleich wacker mit einander, und wurde von den Krutzen mancher erleget, allein weil ihnen die andern Krutzen, die auf den nächsten Dörfern herum lagen, gleich zu Hülfe kommen, als die Kundschaft von den Kaiserlichen bekommen, weil sie übermannet wurden, und als ihnen die Krutzen gleich stark nachsetzten, wurde in dieser Flucht mancher, der kein gutes Pferd hatte erschoßen, und auf 25 Mann eingebüßet, die übrige nahmen wieder zurück die Flucht auf Margrethen in die Kirch und Freudhof hinein, alwo sie die andern samt den Obrist=Leutenant und der Pagasche auch hin salviert haben und in dieser Action haben die Margrether auch zimmlich eingebüßet, welche auch auf Kaiserliche Seiten seyn wollten, und als sie in der Flucht ihnen nicht konnten folgen, sind ihrer wie ausgesaget worden auf 30 Mann umkommen ohne Weib und Kinder, die sie in Dorf auch hernach welche sich nicht geschwind in die Kirch oder Kirchhof rederirten niedergemacht, sie vermeynten wohl auch sich der Kirch oder Kirchhof zu bemächtigen, allein unsere Leut, als die kaiserlichen haben sich wacker daraus gewehret, und sie in keine Nähe hinzulaßen, als die Krutzen nun gesehen, daß sie nichts mit ihnen auf diese Weis können schaffen, haben sie das Dorf angezündet, und gedachten sie so heraus zu treiben, wie es ihnen dann ziemlich hart auch schon ergangen, daß die Kirche zusammen gebrunnen, auch die Pagasche und andere Wagen das meiste verbrennet, und die Leute also vor großer Hitze fast nicht mehr bleiben konnten, dann es war ein große Menge

Leut darinnen; weil von dem ganzen Dorf fast alles hineingelaufen, jedoch dahin gearbeitet, daß das Feuer nach und nach abgenommen, und gedämpfet worden, allein wegen der Krutzen haben sie sich gleichwohl noch nicht heraus getrauet, welche noch immer außen herum flangierten, unterdeßen kam doch Kundschaft herein von etlichen Reitern, welche in der Zurückflucht vom Gschieß versprenget worden, und also herein kommen, und dieses berichtet aber erst um 2 Uhr Nachmittag, man hat das Feuer wohl hiergesehen von zweyen Örtern, weil auch Gschieß angezündet wurde, aber man wußte nicht, was es war, und hat man ihm gar nichts solches eingebildet; drauf mußte gleich die ganze Reiterey, so hier war aufsitzen, und marschierten dann auf Klingenbach zu, und gedachten außer herum zu gehen, daß die Krutzen sie nicht sollten so geschwind in Acht nehmen, aber sie habens gleichwohl bald verkundschaftet und gar nicht lang auf den Segen gewartet und gingen durch. Also wurden die in dem Kirchhof erlöst und brachtens wieder herein um 10 Uhr bey der Nacht."

Die etwa 70 Gronsfeld-Kürassiere, die von St. Margarethen nach Gschieß (Schützen am Gebirge) vorausgeritten waren, trafen die 400 Kuruzzen bei der Zubereitung des Mittagmahles an. Der Dorfrichter, Matthias *Schiwämbl,* hatte für die Kuruzzen 6 Schweine abstechen lassen müssen, deren Fleischstücke gerade bei der Magdalenenzeche vor der Kirche auf Bratspießen und in Kesseln über den Feuern brutzelten. Dazu hatte der Wirtschafter aus dem Zech-(Zehent-)Keller in Viertelschaffeln Wein herausgetragen, um den die Kuruzzen saßen und soffen, als die Gronsfeld-Kürassiere heransprengten. Mit gezogenen Säbeln und einem mächtigen Hurragebrüll fielen sie die Kuruzzen an, die aufsprangen, zu ihren Pferden stürzten und mit den Kürassieren zu scharmutzieren anfingen. Während ein Teil kaum zur Gegenwehr kam und mehr als 20 Mann in vollem Galopp niedergeritten wurden, wehrten sich einige Dutzend verzweifelt. Indessen flohen die anderen an der Pferdewechselstation der fürstlichen Post vorbei nach Donnerskirchen und Oggau. Das war für den Waldjäger *Thomas Prawitsch,* der sich gerade in der Pferdewechselstation aufhielt, die Gelegenheit zur Rache für die Vergewaltigung seines Weibes am Vortage. Er griff nach seinem Gewehr und schoß von den vorbeihastenden Kuruzzen vier aus den Sätteln. Gschieß war in der Hand der Gronsfeld-Kürassiere, die nun das fertige Mittagessen verzehrten. Der Waldjäger wurde als tapferer Mann gefeiert und erzählte beim Wein, warum er das getan hatte. Aber es waren doch viele Kuruzzen entkommen und nach Stunden kamen sie mit 2.000 Mann Verstärkung zurück. Nun mußten die Kürassiere weichen und den Rückzug nach St. Margarethen antreten. Bei den sich hiebei entspannenden Scharmützeln verloren sie 25 Mann. Die Kuruzzen verfolgten sie teils bis zur Kirche und zum Friedhof von St. Margarethen, wo sich Oberstleutnant *Kloben* mit 130 Mann verschanzt hatte, während ein Teil der Kürassiere, die abgedrängt worden waren, nach Ödenburg ritten und ihrerseits für Hilfe sorgten. Ein Trupp Kuruzzen aber war in Gschieß zurückgeblieben und suchte den Waldjäger, der inzwischen in den fürstlichen Esterházyschen Wald, heute Tiergarten, geflüchtet war. Die verängstigten Leute verrieten ihn. Als *Prawitsch* sah, daß ihm die Kuruzzen folgten, kletterte er auf einen der zahllosen großen Bäume und versteckte sich in einer dichten Krone. Die Kuruzzen ritten unter den Bäumen umher und suchten ihn. Diese Minuten wurden für *Thomas Prawitsch* zu einer Ewigkeit. Prawitsch wußte, daß sie ihn massakrieren würden, wenn er ihnen in die Hände fiele und betete in Gedanken sein Sterbegebet. Für seine Errettung aber gelobte er im stillen an dieser Stelle ein steinernes Kreuz zu errichten. Er hatte Glück, die Kuruzzen fanden ihn nicht.

Da die Kuruzzen in St. Margarethen nichts ausgerichtet hatten, kehrten sie nach Gschieß zurück, plünderten den inzwischen von den meisten Leuten verlassenen Ort, trieben alles Vieh zusammen und zündeten bei ihrem Abzug, als sie hörten, daß kaiserliche Reiterei komme, das Dorf an. Bald standen die Stroh- und Schilfdächer in Flammen. Von Ödenburg und Eisenstadt sah man St. Margarethen und Gschieß brennen. Die von Ödenburg ausgerittene Kavallerie konnte zwar die in Kirche und Kirchhof eingeschlossenen 150 Kürassiere und Oberstleutnant von *Kloben* befreien, aber die schon brennenden beiden Dörfer waren verloren. Thomas *Prawitsch* hat sein Gelübde 33 Jahre später, als alter Mann, eingelöst. Noch heute erinnert im Tiergarten von Schützen am Gebirge eine Steinsäule mit einer Muttergottesstatue und der Inschrift „T-P-W-1738" an diese Zeit und den Waldjäger.

Da am 11. März, zwischen 4 und 5 Uhr nachmittags, wieder einige Fähnlein Kuruzzen auf dem Wege nach Schattendorf gesehen wurden, ritt eine Schwadron Dragoner zur Rekognoszierung aus Ödenburg hinaus. Die Kuruzzen aber entkamen im Schutze der hereinbrechenden Nacht. Um die Umgebung von Ödenburg zu säubern, ritten die Bayreuth-Dragoner und Gronsfeld-Kürassiere am 14. März über St. Margarethen nach Gschieß (Schützen am Gebirge), Duntles-Kirchen (Donnerskirchen) und Purbach. Die Kuruzzen aber räumten das Westufer des Sees, denn sie verspürten keine Neigung, sich mit starken kaiserlichen Kräften zu schlagen. Um die Seegegend zu sichern, blieben das Regiment Bayreuth in Donnerskirchen, Oberstleutnant *Kloben* mit seinen Kürassieren bis Anfang April in Purbach. Um diese Zeit wurden beide Regimenter von General *Pálffy*, der mit seinen Kroaten nach Ödenburg gekommen war, an sich gezogen, und sie rückten mit diesem Korps am 6. April nach Ungarn ab. *Heister* brach mit seiner Reiterei, etwa 4.000 Mann, zum Schutze Österreichs von Tyrnau auf, ritt nach Komorn, wo er die Donau überschritt und ließ in Tyrnau 1.100 Mann Infanterie, in Bösing 900 Mann und in St. Georgen 700 Mann zurück. Den Rest seines Fußvolkes stationierte er, zur Sicherung seiner Vorräte, auf der Schütt. Als sein Abmarsch *Bercsényi* gemeldet wurde, schickte er *Daniel Esterházy* mit starken berittenen Kräften voraus, um *Heisters* Fußvolk aus den drei Städten zu vertreiben. *Heisters* Infanterie räumte beim Anrücken der Kuruzzen alle drei Städte und zog sich nach Preßburg zurück. Hiebei wurden Gruppen, die sich zum Plündern von den Einheiten entfernten oder zurückgeblieben waren von der deutschfeindlichen Bevölkerung beziehungsweise von den Kuruzzen gefangengenommen, entwaffnet und halb nackt den anderen Truppen nachgeschickt. Die Infanterie hatte ihr schwereres Gepäck in den geräumten Orten zurücklassen müssen und hatte auf diesem Rückzug beträchtliche Ausfälle zu beklagen.

Während die Westslowakei wieder von Kuruzzen überschwemmt wurde, war *Heister* mit seiner Reiterei nach Stuhlweißenburg gekommen. Hier erfuhr er, daß *Károly* mit seiner Streifschar, etwa 6.000 Reitern, mit beträchtlicher Beute am Nordufer des Plattensees, diesem entlang nach Kiliti ziehe. Dort glaubte sich *Károly* schon in Sicherheit und schlug Lager. *Károly* hatte wieder Pech, denn *Heister* holte ihn ein und überraschte ihn am 31. März. *Károlys* Lager wurde von *Heisters* Reiterei überfallen. Die Kuruzzen kamen kaum zur Gegenwehr. In einem blutigen Gemetzel verlor *Károly* sein ganzes Korps, seinen gesamten Troß, alle Beute und den Großteil seiner Waffen und Fahnen. Er floh in panischem Schrecken mit seiner Leibgarde, den Rauhreitern, ohne sich um sein Korps zu kümmern, bis Paks, übersetzte die Donau und war in zwei Tagen schon im 110 Kilometer entfernten Kalocsa, jenseits des Stromes. Wer von den Kuruzzen dem furchtbaren Gemetzel entging, versuchte den Bakonywald zu erreichen. Ungarn südlich und westlich der Donau war wieder gesäubert. *Károly* und seine Leute aus dem Theißgebiet waren nie imstande gewesen, die Bevölkerung Transdanubiens fest in den Griff zu bekommen und zu einem ernsten Widerstand gegen Österreich zu organisieren. Seit seinem letzten Raubzug im vergangenen Herbst hatten weder *Károly* noch seine Hauptleute etwas dazugelernt. Ihre Scharen plünderten, *Károly* selbst trieb Kontributionen ein, und wenn sie hörten, daß *Heister* im Anmarsche sei, war ihr einziger Gedanke, aus seinem Operationsgebiet zu kommen. Vergebens hatte *Bercsényi*, der, wie *Forgács* geringschätzig wiederholte, den Pulvergeruch nicht ausstehen könne, *Károly* geboten, in Transdanubien zu verbleiben, da er eine Diversion vorbereite, die *Heister* sicher zurück ins Slowakische rufen werde. Gemeint war *Daniel Esterházys* Vorstoß gegen Tyrnau, Bösing und St. Georgen. Aber *Károly* hatte sich bei Kiliti überraschen lassen und hatte nur daran denken können, sich selbst in Sicherheit zu bringen.

Als *Heister* vom Schicksal seiner in den drei Städten zurückgelassenen Infanterie erfuhr, eilte er mit seinem fliegenden Korps von Kiliti zurück nach Komorn. Von diesen ewigen Gewaltmärschen aber waren Mann und Roß so überfordert, daß er seinen gefürchteten Kürassieren und Dragonern, die wahrhaftig europäischen Ruf hatten, in Komorn eine längere Rast gönnen mußte.

Das Ergebnis von *Heisters* fünftem Feldzug wies positive und negative Aspekte auf. Er hatte bei Tyrnau *Rákóczy* vernichtend geschlagen, hatte den Belagerungsring um Leopoldstadt gesprengt und hatte *Károlys* Streifkorps bei Kiliti aufgerieben. Und dennoch war seine in der Slowakei zurückgebliebene Infanterie nicht in der Lage gewesen, ohne ihn, das eroberte Gebiet zu halten und hat sich letztlich, ziemlich mitgenommen, nach Preßburg abgesetzt. Seine Reiterei hingegen war vollends intakt geblieben, bedurfte aber endlich einer längeren Ruhe. Der Hofkriegsrat und auch *Prinz Eugen* taten *Heister* unrecht, als sie ihm vorwarfen, eine Armee nach der anderen zugrunde zu richten und dennoch nichts zu erreichen. Mit einem Korps konnte *Heister* einfach nicht überall und überall zu gleicher Zeit sein, und als er am 11. April in Komorn vom Oberkommando in Ungarn enthoben wurde, war er wohl zurecht verärgert.

Feldmarschall Graf Siegbert *Heister* zog sich auf sein Gut Kirchberg an der Raab zurück. Weil für ihn, mitten im Kriege, die Waffen vorübergehend schwiegen, widmete er sich wieder seinen Plänen, ein Prunkschloß zu bauen. Es sollte einen großen freskengeschmückten Saal erhalten und das schönste der Steiermark werden, denn *Heister* wollte zeigen, daß er auch als Bauherr *Prinz Eugen* von Savoyen nicht nachstand, von dessen großen Plänen für ein Schloß Belvedere man ihm berichtet hatte. *Heisters* Baupläne sahen, unter Einbeziehung der älteren Anlage der Steinspeiß ein zweihöfiges Prunkschloß mit Basteien, großen Gartenanlagen und fünfzehn Teichen vor. Der Mittelpavillon sollte reich mit Stuck verziert werden, von zwei dekorativen Seitenflügeln flankiert den Ehrenhof umfassen. Vier Türme sollten das Schloß überragen. Der Meierhof, eine Musterwirtschaft, mit seinen ausgedehnten Wirtschaftsgebäuden sollte die andere Seite des Schlosses abschließen. Für die Schloßräume sah *Heister* die Aufnahme seiner vielen Kriegstrophäen aus den Türkenkriegen vor und plante für alle Prunkräume große prächtige Kachelöfen. Bald begannen die Bauarbeiten, denen sich der Feldmarschall mit aller Energie widmete, um sie soweit als möglich voranzutreiben, denn eines Tages würde ihn ja der Kaiser doch wieder brauchen und auf sein Kommando zurückberufen. Für Graf *Siegbert Heister* waren die Bemühungen der Minister *Leopolds* und des Palatins zu einem vernünftigen Ausgleich mit den Rebellen zu kommen, unnütz verschwendete Zeit, denn er glaubte sie, nach seinen Feldzügen in Ungarn besser zu kennen als der ganze Hof. Schon einmal hatte ihn dieser, nach seiner ersten Ablöse vom Kommando in Ungarn, zurückrufen müssen, weil sich der Kaiser von den Rebellen hintergangen gesehen hatte. *Heister* sah grimmig voraus, daß auch neuerliche Verhandlungen zu keinem Ergebnis führen würden. Für ihn waren und blieben die Rebellen „ein gottloses Gesindel".

Rákoczys Einzug in Erlau;
Desalleurs Berichte über die Rebellen;
neuerliche Friedensgespräche und Leopolds Tod

Indessen war *Rákoczy* am 28. Feber mit fürstlichem Pomp in Erlau eingezogen. Bischof *Telekesy* hatte ihn am Stadttore willkommen geheißen und hatte *Rákoczy* seine katholische Diözese als Schutzherrn überantwortet. Erzbischof *Széchenyi* zog mit dem Fürsten in Erlau ein. Obwohl er mit Zustimmung des Hofes an *Rákoczys* Seite blieb, um jederzeit die in Schemnitz abgebrochenen Verhandlungen wieder aufnehmen zu können, gewann *Rákoczys* Einzug durch die Anwesenheit des Erzbischofs beträchtlich größeren Glanz. Der Fürst schlug für einige Zeit sein Hauptquartier in Erlau auf. Hierher kam auch der von *Ludwig XIV.* an seinen Hof entsendete General *Desalleurs*, der fortan als Verbindungsorgan in seinem Lager blieb und dem französischen Hofe laufend zu berichten hatte, in welchem Zustand sich *Rákoczys* Truppen, Waffenvorräte und Festungen befanden. „Desalleurs Ratschläge und Pläne waren gut", erinnert sich *Rákoczy* später, „aber die Nation kannte die Grundsätze der modernen Kriegskunst nicht und meine Truppen litten großen Mangel an tüchtigen Offizieren . . . Unter meinen Soldaten gab es wenige, die gegen die Türken gekämpft hatten, und diese erzählten nur von Siegen, die durch Überfall oder aus dem Hinterhalt errungen wurden . . . Der ungarische Adel aber verachtete den Dienst zu Fuß . . . Das Fußvolk war nur als Besatzung für Schlösser und feste Plätze zu gebrauchen. In diesen wimmelte es von Edelleuten, die es nicht wagten, in den offenen Dörfern zu bleiben . . . Sie waren alle Soldaten gewesen und hatten gegen die Türken gekämpft und auch große Unternehmungen geleitet." Und über *Desalleurs* hielt *Rákoczy* fest: „Er ist zwar ein tüchtiger General, aber durch die Schonungslosigkeit, mit welcher er sich über die Schwächen der Ungarn ausläßt, macht er einen üblen Eindruck." Von den französischen Offizieren, die in *Rákoczys* Dienst getreten waren, schätzte der Fürst nur *Fierville, De Revière, La Motte, Barsonville* und die Ingenieuroffiziere *Le Maire* und *Demoiseau*. Die Franzosen aber, die aus Konstantinopel und Polen mit Empfehlungsschreiben der Gesandten *Feriol* und *Bonnác* gekommen waren, waren Landstreicher, die unter fremdem Namen und mit gestohlenen Offizierspatenten ihre Glück machen wollten.

Die Berichte, die *Desalleurs* von Zeit zu Zeit nach Versailles sandte, geben uns Aufschluß über die Beschaffenheit der Rákocyarmee: „Zu Anfang des Aufstandes", meldete er, „errichtete der Fürst zwei Regimenter Leibwache, welche er später noch um eine Compagnie französischer Grenadiere vermehrte. Hieraus bestand, bis Ende 1704 seine ganze reguläre Armee. Das übrige waren schlecht bewaffnete Haufen ohne Sold und Offiziere, die sich nach Belieben oder nach den jeweiligen Bedürfnissen auflösten und wieder sammelten." *Rákoczy* selbst sagt in seinen Memoiren zum Jahre 1705, daß er damals zwei Garderegimenter hatte, von denen jedes aus 1.200 Mann zu Fuß und 1.000 Reitern bestand, die seine eigenen Untertanen aus seiner Munkácser Herrschaft waren. „Die Compagnie französischer Grenadiere", berichtet Desalleurs, „zählte früher 180 solcher Abenteurer, die aus dem Dienst der einen Macht in den der anderen treten, aber gewöhnlich tapfer sind. Bei Tyrnau blieben gegen hundert und alle ihre Offiziere tot auf dem Schlachtfeld. Da dem Fürsten daran liegt, daß man glaube, er habe französische Truppen in seinem Heere, ergänzte er die Compagnie mit 60 Ungarn. Sie ist gut gekleidet und bewaffnet, und der Mann bezieht, außer dem Unterhalte monatlich 12 Libertas. Im April 1705 vermehrte der Fürst seine Leibgarde noch mit einer Compagnie von 200 Jägern, die sämtlich gute Schützen sind. Im Mai bestand die Reiterei der aufgestandenen Stände aus 6 Karabiner-, 8 deutschen und 104 Gespanschaftsschwadronen; das Fußvolk aus 2 Palast-, 8 deutschen und 44 Gespanschaftsbataillonen, zusammen 44.800 Mann, die Grenadier- und Jägercompagnie ungerechnet." Rákóczy gab die Gesamtzahl mit 72.000 Mann zu Fuß und zu Pferd an, die in seinem Solde standen. „Aber unter diesen halten nur die Leibwächter zu Fuß und zu Pferd Manneszucht und sind gut bewaffnet, desgleichen die 2 Compagnien, mithin 400 Reiter und 5.380 Infanteristen . . . Kanonen und Kugeln wurden in Szatmár, Erlau, Kaschau, Eperjes, Leva, Leutschau und Neuhäusl genug gefunden. An Bomben ist kein Mangel, Schießpulver wird an mehreren Orten, besonders in Erlau, bereitet, wo Salpeter in Menge zu finden ist. Auch Werkstätten, in denen Säbel und Flinten verfertigt werden, gibt es, aber das, was die letzteren liefern, ist aus Mangel an Arbeitern unbedeutend."

Während der von *Bercsényi* verlangten Armeereform wurden auch die kaum abgebrochenen Friedensgespräche wieder aufgenommen. Meinte es der Kaiser ehrlich, so war *Rákóczy* nur aus dem Grunde dafür, um die zahlreiche Partei derer, die den Frieden wünschten, nicht aus seinem Lager zu vertreiben. In seinen Briefen vom 11. November 1704 an die Gesandten Großbritanniens und der Niederlande schrieb *Rákóczy*, es sei sein inniger Wunsch, daß sie in ihren Bemühungen, Frieden zu stiften, fortfahren. Am 11. März 1705 ersuchte hierauf der Hofkriegsrat durch den Titularbischof *Viza* und den gemäßigten Protestanten *Okolicsányi* Erzbischof *Széchenyi* die abgebrochenen Verhandlungen wieder aufzunehmen. Hievon benachrichtigte der Erzbischof den Fürsten. Schon am 1. März aber hatten die Gesandten Englands und Hollands an *Rákóczy* geschrieben, „der Kaiser wolle die in seinem Reskript vom 20. Juni gemachten Zugeständnisse noch vermehren. Er werde für die früheren Ausschweifungen der Truppen nach genauer Untersuchung Entschädigung gewähren, indem die gegenwärtigen mit dem Kriege selbst aufhören werden, künftige durch strenge Manneszucht verhüten, und am nächsten Reichstage sich mit den Ständen beraten wie die ausländischen Soldaten ohne Gefahr aus Ungarn entfernt werden könnten. Der jüngere König wird im Lande residieren und den Reichstag jedes dritte Jahr oder, wenn es not täte, auch öfter einberufen. Hinsichtlich der Königswahl beharrt Se. Majestät bei der früheren Erklärung. Niemand soll um so weniger zweifeln, daß es sein fester Wille sei, hinsichtlich der Landesverwaltung die Gesetze gewissenhaft zu beobachten, da er die Gerichte und die Hofkanzlei in ihre gesetzliche Wirksamkeit gesetzt, auch die getreuen Magnaten in seinen geheimen Staatsrat aufgenommen hat, und nicht allein in ungarischen, sondern auch in anderen Angelegenheiten zu Rate zieht. Daß am Abschlusse des Karlowitzer Friedens keine Ungarn theilnahmen, ist nichts Unrechtes, denn durch diesen Frieden sollte eben der von treubrüchigen Empörern verursachte Krieg beendigt werden; Se. Majestät wird übrigens die Sache am Reichstage zur Zufriedenheit der Stände erledigen. Se. Majestät sichert nochmals die schon verkündete Amnestie, Aufnahme zu Gnaden und den Zugang zu allen Ämtern jedermann zu. Bei Verleihung kirchlicher Würden sollen die Landessöhne besonders berücksichtigt werden; es wäre jedoch unbillig, Ausländer von Frömmigkeit und Gelehrsamkeit oder hoher Geburt von denselben gänzlich auszuschließen und das Ernennungsrecht des Königs zu beschränken. Hinsichtlich der Klagen, welche gegen die Jesuiten von den Ständen und einzelnen Personen erhoben wurden, erklärt Se. Majestät für recht, daß die gesetzlichen Beschwerden am nächsten Reichstage angehört und beseitigt werden. Was den Glauben der Protestanten betrifft, ist offenbar, daß sie keine Ursache haben, mehr zu verlangen, als die kaiserlich-königliche Kundmachung schon enthält. Sollten die Rechte des Palatins beschränkt, die Befugnisse der ungarischen Kanzlei geschmälert, die Unabhängigkeit der ungarischen Kammer von der Wiener nicht beachtet worden sein, so ist dieses wider Willen Se. Majestät geschehen und wird am Reichstage zweckmäßige Abhülfe finden. Wie der König den Preis des Salzes, welches sein unbeschränktes Eigentum ist, schon herabgesetzt hat, so wird er andere von ihm allein abhängige Dinge in einer den Frieden fördernden Weise ordnen; über die Steuern aber und andere dergleichen Gegenstände von nun an im Einvernehmen mit den Ständen am Reichstage verfügen. Die wiedergewonnenen Landestheile wird Se. Majestät ohne Ausnahme dem Reiche einverleiben, die einzelnen Güter in denselben den Eigentümern, die ihr Recht erweisen, zurückgeben, wobei die Gesetze zur alleinigen Richtschnur dienen sollen. Darüber, daß die Ungarn vor ein ausländisches Gericht nicht gefordert und vor Verhör und Verurtheilung nicht gefänglich eingezogen werden dürfen, ist eingehende Berathung am Reichstage um so nöthiger, da die Getreuen die Aufrechterhaltung des zweiten Punktes dieses Privilegiums vielleicht selbst nicht wünschen. In Anbetracht dessen, daß Ungarn in des Kaisers anderen Ländern Güter besitzen, ist es recht und billig, daß seine dortigen Vasallen hinwieder Güter in Ungarn erwerben dürfen. Krongüter wurden keine verkauft; sind aber einige beim Drange der Noth verpfändet worden, so möge der Reichstag deren Auslösung verfügen. Die Städte, namentlich die Bergstädte, sollen dessen gewiß sein, daß Se. Majestät für Wahrung ihrer Freiheiten wie bisher Sorge tragen wird. Die Rechte und Beschwerden der Jazieger, Kumanen und Haiduckenstädte werden ein Gegenstand der Berathung am künftigen Reichstage sein. – Diese Zugeständnisse zu gewähren, ist Se. Majestät bereit, und hat deshalb die Vermittlung der Königin von England und der niederländischen Staaten in Anspruch genommen. Wir, die Gesandten der genannten Mächte, zweifeln nicht, daß alle, die den Frieden wünschen, dieselben für hinreichend halten werden. Deshalb erachten wir für nöthig, daß Ew. Durchlaucht, die anderen Häupter und die verbündeten Ungarn, die unsere Vermittlung förmlich angenommen haben, sich endlich bestimmt und glaubwürdig äußern mögen, damit es klar werde, ob Ew. Durchlaucht, die Häupter und die Ungarn ebenfalls zum Friedensschlusse geneigt sind, den wir aus allen Kräften zu fördern streben."

Um Erzbischof *Széchenyi,* der auf Grund der neuen Zugeständnisse Kaiser *Leopolds* mit *Rákóczy* verhandeln sollte, zu unterstützen, kam Baron *Stephan Szirmay* aus Wien. Mit *Szirmay, Viza* und *Okolicsányi* begab sich *Széchenyi* zu *Rákóczy* nach Erlau, bei dem das, was *Leopold* als wichtige Zugeständnisse betrachtete und *Stepney* und *Bruyninx* als befriedigend betrachtet hatten, eine kalte Ablehnung erfuhr. „Wie oft ich auch die von Ew. Exzellenz mitgeteilten Punkte durchzulesen vermag", antwortete *Rákóczy* schriftlich, „finde ich doch darin kein einziges Wort, welches andeutete, daß Se. Majestät bereit ist, in die auswärtige Garantie einzuwilligen ohne die wir und die verbündeten ungarischen Komitate vom Anfang her auf Sand bauen würden. Es ist daher nötig, daß der Fels der Garantie zum Grunde gelegt werde, bevor wir zum Baue schreiten."

Am 28. April schrieb *Széchenyi* an *Scalvinioni,* damit dieser dem Kaiser mitteile, daß die Aufständischen behaupten, alles, was der Kaiser zu gewähren erkläre, sei schon *Bocskay, Bethlen* und *Georg Rákóczy I.* versprochen und den Gesetzen einverleibt, aber nie gehalten worden, die Nation hege daher Mißtrauen in die erneuerten Zusagen und könne die Vermittlung auswärtiger Mächte nicht für genügend halten, sondern müsse auf deren Garantie bestehen. Die Garantie ist ihrer Meinung nach keine Herabwürdigung der kaiserlichen und königlichen Majestät, und nicht ohne Beispiel, denn sie wurde schon *Bethlen* angeboten, aber von ihm unüberlegter Weise nicht angenommen. Ohne Garantie wird der höchst wünschenswerte Friede nicht zustande kommen. *Széchenyi* ersucht *Scalvinioni* noch, beim Kaiser zu erreichen, daß dieser die Garantie genehmige. Briefe mit gleichlautendem Wortlaut sandte der Erzbischof noch an König *Joseph,* Graf *Harrach,* der seit dem Tode von *Kaunitz* die ungarischen Angelegenheiten leitete, *Prinz Eugen* und die Gesandten Englands und Hollands. An Kaiser *Leopold* selbst richtete *Széchenyi* die Bitte: „Geruhe Ew. Majestät, Ihr Herz der Gnade zu öffnen, die Garantie anzunehmen, und durch diesen glänzenden Beweis Ihrer königlichen Huld auch die letzte Wurzel des Mißtrauens in der Brust der Ungarn auszurotten . . . Ich bin bereit, lieber dieser Bitte wegen jedwede Lästerungen zu erdulden, als daß ich Ew. Majestät dieses Mittel zur Beendigung der gegenwärtigen Unruhen nicht in tiefer Untertänigkeit anraten sollte." Als *Viza* und *Okolicsányi* mit diesem Schreiben in Wien ankamen, lag Kaiser

Leopold schon schwer krank darnieder und bereitete sich auf das Sterben vor. Er übergab am 28. April die Führung der Regierungsgeschäfte seinem Sohn, König *Joseph,* der schon am 30. April die Sitzung des geheimen Rates leitete. Mit klarem Bewußtsein regelte der Kaiser seine letzten Angelegenheiten. Am 5. Mai empfing er zum letztenmal die hl. Kommunion, nachdem das Meßopfer in seinem Zimmer zelebriert worden war. In längeren Gesprächen verabschiedete sich der Kaiser von *Eleonora,* seiner Gemahlin und legte König *Joseph* das Festhalten an der gerechten Sache seines in Spanien kämpfenden Bruders *Karl* ans Herz. Hierauf erteilte er allen Mitgliedern der kaiserlichen Familie seinen väterlichen Segen. Dem Sterbenden, der nach einem Schwächeanfall wieder zu sich kam, wurde die letzte Ölung erteilt, wobei *Leopold* bei vollem Bewußtsein in lateinischer Sprache respondierte. Sodann, wird berichtet, umfaßte er mit beiden Händen jenes Kruzifix, welches zu seinem Großvater *Ferdinand II.* gesprochen haben soll: „Ferdinand, ich will dich nicht verlassen", und rief aus: „Von Dir habe ich Szepter und Krone empfangen, zu Deinen Füßen lege ich sie heute willig nieder!" Noch wenige Minuten vor seinem Verscheiden bejahte er die Frage seines Beichtvaters, ob er die vorgesprochenen Gebete verstehe, mit einem klaren „Ita". Kardinal *Kollonitsch* erteilte dem Kaiser im Namen und Auftrag des Papstes den Sterbeablaß. Als der Kardinal geendet hatte, sagte *Leopold* mit brechender Stimme: „Es ist vollbracht. In Deine Hände empfehle ich meinen Geist." Kaiser *Leopold I.* war 64 Jahre, 10 Monate und 26 Tage alt geworden. Er verließ den politischen Schauplatz seiner Zeit im 47. Jahre seiner Regierung als römischer Kaiser, im 50. seines ungarischen und im 49. seines böhmischen Königtums.

Leopold I., der Große, war am 9. Juni 1640 als zweiter Sohn Kaiser *Ferdinands III.* und dessen erster Gemahlin *Maria Anna,* Tochter König Philipps III. von Spanien, in Wien geboren und wuchs zu einem vielseitig gebildeten jungen Mann heran. Schon in seinen Kinder- und Jugendjahren nahmen Graf *Fugger,* Fürst *Portia,* Leopolds späterer „Ajo", und die Jesuiten *Christoph Müller* und *Johann Eberhard Midhard,* die *Ferdinand III.* zu seinen Erziehern auserkoren hatte, dämpfenden Einfluß auf den aufbrausenden Geist des jungen Erzherzogs. Eher mittelgroß und schmächtig von Gestalt war Kaiser *Ferdinands* Zweitgeborener vorerst für eine geistliche Laufbahn bestimmt gewesen und war auf diese vorbereitet worden. Von dort her rührte auch sein späterer Hang, Kirchenmusik zu komponieren und religiöse Texte zu schreiben. *Leopolds* älterer Bruder, Erzherzog *Ferdinand,* war Thronfolger gewesen und am 24. Mai 1654 zum römischen König gewählt worden. Aber kaum sechs Wochen später, am 9. Juli, wurde der eben erst gewählte junge König von den Blattern befallen und starb unerwartet. Hierauf mußten die religiösen Studien *Leopolds* abgebrochen und die Erziehung des Vierzehnjährigen auf seine künftigen Herrscheraufgaben hin ausgerichtet werden. Vieles war in Gesetzeskenntnissen, Politik und Geschichte nachzuholen. Schon 1655, im darauffolgenden Jahr, huldigten die niederösterreichischen Stände dem neuen Thronfolger, der am 27. Juni 1655 mit der Stephanskrone und am 14. September 1656 mit der Wenzelskrone gekrönt wurde.

Ferdinand III. war in den schweren Kämpfen gegen den Protestantismus der letzten 12 Jahre des Dreißigjährigen Krieges und die sich breit machende Territorialsouveränität der deutschen Fürsten früh gealtert, hatte zwar den Westfälischen Frieden zustande gebracht, weil er ein friedliebender Mensch war, ist aber 1657 im Alter von 49 Jahren gestorben. Er hinterließ *Leopold* bei seinem Tod ein Erbe, das den jungen Monarchen, von Anfang an, vor schwierigste Probleme und Entscheidungen stellte. Am 18. Juli 1658 wurde König *Leopold,* gegen die Einwände von *Ludwig XIV.* und *Karl XII.* von Schweden (der als Herzog von Bremen deutscher Reichsfürst war) zum Kaiser des Heiligen Römischen Reiches deutscher Nation gewählt. *Leopolds* Wahlspruch, über seinem Globus angebracht lautete: „Consilio et Industria!"

Im Dezember 1666 vermählte sich der junge Kaiser mit *Magdalena Theresia,* der Tochter *Philipps IV.* von Spanien und war somit, durch seine Mutter und seine Frau, mit der spanischen Linie seines Hauses verwandt. Da *Ludwig XIV.* schon 1660 die ältere Schwester der jungen Kaiserin geheiratet hatte, war *Leopold* auch der Schwager des Königs von Frankreich geworden. Da aber *Magdalena Theresia* nach kaum sechsjähriger Ehe, in der sie ihm *Maria Antonia* gebar, starb, vermählte sich *Leopold I.* am 15. Oktober 1673 mit *Claudia Felicitas,* der Enkelin seines Großonkels *Leopold V.* von Tirol. Aber *Claudia Felicitas* verstarb am 8. April 1676 ebenfalls und der Kaiser, der schon zehn Jahre verheiratet gewesen war, hatte immer noch keinen Thronfolger. Aus diesem Grunde vermählte sich der sechsunddreißigjährige *Leopold* noch im Dezember des gleichen Jahres mit der erst einundzwanzig Jahre alten *Eleonore Magdalena* von Pfalz-Neuburg, die ihm am 26. Juni 1678 den ersehnten Erben, *Joseph,* gebar. Nach zwei Töchtern (Maria Elisabeth, 1680 und Maria Anna, 1683) schenkte sie *Leopold* am 1. Oktober 1685 einen zweiten Sohn, der *Karl* getauft wurde. Fünf weitere Kinder starben früh.

Nach dem frühen Tod seines Bruders und dem Ableben seines Vaters hatte der junge, noch unerfahrene Monarch die ganze Verantwortung für die Existenz und Zukunft des Hauses Habsburg auf seine Schultern nehmen müssen. Und die Geschichte hat ihm wahrlich nichts erspart. Schon 1663 und 1664 wurde das Reich von den Türken angegriffen, die Marschall *Montecuccoli* am 1. August 1664 bei Mogersdorf in erbitterten Kämpfen über die Raab zurückwerfen konnte. Aber der dieser Schlacht folgende Friede von Eisenburg, in dem *Leopold* auf die schon 1663 durch die Säumigkeit des Fürstprimas *Lippay* verlorengegangene Festung Neuhäusl, um die die Magnaten große Güter hatten, verzichten mußte, weil seine Truppen nicht stark genug waren, die dort immer noch in gewaltiger Übermacht lagernden türkischen Verbände in offener Feldschlacht zu schlagen und Neuhäusl zurückzuerobern, führte in den Jahren von 1664–1670 zur Magnatenverschwörung gegen den Kaiser. *Leopold* griff aber hart durch und unterschrieb die Todesurteile der am 30. April 1671 hingerichteten Grafen *Peter Zrinyi, Franz Frangepan* und *Franz Nádasdy* und des am 1. Dezember 1671 exekutierten Grafen *Erasmus von Tattenbach*. Zornig hatte er damals über die Konspirationen der Hochverräter mit Frankreich und der Türkei ausgerufen: „Ich will sie auf die Finger klopfen, daß ihnen die Köpfe von den Schultern springen!" Nach der Niederschlagung des von *Peter Zrinyi* und *Franz Rákoczy I.* begonnenen Aufstandes fielen noch 1670 die Franzosen in Lothringen ein und zwangen den Kaiser, an der Seite des Pfalzgrafen von Neuburg, in Interessen des Reiches im Pfälzischen-Krieg zu wahren und an *Ludwig XIV.* den Reichskrieg zu erklären. Nach achtjährigen Auseinandersetzungen mußte der Kaiser zwar Freiburg opfern, aber die holländische Bastion war gehalten worden. Indessen war die Gefahr für das Reich im Osten wieder größer geworden und *Emmerich Tököly,* der sich mit der Tochter *Peter Zrinyis* beziehungsweise der Witwe *Franz Rákoczys I.* vermählt hatte, begann einen neuerlichen Aufstand gegen das Herrscherhaus und erhielt türkische Hilfe. Nachdem es *Emmerich Tököly* und *Ilona Zrinyi* gelungen war, die Pforte zum Krieg gegen Kaiser *Leopold* anzustiften, mußte der Monarch am 7. Juli 1683 aus Wien fliehen und seine Residenz in Passau aufschlagen. Nach der Befreiung Wiens konnten die Heere *Leopolds* in blutigen Schlachten 1686 Ofen zurückerobern.

Am 15. Juni 1685 vermählte sich *Max Emanuel,* der Kurfürst von Bayern mit *Maria Antonia,* der sechzehnjährigen Tochter *Leopolds* aus erster Ehe, in Wien. 1687 war Ungarn am Preßburger Reichstag, zum Dank für die Befreiung Ofens, zum „Erbreich" erklärt und *Joseph* zum König gekrönt worden. In weiteren schweren Kämpfen waren bis 1697 die Türken wiederholt geschlagen und aus ganz Ungarn vertrieben worden. Ungarn und Siebenbürgen waren erobert, Belgrad gefallen und *Leopold* wurde respektvoll „der Große" genannt. Gerade ihn, jenen *Leopold,* der als Erzherzog schon außer seiner deutschen Muttersprache Latein, Italienisch und Spanisch beherrschte, der, wie sein Vater und Bruder mehrere Instrumente spielte, komponierte, literarische Texte in mehreren Sprachen verfaßte, sogar in Mundart schrieb, den es also zu musischem und wissenschaftlichem Studium mehr hinzog als zu Politik und Krieg, hat das Schicksal in Rollen gedrängt, die er zwar nicht angestrebt, die er aber, ihm aufgezwungen, letztlich mit Fleiß und größter Opferbereitschaft bewältigt hat.

Obwohl schon beim Antritt seiner Regierung die große mittelalterliche Idee vom römischen Kaisertum deutscher Nation als über alle Lande der Christenheit sich erhebenden obersten Schutzmacht des Rechtes auf Erden, die in unzertrennlichem Bunde mit dem Papsttum stand, zertrümmert war, und deren Trümmer in Gestalt des auseinanderbrechenden Reichskörpers mitten am Kontinent herumlagen, vermochte *Leopold I.* ihr durch die blutig erfochtenen Siege über die Türken, durch die Rückeroberung Ungarns und die Vertreibung der Franzosen aus Italien und Deutschland wieder imperiale Bedeutung zu verschaffen. Man kann nicht die Namen der großen Heerführer der leopoldinischen Zeit wie *Montecuccoli, Karl von Lothringen, Ludwig von Baden* und *Prinz Eugen* in das Licht der Geschichte rücken und den jenes Herrschers, dessen Armeen sie kommandierten, in den Schatten verweisen, wie es die national liberale Geschichtsschreibung zeitweise versucht hat. Nur der von Selbstbeherrschung und bitterer Erfahrung geschärfte Weitblick Kaiser *Leopolds* vermochte es mit Hilfe der Kurie einerseits jene politische Konstellation in Europa herbeizuführen, welche die Basis für die siegreichen Feldzüge gegen die bisher unbesiegbaren Türken werden sollte und nach dem Frieden von Karlowitz andererseits zu einem Bündnis mit dem protestantischen Oranier, der niederländischen Republik und den lutherischen Fürsten Deutschlands zu kommen, das es, gegen den Willen Roms, möglich machte, das Frankreich *Ludwig XIV.* in die Schranken zu verweisen und den verräterischen Kurfürsten *Max Emanuel,* der sich nach *Maria Antonias* Tod mit *Therese Sobieski* vermählt hatte, aus Bayern zu vertreiben. Ungarns Kalviner, die sich mit *Franz Rákoczy II.* und *Nikolaus Bercsényi* wieder, wie schon in der Zeit von 1664–1670 mit *Peter Zrinyi, Franz Rákoczy I., Franz Nádasdy* und *Franz Frangepan* und später unter *Emmerich Tököly* dem katholischen Bourbonen und islamischen Türken in die Arme geworfen und Kaiser *Leopold* viele Sorgen bereitet hatten, standen zwar gegen ihn in Waffen, konnten aber nicht verhindern, daß *Leopold* Ungarn erfolgreich für sein Haus behauptete. Kaiser *Leopold* hat in diesen blutigen Zeitläufen die Voraussetzungen für die spätere Großmachtstellung Österreichs in Europa geschaffen und war der erste Habsburger, der sich etwa eineinhalb Jahrhunderte vor *Franz II.* als österreichischer Monarch begriff. Daß sein absolutistische Züge tragendes modernes Staatswesen wegen der Unfähigkeit und Habgier mehrerer seiner ausführender Minister nicht jene Effizienz erlangte, die von *Leopold* beabsichtigt war, kann ihm nur insoweit angelastet werden, als er es aus Gutmütigkeit, nicht zuwege brachte, sich rechtzeitig von diesen zu trennen.

Hatte sich *Ferdinand III.,* sein Vater, im Kampf gegen den Protestantismus und die Territorialsouveränität völlig verausgabt, so war *Leopold I.* auch hier einen eigenen Weg gegangen. Hatte er dem protestantischen Preußen erlaubt, die Königswürde führen zu dürfen, wofür es während der leopoldinischen Zeit, dem Kaiser als oberstem Gebieter des gesamten Reiches allzeit treu zur Seite stand, so unterwarf er das abtrünnige katholische Bayern der österreichischen Administration. In diesem Lichte gesehen, waren auch *Leopolds* Zusagen an die protestantischen Stände Ungarns als absolut glaubwürdig zu betrachten. Die Arroganz *Ludwigs XIV.,* das Großmachtgetue *Karls XII.* von Schweden und die imperialistische Politik der Pforte schöpften ihre Aussichten im Kampfe gegen das Heilige Römische Reich immer aus der Uneinigkeit der Deutschen. Sie wandten alle Mittel an, den Reichs-Unfrieden, der häufig Deutsche gegen Deutsche in Waffen sah, zu schüren. Dies bekam auch *Leopold* oft genug zu verspüren, denn am schwersten betroffen wurden von diesen „Erfolgen der Ausländer" immer die sich in religiösen

Gegensätzen zerfleischenden deutschen Stämme selbst. Vermochte es *Leopold I.* auch nicht, die unchristlichen Gegensätze der christlichen Konfessionen, das eigentliche Unglück der Völker Europas, aufzuheben, so verbürgte seine Person doch jenen, die unter seinen Kronen wie unter einem schützenden Dache lebten, und die guten Willens waren, nebeneinander existieren zu können. Kaiser *Leopold* konnte auf seinem Sterbebette auf eine lange Regierungszeit zurückblicken. Schwierige Aufgaben konnten und mußten gemeistert werden, und dennoch war ihm manches nicht gelungen. Ungeachtet der Rettung Mitteleuropas vor dem Islam, der geregelten Thronfolge und des Sieges bei Höchstädt dauerte der große europäische Krieg mit seinen Wechselfällen fort, stand die habsburgische Monarchie im Kampfe um ihre Existenz. Gerade das neue Königreich Preußen, das abtrünnig gewordene Bayern und das in die Kurfürstenwürde erhobene Herzogtum Hannover machten deutlich, daß das Heilige Römische Reich deutscher Nation eine in sich zusammenfallende Ruine war, wenn es *Leopold I.* auch gelungen ist, der einst so großen Idee vorübergehend neues Leben einzuhauchen.

Kaiser *Leopold* hat aber auch eine bedeutende Bibliothek und eine große Gemäldesammlung begründet. Sein Baumeister *Johann Bernhard Fischer von Erlach* baute in Melk, Schönbrunn und an mehreren Kirchen Wiens und der Maler *Martino Altomonte* bereicherte die Bauwerke mit großartigen Kunstwerken. *Leopold* ließ mehrere Gymnasien einrichten, begründete 1677 die Universität Innsbruck und erteilte 1679 dem von den Jesuiten geleiteten Linzer Lyzeum die Berechtigung das Magisterium und das Baccalaureat der Philosophie zu vergeben. 1691 bestellte *Leopold* den Historiker *Hans Jakob Wagner von Wagenfels* für *Joseph* als Geschichtslehrer. *Wagners* „Ehren-Ruff Teutschlands, der Teutschen und ihres Reiches" war im ganzen deutschen Sprachraum als flammender Aufruf gegen alles Französische und zum nationalen Selbstbewußtsein der Deutschen gewesen und *Leopold,* der nicht erlaubte, daß bei Hof französisch gesprochen werde, obwohl er es ebenfalls beherrschte, war mit diesem Pamphlet aus der Seele gesprochen gewesen. 1692 genehmigte der Kaiser die Gründung der Akademie der bildenden Künste. Es war seine letzte große diesbezügliche Entscheidung, denn neue Feldzüge gegen die Türken verschlangen die vorhandenen Mittel. Nach dem Karlowitzer Frieden aber hatte der Tod des letzten spanischen Habsburgers, *Karls II.,* die große Auseinandersetzung der Habsburger mit den Bourbonen herbeigeführt, die noch immer anhielt und *Leopolds* Sterben überschattete. Am 26. April 1705 hatte *Leopold* sein Testament gemacht, zwei Tage bevor er die Regierungsgewalt an *Joseph* übergab und in diesem seinem Nachfolger aufgetragen, „das in der Not der letzten Zeit für den Staat in Anspruch genommene Silbergerät der Kirchen diesen sobald als möglich wieder zu erstellen". *Leopold I.,* der Große, einer der bedeutendsten Monarchen aus dem Hause Habsburg, war tot.

Joseph I., seine Friedensbemühungen und deren Ablehnung

Joseph I. war 27 Jahre alt, als er die Regierungsgeschäfte antrat. Er war ein sehr begabter, sehr selbständiger, fleißiger, in religiösen Angelegenheiten noch toleranterer Herrscher als sein Vater und hegte gegen die Ungarn eine gerechte und wohlwollende Gesinnung. Er umgab sich mit neuen Männern und veränderte den Verwaltungsapparat *Leopolds I.* vollständig. Vor allem suchte er Ordnung in die zerrütteten Staatsfinanzen zu bringen, um die Rüstungsausgaben für die in halb Europa kämpfenden Armeen aufbringen und den Krieg zu einem positiven Ende bringen zu können. Einer seiner vertrautesten Ratgeber wurde *Prinz Eugen* von Savoyen. Da *Joseph* schon immer für eine Versöhnung mit Ungarn gewesen war und sich die Ansichten der Minister seines Vaters nicht immer mit seinen eigenen deckten, entzog er Graf *Harrach* die ungarischen Angelegenheiten und übertrug sie dem Fürsten *Salm. Joseph* ernannte, über Vorschlag *Prinz Eugens*, Feldmarschall *Herbeville* zum Oberbefehlshaber in Ungarn, denn Feldmarschall *Heister* war noch von seinem Vater das Kommando entzogen worden. Dem Palatin, Fürst *Paul Esterházy*, erteilte *Joseph* nach langer Aussprache die Weisung, ein Rundschreiben an die im Aufstande begriffenen Stände zu erlassen, denn er wollte dem Aufruhr ein Ende bereiten, den Aufständischen Gerechtigkeit widerfahren lassen und die Verfassung und anderen Gesetze wieder in Kraft setzen. *Joseph* bestand nur darauf, daß es bei der am Reichstage von 1687 in Preßburg von den Ständen anerkannten Erblichkeit des Thrones bleibe und die unmittelbare Verbindung Siebenbürgens mit der Stephanskrone aufrecht bleibe. Das hierauf von *Paul Esterházy* am 15. Mai versandte Rundschreiben lautete: „Es ist den Ständen bekannt, daß der Kaiser und König Joseph, während sein Vater lebte, als jüngerer König durch den Krönungseid gebunden, an der Regierung nicht teilnehmen durfte; daher können die Rechts- und Gesetzwidrigkeiten, welche gegen den Willen des verstorbenen Königs von dessen Räthen geübt wurden, ihm nicht als Schuld angelastet werden. Nun aber, nachdem das Reich an ihn gekommen, hat er uns bei seinem königlichen Worte versprochen, daß er alles, was er im Krönungsdiplom gelobt hat, halten, und das Krönungsdiplom den Gesetzen einverleiben lassen wird, indem er hofft, daß die Stände ihrerseits dem Könige, der sich alle Gesetze zu beobachten erbietet, mit wahrer Treue huldigen werden. Ist also ein Funke Liebe zum Vaterlande und christlicher Gesinnung in euch, so geht in euch, begehrt nicht das Verderben des Landes und ferneres Blutvergießen, sondern ergreift den Ölzweig des Friedens und strebt mit uns, die wir in der Treue gegen den König beharren, Ungarn wieder in den vormaligen blühenden Zustand zu versetzen. Führet ihr aber fort, unter dem Vorwande der Freiheit das Land zu verderben, so erklären wir vor Gott und der Welt, daß wir genötigt wären, es davor mit den Waffen zu beschützen!" Kardinal *Kollonitsch* sandte ähnliche

Kundmachungen an den Klerus und Baron *Pfeffershofen*, der Militärgouverneur von Ofen, an die Behörden. Doch die dramatischen Appelle des Palatins und des Fürstbischofs und Primas von Ungarn stießen auf Ablehnung. *Bercsényi* wollte keinen Frieden, und *Rákoczy* war zu schwach, um ihn herbeizuführen und auf die ehrlichen Angebote des jungen Herrschers einzugehen. Der Palatin, der vom jungen König wieder voll in die ungarische Politik eingeschaltet worden war, sandte *Jeszenszky*, seinen persönlichen Sekretär, nach Erlau, wo er mit Baron *Szirmay*, der auf Anordnung des Hofes in *Rákoczys* Lager geblieben war, *Rákoczy* neuerlich Friedensvorschläge unterbreiten sollte. Erzbischof *Széchenyi*, der wegen seiner Schreiben an *Scalvinioni* und den Kaiser verdächtigt wurde, seit langem in geheimem Einverständnis mit den Rebellen *Rákoczy* und *Bercsényi* zu stehen, wurde diesmal nicht beauftragt, für den Hof zu verhandeln.

Nicht nur König *Joseph*, sondern auch der Palatin und der ganze königstreue Adel mit den bedeutendsten Familien Ungarns hatten gehofft, daß *Bercsényi* und *Rákoczy* nach der schweren Niederlage der Franzosen und Bayern im Vorjahr jetzt den Regierungswechsel, der einen Monarchen an die Spitze des Reiches brachte, welcher für ihre Sache so viel guten Willen hegte, nützen würden, sich und ihren Anhang mit dem Hofe zu versöhnen und dem Lande den Frieden zu bringen. Aber die Häupter der Rebellion verharrten, von den Franzosen hiezu gedrängt, weiter im Hoch- und Landesverrat. Sie antworteten dem Sekretär des Palatins: „Die Frage, mit welchem Rechte Joseph König sei, müsse vor allem anderen entschieden werden. Josephs Versprechen, daß er dem Krönungsdiplom entsprechend regieren werde, genüge den Ständen nicht, denn das Diplom enthalte die Klausel: Der König verpflichtet sich, sämmtliche Landesbewohner derart bei ihren Rechten und Freiheiten zu erhalten, wie er und die Stände am Reichstage übereinkommen werden, wodurch es in seinem Belieben stehe, die Grundgesetze bei günstiger Gelegenheit so auszulegen wie er sie zu handhaben wünsche."

In Wien glaubte man, daß *Széchenyi* die Bemühungen des Palatins hintertreibe, um selbst wieder gebraucht zu werden, und da der junge Kaiser und König seine eigene Redlichkeit unter Beweis stellen und sich nicht dem Verdachte aussetzen wollte, daß er nicht alles versucht habe, mit den Rebellen zu einem Ausgleich zu kommen, wurde auch *Széchenyi* wieder beauftragt, *Rákoczy* und *Bercsényi* zu ermahnen, die Gesetzmäßigkeit der Thronfolge *Josephs* und die von ihm geleistete Sicherstellung der nationalen Rechte nicht in Zweifel zu ziehen, was sein ehrliches Wohlwollen leicht in Unwillen verwandeln könnte. Die Stände könnten sich auf das königliche Wort verlassen und sich mit der Vermittlung Großbritanniens und der Niederlande begnügen. *Széchenyi*, der wegen seiner diesem Auftrage vorangegangenen Zurücksetzung noch immer verärgert war, berichtete nach einem Gespräch mit *Rákoczy* an den Hof und die Gesandten Britanniens und Hollands: „Die im Aufstande begriffenen Ungarn wünschen nichts sehnlicher als einen Frieden, der ihre Rechte und Freiheiten sicher stelle, und bitten, daß der König, der ebenfalls zum Frieden geneigt sei, friedlich gesinnte Bevollmächtigte entsende und für die Zwischenzeit, bis ein Ausgleich zustande kommt, die Einstellung der kriegerischen Unternehmungen anordne."

Rákoczy, Bercsényi, Forgács und andere glaubten, wegen der so versöhnlich lautenden Erklärungen *Josephs,* die vom Palatin, vom Fürstprimas und vom Militärgouverneur von Ofen verlautbart worden waren, zum Schein für den Frieden eintreten zu müssen, um den doch schon beträchtlichen Teil ihrer Anhänger, der auf *Josephs* Anerbieten eingehen wollte, nicht vor den Kopf zu stoßen. Mit seiner Thronbesteigung waren in den Augen jener Rákoczyaner, die zum Frieden tendierten, die Ursachen des furchtbaren Bürgerkrieges weggefallen und der Zeitpunkt gekommen, die Rechte der Stände durch einen Friedensvertrag sicherstellen zu können. Eine Umfrage *Rákoczys* unter den Komitaten, ob ihnen die Vermittlung des Königs von Großbritannien und der Republik Holland im Streit mit ihrem König genüge, bestätigte ihm dies einstimmig! Allerdings wäre es den Komitaten noch lieber, wenn der König auch mit der auswärtigen Garantie dieses Friedensvertrages durch die Könige von Preußen und Schweden einverstanden sein würde. Hierauf schrieb *Rákoczy,* enttäuscht, daß die Komitate für den Frieden eintraten, am 2. Juni an *Joseph I.* einen Brief, den er später verleugnete. In diesem heuchelte er entweder, oder *Bercsényi* hatte ihn zurechtgewiesen für das, was er, ohne seine Zustimmung, geschrieben hatte: „Der Regierungsantritt Ew. Majestät ist das Gestirn, welches die Wolken und Ungewitter zerteilt, die unsere Nation umfingen und beinahe in den Abgrund versenkten. Die Ungarn erwarten von Ew. Majestät die Wiederherstellung ihrer Freiheit, welche das Volk mit ererbter Treue und Hingabe gegen den König erwidern wird. Ich insonderheit war seit jeher von tiefer Ehrfurcht und Ergebenheit gegen die Person Ew. Majestät durchdrungen will auch jetzt nicht Ihre Regierung böswillig stören, sondern bin im Gegenteil mit der ganzen Nation bereit, dem rechtmäßigen König und Herrn zu huldigen und für ihn das Leben zu opfern, in der Hoffnung, daß Ew. Majestät dem Unrecht ein Ende machen werde, welches gehässige Minister, den Namen und die Macht eines guten Fürsten mißbrauchend, unserer Nation zugefügt haben." Warum war *Rákoczy* später nicht zu diesem Bekenntnis gestanden? Warum behauptete er, dieses Schreiben sei ihm, bei der Abfertigung anderer Schreiben, unterschoben worden? Nur weil er die Echtheit seiner Unterschrift nicht bestreiten konnte?

Da auch führende Häupter der aufgewiegelten Stände für den Frieden waren, weil sie verhindern wollten, daß Ungarn gegen Ungarn in Waffen stehen, wie der Palatin gewarnt hatte, hatte es *Rákoczy* nicht gewagt, diesen offen entgegenzutreten und die ernsten Mahnungen des Palatins in den Wind zu schlagen. *Rákoczy* beging mit diesem Schreiben einen doppelten Betrug. Einerseits täuschte er den ehrlichen jungen König, und andererseits gaukelte er den Ständen vor, den Frieden zu wollen, während *Bercsényi* und er weit mehr wollten als *Joseph* gewähren konnte. Mit ihren Forderungen, „daß nicht nur alle gesetzwidrigen Verordnungen Kaiser *Leopolds* aufgehoben, die fremden (kaiserlichen) Truppen für immer aus Ungarn entfernt, die Regierung, die Rechtspflege und das Heerwesen in allen Zweigen von denen der Erbländer gänzlich geschieden und ausschließlich Eingeborenen anvertraut, sondern auch der Nation das Recht, den König zu wählen, zugesprochen, der Artikel 31 der Goldenen Bulle neuerdings in Kraft gesetzt, das siebenbürgische Fürstentum wieder aufgerichtet, *Rákoczy* als sein Fürst und zugleich Herr einiger östlicher Gespanschaften anerkannt und der hierüber geschlossene Vertrag von auswärtigen Mächten garantiert werde", waren sie weit über das hinausgegangen, was *Joseph* angeboten hatte. *Joseph* sollte nicht mehr und nicht weniger tun als die von *Rákoczy* veranlaßte Absetzung seines Vaters *Leopold* in Siebenbürgen und *Rákoczys* eigene Wahl zum Fürsten dieses Landes, die er über seinen Anhang hatte inszenieren lassen, zu sanktionieren und auf Ungarn verzichten, denn das hätte die Genehmigung der Forderungen der Rebellen praktisch bedeutet. Ferner sollte der junge Kaiser und König den Evangelischen jene Kirchen, Schulen und Stiftungen zurückgeben, um deren Rückerstattung auch er sich bisher herumgedrückt hatte. *Rákoczy* setzte böswillig voraus, daß *Joseph* ja freiwillig auf diese maßlosen Forderungen nicht eingehen konnte, insbesondere auf seine eigenen und persönlichen Wünsche in Siebenbürgen; würde aber der König dazu gezwungen werden können, so würde er den ihm aufgezwungenen Vertrag bei der sich frühest bietenden Gelegenheit ebenso brechen, wie *Josephs* Vorfahren in ähnlichen Situationen dies getan hatten. Daher tat er so, als ob er der Nation die Entscheidung über Krieg oder Frieden überlassen wollte, obwohl weder er noch *Bercsényi* bereit waren, die Waffen niederzulegen, ehe diese (für ihre Verhältnisse wohl wirklich überdimensionierten) Ansprüche erkämpft sein würden. *Rákoczy* war daher nicht nur gegen den Frieden überhaupt, sondern hatte vor, Ungarn von Österreich loszureißen und die ungarische Krone weiterhin dem bei Höchstädt schon geschlagenen Kurfürsten von Bayern anzubieten. In diesem Sinne hatte *Rákoczy* auch an seinen Agenten beim französischen Hof, Baron *Ladislaus Kökényesdy von Vetes,* geschrieben, der schon am 13. Mai Minister *Chamillard* meldete: „Die Sache des Fürsten steht gut; obgleich genötigt, die Unterhandlungen mit dem Kaiser fortzusetzen, beabsichtigt er dennoch, vor dem allgemeinen Frieden keinen Seperatvergleich zu schließen." Am 19. Mai antwortete *Chamillard* dem Agenten: „In der Erwartung, daß der Fürst bei diesem Vorsatze beharrt, werde sein König ihn nach Kräften unterstützen, und habe zum Beweise dessen das bisherige Hilfsgeld auf 50.000 Livres monatlich erhöht." Damit ist das Doppelspiel *Rákoczys* hinlänglich erwiesen. Er konnte, mit französischem Geld, seine Rüstungen ebenfalls verdoppeln. *Károly* hatte er schon am 26. April, als *Leopold* noch lebte und *Széchenyis* Briefe am Wege nach Wien waren, den Auftrag erteilt, im Osten der Theiß ein Korps aufzustellen und die Haufen, mit denen *Georg Palogcsay* Großwardein umschwärmte, an sich zu ziehen, um mit der versammelten Macht die Festungen Arad, Jenö und

Gyula, in denen ihm die Raizen noch immer Widerstand leisteten, zu erobern. *Rákoczy* selbst wollte ein Heer über die Donau führen, um in Transdanubien, wo er bisher nicht Fuß fassen konnte, die Niederlage *Károlys* bei Kiliti wettzumachen, im eigenen Vaterland zu heeren und einen Teil der kaiserlichen Truppen im Slowakischen zu zwingen, gegen ihn zu ziehen, damit *Bercsényi* die Festung Leopoldstadt und *Ocskay* Trentschin belagern könne. *Daniel Esterházy* ging noch im Mai mit 10 Reiterregimentern über die Donau, und *Bottyán* bewachte die Schiffsbrücke zwischen Kömlöd und Paks, zu deren Schutz dieser auf beiden Seiten des Stromes Schanzen hatte aufwerfen lassen.

Károly, der bei Békés am Körös lagerte, sandte die Oberste *Bóné* und *Nyiri* gegen eine Schar Raizen, die Kúnhegyes überfallen, geplündert und im Rücken *Rákoczys*, auf eigene Faust, für Österreich kämpften. *Bóné* und *Nyiri* wurden aber von den Serben geschlagen, verloren Kanonen und Troß, und *Nyiri* fiel. Als *Károly* von der Niederlage seiner Haufen hörte, eilte er selbst mit starken Kräften herbei und zog den Serben bis Gyula nach, wo er nach einigen Scharmützeln Lager schlug. Vor Gyula erhielt er Befehle, sofort mit allen Truppen in *Rákoczys* Lager nach Erlau zu kommen. Da er ahnte, daß *Rákoczy* wieder etwas Größeres vorhabe, gehorchte er erst bei der zweiten Aufforderung.

All diese Maßnahmen waren also die wirkliche Antwort *Rákoczys* und *Bercsényis* auf die ehrlichen Friedensangebote des Kaisers und Königs gewesen. Erzbischof *Széchenyi* wußte davon und auch von den wahren Absichten der Rebellen. *Rákoczy* plante wieder einen entscheidenden Waffengang und versammelte alle Streitkräfte. Am 18. Juni brach er von Erlau auf und lagerte am 25. bei Ocsa. Von Ocsa aus erließ er am 1. Juli ein Rundschreiben, mit dem er „alle Stände, Geistliche und Weltliche, Magnaten und Adelige, die des theuren Vaterlandes Sache als die ihrige betrachten auffordert, am 1. September auf dem Rákózer Felde persönlich zu erscheinen und keine Vertreter zu senden. Er rufe sie zusammen, um ihnen das bisherige Ergebnis der Friedensverhandlungen mitzuteilen, und ihnen Gelegenheit zu geben, sich entweder für den Krieg oder den Frieden zu erklären." Auf diesem „Reichstag" wollte er auch die Forderungen der Kalviner aufgreifen und zur Sprache bringen.

Eine weitere Bestätigung über *Rákoczys* wahre Absichten entnehmen wir einem Brief vom 8. Juli, in dem er *Ludwig XIV.* schrieb: „Da der römische König nach dem Tode des Kaisers der Nation alles, was sie wünscht, gewähren zu wollen scheint, nöthigen mich die Umstände, den Reichstag zu berufen, um den Willen der Stände zu vernehmen. Ich wäre untröstlich, wenn deren Einberufung etwas zur Folge hätte, was mit meiner Absicht, von den Hülfsgeldern den stärksten Gebrauch zu machen, in Widerspruch stünde." Noch deutlicher spricht er seine Gesinnung in seinem Briefe vom 29. Juli an seinen Vertreter Baron *von Vetes* in Paris aus, bei dem sich *Max Emanuel* beschwert hatte, daß *Rákoczy* mit dem neuen König Frieden schließen und sein

Versprechen, ihn auf den ungarischen Thron zu erheben, nicht halten wolle: „Ich vernehme mit Verwunderung, daß der Kurfürst keine genauere Nachricht aus Paris erhält, da doch der bei uns accreditierte französische Gesandte seinem König über alles Bericht erstattet. Wir können versichern, die Sache des Friedens befindet sich noch immer in dem nämlichen Zustande, in welchem Sie diesselbe gelassen haben. Ich ersehe zwar nicht den geringsten Nutzen, der für Ungarn aus dem Frieden entspringen könnte; da ich aber nicht Herr der Sache bin, darf ich nicht widerstreben, wenn der Friede den Ungarn gefällt. Sie können jedoch dem Bayern versichern, selbst wenn es zum Frieden kommen sollte, werde Ungarn dem Kaiser keine Hülfe wider ihn leisten . . . Den Reichstag habe ich in der Absicht auf den 1. September ausgeschrieben, damit die Stände, falls sie sich in Friedensberatungen einließen, außer der Zeit kämen . . . Nie werde ich meinem theuren Vaterlande rathen, dem trügerischen Feinde Glauben zu schenken." Weiters teilte er *Kökényesdy von Vetes* mit, daß er gegen den Feind ziehe und setzte hinzu: „Der Friedensschluß hängt vom vorstehenden Feldzuge ab. Wird der Feind glücklich sein, so wird er, seinem gewohnten Übermuthe gemäß, seine gegenwärtigen Versprechungen zurücknehmen; wenn dagegen Gott unseren Waffen Glück schenkt darf der Kurfürst der Zuversicht sein, daß die Nation nicht nur den Frieden verwerfen, sondern auch Wahl und Interregnum in Frage stellen wird." *Rákoczy* scheint aber von *Ludwig XIV.* ebenso wie vom Kurfürsten enttäuscht gewesen zu sein, denn er erteilte im gleichen Schreiben seinem Vertreter die Weisung, auf den förmlichen Abschluß eines Bündnisses zu drängen: „Ich sehe", schrieb *Rákoczy* weiter, „wie wenig man dem Feinde trauen darf; kann aber Frankreich leugnen, daß es unsere Angelegenheiten äußerst lau betrieben hat? Seit meinem Exil konnte ich noch nie erlangen, daß es mit mir ein Bündnis in gehöriger Form eingegangen oder mir wenigstens die schriftliche Versicherung gegeben hätte, daß es ohne Ungarn und mich nicht Frieden schließen werde. Der König hat mich zwar unlängst durch seinen Gesandten vertröstet, er wolle, daß mein Gesandter als Gesandter des Fürsten von Siebenbürgen zum Friedenscongresse zugelassen werde und werde ohne mein Wissen nicht unterhandeln; aber was nützt das, wenn ich Ungarn nichts schriftliches vorzeigen kann? Das ist eine Ursache, warum ich die Friedensverhandlungen bisher fortgesetzt habe, was mir nie in den Sinn gekommen wäre, wenn ich nicht besorgen müßte, zwischen zwei Stühlen zu bleiben. Glaubt man etwa, daß die 50.000 Thaler schon alles sind und daß sie derentwegen Ungarn und mich der Ungewißheit preisgeben dürfen? Der Geist Ungarns wäre ein anderer, wenn ich von Anfang her oder auch nur jetzt eine schriftliche Verbürgung, die der Nation Sicherheit gewährte, vorweisen könnte. Sollen wir Krieg führen, so stelle sowohl der König als der Kurfürst folgende Urkunde aus:

1. Sie schließen mit mir als Fürsten von Siebenbürgen ein ewiges Schutz- und Trutzbündnis; werden mit dem Kaiser über den Frieden nicht eher unterhandeln, als bis Ungarn sich entweder vom Hause Österreich losgemacht

oder wenigstens seine gesetzlichen Rechte wieder errungen hat; werden ohne mich nicht in Verhandlungen eintreten, noch einen Vergleich eingehen.

2. Würde Ungarn durch den Wechsel des Kriegsglückes Frieden zu schließen gezwungen, so soll wenigstens der zu jeder Zeit von demselben getrennte Landestheil nebst Siebenbürgen mit vollem Souveränitätsrechte und meiner, nach meinem Tode aber unter der Regierung desselben bleiben, den die abgefallenen Stände wählen werden.

3. Der König fährt fort, solange der Krieg dauert, die festgesetzten Hülfsgelder zu zahlen.

4. Wenn ich ins Exil gehen müßte oder in Gefangenschaft geriete, werden beide Fürsten mich aus derselben befreien und mir in Polen so viele Besitzungen und solche Sicherheit verschaffen, daß ich samt meinen Gefährten standesgemäß leben kann.

Geschieht dies, so wird es leicht sein, die Stände Ungarns nicht bloß zur Fortsetzung des Krieges zu bewegen, sondern in Rücksicht auf das beiderseitige Bündnis durch sie alles beschließen zu lassen, was der König und der Kurfürst wünschen. Ich halte es jedoch für nötig, daß die Urkunde bis zum Reichstage eintrifft, den ich wenigstens bis Ende September hinausziehen werde.“

Unterdessen sprachen die Waffen eine andere Sprache. *Rákoczy* befand sich noch in Ocsa, als ihm *Daniel Esterházy*, der von Paks nach Süden bis Essek, Sziget und Fünfkirchen gezogen war, meldete, *Bottyán* wäre jenseits des Stromes, bei der Belagerung von Földvár von General *Glöckelsberg* angegriffen, geschlagen und verwundet worden. *Bottyán* habe sich in die Verschanzungen vor der Brücke von Paks zurückziehen müssen, doch *Glöckelsberg* habe diese erstürmt, und *Bottyán* habe über die Donau zurückweichen müssen. *Glöckelsberg* habe hierauf nicht nur die zum Schutze der Brücke angelegten Verschanzungen, sondern auch die Brücke völlig zerstört. Danach habe er sich mit seinen Truppen wieder nach Ofen zurückgezogen, von wo er mit seinen Truppen angerückt war.

Rákoczys Absicht, wieder in Transdanubien einzufallen, war unter schweren Verlusten gescheitert und ein starkes Streifkorps unter einem guten General von einem Teil der kaiserlichen Garnison von Ofen über die Donau zurückgejagt worden. Der Versuch *Rákoczys*, seinen Brigadieren *Bezerédy* und *Kisfaludy*, die bisher aus den Waldgebieten des Bakongebirges und anderen Schlupfwinkeln eine Art Bandenkrieg geführt, dort und da Kaufleuten aufgelauert und kleinere Orte überfallen hatten, aber zu keinen größeren Einfällen fähig waren, mit einem Korps zu Hilfe zu kommen, mußte aufgeschoben werden. *Bezerédy* und *Kisfaludy* blieben auf sich gestellt, erhielten aber den Auftrag, tätig zu werden. Bald darauf, in den letzten Julitagen, trieben sich 300 Kuruzzen in der Nähe von Frauenhaid herum und plünderten den Ort. Obwohl Erntezeit war, wagten sich deshalb die Bauern nicht auf die Felder, um die Feldfrüchte zu schneiden und einzubringen. Sie holten sich nur einige

Garben, soviel als sie für eine Woche brauchten und dann wieder welche. Der neue Pfarrer von Frauenhaid, Pater *Roman Weichlein*, stellte bei seinem Eintreffen im Ort fest: „Ain pur lauttere armuthey!" Die Leute hatten nicht einmal so viel Geld, um die Begräbniskosten bezahlen zu können. Von Rust verlangten die Rebellen die Lieferung von 151 Metzen Getreide und 120 Rindern. Es ist nicht aufgezeichnet, ob die Ruster der Aufforderung entsprochen haben. Während *Bezredy* mehr im Komitat Ödenburg streifte, durchzog *Kisfaludy* die südlicher gelegenen Landesteile und war in den ersten Augusttagen mit etwa 100 Reitern aus dem Gebiet südlich der Raab durch die Batthyányschen Dörfer nach Norden gezogen, ohne vorerst einen Schaden anzurichten und plünderte Kaltenbrunn. Am Rückweg aber suchten sie Rudersdorf, Dobersdorf, Königsdorf und Eltendorf heim, plünderten und trieben Rinder und Pferde, insgesamt etwa 2.000 Stück, mit sich fort und erschlugen in Dobersdorf zwei Juden. Selbst eine so kleine Streifschar war, wenn sie nur unvermutet auftauchte, durchaus in der Lage, das ganze Raabtal in Schrecken zu versetzen.

In Ocsa erreichte *Rákoczy* auch ein Schreiben *Bercsényis*, in dem dieser dem Fürsten mitteilte, daß Feldmarschall *Herbeville*, durch mehrere tausend Dänen verstärkt, beabsichtige, das vor dem Falle stehende Leopoldstadt zu verproviantieren. Es sei daher notwendig, daß er zu ihm komme.

Da *Glöckelsberg* die mit so viel Mühe errichtete Donaubrücke so gründlich zerstört hatte, daß sie in absehbarer Zeit nicht wieder instand zu setzen war, zog *Rákoczy* zu *Bercsényi* an die Waag. Am Wege dorthin stieß *Károly* bei Gyömöre zu ihm. Als der Fürst jedoch die arg zusammengeschmolzenen Scharen des Barons sah, war er empört. Viele, die *Károly* östlich der Theiß aufgeboten hatte, folgten ihm zwar gegen die Raizen, weil diese das Gebiet östlich der Theiß, wo *Rákoczy* sich als unbeschränkter Herrscher fühlte, ständig durchstreiften und *Rákoczys* Anhängern schwere Schäden zufügten, sie waren aber nicht bereit, *Károly* über die Theiß, ins Slowakische zu folgen und ihre eigenen Dörfer den gefürchteten Serben preiszugeben. Da auch die Truppen *Daniel Esterházys*, die dieser im Gebiete zwischen Donau und Theiß ausgehoben hatte, dessen Fahnen in Scharen verließen und auch der Rest nur mit großem Widerwillen nach Norden ging, schrie *Rákoczy* den versammelten Haufen seine ganze Entrüstung und Enttäuschung über die Feigheit und Treulosigkeit derer ins Gesicht, die, aufgehetzt von der Friedenspartei, sich scheuen, ihm für die Freiheit des Vaterlandes in den Kampf zu folgen: „Schließt Frieden mit dem Feinde", donnerte er, „vertilgt den ruhmvollen Namen der Rákoczy! Liefert mich meinen Feinden aus, wenn ihr glaubt dadurch den Frieden und die Freiheit für unser Volk zu erlangen! Ich werde gern in den finsteren Kerker zurückkehren, aus dem Gott mich befreit hat, und das Blutgerüst besteigen, wenn ich weiß, daß ich damit das Glück des Vaterlandes erkaufe! Ist aber in euch noch ein Tropfen ungarischen Blutes und ein Funke von Liebe zu mir, euren Herrn, Vater, Führer und Blutsverwandten, so rächt unsere Schmach durch die Bestrafung der Vaterlandsverräter! Nicht Herrschaft, nicht Reichtümer verlange ich von euch, sondern ein wahrhaft ungarisches Herz, das ich an meines drücken kann, um mit euch zu leben und zu sterben!" Nach diesen bitteren Vorwürfen ließ er *Károly* mit seinen abgekanzelten Haufen zurück, zog mit seinem Korps nach Westen und erreichte Ende Juli St. Benedikt in der Waaggegend.

Herbeville hatte zwei Aufträge. Er sollte vorerst das von *Bercsényi* belagerte Leopoldstadt entsetzen, verproviantieren und mit Waffen und Munitionen versorgen und dann über Ofen nach Siebenbürgen marschieren, um General *Rabutin* Hilfe zu bringen. *Rabutin* hielt nur mehr Hermannstadt, die Hauptstadt Siebenbürgens, Kronstadt und Fogaras. Auf der Schütt erwartete *Herbeville* zunächst einige dänische Regimenter, nach deren Ankunft seine Armee ca. 12.000 Mann betrug. Während *Herbeville* auf der Schütt die Verstärkungen erwartete und Magazine für den späteren Marsch nach Siebenbürgen anlegte, fielen *Anton Esterházy* und *Ocskay* am 18. und 19. Juli in Südmähren ein. Sie brannten das Städtchen Holicz nieder, belagerten dessen Schloß, warfen Granaten in dieses und zwangen die Freikompanie Krumbach zur Kapitulation. Hierauf drangen sie, an Lundenburg vorbei, bis Austerlitz, Brünn und Nikolsburg und legten am 19. Juli Auspitz, Göding, Lusitz und Paulovitz in Asche. Gleichzeitig hatte *Anton Esterházy* einen Aufruf an die Mährer erlassen und sie aufgefordert, ihm zu gehorchen, ansonsten würde er mit *Rákoczy* wiederkommen, alle Bewohner samt den Kindern ermorden lassen und ihre Dörfer und Städte niederbrennen. Schon am 8. August setzte wieder eine Streifschar über die March und heerte in den Gemeinden Baumgarten, Oberweiden und Zwerndorf.

Die Schlacht bei Pudmeritz und die Rebellenversammlung von Széczén

Anfangs August war *Herbeville* aus seinem Lager auf der Schütt aufgebrochen und marschierte nach Norden, um zwischen den beiden Armen der Waag nach Leopoldstadt vorzurücken. Hier gedachte *Rákoczy Herbeville* mit 30.000 Mann zu überfallen und ihm ein Schicksal zu bereiten, wie es *Károly* General *Ritschan* bereitet hatte. Sein Ingenieuroffizier *Lemaire* staute einen Nebenlauf der Dudwaag auf und überflutete das Terrain zwischen beiden Waagarmen. Hinter den Stauanlagen warf er Schanzen auf, die *Anton Esterházy* mit Fußvolk besetzte.

Am 5. August nächtigte *Herbeville* in Szered. *Rákoczy* stand mit seinen Truppen am linken Ufer der Waag als *Herbeville* weitermarschierte und in die von *Rákoczy* vorbereitete Falle lief. In der Nacht waren *Bercsényi* und *Géczy*, jeder mit 4.000 Mann über die Waag gegangen, um *Herbeville* den Rückweg abzuschneiden beziehungsweise um ihm bei Tagesanbruch in den

Rücken zu fallen. Bei ihrem Auftauchen wollte auch *Rákoczy* über die Waag gehen und angreifen. Da aber am nächsten Morgen weder *Bercsényi* noch *Géczy* auftauchten, um *Herbeville* anzufallen, griff auch *Rákoczy* nicht an, und *Herbeville* konnte die Falle passieren, ohne daß er viel belästigt wurde, und die Dudwaag überschreiten. Nur *Esterházy* hatte mit einigen Kanonen schießen lassen, die auf den Schanzen aufgefahren worden waren. Sie hatten aber nur wenig Schaden angerichtet. Auf dem Wege von Bresztova nach Tyrnau mußte *Herbeville* nochmals die Dudwaag in versumpftem Gelände überschreiten. Hier sollte er, nachdem der erste Anschlag wegen der Unzuverlässigkeit *Bercsényis* und *Géczys* mißlungen war, abermals überfallen werden. Aber *Bercsényi*, der den „Pulvergeruch nicht ausstehen mochte", wie *Forgács* spöttelte, hielt hier wieder nicht, was er dem Fürsten versprochen hatte, und *Herbeville* kam ohne weitere Schwierigkeiten nach Leopoldstadt. Die Festung wurde auf ein Jahr versorgt, dann rückte die Armee Richtung Schütt wieder ab, um das Kampfgeschehen nach Ostungarn, in das Zentrum des Aufstandes, zu verlagern. *Rákoczy* aber, der 30.000 Mann zusammengezogen hatte und es nicht gewagt hätte gegen *Heister* eine Schlacht zu suchen, wollte sich mit dem „alten Dragoner", dem er nicht viel zutraute, schlagen, zog ihm nach und stellte sich ihm am 10. August auf dem Felde bei Tyrnau, wo ihn *Heister* am 26. Dezember geschlagen hatte, in den Weg. In diesem mehr ebenen Gelände glaubte *Rákoczy* seine kavalleristische Überlegenheit ausspielen zu können. Aber *Herbeville* bog vor Bibersburg (Cziffer) ab und zog durch bergigeres Gelände nach Pudmeritz, weil er *Rákoczys* Absicht erriet. Der Fürst ließ sich verleiten und folgte dem „alten Dragoner" dorthin. Dort stellte sich ihm *Herbeville* entgegen, denn das hügelige und teilweise bewaldete Terrain war für seine Infanterie taktisch günstiger. Am 11. August kam es zum Kampf. *Csákys* Reiterei wurde von den Dragonern *Herbevilles* als erste geworfen, *Rákoczys* Fußvolk zusammengedrängt und von den fliehenden Reitern mitgerissen. Das Gros der Reiterei *Rákoczys* floh, als ihm der Wind Staubfahnen entgegentrieb, weil es glaubte, der siegreiche Feind rücke an, und brachte alles vollends durcheinander. Ohne gekämpft zu haben, war die riesige Übermacht der Rebellenführer getürmt, vom Winde und den aufgewirbelten Staubfahnen erschreckt. *Rákoczys* Verluste blieben zwar, weil es kaum zu Scharmützeln gekommen war, gering, aber die Schande war dafür größer. 400 Kuruzzen waren gefallen, 200 in Gefangenschaft geraten und vier Kanonen, die in der allgemeinen Verwirrung stehen gelassen worden waren, wurden erbeutet. *Herbeville* hatte an Toten und Verwundeten insgesamt 200 Mann eingebüßt. Nachdem *Rákoczys* Haufen geflohen waren, setzte der „alte Dragoner" seinen Marsch fort und erreichte unangefochten die Schütt. *Rákoczy* aber führte die beschämende Niederlage hauptsächlich auf die Unfähigkeit seiner Generäle, mit den Truppen auf dem bergigen und bewaldeten Terrain manövrieren zu können, zurück. Da seine Streitmacht nur geringe Verluste erlitten hatte, konnte er schon eine Woche später, am 16. August, *Bercsényi* zu dessen größten Widerwillen, mit einem Streifkorps in der Stärke von 10.000—12.000 Mann zu einem Einfall in die Erbländer abkommandieren. Von *Szirmay* hatten die Rebellenführer erfahren, daß *Herbeville* den Befehl habe, nach Siebenbürgen zu marschieren, aber *Rákoczy* hatte an dieses „Märchen" nicht geglaubt. Er hielt die Nachricht für eine Chimäre und rechnete mit einem Angriff des „alten Dragoners" auf Neuhäusl. Von diesem sollte *Herbeville* durch den Einfall in das Marchfeld abgehalten werden. Aber auch dieser Streifzug führte zu keiner militärischen Auseinandersetzung, sondern nur zu neuerlichen Verwüstungen. *Bercsényis* Haufen brannten wieder viele Orte nieder, wie *Anton Esterházy* schon angedroht hatte, darunter Göding, Auspitz und Roalitz, alles Gemeinden, die schon einmal heimgesucht worden waren. Selbst empört über die Greueltaten seines Raubgesindels schrieb *Bercsényi* am 18. August an *Rákoczy*: „Ich gestehe, meine Seele schaudert vor dieser Expedition, ich finde kein Vergnügen an diesem Gewinn." Und am selben Tag, in einem weiteren Brief hielt er fest: „Ich habe Euren Brief erhalten und ich bedaure, Euer Mißfallen erregt zu haben, aber diese Expedition ist nicht nach meinem Geschmack. Ich finde, daß nichts dabei zu gewinnen ist . . . Wenn Ihr es befehlt, ich will sogar nach Prag gehen, wenn ich nur wüßte, für was, wenn dort jemand wäre, mit dem ich mich vereinigen könnte . . . Der Zweck unserer Diversion war, sie von Ujvár (Neuhäusl) abzuhalten; ist dies erreicht, was nützt es dann, mir den Feind auf den Nacken zu ziehen?" Drei Tage später, am 21. August schrieb *Bercsényi*: „Gegen meine schärfsten Befehle, zerstreuen sich meine Soldaten, Bauern und Tataren wie Ameisen über das Land. Man kann ihre Feuer zwei Meilen weit sehen. Ich ruiniere mir die Hände und Beine damit, daß ich Offiziere und Mannschaften schlage und stoße. Ich erröte über unsere Unfähigkeit infolge des Ungehorsams unserer Leute . . . Gestern sah ich selbst 30 Feuer . . . Es sind solche verdammte Halunken, sie verbrennen all die reichen Dörfer, sie plündern nicht einmal!"

Indessen unternahm im Komitat Eisenburg auch *Bezerédy* wieder Streifzüge. Am 19. August tauchte *Stephan Szekeres*, einer seiner Hauptleute, mit 5 Fähnlein Kuruzzen in Rechnitz auf. Er dürfte den Befehl gehabt haben, die herumstreifenden kleinen Scharen für eine größere Aktion zusammenzutreiben. Er überfiel Rechnitz mit 300—400 Mann. Die Schar plünderte den Markt und das Schloß der Gräfin *Batthyány*. Die Rechnitzer mußten für das zum Wegtreiben eingebrachte Vieh 100 Gulden zahlen, der Gräfin wurden 24 Pferde gestohlen. Da das Land fast völlig ohne kaiserlichen Truppen war, konnten auch kleine Streifscharen unbehindert agieren. Da die steiermärkische Landschaft (Landschaft = Landesregierung) wieder einen Einfall der Kuruzzen befürchtete, wurde General *Hanibal Heister*, der Bruder des Feldmarschalls *Siegbert Heister*, angewiesen, mit seinen Warasdiner Grenzern dieses herumvagabundierende Räubergesindel zu vertilgen. Auch in und um Pinkafeld zeigten sich diese 5 Fähnlein Kuruzzen. Sie überraschten in Pilgersdorf einen Leutnant mit 7 Soldaten der Besatzung von Güns, der einige Deserteure verfolgt hatte. Der Leutnant und 4 Soldaten wurden im

Kampfe erschossen, einem Feldwebel, der sich ergab, beide Arme abgehauen. Zwei Soldaten konnten dem Gemetzel entkommen.

Am 18. August hatte *Bercsényi* von Skalnitz aus auch einen Aufruf an die Stände Mährens erlassen, in dem es heißt: „Da auch dieses Land unter dem grausamen Joch des Hauses Österreich leidet, ebenso wie Ungarn und Siebenbürgen, muß es gemeinsamer Wunsch, gemeinsame Sache sein, dieses Joch abzuwerfen. An der Grenze Mährens angelangt, biete ich hiezu meine und meines Heeres Dienste an und lade alle Bewohner in Mähren ein, sich meinem Heere anzuschließen." Seine Proklamation fand in Mähren überhaupt keine Beachtung. Zu arg hatten seine Reiter und die Hajducken und Tataren Thurozzys gehaust. *Bercsényi* verblieb bis in den September hinein in Mähren, und seine Haufen richteten schwere Schäden an. Bei Streifungen am 24., 27., 29. und 31. August sowie am 3., 4., und 5. September sickerten einzelne Haufen, trotz der Sicherheitsvorkehrungen der niederösterreichischen Stände, bis ins südliche Marchfeld durch und überfielen wieder jene Orte, die schon wiederholt heimgesucht worden waren. Nach diesen Aktionen kehrte die Streifschar nach Tyrnau zurück. „Ich wollte", schrieb *Rákoczy* später, „daß der Wiener Hof sieht, daß seine Generale meine Armee zwar schlagen aber nicht vernichten konnten."

In Wien aber führten die Raubzüge der Rebellen zu heftigen Auseinandersetzungen, weil aus blühende Provinzen in nächster Nähe fast alle Truppen abgezogen worden waren, um das soweit entfernte Siebenbürgen, das man schon verloren glaubte, zu retten.

Am 19. August hatte *Rákoczy* von Neutra aus die Stände zur Zusammenkunft in Széczén einberufen, die am 1. September beginnen sollte. Der Wiener Hof wurde von Erzbischof *Széchenyi* eingeladen, zu dieser Versammlung Bevollmächtigte zu entsenden. *Rákoczy* hatte *Széchenyi* auch seine Vorstellungen über einen Waffenstillstand übermittelt, aus denen hervorging, daß er bereit sei, zuzulassen, daß *Rabutin* Hermannstadt, Kronstadt und Fogaras verproviantieren dürfe.

Wenn *Rákoczy* gemeint hatte, mit diesem Anerbieten den Marsch *Herbevilles* nach Siebenbürgen verhindern zu können, so hatte er sich jedoch geirrt. Obwohl durch *Szirmay* unterrichtet, hatte *Rákoczy* nicht geglaubt, daß der Wiener Hof eine solche Expedition anordnen werde. Nun ging es „um sein Fürstentum". Nur deshalb war der Fürst plötzlich gesonnen, einen Waffenstillstand vorzuschlagen. Gelänge es ihm nicht, diesen zu erreichen, so blieb ihm nichts anderes übrig als *Herbeville* in offener Schlacht entgegenzutreten. Dies aber entsprach nach dem Debakel bei Pudmeritz keinesfalls dem Geschmack seiner Generäle. Es bestand die größte Gefahr, daß die Stände Siebenbürgens nach einer Niederlage wieder auf die Seite Kaiser *Josephs* zurückkehren könnten. Ging ihm aber Siebenbürgen wieder zur Gänze verloren, so würde *Ludwig XIV.* kein Bündnis mit ihm schließen. Die neue Situation hatte zur Folge, daß auch *Bercsényi* nach Ungarn zurückberufen wurde.

Kaiser *Joseph* sagte zu, die Gesandten Englands und Hollands sowie eigene

Bevollmächtigte nach Széczén zu entsenden, den Waffenstillstand aber lehnte er ab. *Herbeville* marschierte.

Feldmarschall *Herbeville* war von der Schütt mit 19 Bataillonen Infanterie, 9 Grenadierkompanien, 10 Reiterregimentern und Kanonen aufgebrochen und verfügte über eine Streitmacht von ungefähr 16.500 Mann. Er erreichte Komorn am 25. August, setzte dort über die Donau und traf am 3. September in Ofen ein. Hier bekam und verteilte er die Vorräte für den langen Marsch, die der Militärgouverneur *Pfeffershofen* inzwischen für ihn angelegt hatte. Weiters wurde *Herbevilles* Streitmacht durch Teile der Garnison von Ofen verstärkt. Er erhielt 1.200 Dragoner und 2.000–3.000 Mann serbischer Milizen, die von den Generälen *Glöckelsberg* und *Schlick* befehligt wurden. Die Serben vor allem brannten darauf, ihrer bedrängten Heimat in Ostungarn zu Hilfe zu kommen. *Herbevilles* Armee war auf etwa 20.000 Mann angewachsen. *Rákoczy* konnte sich auf einiges gefaßt machen!

Das Land zwischen Donau und Theiß war damals eine sandige, trockene und dürre Ebene, wo es nur spärlich Wasser gab, nur wenige und weitverstreute Orte vorhanden waren und es für die Verteidiger leicht war, alles Lebensnotwendige in diesem Bereich zu zerstören. Das Oberkommando über die Rebellen führte in dieser Gegend *Bottyán,* der von *Rákoczy* den Befehl erhalten hatte, das Land vor *Herbevilles* Armee zu verwüsten und ihm durch Überfälle und Scharmützel solche Verluste zuzufügen, daß er Siebenbürgen gar nicht erreichen würde. *Bottyán* verfügte zwar über 6.000 Reiter, die sich großspurig Husaren nannten, also über eine Macht, die ausreichte, die eigenen Landsleute gewaltsam aus ihren Dörfern zu vertreiben, die geräumten eigenen Dörfer zu plündern und die Häuser der so Vertriebenen in Brand zu stecken, aber sie reichte nicht aus, um *Herbeville* und der kaiserlichen Armee Schaden zuzufügen. Somit kam es zur grotesken Situation, daß Ungarn den Ungarn die Häuser anzündeten, um den Deutschen zu schaden. Daß sich der „alte Dragoner" in Ofen reichlich mit allem versehen würde, was er für den Marsch seiner Armee durch diese trostlose Gegend brauchte, und daß sie daher ihr eigenes Land und ihre eigenen Dörfer unnötig verwüsten und ihre eigenen Landsleute vergeblich schädigen würden, soweit reichte offenbar das „taktische Empfinden" *Rákoczys* nicht, denn von Strategie verstand er, „trotz der Ausbildung beim Markgrafen von Baden im Krieg am Rhein" überhaupt nichts. Er hat nicht nur die politischen Realitäten völlig verkannt, sondern war auch noch ein schlechter Soldat, was sich bald zeigen sollte. *Herbeville* marschierte mit Sicherungen nach allen Seiten, so daß ihm *Bottyáns* Reiter, die mit der Beraubung des eigenen Landes vollauf zu tun hatten, keine nennenswerten Verluste zufügen konnten. Die Armee kam deshalb etwas langsamer, dafür aber sicherer voran.

Herbeville, der Ofen indessen am 16. September verlassen hatte, kam am 24. in Nagy-Körös an und besetzte am 30. September Szolnok. Er hatte die Theiß erreicht. Da aber die Pontons für den beabsichtigten Brückenschlag über den Fluß nicht zeitgerecht einlangten, marschierte die kaiserliche Armee nach Süden weiter und überschritt am 10. Oktober bei Algyöl, oberhalb von Szegedin, den Fluß. Die Sommerhitze war zwar vorbei, aber geographisch herrschten östlich der Theiß die gleichen Verhältnisse wie westlich des Flusses. Dort kommandierte *Károly*. Er hatte den gleichen Auftrag wie *Bottyán* und seine Taktik war daher ebenfalls dieselbe. Er hatte es nur insofern etwas leichter, weil es am Wege *Herbevilles* keine Städte gab, die sich weigern würden, *Rákoczy* zu gehorchen. Westlich der Theiß hatten sich die Bewohner der Städte Nagy-Körös und Kecskemét geweigert, ihre eigenen Behausungen anzuzünden, so daß *Bottyán* überhaupt unnötig die Gegend verheerte. In beiden Städten hatte die Armee ihre Vorräte sogar ergänzen können. Östlich der Theiß hingegen hatte die Bevölkerung von Debrezin, die *Rákoczy* schon beim Ausbruch der Rebellion so massiv unterstützt hatte, aus Sorge, daß sie für ihr bisheriges Verhalten zur Rechenschaft gezogen werden könnte, die Stadt verlassen. Da aber die Bevölkerung die Stadt nicht angezündet hatte, soweit ging ihre Liebe für *Rákoczy* auch wieder nicht, fanden die Kaiserlichen in ihren Häusern noch sehr viel, was sie für ihren Marsch brauchen konnten. Herbevilles Armee kam daher in tadelloser Ordnung in Großwardein an, verscheuchte mühelos das Belagerungskorps Károlys und ermöglichte es der Besatzung sich für weitere neuen Monate zu verproviantieren. Am 3. November, nach einer sinnvoll genutzten Erholungspause, zog *Herbeville* nach Siebenbürgen weiter.

In der Zeit, in der sich die kaiserliche Armee am Marsche zwischen Donau und Theiß befand, wurde am 12. September in Széczén die schon für den ersten September einberufene Versammlung eröffnet, die dem Aufstand *Rákoczys* so etwas wie eine Verfassung oder Charta, also eine Rechtsgrundlage, geben sollte. Anwesend waren außer *Bercsényi* und *Rákoczy Telekesi*, der Bischof von Erlau, vier Titularbischöfe, der griechisch-katholische Bischof von Munkács, Vertreter der Tyrnauer, Kaschauer und Waitzener Kapitel, Vertreter der Jesuiten, Pauliner, Prämonstratenser und Franziskaner, Pfarrer und Kapläne, alles Geistliche aus den von *Rákoczy* beherrschten Gebieten, neun Grafen, die die Generäle *Rákoczys*, 22 Barone, die Offiziere *Rákoczys* waren, und Vertreter von 25 Gespanschaften und Städten, die ihnen von *Rákoczy* verliehene Ämter ausübten, also ebenfalls alles Leute aus kuruzzischem Gebiet. Die Vertreter der großen Familien Ungarns und die von 38 der 63 Komitate fehlten gänzlich, obwohl die kaiserliche Armee im Osten stand. Die Rebellen waren sozusagen unter sich und hatten vor, „Reichstag" zu spielen. Die Delegation des Wiener Hofes bestand aus Erzbischof *Széchenyi*, Prälat *Viza*, Baron *Szirmay* und dem gemäßigten Protestantenführer *Okolocsányi*. Als Vermittler britischerseits hatten der Herzog *von Sunderland* und *Stepney*, von niederländischer Graf *Rechteren* und *Hamel Bruninx* versprochen zu kommen. Sie ersuchten um die Ausstellung von Pässen, damit sie *Ocskay*, der jetzt im Westen kommandierte, passieren lasse.

Rákoczy begrüßte die Stände und die Delegation des Wiener Hofes und kündigte an, daß über die Friedensvorschläge entschieden werden solle.

Hierauf machte er seinem Zorne Luft und wetterte gegen den Hochadel Ungarns und dessen Familien, die sich weigerten, seine Aufforderung, persönlich zu erscheinen, auch nur zu beachten: „Sie", donnerte er, „verdienen nicht, Edelleute zu sein, denn eine Herabwürdigung des Adels ist es, die Vertheidigung der von den Vorfahren mit dem Schwerte erkämpften Freiheit Söldnern, Unterthanen und Knechten zu überlassen!" Womit der Fürst seine Raubscharen ungewollt als das eingestuft hatte, was sie in Wirklichkeit waren. Erbost wurde von der Versammlung der Rebellen die Konfiskation der Güter der Widerspenstigen ausgesprochen und die Vizegespane angewiesen, jene, deren man habhaft werden könne, mit Gewalt nach Szécén zu schaffen. Die große nationale Sache konnte also nur mehr mit Terrormethoden aufrechterhalten werden. Es sollte aber noch ärger kommen, doch davon später.

Die Vertreter der protestantischen Gespanschaften, darunter Vertraute *Okolicsányis*, bildeten schon am nächsten Tag eine „Untere Tafel" und forderten von der „Oberen Tafel", der katholischen Geistlichkeit und den katholischen Generälen, die sofortige Rückgabe ihrer Kirchen, Schulen und Besitzungen in den von *Rákóczy* beherrschten Gebieten. Unter Berufung auf Gesetze und Gewohnheiten wählten sie aus ihrer Mitte *Johann Radvansky* zum Präsidenten und „Personal", *Daniel Bulovsky* und *Stephan Krucsay* zu dessen Sekretären. Als sie von *Rákóczy* verlangten, daß er ihre Wahl bestätige, antwortete er: „Ich nehme bloß als einfacher Edelmann an diesem Reichstage teil. Ich muß es daher dem Reichstage überlassen, sich nach eigenem Gutdünken zu organisieren."

Der Klerus, von der Wahl der protestantischen Stände bestürzt, eiferte die weltlichen Adeligen und Generäle an, dagegen zu protestieren, daß die Protestanten als „Untere Tafel" auftreten und sogar einen von ihnen als „Personal" gewählt haben. Die weltlichen Katholiken waren schnell gewonnen und begaben sich mit dem katholischen Klerus zum Fürsten, dem sie sagten, daß sie diese Vorgänge nicht anerkennen und nie ihre Zustimmung dazu erteilen werden, daß ein Protestant „Personal" sei. *Rákóczy* antwortete ihnen anfangs das gleiche wie den Protestanten, doch dann mußte er der „einfache Edelmann", der alle Funktionen zurückgelegt hatte, doch ordnend eingreifen und aus seiner Einfachheit heraus die Beschlüsse der Protestanten aufheben.

In ihrer gemeinschaftlichen Sitzung behaupteten die Edelleute als Vertreter ihrer Gespanschaften und die Abgeordneten der Städte: „Die Versammlung ist ein Reichstag, muß als solcher an den gesetzlichen und üblichen Formen der Reichstage festhalten, sich in zwei Tafeln teilen, die abgesondert rathschlagen und durch Botschaften miteinander verkehren." Die Einwendung der Gegner, daß nicht sämtliche Gespanschaften vertreten seien, widerlegten sie durch den Hinweis auf die einst von Bethlen nach Neusohl berufene Versammlung, bei der auch nicht alle Gespanschaften vertreten waren, die aber dessen ungeachtet als Reichstag anerkannt wurde. Da griff *Bercsényi* ein:

„Die Versammlung ist unstreitig mit der gesamten Reichsgewalt bekleidet, dazu aber, daß sie ein Reichstag sei, fehlt die Anwesenheit der höchsten Reichsämter. Die gegenwärtigen Inhaber derselben abzusetzen und andere statt ihnen zu wählen, wäre weder gerecht noch klug, denn die meisten derselben wurden durch Zwang am Erscheinen gehindert und würden durch die Absetzung schwer beleidigt und unserer Sache entfremdet. Da überdies der Kaiser den Beschwerden der Nation Abhilfe zu verschaffen gesonnen ist, kann in unserer Versammlung von Königswahl und Königskrönung keine Rede, folglich sie, die der König nicht einberufen hat, auch kein Reichstag sein. Ahmen wir also das Beispiel der Polen nach, die sich in dergleichen Fällen vermittels eines Eides zur Wiedererringung ihrer Freiheiten verbünden und ein Oberhaupt wählen. Thun wir dasselbe und Rákoczy sei unser Oberhaupt! Weil jedoch der Titel Marschall, den die Polen ihrem Oberhaupte geben, Rákoczy, dem Fürsten von Geburt und erwählten Landesfürsten von Siebenbürgen, nicht geziemt, müssen wir auf einen anderen, mehr angemessenen Titel im Einverständnisse mit ihm bedacht sein." Diese Klarstellung wurde angenommen und eine Deputation entsendet, welche dem Fürsten den Beschluß der Stände verkündete und ihn bat, die Wahl zu deren Oberhaupt anzunehmen und sich zu äußern, welchen Titel er führen wolle. *Rákoczy* gelobte, dem Vaterlande noch weiter treu dienen zu wollen. Hierauf wurde ein Ausschuß gewählt, der die Grundzüge des Bündnisses entwerfen sollte. Man mußte rasch zu Werke gehen, denn *Herbeville* marschierte.

Zwei Tage darauf, am 18. September, wurde die „Bundesurkunde" von *Paul Ráday* vorgelesen und von den Versammelten angenommen. Diese lautete wörtlich: „Wir, die unterschriebenen Stände Ungarns, thun vermittels dieser Urkunde jedermann, dem es gebührt, kund: Da das nach unbeschränkter Herrschaft strebende Haus Österreich, eidbrüchig die königlichen Diplome übertretend, alle unsere Gesetze mißachtend und zu Boden tretend, unsere Nation nicht nur ihrer Freiheit beraubte, sondern auch mit aller erdenkbaren Grausamkeit verfolgte, und nicht zurückschaudert, viele der Unsrigen mit schrecklichen Martern vom Erdboden zu vertilgen, hat der hochgeborene Fürst Franz Rákoczy unser gnädiger Herr, nachdem er, durch Gottes wunderbare Führung aus der Gefangenschaft jener grausamen Herrschaft befreit, mit uns wider das unser Vaterland vernichtende, nach unserem unschuldigen Blute dürstende Haus Österreich die Waffen ergriffen und schon seit dritthalb Jahren gekämpft hatte, uns durch seine Einberufungsschreiben am 1. September des laufenden Jahres 1705 zu einem Generalconvente hier auf dem Széczényer Felde zu dem Ende versammelt, damit in Angelegenheit dieser Sache mit gemeinschaftlichem Beschlusse auch für künftig eine möglichst zweckdienliche Ordnung begründet werde. Wir erkannten einstimmig, daß wir uns vor allem ein solches Oberhaupt wählen müssen, welches, mit uns durch einen Eid verbunden, die Sache unseres Vaterlandes nicht allein in Betreff des Kriegs, sondern auch hinsichtlich der gesetzlichen, kirchlichen und ökonomischen Angelegenheiten leite, regiere und mit uns vertheidige, bis wir mit Gott durch die errungene Wiederherstellung unserer alten Freiheit das Ziel erreicht haben. Es hat uns gemeinsam und mit einträchtigem Willen gefallen, den vorerwähnten hochgeborenen Fürsten zu unserm, der conföderierten Stände Anführenden Fürsten zu wählen, wie wir ihn auch gewählt haben. Damit dieses um so größere Kraft und Beständigkeit habe, haben wir es auf Grund beiderseitiger Eidschwüre genehmigt und bestätigt, ja es ewig zu halten nicht allein uns, sondern auch unsere Nachkommen bei Strafe der Treulosigkeit und des Landesverrathes verbunden und verpflichtet."

Den getroffenen Anordnungen gemäß leisteten die Versammlungsteilnehmer am nächsten Tag den Eid auf die Statuten, die sie sich gegeben hatten, und am 20. schwur *Rákoczy* als „Anführender Fürst" den konföderierten Ständen die Treue zu halten und mit ganzer Kraft die in der Urkunde angeführten Freiheiten und Rechte mit Hilfe ausländischer Bundesgenossen wieder herzustellen. Bischof *Telekesi* hatte die Eidesformel vorgelesen und *Rákoczy* am Altar geschworen. Hierauf wurde der „Landesfürst" von den Grafen *Bercsényi* und *Forgács* und anderen auf einem Schild dreimal in die Höhe gehoben, wozu Pauken, Trompeten und das stürmische „Eljen!" der Versammelten ertönten.

Die dreifach aufgelegte Urkunde wurde von allen Anwesenden unterschrieben, eine Urkunde *Rákoczy* ausgefolgt, eine dem Primas von Polen und die dritte auf Verlangen der Evangelischen, dem Kurfürsten *Georg von Hannover* (nachmaligen König von Großbritannien) mit der Bitte um Hinterlegung zugeschickt. *Rákoczy* hatte mit dieser Urkunde aber auch jenes formelle Mandat erhalten, das ihn berechtigte, im Namen der „konföderierten Stände Ungarns" mit dem Kaiser zu verhandeln. *Rákoczy* ernannte zwar einen 24köpfigen Staatsrat und einen 15köpfigen Verwaltungsrat, dem die Verwaltung der öffentlichen Gelder oblag, aber alle Entscheidungsgewalt lag bei ihm, somit auch über Krieg und Frieden und der Abschluß von Bündnissen mit fremden Mächten.

Im Anschluß daran, also in der Sitzung am 21. September, forderten die evangelischen Stände die Rückgabe jener 90 Kirchen, die ihnen im Linzer Frieden zugesprochen worden waren. Da mit diesen Kirchen aber auch viele bedeutsame Pfründen und Stiftungen verknüpft waren, beantragte der katholische Klerus, daß diese zwischen beiden Konfessionen gleich geteilt werden sollen. Dies wieder lehnten die Protestanten ab, und ihr Sprecher *Radvansky* rief den Katholiken zu: „Geht hin auf die Schlachtfelder der jüngst verflossenen Jahre, unter den Grabhügeln der Kuruzzen ruhen in unvergleichlich größerer Anzahl unsere Glaubensbrüder, und ihr wollt zum Danke dafür auch noch mit dem Wenigen teilen, das uns nach so vielen Beraubungen letztlich übriggeblieben ist!" Der Streit zwischen beiden Konfessionen wurde zeitweise so heftig, daß er die Auflösung der Versammlung, ja die Trennung der Rebellen herbeizuführen drohte. *Bercsényi* drang, vermutlich um die Forderungen der Kalviner zu hintertreiben, darauf, daß die Versammlung den Streit beende und geschlossen gegen *Herbeville*, der unterdessen weiter vorrücke, in den Kampf ziehe. *Alexander Platthy* entgegnete ihm: „Bevor wir mit den Katholiken Schulter an Schulter in den Kampf ziehen, müssen Sie den Evangelischen Gerechtigkeit widerfahren lassen! Die Wiederherstellung der geistigen Freiheit muß jener der leiblichen vorangehen!" – „Wissen Sie, Herr, mit wem Sie reden?" fuhr ihm *Bercsényi* fluchend und wütend ins Wort. „Ich weiß es!" entgegnete *Platthy* kühl. „Ich spreche zum ganzen Konvent. Und damit Sie es wissen, ich rede im Namen aller evangelischen Stände und habe daher das Recht, auch noch ganz anders zu reden!" Hierauf entstand ein solcher Wirbel, daß *Rákoczy* alle Mühe hatte, die aufbrechenden Leidenschaften zu dämpfen. Er versprach, mit jeder Konfession separat zu verhandeln. Die gemäßigten Vertreter beider Konfessionen, *Adam Vay* von seiten der Evangelischen, unterstützten den Fürsten in seinen Bemühungen, einen Ausgleich herbeizuführen. So kam, nach mehrtägigen mühevollen Verhandlungen am 1. Oktober endlich folgender Beschluß zustande: „Damit die aus der Verschiedenheit der Religion zuweilen entspringenden Zerwürfnisse beigelegt werden, und damit der um der Freiheit des Vaterlandes willen geschlossene Bund vermöge der Einigkeit der Herzen desto kräftiger wirke, hat es sowohl den katholischen wie auch den evangelischen Mitgliedern der Stände beliebt, einen freundschaftlichen Vertrag einzugehen und wurde hiemit beschlossen: daß die Bekenner der augsburgischen und helvetischen Confession nach dem Laute der Gesetzartikel von 1647 und des Krönungsdiploms von 1659 im Lande freie Religionsausübung haben sollen. Weil ferner manche vermöge der ödenburger Gesetzesartikel sich als grundherrschaftliches Recht die Herrschaft über die Gewissen anmaßten, wurde, damit dieses künftig unter welch immer denkbarem Schein und Vorwande nicht geschehe, die Verhängung der gesetzlichen Strafe von 1647 über den Übertreter, von welcher Religionspartei immer, beschlossen. Hieraus folgt, daß kraft jener Gesetze, wenn jemand sich zu welcher immer der drei aufgenommenen Religionsparteien bekennen wolle, es ihm freisteht, diejenige zu bekennen, die ihm gefällt, und deswegen von niemand beunruhigt werden darf (Art. 13). – Damit aber die Sache jener Kirchen, die seit 1647 Gegenstand des Streites sind, durch friedlichen Vergleich geschlichtet werde, beliebe es beiden Theilen, daß man in jeder Gespanschaft, königlichen oder Landstadt einen solchen Vergleich eingehe, wie er aus dem Inhalte des durch den hochgeborenen Fürsten herausgegebenen Beschluß ersichtlich ist, und für jeden Fall besonders festgestellt wurde, der eben die Kraft haben soll, als wenn er einem Gesetzartikel einverleibt worden wäre." (Art. 14) – Artikel 15 erklärt die Protestation, welche der Klerus gegen diese Beschlüsse vorbrachte und vielleicht später nochmals vorbringen werde, für ungültig. Derselbe verpflichtet ferner „den weltlichen katholischen Stand, dem geschlossenen Vergleiche gemäß und kraft der Bundesurkunde den evangelischen Stand in seinen Ansprüchen und Rechten zu vertheidigen". – „Die Ordnung, welche durch den Vergleich hergestellt wird, erstreckt sich auch

Feldmarschall Siegbert Graf Heister

John Churchill, Herzog von Marlborough

Prinz Eugen von Savoyen

Kardinal Leopold Graf Kollonitsch

Feldmarschall Guido Graf Starhemberg

Großes türkisches Zelt um 1683

Kaiserlicher Musketier

Kaiserlicher Kürassier

Burg Muncácz

Kürassier

auf die Landestheile jenseits der Donau, sodaß jene, die schon Mitglieder des Bundes sind, und jene, die künftig in denselben treten, nicht blos die oben erwähnten Rechte genießen, sondern überdies hinsichtlich der Kirchen, die Gegenstand des Streites waren, die Vereinbarung unter dem Vorsitze des Fürsten oder, im Falle von dessen Verhinderung, durch eine hierzu entsendete Commission in der Art wie diesseits der Donau durchgeführt werde." (Art. 16).

Vermöge dieser Beschlüsse wurden in den Gespanschaften Ung, Bereg, Ugocsa und Szatmár den Evangelischen alle Kirchen bis auf vier in der Munkácser Herrschaft, mit sämtlichen Besitzungen und Einkünften zugesprochen. In der Zempliner Gespanschaft die Kirchen zu Sárospatak, Tokaj und Tállya für katholische erklärt, das Vermögen derselben fiel jedoch den Evangelischen zu, und *Rákoczy* versprach, in Sárospatak ihnen eine der alten ähnliche Kirche zu bauen, in Tokaj und Tállya zum Baue der neuen beizutragen. Der sehr schöne Kaschauer Dom wurde den Katholiken zugesprochen. Die Evangelischen erhielten das Collegium und die große Kirche in Eperjes wieder; sie gelangten auch in Bartfeld, Kesmark, Leutschau und anderen Städten nochmals in den Besitz ihrer Kirchen und Schulen. In der Gespanschaft Sohl fielen fünf Kirchen, darunter die in Tót-Lipces, den Katholiken zu, und zwar auf Betreiben des Grundherrn *Bercsényi,* wiewohl die Ortschaft 2.000 lutherische und nur 50 katholische Einwohner hatte. Im ganzen genommen wurden den Evangelischen viele Kirchen, die ihnen gebührten, vorenthalten, indem sich die katholischen Grundherren der Übergabe derselben an sie widersetzten; anderwärts konnten sie nur nach großen Schwierigkeiten in den Besitz derselben gelangen. Die Widerspenstigen konnten sich dabei auf das Beispiel des Fürsten berufen, der selbst den evangelischen Gemeinden auf seinen Gütern die Kirchen nicht zurückstellte, welche ihnen seine Großmutter, *Sophia Báthory,* gewaltsam entrissen hatte.

Somit war der Ausgleich unter den verschiedenen Glaubensbekenntnissen der Aufständischen hergestellt. Selbst die Mitglieder des Klerus und die katholischen Weltlichen bekannten, wie *Rákoczy* später festhielt, im vertraulichen Gespräche, nur wegen der Eiferer gegen die Beschlüsse der Versammlung protestiert zu haben. Die Gedenkmünze, die *Rákoczy* aus dem Anlasse des Ausgleiches prägen ließ, stellte auf der einen Seite drei Opfernde um ein Feuer auf einem Altar dar und trug den Schriftsatz: „Concurrunt, ut alant" (sie vereinigen sich, es zu nähren). Die Rückseite trug die Inschrift: „Concordia religionum animata libertate (als die Freiheit durch die Eintracht der Religionen belebt wurde) anno MDCCV in conventu Szecseniensi."

Außer diesen Artikeln sind noch folgende schwerwiegende Beschlüsse gefaßt worden: „Indem die Gesandten der vermittelnden Mächte in Szécsén während der Dauer der Versammlung nicht erschienen, erhält der Fürst die Vollmacht, mit ihnen und dem kaiserlichen Hofe die Unterhandlungen fortzusetzen und Verträge zu schließen, die er jedoch den verbündeten Ständen zur Bestätigung vorlegen wird. – Der Fürst wird ermächtigt, im Einverständnisse mit dem Staatsrate wider pflichtvergessene Komitatsbeamte nach Ermessen zu verfahren. – Die Jesuiten sollen, auf gewisse Orte beschränkt, ihrer Bestimmung gemäß dem Unterrichte der Jugend obliegen; die vom Auslande gekommenen Patres Ungarn binnen vier Monaten verlassen; die Eingeborenen von der österreichischen Provinz des Ordens sich lossagen und sich einen eigenen Vorstand auswirken, ansonsten haben sie die Ausweisung zu erwarten. – Die Erben der Opfer des Eperjeser Gerichts sollen durch den Fürsten und Staatsrat in ihre konfiszierten Güter wieder eingesetzt werden. Den Verwandten der Hingerichteten wird das Recht erteilt, die Mitglieder des Gerichts auf gesetzlichem Wege zu belangen. – Tököly (sein Tod am 5. September war am 1. Oktober noch nicht bekannt) in den Besitz seiner Güter wieder einzusetzen, beim Friedensschlusse auszubedingen, daß er und die anderen Exulanten nach ihrer Heimkehr unangefochten bleiben, und die Schulden, die sie wegen der gemeinen Sache gemacht haben, zu bezahlen, wird für billig erachtet. Der Fürst ist berechtigt, an den Fiscus fallende Güter verdienten Inländern nach Belieben zu schenken. – Alle, die ohne gesetzmäßige Ursache in der Versammlung nicht erschienen sind, oder dieselbe ohne Vorwissen und Erlaubniß des Fürsten verlassen haben, wird der Obergeneral Bercsényi statt der gesetzlichen Strafe zur persönlichen Insurrektion auch in dem Falle zwingen, daß sie Söldner gestellt haben. – Die Vizegespane jeder Gespanschaft sollen eine allgemeine Kongregation einberufen, alle Adeligen ohne irgendeine Ausnahme zur Leistung des Bundeseides anhalten und deren Namensverzeichnis dem Fürsten zuschicken; dasselbe sollen die Kapitel, die königlichen Städte und die Kammern, von seiten der katholischen Geistlichkeit die Archidiakone, von seiten der evangelischen Superintendenten mit ihren Pfarrern und Predigern, von seiten des Kriegerstandes die Generale vornehmen. Die den Eid verweigern oder brechen, sind als Landesverräter zu bestrafen. – Zu der feierlichen Thronbesteigung Rákoczys, des erwählten Fürsten von Siebenbürgen, am 29. Oktober, werden der General Graf Barkóczy, der Bischof von Ansaria, Andreas Pethes, und der Kapitän von Szatmár, Franz Galambos, mit dem Auftrage entsendet, bei dieser Gelegenheit zu bewirken, daß Siebenbürgen und der ungarische Bund sich gegenseitig verpflichten, ohne Zustimmung des anderen Teils mit dem Kaiser nicht Frieden zu schließen."

Somit war, was in Europa einmalig war, beschlossen worden: Jene, die sich weigern würden *Rákoczy* Gefolgschaft zu leisten, ihm die Treue zu schwören, sollten als Landesverräter mit Gewalt niedergezwungen und bestraft werden. Damit war der Terror zum Beschluß erhoben worden! Dies war notwendig geworden, weil sich weder der Hochadel Ungarns und dessen beträchtlicher Anhang noch die großen königlichen Städte bereiterklärten, an der Rebellion eines *Bercsényi* und eines *Rákoczy* teilzunehmen.

Nicht bewilligt wurden am „Konvent der Rebellen" die echten Anliegen des Volkes, der Bauernsoldaten des Kuruzzenheeres. Diese hatten sich dafür, daß sie für die Herren ihre Haut zu Markte trugen und für deren Aufstand starben, die Aufhebung der Leibeigenschaft durch diese erwartet und gehofft, daß dieser Konvent ihnen endlich die persönliche Freiheit bringen würde. Diese Forderungen wurden abgewürgt und selbst die Verminderung der Robotleistungen abgelehnt. War daher *Rákoczys* Kampf für Ungarns Freiheit auch ein Kampf für ihre Freiheit? Und wenn nicht, für wessen Freiheit und für welche hatten sie zu krepieren? Ihr Schicksal war es, jene Nullen abzugeben, welche sich *Bercsényi* und *Rákoczy* angehängt hatten, wenn sie sich als Volk gaben, um imponieren zu können, und die sie alle verachteten und ausschlossen, wenn es zum Teilen kam.

Rákoczy hatte, wie mit Baron *Vetes* vereinbart, den Kongreß in die Länge gezogen, obwohl er wußte, daß *Herbeville* marschierte, und weil er von Tag zu Tag hoffte, daß doch noch jene Note aus Versailles eintreffen würde, mit der er als gleichrangiger Partner des Sonnenkönigs anerkannt werden wollte. Er wartete vergebens, denn *Ludwig XIV.* war nicht bereit, mit ihm ein formelles Bündnis zu schließen. Am 3. Oktober mußte *Rákoczy* die Versammlung auflösen und deren Teilnehmer an die Front schicken.

Überblick über das Fürstentum Siebenbürgen und der Sieg Herbevilles am Zsibopaß

In einem kurzen Überblick über die Ereignisse in Siebenbürgen vergegenwärtigen wir uns, daß *Michael Apafy I.,* der von der Hohen Pforte als Fürst von Siebenbürgen eingesetzt worden war, schon nach dem Beginn der Belagerung von Ofen durch den Herzog von Lothringen am 28. Juni 1686 Kaiser *Leopold I.* gebeten hatte, Siebenbürgen in seinen Schutz zu nehmen und daß im Blasendorfer Vertrag vom 27. Oktober 1687, der nach dem Siege der kaiserlichen Waffen bei Harsany abgeschlossen wurde, nur *Michael Apafy I.* und seinem Sohne die Fürstenwürde von Siebenbürgen vom Kaiser zugestanden worden war. Nach der Anerkennung der Erblichkeit der ungarischen Krone im habsburgischen Mannesstamm durch den Reichstag in Preßburg am 30. Oktober 1687 beschloß auch der Landtag von Hermannstadt im Mai 1688 Siebenbürgen dem Kaiser zu unterstellen. Nach dem Tode von *Michael Apafy I.* am 15. April 1690, Österreich befand sich mit der Pforte im Kriege, wurde der türkische Vasall *Emmerich Tököly,* der im türkischen Exil lebte, vom Sultan mit der Fürstenwürde von Siebenbürgen belehnt, drang mit türkischer Unterstützung in das Fürstentum ein und zwang den Landtag ihn anzuerkennen. *Tököly* wurde aber bald vom Markgrafen von Baden mit kaiserlichen Truppen aus dem Lande gejagt und Kaiser *Leopold* erließ am 4. Dezember 1691 mit dem „Diploma Leopoldinum" eine neue Verfassungsurkunde für Siebenbürgen. In dieser wurden alle Glaubensbekenntnisse bestätigt und die Sonderstellung der dortigen Nationalitäten gegen Ungarn anerkannt. 1694 wurde in Wien eine siebenbürgische Hofkanzlei errichtet, das heißt, daß die Hofkanzlei, die bisher in die drei landschaftlichen Behörden für Österreich, Böhmen und Ungarn gegliedert war, um jene für Siebenbürgen erweitert worden war. Nachdem *Michael Apafy II.*, der Sohn *Apafys I.*, 1697 auf die Fürstenwürde verzichtet hatte, zog Kaiser *Leopold* das Land endgültig an sich. Der gewaltigen Schlacht bei Zenta, in der *Prinz Eugen* der osmanischen Macht auf dem Balkan eine vernichtende Niederlage zugefügt hatte, folgte am 26. Jänner 1699 der Friede von Karlowitz. In diesem Frieden zwischen Kaiser *Leopold I.* und der Hohen Pforte mußte die Türkei Ungarn und Siebenbürgen, mit Ausnahme des Temesvárer Banats, an Österreich abtreten. Somit waren jene Teile Ungarns, die seit mehr als 150 Jahren einen festen Bestandteil des Osmanischen Reiches gebildet hatten und in das türkische Verwaltungsnetz ebenso einbezogen gewesen waren wie Syrien oder andere Länder und Siebenbürgen österreichischer bzw. habsburgischer Besitz geworden. Der Palatin, Fürst *Paul Esterházy*, machte am Reichstag von Preßburg gar kein so schlechtes Geschäft als er, für die Erblichkeit der ungarischen Krone im habsburgischen Mannesstamm durchsetzte, daß Kaiser *Leopold*, sozusagen im Gegenzug dafür, die von ihm mit so vielem deutschen Blut und deutschem Geld eroberten türkischen Gebiete in der ungarischen Tiefebene im großen und ganzen an Ungarn abtrat. Vom Zurückgeben dieser Ländereien konnte ja wohl keine Rede sein, weil er sie ja von den Ungarn de facto nicht bekommen hatte. Und so ähnlich war es ja auch mit Siebenbürgen gewesen.

Es war daher eine ungeheuere Anmaßung des Rebellen *Rákoczy* gewesen, daß er die wegen der Steuern ebenfalls unzufrieden gewesenen Stände Siebenbürgens aufhetzte, den Kaiser abzusetzen und dafür ihn zum Fürsten zu wählen, was am 6. Juli 1704 in Weißenburg geschehen war. Er konnte diesen Anschlag auf das Haus Österreich zwar inszenieren lassen, weil *Sachs von Harteneck* am 5. Dezember 1703 wegen eines Verbrechens seiner Frau, einem Giftanschlag und einem Mord, Taten, von denen er wußte aber als Landesrichter nicht einschritt, hingerichtet worden war. Hätte *Sachs von Harteneck*, der getreueste Vorkämpfer der habsburgischen Sache in Siebenbürgen, der 1697 zum Königsrichter von Hermannstadt und „Sachsengraf" gewählt worden war, und als Anführer der Deutschen in Siebenbürgen einen gewaltigen Einfluß auf die Politik des Landes gehabt hatte und der für seine Verdienste um das Haus Habsburg vom Kaiser am 1. März 1698 in den Reichsritterstand erhoben worden war, noch gelebt, hätte *Rákoczy* nur wenige, wenn nicht gar keine Chancen gehabt, in Siebenbürgen einen Umsturz anzuzetteln. Mit Hilfe von *Nikolaus Bethlen*, der vom Wiener Hofe zum Kanzler Siebenbürgens gemacht worden war und der die kalvinische Partei der Madjaren in Siebenbürgen anführte, gelang es *Rákoczy* Fuß zu fassen, und bald gingen Rákoczys Abgesandte im Hause Bethlens ein und aus. Er war es, der General *Rabutin*, den kaiserlichen Befehlshaber, durch eine gezielte Polemik gegen *Sachs von Harteneck* dazu gebracht hatte, diesen zu verhaften und dem

Gubernium, in dem dessen Feinde saßen, auszuliefern, das ihn zum Tod verurteilte, obwohl er an den Verbrechen seiner Frau keinerlei Schuld gehabt hatte. Er hatte nur seine eigene Frau nicht angezeigt. Jetzt, nach der Beseitigung seines Feindes, und nachdem *Rabutin* sich selbst seiner stärksten politischen Stütze beraubt hatte, ließ *Bethlen* den Widerstand gegen Österreich organisieren. Bald regten sich *Bethlens* Anhänger in Siebenbürgen und Verrat folgte auf Verrat.

Johann Ludwig Graf Bussy de Rabutin, kommandierender General in Siebenbürgen und wie *Prinz Eugen* ein geborener Franzose, der ebenfalls als junger Offizier in kaiserliche Dienste getreten war, war dazu ausersehen gewesen, mit 3 Regimentern zu Pferd und 3 1/2 Infanterieregimentern in Siebenbürgen Wache gegen die Türken zu halten. Er mußte aber schon 1703 seine Waffen gegen die Rebellen kehren.

Schon bald nach dem Tode *Hartenecks* hatte es *Bethlen* gewagt, die Denkschrift „Columba noe" (Die Taube Noahs) zu verfassen. In dieser schrieb er: „Seit mehr als 300 Jahren dauert der Kampf in Ungarn zwischen einem morgenländischen und einem abendländischen Reich. Siebenbürgen wurde vor 150 Jahren mit Zustimmung Kaiser Ferdinand I. der Schutzherrschaft der Hohen Pforte unterstellt, weil man einsah, daß es unmöglich ist, dieses Land mit Waffengewalt gegen Türken und Tataren zu verteidigen und der Christenheit zu erhalten. Siebenbürgen blieb also der Pforte bis 1688 tributpflichtig. In den folgenden Jahren wurde des Kaisers Herrschaft immer mehr gefestigt und im Frieden von Karlowitz neu bestätigt. Aber weder der Deutsche noch der Türke, noch der Ungar darf beide Reiche (Ungarn und Siebenbürgen) beherrschen." Die von *Bethlen* angestrebte neue Staatsordnung sah vor, daß der Kaiser einen jungen würdigen Prinzen aus einem großen deutschen Hause reformierter Religion zum Fürsten von Siebenbürgen und der östlichen Teile Ungarns ernenne. Die einzige Abhängigkeit vom ungarischen König sollte im Abschluß eines Schutzbündnisses und in der Leistung eines mäßigen Tributes bestehen. *Bethlen* war schon zehn Jahre Kanzler von Siebenbürgen, als er die Beseitigung der österreichischen Herrschaft in Siebenbürgen und die Selbständigkeit und Unabhängigkeit des Landes anstrebte. Seine Absichten glaubte auch er durch die Bindung der österreichischen Armee auf den westlichen Kriegsschauplätzen und die Rebellion *Rákoczys,* durch die *Rabutin* in mehr als 500 km Entfernung von Wien, von Österreich abgeschnitten und völlig auf sich allein gestellt war, verwirklichen zu können.

Diese Denkschrift fiel *Rabutin* in die Hände. Nun hatte er endlich einen Beweis gegen den Kanzler, dem er niemals ganz vertraut hatte. Er ließ *Bethlen* am 19. Juni 1704 verhaften. Der Landtag führte eine Untersuchung durch, machte ihm den Prozeß und verurteilte ihn wegen Hochverrates zum Tode. Von Kaiser *Leopold* begnadigt, blieb er in Hermannstadt bis 1708 im Gefängnis und wurde dann nach Wien gebracht, wo er 1713 auf freien Fuß gesetzt wurde.

Mit Grimm erinnerte sich *Rabutin* an die im Herbst 1703 abgehaltene Konferenz mit den Magnaten, dem Kanzler, dem Thesaurius *Apor* und dem Gouverneur *Johann Banffy* in Hermannstadt, bei welcher beraten wurde, wie man der Rebellion im Lande und dem Übergreifen des Aufstandes in Ungarn auf Siebenbürgen vorbeugen könne. *Bethlen* sagte damals zu ihm: „Sie werden niemals imstande sein, mit ihren geringen Truppen die festen Plätze und das flache Land zu verteidigen. Es wäre besser, wenn wir ein nationales Infanteriekorps zur Deckung der festen Plätze aufstellen würden. Sie, Herr General, sollten mit Ihren Truppen in die Mitte des Landes marschieren. Von dort könnten Sie jedem bedrängten Ort schnell zu Hilfe kommen." *Rabutin* hatte ihm geantwortet: „Sie haben als Anwalt der Rebellen gesprochen aber nicht als Kanzler des Kaisers!" Rabutin *wußte* nur zu gut, daß die siebenbürgische Miliz, wenn sie sich erst der festen Plätze und seiner Magazine bemächtigt hätte, ihm den Zutritt zu diesen versperren konnte und versperrt haben würde. Die Folge wäre gewesen, daß er das Land hätte verlassen müssen. *Rabutin* mußte nun, nach der Verhaftung des verräterischen Kanzlers, auch die Zügel der politischen Aktivitäten in die Hand nehmen, weil er glaubte, daß er niemandem mehr vertrauen könne. Er verpflichtete die Mitglieder des Guberniums, sich binnen drei Wochen in Hermannstadt, der Hauptstadt des Landes, für die Dauer der Rebellion niederzulassen, damit er sie jederzeit zu Sitzungen zusammenrufen konnte. Wer seinem Befehl nicht entspreche, werde wegen Landesverrates zur Rechenschaft gezogen, und wer sich *Rákoczy* anschließt als Rebell behandelt werden.

Rabutin, auf sich allein gestellt, verstärkte noch im Herbst die Schanzen von Dobra und Huszt sowie den Rotenturmpaß und das Eiserne Tor, um das Land nach außen zu sichern, legte in die Festungen Szamos Ujvár, Bethlen, Gjörgin, Udvárhely, Fogaras, Deva und Hunyad Besatzungen und Vorräte und ließ die Städte Hermannstadt, Kronstadt, Bistritz und Klausenburg bewehren.

Torozkay ging als erster mit 1.000 Reitern der siebenbürgischen Miliz zu den ins Land strömenden Kuruzzen über. Hierauf ergab sich Oberleutnant *Janits* kampflos mit 50 Musketieren und übergab die Festung Udvárhely. Graf *Lorenz Pekry* wurde mit 800 Mann Nationalmiliz nach Weißenburg geschickt, um die Stadt zu erobern. Es war der Wunsch des Guberniums gewesen, ihm das Kommando anzuvertrauen. *Rabutin* wollte sich den Vorwurf, daß er der ungarischen Nation nicht vertraue, ersparen, obwohl er weder den Herren des Guberniums noch den Ungarn traute. Er stimmte daher zu, und *Pekry* ging, wie er erwartet hatte, in Weißenburg zu den Kuruzzen über. Hierauf schickte *Rabutin* Graf *Miklos,* den Oberkapitän der Haromszek gegen Weißenburg. Auch er ging sofort zum Feinde über. *Rabutin* sah damit wohl seine Ansichten, die er dem Kanzler *Bethlen* schon entgegengeschleudert hatte, bestätigt, aber er stand dessen ungeachtet mit den kaiserlichen Truppen ganz allein da, während die Aufständischen, von *Stephan Toroczkay, Lorenz Pekry, Stephan Guti* und Graf *Teleki* geführt, ständig an Zahl wuchsen und von den ins Land kommenden Scharen *Rákoczys* verstärkt wurden. *Bethlen* saß zwar im Kerker, aber seine Anhänger wechselten alle die Partei.

Die kaiserlichen Truppen hatten „Von dem Land Vast so Vil als Von denen rebellen Zu förchten". Von Wien abgeschnitten, mußte *Rabutin* alles und in allem entscheiden, denn dem Gubernium, das soviele Truppen der Nationalmiliz durch die Bestellung von ungarischen Kommandanten *Rákoczy* zugeführt hatte, durfte er ebenfalls nicht mehr vertrauen. Zu Unrecht werfen daher ungarische Historiker *Rabutin* vor, „daß er alle Gewalt an sich gerissen habe". Hätte er als kaiserlicher General vielleicht auch zu *Rákoczy* überlaufen sollen?

Man wußte auch beim Hofkriegsrat um *Rabutins* Lage, aber *Prinz Eugen* setzte ein „gutes Vertrauen in des Herrn General der Cavallerie bekannte dexterität, Vigilanz und Eifer zu Ihrer Kaiserlichen Majestät Dienst" und schlug vor, *Rabutin* zum Feldmarschall zu ernennen. Kaiser *Leopold* unterschrieb am 24. Jänner 1704 das Dekret. *Rabutin* sollte, bis Hilfe möglich sein würde, „durch seine beiwohnende gute Vernunfft und treffliche Kriegs-Experienz das ienige ersetzen, was sonsten die Waffen und Kräffte hätten thun sollen".

Seit März 1704 schwärmten die Kuruzzen auch schon um Kronstadt und Hermannstadt und machten alle Verbindungswege unsicher. Am 26. Juli aber, während des Prozesses gegen *Bethlen*, wurde *Rákoczy* von den rebellierenden Madjaren Siebenbürgens zum Fürsten von Siebenbürgen gewählt. Die Sachsen, die große deutsche Volksgruppe des Landes, blieb den Habsburgern treu, weil sie dem Erzhaus Österreich mehr vertrauten und obwohl ihr Anführer, der Sachsengraf, auf Betreiben *Bethlens* hingerichtet worden war. *Bethlen* hatte gesagt: „Haben wir erst den Sachs zu Fall gebracht, so sind auch die Sachsen erledigt."

Rabutin befürchtete, daß er sich nur bis zum Jahresende 1704 werde behaupten können. Im Sommer dieses Jahres hatte Obristwachtmeister *Falkenheim* vom Regimente Thürheim die Stadt Bistritz an Teleki übergeben müssen, und die Burg Hunyad hatte bald darauf kapituliert. Im September aber schlug *Rabutin* den Rebellenführer *Lorenz Pekry* und *Stephan Toroczkay*, der mit über 1.000 Toten die Hälfte seiner Streitmacht eingebüßt hatte. Als die Rebellenführer *Toroczkay*, *Teleki*, *Kassás* und *Csáky* hierauf Klausenberg belagerten, zog ihnen *Rabutin* mit 3.500 Mann und 8 Kanonen nach und schlug ihre vereinigte Macht, die 13.000–15.000 Mann betrug beim Dorfe Pata ebenfalls vernichtend. Die Rebellen verloren 300 Tote, 4 Kanonen, 43 Fahnen, darunter 3 vom Regiment Thürheim, 2 Paar Pauken und 400 Pferde. *Rabutin* verlor 50 Mann. Er entsetzte am 9. Oktober das schon 10 Monate eingeschlossene Klausenburg, sprengte die Befestigungsmauern und nahm Obristwachtmeister *Kaltenplatt* und dessen 800 Mann mit sich nach Hermannstadt und versorgte auf viele Monate am Wege dorthin die Burg Samos-Ujvár, die Obristwachtmeister Mossburg vom Regimente *Pálffy* befehligte. Am 21. Oktober vertrieb er *Pekry* aus Weißenburg, sprengte auch dort die Mauern und traf am 26. wieder in Hermannstadt ein. Niemand von den Verrätern hatte gewagt, mit ihm noch einmal die Klingen zu kreuzen. Nach kurzer Rast sandte *Rabutin* Oberst *Grave* mit 900 Reitern nach Kronstadt und verproviantierte die Festung. Am Rückweg schlug auch er *Pekry,* der ihn mit 2.000 Mann überfallen wollte. Wenig später wurde auch Mediasch versorgt. Am 3. Dezember kam *Grave* mit seinen Reitern wieder nach Hermannstadt zurück. Er hatte seine Aufträge erfüllt.

Prinz Eugen lobte *Rabutin* sehr und sagte im Kriegsrat: „Des Herrn Feldmarschall Rabutin action ist gewisslich zu loben, Und gar war, das seine Industria allein Siebenbürgen bis anhero Erhalten hat. Zu winschen wäre Es also, das Bey gegenwärtigen Conjucturn der Kayser Mit dergleichen Praven Generälen mehrers versehen wäre."

Rabutin hatte wider Erwarten mit seinem kleinen Korps in zäher Ausdauer und erfolgreichen Gegenangriffen Siebenbürgens wichtigste Plätze behaupten können. Anfangs 1705 aber war Graf *Simon Forgács* mit 15.000 Mann, 16 Kanonen und 2 Mörsern von *Rákoczy* nach Siebenbürgen beordert worden, was *Rabutins* Lage wesentlich verschärfte. Ohne Verstärkungen, ohne Nachschub aus Österreich und ohne Geld hielt er sich, abgeschnitten von Wien, schon seit eineinhalb Jahren und sollte sich noch bis November allein schlagen müssen.

Er zog Oberst *Tige* aus Mediasch mit seiner Reiterei an sich, um Hermannstadt halten zu können. Mediasch mußte hierauf im Frühsommer kapitulieren. Deva und Samos-Ujvár standen ebenfalls vor dem Fall. In Hermannstadt wurde er selbst von *Forgács* belagert und der Rotenturmpaß wurde am 9. Juli von den Kuruzzen besetzt. Damit war der letzte Verbindungsweg nach Wien, über die Walachei, gesperrt. *Rabutin* verfügte zu dieser Zeit nur mehr über 2.445 kampffähige Männer. Am 19. September schrieb er an *Prinz Eugen:* „Die wachsenden Massen des Feindes, Geldmangel, Kleinmut des gemeinen Soldaten und der geringe Vorrat an Lebensmitteln haben die Lage verzweifelt gemacht. Die Besatzungen der einzelnen Plätze werden durch Hunger bezwungen. Die Herrschaft der kaiserlichen Waffen ist nur mehr auf Kronstadt, Hermannstadt und Fogaras beschränkt. Ich will Hermannstadt halten solange es menschenmöglich ist. Das Korps des Grafen Forgács, 13.000–14.000 Mann, lagert eine Meile von Hermannstadt. Jetzt, nach dem Fall von Deva, wird es um weitere 3.000–4.000 Mann verstärkt werden. Jenseits des Altflusses, 5–6 Stunden von Hermannstadt steht ein weiteres Reiterkorps von 2.000–3.000 Mann und den Rotenturmpaß sperrt eine Kolonne von 1.000 Mann Fußtruppen." Es fehlte in Hermannstadt schon an allem. Strohdächer mußten abgedeckt werden, um Futter für die Pferde zu haben.

Während *Rabutins* Lage hoffnungslos wurde, schrieb *Rákoczy* auf den 17. November einen Landtag nach Weißenburg aus, um dort die Fürstenwürde und die Huldigung der siebenbürgischen Stände feierlich entgegenzunehmen. Am 10. Oktober brach er mit seinen eigenen Truppen von Széczén ebenfalls nach Siebenbürgen auf. *Forgács,* der am Konvent teilgenommen hatte, war ihm vorausgeeilt, um den Karika- und den Zsibopaß zu verbarrikadieren, denn Feldmarschall *Herbeville* stand bereits an Siebenbürgens Grenze und hatte mit Oberst *Löffelholz,* dem Kommandanten von Großwardein, (der ein Belagerungskorps der Rebellen geschlagen und die Festung mit der gemachten Beute und mit Hilfe der serbischen Bevölkerung reichlich verproviantiert hatte) die weiteren Aktionen besprochen und Großwardein zur Operations- und Ausgangsbasis für die Kämpfe um Siebenbürgen gemacht. Nur *Rabutin* erfuhr nichts, weil alle Melder den Kuruzzen in die Hände gefallen waren. *Rákoczy* hatte für Siebenbürgen schon einen Staatsrat ernannt, dem *Michael Teleki, Michael Barcsay, Gabriel Jósika, Johann Sárossy* und „für die Sachsen" der Ungar *Kolosváry* angehörten. Mit dem hochmütigen *Forgács,* der den Oberbefehl über die Kuruzzen und siebenbürgischen Rebellen inne hatte, war es bald zu schweren Differenzen gekommen, denn er kümmerte sich um die Beschlüsse des Staatsrates überhaupt nicht. Bald intrigierten daher auch *Pekry* und *Forgács* gegeneinander. Weit schlimmer war jetzt jedoch, daß die Verschanzungen auf den Bergpässen nicht fertig waren, obwohl die Rebellenführer reichlich Zeit gehabt hatten, die notwendigen Arbeiten zu vollbringen. *Pekry* warf *Forgács* vor, mit Weibern und Gelagen mehr Zeit verbracht zu haben als mit den ihm aufgetragenen Arbeiten.

Am 31. Oktober hatte *Rákoczy* bei Magyar-Egyregy, auf halbem Wege zwischen beiden Pässen, Lager geschlagen. Seine Armee zählte 23.800 Mann und 28 Kanonen.

Herbeville war am 9. November mit 20.000 Mann in Somlyó, im gleichen Komitat, eingetroffen. Die Frage war, über welchen der beiden Pässe er das Gebirge überschreiten sollte. Dieses verlief in drei parallelen Ketten hintereinander gelagert von Norden nach Süden und konnte nach allgemeiner Ansicht von einer Armee nur bei Karika und weiter nördlich bei Zsibo überschritten werden. *Rákoczy* erwartete, daß *Herbeville* den Karikapaß wählen werde, ebenso seine Generäle, die meinten, daß dieser Paß ja in der geraden Marschlinie der Österreicher liege. Sie beschlossen daher, diesen Paß in der noch verbleibenden Zeit zu verbarrikadieren und mit Schanzen zu sichern. Aber General *Glöckelsberg* erfuhr durch seine walachischen Kundschafter von den Maßnahmen der Rebellen und *Herbeville* nahm, nach kurzem Kriegsrat mit seinen Offizieren, im letzten Moment den Weg zum Zsibopaß, wo die von den Rebellen erst begonnenen Arbeiten wegen der Schanzen am Karikapaß eingestellt worden waren. Nun mußte *Rákoczy,* als er von der Marschänderung *Herbevilles* erfuhr, eilends umgruppieren, um den Zsibo, den zweiten Paß noch verschanzen zu können. Aber *Herbeville* marschierte schon einen Tag als *Rákoczy* die Täuschung bemerkte. In einem Kriegsrat sprachen sich *Pekry, Mikes* und *Teleki* überhaupt gegen die Verteidigung des Passes aus und schlugen vor, eine Feldschlacht in ebenem Terrain zu schlagen, damit die zahlenmäßige kavalleristische Überlegenheit der Kuruzzen zum Tragen käme. Ihr Vorschlag wurde verworfen. Hierauf meinten sie, daß es dann besser wäre, *Herbeville* überhaupt durchmarschieren zu lassen und zuzuwarten, bis er sich erschöpft habe. Aber auch das wurde als unbrauchbar abgetan, denn dann wäre auch die schon anberaumte Thronbesteigung *Rákoczys* in Frage gestellt gewesen. Auf einem Paß, in guter Stellung, konnte *Herbeville* nur eine Niederlage erleiden, die zu einem Debakel werden würde, wenn es *Károly* gelänge, ihm auch den Rückweg nach Großwardein abzuschneiden. Die totale Vernichtung der kaiserlichen Armee stand zur Debatte, sonst nichts, deshalb entschied sich der Fürst für die Schlacht am Paß. Außerdem hatte *Rákoczy* näher zum Paß am Zsibo als *Herbeville,* der einen beträchtlichen Umweg in Kauf genommen hatte. Am 10. November traf *Rákoczy* am Zsibo ein, wo ihn *Forgács*, den er dorthin beordert hatte, bereits mit seinen Truppen erwartete. *Rákoczys* Truppen nahmen zu beiden Seiten der Paßstraße Stellung. Den Befehl über den rechten Flügel übertrug er dem französischen General und Gesandten in seinem Lager Marquis *Desalleurs,* den auf dem linken Flügel Graf *Forgács*. Aber am selben Abend kam auch *Herbeville* schon vor dem Paß an und machte, eine Marschstunde vor der Paßhöhe, halt. Sein linker Flügel wurde durch die Szamos, sein rechter durch das Gebirge gedeckt. Am folgenden Tage, am 11. November, schickte *Rákoczy Károly* den Befehl: „Der Feind hat den Karikaner Paß umgangen und steht bei Zsibo; wird er den Paß stürmen, so greifen Sie ihn, sobald die Kanonade begonnen hat, mit ganzer Macht im Rücken an; sollte er den Paß umgehen, so setzen Sie ihm nach."

Nachdem *Rákoczy* bei Graf *Ladislaus Csáky* im benachbarten Orte Szurdok ein fürstliches Mittagessen eingenommen hatte, vernahmen sie gegen drei Uhr nachmittags Artilleriefeuer am Zsibo. *Rákoczy* und *Csáky* stiegen eilends auf ihre Pferde und ritten in scharfem Trabe nach dem etwa 5 km entfernten Zsibo zurück, wo an diesem Tage die Entscheidung über Siebenbürgen fallen sollte. Jedoch auf halbem Wege verstummte plötzlich das Artilleriefeuer, und sie ahnten Schlimmes. Kurz darauf sah der Fürst zu seiner Bestürzung, daß seine Truppen nach allen Seiten flohen. Unter den ersten, die ihm begegneten, war Marquis *Desalleurs*. Dieser schilderte ihm den Verlauf der Schlacht so: „Die Kaiserlichen, unter Oberst Virmond, erstiegen, von uns nicht bemerkt, den Berg ober den Schanzen und nahmen diese plötzlich unter Feuer. Unsere Infanteristen und Kanonen erwiderten dasselbe so lebhaft, daß der Feind genötigt wurde zurückzuweichen. Durch dänische Infanterie verstärkt, griff er aber nochmals an, nahm die Schanzen im Sturme und warf unser Fußvolk nieder, worauf die Reiterei feige die Flucht ergriff." Bald kam auch *Forgács* heran, der meldete: „Als meine Truppen das Korps zur Rechten geschlagen und die Schanzen vom Feinde erstürmt waren, flohen auch sie ins Tal hinab."

Die in wilder Panik fliehenden Kuruzzen wurden von der kaiserlichen Kavallerie und den Serben, die schon als Vorausabteilung *Herbevilles* fungiert hatten und die sich endlich für die beständige Bedrohung ihrer Dörfer und

Städte durch *Rákoczy* und *Károly* rächen konnten, scharf verfolgt und alles was vor ihre Säbel oder Flinten kam erbarmungslos niedergemacht. 6.000 Kuruzzen, meldete *Herbeville* nach Wien, wurden in diesen Kämpfen getötet, 28 Kanonen, also *Rákoczys* gesamte Artillerie, 50 Fahnen und der gesamte Troß seiner Armee wurden erbeutet. Dazu kamen die Waffen der Gefallenen, die eingesammelt wurden. Nur 200 Gefangene wurden eingebracht, unter ihnen der französische Bevollmächtigte Marquise *Bellegarde,* der erst vor kurzem aus Konstantinopel gekommen war. *Herbeville* hatte 150 Tote und 300 Verwundete.

Desalleurs schob die Schuld an der Niederlage auf *Forgács* und dieser auf *Desalleurs. Herbeville* hatte mit seinem linken Flügel anzugreifen begonnen, wo *Desalleurs* Korps zuerst tapfer Widerstand leistete. Unterdessen hatten fünf Grenadierkompanien *Forgács'* Verschanzungen erstürmt, und als die österreichische Kavallerie auf den Höhen erschien, ergriff der ganze ungarische linke Flügel, den *Forgács* kommandierte, die Flucht. Hierauf gab das Zentrum nach, und dann erst floh der rechte Flügel, wo *Desalleurs* befehligte. Die Niederlage *Rákoczys* am Zsibo war vollständig und weit schlimmer als die von Tyrnau oder Pudmeritz. Die Entscheidung war niemals in Frage gestanden, es war bei den Rákoczyanern kein Befehl mißverstanden worden und kein Verrat deutscher Hilfstruppen vorgekommen, wie bei Tyrnau, kein widriger Umstand eingetreten wie der Staubsturm in der Schlacht bei Pudmeritz. Allerdings war *Károly* untätig geblieben, und die Siebenbürger zögerten nicht, das Unglück ihm zuzuschreiben, ihn des Verrats zu bezichtigen. Über *Forgács* urteilten sie nicht milder. *Pekry* schrieb am 13. Dezember von Bako in der Moldau, wohin er geflüchtet war, also von türkischem Gebiet, an *Rákoczy:* „Unser Land wird allerdings Grund haben, sich an das Kommando Forgács zu erinnern. Vordem hatte er das Land jenseits der Donau verloren, jetzt hat er uns zugrunde gerichtet. . . Er hat hier seine ganze Zeit mit dem Trinken, Tanzen und Ausschweifungen verbracht. . . Wenn wir es nicht besser anstellen, werden wir nie ein Land erobern, denn wir sollten nicht nur danach fragen, wer jemand ist, sondern wer ein treuer und nützlicher Diener sein wird. Aber die verdammte Staatsraison . . . ruiniert uns alle."

Die ungarischen Generäle ihrerseits beklagten sich nicht weniger bitter über die Nachlässigkeit und Lauheit ihrer siebenbürgischen Verbündeten. In Wahrheit waren alle diese Beschuldigungen weiter nichts als die üblichen Gegenvorwürfe einer geschlagenen disziplinlosen Armee. *Károly* hatte nicht angegriffen, weil *Herbeville* seine Flanken und seine Rückenlinie mit Wagen und Holzwerk so verbarrikadiert hatte, daß die Kavallerie – andere Truppen hatte *Károly* nicht – sich ihnen nicht nähern konnte. Vor allem aber waren seine Offiziere – wie immer – gegen den Kampf gewesen. Es waren zwar Fehler in der Beurteilung der Lage und Unzukömmlichkeiten bei der Ausführung vorgekommen, aber die Schlacht war durch die Überlegenheit einer disziplinierten, kampferprobten regulären Armee über ein zu Raub und Plünderung zusammengelaufenes „Volksheer" gewonnen worden.

In kaum einer Stunde hatte *Rákoczy*, der, seines Sieges gewiß, die siebenbürgischen Stände für 11. November nach Weißenburg geladen hatte, wo
seine feierliche Einsetzung zum Fürsten vor sich gehen sollte, Siebenbürgen
und damit für längere Zeit auch die Hoffnung verloren, dessen Fürstenstuhl,
der ja der seiner Vorfahren war, besteigen zu können. *Rákoczy* floh vorerst in
östlicher Richtung, nach Szamos-Ujvár, aber die kaiserliche Reiterei und die
Raitzen waren so scharf hinter ihm her, daß er dort nicht bleiben konnte.
Dazu kam, daß seine geschlagenen Haufen nicht in der Lage waren, ja nicht
einmal daran dachten, Widerstand zu leisten. Sich nach Norden wendend,
gelang ihm, *Desalleurs* und *Forgács* die Flucht nach Oberungarn. Nur mit geringer Bedeckung erreichten sie Munkács, das Stammschloß der *Rákoczy*.

Herbeville zog nach seinem überwältigenden Sieg in Klausenburg ein.
Dort hatten die Jesuiten, *Rákoczy* zu Ehren, der am 17. November als Lan-
desfürst seinen feierlichen Einzug hätte halten wollen, einen großartigen
Triumphbogen, mit Inschriften, die seinen Ruhm verkünden sollten, errichtet. Und jetzt kam statt *Rákoczy Herbeville*. Kleinlaut gaben die voreiligen
Patres vor dem kaiserlichen Marschall nun vor, dies nur getan zu haben, um
Rákoczy zu freundlicherer Gesinnung ihrem Orden gegenüber zu veranlassen. Er habe ihnen gedroht, jammerten sie, sie aus Ungarn zu vertreiben.
Herbeville warf ihre Abordnung, die im Rathause bei ihm vorgesprochen
hatte, hinaus und quartierte, zur Strafe, in ihre Klöster in Klausenburg und
anderen Städten, seine lutherischen Dänen ein, die, zu seiner „stillen Genugtuung" die Patres arg plagten. Der Triumphbogen der Jesuiten mußte von
diesen, unter dem Gelächter der Grenadiere, niedergerissen werden.

Feldmarschall *Herbeville* teilte seine Armee in drei Korps. Feldmarschall-
leutnant von *Glöckelsberg* sollte mit 3 Kavallerie-, 3 Infanterieregimentern
und einiger Artillerie gegen Ssamos-Ujvár, das sich im September aus Mangel
an Lebensmitteln hatte ergeben müssen, aufbrechen, diesen Platz sowie auch
die festen Orte Bethlen und Györgeny besetzen und dann nach Bistritz ziehen, wo seinerzeit die Bevölkerung, unterstützt durch ungarische Soldaten
der Besatzung, den kaiserlichen Kommandanten gefangengenommen, dessen Offiziere gefesselt und den Kuruzzen die Tore geöffnet hatten.

Feldmarschall *Herbeville* selbst und der dänische Generalleutnant *Harboe*
blieben mit dem 2. Korps in Klausenburg. Mit dem 3. Korps, das aus Reiterregimentern bestand, brach der General der Kavallerie Graf *Schlick* am 19.
gegen Torda auf. Er sollte versuchen, sich über Enyed und Weißenburg *Rabutin* zu nähern. *Schlick* fand Torda völlig verlassen, er war während des ganzen Marsches auf keinen Feind gestoßen. Am 22. November kam er nach
Enyed, hielt dort einige Tage Rast und sandte inzwischen Oberst *Viard* mit
300 deutschen Reitern und 50 ungarischen Husaren in die Richtung gegen
Hermannstadt, um Nachricht über das Schicksal Feldmarschalls *Rabutin*
und seiner Truppen zu bekommen. Auf die Depeschen, die er mit Melderei-
tern an *Rabutin* geschickt hatte, hatte er keine Antwort erhalten. Dies machte
ihm Sorge, weil er wußte, daß die Rebellen, die Hermannstadt belagert hat-

ten, auf die Nachricht vom Ausgang der Schlacht am Zsibopaß, abgezogen waren. Es stellte sich später heraus, daß auch *Schlicks* Boten den Kuruzzen in die Hände gefallen waren.

Als für Feldmarschall *Rabutin* die Bedrängnis aufs äußerste gestiegen war, faßte er mit dem Mute der Verzweiflung den Entschluß, einen Ausfall aus Hermannstadt zu wagen. Seine Kavallerie, die 3 Regimenter Rabutin, Uhlefeld und Steinville, war von 1.500 auf 800 Mann zusammengeschmolzen, und seine Infanterie betrug nur mehr 600 Mann. In den ersten Novembertagen brach er in der Nacht mit 1.000 Mann auf, überquerte im Morgengrauen bei dichtem Nebel den Alt-Fluß und griff das Rebellenlager ganz unerwartet an. Die Rebellen, halb verschlafen, waren so überrascht, daß sie nach kurzer Gegenwehr die Flucht ergriffen. Es wurde, hielt *Rabutin* später schriftlich fest, „eine solche Massacre, dergleichen noch niemahlen geschehen, gethan, Ihr (der Rebellen) Völliges Lager wurde geblindert, undt neben anderem über fünffzehnhundert Pferdt Zur beuth bekhomben." Damit hatte sich *Rabutin* nach der Devise, „was wir brauchen, holen wir uns vom Feind", wieder versorgt.

Herbevilles Reiterei verfolgte noch die aus Siebenbürgen fliehenden Kuruzzen als *Rabutin* die Nachricht erhielt, die Rebellen hätten ihr Lager nördlich von Hermannstadt verlassen und angezündet. Er schöpfte hierauf wieder Hoffnung, denn ohne Grund wäre *Forgács* nicht so plötzlich abgezogen. Er vermutete richtig, denn nach wenigen Tagen war kein Kuruzze mehr in der Umgebung von Hermannstadt zu finden. Obwohl *Rabutin* noch keine Nachricht vom Siege am Zsibopaß hatte, zog er auf Grund des Abzuges der Kuruzzen mit seinen wieder zuversichtlich gewordenen Truppen am 15. November nach Mühlenbach, traf aber während seines ganzen Marsches keinen Feind und fand auch die Stadt vom Feind verlassen. Die Bürger öffneten ihm die Tore und erzählten ihm davon, daß die Rebellen von einer kaiserlichen Armee am Zsibopaß geschlagen worden sein sollen. Erst am 24. November erreichte ihn eine Depesche von General *Schlick,* aus der *Rabutin* sah, was in den letzten Wochen geschehen war. *Rabutin* schickte sofort seinen General-Adjutanten *Akton* mit der Meldung zu *Schlick,* daß er, *Rabutin,* nach Weißenburg marschiere. In Weißenburg, der Stadt in der *Rákoczy* von den Anhängern *Bethlens* zum Fürsten gewählt worden war, trafen sich jetzt, am 26. November, die Generäle *Rabutin* und *Schlick,* zu einer langen Aussprache. *Schlick* quartierte in Weißenburg und den umliegenden Dörfern seine Regimenter über den Winter ein. Sie hatten die Ruhe wohl verdient. *Rabutin* aber zog mit seinen Truppen über Klausenburg, wo er auch mit *Herbeville* und seinen Offizieren konferierte, nach Hermannstadt zurück.

Der Hermannstädter Bürger *Johann Irthell* schrieb am 5. Dezember in seine Hauschronik: „In diesen Tagen haben sich die Kuruzzen aus dem Lande gepackt." Etwa 12.000 Personen, vor allem die Rädelsführer, die mit *Rákoczy* kolaboriert hatten und befürchteten, daß sie von *Rabutin* zur Rechenschaft gezogen werden würden, flohen teils nach Oberungarn, auf die

Besitzungen *Rákoczys*, teils in die Walachei und in die Moldau, auf türkisches Gebiet.

Feldmarschall *Herbeville* hatte alles vollbracht, was von ihm erwartet worden war. Er hatte Ungarn von einem Ende zum anderen durchzogen, seine Armee durch die trockenen Ebenen und über die Berge geführt, den Feind in einer regelrechten Schlacht vernichtend geschlagen, Großwardein entsetzt, *Rabutin* befreit und Siebenbürgen zurückerobert.

Damit war für den Wiener Hof vorerst auch die Gefahr beseitigt, daß die Eroberung des Fürstentums Siebenbürgen durch die Rebellen den Sultan ermuntern könne, alte Herrschaftsansprüche der Pforte neu anzumelden und zugunsten *Rákoczys* in den Jahrhunderte währenden Kampf um Ungarn einzugreifen. *Rákoczy* hatte ja die Pforte über den französischen Gesandten in Konstantinopel gebeten, ihm 12.000 Mann zu senden, und Frankreich versuchte darüberhinaus unablässig die Türkei zum Kriege gegen den Kaiser zu bewegen, um sich am Rhein Luft zu verschaffen.

Rabutin erhielt am 5. Dezember ein Schreiben des Hofkriegsrates, mit welchem sein Kommandobereich, der bisher Siebenbürgen umfaßt hatte, bis an die Theiß und die Maros ausgedehnt wurde. Unter seinem Kommando blieben die fünf Regimenter zu Pferd: Gronsfeld, Uhlefeld, Steinville, Rabutin und Breuner sowie die fünf Infanterieregimenter Heister, Pálffy, Thürheim, Neuburg und Virmont sowie Abteilungen raizischer Miliz. Weiters war angeordnet worden, Generalwachtmeister *Glöckelsberg* mit einigen Truppen zur Deckung Siebenbürgens zurückzulassen und selbst gegen die Theiß vorzurücken. Von der Theiß sollte er nach Ofen zurückmarschieren, denn während der Kämpfe in Siebenbürgen waren wieder starke Streifscharen der Kuruzzen in die westlichen Landesteile eingebrochen, wo sie, gemäß den Beschlüssen von Széczén mit brutaler Gewalt die Gespanschaften zwangen, den „konföderierten Ständen" beizutreten und die Gespanschaften aufforderten, Namenslisten an *Rákoczy* vorzulegen, wer ihm huldige. Wer sich bis jetzt geweigert hatte, sich unter die Fahnen der Aufrührer zu stellen, wurde persönlich genötigt, dies nachzuholen und Söldner zu stellen. *Bottyán* zog diesen Terror mit aller Strenge durch und verbreitete damit Schrecken im Lande. In Wien wußte man zwar von allem was in Széczén beschlossen worden war, weil ja eine Delegation des Hofes zu dieser Versammlung eingeladen gewesen war, aber den Terror der Kuruzzen in Transdanubien konnte niemand verhindern. So groß die Genugtuung über den gewaltigen Sieg *Herbevilles* und die Zurückeroberung Siebenbürgens in Wien gewesen war, so vergrämt war man darüber gewesen, daß die Erbländer und das am Hofe treue Transdanubien, wenn auch nur vorübergehend, dem Terrorregime *Rákoczys* ausgeliefert war. Wenn auch *Bottyán* nicht in der Lage gewesen war, die großen Städte anzugreifen und sich viele königstreue Ungarn in die Städte hatten retten können, so wurde doch das offene Land tyrannisiert.

Während *Herbeville* und *Rákoczy* um Siebenbürgen rangen, erkannte *Bercsényi*, daß die Zeit günstig war in die Komitate jenseits der Donau einzufallen, weil aus diesen alle Truppen abgezogen worden waren. Er wies *Bottyán* an, in Transdanubien *Rákoczys* Herrschaft aufzurichten und „jene Adeligen, die es gar nicht verdienen Edelleute genannt zu werden und die bisher die Verteidigung des teuren Vaterlandes Söldnern, Untertanen und Knechten überlassen hatten" nach Szeczén zu schaffen und die Güter der Widerspenstigen zu konfiszieren.

Am 1. November brach *Bottyán* mit den Haufen, die er selbst und Johann *Csajághy* nach der Ernte östlich der Theiß ausgehoben hatten, es waren ca. 8.000 Mann, nach Donau-Földvár auf, überrumpelte die kaiserlichen Wachen, setzte auf der intakten Brücke über den Strom und erstürmte das nur schwach besetzte Simontornya. Hier verweilte er vorerst, weil er für seine Leute weder Uniformen noch Geld hatte und *Bercsényi* ihm einige Regimenter von seinen Truppen als Verstärkung schicken wollte. Die Kommandoführung wurde geteilt. Während der „Generaloberwachtmeister" *Bottyán* beiläufig 20 Fahnen bei sich behalten sollte, hatte er seine übrigen Leute dem „Generaloberstwachtmeister" Graf *Michael Csáky,* dem die Brigadiere *Ebezky* und *Balogh* beigegeben wurden, zu übergeben, der sie schnell gegen die ober der Raab bis Steinamanger herumstreifenden Raitzen zu führen hatte. Dort hatte sich der Brigadier *Kisfaludy* Graf *Csáky* zu unterstellen. *Bottyán* selbst marschierte vorerst gegen St. Martin. *Bercsénys* Befehl, er war der „Obergeneral" der Kuruzzen, für *Csáky* lautete: „Er falle über die Raitzen mit Schwert und Feuer her. Sollten sich diese aber zerstreuen, durchstreife er die Gegend von Kanizsa, befehle aber seinen Truppen streng, nicht die Murinsel und die Steiermark zu beunruhigen, es sei denn, sie würden angegriffen. Sodann gehe Csáky über die Repcze (Rabnitz) und Bottyán durchziehe den Landstrich zwischen Raab und Rabnitz, worauf sie sich, Csáky und Bottyán, im Komitat Ödenburg zu vereinigen haben. Hierauf soll ein Trupp Reiter, etwa 1.000 Mann, nach Österreich geschickt werden, der nach seiner Rückkehr sich an der Einschließung von Ödenburg beteiligen soll. Bottyán aber gebe Pálffy auch bei Parndorf zu schaffen und solle trachten, das Landvolk durch offene Briefe in ihrer jeweiligen Sprache zu gewinnen."

Die Österreicher hatten, bedingt durch den Marsch der kaiserlichen Armee nach Siebenbürgen, diesem Einfall der Kuruzzen nur mehr eine kleine Streitmacht entgegenzustellen, etwa 6.000 Mann, davon aber nur eine geringe Anzahl regulärer Soldaten: 2 Regimenter Kürassiere und 800 Mann Infanterie. Die übrigen waren Grenztruppen, kroatische Rekruten und steiermärkische Miliz. *Pálffy,* der das Kommando führte, hatte aber nicht nur mit den Streifscharen *Csákys* und *Bottyáns,* sondern auch mit den Streitkräften *Bercsényis* zu rechnen, die allein schon auf 24.000 Mann angewachsen waren. Nach der Ernte gingen die Bauern zu den Kuruzzen, um beim Plündern dabeizusein.

Zweimal war *Pálffy* gegen *Bottyáns* Unterführer vorgerückt, aber jedesmal zog er sich, nach dem er die Kuruzzen gejagt hatte, wieder zurück, weil er eine Position zu wählen hatte, die es ihm ermöglichen sollte, Einfälle nach

Mähren und Angriffe auf Wien und Preßburg abwehren zu können. *Ocskay* hatte inzwischen mit der Belagerung der Bibersburg (Vöröske), dem Schloß *Pálffys* in der Gegend von Tyrnau, begonnen. Da *Pálffy* den seinen wegen seiner größeren Aufgabe nicht zu Hilfe kommen konnte, bat er die Fürstin *Amalie,* bei *Rákoczy,* ihrem Gemahl, vorzusprechen, daß dieser die Belagerung der Bibersburg einstellen lasse. Die Fürstin schrieb an ihren Mann, und *Rákoczy* entsprach der Bitte. Doch bis diese Weisung *Rákoczys* bei den Belagerern eintraf, gingen die erbitterten Kämpfe weiter.

Der Feldzug in Siebenbürgen bildete natürlich in Wien und auch in Tyrnau, bei den Friedensvermittlern, das Tagesgespräch. Waren die wenigen kaiserlichen Truppen bisher nicht imstande gewesen, den Aufstand der Rebellen niederzuschlagen, so waren umgekehrt auch die Rebellen mit ihrer riesigen zahlenmäßigen Übermacht nicht imstande gewesen, die geringen kaiserlichen Streitkräfte aus Ungarn zu vertreiben und dessen große Städte und Plätze zu erobern. Gerade mit dem Feldzug nach Siebenbürgen hatte es sich gezeigt, daß die kaiserlichen Truppen ohne weiteres in der Lage waren, den Krieg auch in die entlegensten Gebiete, nach Ostungarn und Siebenbürgen vorzutragen und die Rebellen in mehr als 500 km Entfernung von Wien, also überall im Reich, zu schlagen. Dabei hatte es *Bercsényi* für unmöglich gehalten, daß es *Herbeville* gelingen könnte, gegen *Rákoczys* beste Armee und die rebellierenden Stände des Landes in Siebenbürgen einzudringen und Erzbischof *Széchenyi* und Baron *Szirmay* hatten geschworen, daß sie ihre „ungarischen Bärte scheren lassen würden, wenn das geschehen sollte" Als *Bercsényi* am 19. November durch ein Schreiben von *Károly* von der Katastrophe am Zsibopaß Kenntnis erhielt, war dies für ihn ein harter Schlag. Er behielt diese Nachricht vorerst für sich und tröstete sich damit, daß er ja habe in Transdanubien einen Einfall unternehmen lassen und dem Fürsten damit dort mit dem überrannten offenen Land soetwas wie einen Ersatz geschaffen habe. Natürlich war er nicht in der Lage, dem Fürsten zu berichten, daß er die großen Städte Transdanubiens erobert hätte, auch Ödenburg und Eisenstadt nicht, und dennoch langte das Erreichte, *Rákoczys* zutiefst ungarische Seele in Euphorie ausbrechen zu lassen, wie ein späteres Schreiben des Fürsten an den französischen König zeigen wird.

Indessen war der blutige Kleinkrieg mit den Kuruzzen *Bezerédys* und *Kisfaludys* im westungarischen Raum ununterbrochen weitergegangen. General *Hanibal Heister,* der anfangs Oktober in Deutschkreutz lagerte, erhielt dort einen mit 2. Oktober datierten Brief *Pálffys.* Dieser ordnete an, daß Heister nach Sárvár marschieren solle, wo er sich mit ihm treffen wolle, damit sie gemeinsam gegen die Kuruzzen vorgehen könnten. *Heister* verständigte hievon die steiermärkische Landschaft in Graz. Er tröstete sie damit, daß er Oberst *Kaspar Esterházy* mit seinem Regiment von Ödenburg abziehen und zum Schutz der steirischen Ostgrenze abkommandieren werde. Aber Graf *Kaspar Esterházy* mußte mit seinem Regimente bald abgeschrieben werden. Er lag mit seinen 200 Reitern und 150 Infanteristen in mehreren Gasthäusern

Ödenburgs im Quartier, als ihm am 20. Oktober gemeldet wurde, daß *Emmerich Bezerédy* am nächsten Tag in Salmannsdorf Hochzeit halten werde. Der Kuruzzenführer nahm sich dazu Zeit, denn während der Weinlese waren die Kuruzzen aus dem Komitat Ödenburg abgezogen. Um die ungestörte Durchführung der Lese zu gewährleisten, hatte das Komitat mit *Bezerédy*, der die Herrschaften Lackenbach, Kobersdorf und Deutschkreutz besetzt hielt, einen Vertrag geschlossen. Gegen die Zahlung von 2.000 Gulden entfernte *Bezerédy* seine Scharen aus dem Weingebiet, für die Dauer der Weinlese. Jeder Weingartenbesitzer zahlte an das Komitat den sogenannten Weingartengroschen. Mit diesen Einnahmen wurde *Bezerédy* entlohnt. Auch für die Jahre 1706, 1707 und 1708 kamen solche Verträge zustande. Selbst der Wiener Hof erteilte zu diesem Geschäft seine Zustimmung. Am 21. Oktober brach *Kaspar Esterházy* mit seinen Truppen auf, um die Hochzeit des Rebellenführers zu stören. Er nahm seine 200 Reiter und 100 Infanteristen mit, die von den Bauern transportiert werden mußten. In Nikitsch erfuhr aber *Esterházy* durch seine Kundschafter davon, daß die Kuruzzen in Salmannsdorf sehr stark seien, und er gab seinen Plan auf. Aber anstatt sogleich umzukehren, blieb *Esterházy* über Nacht in Nikitsch und trat erst am nächsten Tag den Rückmarsch nach Ödenburg an. In der Zwischenzeit hatte aber auch *Bezerédy* erfahren, was *Esterházy* vor hatte und stieg nun selber in den Sattel. In einem Hohlweg bei Deutschkreutz sollte *Esterházy* überfallen werden und noch in der Nacht ritten die Kuruzzen an. *Esterházy*, der mit keinen Kampfhandlungen rechnete, zog ahnungslos in den Hohlweg hinein und wurde von den beiderseits des Weges lauernden Kuruzzen überfallen. *Bezerédy* war mit 17 Fähnlein (über 1.000 Mann) gekommen. *Esterházys* Truppen wurden überrumpelt und in einem erbitterten Kampf fast völlig aufgerieben. 100 von seinen 200 Reitern fielen in den Kämpfen und seine 100 Infanteristen mußten sich nach kurzer Gegenwehr ergeben. 80 gerieten von diesen in Gefangenschaft. Mit etwa 100 Reitern konnte sich *Kaspar Esterházy* nach Ödenburg durchschlagen.

Am 30. Oktober war *Hanibal Heister* in Steinamanger eingetroffen. Bald darauf schon schwärmten *Ocskays* Reiter um die Stadt. *Ocskay* lauerte ebenfalls auf eine Gelegenheit, um *Heister* überfallen zu können. Als *Heister* am 2. November in das benachbarte Weppendorf aufbrach, um Fourage in die Stadt zu bringen, sah er, daß der Ort vom Feinde stark besetzt war. Er legte hierauf seine 350 Mann Infanterie entlang eines Waldrandes in einen Hinterhalt und ließ eine Esquadron seiner Reiterei vor Weppendorf rücken. Diese traten, wie verabredet, beim Gegenangriff der Kuruzzen den Rückzug an. Die Kuruzzen ritten nun ihrerseits ahnungslos in das Sperrfeuer der Infanterie *Heisters* und hatten schwere Verluste. Völlig verwirrt wendeten sie, wurden aber jetzt von den 500 Husaren *Heisters* angegriffen und verfolgt und bis über die Raab zurückgetrieben. Mehr als 100 Tote ließen sie zurück. Ihre Streifschar war über 2.000 Mann stark gewesen. Hierauf konnten Futter und Lebensmittel nach Steinamanger gebracht werden und der Vizegespan *Niczky* des Komitates Eisenburg meldete den Erfolg nach Wien.

Am 12. November marschierte *Heister*, der in Steinamanger 100 Mann zurückließ, nach Güns. Zu dieser Zeit befand sich *Bottyán* bereits in Transdanubischem Raum. Am 13. November unternahm *Hanibal Heister* von Güns aus einen Überfall auf *Bezerédy*, er mit seinen Haufen schon mehrere Tage in Völcsej lag und griff ihn mit solcher Bravour an, daß dieser mit seinen 2.000 Kuruzzen abermals, unter Zurücklassung seines ganzen Gepäcks und der bei Deutschkreutz gefangenen 80 Musketiere *Kaspar Esterházys*, das Weite suchen mußte. *Heister* schickte die befreiten Offiziere und Soldaten nach Steinamanger voraus und war am 21. November ebenfalls wieder dort. Durch mehrere Regimenter von *Bercsényis* Armee verstärkt hatten indessen Graf *Csáky* und *Bottyán* den westungarischen Raum erreicht und *Bottyán* gelang es, die Festung Pápá zu erstürmen. Der kaiserliche Kommandant fiel in den Kämpfen. Hierauf hatten sich die restlichen 400 Mann ergeben und traten zu den Kuruzzen über. *Csákys* Korps hatte Großpetersdorf erreicht und rückte von dort gegen Güns vor. Am 8. Dezember zündeten die Kuruzzen die Vororte von Güns an vier Stellen an und erschlugen alle Deutschen in diesen, die sich nicht hinter die Stadtmauern hatten in Sicherheit bringen können. Als *Csáky* die Stadt aus acht Kanonen beschießen ließ, bot Hauptmann *Doppelstein*, der Kommandant der Verteidiger, dem Grafen gegen freien Abzug, die Übergabe der Stadt an. Aber *Bezerédy*, dem Doppelstein bisher heftige Kämpfe geliefert hatte, verlangte von *Csáky*, daß der Hauptmann die Stadt bedingungslos übergebe und gefangengenommen werde. Hierauf wurde die Stadt, in deren Mauern Breschen geschossen worden waren, am 10. Dezember von *Bezerédys* Husaren, denen er die Stadt zur Plünderung freigegeben hatte, erstürmt. 300 Bürger waren hiebei von den blutrünstigen Räubern ermordet worden. An der Erstürmung der Stadt waren außer *Bezerédy* noch Kisfaludy, Balogh und Ocskay mit ihren Scharen beteiligt gewesen und die Besatzung war im Kampfe der gewaltigen Übermacht erlegen. In der Stadt Güns wurde hierauf wiederholt das Hauptquartier *Bezerédys* eingerichtet.

Am 9. Dezember, also einen Tag vor dem Fall von Güns, wurde Rechnitz von einer anderen Streifschar besetzt und geplündert.

Wegen der gewaltigen Übermacht, die anrückte, hatte sich *Hanibal Heister* schon am 1. Dezember von Steinamanger über Rechnitz, Schlaining und Rotenturm in Richtung Fürstenfeld auf die steirische Ostgrenze zurückgezogen. Hiebei geriet seine Nachhut schon in Scharmützel mit den bereits in der Gegend herumschwärmenden Kuruzzen. Am 6. Dezember erreichte er Burgau.

Körmend, das von Leutnant *Johann von Bernstein* verteidigt wurde und St. Gotthardt hielten sich im Rücken der Kuruzzen, wurden aber ebenfalls von diesen umschwärmt.

Die kalvinisch-madjarische Bevölkerung der „Warth" (heutige Sprachinsel um Oberwart), trat sofort auf *Csakys* Seite über. Aus den Gemeinden Oberwart, Unterwart, Sziget, St. Martin, Ober- und Unterspitz und Jabing beteiligten sich mehr als 1.000 Berittene am Überfall auf die steirische Gemeinde Lafnitz, den sie am 13. Dezember durchführten. Sie erschlugen drei Bauern und trieben 40 Pferde und 300 Rinder davon.

Da die verwitwete Gräfin *Batthyány* den Hofkriegsrat von Innerösterreich in Graz um Verstärkungen für ihre Schlösser Schlaining, Bernstein und Neuhaus ersuchte, dieser aber der Meinung war, daß nur Güssing wichtig sei und gehalten werden könne, kam es zwischen ihr und den Steirern in Unstimmigkeiten. Die Gräfin wollte aber nicht für die Burg Güssing, die gegen eine ganze Armee zehn Jahre zu halten war, wie *Hanibal Heister* gesagt hatte, sondern nur für die Markt Güssing eine Garnison haben. Weil sich die Gräfin aber nicht bereit erklärt hatte, dieser im Notfalle den Rückzug in die Burg zu gestatten, sagte *Heister,* „daß es unter diesen Umständen keinen Zweck habe, dort eine Garnison zu errichten".

General *Bottyán* hatte indessen, wie von *Bercsenyi* angeordnet, von Pápá aus einen an alle Städte und die Bevölkerung in Westungarn gerichteten Aufruf, der mit 9. Dezember 1705 datiert war, erlassen: „Ich Johann von Bottyan der löblichen konföderierten Stände Ungarns, wie auch Ihrer hochfürstlichen Durchlaucht Franciscus Rákoczy von Fölsö Vadácz aus Siebenbürgen General Feldwachtmeister, Oberst über ein Regiment zu Pferd und diesseits der Donau kommandierender General tue hiemit im Namen Ihrer hochgräflichen Exzellenz Herrn Grafen Nikolaus Bercsényi von Sek, Generalissimus der konföderierten Stände allen diesseits der Donau liegenden Gespanschaften und getreuen Landesinwohnern, die unter dem feindlichen Joch seufzen zu wissen, daß ich ihnen bei der Ergreifung der rechtmäßigen Waffen wider die drückende ausländische Gewalt Luft zu machen gekommen bin, damit sie in das hohe Bündnis zur Wiederbringung der uralten Landesfreiheiten eintreten können und an der Seite meiner Armee und Artillerie die widerpenstigen Städte und Schlösser der Vaterlandsverräter stürmen . . . Weiters kündigte er an, daß der Kampf nur dem unbarmherzig regierenden Haus Österreich gelte, das bei der Eintreibung der ungerechten Steuern keinen Unterschied zwischen Ungarn, Deutschen und anderen Nationen mache." Womit der in Széczén beschlossene und angedrohte Terror gegen den königstreuen Adel und die königstreuen Städte begann, die nicht bereit waren, für diese Terroristen die Waffen zu ergreifen und sich von *Rákoczys* Horden tyrannisieren zu lassen. In völliger Verblendung geschah Zug um Zug das, wovor der Palatin Fürst *Paul Esterházy* in so dramatischen Worten gewarnt hatte. Ungarn standen gegen Ungarn in Waffen und verheerten ihr eigenes Land, damit *Rákoczy,* dessen Rebellion kein Kampf für die Freiheit Ungarns war, sondern der blutige Vollzug seiner persönlichen Rache an Habsburg, ihren unrühmlichen Verlauf nehmen konnte. Für die Freiheit Ungarns zu kämpfen war für *Rákoczy* immer nur ein Vorwand gewesen, denn an seiner Versammlung in Széczén hatten von 63 Gespanschaften nur 28 teilgenommen, und der Hochadel Ungarns hatte sie völlig ignoriert. Einem *Bercsényi,* dessen Großvater noch ein Viehtreiber und Viehhändler gewesen war, wollten sich die alten

Magnatenfamilien, mit deren Namen die Größe Ungarns zu allen Zeiten verbunden gewesen war, nicht unterordnen. Das wäre wirklich unter ihrer Würde gewesen. Diese Haltung des Hochadels aber hatte ja zu jenen Wutausbrüchen *Rákoczys* und *Bercsényis* geführt, die dann in den Terrorbeschlüssen von Széczén gipfelten und schon jetzt ahnen ließen, was sich 1708 zu Ónod abspielen sollte.

Bottyán brachte Kapuvár in seine Gewalt und begann am 24. Dezember mit der Einschließung und Beschießung von Ödenburg. In der Vorstadt brannten 192 Häuser ab, und in der Innenstadt waren fünf vornehme Häuser und die Jesuitenkirche getroffen und schwer beschädigt worden. Etwa 1.000 Menschen kamen dabei ums Leben. *Bottyán,* der durch das heftige Abwehrfeuer aber auch schon mehr als 200 Mann verloren hatte und sah, daß er die Stadt nicht nehmen konnte, wandte sich am 26. und 27. Dezember gegen Eisenstadt. Aber nach zweitägigen Kämpfen mußte er auch hier aufgeben. Eine seiner Streifscharen versuchte indessen am 27. Dezember den Edelsitz und das Badhaus des Palatins Fürst *Paul Esterházy* im nahen Großhöflein zu erstürmen. Aber Esterházys Wachmannschaften schlugen alle drei Angriffe der Kuruzzen blutig zurück. Erbost wandten sich hierauf die Räuber noch am selben Tag gegen Leithaprodersdorf, das sie plünderten und niederbrannten.

Am 28. Dezember mußten Bernstein und Pinkafeld den Kuruzzen huldigen, und am 29. zog *Bottyán* von Eisenstadt ab, und bezog in Rust Quartier, das ihm, wie schon bei anderen Gelegenheiten, die Tore öffnete und so der Zerstörung entging. Ein Ruster Bürger hielt in seiner Hauschronik fest: ,,Es ist zu erbarmen gewöst, wie es zugangen ist in Rust. Elf Wochen lang sind sie hier gewöst, haben mir 3 Vass wein ausgesofen."

Obwohl die Ruster im Verlaufe der Zeit wiederholt Türken und Rebellen gehuldigt hatten, stand ihre Treue zum Hause Habsburg stets außer Zweifel. Als einmal, über Anordnung der kaiserlichen und königlichen Kanzlei sämtliche Waffen und Munition von den Rustern nach Eisenstadt abgeliefert werden mußten, ,,nicht zum geringen Nachteil dieser armen Stadt" und die Ruster darob verärgert waren, kam von der Kanzlei Sr. Majestät die Versicherung, daß ,,fahls aus Tringender Noth die Stadt Sich misste den Feindt Ergeben, wolle Seine Exzellenz Graf Pálffy die Stadt bey dem königlichen Hof Entschuldigen".

Stärkere Reiterei der Kuruzzen lag außer Rust noch in den Gemeinden Mörbisch und Kroisbach.

Nördlich des Neusiedlersees mußte sich *Pálffy* von Ungarisch-Altenburg nach Bruck a. d. Leitha zurückziehen, und *Ocskay*, den wir schon bei Güns angetroffen haben, streifte mit seinen berittenen Scharen von Preßburg bis Altenburg und Raab. Am 26. Dezember, am Tage des heiligen Erzmärtyrers Stephanus, war Matthäus *Gregor Palkovich,* der Pfarrer von Neusiedl am See, nach Wilfleinsdorf unterwegs, um dort, für den erkrankten Pfarrer, den Gottesdienst abzuhalten. Er wurde von Kuruzzen angehalten, die ihn der kirchlichen Gewänder berauben wollten. Der tapfere Priester setzte sich aber zur Wehr, erhielt durch Säbelhiebe drei schwere Wunden und wurde von den Räubern erschossen. Pfarrer *Palkovich* war jener Streifschar in die Hände gefallen, die an diesem Tage mit mehreren Schwadronen Wilfleinsdorf überfallen hatte. Die kroatische Besatzung, die *Pálffy* in Wilfleinsdorf zurückgelassen hatte, als er leithaaufwärts weiterzog, war unvorsichtig gewesen, hatte keine Wachen ausgestellt und war von den Kuruzzen überrascht worden. 18 kroatische Soldaten waren ums Leben gekommen und 103 Pferde wurden von der Streifschar erbeutet. Wilfleinsdorf aber hatten die Kuruzzen bei ihrem Abzuge angezündet.

Hierauf näherte sich die Streifschar dreimal dem Brauhaus von Bruck a. d. Leitha, wurde aber alle dreimale von Leutnant *Peterly* und seinen Musketieren zurückgeschlagen. Auch ein Überfall auf Bruck, den die Kuruzzen am 29. Dezember unternahmen, wurde blutig abgeschlagen. Neusiedl am See aber wurde überrascht und mußte eine Brandsteuer erlegen. Das Paulinerkloster, das die Kuruzzen anzündeten, brannte zum Teil ab.

Am 30. Dezember wurde in Wien ein neues Landesverteidigungsprojekt entworfen, das vorsah, daß aus regulärer Miliz und dem „Landaufbot" ein Korps von 10.500 Mann gebildet werden solle, davon 3.500 Mann zu Pferd. Es sollte als verstärkter Grenzschutz eingesetzt werden.

Die Monate November und Dezember hatten, wegen der Entblößung der Erbländer durch die nach Siebenbürgen ziehende Armee, diese schweren Schäden durch die einfallenden Kuruzzen verursacht. Und zum erstenmal seit dem Ausbruch der Rebellion konnten die Kuruzzen längere Zeit in Westungarn halten, und das deutete auf schlimme Zeiten hin, die dem Lande bevorstanden.

Bercsényi hatte indess nach der Niederlage *Rákoczys* in Siebenbürgen durch zwei Briefe zu trösten versucht. Am 19. November, also an dem Tage an dem *Bercsényi* von der Niederlage erfuhr, schrieb er an den Fürsten: „Ich will den Deutschen eine solche Verlegenheit bereiten, sie werden sie höher einschätzen als Siebenbürgen, wenn nur Eure Person unversehrt bleibt." Und am 22. November ergänzte er: „Ich werde aus Österreich herausholen, was sie aus Siebenbürgen fortgeschleppt haben."

In Anbetracht der militärischen Entblößung der österreichischen und steiermärkischen Grenzen ist *Bottyáns* Feldzug keine große militärische Leistung gewesen, denn er hatte überhaupt keine Zusammenstöße mit der regulären Armee gehabt. Andererseits bestätigte sich auch jetzt, wie schon so oft, wieder, daß die Kuruzzen trotz ihrer vernichtenden Niederlage am Zsibopaß imstande waren, andere Streifscharen in Marsch zu setzen. Mehrere Komitate Transdanubiens mußten, um von *Bottyán* nicht bestraft zu werden, *Rákoczy* vorübergehend huldigen und der Konföderation von Szécsén beitreten. Die Aufgebote, die sie nun stellen mußten, wurden in die Regimenter *Bottyáns* eingegliedert und dessen Armee, die etwa 10.000 Mann stark gewesen war (*Csákys* Truppen dazugerechnet) wurde auf etwa 12.000 Mann aufgestockt.

Die Briefe *Bercsényis* und Meldungen *Bottyáns* und *Csákys* versetzten den schwer geschlagenen *Rákoczy*, wie schon vorweggenommen, wieder in eine euphorische Stimmung. In dieser schrieb er am 30. Dezember 1705 an König *Ludwig XIV.*: „Wunderbar ist die Gnade Gottes, der uns verlieren, uns siegen läßt, der mir als Ersatz für ein Stück Siebenbürgens den ausgedehnten Landesteil jenseits der Donau geschenkt, meine Armee um 12.000 Mann vermehrt und die Bewohner des Gebietes zwischen Drau und Save zugewendet hat."

„Für ein Stück Siebenbürgens" war reichlich untertrieben, denn *Rákoczy* hatte ganz Siebenbürgen verloren, nur mit Mühe und Not seine eigene Haut retten können und Ost- und Nordostungarn, das Kerngebiet der Rebellion, stand sprichwörtlich in Flammen. In Westungarn aber wurden die großen Magnatenfamilien und die Bischöfe, die nicht bereit waren, sich dem Terror *Rákoczys* zu unterwerfen und ihm zu huldigen, also jene, die auf der Seite des Königs standen, teils gezwungen, das Land zu verlassen und teils mit Gewalt vertrieben. Sie gingen nach Wien und warteten darauf, daß die Rebellion niedergeschlagen werde. Nur jene, deren Burgen stark genug waren, leisteten den Kuruzzen bewaffneten Widerstand oder stellten ihre Truppen dem Palatin zur Bekämpfung der Rebellen zur Verfügung. Viele Angehörige des Adels aber dienten in kaiserlichen Regimentern und kämpften persönlich gegen die Aufrührer.

Es ist geradezu erstaunlich, wie oberflächlich sich die deutschsprachige Geschichtsliteratur mit dem Regime *Rákoczys* als Terrorregime und seiner ungeheuerlichen Anmaßung befaßt hat, stets für das „ganze ungarische Volk zu sprechen" und sich als dessen Repräsentant zu gebärden, obwohl er von der Mehrheit des Adels, der ja allein „das Volk" sein durfte, abgelehnt und sogar bekämpft wurde. Selbst von seinen eigenen Anhängern war der Großteil für einen Ausgleich mit Österreich und dem König, für den Frieden, und *Rákoczy* selbst betont dies wiederholt in seinen Schreiben an den französischen Hof. Daß diese Tatsachen bisher sowenig Beachtung gefunden haben, ist unglaublich. Dies alles aber auf ungarischer Seite zu übersehen und diese unglückliche Figur bewußt zu einem Nationalhelden aufzubauen, ist mit einem Trauma verbunden, das zutiefst in der ungarischen Seele wurzelt, die immer alles als feindlich betrachtet hat, was mit Österreich zusammenhing, um ja nicht jenes Schuld- oder Dankbarkeitsgefühl aufkommen zu lassen, das dieses gewiß stolze Volk redlicherweise an den Tag hätte legen können, ohne sich für sein geopolitisches Schicksal schämen zu müssen. Nie und nimmer wäre Ungarn allein in der Lage gewesen, die Oberhoheit der Hohen Pforte über Mittel-, Nord- und Ostungarn abzuschütteln, und dies wissend hat ja *Emmerich Tököly* sogar versucht, mit Hilfe der Türken ganz Ungarn dem Osmanischen Reich einzugliedern, um als Vasallenkönig der Sultane in Ungarn herrschen zu können. Das gleiche hat er mit Siebenbürgen versucht. Was *Tököly* mit türkischer Hilfe nicht zuwege brachte, hätte sich *Rákoczy* ersparen können. Wenn sich daher die Rebellen *Rákoczy* und *Bercsényi* erdreisteten, von einem „Kampf für Ungarns Freiheit" gegen die wirklichen Befreier Ungarns und Erhalter der ungarischen Nation, also gegen die Kaiser *Leopold I.* und *Joseph I.* zu kämpfen, die mit kaiserlichen Soldaten, Geld und Waffen Ungarns Existenz gewährleistet haben, so ist dies alles für jene Literaten und wohl auch Historiker unbegreiflich, die sich nicht in das unauslotbare Wesen, Gemüt und Gefühl der Ungarn hineinversetzen können. Aus den gleichen Gründen sind auch die niederländischen, vor allem aber die britischen Vermittler *Rákóczys* Doppelspiel hilflos, um nicht zu sagen einfältig, gegenübergestanden, obwohl sie in den Verhandlungen mit den Rebellen die mit dem Kaiser verbündeten Mächte repräsentierten. Dem französischen Gesandten *Desalleurs*, der in *Rákóczys* Lager, also bei den Ungarn lebte, um diese für die Sache seines Königs einzuspannen, ist es vorbehalten gewesen und geblieben, die Rebellen kennenzulernen und sie so einzuschätzen, wie sie wirklich waren. Er hat damit nicht hinter dem Berg gehalten, was er sah und erlebte nach Versailles gemeldet und damit seinen König davon abgehalten, mit *Rákóczy* ein Bündnis einzugehen.

Die Depeschen und Briefe *Desalleurs* an *Ludwig XIV.* und Minister *Torcy* aus jener Zeit sind voller Klagen und Befürchtungen über den Wunsch der Generäle und Truppen *Rákóczys*, zum Frieden zu gelangen. *Desalleurs* Briefe sind zwar nicht gedruckt worden, befinden sich aber in den Archiven des französischen Ministeriums für auswärtige Angelegenheiten am Quai d'Orsay. Sein Urteil über die Führer des Aufstandes, ihren Charakter und ihre Absichten sind sehr abfällig. Er beschuldigt sogar *Bercsényi*, daß er nur seine Privatinteressen im Sinne habe und bereit sei, selbst auf Kosten *Rakoczys* und Ungarns zu einer Einigung mit Österreich zu gelangen. *Desalleurs* eigene Bemühungen waren hauptsächlich auf die Steigerung des Mißtrauens der Ungarn gegen Österreich gerichtet, und er stellte *Rákóczy* immer und immer wieder die absolute Notwendigkeit vor, den Besitz Siebenbürgens als einzige und sichere Garantie gegen die künftige Rache des kaiserlichen Hofes zu erlangen.

Während der Kampfhandlungen in Siebenbürgen und dem Einfall der Rebellen in den westungarischen Raum waren die Verhandlungen, zu deren Führung der Konvent der konföderierten Stände *Rákóczy* ermächtigt hatte, in Tyrnau eröffnet worden. Von kaiserlicher Seite waren der böhmische Kanzler des Kaisers, Graf *Johann Wenzel Wratislaw*, der erfahrenste Diplomat des Hofes und Erzbischof *Paul Széchenyi* mit der Leitung der Verhandlungen betraut, und von seiten der konföderierten Stände hatte *Rákóczy Bercsényi* bevollmächtigt und diesem einen General und mehrere Räte zur Verfügung gestellt. Am 26. Oktober trafen die Bevollmächtigten *Rákóczys* in Tyrnau ein, am 28. die des Kaisers mit den Briten *Sunderland* und *Stepney* und den Holländern *Bruyninx* und *Rechteren*. Graf *Wratislaw* schlug vor, daß die österreichische Abordnung in Preßburg und die der Rebellen in St. Georgen ihr Quartier aufschlagen solle und daß die Vermittler zwischen Preßburg und St. Georgen hin und her reisen und die Vorschläge beider Seiten aufeinander abstimmen sollten. Während Graf *Wratislaw* über den allgemeinen Frieden verhandeln sollte, wollten die Bevollmächtigten des Fürsten nur über einen Waffenstillstand reden, denn *Bercsényi* hoffte, mit einem solchen den Marsch *Herbevilles* aufhalten und die ungestörte Thronbesteigung des Fürsten in Weißenburg gewährleisten zu können. Als *Bercsényi* sah, daß er den böhmischen Kanzler nicht übertölpeln und den Marsch der regulären Truppen nicht zu verhindern vermochte, führte er den Abbruch der Verhandlungen herbei, worauf *Wratislaw* und die britischen Vermittler nach Wien zurückkehrten.

Im kaiserlichen Kabinett traten sofort die Gegensätze in der ungarischen Sache hervor. Die einflußreichsten Minister waren damals Fürst *Salm, Prinz Eugen* und die Grafen *Wratislaw* und *Sinzendorf*. *Salm* haßte *Prinz Eugen* und Graf *Wratislaw*, weil diese gegen seinen Willen die neue Organisation der Verwaltung durchgesetzt hatten, aber trotz seines Widerstandes war der Kanzler Böhmens mit der Hauptleitung der ungarischen Angelegenheiten betraut worden. *Wratislaw* war entschieden für den Frieden, aber zu vernünftigen Bedingungen. Außerdem war *Wratislaw* mit *Rákoczy*, der während dieser in Wien gelebt hatte, befreundet gewesen und konnte daher als redlicher Unterhändler betrachtet werden.

Bercsényi forderte eine Erklärung *Josephs*, daß dieser sich zur Wiederinkraftsetzung des „ius resistendi" und der Königswahl verpflichtete, also die Beschlüsse des Preßburger Reichstages aufhebe und sich selbst entthrone. Das war selbst dem österreichfeindlichen Briten *Stepney* zuviel, und er rügte die überspitzten Forderungen *Bercsényis* und dessen unflexible Haltung. Am 19. November forderten die Vermittler die Bevollmächtigten der Konföderierten auf, unverzüglich dem Beginn der Friedensverhandlungen zuzustimmen und bei diesen die Beschwerden und Wünsche der Stände vorzulegen. Am 2. Dezember antwortete ihnen *Bercsényi*, der Antrag über den Frieden zu verhandeln sei verfrüht, denn es müsse erst eine Feststellung darüber erfolgen, was unter der Erblichkeit der Krone zu verstehen sei und daß die Außerkraftsetzung des Art. 31 der Goldenen Bulle nicht mit der Begründung der unumschränkten Monarchie gleichgesetzt werde. Weiters verlangten sie von den britischen Vermittlern, daß sie sich eine neue Verhandlungsvollmacht ihrer Königin besorgen, denn die jetzige, daß die Königin von England offenbar nur dem Kaiser, ihrem Verbündeten zuliebe, vermitteln wolle, „weil sie es als ihre Aufgabe betrachte, Begnadigung für Kaiser Josephs verirrte und strafbare Untertanen zu erwirken", könnten die Bevollmächtigten nicht anerkennen, weil die Stände keineswegs straffällig geworden wären. Eindeutig wurde aber mit der Feststellung der Königin von England geklärt, was *Rákoczy* und sein Anhang in deren Augen waren. Als am 10. Dezember Kaiser *Joseph* den Vermittlern auch noch eine Urkunde übersandte, in der er erklärte, daß er bereit sei, allem beizutreten, was in den Beratungen der vermittelnden Gesandten und der Bevollmächtigten als recht und billig und als eine Maßregel zur Beruhigung der Gemüter werde angesehen werden, wurde es für die Rebellen schwierig, dem Kaiser die Schuld am Nichtzustandekommen des Friedens in die Schuhe zu schieben. Die Vermittler stellten fest, daß die Befürchtungen *Bercsényis,* wegen eines Mißbrauches des Erbrechtes der Krone unnötig seien, weil der Kaiser den Vermittlern in gehöriger Form die Zusicherung gegeben habe, die Beschwerden des ungarischen Volkes auf gesetzlichem Wege abzustellen und dessen Rechte, Gesetze und Privilegien wieder in Kraft zu setzen. Es war nie die Absicht des Kaisers, das königliche Erbrecht der Krone zur Begründung einer unumschränkten Willkürherrschaft zu mißbrauchen. Die Bevollmächtigten der konföderierten Stände mögen daher die Friedensverhandlungen nicht verzögern und auf diesen ihre Anliegen vorbringen. *Bercsényi* aber verursachte dessen ungeachtet eine langwierige Korrespondenz, in der er über die Erblichkeit der Krone Betrachtungen anstellte, daß Ungarn ein eigenes Reich sei (als ob *Joseph* als gekrönter König Ungarns dies nicht auch so gewußt hätte), daß die Erblichkeit nicht mit Eigentum verwechselt werden dürfe, denn sie wären keine Leibeigenen (obgleich *Bercsényi* und die Versammlung von Szécsén es abgelehnt hatten, ihre Leibeigenschaft über ihre Bauernsoldaten bei den Kuruzzenhaufen aufzuheben und nicht einmal deren Bitte um Verringerung der Robotpflicht für die Dauer des Krieges genehmigten). Dabei wußten die Rebellenführer sehr genau, daß dem Hause Österreich aus der Eroberung Ungarns und Siebenbürgens in diesen Ländern neue unumschränkte Rechte erwachsen waren, die im Karlowitzer Frieden ihren Niederschlag gefunden hatten. Der unnötig verursachte Depeschenwechsel währte bis über das Jahresende hinaus. *Bercsényis* Memoranden tragen die Daten vom 20. und 28. Dezember. Nach ihrem Empfang schrieb *Bruyninx* an Stepney, daß er über deren spitzfindigen und schikanösen Charakter überrascht sei, und *Stepney* antwortete ihm, daß auch er sie haarspalterisch und unverständlich finde.

An den Fronten in Westeuropa hatte sich die Lage der Alliierten im abgelaufenen Jahr abermals verbessert. Bayern befand sich unter österreichischer Administration, Herzog *Marlborough* brachte einer Übermacht des Kurfürsten und des Marschalls *Villeroi* bei Tirlemont in den spanischen Niederlanden abermals eine schwere Niederlage bei, das eroberte Gibraltar hatte gehalten werden können und *Josephs* Bruder, König *Karl,* war von Portugal aus mit 12.000 Engländern und Niederländern in Spanien eingerückt. Die Katalonier und Valencianer hatten ihm gehuldigt und immerfort die Treue gehalten. Darüberhinaus hatte *Prinz Eugen* den Vormarsch des Marschalls *Vendôme* an der Adda in Italien zum Stehen gebracht.

Vergebens drang *Rákoczy* darauf, daß *Ludwig XIV.* und der Kurfürst mit ihm ein Bündnis schließen. Nach langem Warten erhielt Baron *Kökényesdy von Vetes* den Bescheid des französischen Außenamtes, der Geschäftsträger des Königs bei *Rákoczy, Desalleurs,* habe Weisung, mit dem Fürsten zu verhandeln. *Desalleurs* Auftrag jedoch lautete, die Sache solange als möglich zu verschleppen und wenn dies nicht mehr gehe, zu erklären, daß sein König erst dann mit dem Fürsten und den Ständen in ein Bündnis treten könne, wenn *Rákoczy* tatsächlich Fürst von Siebenbürgen sein werde und die konföderierten Stände aufgehört haben Untertanen des Kaisers zu sein. *Desalleurs* spielte seine Rolle mit größtem Geschick und trug viel dazu bei, daß sich die Rebellen noch tiefer in die französischen Netze verstrickten.

Rákoczy aber meinte, daß *Ludwig XIV.* nach weiteren Rückschlägen gezwungen sein würde, mit ihm ein Bündnis zu schließen, weil er es sich nicht leisten könne, auch noch den Beistand der im Aufstande begriffenen Stände zu verlieren. In einem weiteren Schreiben vom 30. Dezember gab *Rákoczy* König *Ludwig* zu bedenken: „. . . Ew. Majestät sind von der noch vor kurzem dagewesenen Rührigkeit und Begeisterung des ungarischen Volks hinlänglich unterrichtet, und ich kann nur im Schicksale die Ursache der plötzlichen Veränderung, Schwäche und Erschrockenheit suchen, welche jetzt eingetreten ist. Ew. Majestät werden gnädigst nicht in Zweifel ziehen, daß ich lieber den Tod mit der Aussicht auf glücklichen Krieg, als die Knechtschaft in den Fesseln eines zweideutigen Friedens wähle; aber seitdem ich zu meinem Schmerze die Erfahrung gemacht habe, wie gering die Zahl derer ist, die zu sterben bereit sind, überließ ich die Entscheidung über den Frieden dem Senate, den ich auf den 25. Jänner 1706 zusammengerufen habe, und der sowohl die Instruction der Bevollmächtigten wie auch die Vertragspunkte entworfen wird."

Ende 1705 hatte Kaiser *Joseph*, trotz des Einfalles der Rebellen in Westungarn guten Grund zur Zuversicht. Seine und der Alliierten Heere im Westen waren siegreich, in Siebenbürgen war die Lage vorerst stabilisiert, und den Rebellen hatte er, trotz ihrer zahlenmäßig erdrückenden Übermacht gezeigt, daß er, trotz der Fronten am Rhein, in Belgien und Italien noch immer in der Lage war, sie auch in den entlegensten Gegenden des Reiches zu Paaren zu treiben.

Bercsényi läßt Transdanubien besetzen: Kämpfe im Grenzgebiet; Friedensverhandlungen in Tyrnau

Für den 19. Jänner war die Weiterführung der Verhandlungen in Tyrnau anberaumt worden. So bereit die Bevollmächtigten des Kaisers waren, dessen Zugeständnisse vom vorigen Monat aufrechtzuerhalten, so wenig wollte Graf *Wratislaw* von den Forderungen der *Rákoczyaner* nach konstitutionellen Änderungen hören. Er lehnte die Rückgängigmachung der Beschlüsse des Preßburger Reichstages, die Abtretung Siebenbürgens an *Rákoczy* und die Aufnahme einer ausländischen Garantieerklärung in den Friedensvertrag ab. Es mußte ja auch den Rebellen klar sein, daß sich die Verhandlungsposition des Kaisers entschieden verbessert hatte. Nachdem Siebenbürgen von Feldmarschall *Herbeville* zurückerobert worden war, erklärte *Joseph I.* mit niemandem zu verhandeln, der sich als Fürst Siebenbürgens ausgäbe. Dazu kam, daß Feldmarschall *Rabutin* in den ersten Jännertagen des Jahres 1706 den Landtag Siebenbürgens nach Schäßburg einberufen, die Wahl *Rákoczys* zum Fürsten für nichtig erklären und die Stände dem Kaiser hatte huldigen lassen. Graf *Wratislaw* eröffnete *Bercsényi* daher, daß er beauftragt sei, nur mit den „konföderierten Ständen" zu verhandeln.

Rákoczy hatte indessen seinen „Staatsrat" wegen der politischen und den „Verwaltungsrat" wegen der anstehenden wirtschaftlichen Schwierigkeiten nach Miskolcz einberufen. Es sollten jene Anliegen, Forderungen und Beschwerden zusammengestellt und formuliert werden, zu deren Vorlage *Rákoczy* von den Vermittlern und kaiserlichen Bevollmächtigten aufgefordert worden war. Darüberhinaus sollten die schweren Differenzen wegen des Kupfergeldes, die im ganzen Kuruzzengebiet ausgebrochen waren, bereinigt werden. Von dieser Frage hing die Weiterfinanzierung des Aufstandes ab.

Es wurde beschlossen, eine „Staatskanzlei" zu errichten und Baron *Stephan Sénneye* wurde von den Räten zum Kanzler gewählt. Vier Millionen Gulden waren an Kupfergeld geprägt und verausgabt worden, es war aber weit mehr solches Geld im Umlauf, und man behauptete, daß Falschmünzer das Land mit nachgemachtem Gelde überschwemmt hätten. Niemand wollte das Kupfergeld annehmen, weil sein Nennwert nicht dem realen Wert entsprach. Das hatte zur Folge, daß Gold und Silber aus dem Zahlungsverkehr völlig verschwunden waren. Wer Schulden hatte, wollte diese mit dem fast wertlosen Kupfergeld bezahlen oder verpfändete Güter auslösen und die Gläubiger wehrten sich gegen die Annahme des Geldes. Das führte landauf und landab zu vielen Streitigkeiten und Prozessen. Dennoch wurde, auf Vorschlag *Rákoczys*, in Miskolcz beschlossen, das Kupfergeld drei Jahre weiterzuprägen, weil man sich keinen besseren Rat wußte. Jene Kupfermünzen, die als Falschgeld erkannt werden würden, sollten eingeschwärzt, die anderen aber mußten bei Strafe zum Nennwert von allen genommen werden. Waren wirklich Falschmünzer, die so große Werkstätten hatten, daß sie ganz Ungarn mit Falschgeld überschwemmen konnten, am Werk oder hatte *Desalleurs* recht, als er nach Versailles meldete, *Rákoczy* habe nicht vier sondern schon zwanzig Millionen prägen lassen? Allgemein war angenommen worden, daß dieser Beschluß, das Kupfergeld bei Strafe zum Nennwert nehmen zu müssen, dem stark verschuldeten *Bercsényi* zuzuschreiben war.

Der Vorschlag des Sprechers der protestantischen Stände *Alexander Platthy* hingegen war verworfen worden. Er hatte gemeint, daß man die Prägung des Kupfergeldes überhaupt einstellen und dafür Steuern einheben solle, die auch vom Klerus und vom Adel zu entrichten wären. So kämen vier Millionen Gulden guten Geldes herein. Alle Räte waren schon dafür gewesen, als *Rákoczy* gegen den Beschluß Einspruch erhob und die Räte darauf hinwies, daß sie ja selber wegen der vom Hofe in gleicher Höhe eingeforderten Steuern zu den Waffen gegriffen und gegen das Herrscherhaus aufgestanden seien. Der Adel würde sich auch jetzt weigern, Steuern zu zahlen, ebenso der Klerus, und der Bauer habe kein Geld. So wurde das Kupfergeld denn weitergeprägt. *Stephan Szirmay* überbrachte dem Fürsten und Staatsrat die Aufforderung der Gesandten Großbritanniens und der Niederlande dafür zu sorgen, daß die Friedensverhandlungen, ob mit oder ohne Waffenstillstand, endlich begonnen würden. Am 5. Feber antwortete ihnen *Sénnyey*, der neue Kanzler, daß sich der Staatsrat wohl mit der Wahl der Bevollmächtigten und den Fragen beschäftige, die bei den Verhandlungen zur Sprache gebracht werden sollen, daß er aber erst dann in ernste Verhandlungen eintreten könne, wenn der König in der Urkunde seiner Bevollmächtigten ausspräche, „daß die Erblichkeit der Krone kein Eigentumsrecht begründe, die Regenten mit dem ungarischen Reiche anders verfahren als mit ihren Erbländern und alle Bewohner Ungarns im vollen Genusse ihrer Freiheiten, Privilegien und Rechte erhalten werden". Verärgert reagierten die Gesandten und schrieben, der Kaiser habe mehrmals und besonders am 29. Jänner in einem Reskript erklärt, daß er Ungarn immer den Gesetzen, Rechten und Privilegien des Landes gemäß regieren, vermöge der Erblichkeit der Krone nach keiner unbeschränkten und willkürlichen Herrschaft strebe, sondern alle Ordnungen und Stände des Reiches im Sinne der Gesetze bei ihren Rechten und Freiheiten erhalten werde. Nur die ungarischen Bevollmächtigten ihrerseits machen immer neue Schwierigkeiten. Die Gesandten wiesen erneut darauf hin, daß die Zusagen des Königs und Kaisers genügen und die ungarischen Bevollmächtigten endlich in Verhandlungen eintreten möchten. *Rákoczy* und sein Staatsrat waren damit unter Zugszwang gestellt worden und erklärten, daß sie die Zusage des Königs befriedige. Taten sie das nur, damit ihnen nicht die Schuld am Scheitern der Verhandlung angelastet werden würde? Am 13. März teilten die Vermittler *Rákoczys* Bevollmächtigten mit, unter welchen Bedingungen der Kaiser einem zweimonatigen Waffenstillstand zustimmen wolle. Hierauf begann das Feilschen um die Waffenstillstandsbedingungen.

Indessen waren die Kämpfe in Westungarn und Siebenbürgen weitergegangen. Vorerst zu Westungarn:

Bottyán hatte am 17. Jänner die Belagerung von Ödenburg abgebrochen, denn er war mit der Bekämpfung der Raizen im Südwesten beauftragt worden. Das Oberkommando über die an den Grenzen Österreichs und der Steiermark zurückgelassenen Unterführer *Stephan Csáky* und *Paul Andrassy* war Graf *Simon Forgács* übertragen worden, weil diese bisher untätig gewesen waren.

Im Hofkriegsrat wurde ein konzentrischer Gegenangriff gegen die Rebellen beschlossen, der von drei Seiten erfolgen sollte. In den Festungen Peterwardein und Brod lagen noch kleinere deutsche Kriegsvölker, und in der Umgebung der Festungen war auch noch serbische und kroatische Grenzmiliz stationiert. Baron *Nehem* und Graf *Herberstein*, die Kommandanten der beiden Festungen, erhielten den Befehl aus diesen Truppen ein „Expeditionskorps" zu bilden und von Süden her gegen *Bottyáns* Haufen vorzurükken. Ihnen war, weil *Bercsényi* davon erfahren hatte, *Bottyán* entgegengeschickt worden. General *Hanibal Heister* sollte aus der Steiermark her in Ungarn einrücken, während *Pálffy*, sobald er Truppen beisammen habe, von den Leithalinien vorgehen und sich mit den anderen bei Steinamanger vereinigen sollte. Auf diese Weise hoffte man in Wien eine Armee von 11.000 bis 15.000 Mann zusammenzubringen, Kräfte, die stark genug sein würden, die Kuruzzen über die Donau zurückzutreiben.

General *Herberstein* rückte als erster mit seinen 300 deutschen Reitern und etwa 2.000 Raitzen vor und überschritt am 4. Feber die Drau. Er marschierte vorerst nach Fünfkirchen, das *Bottyán* aber schon geräumt hatte und nahm sofort dessen Verfolgung auf. Bei Igal stellte *Herberstein* den Feind und in einem heißen Scharmützel – die Kuruzzen waren überrascht worden – blieben 2.000 Rebellen tot am Platz, und der Rest floh, auseinandergetrieben, nach Simontornya. *Herberstein* verfolgte *Bottyán* zwar bis Simontornya, wo sich die Reste des Haufens im Fort verschanzt hatten. Da *Herberstein* keine Artillerie mit sich führte, ließ er von Simontornya ab und kehrte auf einer anderen Marschroute wieder an die Drau zurück, die er am 24. Feber unangefochten erreichte.

Auf Befehl des Grafen *Forgács* hatten seine Unterführer *Andrassy*, im Raume Ödenburg und Rethey an der March die Kampfhandlungen wieder eröffnet. Nördlich des Neusiedlersees wurde Ungarisch-Altenburg bedrängt. Hauptmann *Johann Zoller*, der Kommandant der Garnison, hatte den Befehl von *Pálffy* erhalten, diesen wichtigen Platz bis zum letzten Mann zu halten und Vorräte in das Schloß zu schaffen, wo er sich, falls die Stadt verloren gehen sollte, bis zum Entsatz verteidigen müsse.

Im Eisenstädter Raum rückte das Kuruzzenregiment zu Fuß des Generals Graf *Barkoczy* sowie deutsch sprechende Mannschaft, vermutlich Bauern die in der Umgebung ausgehoben worden waren, mit vier Kanonen und zwei Mörsern mit Rebellen, die in Rust, St. Margarethen und der nächsten Umgebung gelegen hatten, nach Nordwesten vor. Sie vereinigten sich mit den zu Hornstein, „Stünckeprun" (Steinbrunn) und Wimpassing gelegenen 4.000 Mann, die *Paul Andrassy* befehligte und marschierten Richtung Neudörfl – Wiener Neustadt. Auf dem Wege dorthin trieben sie in allen kleinen Gemeinden Brandsteuern ein. Als die Rebellen von Hornstein abzogen, brannte der Ort halb ab.

Eisenstadt hatte indessen einen Hilferuf an Graf *Pálffy* gerichtet, der zu dieser Zeit in Wiener Neustadt war, denn es hatte ebenfalls Drohungen *Andrassys* über sich ergehen lassen müssen, weil sich der Kommandant der Stadt geweigert hatte, Kuruzzen, die bei einem Ausfall gefangengenommen worden waren, freizulassen.

Zur gleichen Zeit waren in den Wiener Vorstädten 7.321 Mann für die Verteidigung des Linienwalles neu aufgestellt bzw. umgruppiert worden 3.341 Mann hatten die Stände und 3.980 Mann die Bürgerschaft unter Waffen gerufen.

Obwohl *Bercsényi* seinen Kommandanten aufgetragen hatte, sich an den österreichischen und steiermärkischen Grenzen ruhig zu verhalten, waren *Andrassy* und *Rethey* gerügt worden, und *Forgács* kümmerte sich um *Bercsényis* Weisungen überhaupt nicht. Nun rückten mehr als 1.000 Kuruzzen aus Groß- und Kleinhöflein gegen Eisenstadt vor und versuchten, die Eisenstädter wieder zu einem Ausfall zu verleiten. Tatsächlich wagten die Eisenstädter den Ausfall und töteten und verletzten viele der verdutzten Angreifer. Hierauf postierten die Kuruzzen Kanonen und Mörser, um Eisenstadt wie Ödenburg durch Beschießung zur Übergabe zu zwingen. Aber die Eisenstädter hielten wieder durch, und die Kuruzzen zogen hierauf ebenso erfolglos ab wie von Ödenburg.

Ein Bravourstück vollbrachten die Ödenburger. Sie erschienen am 25. Jänner völlig unerwartet in Rust, fuhren mit den dort von den Kuruzzen angesammelten Kanonen und Vorspannen im Galopp davon und gelangten glücklich nach Ödenburg zurück. Das war ein arger Schaden für die an Artillerie armen Rebellen.

Am 27. Jänner zogen die Kuruzzen aus St. Georgen und Kleinhöflein ab, marschierten an Eisenstadt vorbei und bezogen in Trausdorf ein Lager. Nur vier Häuser überstanden in Kleinhöflein die Einquartierung der Kuruzzen, denn beim Abzug hatten sie die Häuser angezündet. Die in Kleinhöflein aufsteigenden Rauchschwaden veranlaßten kaiserliche Truppen, die in Ebreichsdorf lagen, bis an die Leitha vorzurücken, weil sie einen Einfall der Rebellen fürchteten. Einige Tage später erschienen die Kuruzzen wieder im Eisenstädter Raum, griffen aber nicht die Stadt, sondern Großhöflein an. Sie konnten aber von den Husaren, Jägern und Bauern des Palatins, die sich in der Kirche, im gegenüber liegenden Badhaus und im Edelsitz verschanzt hatten, wie beim Überfall vor Weihnachten, auch jetzt wieder blutig zurückgeschlagen werden. Die Städte Ödenburg, Eisenstadt, Bruck a. d. Leitha und Hainburg wurden ständig bedroht, die beiden letzteren von St. Margarethen am Moos her.

Pálffy wollte seine Truppen um Wiener Neustadt einquartieren. Ebenfurth, Pottendorf, Trautmannsdorf und Waltersdorf nahmen Truppen auf. Bruck aber weigerte sich, kroatische Reiterei einzulassen, weil dieser ein erschreckender Ruf vorausging. Sie bestanden darauf, deutsche Infanterie zu bekommen. *Pálffy* zeigte die Stadt hierauf beim Hofkriegsrat an, und die Brucker Stadtväter wurden (später) wegen Renitenz in Ketten gelegt und dem Hofkriegsrat vorgeführt. Trautmannsdorf war durch das sorglose Hantieren mit dem Feuer von eigenen Truppen, den Darmstadt-Kürassieren, in Brand gesetzt worden. *Pálffy* wies beim Hofkriegsrat darauf hin, daß seine Miliz, die in den Dörfern lag, zu weit verstreut sei und zu leicht überfallen werden könne, wie das Beispiel vom 26. Dezember in Wilfleinsdorf gezeigt habe.

Als Hauptmann *Doppelstein*, der kaiserliche Kommandant von Bruck, *Pálffy* helfen wollte, wurde er von den Bruckern mit Schimpf und Schande überhäuft. Während *Pálffy* sich wegen der Unterbringung seiner Truppen, die alle brauchten, aber keiner haben wollte, mit den Städtern stritt, durchbrachen am 3. Feber 2.000 Kuruzzen die Schanzen bei Wolfs, zerstörten die vier Redouten und machten die kroatischen Besatzungen von drei derselben nieder. Die vierte Besatzung konnte sich unter die Kanonen von Ödenburg retten. Abermals ritten die Kuruzzen gegen Großhöflein, um den Edelsitz des Palatins zu zerstören. Und wieder entbrannten um Großhöflein erbitterte Kämpfe, denn die fürstliche Besatzung und die Großhöfleiner konnten sich wieder in die Kirche, das Badhaus und den weitläufigen Edelsitz (heute Gemeindeamt, Rathaus) zurückziehen und setzten sich auch jetzt wieder tapfer zur Wehr. Es gelang noch, einen Boten nach Eisenstadt zu schicken, der um Hilfe bitten sollte. Der kaiserliche Kommandant und der Schloßhauptmann unternahmen tatsächlich mit deutschen Infanteristen, Husaren und bewaffneten Bürgern eine Expedition und kamen den Großhöfleinern, die sich diesmal in höchster Not befanden, zu Hilfe. Sie fielen den Kuruzzen, die um Kirche, Badhaus und Edelsitz kämpften in den Rücken, und diese zogen sich hierauf, unter schweren Verlusten, nach Rust zurück. Die Häuser Großhöfleins gingen in diesen Kämpfen aber alle in Flammen auf.

Ungarisch-Altenburg war ebenfalls sehr gefährdet. Eine Zeitung vom 10. Feber (1706) berichtete über starke Ansammlungen von Kuruzzen im Raume zwischen Ödenburg und der Leitha, also im Heideboden.

Da auch der Raum Eisenstadt – Ödenburg noch immer von den Kuruzzen durchstreift wurde, wurden mehrere Kompagnien des Kürassierregimentes Montecuccoli von *Pálffy* angefordert, der noch immer damit beschäftigt war, im Dreieck Wien – Hainburg – Wiener Neustadt ein Korps zusammenzubringen. Die Kürassiere trafen am 18. Feber in Wiener Neustadt ein. Die Kuruzzen aber scheinen von den Gegenmaßnahmen des Hofkriegsrates erfahren zu haben, denn am 17. Feber hatte es schon den Anschein, als würden sie Anstalten zum Rückzug treffen. Die zwei um St. Margarethen liegenden berittenen Regimenter der Rebellen sandten Tag und Nacht Patrouillen bis zur Leitha vor Ebenfurth, um *Pálffys* Aktionen zu beobachten. Ehe diese zwei Regimenter von St. Margarethen nach Rust abrückten, wo *Andrassys* Heerhaufen sich sammelte, plünderten sie noch den Ort Gschieß (Schützen am Gebirge) und legten das ganze Dorf abermals in Asche.

Am Wege von Schützen nach Rust brannten neun Husaren mit dem Rittmeister *Vas Pál* zu *Pálffy* nach Ebenfurth durch und stellten sich unter sein Kommando. Bei Rust scheinen die versammelten Haufen vorerst abgewartet zu haben, was weiter geschehen würde.

Inzwischen wurden in Ebreichsdorf und Laxenburg liegende Husaren des Palatins nach Purbach und Donnerskirchen vorgeschoben. *Pálffy* begann sein Korps zusammenzuziehen, um Ödenburg entsetzen zu können und schob Aufklärungsabteilungen vor. Von den etwa 9.000 Kuruzzen verblieben 3.000 um Ödenburg, während sich die anderen 6.000 unter dem Kommando von *Bezerédy* in die Raabau absetzten und in den Heideboden und auf die Schütt begeben sollten. *Pálffys* kroatische Reiterei erreichte mit ihren

Spitzen indessen Loipersbach. Am 20. Feber erfuhren die Ödenburger, daß ihnen *Pálffy* mit 6.000 Mann zu Hilfe kommen werde. Er sei aber noch dabei, sich mit Proviant und Munition zu versehen.

Zwei Österreicher, die den Kuruzzenpatrouillen vor Ebenfurth in die Hände gefallen waren, hatten die Rebellen in Rust inhaftiert. Es gelang aber den beiden, nachts aus ihrem Gefängnis zu entweichen, die Stadtmauer unbemerkt zu überklettern und nach Ödenburg zu entkommen. Vor ihrem Abzug aber wollten die Kuruzzen Ruster Wein auf Fuhrwerken in zwei Konvois, nach Deutsch-Altenburg bringen, dort auf Kähne verladen und auf der Schütt ausladen. Die Brucker Patrouillen erfuhren aber davon, und es gelang ihnen, den ersten Konvoi, der mit wenig Bedeckung auf die Reise geschickt worden war, aufzufangen und in die Stadt zu bringen. Von den Fuhrleuten erfuhren sie, daß am nächsten Tage noch ein größerer Konvoi mit Ruster Wein kommen werde. Wieder lauerte die Besatzung diesem auf, aber diesmal kam es anders, denn die 17 Wagen mit Wein wurden vom Regimente *Barkoczy* mit 800 Mann gesichert. Es entspann sich ein kurzer Kampf, in dem neun Brucker den Tod fanden und der Leutnant, der sie kommandierte in Gefangenschaft geriet. Der Rest des berittenen Aufbringungskommandos konnte entkommen und sich nach Bruck retten. Der Leutnant wurde nach Rust gebracht und dort inhaftiert. Nachdem *Barkoczy* die Weinfässer in Deutsch-Altenburg auf Donaukähne hatte verladen lassen und diese Richtung Schütt abgefahren waren, zündete er den Ort an und marschierte nach Rust zurück, weil er dort seine Artillerie gelassen hatte.

Am 28. Feber streifte General *Barkoczy* mit 1.000 Reitern, die er noch in Rust und St. Margarethen stehen hatte, vorerst nach Antau und Wulkaprodersdorf und von dort, weil die Orte noch feindfrei waren, über Mattersburg bis vor Wiener Neustadt. Er sollte *Pálffys* Zug beobachten. Wenige Tage vorher noch hatten sich seine Reiterpatrouillen fast bis an die Stadttore von Wiener Neustadt vorgewagt, hatten zwei Bauern erschlagen und einmal vier mit sechs Ochsen und einmal zwei mit sechs Ochsen bespannte schwere Fuhrwerke, die dem Spital der Stadt gehört hatten, geraubt und einmal eine Herde Schafe davongetrieben. Die Schafe konnten ihnen allerdings wieder abgejagt werden, wobei zwei Kuruzzen erschossen und einer gefangengenommen wurde.

Unabhängig von den Ereignissen im Eisenstädter und Ödenburger Raum operierte ein zweiter Heerhaufen der Kuruzzen aus dem Slowakischen heraus an der March.

Mit den in Wiener Neustadt, Eisenstadt und in das Seegebiet vorgeschobenen Truppen und seinem eigenen Regiment setzte sich *Pálffy* am 5. März in den Abendstunden in Marsch. Er marschierte geradewegs auf Ödenburg zu, um es zu entsetzen und die Rebellennester „auszutilgen", damit auch das Viertel unter dem Wienerwald Ruhe bekomme. Am 6. März näherte sich *Pálffy,* von Antau kommend, zwischen 9 und 10 Uhr der Stadt mit 6.000 Mann und vier Kanonen. Die Masse seines Korps bestand aus Reiterei. Von den Ödenburgern wurde *Pálffy* mit einem „Freudensalut" empfangen. Er zog am Wiener Tor vorbei, hielt eine kurze Rast und marschierte dann in Richtung St. Nikolaus (Szent Miklos) weiter, weil auch die letzten 3.000 Kuruzzen, die noch vor kurzem in der Umgebung gestanden hatten, in die Raabau abgerückt waren.

Während *Pálffy* südlich des Neusiedlersees operierte, blieb die Brucker Pforte ungedeckt. Der schwachen Position von Bruck, das sich den militärischen Erwägungen *Pálffys* so hartnäckig widersetzt und seinen Truppen den Einlaß verweigert hatte, ist es zuzuschreiben, daß die Rebellen unter *Stephan Bertody* am 16. März mit 1.000 Mann ungehindert die Brucker Pforte passieren, bis zur Fischa vordringen und in der Umgebung von Bruck mehr als 16 Dörfer niederbrennen konnten. Als sich die Raubschar am Abend des gleichen Tages auf dem gleichen Weg wieder zurückzog, standen Arbesthal, Gallbrunn, Göttlesbrunn, Haslau, Höflein, zwölf zur Herrschaft Petronell gehörende Gehöfte, Hollern, Hundsheim, Maria Ellend, Pachfurth, Prellenkirchen, Regelsbrunn, Rohrau, Scharndorf, Schönabrunn, Stixneusiedl und Wildungsmauer in Flammen. An diesem Tage hatte eine Raubschar auch die Fischa überschritten und war wieder bis zum Neugebäu vorgedrungen, wo sie abermals im Tiergehege des Kaisers wütete. Die Kuruzzen erschossen wieder kostbare Tiere und nahmen einige Maultiere und Falken mit sich. Nach diesem Raubzug belagerten sie Deutsch-Altenburg, das schon *Barkoczy* verwüstet hatte und setzten dem Markt so stark zu, daß er sich ergeben mußte. Das Schloß, das sich hielt, wurde dabei heftig umkämpft.

Pálffy stieß indessen bis zur Raab vor, überschritt sie und näherte sich Kapuvár. Die Kuruzzen räumten die Stadt, nahmen alles Geschütz mit und streiften im Heideboden, wo schon stärkere Haufen standen. Am 19. März war *Pálffy* in Kapuvár gewesen. Von dort marschierte er nach Steinamanger, wo *Hanibal Heister,* der über St. Gotthard und Körmend vorrückte, zu ihm stoßen sollte. Bis dahin war nur *Herberstein* auf Widerstand gestoßen. Das so große Kuruzzenheer, das nach *Bottyáns* Meldungen an *Bercsényi* und *Rákoczy* auf 12.000 Mann angewachsen gewesen war und von dem *Rákoczy Ludwig XIV.* geschrieben hatte, daß ihm Gott wunderbarerweise wieder eine Armee geschenkt habe, vermied den Kampf mit den Kaiserlichen und zog sich, „zur Sicherung der inneren Linien" zurück. *Heister* war zwar bei Körmend von *Ebeczkys* und *Bezerédys* Reitern in ein Scharmützel verwickelt worden, aber nach dessen Ausgang, der keiner Seite einen Vorteil gebracht hatte, zogen sich die Kuruzzen in östlicher Richtung zurück, und *Heister* hatte sich mit *Pálffys* Truppen am 21. März vereinigen können. Während *Pálffy* und *Heister* die südwestungarischen Gebiete säuberten, war eine Streifschar von 2.000—3.000 Mann unter *Stephan Balogh* an Ödenburg vorbei bis in die Gegend von Wiener Neustadt durchgestoßen und lagerte im Föhrenwald. Graf *Forgács* folgte dieser mit einer weiteren Streifschar. Beide Scharen brachen nun auf zwei Marschrouten in Österreich ein und verwüsteten bis Laxenburg vordringend zwanzig Gemeinden. Zu diesen gehörten:

Tösdorf, Günselsdorf, Haschendorf, Hölles, Hof a. d. Leitha, Lindabrunn, Mannersdorf a. d. Leitha, Matzendorf, Mitterndorf, Oberwaltersdorf, Pischelsdorf, Reisenberg, Schönau, Schranawand, Siegersdorf, Sollenau, Steinbüchl, Tattendorf, Wampersdorf und Weigelsdorf.

Da zwei Wochen vorher die Umgebung von Bruck verwüstet worden war, war mit dem zweiten Einfall ein beträchtlicher Teil des Viertels unter dem Wienerwald verheert worden.

Auf dem Heideboden stand der Rebellenführer *Szomody,* mit einer Kuruzzenschar und hatte den Auftrag alle Beutewagen zu sammeln und in Gewahrsam zu halten. Um alles verladen zu können, ließ er in der ganzen Umgebung alle Fuhrwerke requirieren und nach Halbturn schaffen.

Pálffy zog am 2. April von Lutzmannsburg mit zwei Schwadronen gegen die Kuruzzen. *Heister* folgte ihm mit 300 Grenzhusaren. Von einem Hügel sah *Pálffy* eine starke Schar Kuruzzen auf ein Waldgebiet zu marschieren und am Waldrande Lager schlagen. Weil seine eigenen Kräfte zu gering waren, beobachtete er vorerst den Feind und griff am Abend, nach dem Eintreffen von *Heister* und Verstärkungen die Kuruzzen an. In vollem Galopp waren *Heisters* Grenzhusaren, *Pálffys* Kürassiere und Dragoner über den überrumpelten Feind hergefallen, zersplitterten das ganze feindliche Korps und verfolgten die fliehenden Kuruzzen bis spät in die Nacht. *Bezerédy* und *Barkoczy* waren geschlagen worden, ließen mehr als 200 Tote, viele Verwundete und Gefangene und den ganzen Troß im Stich und rissen aus. Gefangene sagten aus, daß die Streitmacht der Kuruzzen aus mehr als 3.000 Mann bestanden hatte.

Pálffy, der bis 5. April sein Hauptquartier in Frankenau aufgeschlagen hatte, befürchtete, als der vom Raubzug zurückgekehrte *Forgács* aus der Raabau abzog, einen Großangriff auf die Stadt und Festung Ungarisch-Altenburg. *Pálffy* hatte indessen zwar Güns wieder besetzt, als er aber nach Ödenburg zurückmarschierte, weil ihm gemeldet worden war, daß hinter seinem Rücken der Feind in Österreich eingefallen und greulich geheert hatte, brach südlich von ihm, wieder hinter seinem Rücken, eine Streifschar von 2.000–3.000 Mann, die *Réthey* befehligte durch und fiel in die Oststeiermark ein, wo diese 92 Ortschaften brandschatzte und plünderte. Vom Hofkriegsrat heftig kritisiert, entschloß er sich, einige Tage darauf, sein Hauptquartier in Frankenau abzubrechen. Er marschierte mit seinem Korps nach Norden, um dem eingeschlossenen Ungarisch-Altenburg Entsatz zu bringen. Am 10. April befand sich der westlich des Neusiedlersees marschierende *Pálffy* in Gschieß (Schützen am Gebirge), wo er einige Kompanien des Regimentes *Bartl,* die bei Wiener Neustadt lagen, an sich zog und dann weitermarschierte. Am 11. April stand er in Pama und zog dort noch die Husaren des Palatins *Paul Esterházy,* die in Hainburg lagen an sich. Er hatte in Pama erfahren, daß Hauptmann *Zoller* am vorherigen Tage mit seinen Truppen in Ungarisch-Altenburg kapituliert hatte und wollte den Platz zurückerobern. Da er mit starken Feindkräften rechnete, zog er alle verfügbaren Verstärkungen zum Gegenstoß an sich. Am 13. April trat *Pálffy* zum Angriff an. Nachdem seine Truppen die Leitha überschritten hatten, stießen sie bei Kaltenstein auf den Feind. Von der oststeirischen Miliz und *Heisters* Grenzhusaren attackiert, wurden die Kuruzzen geworfen und flohen in Richtung Ungarisch-Altenburg. Viele waren in den heißen Kämpfen versprengt und gefangen worden. *Ebeczky* hatte mit 3.000 Mann in Zurndorf gestanden und den Auftrag gehabt, *Pálffy* solange aufzuhalten, bis das eroberte Ungarisch-Altenburg versorgt, befestigt und mit starker Mannschaft versehen wäre. Zu den Arbeiten war das Landaufbot zusammengetrieben worden, Bauern aus der Umgebung. *Ebeczky* hatte seinen Auftrag nicht erfüllen können. Da *Pálffys* Infanterie durch die Gewaltmärsche der letzten Tage erschöpft war, er aber die Niederlage *Ebeczkys* nutzen und Ungarisch-Altenburg erstürmen wollte, ehe es noch befestigt werden konnte, ließ er seine Fußvölker in Kaltenstein zurück und brach mit der Reiterei sofort auf. Für *Forgács* völlig unerwartet stand *Pálffy* vor Ungarisch-Altenburg und eroberte es im ersten Angriff. *Pálffy* machte beträchtliche Beute, denn die Kuruzzen hatten schon 5.000 Metzen Hafer und Gerste, 400 Metzen Getreide und 300 Faß Mehl zusammengeschleppt und im Schloß eingelagert.

Forgács, der nach Süden auswich, sammelte seine Kräfte bei St. Nikolaus (Szent Miklos). Von dort sandte er wieder Raubscharen in die Umgebung von Ödenburg, um diese zu beunruhigen. Aus Zorn darüber daß die Kuruzzen ihn zweimal umgangen und in Österreich und der Steiermark geheert hatten, ließ *Pálffy*, der *Forgács* nach Süden verfolgte, bei seinem Abzug aus Steinamanger die Stadt in Brand stecken, um es den Rebellen heimzuzahlen. Ausgerechnet *Forgács* aber fand es für notwendig, *Pálffy* deswegen Vorwürfe zu machen.

In Siebenbürgen hatten die Kuruzzen nur mehr Restgebiete um Huszt, im äußersten Nordwesten des Landes, und einige kleinere Plätze in der Hand. Ansonsten war die kaiserliche Armee überall Herr der Lage, und über den Winter hatten sich die Truppen erholen können. Nur Baron *Károly* führte vom Tal der Szamos aus einen Guerillakrieg und versuchte, durch kleinere Gefechte mit Patrouillen und Überfälle auf einzelne Garnisonen, die Armee zu beunruhigen. Im Winter aber fielen der Reihe nach die Festungen Szamos'ujvár, Görgény und Bethlen den kaiserlichen Truppen in die Hände. Am 22. Feber fiel auch Deva, das von *Stephan Csáky* verteidigt worden war, und *Csáky* geriet mit dem Großteil seiner Leute in Gefangenschaft. Schon Anfang Jänner, wie schon vorweggenommen, hatte *Rabutin Rákoczy* auf dem zu Schäßburg versammelten Landtag absetzen und die Stände Kaiser *Joseph* huldigen lassen. Am 7. April hatte indessen *Rabutin* den Befehl erhalten, mit der Hauptmasse seiner Streitkräfte an die Theiß zu marschieren. Der Befehl erreichte ihn aber erst am 11. Mai, und als gegen Ende dieses Monats der kaiserliche Kommissär Graf *Althan* in *Rabutins* Lager eintraf, fand er diesen nicht an der Theiß sondern in Schäßburg.

Indessen war das Intrigenspiel um den Waffenstillstand munter weiter gegangen, der am 15. April für Westungarn auf 14 Tage vereinbart wurde. Erst drei Wochen später, am 8. Mai, wurde diese Kampfpause in einen allgemeinen Waffenstillstand, der bis Ende Juni dauern sollte, umgewandelt. Nach dem Inkrafttreten der Kampfpause in Westungarn postierte *Pálffy* seine Truppen im Raume Deutsch-Altenburg – Rohrau und schlug sein Hauptquartier im Schloß Kittsee auf. *Heister* aber bekam den Auftrag, nach Bruck a. d. Leitha zu gehen und von dort, der Leitha entlang, nach Wiener Neustadt zu marschieren und dort die Grenzsicherung zu übernehmen.

Abmachungen waren zu treffen gewesen, die über die Dauer des Waffenstillstandes, die Kantonnements von *Pálffys* Truppen, die Mittel für ihren Unterhalt, die Wiederverproviantierung der von den kaiserlichen Truppen gehaltenen Städte und Festungen und der freien Verbindung mit den Heeresteilen in Siebenbürgen handelten, und derselbe mißtrauische, ja schikanöse Geist *Bercsényis* war es, der alles bis zum Unerträglichen erschwerte. Schließlich wurde nach einem persönlichen Appell an *Rákoczy*, dem *Stepney* und *Rechteren* einen Besuch in Neutra abstatteten, ein Übereinkommen geschlossen. Ein sorgfältig ausgearbeiteter Vertrag in zwölf Punkten wurde aufgesetzt, von den Kommissären unterschrieben und vom Kaiser und von *Rákoczy* ratifiziert. Der Kaiser war den Rebellen in mehreren umstrittenen Fragen entgegengekommen. Außerdem hatten sie noch eine wichtige formalistische Konzession erlangt. In dieser Urkunde über den Waffenstillstand hat der Hof *Joseph I.* zum ersten und einzigen Mal die ungarische Konföderation anerkannt, indem er seine Gegner nicht mehr Unzufriedene, sondern die „konföderierten Stände Ungarns" nannte. Während all dieser Verhandlungen, wie auch bei der Konferenz von Neutra hatte vor allem *Bercsényi* Schwierigkeiten gemacht und immer neue Einwände ersonnen. Über eine Konzession, die *Rákoczy* gemacht hatte, ohne ihn vorher gefragt zu haben, war er sehr ungehalten. Diese hatte darin bestanden, daß *Rákoczy* genehmigte, daß *Pálffy* während des Waffenstillstandes ein vier Quadratmeilen größeres Gebiet besetzen durfte, als *Bercsényi* im Vertragsentwurf vorgesehen hatte, um die Verproviantierungsforderungen der Kaiserlichen zu befriedigen. Es war nun einmal so, daß die Truppen beider Seiten auf Kosten des Landes lebten, das sie besetzt hielten. Im wesentlichen beließ der Waffenstillstandsvertrag die Truppen beider Parteien in jenen Positionen, die sie zur Zeit des Abschlusses desselben inne hatten.

Am 25. Mai sollte der Friedenskongreß zusammentreten. Es war vereinbart worden, daß *Rákoczys* Bevollmächtigte ihn mit den Forderungen der konföderierten Stände eröffnen sollten. Für *Rákoczy* war damit die Zeit gekommen, seine Karten aufzudecken und die Streitfragen mit dem Kaiserhause klar zu definieren. Bisher war *Rákoczy* bestrebt gewesen, dies zu verschleiern. In seinem ersten Manifest hatte er erklärt, daß er die Waffen ergriffen habe, um sein Land von der österreichischen Herrschaft zu befreien. Als die Versöhnung, die vom Kaiserhaus ausging, zum erstenmal versucht wurde, hatte er *Bercsényi* die Forderung nach einer internationalen Garantie vorbringen lassen, dann die Frage der Erblichkeit der Krone und des Widerstandsrechtes des Adels. Von Gyöngyös hatte Erzbischof *Széchenyi* die 25 Artikel gesandt, aber sie stellten mehr dar, als was seiner Auffassung nach die Wünsche der Nation gewesen waren, mehr als ihre formulierten Forderungen. Weder bei den Verhandlungen in Schemnitz noch in Szécsén, noch während der Verhandlungen des vorigen Winters hatten die Führer der Rebellen klare Friedensbedingungen vorgelegt. Inzwischen aber hatte die siebenbürgische Wahl ein neues Element begründet, das bald zum dominierenden Faktor der Verhandlungen geworden war. Bisher hatte *Rákoczy* zwar keine förmliche Erklärung darüber abgegeben, daß die Anerkennung seiner Wahl durch den Kaiser die alles entscheidende Frage über Krieg und Frieden sein würde, aber daß er diese Auffassung vertrat, war für niemanden ein Geheimnis. Die Frage, ob Kaiser *Joseph* Siebenbürgen an *Rákoczy* abtreten werde oder nicht, war zum Thema geworden, über das nicht nur bei den Lagerfeuern der Kuruzzen, sondern auch bei den Festbanketten und in den Beratungsräumen der Rebellenführer ununterbrochen geredet wurde.

Die Frage ob die Klagen und Vorwürfe der Rebellenführer berechtigt waren oder nicht, darf ohneweiteres verneint werden, denn sie hatten weder vom Palatin noch von den Komitaten die Legitimation, das ungarische Volk zu vertreten und im Namen dieses Volkes zu reden. Was sie taten, das taten sie aus angemaßter Rechtsposition. Hatte noch Kaiser *Leopold* die mit seinen Heeren eroberten türkischen Gebiete in Ungarn zu Recht als erobertes Gebiet gesehen, so hatte sein Sohn *Joseph* mit allem Nachdruck darauf hingewiesen, daß er in vielen Belangen, die Ungarn betrafen, eine andere Politik machen wolle und werde. Doch es war nicht getan mit der Aufhebung der von *Kollonitsch* im „Einrichtungswerk für das Königreich Ungarn" eingeführten Steuern, zu deren Einhebung der Hof schon deshalb berechtigt gewesen war, weil die Ungarn so gut wie nichts zur Befreiung der unter türkischen Oberhoheit gestandenen Gebiete beigetragen und daher dem Kaiserhause, hätten gerne Hilfe leisten sollen. Auch die Wiederherstellung der Verfassung, das Versprechen *Josephs*, diese in Zukunft zu beachten und alle anderen Wünsche an den nächsten Reichstag weiterzuleiten, der über deren Erledigung beraten solle, fruchteten nichts. *Joseph I.* hatte alles getan, was von ihm verlangt werden konnte, und er erwartete, daß für die Einlösung sein Wort genügen werde. Daß er für die berechtigten Maßnahmen seines Vaters der Abschaffung der vom Reichstag in Preßburg legal beschlossenen erblichen Thronfolge, dem Recht des bewaffneten Widerstandes, der Friedensgarantie durch fremde Mächte und der Abtretung einer Provinz an einen Hochverräter zustimmen sollte, war zuviel, war mehr als man selbst von einem gutgesinnten Monarchen erwarten durfte. Kaiser *Joseph* unterließ es nicht, seinen begabtesten Unterhändler, Graf *Wratislaw*, den Kanzler Böhmens, der neben *Prinz Eugen* zu den einflußreichsten Ratgebern gehörte, mit der Weiterführung der ungarischen Angelegenheiten zu befassen. *Wratislaw* hatte schon in England unter Beweis gestellt, daß er ein Staatsmann von gesundem Urteil, großer Erfahrung und fundierter Überzeugung war. Er war kein Feind Ungarns, um das zu wiederholen und ein alter Bekannter *Rákoczys*. Er war aber auch ein verläßlicher Wahrer der Interessen seines Kaisers und konnte ermessen, welcher Stellenwert Siebenbürgen zukam. Er bewog den Kaiser, *Rákoczy* freigebige, ja glänzende Entschädigungen anzubieten. Aber ehe er dem Kaiser geraten hätte, auf Siebenbürgen zu verzichten, „hätte er sich die rechte Hand abhauen lassen".

Um den Weg für *Wratislaws* Mission zu ebnen, ließ sich der Hof zu einer sehr freundlichen Geste gegenüber *Rákoczy* bewegen. *Stepney* versicherte dem Fürsten, von dem es letztlich abhing, ob es zu einem Frieden mit den Unzufriedenen kommen könne oder nicht, daß ihm der Kaiser wohlwollend gesinnt sei und bereit sei, während des Waffenstillstandes sogar seiner Frau zu gestatten, daß sie zu ihm reise, wenn er den Wunsch, sie wiederzusehen, in einem Schreiben aussprächе. *Rákoczy* erwiderte *Stepney,* daß es ihm die Situation nicht erlaube, an den Kaiser eine Bitte zu richten, er wolle aber gerne seiner Frau schreiben, daß ihn ihr Besuch freuen würde. *Rákoczy* schrieb an seine Gemahlin und Kaiser *Joseph* gab der Fürstin *Charlotte Amalia* die Erlaubnis und bat sie nur, ihrem Gemahl ans Herz zu legen, daß er, der Kaiser, es mit dem Frieden wirklich ehrlich meine, daß er *Rákoczy* im Besitze aller seiner Güter erhalten wolle, daß er nicht beabsichtige, ihn gerichtlich zu verfolgen und daß er nicht die Absicht hege, Ungarn zu unterdrücken. Zu all seinen eigenen Besitzungen bot er noch ein Fürstentum am Rhein und die Markgrafschaft Burgau an. Daraus sprach die Großmut eines Monarchen, der bereit war zu verzeihen, wenn ihm sein Gegenspieler die Möglichkeit dazu lassen würde. Nur der armselige Krämergeist deutschsprachiger madjarosophiler Historiker vermochte es, diese edle Geste, die *Rákoczy* selbst sehr wohl verstanden hatte, als Versuch hinzustellen, den Fürsten zu betrügen.

Der an sich kurze Waffenstillstand war kaum vereinbart worden, als *Charlotte Amalia* ihrem Gemahl schrieb, daß der Kaiser seinem Wunsche entsprochen habe.

Während ihrer dreitägigen Reise hatte *Charlotte Amalia* Zeit genug, die Vergangenheit Revue passieren zu lassen. Es waren beinahe fünf Jahre vergangen, seit sie ihren Gemahl das letztemal gesehen hatte. Es war im Gefängnis von Wiener Neustadt gewesen. Über seinem Haupte hatte das Schwert des Henkers gehangen, und sie hatte Hauptmann *Lehmann* bewegen können, ihn entkommen zu lassen. *Lehmann* war dafür hingerichtet worden. Und jetzt sollte sie ihn an der Spitze rebellierender Stände sehen. Aber auch die Machthaber, die sie zu ihm reisen ließen, waren nicht mehr dieselben, die damals seinen Tod beschlossen hatten. Ein anderer Kaiser und andere Minister waren in Wien an der Macht.

Zwei Schwadronen rotröckiger kaiserlicher Dragoner eskortierten die vergoldete und mit karmesinroten Kissen ausgelegte Galakutsche *Charlotte Amalias,* die den Hof nicht weniger als 12.000 Gulden gekostet hatte. An den Toren von Preßburg wurde sie vom Kommandanten der Stadt, dem Grafen

Zinzendorf und in der Burg von den Kanzlern von Ungarn und Böhmen, den Grafen *Erdödy* und *Wratislaw* empfangen. Am darauffolgenden Tag gab Graf *Wratislaw* ihr zu Ehren einen festlichen Empfang, an dem Feldmarschall Graf *Starhemberg*, Graf *Pálffy*, Erzbischof *Széchenyi*, die Gesandten *Stepney* und *Rechteren* und andere Prominenz teilnahmen. Am Osttor von Preßburg warteten 800 Kuruzzenhusaren, um ihr das weitere Geleit zu geben.

Ob und in welchem Maß die Fürstin ihren Gatten tatsächlich nach den Wünschen und Interessen Kaiser *Josephs* beeinflussen konnte, kann durch Quellen aus ihrer Hand nicht belegt werden. Nach Berichten von *Stepney* und *Desalleurs* aber könnte man schließen, daß *Charlotte Amalia* versucht habe, *Rákoczy* dazu zu bewegen, auf das Angebot des Kaisers einzugehen, der ihm das Fürstentum „Leuchtenberg" am Rhein und die Markgrafschaft Burgau angeboten hatte, wenn er auf Siebenbürgen verzichte. Da *Charlotte Amalia* eine Tochter des Landgrafen von Rhein-Hessen war, darf wohl angenommen werden, daß sie gerne zu einem schönen Besitz in ihrer Heimat gekommen wäre, der für sie als Rheinländerin zumindest so interessant gewesen wäre als für *Rákoczy* eine ungarische Besitzung. *Stepney* sagt in einem Brief an *Harley* vom 14. Juni 1706 unter anderem: „Die Fürstin gestand uns, daß auch sie (in bezug auf Siebenbürgen) dieser Meinung sei und häufig versucht habe ihn zu diesen Anschauungen (Verzicht) zu bekehren." Sicher ist, daß ihre Bitten die Entschlüsse ihres Gatten nicht änderten. Ihre unter diesen Umständen ungewisse eigene Zukunft und die ihrer Kinder einerseits und die lange Trennung von ihrem Gemahl mochten *Charlotte Amalia* dazu bewogen haben, schon nach drei Wochen einen Brief an den Hof zu schreiben, daß ihr Gesundheitszustand eine Kur in Karlsbad erfordere. Da Graf *Wratislaw* meinte, daß ihn ihr Aufenthalt bei ihrem Mann vieler Etikettefragen entheben würde, wenn er mit *Rákoczy* verhandle, ließ sich der Kaiser mit der Erfüllung ihres Wunsches nach einer Kur Zeit. Es wäre für die Vermittler schwer und für die Minister des Kaisers beinahe unmöglich gewesen, sich *Rákoczy* persönlich zu nähern, ohne einen ganzen Wirbelwind von Fragen des Zeremoniells hervorzurufen. So machten sie alle der Fürstin einen Besuch, *Rákoczy* kam ins Zimmer und alles andere ergab sich von selbst.

Rákoczy hatte seinen Staatsrat zu einer Zusammenkunft in Neuhäusl eingeladen, um die Friedensvorschläge zu beraten und zu entwerfen. Als diese endlich formuliert und den Vermittlern in Tyrnau formell übergeben waren, war die Hälfte der Zeit des Waffenstillstandes abgelaufen. *Stepney*, der seiner Regierung in London die Forderungen der Rebellen übermittelte, teilte diese in drei Klassen ein: 1. solche, die der Kaiser verpflichtet sei zu gewähren, da sie auf Vernunft, Gerechtigkeit und Gesetz begründet seien; 2. solche, die er aus väterlicher Liebe und aus Zweckmäßigkeitsgründen gewähren könne; und 3. solche, die er ablehnen müsse.

Die 23 Punkte der Forderungen der Rebellen und die Antwort des Wiener Hofes lauten kurz gefaßt:

1) Der Friede werde nicht bloß von den vermittelnden Mächten, sondern auch von Schweden, Preußen, Polen und Venedig garantiert.

Antwort: Die beste Garantie sind Gesetze und gegenseitiges Vertrauen in die Bereitwilligkeit, dieselben zu beobachten. Garantien auswärtiger Mächte, die ohnedies erst nach Abschluß des Friedens zur Sprache kommen können, pflegen nur Samen des Mißtrauens zu streuen.

2) Siebenbürgen werde der Herrschaft des Hauses Österreich entnommen und wähle seinen Fürsten.

Antwort: Siebenbürgen darf von der ungarischen Krone, zu der es von jeher gehörte, nicht losgerissen werden, und das verbietet auch der Karlowitzer Friede.

3) Die gewaltsam aufgezwungenen Gesetze von 1687 sollen aufgehoben, über die Erblichkeit der Krone gegenwärtig verhandelt, der 31. Artikel Andreas' II. wieder in Kraft gesetzt werden.

Antwort: Gesetze, die mit Zustimmung der getreuen Stände gegeben wurden, sind nicht aufgezwungen; sollten einige derselben einer Verbesserung bedürfen, so wird der Reichstag diese vornehmen; über die Erblichkeit der Krone hat sich Se. Majestät bereits erklärt und seine Rechte vorbehalten.

4) Die ausländischen Truppen sollen das Land verlassen, ungarische die Besatzungen bilden, und zu deren Unterhalt die hierzu bestimmten königlichen Einkünfte verwendet werden.

Antwort: Die Beschützung Ungarns vor einheimischen und fremden Feinden die Sicherung der Erblande und des Deutschen Reiches verbieten die Entfernung der ausländischen Truppen, am Reichstage soll jedoch über die Verminderung derselben verfügt werden.

5) Die Rechte des Palatins und der anderen hohen Reichsbeamten sollen in ihrem ganzen Umfange wiederhergestellt, zum Palatin und zu den Kronhütern zwei Katholiken und zwei Evangelische kandidiert werden.

Antwort: Es wird geschehen.

6) Das Amt und die Befugnis der Oberkapitäne und des obersten Heerführers sollen im Sinne des Artikels 18 von 1526 durch den nächsten Reichstag wieder ins Leben gerufen werden.

Antwort: Der genannte Artikel ordnet an, daß die oberste Heeresführung nach dem König dem Palatin gebührt; ob es nötig sei, hinsichtlich der Kapitäne und des obersten Heerführers neue Anordnungen zu treffen, wird der Reichstag entscheiden.

7) An die Stelle der gesetzwidrigen Behörden der Kammern und des königlichen Fiskus trete der gesetzliche Schatzmeister, der dem Reichstage Rechnung zu legen hat.

Antwort: Vorausgesetzt, daß die Landeseinkünfte gut verwaltet werden, ist es gleichgültig ob der Verwalter Kammer, Fiskus oder Schatzmeister heißt, dagegen recht, daß er dem Reichstage Rechnung lege. Die rein königlichen Einkünfte aber sind ausschließlich Sache des Königs, und deren Verwalter nur ihm allein Rechenschaft schuldig.

8) Die Reichskrone und Kleinodien sollen zurück ins Land gebracht und im Schlosse Murány aufbewahrt werden.

Antwort: Der gesetzliche Ort, wo sie aufbewahrt werden sollen, ist das Preßburger Schloß.

9) Das sogenannte neue Erwerbs- oder türkische Recht (das Recht des Königs oder Kaisers auf die den Türken wieder abgenommenen Landesteile, kraft dessen diese sein Eigentum seien, mit dem er willkürlich verfahren dürfe), sowie jedes andere Waffenrecht werde auf immer abgeschafft; die Güter, welche die Kammer unter dem Vorwande dieses Rechtes in Besitz genommen hat, sollen den rechtmäßigen Eigentümern ohne alles Lösegeld zurückgegeben, und diejenigen, denen dieselben verkauft oder geschenkt wurden, wegen Entschädigung an die Kammer gewiesen werden.

Antwort: Der König ist gewillt, dieses Recht abzuschaffen, behält sich jedoch seine sonstigen Rechte vor.

10) Die von Fremden, die sich nach dem 9. und 10. Artikel von 1608 in die Angelegenheiten Ungarns nicht mischen dürfen, gegebenen Verordnungen seien für ungültig erklärt. Das seit einigen Jahren erledigt gebliebene Kanzleramt sollen geborene Ungarn, abwechselnd geistlichen und weltlichen Standes führen; das nicht ungarische Ministerium, die Hofkanzlei, die Hofkammer und der Hofkriegsrat dürfen künftig keinen Einfluß auf die ungarischen Angelegenheiten üben.

Antwort: Die ungarische Hofkanzlei wird immer ihren gesetzlichen Wirkungskreis einnehmen; hinsichtlich des Übrigen ist die Entscheidung des Reichstages abzuwarten.

11) Alle Ämter und Würden, sowohl die geistlichen als weltlichen, die letzteren ohne Unterschied der Religion, seien ausschließlich eingeborenen Ungarn zugänglich; desgleichen sollen Ausländern Güter nicht geschenkt oder verkauft, sondern verdienten Ungarn unentgeltlich verliehen werden.

Antwort: Bei der Besetzung der Ämter werden vornehmlich verdiente Ungarn berücksichtigt, können aber Ausländer, denen das Indigenat erteilt worden, nicht ausgeschlossen werden.

12) Die Ausübung der aufgenommenen Religionen bleibe in dem Stande, welcher durch die Anordnungen des Szécsényer Vergleichs in einem großen Teile des Landes schon begründet worden ist und seinerzeit auch in den übrigen Landesteilen begründet werden soll. Künftig dürfen keine Kirchen und Schulen und deren Besitzungen weggenommen werden. Dies alles werde am nächsten Reichstage durch ein Gesetz sicher gestellt und von den garantierenden Mächten verbürgt.

Antwort: Für die Rechte und Freiheiten der aufgenommenen Religionen ist durch Gesetze hinlänglich gesorgt. Über die Anordnungen des Szécsényer Vergleichs können die Bevollmächtigten des Kaisers sich nicht äußern, weil sie dieselben nicht kennen.

13) Die Jesuiten, die den Landesgesetzen nicht gehorchen, sollen verwiesen und ohne Zustimmung des Reichstages nie wieder aufgenommen, ihre

Güter, welche einst der Kirche gehörten, dem Klerus, welche von Familien ihnen geschenkt worden, diesen zurückgegeben werden.

Antwort: Die Sache wird der Entscheidung des Reichstages vorbehalten.

14) Die Prozeßordnung und das Gerichtsverfahren sind auf den gesetzlichen Weg zurückzuführen; der Fiskus sei den Gerichtsbehörden untergeben.

Antwort: Der König wird dafür Sorge tragen, daß die gesetzliche Prozeßordnung und das gesetzliche Gerichtsverfahren beobachtet, was dabei fehlerhaft ist, am Reichstage verbessert, und die Freiheit der Gerichte durch niemand beeinträchtigt werde.

15) Die vom Hofe, der Kammer und dem Fiskus rechtswidrig Benachteiligten sollen hinsichtlich ihrer Güter und Familienurkunden vollständige Genugtuung erhalten.

Antwort: Die Gerechtigkeit erfordert es, daß die rechtswidrig Benachteiligten Genugtuung erhalten; über jene, die vor, während und nach den *Tököli*'schen Unruhen Schaden erlitten, hat der Reichstag bereits entschieden; über die später Benachteiligten wird er entscheiden.

16) Die vom verstorbenen Kaiser *Leopold* herausgegebenen Schenkungsprivilegien und Gnadenbriefe, Verschreibungen und Verpfändungen von Gütern seien nichtig, desgleichen alle seine Urkunden, durch welche Güter oder Ämter der gegenwärtig Verbündeten anderen verliehen werden.

Antwort: Das bleibt dem nächsten Reichstage und den Gerichten vorbehalten.

17) Das Kupfergeld, welches dringender Bedürfnisse wegen geprägt wurde, behalte den Nennwert, den es gegenwärtig hat; zur Einlösung desselben sollen die Einkünfte aus den Bergwerken verwendet, künftig Kupfermünzen ohne Bewilligung des Reichstages nicht geprägt werden. Solche jetzt einführen, war man genötigt, weil in den verflossenen Jahren an Steuern so viele Millionen erpreßt und in Gold und Silber ausgeführt wurden, daß das verarmte Volk hätte umkommen müssen, wenn das Kupfergeld nicht geprägt worden wäre.

Antwort: Das Kupfergeld wurde zum Verderben willkürlich und von denen eingeführt, die während dreier Jahre mehrere Millionen vom armen Volke erpreßt, aus den Gruben bezogen und unter dem Vorwande öffentlicher Bedürfnisse für sich ins Ausland geschickt haben. Der Reichstag muß auf eine Maßregel zur Vertilgung des Kupfergeldes denken und dieselbe mit dem möglichst geringsten Schaden der Landesbewohner schnell durchführen.

18) Die Ungarn fühlen sich dadurch tief gekränkt, daß der Karlowitzer Friede über sie ohne sie geschlossen wurde. Künftig sei es nicht gestattet, ohne Zustimmung des Palatins und Staatsrates oder von den Ständen hierzu Beauftragter Verträge zu unterhandeln oder abzuschließen.

Antwort: Die Bitte scheint zwar mit den Gesetzen übereinzustimmen; aber beim Karlowitzer Friedensschlusse wurden die Ungarn nicht ohne wichtige Ursache von der Teilnahme ausgeschlossen; da es sich aber um die Zukunft handelt, ist es ratsam, die Sache dem künftigen Reichstage zu überlassen.

19) Obwohl die Ungarn laut verkündigen dürfen, dadurch, daß sie die Waffen zur Verteidigung ihrer Freiheit ergriffen, kein Verbrechen begangen, sondern etwas Rühmliches getan zu haben, sollen dennoch, damit einst ihre Tat nicht entstellt werde, alle Mitglieder des Bundes, die lebenden wie die schon verstorbenen, auch solche, die dem König früher als Soldaten oder Beamte verpflichtet, und selbst jene Ausländer, die vormals seine Untertanen waren, vollständige Amnestie erhalten, und die verbündeten Stände überdies für treue Wächter der Freiheit erklärt werden; diese Amnestie soll sich endlich auch auf jene Lebenden und Toten erstrecken, die von der frühern durch den Karlowitzer Frieden ausgeschlossen wurden.

Antwort: Den Punkt in der Fassung anzunehmen, in welcher er vorgelegt wurde, wäre für alle Fürsten und Staaten gefährlich. Se. Majestät will jedoch, daß alles Geschehene vergessen und alles Vergangene vergangen sei, und nach Abschluß des Friedens alles in bezug auf Rechte, Güter und Ämter in den Stand versetzt werde, in welchem es vor dem Aufstande gewesen ist.

20) Da der Umsturz unserer Privilegien besonders in der Verletzung der adeligen Vorrechte offenbar wurde, halten die verbündeten Stände für recht, daß der Prozeß und die Verurteilung ihres durchlauchtigen Anführers, des Fürsten Franz Rákoczy, und des Obergenerals, Grafen Niklas Bercsényi, dem 41. Artikel von 1608 gemäß, nicht nur aufgehoben, sondern auch für nichtig erklärt werden, und beide für ihre vielen aus Liebe zum Vaterland getragenen Mühen den angemessenen Lohn empfangen.

Antwort: Zufolge des angeführten Artikels gehört die Sache vor den Reichstag; Fürst Rákoczy und Graf Bercsényi dürfen jedoch, wenn der Friede zustande kommt, und besonders, wenn sie dessen Abschluß befördern, von der Huld Se. Majestät das Beste erwarten.

21) Die Vorrechte des Adels, der Jaßen, Kumanen Hajduckenstädte sollen ungeschmälert erhalten; der Reichstag wenigstens jedes dritte Jahr einberufen werden.

Antwort: Der König verbürgt die adeligen Vorrechte; über die der Jaßen, Kumanen und anderer privilegierter Landstädte wird der Reichstag entscheiden, und dieser jedes dritte Jahr gehalten werden.

22) Sämtliche Gesetze, Privilegien, Einrichtungen, Verträge, Krönungsdiplome mit allen ihren Satzungen und Klauseln sollen durch einen königlichen Eid bestätigt und unverbrüchlich gehalten, endlich weder Edelleute noch Bauern ohne Bewilligung des Reichstages mit irgendeiner Steuer belastet werden.

Antwort: Die Gesetze usw. werden reichstäglich in der üblichen Weise bestätigt und heilig gehalten, die zur Aufrechterhaltung der königlichen Würde und zur Deckung der öffentlichen Bedürfnisse erforderlichen Steuern nicht anders als mit Bewilligung des Reichstages ausgeworfen werden.

23) Alle diese von der Gesamtheit der verbündeten Stände genehmigten und angenommenen Punkte sollen in Gegenwart der Gesandten der garantierenden Mächte vollzogen werden; sodann sollen die Würdenträger und Be-

amten beider Teile abtreten; damit der Reichstag eine neue Wahl vornehme, und nachdem auf diese Weise eine gesetzmäßige Regierung gebildet worden, sollen auch die anderen unzähligen, hier nicht erwähnten Beschwerden des Landes abgestellt werden.

Antwort: Der König wird den Friedensvertrag, sobald derselbe zustande gekommen ist, unverzüglich bestätigen, und den Reichstag hierzu und zur Abstellung der übrigen Beschwerden einberufen; aber daß seine Getreuen ihre Würden und Ämter niederlegen und Neuwahlen stattfinden sollten, widerstreitet der Gerechtigkeit.

Die abschlägige Beantwortung des letzen Punktes kränkte, wie man allgemein glaubte, besonders *Bercsényi*, der der Nachfolger des Palatins Fürst *Paul Esterházy* werden wollte.

Daß man in Wien diese Forderungen maßlos und unverschämt fand und die Minister des Kaisers darüber erbost waren mit solchen Rebellen, die wegen Hochverrats vor ein Standgericht gehört hätten, überhaupt verhandeln zu müssen, führte man auf die unbegreifliche Vorliebe des Kaisers für Ungarn zurück. Daß die Beschlüsse des Reichstages von Preßburg, die die Erblichkeit der Krone festsetzten und das Dekret des Königs *Andreas* aufhoben, ungültig seien, weil durch unrechtmäßigen Einfluß erlangt, war eine Behauptung, die sich vor keinem Gerichtshof aufrechterhalten und nur mit dem Schwerte durchsetzen ließ. Dazu aber waren, wie alle größeren Schlachten mit den kaiserlichen Generälen zeigten, die Rebellen nie im Stande gewesen.

Verhängung der Reichsacht gegen Max Emanuel und seinen Bruder Joseph Clemens; Scheitern der Friedensverhandlungen in Tyrnau

Da *Max Emanuel von Bayern* nicht aufgehört hatte, gegen den Kaiser und das Reich Anschläge zu ersinnen und zu versuchen, wurden am 29. April über ihn und seinen Bruder *Joseph Clemens,* den Erzbischof und Kurfürsten von Köln, mit Zustimmung des kurfürstlichen Kollegiums, die Reichsacht und Oberacht verhängt. Die Achterklärung fand im Rittersaal der Residenz statt. Kaiser *Joseph* nahm am Throne Platz. Zu seiner rechten Seite standen der Oberhofmarschall, Graf *von Waldstein,* mit dem bloßen Schwerte, der Hatschierhauptmann, Graf *von Martinitz* und der Obersthofmeister Fürst *von Salm,* zur Linken des Kaisers der Oberstkämmerer, Graf *von Trautson,* vor diesem der Reichsvizekanzler, Graf *von Schönborn,* unter der Estrade der Reichshofrat und geheime Reichssekretär *von Consbruch.* An den beiden Enden der Estrade waren zwei Reichsherolde mit ihren Stäben. Der Kaiser winkte mit bedecktem Haupte dem Reichsvizekanzler, dieser kniete vor dem Throne nieder und empfing den Befehl des Kaisers, den er hierauf den Anwesenden formell bekannt machte: Die Untreue, die Verräterei, die Verbindung der bisherigen Kurfürsten von Köln und Bayern *Joseph Clemens* und *Maximilian Emanuels* mit dem Könige in Frankreich, dem erklärten Feinde des Deutschen Reiches, ihre Einführung der Franzosen in das Herz des Vaterlandes und eine Menge anderer Freveltaten haben den Kaiser bewogen, auf dem sonst gewöhnlichen Gnadenthron jetzt das kaiserliche oberrichterliche Amt auszuüben, und über beide Kurfürsten das Urteil auszusprechen, welches sie nach dem Inhalte der güldenen Bulle, des Landfriedens und der Wahlkapitulation schon vor langer Zeit verdient hätten. *Consbruch* las hierauf die zwei Sentenzen vor, welche beide Brüder in die Acht und Oberacht erklärten, sie aller ihrer Länder, Regalien und Würden entsetzten, mithin aus der Zahl der treuen Kurfürsten und Glieder des Reiches ausschlossen. Der Reichsvizekanzler überreichte dem Kaiser die kölnischen und bayerischen Kurlehnbriefe, *Joseph* riß diese in der Mitte entzwei und warf sie vor sich auf die Erde. Von den Herolden wurden sie kniend in mehrere weitere kleine Stücke zerrissen und zum Fenster hinaus in den Burggraben geworfen. In der Urkunde über die Achterklärung wurden die Untertanen beider Fürsten von ihren Pflichten gegen ihre bisherigen Herren entbunden. Die Patente wurden von den Herolden auf dem Burgplatz, dem Graben und dem Neuen Markte verkündet.

Kaiser *Joseph* machte dem Reichshofrate die Achterklärung durch ein Dekret bekannt, weil die Vergehen der beiden Fürsten so notorisch waren, daß jene keinen ordentlichen Prozeß erforderte und der Prinzipalkommissar eröffnete dieselbe dem Reichstage. Die Kurpfalz meldete sich um die Rückgabe der alten pfälzischen Kurwürde, des Amtes des Erztruchses und der oberpfälzischen Länder und der Bischof von Osnabrück, *Karl Joseph,* geborener Herzog von Lothringen, erhielt auch die Diözese Olmütz und verhandelte für den Kaiser in Tyrnau. In diesen Tagen traf eine neue Siegesmeldung aus dem Westen ein. Der Herzog *von Marlborough* hatte am 23. Mai eine starke französische Armee, die unter dem Kommando von Marschall *Villeroi* und *Max Emanuel* in Flandern gestanden hatte, bei Ramillies vernichtend geschlagen. *Villeroi,* der mit 75.000 Mann in Holland eindringen sollte, beklagte in dieser Schlacht 20.000 Tote, Verwundete und Gefangene, 80 Kanonen, die Kriegskasse und seinen ganzen Troß. Zwei Monate vergingen, bis Villeroi sein versprengtes Heer wieder sammeln konnte. *Marlborough* durchzog in dieser Zeit Brabant, Flandern und den Hennegau und zwang eine Stadt nach der anderen *Karl III., Josephs Bruder,* zu huldigen. Hierauf wurde Marschall *Vendôme* von der Italienfront nach Norden befohlen, was *Prinz Eugen* die Entscheidungsschlacht um Italien erleichtern sollte. Der Sieg bei Ramillies wurde in Wien mit großer Genugtuung aufgenommen und hat auch auf die Verhandlungen in Tyrnau abgefärbt. Fürst *Salm* ging sogar so weit, *Stepney* zu erklären, daß die Anerkennung der ungarischen Konföderation auf dem Dokument über den Waffenstillstand nur ein Fehler sei, der sich in der Eile eingeschlichen habe. In der Folge wurden die *Rákoczyaner* auch nie mehr als „konföderierte Stände" bezeichnet sondern als „Miesvergnügte" und „Unzufriedene" apostrophiert.

Am 25. Mai sollte der Friedenskongreß in Tyrnau beginnen. Wegen der Anerkennung der Vertreter Siebenbürgens kam es aber zu weiteren Verzögerungen, so daß die Bevollmächtigten der Konföderierten ihre in 23 Punkte gegliederte „postulata" erst am 13. Juni den Vermittlern überreichten. Auch Wien hatte sich mit der Beantwortung der „postulata" Zeit gelassen, und es schien, als ob der Endtermin des Waffenstillstandes herankommen würde, ohne daß etwas erreicht worden war. Hatte der Hof (wie unter den jeweiligen Antworten bei den 23 Punkten zu sehen ist) zu einem Teil der Forderungen Bereitschaft gezeigt, zu verhandeln, so gab es über die Punkte, welche die Erblichkeit der Krone, das Widerstandsrecht und Siebenbürgen betrafen keine Kompromißbereitschaft Wiens. Da weder *Charlotte Amalia* noch *Rákoczys* Schwester, die Gräfin *Aspremont*, den Fürsten zum Frieden bewegen konnten, wurde Graf *Kery*, der Oberstallmeister des Kaisers, der mit einer Stieftochter *Bercsényis* vermählt war, nach Tyrnau geschickt, um mit seinem Schwiegervater zu verhandeln und diesem den Ernst der Situation und die tatsächliche Bereitschaft des Kaisers klar zu machen, das Vergangene als vergangen anzusehen und ihn und *Rákoczy* nicht nur zu begnadigen, sondern auch in ihren Besitzungen zu erhalten. Graf *Kery*, der ein ebenso verläßlicher Parteigänger des Kaisers war wie der Palatin, tat sein möglichstes und blieb eine Woche in Tyrnau. Letztlich mußte sich aber auch Graf *Kery*, dessen Verhandlungtätigkeit der Kaiser mit großen Hoffnungen zugestimmt hatte, eingestehen, daß es *Bercsényi* war, an dem bisher alles scheiterte und auch in Hinkunft scheitern würde. Graf *Kery* überzeugte den Kaiser davon, daß der künftige Besitz Ungarns nur durch einen Sieg über die Rebellen gewährleistet werden könne. Vergebens hatte *Kery* auch seinem Schwiegervater vor Augen geführt, daß dieser sein Leben in der Emigration beenden werde, vergeblich hatte er auf das Schicksal des Kurfürsten *Max Emanuel* und die militärischen Erfolge der britischen, niederländischen und kaiserlichen Truppen in Italien und Flandern hingewiesen. Es gelang *Kery* auch nicht, *Bercsényi* davon zu überzeugen, daß die Niederlage *Rákoczys* am Zsibopaß beweise, daß die Kuruzzen nie imstande sein würden, die kaiserliche Armee aus Ungarn zu vertreiben und daß die Kaiserlichen jederzeit in der Lage seien einen solchen Sieg an jedem beliebigen Ort in Ungarn wiederzuerringen. Verärgert über soviel Haß und Indolenz hatte Graf *Kery* Tyrnau verlassen. Graf *Kery* riet Kaiser *Joseph*, den bis 12. Juli abgeschlossenen Waffenstillstand nicht zu verlängern. *Rákoczy* und *Bercsényi* streben eine solche Verlängerung an, weil die Erntezeit bevorstehe, zu der nicht nur die Bauern der Kuruzzenarmee, sondern auch die Adeligen ihre Ernte einbringen wollen. Gerade in der Zeit sei es für die Rebellenführer am schwierigsten, ihre Haufen zusammenzuhalten. Betroffen dankte Kaiser *Joseph* Graf *Kery*, seinem Oberstallmeister, für den offenen ehrlichen Bericht.

Ebensowenig Erfolg wie *Kery* bei *Bercsényi* hatte Graf *Wratislaw* am

30. Juni bei *Rákoczy* in Neuhäusl. Sie hatten einander in der Zeit, in der sich *Rákoczy* in Wien aufgehalten, kennen gelernt und waren Freunde geworden. *Wratislaw* blieb zwei Tage und die Anwesenheit der Fürstin erleichterte ihre Zusammenkünfte. Er war nicht mit leeren Händen gekommen und führte *Rákoczy* auf das Nachdrücklichste vor Augen, daß der Kaiser eher seinem geringsten Untertanen die Fürstenwürde von Siebenbürgen geben, als sie ihm lassen würde. *Joseph* wäre aber bereit, ihm das Fürstentum Leuchtenberg am Rhein, mit Sitz und Stimme im deutschen Reichstag und dazu noch entweder die Markgrafschaft Burgau oder die Herrschaft Podiebrad in Böhmen anzubieten. Das sei die eine Seite. Auf der anderen stehe sein und seines Hauses Untergang, wie das Beispiel *Tökölys* und aus noch neuerer Zeit das des Kurfürsten *Max Emanuel* beweise. *Wratislaw* sagte ihm: „Fürst, es ist erst wenige Jahre her, daß ich auch dem Kurfürsten von Bayern ähnliche Anerbietungen vom Kaiser überbracht habe, um ihn von dem Bündnis mit Ludwig XIV. abzuhalten. Der Kurfürst hat das Angebot abgewiesen, wie Sie, und ist jetzt ein auf die Gnade des Bourbonen angewiesener Flüchtling." *Rákoczy* gab zwar zu, daß ein deutsches Fürstentum zu all seinen Besitzungen ein sichererer Besitz sein würde als der Wahlthron Siebenbürgens, erklärte aber, daß er nicht wegen der Erhöhung seines Hauses zu den Waffen gegriffen habe, sondern für die Freiheit aller jener, die ihm ihr Vertrauen geschenkt haben. Er könne und werde seine Anhänger nicht enttäuschen. *Wratislaw* hatte ebensowenig erreicht, wie vorher schon *Charlotte Amalia*. Dann wiederholte *Rákoczy* die Worte, die ihm *Bercsényi* in seinem Schreiben vom 29. Juni in den Mund gelegt hatte: „Ich fordere Siebenbürgen nicht für mich selbst. Siebenbürgen ist eine öffentliche Angelegenheit, und ich wäre zufrieden, wenn der Kaiser den mit Apafy geschlossenen Vertrag einhalten und das Land zu einer neuen freien Wahl schreiten lassen würde." Indem er in der siebenbürgischen Frage eine Gleichgültigkeit für seine Person vortäuschte, hoffte *Rákoczy Wratislaw* bewegen zu können, daß dieser dem Kaiser vorschlage, den Waffenstillstand noch weiter zu verlängern. *Bercsényi* hatte geglaubt, daß *Wratislaw* nach jedem Strohhalm greifen würde, der ihn auf Zugeständnisse hoffen lassen könne. Er irrte sich. *Wratislaw* sagte, als er sich von *Rákoczy* am zweiten Tage verabschiedete jene prophetischen Worte, an die dieser einige Jahre später noch oft denken sollte: „Gut, mein Fürst, Ihr setzt Euer Vertrauen auf Frankreich, das Hospital der Fürsten, die durch seine gebrochenen Gelöbnisse und Versprechungen ins Unglück geraten sind. Ihr werdet ihre Zahl vermehren und dort sterben." Einige Tage später reiste die Fürstin *Charlotte Amalia* ebenfalls ab, um eine Kur in Karlsbad zu beginnen. Sie hatte an der Seite ihres Gatten keine Zukunft mehr gesehen, und erst im französischen Exil sollten sie wieder zusammensein. Sie hat Ungarn und ihre Kinder nie wieder gesehen. Die Friedensverhandlungen in Tyrnau wurden zwar weitergeführt, aber der Kardinal von Lothringen, der *Wratislaw* vertrat, war ebenso wie die Rebellen bestrebt, dies wegen der Vermittler, aber nicht der Sache wegen zu tun. Jede Seite versuchte, die

Schuld für das vorhersehbare Scheitern der Verhandlungen der anderen zuzuschieben. Fieberhaft versuchten nun die Vermittler, einen Status für die siebenbürgische Delegation zu finden. Letztlich stimmten *Rákoczys* Vertreter zu, daß diese als „Deputati Confoederationis Transylvanicae" also als „Konföderation von Malkontenten" und nicht als Delegierte eines unabhängigen Fürstentums bezeichnet und so Wien die Möglichkeit gegeben wurde, diese zu Friedensgesprächen, bei denen sie als Verbündete der Rákoczyaner galten, teilnehmen zu lassen. In der Meinung, daß auch die Minister des Kaisers geneigt sein würden, dem Kompromiß mit den Rebellen beizutreten, legten die Vermittler ihre Verhandlungsergebnisse vor. Aber für Wien war nach den Erfolgen in Flandern die Zeit der Kompromisse vorbei. Zulange hatte *Rákoczy* die Geduld und wirkliche Friedensbereitschaft des Kaisers strapaziert und jeden Erfolg der Verhandlungen durch Maßlosigkeit und Arroganz hintertrieben.

Ergänzend sei festgehalten, daß *Rákoczy* von Baron *Vetes*, seinem Geschäftsträger in Paris, in einem Schreiben, das mit 16. Feber 1706 datiert war, vor zuviel Vertrauen zum französischen Hof und zu *Desalleurs* gewarnt wurde. „Schöne Worte und Geld", schrieb Baron *Vetes*, „wird der französische Hof nicht sparen, damit die Ungarn den Krieg fortsetzen, aber das Bündnis, von dem das Heil des Vaterlandes abhängt, nicht schließen. Nehmen Sie sich in Acht, gnädigster Herr, daß der Gesang dieser Sirene Sie nicht ins Verderben locke. Wenn Frankreich das Bündnis nicht eingehen will, schließen sie mit dem Kaiser Frieden. Frankreich hat schon viele ins Verderben geführt; seine Freundschaft ist ein Stab von Rohr, der nicht nur zusammenbricht, sobald man sich auf ihn stützen will, sondern auch mit seinen Splittern die Hand verletzt." Aber darauf angesprochen hatte der fanzösische Geschäftsträger bei *Rákoczy*, *Desalleurs*, dem Fürsten im Namen seines Königs wieder Hoffnung gemacht, daß dieser ein Bündnis mit ihm schließen werde. *Rákoczy* glaubte *Desalleurs* und schrieb am 10. März an Baron *Vetes*: „Nach Aussage des Gesandten Desalleurs wird der König von Frankreich dadurch gehindert, mit mir und dem ungarischen Bunde ein Bündniß zu schließen, weil wir dem König (Joseph) nicht abgesagt und uns seiner Herrschaft nicht gänzlich entzogen haben . . . Aber er hat eine Art, wie es geschehen könne, gefunden. Da der römische Kaiser auf Siebenbürgen kein Recht hat, ich dagegen vermöge freier Wahl dessen Fürst bin, will er mit mir, als dem Fürsten Siebenbürgens ein Bündniß schließen. Betreiben Sie daher die Feststellung der Punkte dieses Bündnisses." Baron *Vetes*, der sich damals gerade beim Kurfürsten in Brüssel aufgehalten hatte, teilte *Max Emanuel* und dem französischen Minister *Torcy* mit, welche Angebote der Wiener Hof *Rákoczy* mache und daß die konföderierten Stände den Krieg nicht fortsetzen würden, wenn der König nicht ein formelles Bündnis mit dem Fürsten von Siebenbürgen eingehe. Hierauf antwortete *Torcy* am 26. April: „Fürst Rákoczy hat neulich unmittelbar an den König geschrieben und seine Wünsche ausgesprochen. Die Antwort, in der ihn Se. Majestät seiner besonderen

Hochachtung und Gewogenheit versicherte desgleichen das, was Herr Desalleurs zu melden beauftragt war, wird ihn vollständig beruhigt haben, denn er weiß nun, daß der König ihm auch künftig alle nach den Umständen mögliche Hilfe leisten will, bis Ungarn die Bestätigung und Verbürgung aller der Rechte und Freiheiten errungen hat, die ihm gebühren." Baron *Vetes* sandte dieses Schreiben an *Rákoczy* und riet seinem Fürsten in einem eigenen Zusatzschreiben vom 10. Mai nur dem zu glauben, was er sehen und greifen könne. „Es ist unmöglich", warnte *Vetes*, „daß der König seine frühere Überlegenheit wieder erlange; er sieht ein, daß er die Wünsche Ungarns und Ew. Hochgeboren nicht erfüllen könne, und will darum das Bündnis nicht schließen; weil ihm aber der ungarische Krieg zum großen Nutzen ist, wird er solange daran arbeiten, Ew. Hochgeboren und das Land zur Fortsetzung desselben zu bewegen, bis beide die Schanzen überspringen, die ihnen bisher das Thor zum Frieden mit dem Wiener Hofe offen gehalten . . . Hat Desalleurs wirklich den Befehl, mit Ew. Hochgeboren als siebenbürger Fürsten ein Bündnis zu schließen, so sei Gott dafür gedankt; das reicht für jetzt hin, denn in diesem Falle können wir auch auf den Abschluß des Bündnisses von seiten Frankreichs mit den verbündeten Ständen hoffen. Hat er aber den Befehl, woran ich eben zweifle, nicht, so rathe ich Ew. Hochgeboren nicht blos, sondern bitte Sie auch, Frankreich aufzugeben und sich mit dem Wiener Hofe zu versöhnen . . ." Baron *Vetes*, der sich ständig in Versailles, Brüssel oder Paris informieren ließ, war in der Lage, die Situation *Ludwig XIV.* einzuschätzen und zu beurteilen. Er erkannte aus den Worttiraden *Torcys* eindeutig, daß es den Franzosen um zwei Dinge ginge, daß *Ludwig XIV.* nicht bereit war, mit *Rákoczy* und seinen Ständen ein Bündnis zu schließen und daß Frankreich verhindern wolle, daß *Rákoczy* mit dem Kaiser Frieden schließe, damit diesem, zum Nutzen der Franzosen, eine zweite Front erhalten bleibe. *Rákoczy* aber war selbst oder ließ sich von *Bercsényi* so verblenden, daß er glaubte, daß das Heil Ungarns in der Trennung vom Hause Österreichs begründet sei und arbeitete im Vertrauen auf *Ludwig XIV.* darauf hin, daß die Unterredungen in Tyrnau und Neuhäusl ergebnislos bleiben mußten. Es sei vorweggenommen, daß *Rákoczy* in einem Schreiben vom 10. August, das er an König *Ludwig* gerichtet hatte, angab, warum er die Friedensverhandlungen habe scheitern lassen: „Vor allem anderen hat uns die Hoffnung bewogen, daß Ew. Majestät aus angeborener Großmut uns künftig noch wirksamer als bisher unterstützen werden, und zwar durch den Abschluß eines Bündnisses mit uns, durch Verbürgung unserer Einschließung in den allgemeinen Frieden und durch die Verwendung bei der Pforte, daß diese unsere Sache fördere. Außerdem setzen wir unsere Hoffnung auf den Sieg der französischen Heere in Italien, indem wir nicht zweifeln, daß dieselben über die Adria bis nach Ungarn vordringen werden. Auch glaube ich, die Erinnerung an meine Vorfahren, die treuen Bundesgenossen Ihrer Krone, werde Ew. Majestät geneigt machen, sich der Sache des Enkels derselben im Sinne des Vertrags anzunehmen, welchen Croissy, der Bevollmächtige des glorreichen Königs Ludwig XIII., mit ihm geschlossen hat, und in welchen auch deren Nachkommen aufgenommen wurden."

Nach den Mißerfolgen der Gemahlin *Rákoczys,* Graf *Kerys,* Graf *Wratislaws* und der Schwester des Fürsten, der Gräfin *Juliana Aspremont,* erkannte *Joseph I.* endlich, daß es wenig Zweck habe, mit Hochverrätern zu verhandeln, sie durch Güte zur Loyalität zurückführen zu wollen. Dazu kam, daß Feldmarschall *Rabutin,* der *Herbeville* im Kommando abgelöst hatte, darauf drängte, daß er die Feldarmee nach Wien zurückführen dürfe, denn die Vorräte würden bereits knapp. Während des Waffenstillstandes aber durfte er Siebenbürgen nicht verlassen. Nur wegen der Vermittler hatte Kaiser *Joseph* letztlich den Waffenstillstand, der am 15. Juli ablaufen sollte, bis 24. Juli verlängert, aber darauf hingewiesen, daß dies sein letztes Zugeständnis sein würde. Er wollte, wie er *Karl von Lothringen* nach Tyrnau mitteilte, ein letztesmal alles tun, „was zu dem Frieden kontribuieren könne".

Joseph I. sah aber keinen Grund mehr, *Rabutin* in Siebenbürgen zurückzuhalten. Gerade der jetzige Zeitpunkt, in dem sich die Rebellenarmeen auflösten, um die Ernte einzubringen, schien der Generalität günstig, eine Offensive zu beginnen. 4.000 Soldaten wurden vom Oberrhein abgezogen, und die Regimenter an der kroatischen Grenze erhielten ebenso den Befehl, sich marschfertig zu machen, wie Generalfeldmarschall *Guido Starhemberg,* der mit dem Oberkommando in Ungarn betraut worden war. *Pálffy* blieb bei seinem Stabe. Um Kittsee standen damals 8.000 Mann. *Rákoczy* hatte bei Neuhäusl 12.000 Mann versammelt, und Marschall *Rabutin* bekam den Auftrag, nach Ablauf des Waffenstillstandes in Ostungarn einzumarschieren.

Die Vermittler Großbritanniens und Hollands hatten sich abermals von *Rákoczy* und *Bercsényi* hinters Licht führen lassen und redeten so, als ob die Rebellen für eine gerechte Sache kämpften, der Kaiser aber den in greifbarer Nähe befindlichen Frieden abwürge, weil er den Waffenstillstand nicht mehr weiter verlängert habe. Sie sagten in ihrer Einfältigkeit, daß die Ungarn niemals mehr für den Frieden gewesen seien als jetzt, daß *Rákoczy* seine Person von der siebenbürgischen Sache losgelöst, *Bercsényi* den größten Kummer über den Abbruch gezeigt habe, die anderen ungarischen Kommissäre mit Tränen in den Augen darüber klagten und nichts gefehlt habe als etwas mehr Zeit und Mäßigung auf österreichischer Seite. Graf *Rechteren,* dessen Mission von vorübergehender Dauer gewesen war, kehrte in die Niederlande zurück. Lord *Stepney* wurde, über Intervention des Herzogs *Marlborough,* wegen seiner feindseligen Haltung gegen Österreich abberufen und durch den Schwiegersohn *Marlboroughs,* den Herzog von Sunderland ersetzt. Kein unparteiischer Historiker aber wäre bereit gewesen, *Stepneys* Behauptung zu unterschreiben, daß mit etwas mehr Zeit und etwas mehr Mäßigung auf österreichischer Seite seine Bemühungen um den Frieden erfolgreich gewesen wären. *Rákoczy* und *Bercsényi* wußten dies sehr wohl. Was sie ängstlich zu vermeiden suchten, war, daß der Bruch wegen einer Sache erfolge, die als eine persönliche Frage erscheinen konnte, und was sie überlegten, war, ob sie jetzt wegen des strittigen Punktes (Zulassung der Siebenbürger) abbrechen oder darin nachgeben und die Herbeiführung des Bruchs irgendeiner zukünftigen Streitfrage überlassen sollten. So seltsam es für Nichtungarn scheinen mag, die Rebellen waren bereit, ihr Land in zwei Teile zu spalten und sahen ihr politisches Ideal in der Errichtung eines Bastardfürstentums wie *Peter Zrinyi, Emmerich Tököly* und andere vor diesen.

Daß der Kaiser nicht nachgab, war vollkommen natürlich. Er führte Krieg mit Frankreich um Spanien, Belgien, Neapel und der Lombardei, doch für ihn und sein Haus war die spanische Frage sicher weit weniger wichtig als die siebenbürgische. Als König von Ungarn sollte sich *Joseph I.* mit dem Verlust einer Provinz einverstanden erklären, zu dem ausgesprochenen Zweck, daß ihr neuer Herr seine Regierung im übrigen Teil des Landes kontrollieren und in Schach halten könne.

Am letzten Tag des Waffenstillstandes hatte *Rákóczy* den Vermittlern mitgeteilt, daß er bereit gewesen war, die Konföderation wieder in Szécsén zusammenzurufen und von der kürzlich geschlossenen Allianz mit Siebenbürgen abzugehen. So hätte er es möglich machen können, die Verhandlungen wieder weiterzuführen. Dies ginge nun nicht mehr, weil der Kaiser den Waffenstillstand beendet hätte. Anstatt sich Gedanken über die Aufrichtigkeit *Rákóczys* und vor allem *Bercsényis* zu machen, waren *Stepney* und *Rechteren* nach Wien geeilt und hatten den Kaiser in einer Audienz bedrängt, den Waffenstillstand zu verlängern. Aber *Joseph I.* ließ sich durch den neuerlichen Bluff *Rákóczys* nicht beirren und wies den Vorschlag der Vermittler ab. Die grenzenlose Einfalt *George Stepneys* und *Rechterens* hatte darin bestanden, daß sie weder merkten, daß sich *Rákóczy* längst den Franzosen in die Arme geworfen hatte und daß *Desalleurs* bei allen Geheimgesprächen zwischen dem Fürsten und seinen Ratgebern und Generälen dabei war. Alle wußten und merkten es, nur sie nicht, weil sie sich von den Schmeicheleien der Rebellen hatten täuschen lassen.

Kämpfe um Gran, im Grenzraum und das Blutbad von Zistersdorf

Indessen hatten die Kämpfe wieder begonnen. Am 1. August brach *Rákóczy* von Neuhäusl auf und stand am 4. vor Gran. Von Párkány aus wurde die Stadt durch seine Geschütze, über den Strom hinweg, unter Beschuß genommen. Nach sechs Tagen Kannonade, am 10. August, war eine Bresche in die Mauern geschossen, und am 11. erfolgte der erste Sturm der Kuruzzen. Er wurde zwar abgeschlagen, aber schon am 12. August mußten sich die Verteidiger in die Burg zurückziehen. Die Mauern der Burg trotzten bis zum 21. August dem Geschützfeuer, wiesen aber bereits Schäden auf. Ein Sturm auf die Burg brach im Abwehrfeuer zusammen. *Rákoczy* befahl, einen Gang in das Gestein zu treiben und Minen zu legen. Aber die Arbeiten schritten nur langsam voran. Als der Gang endlich tief genug war, ließ der Kommandant der Burg, Oberst *Kuckländer*, einen Ausfall machen und die Mineure vertreiben. Ein Gegenstoß der Kuruzzen zwang allerdings die Verteidiger zum Rückzug in die Burg, und *Rákoczy* bekam Nachricht, daß Graf *Starhemberg* bereits in Komorn stehe und Gran entsetzen wolle. Weiters erfuhr er, daß Feldmarschall *Rabutin* in Ostungarn eingerückt sei und sich am Marsche nach Kaschau befand. Diese Stadt durfte er nicht *Rabutin* preisgeben, weil von ihrem Besitz die Beherrschung Oberungarns abhing. Er mußte Kaschau daher verstärken. Ehe er aber von Gran abzog, versuchte er es mit einer List. Er teilte *Kuckländer* mit, daß die Minen fertig seien und daß die Burg gesprengt werde, wenn er sich nicht ergebe. *Kuckländer* fiel auf die Täuschung herein und kapitulierte am 12. September. Gran war gefallen! *Rákoczy* ernannte den Franzosen, Oberst *Bonafoux* zum Kommandanten, befahl *Anton Esterházy* gegenüber der Stadt mit 2 Regimentern stehen zu bleiben und rückte mit dem Rest seiner Armee in Richtung Kaschau ab. *Esterházy* sollte die Verproviantierung der Festung besorgen, damit diese *Starhemberg* widerstehen könne. *Bezerédy* erhielt den Befehl, sich mit *Bottyán* zu vereinigen und *Starhemberg* zu beobachten und an der Rückeroberung Grans zu hindern. Graf *Forgács* aber hatte er befohlen, die Festung Preßburg zu überrumpeln und im Handstreich zu nehmen. Dies deshalb, weil ihm ein französischer Offizier, *Rivière,* der auf der Burg gefangengehalten worden war, ausgetauscht und *Rákoczy* erzählt hatte, daß die Burg, seit die Krone nach Wien gebracht worden war, nur eine kleine Besatzung habe. An der Seite zur Donau befinde sich ein kleiner Einlaß, der kaum bewacht werde. Er selbst kenne sich in der Burg gut aus und könne eine Mannschaft zu diesem Einlaß und in die Burg führen. Sollte der Handstreich nicht gelingen, so könnte man wenigstens die großen Vorratshäuser an der Donau anzünden. Mit einem eigenhändig ausgefertigten Befehl hatte *Rákoczy Forgács* angewiesen, was er zu tun hatte. Er sollte einen Umweg machen und so tun, als ob er in Mähren einfallen würde. Nachts aber sollte dann der Handstreich durchgeführt werden. Mit Preßburg und Gran hätte *Rákoczy* die Donau an zwei Stellen sperren können. Es kam aber anders als er es sich erhofft hatte.

Rákoczy war erst zwei Tage marschiert, als er von *Anton Esterházy* die Nachricht erhielt, daß *Starhemberg* die Schanzen bei Karva im Sturme genommen habe und auf Gran vorrücke. Diese Nachricht bewog ihn, sogleich mit seiner Leibgarde umzukehren, um die Verteidigung der Stadt voranzutreiben. Während er noch damit beschäftigt war, erreichte *Starhemberg* bereits die Stadt, was *Rákoczy* veranlaßte, sofort mit seiner Leibgarde davonzureiten und seiner weitermarschierenden Armee nachzueilen.

Zugleich mit den Kuruzzen hatten auch die kaiserlichen Truppen ihre Operationen begonnen. *Pálffy* übersetzte die Donau und vertrieb die Oberste *Balogh* und *Thuróczy* aus der Schütt. Er hatte ihre Schanzen erobert, 500

Kuruzzen niedergemacht und 2 Kanonen erbeutet. *Starhemberg* selbst hatte seinen Troß in Hedervár (Heidenreichsthurn) gelassen, eroberte Kapuvár und vertrieb die Scharen Andrassys aus dem Gebiet zwischen Raab und Rabnitz. Nach dem Fall der Karvaer Schanzen, die nach ihrer Lage und Stärke einer Festung geglichen hatten, stand *Starhemberg* schon am 28. September am Thomasberge. Er ließ seine Artillerie in Stellung gehen und sofort mit der Beschießung von Gran beginnen. Am 9. Oktober hatte er bereits Breschen geschossen und trat zum Sturme an. Aber *Bonafoux* war in Schwierigkeiten, denn seine Deutschen und Ungarn richteten innerhalb der Befestigungsanlagen gegeneinander die Waffen, weil abgrundtiefer Haß beide Seiten entzweite, worauf er kapitulierte. 300 Deutsche gingen sofort zu *Starhemberg* über und traten wieder in kaiserlichen Dienst. Sie hatten nach Kuckländers unnötiger Kapitulation zwangsläufig die Partei gewechselt. 50 Kanonen, die gesamten Lebensmittel- und Munitionsvorräte, die *Anton Esterházy* aufgebracht hatte sowie alle leichten Waffen, Fahnen, Pauken und Troß fielen mit der Kriegskasse *Starhemberg* in die Hände. Unter den Lebensmitteln befanden sich noch 1.000 Säcke Mehl, sodaß die neue kaiserliche Besatzung gleich für einige Zeit mit dem Nötigsten versehen war. Die rasche Rückeroberung Grans, eines sehr wichtigen strategischen Platzes, der den Donauverkehr beherrschte, löste in Wien ebenso großen Jubel aus, wie beim Fall der Festung und Stadt am 12. September Unbehagen verursacht worden war. Nichteinmal ein Monat hatte *Rákoczy* Gran besessen und *Bonafoux*, der von den Ungarn als Feigling hingestellt wurde, konnte sich darauf berufen, daß auch *Rákoczy* mit seiner Leibgarde beim Anrücken *Starhembergs* seinem in Richtung Kaschau ziehenden Korps nachgeeilt war, anstatt ihm zu helfen, Gran zu behaupten.

Indessen kam es, außer kleineren Scharmützeln an der steirischen Grenze, zu einem Einfall der Kuruzzen bei Kirchschlag, wobei das Dorf Lembach überfallen und 28 Häuser in diesem abgebrannt wurden. Ein größerer Schaden war der Oststeiermark durch den Zug *Pálffys* entstanden, der mit 9.000 Mann zweimal auf steiermärkischem Gebiet genächtigt hatte. Dabei hatten seine Kroaten, trotz der rechtzeitigen Flucht der eigenen Bevölkerung, erhebliche Schäden angerichtet. Besonders hatte die Herrschaft Kirchschlag gelitten, die *Pálffys* Bruder *Nikolaus* gehört hatte.

Am 1. September aber hatten 2.000 − 3.000 Kuruzzenreiter unter *Bezerédy* die Linienanlagen zwischen Ödenburg und Forchtenstein, das heißt, das „Verhäck" durchbrochen und verwüsteten das Gebiet bis in die Gegend von Baden. Am nächsten Tag, dem 2. September, zogen sie wieder, Richtung Wiener Neustadt, zurück, wobei sie Leobersdorf und Lichtenwörth heimsuchten. Am 2. Oktober brach eine Streifschar von 700 − 800 Mann wieder bei Kirchschlag über die Grenze, sie verwüsteten die Schanzanlagen, zerschlugen die Verhaue und füllten die Gräben wieder mit Erde an. Sie fielen über die schlecht ausgerüsteten Leute unter Hauptmann *Nikolaus de Chaus* her, die an den Verteidigungsanlagen arbeiteten. Von den 176 Männern wurden zehn erschlagen, zwei starben später und sieben wurden verschleppt. Die Wachmannschaft des Hauptmannes tötete 10 Leutnants und 10 andere Kuruzzen und verwundeten weitere 15. Die Streifschar rekrutierte sich aus Bauern, die aus Dörfl, Frankenau, Güns, Ober- und Unterloisdorf, Mitter-, Ober- und Unterpullendorf und Steinberg stammten. Am 2. November trieben die Kuruzzen aus Wandorf 180 Rinder weg, und am 5. gaben sie sich bei Rohrbach als kaiserliche Husaren aus und raubten einiges Vieh. Graf *Simon Forgács*, der von *Rákoczy* persönlich den Befehl erhalten hatte, die Festung Preßburg im Handstreich zu erobern, war mit seinen Streitkräften in Bösing stehengeblieben, trieb aus den Dörfern Brandschatzungen ein und erlaubte den Preßburgern, gegen ein Lösegeld, die Weinlese einzubringen. Er dachte gar nicht daran, dem persönlichen Befehl *Rákoczys* zu entsprechen. Aber schon vor der Lesezeit ließ er am 3. September einen Streifzug über die March unternehmen und überfiel mit etwa 6.000 Mann Dürnkrut, wo es zu verlustreichen Kämpfen kam. Teile dieses Korps streiften bis Zistersdorf, und am Rückweg wurde die Gemeinde Eichhorn von den Kuruzzen zum dritten Mal niedergebrannt. 300 Mann versuchten das Schloß Ebenthal zu erstürmen, wurden aber von der Besatzung dreimal zurückgeschlagen. Waidendorf ging bei diesem Einfall ebenfalls in Flammen auf. In Jedenspeigen wurde das Schloß behauptet, der Ort aber wurde verheert. Das hart umkämpfte Schloß Dürnkrut konnte Oberst *Bartl* mit 6 Kompagnien halten, der Markt wurde aber geplündert und angezündet. Am 5. Oktober erfolgte ein Einfall in den Raum Marchegg, und am 6. Oktober wurde Gänserndorf heimgesucht.

Am Nachmittag des 16. Oktober rückten *Forgács* und *Ocskay* mit (die Angaben schwanken zwischen) 6.000 − 12.000 Mann vor Zistersdorf und begannen die Stadt zu umzingeln. Oberst *Bartl*, der sich mit fünf Kompagnien am Nordostende der Stadt befunden hatte, ritt mit diesen jetzt nicht in die Stadt, sondern in Richtung Windisch-Baumgarten. Dort stand Rittmeister *Lohner* mit der Kompagnie *Richter*. *Bartl* befahl nun *Lohner*, in die Stadt zu eilen und das Kommando über die dort stehende Kompagnie Wiederhold zu übernehmen. Rittmeister *Lohner* eilte allein in die Stadt und übernahm den Befehl über alle Verteidiger. Indessen wurde Zistersdorf eingeschlossen. *Lohner*, 1 Leutnant und 2 Fähnriche organisierten eilends die Abwehr. Es standen ihnen 150 Kürassiere des Regimentes Bartl, 100 Landständische Dragoner, 300 Bürger und 200−300 Flüchtlinge aus der Umgebung zur Verfügung. Zistersdorf wurde von einer 1 m dicken Stadtmauer umgeben, die innen 9 m und außen, je nach Tiefe des 25 m breiten Stadtgrabens 14−18 m hoch war. Durch Schießscharten an der Mauerkrone und in Mannshöhe konnte die Mauer in zwei Schützenketten verteidigt werden. Die vier Ecken der Stadtmauer wurden durch Türme verstärkt. Bei zwei dieser Türme befanden sich die Stadttore. Der dritte, der Nordturm, enthielt das Pulvermagazin. Er war besonders mächtig und konnte größere und zwölf kleinere Geschütze aufnehmen. Der vierte Turm war zugleich die Südwestecke des

Schlosses. Bei der heutigen Apotheke, dem ehemaligen Armenhaus, ragten tschardakenähnliche Blockhäuser empor, die Raum für sechs Schützen boten. Beide Stadttore waren massiv gebaut. Eines davon, das obere, war mit einer Zugbrücke versehen, die die Brücke über den 25 m breiten und 10 m tiefen Stadtgraben unterbrach. Die Vorstädte und der Alte Markt waren, weil sie außerhalb der Mauern lagen, von vornherein aufgegeben worden. Eilig begann man unter der Führung des Bürgermeisters *Johann Aegid Mundt* und der Ratsherren jene Häuser abzudecken, die an die Stadtmauer angebaut waren. Wasser wurde bereitgestellt, um beginnende Brände löschen zu können, und die Truppen wurden so verteilt, daß an beiden Stadttoren die Kürassiere, rechts und links davon die Landständischen Dragoner und die Bürger und wehrfähigen Flüchtlinge an den Schießscharten der Stadtmauer postiert waren. Die feindliche Übermacht, die Zistersdorf eingeschlossen hatte, betrug 9.000 Mann. *Forgács* hatte zwei Kanonen und vier Mörser mit und begann am 17. Oktober, einem Sonntag, mit der Beschießung der Stadt. Vom frühen Morgen an bis 1 Uhr nachmittags dauerte das Bombardement. Zu dieser Zeit waren in der Stadt bereits Brände ausgebrochen. Das Haus des Schulmeisters war in Flammen aufgegangen und, durch den Wind begünstigt, brannte bald eine ganze Häuserzeile. Besonders heftig war beim untersten Tor gekämpft worden, wo die Kürassiere und Bürger tapferen Widerstand leisteten. Gegen Mittag mußte das Tor aufgegeben werden, weil hinter ihnen die Häuser brannten und sie wegen der Hitze und des beißenden Qualms nicht imstande waren, an ihren Schießscharten auszuharren. Außerdem waren die Schießscharten auch von außenher ständig unter Gewehrfeuer gehalten worden. Im Schutze der brennenden Häuser bzw. des Qualmes war es dem Fußvolk *Forgács'* möglich, ungehindert an die Stadtmauer heranzukommen, in diese mit Krampen ein Loch zu brechen und innerhalb der Mauer an das Tor heranzukommen, die Hindernisse wegzuräumen und das Tor zu öffnen. Feuer und Qualm hatten nur die Verteidiger vertrieben, dem Feinde draußen aber nicht geschadet, der unbemerkt seine Arbeiten verrichten konnte, die vom Tosen des Feuers und Bersten der Dächer überdröhnt wurden. Plötzlich stand somit der Feind in der Stadt, und die 275 Verteidiger, die sich den Kuruzzen entgegenstemmten, mußten sich in das Schloß und das Franziskanerkloster (heute Kirche und Pfarrhof) zurückziehen. Männer und Frauen flohen aus den brennenden Häusern und versammelten sich auf dem Marktplatz. Pater *Tiburtius Posch* stellte sich den Rebellen mit einem großen Kruzifix entgegen und bat um das Leben der Wehrlosen. *Ocskay* versprach dem Pater, sie zu schonen, wenn sie alles was sie an Wertsachen hätten, hergeben würden. Nachdem das nicht sehr viel war, wurde auch das schon in Brand geratene Kloster geplündert. Nun ging das Stehlen, Rauben und Wüten an, und selbst im Spital wurden die Kranken und Alten beraubt und erschlagen. Hierauf gab *Forgács* den Befehl zum Angriff auf das Schloß. Rittmeister *Lohner* hatte noch versucht durch Wagen die Zugänge zu versperren. Aber es war schon zu spät. In das Schloß konnte er nicht mehr, weil seine Leute die Zugbrücke auf-

gezogen hatten, weshalb er sich mit dem Pfarrer und Verwalter in den weit-
verästelten Kellergewölben am Schloßplatz versteckte. Im allgemeinen Wirbel erkletterten die Kuruzzen immer wieder die aufgezogene Zugbrücke und
obwohl sie dreimal hinabgestoßen worden waren, gelang es doch einem von
ihnen das Brückenseil durchzuschlagen. Die Zugbrücke fiel hinab, und die
Kuruzzen sprengten mit dem Geschrei: „Friede! Friede!" in das Schloß.
Hierauf stellten die Führerlosen den Widerstand ein, und es fiel kein Schuß
mehr. Noch wagten es die Kuruzzen aber nicht, in den inneren Schloßhof
einzudringen, wo sich alle Kürassiere und Dragoner versammelt hatten, die
die Kämpfe überlebten. *Forgács* versprach ihnen Pardon, wenn sie sich ergeben und Waffen, Pferde und Wertsachen ausliefern. *Ocskay* ließ alle Bewaffneten zusammentrommeln und entwaffnen. Doch als die Kaiserlichen ihre
Waffen abgelegt hatten, wurde das Schloßtor zum inneren Hof weit aufge-
macht, und die Kuruzzen stürmten in großer Zahl auf den Platz und ermordeten die Wehrlosen brutal. Nach dem Blutbad im Schloßhof ließ *Forgács* ein
Zeichen geben, auf welches die anderen Kuruzzen am Marktplatz und
Schloßplatz gewartet zu haben schienen. Nun setzte unter den auf diesen
Plätzen zusammengetriebenen Hilflosen, unter Frauen, Mädchen, Kindern
und Alten ein entsetzliches Blutbad ein. Danach ließ *Forgács* 150 Dragoner,
Bürger und Kürassiere, die sich in der Stadt ergeben hatten, aus der Stadt hinaus in sein Lager führen, wo auch diese wehrlosen Gefangenen brutal abge-
schlachtet wurden. Nur wenige Offiziere und Bürger blieben am Leben. Für
diese hoffte *Forgács* Lösegeld erpressen zu können. Die im Lager inzwischen
zusammengetriebenen 400 Frauen und Kinder, die meisten aus den Vorstädten, blieben, dank der Bitten des Quardians der Franziskaner, am Leben.
Fast alle der Frauen und Mädchen waren mehrfach geschändet worden.
  Als die blutrünstigen Horden ihre Zelte abbrachen und den Rückmarsch
antraten, war die Stadt Zistersdorf samt Kloster, Kirche und Schloß verwüstet. Die Verluste der Verteidiger waren hoch. In den Stadtmatriken sind 211
Tote ausgewiesen, dazu kommen die 86 Toten der Landständischen Dragoner, die im Schloß ermordet wurden und die 150 im Lager ermordeten Gefangenen. Glaubhafte Schätzungen hingegen berichten von 600 Toten, weil
außer den Genannten noch viele Frauen, Kinder und Alte umgebracht worden waren. Andere Schätzungen sprechen von 900 Toten. Die Kuruzzen sollen 300 − 400 Mann verloren haben.
  Oberst *Bartl*, der mit seinen fünf Kompagnien nach Windisch-Baumgarten auswich und dort auch noch die Kompagnie Richter unter sein Kommando nahm, hatte zwar nur eine Kompagnie Kürassiere in der Stadt verloren und sein Regiment vor einem zahlenmäßig überlegenen Feind gerettet,
dafür aber mit großer Wahrscheinlichkeit die Stadt Zistersdorf dem Untergange preisgegeben. Er versuchte später alle Schuld auf Rittmeister *Lohner*
abzuwälzen, aber beim Kriegsgericht traten der Bürgermeister, der Pfarrer
und Verwalter für Lohner ein und stellten ihm ein gutes Zeugnis aus. *Bartl*
hatte vom Hofkriegsrat zwar freie Hand für seine Unternehmungen, aber ei-

nen Entsatz der Stadt, den er, wie er behauptete, vorgehabt habe, hätte er gegen einen so übermächtigen Feind nicht riskieren können. Eher hätte er das Schloß, wenn schon nicht die Stadt, halten können. Das Blutbad von Zistersdorf rief in ganz Österreich Abscheu und den Ruf nach Vergeltung hervor. Selbst *Rákoczy* beschloß, sich Graf *Forgács* zu entledigen, denn dieser hatte auch seinen persönlichen Befehl zum Angriff auf Preßburg mißachtet und hatte, anstatt den Versuch zu unternehmen mit Hilfe *Rivieres* die Festung zu überrumpeln, von Bösing aus von der ganzen Umgebung Brandsteuern eingetrieben und den Preßburgern gegen die Bezahlung eines „Lesegeldes" gestattet, unbehindert die Weinlese einzubringen. Hierauf hatte *Forgács* seinen Einfall in das Marchfeld unternommen und in Zistersdorf gewütet. Als er nun von seinem Raubzug zurückkam, wurde er zu *Rákoczy* beordert, von der Leibwache des Fürsten verhaftet und gefangengesetzt. *Forgács* wurde vorgeworfen, *Rákoczys* Pläne durchkreuzt und durch die Unterlassung des Angriffes auf Preßburg *Starhemberg* nicht gehindert zu haben, Gran zurückzuerobern.

Rabutins Marsch nach Kaschau und Ofen

Feldmarschall *Rabutin* brach am 25. Juli, einen Tag nach Ablauf des Waffenstillstandes aus der Umgebung von Klausenberg auf, konnte aber nur für einige Tage Lebensmittel mit sich führen. Er marschierte über Hunyad im Tal der schwarzen Körös nach Großwardein, wo er am 12. August eintraf. Während des Marsches hatten die Rebellen, die 8.000 Mann stark unter *Károly* zwischen Großwardein und der Maros standen, seinen Troß mehrere Male angegriffen, konnten ihm aber keinen großen Schaden zufügen. *Rabutin* ließ vom Felde weg das Getreide dreschen und versorgte so Großwardein für 14 Monate. Am 13. August war *Rabutin* zum Abmarsch nach Szolnok bereit, mußte aber einen Umweg über Csongrád nehmen, weil die Kuruzzen sich zwischen ihn und Feldzeugmeister *Nehem* stellten, der von Süden her zu ihm stoßen sollte.

Am 22. August traf *Rabutin* in der Nähe von Szegedin ein, wo er sich einige Zeit später mit *Nehem* und *Löffelholz* vereinigte. Diese führten ihm 4.000 Serben (Raitzen), einige hundert deutsche Reiter, Munition und eine komplette Kriegsbrücke zu. In Szegedin fand *Rabutin* aber anstatt der versprochenen 20.000 Zentner Mehl nur mehr 2.800 vor. Den überwiegenden Teil hatte man für andere Zwecke verbraucht. *Rabutin* mußte seine Armee daher zwangsläufig mit dem versorgen, was im Lande aufzutreiben war und beorderte die Serben zur Requirierung von Lebensmitteln für die reguläre Armee. *Károly* hatte wieder den Befehl erhalten, alle Städte, Dörfer und Mühlen auf dem Wege der Armee zu zerstören, um *Rabutin* durch die Wegnahme von Unterkünften und Lebensmitteln kampflos zum Rückzug zwingen zu können. *Károly* zog sich, vor *Rabutin* alles verwüstend, gegen Szolnok zurück, ließ Debrezin anzünden und zwang dessen Bevölkerung, mit ihren Vorräten und Herden zu flüchten. Auch Szolnok steckten die Rebellen in Brand. *Rabutin* kam so auf seinem Marsche an zerstörten und menschenleeren Siedlungen vorbei. Am 4. September erreichte er Szolnok, ließ den Ort durch seine Truppen innerhalb von 5 Tagen wieder einigermaßen instandsetzen, verschanzte ihn und ließ unter dem Kommando von Obristwachtmeister *Degano* 500 Mann zu Fuß und 200 berittene Raizen als Besatzung zurück und versorgte sie für mehrere Wochen mit Munition und Lebensmitteln. Nachdem *Rabutin* einige Zeit in Szolnok vergebens auf weitere Befehle aus Wien gewartet hatte, glaubte er, Feldmarschall *Guido Starhemberg* dadurch am besten zu unterstützen, wenn er sich nach Norden wende. Er hoffte, daß ihm *Károly* und *Bercsényi* folgen und sich doch einmal zu einer Schlacht herausfordern lassen würden.

Am 10. September verließ *Rabutin* Szolnok und marschierte entlang der Zagyva gegen Erlau. Da er das stark befestigte Erlau nicht belagern wollte, weil ihm das zu viel Zeit gekostet hätte, marschierte er weiter und besetzte Miskolcz. Von Miskolcz, das *Rabutin* in Brand stecken ließ, um die Rebellen von der Verwüstung ihres eigenen Landes abzuhalten, zog sein Korps weiter gegen Kaschau. Durch Patente, die *Rabutin* in Miskolcz anschlagen ließ, teilte er den Rebellen mit, daß er es künftig mit jeder Stadt Oberungarns so machen werde, wenn sie nicht aufhören, ihr Land zu verbrennen. Seine Warnungen nützten nichts, denn *Károly* sollte Ungarns Dörfer und Städte zerstören, damit die kaiserliche Armee keine Lebensmittel für ihre Versorgung und keine Winterquartiere vorfinde. *Bercsényi* war zwar von der Waag mit seinen Scharen herbeigeeilt, um gemeinsam mit *Károly* den Marsch *Rabutins* nach Oberungarn zu verhindern, aber beide wagten es nicht, obwohl sie 12.000 Mann beisammen hatten, *Rabutin* in den Weg zu treten. Am Marsche nach Kaschau ließ *Rabutin*, um seinen Warnungen Nachdruck zu verleihen, auch die Stadt Szikszo einäschern und wieder seine Patente anschlagen. Die 4.000 Serben, die *Nehem Rabutin* bei Csongrád zugeführt hatte, erhielten auch hier den Auftrag, in der Gegend zu requirieren und die reguläre Armee mit Lebensmitteln zu versorgen. Sie streiften weit und erfüllten ihre Aufgabe, so daß die Verwüstung Oberungarns durch die Rebellen der kaiserlichen Armee bei weitem nicht jenen Schaden zufügte, den sich die Rebellenführer ausgemalt hatten.

In den letzten Septembertagen traf *Rabutin* vor Kaschau ein. Da die Stadt 4.000 Mann Besatzung hatte und über 40—50 Geschütze verfügte, wollte *Rabutin* die Stadt gar nicht belagern. Seine Offiziere aber meinten, daß er zumindest so tun solle, denn *Rákoczy* könne nicht wollen, daß dieser für ihn so wichtige Platz ihm verloren gehe, was die Rebellen veranlassen würde, der Stadt zu Hilfe zu kommen. So könne er sie vielleicht doch zu einer Schlacht verleiten. So ließ er Kaschau am 30. September einschließen und ab 1. Oktober beschießen. Tatsächlich vereinigten sich die Streitkräfte *Rákoczys*, der vor *Starhemberg* aus Gran geflüchtet war, mit denen *Bercsényis* und *Károlis* am 11. Oktober bei Torna, nicht weit von Kaschau. *Rabutin* selbst konnte keinen der drei Rebellenführer angreifen, weil die anderen zwei dann unweigerlich über sein Lager hergefallen wären. Am 1. Oktober waren die Laufgräben eröffnet und seine ganze Artillerie in Stellung gebracht worden. Am 10. Oktober hatte *Rabutin* schon fast seinen ganzen Munitionsvorrat verschossen, nur mehr 110 Bomben übrig, doch weder zeigte die starke Mauer eine Bresche, noch war es in der Stadt, trotz des schweren Feuers, zu Aufständen gekommen. Da es auch die vereinigten Haufen der drei Rebellenführer nicht wagten, *Rabutin* anzugreifen, brach er die vorgetäuschte Belagerung ab und marschierte weg. Er nahm seinen Weg an der Theiß gegen Tokaj, in ein Gebiet, wo er noch Lebensmittel finden würde und wollte von Tokaj, längs der Theiß und Maros nach Siebenbürgen zurückkehren. Im Lager vor Kaschau waren auch Krankheiten in Rabutins Korps ausgebrochen, und er mußte auch deshalb daran denken, bald in Winterquartiere zu kommen. Hatte *Károly* vorher noch die Gegend an der oberen Theiß verschont, so trachtete er nun im Verein mit *Bercsényi* und *Rákoczy* auch dieses Gebiet zu verheeren. Wenn auch die berittenen Serben ihre Aufgaben weitgehend erfüllten, so hatte doch nach und nach die Armee mit erheblichen Versorgungsschwierigkeiten zu kämpfen, und abgekochte Getreidekörner wurden bald zur Hauptnahrung der Truppen. Endlich hatten die Serben auf der Fourage einige „glückliche recontren" gehabt. Hatte *Károly* nur damit gerechnet, mit den streifenden Raitzen in Scharmützel verwickelt zu werden und auf sonst nichts geachtet, so wurde ihm eine böse Überraschung zuteil. Oberst *Tige* war es mit 1.000 deutschen Reitern und serbischer Reiterei gelungen, *Károly* zu überrumpeln. Eine kleine Schar war vor sein Lager geritten und tat als ob sie Reißaus nehmen würde, als sie der Kuruzzen ansichtig wurde. Sofort wurden die Serben verfolgt, und in diesem Augenblick überfiel Oberst *Tige* das Lager und hauste fürchterlich. 500 Kuruzzen blieben tot am Platze, hunderte flohen verwundet oder ergaben sich, und selbst *Károly* entging mit Mühe der Gefangenschaft. Er konnte sich mit seiner Leibgarde über die Theiß retten und verbrannte hinter sich die Brücke. Fünf Rebellenregimenter waren versprengt worden, 16 Fahnen und der gesamte Troß wurden erbeutet. Der Überfall hatte zwischen Tokay und Keresztur stattgefunden. Gefangene verrieten, wo *Károly* die Flöße versteckt hatte. Es waren soviele, daß zwei Brücken über die Theiß geschlagen werden konnten, an der *Károly, Rákoczys* Brandfackel, indessen sein teuflisches Zerstörungswerk fortsetzte. Am 25. Oktober waren die Brücken fertig, und die Armee konnte die Theiß überqueren. Am linken Ufer der Theiß weitermarschierend, erreichte *Rabutin* am 1. November Tisza-Füred. Von dort wandte sich das Korps gegen Szolnok, das am 1. November ohne Gefechtsberührung mit dem heimtückischen Feind erreicht wurde. In Szolnok fand *Rabutin* jenen Befehl vor, auf den er vor seinem Marsche nach Oberungarn solange gewartet hatte. Er war vom 5. September! Nach diesem Befehl hätte *Rabutin* nur Szolnok nehmen und hierauf nach Ofen marschieren, sich dort mit *Starhemberg* vereinigen und mit diesem gemeinsam in Oberungarn einmarschieren sollen. In Wien hatte man monatelang von *Rabutin* nichts gehört. Nur gerüchteweise erfuhr man von seinem Zug nach Norden. Feldmarschall *Starhemberg* hatte nach der Rückeroberung von Gran nicht mehr viel unternehmen können, weil er zuwenig Truppen hatte. Kreise, die *Rabutin* abgeneigt waren, gaben diesem daher alle Schuld, daß keine größeren Erfolge gemacht worden waren und behaupteten, er habe sich *Starhemberg* nicht unterordnen wollen. Daß es sich tatsächlich anders verhalten hat, haben wir aus dem Ablauf der Ereignisse gesehen.

In einem Kriegsrat bei Fürst *Salm* wurde eine neue Order für *Rabutin* erstellt: Er sollte sofort mit seinen Truppen nach Ofen aufbrechen, Szolnok beim Durchmarsch räumen, einreißen und dessen Besatzung mit sich nehmen, Szegedin, Großwardein und Arad aber verstärken und Oberst *Tige* mit 3.000 Reitern nach Hermannstadt mit dem Auftrage entsenden, Siebenbürgen bis zu einem neuerlichen Kriegszug, so gut es ginge, zu behaupten. *Rabutin* sollte Gelegenheit erhalten, seine durch die vielen Märsche und Strapazen sehr mitgenommenen Truppen im Raume zwischen Donau und Plattensee in Quartiere zu legen, damit sie sich erholen, aufgefüllt und mit Waffen, Munition, Uniformen und Pferden neu versehen werden könnten. Zwei Kuriere wurden auf zwei verschiedenen Wegen zu *Rabutin* mit dieser Order abgefertigt. Obristwachtmeister *Petrasch* sollte über Szegedin und Arad gehen, während Obristwachtmeister *Wildenhain* einen Umweg über Krakau machen sollte. In diesem Befehle wurde *Rabutin* aber auch mitgeteilt, daß der Kaiser über sein langes Schweigen ungehalten sei.

Nur einer der Hofkriegsräte hatte die wahren Ursachen von *Rabutins* Aktion erkannt und an *Prinz Eugen* geschrieben. Es war *Thiel,* der sagte: „Er (Rabutin) solle allenthalben Unrecht haben und schuld tragen bey all seiner Eissersten noth und Erlittenen Verlassung . . .“

Aber auch diese Order des Hofkriegsrates kam nicht so bald zur Durchführung wie man gehofft hatte. *Petrasch* traf *Rabutin* nicht mehr in Szolnok an. *Rabutin* war Ende November nach Debrezin marschiert, denn er hoffte, dort die „auf die Eusserste Extremität ansteigende Noth seines Unterhabenden Corpo“ zu mildern und bessere Unterkünfte und Verpflegung zu finden. Dann wollte er nach Siebenbürgen zurück, um den Besitz des Fürstentums zu sichern. *Rabutin* war schon drei Tage marschiert und stand bereits in Berettyó-Ujfalu (südlich von Debrezin), als ihn der kaiserliche Befehl erreichte. Er entsandte sogleich den Oberst *Tige* mit 3.000 Reitern nach Siebenbürgen und wandte sich selbst gegen Szolnok. Er zerstörte es, ließ die schweren Geschütze auf Flöße verladen und nach Szegedin schaffen und trat den Marsch nach Pest an. Am 21. Jänner 1607 traf *Rabutin* dort ein, fand aber nur wenig an Vorräten vor. Zu all dem kam noch, daß die Donau wegen des strengen Winters vereist war. Hier bekam er einen neuerlichen Befehl, sich nach Ofen in Marsch zu setzen. Am 4. Februar traf er dort endlich ein.

Feldmarschall *Starhemberg*, der sich bereit erklärt hatte, *Rabutin* entgegenzureisen, war inzwischen von Wien abgegangen. Er sollte sich mit *Rabutin* wegen der Winterquartiere für die Truppen, ihrer Bedürfnisse und der künftigen Operationen beraten. Außerdem wollte *Guido Starhemberg* auch *Rabutin* versöhnen, der sehr gekränkt darüber war, daß man ihm die Schuld für die nichtausgeführten Unternehmungen des Herbstes, die Wien geplant hatte, zuschob. Graf *Starhemberg*, der dies wußte, aber nicht dieser Meinung war, bot sogar an, *Rabutin* das Oberkommando in Ungarn zu übertragen. Er bekam bei seiner Abreise aus Wien 50.000 Gulden, um die Truppen vorerst zu besolden.

Am 4. Feber brach *Starhemberg* mit 500 Dragonern von Raab auf und ritt Richtung Stuhlweißenburg. Am 8. Feber kam er endlich mit *Rabutin* in Bicse, vier Meilen vor Ofen, zusammen. *Starhemberg* traf die Truppen in einem ziemlich herabgekommenen Zustand an. Bei der Infanterie waren 800 – 900 Mann erkrankt, die Reiterregimenter waren auf 4.400 Mann und 2.413 Pferde zusammengeschmolzen, viele Soldaten waren bereits ohne Fußbekleidung, und viele hatten ihre Hemden für Fußfetzen opfern müssen, um sich nicht die Füße zu erfrieren. Beide Heerführer waren der Meinung, daß sich die so arg strapazierten Truppen vier Wochen erholen müßten. In dieser Zeit sollten sie alles was ihnen fehlte bekommen, und hernach wollte man wieder an weitere militärische Operationen denken. Hierauf reiste *Starhemberg* nach Wien zurück und berichtete dem Hofkriegsrat von der Unterredung mit *Rabutin* und dem Zustand seiner Armee. Die Beschlüsse der beiden Heerführer wurden gut geheißen. *Rabutin* war bei seinen Truppen zurückgeblieben und sorgte erst für deren Unterbringung. Sie erfolgte etwa auf der Linie Raab- Pápá- Veszprém- Zalaegerszeg. Das Hauptquartier lag bei Steinamanger. Kaum war dies angelaufen, als *Rabutin* den Befehl bekam, das Kommando einem anderen General zu übergeben und selbst nach Wien zu kommen, um über seinen Feldzug in Ost- und Oberungarn zu berichten und an den Beratungen für die weiteren Operationen teilzunehmen. *Rabutin* quartierte erst seine Truppen ein, errichtete das Hauptquartier und übergab hierauf Baron *Nehem* das Kommando. Er reiste über Ödenburg und traf am 20. März in Wien ein.

Vorbereitungen der Rebellen für Ónod und Rákoczys Thronbesteigung in Siebenbürgen

In einer Konferenz bei Fürst *Salm* wurde beschlossen, vorerst die Festung Leopoldstadt, die wieder von 12.000 Rebellen belagert wurde, zu entsetzen und mit Munition und Lebensmitteln zu versorgen. Feldmarschall *Starhemberg* übernahm diese Aufgabe. Am 29. März brach er mit 2.000 Reitern von

Preßburg auf und führte den Auftrag, wider Erwarten, zügig durch. Am 31. März kehrte *Starhemberg* nach Preßburg zurück.

Beim Hofkriegsrat beschäftigten sich indessen die Generäle mit dem neuen Feldzugsplan für 1707 und mit der Frage, auf welchem Wege man mit *Rákoczy* in Verbindung treten sollte, um den in seine Gefangenschaft geratenen General *Hanibal Heister* freizubekommen. *Heister* war in den ersten Novembertagen des Vorjahres im Egervárer Engpaß, am Marsche, von *Emmerich Bezerédy* und *Adam Balogh* mit 9.000 Mann überfallen worden. *Heister* und sein ganzes Korps waren dabei aufgerieben und gefangen worden. *Heister,* seine Offiziere und der Großteil seines Korps, das etwa 3.000 Mann zählte, war samt dem Troß verlorengegangen und *Heister* seither in Kriegsgefangenschaft.

Nachdem im einbrechenden Winter von 1706/07 die Waffen schwiegen, hatte *Rákoczy* seinen Staatsrat für 13. Dezember nach Rosenau einberufen. *Forgács,* der wegen seines Ungehorsams auf dem benachbarten Schlosse in Krasznahorka in Haft gehalten wurde, war in das Zipser Schloß und nach einem Fluchtversuch, den er mit Hilfe *Lubomirskys* unternommen hatte, auf die Burg Munkács gebracht worden. Er blieb dort, bis zum Ende des Kuruzenkrieges in *Rákoczys* Kerker. Seine Haft sollte andere von Befehlsverweigerungen abschrecken. Da aber die Gefangenhaltung des Grafen ohne gerichtliches Verfahren erfolgt war, befürchtete *Rákoczy,* daß andere aufsässig werden würden. Er erklärte daher seinem Staatsrate, daß *Forgács* schuld am Verlust von Gran sei und daß er ihn nur deshalb nicht vor das Kriegsgericht stelle, weil er verurteilt werden würde und dies Schande über seine Familie brächte. *Rákoczy* informierte seinen Staatsrat aber auch von den Verhandlungen mit Frankreich, die nach dem Abbruch der Friedensverhandlungen in Tyrnau fortgeführt worden waren. Obwohl *Rákoczy* und *Bercsényi* wußten, daß die Franzosen nicht nur *von Marlborough* in Flandern, sondern auch vor Turin von *Prinz Eugen* vernichtend geschlagen wurden, daß ihre Armee, die 80.000 Mann gezählt hatte, von 24.000 Kaiserlichen und 13.000 Savoyarden am 7. September aus Oberitalien verjagt und auf dem Kampfplatz 5.000 Tote, noch mehr Verwundete, 7.000 Gefangene, 200 Kanonen, 80.000 Zentner Pulver, riesige Munitionslager, ungeheure Vorratslager aller Art und die Pferde von 12 Dragonerregimentern zurückgelassen und *Ludwig XIV.* die Alliierten fast förmlich gebeten hatte, mit ihm Frieden zu schließen, redeten sie dem Staatsrate ein, den Krieg gegen den Kaiser fortzusetzen. Dabei hatten sie außer dem Erfolg gegen *Hanibal Heister* und den Einfällen in Ostösterreich und in die Steiermark, die auch nicht viel Beute gebracht hatten, weil immer wieder die gleichen Gegenden verheert wurden, nur Rückschläge zu verzeichnen gehabt. Auch in Spanien waren die Engländer und Portugiesen erfolgreich gewesen und hatten Madrid erobert, und der Kaiser war dadurch in eine noch überlegenere Position gekommen. Und dennoch weigerten sich die Rebellenführer einen vernünftigen Frieden zu suchen. Am 19. Oktober hatte *Rákoczy* schon von den Bemühungen *Ludwig XIV.* um einen Frieden

Kenntnis. In einem Schreiben mit diesem Datum wies *Rákoczy* Baron *Vetes* an, zu ergründen, ob Frankreich wirklich Frieden schließen wolle. Präsident *Roullier* behauptete Baron *Vetes* gegenüber, daß es seinem Könige gar nicht in den Sinn gekommen sei, mit den Alliierten zu verhandeln und schickte *Rákoczys* Brief nach Versailles. Am 25. November aber erhielt *Roullier* vom König ein Schreiben, in dem es hieß: „Nach siebenjährigem Kampfe ist es an der Zeit, an Beendigung desselben mehr zu denken, da ich den Krieg von meiner Seite aus Friedensliebe führte. Indem ich fortwährend trachte, den miesvergnügten Ungarn ungestörten Frieden, ihre alte Freiheit und ihre Vorrechte wieder zu verschaffen, befahl ich dem Marquis Desalleurs, den Fürsten Rákoczy in Kenntnis zu setzen, daß ich meinen Feinden Frieden angeboten habe. Aber aus ihrem Schreiben vom 16. des laufenden Monats ersehe ich, daß diese die Verhandlungen ablehnen. Ich glaube meine aufrichtige Liebe zum Frieden hinlänglich bewiesen zu haben. Als Frucht meines Verfahrens erwarte ich, ganz Europa werde zur Einsicht gelangen, daß nicht ich sondern meine Gegner an der Fortdauer des Krieges Schuld sind, dessen Lasten die Völker von Tag zu Tag schmerzlicher empfinden. Teilen Sie das dem Baron Vetes mit, damit er seine Landsleute und den Fürsten Rákoczy von meiner Aufrichtigkeit gegen sie versichern könne." Hierauf schrieb *Rákoczy* am 18. Dezember 1706 an *Ludwig XIV.*: „Das verbreitete Gerücht, daß Ew. Majestät Frieden zu schließen beabsichtigen, hat das Volk Ungarns erschreckt; aber gemäß der durch Herrn von Desalleurs mitgeteilten gnädigen Versicherung zweifle ich nicht, Ew. Majestät werde bewirken, daß meine Gesandten, als Gesandte des siebenbürgischen Fürsten, die man zugleich mit den Angelegenheiten Ungarns betrauen könnte, am allgemeinen Friedenskongresse teilnehmen werden."

Es war offenkundig geworden, daß *Ludwig XIV.* in einem Frieden Rettung vor noch schmerzlicherer Demütigung suchte. Seine Armeen waren in Flandern, Italien und Spanien geschlagen worden, und seine Gegner stellten jetzt Bedingungen, zu denen sie bereit waren Frieden zu schließen. *Rákoczy* und *Bercsényi* hätten jetzt endlich begreifen müssen, daß es gar nicht mehr von *Ludwig XIV.* abhänge, ob Gesandte des „Fürsten von Siebenbürgen" zum allgemeinen Friedenskongreß zugelassen werden würden oder nicht und daß der König auch nicht mehr durchsetzen könne, welchen Einfluß diese auf den Verlauf der Friedensverhandlungen zu erwirken vermöchten. „Und dennoch tat", wie selbst ein madjarosophiler Historiker schreibt, „*Rákoczy* in unbegreiflicher Verblendung trotz des eigenen Mißgeschicks im Kriege und der Warnungen seines Geschäftsträgers den Schritt, der nur nach gänzlicher Niederwerfung des Hauses Österreich zum Ziele führen konnte, im entgegengesetzten Falle aber ihn und Ungarn der Willkür des Kaisers preisgeben mußte. Er kündigte dem in Rosenau versammelten Staatsrate zuerst an, daß er im Frühling nach Siebenbürgen gehen werde, um den Fürstenstuhl in hergebrachter feierlicher Weise einzunehmen. Sodann legte er den Räten die Frage vor, ob es nicht geraten sei, daß Ungarn sich vom Hause

Österreich lossage und den Thron für erledigt erkläre, denn das sei die Bedingung, unter welcher der König von Frankreich mit ihm und den verbündeten Ständen ins Bündniß treten wolle und beim Friedenskongresse ihre Sache verfechten könne." Nach *Rákoczys* Bericht hielt der Staatsrat die Unabhängigkeitserklärung einstimmig für nötig, indem die Erfolglosigkeit der Verhandlungen in Tyrnau jedermann überzeugte, „daß wir auf einen Frieden, durch den die Rechte und Freiheiten Ungarns wiederhergestellt und verbürgt würden, nicht rechnen dürfen; daß die vermittelnden Mächte, wiewohl sie die Gerechtigkeit unserer Sache anerkennen, sich uns zulieb mit dem Kaiser nicht überwerfen werden; daß wir daher das tun müssen, wovon Frankreich den Abschluß eines Bündnisses mit uns abhängig macht. Ich gab zwar, fährt *Rákoczy* fort, dem Staatsrate zu bedenken, in welche Gefahren die Unabhängigkeitserklärung Ungarn stürzen, daß sie ihm bei einer unglücklichen Gestaltung der Dinge das Schicksal Böhmens zuziehen könne; aber es war leicht einzusehen, daß ein gemäßigteres Verfahren, wenn wir unterliegen sollten, uns nichts nützen, dagegen uns jedenfalls des Bündnisses mit Frankreich verlustig machen würde. Es kam daher zu dem Beschlusse, die Stände, deren Zustimmung zur Unabhängigkeitserklärung notwendig war, im Frühling nach Ónod zu berufen."

Das alles muß dem österreichischen oder deutschen Leser völlig unbegreiflich erscheinen. *Rákoczy* kündigte mit diesen Maßnahmen, der Besteigung des Fürstenstuhles in Siebenbürgen und der Lossagung von Österreich an, daß er die letzten Brücken zum Frieden selber abbrechen und den Krieg mit dem Kaiser auf Leben und Tod fortsetzen wolle. Das machte weitere organisatorische Maßnahmen erforderlich, die sofort beschlossen werden mußten. Sie betrafen vor allem den Unterhalt des Kuruzzenheeres, seine Besoldung, Versorgung und Bewaffnung. Da das von den Kuruzzen beherrschte Gebiet schon in Militärbezirke, Kapitänate, eingeteilt worden war, wurden jedem Oberkapitän ein Unterkapitän und ein Kommissar beigegeben und vor allem den Kommissaren die Aufbringung des Soldes, der Lebensmittel und Bekleidung der aus ihren Militärbezirken gestellten Kuruzzen aufgetragen. Da das Kupfergeld wertlos geworden war und man mit diesem im Auslande überhaupt nichts kaufen konnte, schlug *Bercsényi* vor, eine Steuer in Naturalien und Vieh auszuschreiben, welche in Schlesien und Mähren für gutes Geld verkauft werden sollten. *Bercsényis* Vorschlag wurde angenommen und den östlichen Gespanschaften diese Steuer auferlegt. Baron *Hellenbach*, *Rákoczys* Kammergraf, wurde mit dem Verkauf der Naturalienabgaben und der Zuweisung der erhaltenen Gelder an die Militärbezirke beauftragt. Hierauf wurden die Sitzungen des Staatsrates, der alles, was *Rákoczy* wollte, erfüllte, wegen der bevorstehenden Weihnachten vertagt, die *Rákoczy* in Kaschau feierte. Bei dieser Gelegenheit vertrieb er die Jesuiten aus der Stadt, obwohl sie beteuerten, sich von der österreichischen Ordensprovinz gelöst zu haben.

Am 18. Jänner hatte *Rákoczy* wieder den Staatsrat beisammen. Am 22. wurde ein Rundschreiben ausgefertigt, mit dem die Stände zum Generalkonvent nach Ónod geladen wurden. Dieser sollte am 1. Mai beginnen, „damit den verbündeten Ständen der Bericht über den Verlauf und Ausgang der Friedensverhandlungen unterbreitet und der Fortbestand des Bundes beraten werde." Am 3. Feber folgte ein weiteres Rundschreiben an die kroatischen und slowenischen Stände, mit dem diese aufgefordert wurden, sich noch vor dem Konvent mit den ungarischen Ständen zu verbünden, „damit sie, wenn das Reich ohne sie siege, nicht vom Genusse der Früchte des Sieges ausgeschlossen blieben".

Einen Vorschlag des Palatins Fürst *Paul Esterházy*, mehrere Artikel des 23 Punkte umfassenden Forderungspakets der Rebellen vom Vorjahr, die abgelehnt worden waren, nun doch noch positiv zu fassen, darunter die Garantie durch ausländische Mächte, wurde vom Kaiser als nicht zielführend verworfen. Der Palatin hatte gemeint, daß man auf diese Weise dem Konvent von Ónod den Wind aus den Segeln nehmen könnte, weil er schon gehört hatte, was *Rákoczy* beabsichtige. Kaiser *Joseph* erließ nun seinerseits am 12. April ein Manifest, in dem er aufzählte, was er selbst bereits zur Erlangung eines ehrlichen Friedens beigetragen habe, beschuldigte die Rebellenführer, daß sie den Aufstand aus Herrschsucht und Eigennutz schüren, Gold und Silber, öffentliche Bedürfnisse vortäuschend, zusammenraffen und ins Ausland verschicken. „Da sich voraussehen läßt, daß auch die von ihnen ausgeschriebene Versammlung sich gegen den König verschwören und das Volk, welches schon unendlich viel gelitten hat, in noch größere Übel verstricken würde, verbieten wir jedermann, bei der Versammlung zu erscheinen, erklären die dort gefaßten Beschlüsse im voraus für nichtig, und ermahnen unsere Getreuen zur Beständigkeit, die Aufständischen zur Umkehr, solange der Weg der Gnade noch offen steht; die Hartnäckigen aber werden wir mit den Waffen bekämpfen und über sie die auf Hochverrat gesetzte Strafe verhängen."

Als *Rabutin* mit der Armee aus Siebenbürgen nach Ost- und Oberungarn gezogen war, hatte er unter dem Kommando von *Glöckelsberg* nur geringe Kräfte im Land zurückgelassen, die auf die Festungen und Städte verteilt worden waren und diese besetzt hielten. Als *Rabutin* nun in Oberungarn stand, durchzog *Lorenz Pekry* mit seinen Scharen bald wieder das Land. Die offenen Städte, die keine Besatzungen hatten, öffneten ihm die Tore, und bald verfügte er wieder über einen gewissen Einfluß. Die kleineren Festungen Görgeny und Bethlen fielen ebenfalls in seine Hand. Stärkere kaiserliche Besatzungen lagen nur in Hermannstadt, Klausenburg, Kronstadt und in den Festungen Deva und Fogaras. Die Angehörigen des höheren Adels, die mit dem Kaiser sympathisierten, begaben sich in den Schutz der kaiserlichen Truppen, vor allem nach Hermannstadt und richteten sich dort für einen längeren Aufenthalt ein. *Pekry* beraubte ihre Güter, erklärte sie für eingezogen und trieb Raub und Erpressung in solchem Ausmaße, daß er bald selbst und ebenso die Sache, die er verfocht, verflucht wurden. Er belagerte Hermannstadt gerade, als Oberst *Tige* mit 2.000 Reitern die Hunyader Berge überstieg, *Daniel Józsika* bei Broos überraschte, angriff und vernichtend schlug und für

Pekry völlig unerwartet zum Entsatz von Hermannstadt anrückte. *Pekry* suchte mit seinem Haufen sofort das Weite und versuchte es nun in Klausenburg, denn er hoffte, daß ihn der ungarische Teil der Bevölkerung unterstützen würden. Als ihm aber der Kommandant ausrichten ließ, daß er es sich bequem machen möge, denn *Rabutin* stehe bereits an der Grenze, gab er auch hier sofort den Versuch auf, die Stadt zu bedrängen. Tatsächlich kam bald darauf Oberst *Tige* mit seinen Reitern, sprengte die Befestigungsanlagen und nahm die Besatzung mit sich. Er überließ Klausenburg *Pekry*, weil er mit seinen geringen Kräften nicht soviele Plätze halten konnte und beschränkte sich auf jenes strategische Konzept, das *Rabutin* entworfen und durchgehalten hatte. *Tige* wollte nur die allerwichtigsten Plätze behaupten, diese aber bis zum Entsatz durch *Rabutin*, der ihm versprochen hatte, sobald als möglich wieder mit Heeresmacht anzurücken. Am Rückmarsch von Klausenburg nach Hermannstadt wurde *Tige* von *Pekry* nachts bei Kocsárd überfallen. Es kam zu schweren Scharmützeln, in denen aber Oberst *Tiges* Truppen die Oberhand behielten.

Rákoczy, dem das Land nun wieder bis auf die besetzten Plätze und deren nähere Umgebung ausgeliefert war, schrieb für den 28. März den „Huldigungslandtag" nach Maros-Vásárhely aus. Am 1. April traf er mit seinen Haustruppen im Orte Banda ein, von wo aus er mit den von *Lorenz Pekry* ernannten Vertretern der Stände über die Thronbesteigung verhandelte. Am 5. April wurde *Michael Apafy* der Jüngere, der zugunsten des Kaisers auf den Thron verzichtet hatte, seines Thrones verlustig erklärt. Dann folgte die Absetzungserklärung Kaiser *Josephs* und die Genehmigung der „Capitulation Georg Rákoczys I.", die auch für ihn, *Franz Rákoczy*, gelten sollte. Nachdem die siebenbürgischen Rebellen auch das bei der Krönung der Könige von Ungarn übliche Gepränge bewilligt hatten, bestieg der „Erzrebell" in einem Zelte vor der Stadt, nachdem er die Wahlkapitulation beschworen hatte, den Thron. Hierauf wurden das Gerichts- und Verwaltungswesen neu organisiert und die Beschaffung der Geldmittel im Frieden und Krieg beraten. Der „Fürst von Siebenbürgen" drängte darauf, ein starkes Heer unter Waffen zu halten, aber die „Stände", wie sich auch in Siebenbürgen die Rebellen nannten, setzten sofort ein Gesetz durch, das es den Edelleuten freistellte, Untertanen, die ohne ihre Erlaubnis zu den Kuruzzen gegangen waren, nach Hause zu rufen. Mit diesem Gesetz wollten sie dem vorbeugen, daß sie einmal ein Fürst mit Hilfe ihrer eigenen Untertanen, seinem Diktat unterwerfen könne. Alle Bemühungen *Rákoczys*, dieses Gesetz nicht einzubringen, waren erfolglos, und er mußte es letztlich akzeptieren, um nicht das Mißtrauen der Siebenbürger zu wecken. Es kam, wie *Rákoczy* es befürchtet hatte, denn der Adel machte davon einen so weitgehenden Gebrauch, daß kraft dieses Gesetzes der Zerfall seiner siebenbürgischen Streitmacht einsetzte. Sogar die Szekler, die man für den Kriegsdienst bestimmt hatte, brauchten nicht einzurücken, wenn sie sich bereit erklärten, ihren „Vorgesetzten" die Felder zu bebauen. Die Rebellen *Pekrys* schlossen mit den Rebellen *Rákoczys* ein Bündnis und beschlossen *Michael Mikes, Simon Kemény, Franz Lásár* und *Martin Kolozsváry* als Vertreter zum Ónoder Landtag zu entsenden. *Michael Teleki* und *Michael Henter* aber wurden entsandt, um der Pforte zu melden, daß sich Siebenbürgen vom Hause Österreich losgesagt und *Rákoczy* den Fürstenstuhl bestiegen habe. Die Türken aber dachten gar nicht daran, das Krönungsspiel der Rebellen zu sanktionieren. Sie erteilten den beiden Vertretern keine Pässe, damit diese nach Konstantinopel hätten reisen können und schickten sie, nachdem man sie in Belgrad lange hatte warten lassen, wieder nach Hause.

Der blutige Landtag von Ónod

In Hermannstadt aber, wo die Magnatenfamilien Siebenbürgens im Schutze der kaiserlichen Waffen eine Wende abwarteten, erklärten die die wirklichen Stände repräsentierenden Häupter des siebenbürgischen Adels die Krönung *Rákoczys* für null und nichtig. *Rákoczy* hatte, trotz der für ihn schlechten politischen Lage in Europa den ersten Schritt zu seinem endgültigen Untergang getan. Der zweite für Ónod vorgesehene, sollte bald folgen. Die Einberufung dieses „blutigen Landtages" war zwar auf den 16. Mai verschoben worden, sollte aber dennoch den Terror *Rákoczys* und *Bercsényis* noch mehr verschärfen. Alles andere gehört zur Schlußphase dieser tragischen Ereignisse. Wir dürfen hier *Fiedler,* einem Ruster Historiker, folgen, der meinte, daß *Rákoczy* sein Revolutionswerk mit der Entthronung der herrschenden Dynastie und der Erklärung der Unabhängigkeit des Landes krönen wollte. Allerdings mußten erst die Voraussetzungen dafür geschaffen werden, seinen gegen die Aufhebung der staatsrechtlichen Verbindung mit Österreich sich sträubenden Anhang zu dem von *Bercsényi* gesteckten Ziele drängen zu können, das auch *Desalleurs,* trotz aller Antipathie gegen *Bercsényi,* für seinen König zu verfolgen suchte. *Desalleurs* hatte, wie ihm vom Präsidenten *Rouillier* aufgetragen, die Annahme der von *Rákoczy* mit soviel Bemühen angestrebten Allianz mit *Ludwig XIV.,* die die französische Politik nichts weniger als zu gewähren im Sinne hatte, als Schemen erscheinen lassen, welches den ehrsüchtigen Prätendenten von Schritt zu Schritt locken sollte. Endlich hatte der Geschäftsträger die Lossagung Ungarns von Österreich, die in der Absetzungserklärung Kaiser *Josephs* als König von Ungarn ihren Ausdruck finden sollte, als Preis für die Allianz mit Frankreich ausgesprochen. Die Unabhängigkeitserklärung mußte nun, koste es was es wolle, seinen in diesem Punkte nicht genug fügsamen Anhängern abgerungen werden. Zur Erreichung dieses Zieles sollte die nach Ónod einberufene Versammlung dienen, und ein ausgiebiger Einschüchterungsakt sollte nicht allein den gegenwärtigen Widerstand brechen, der schon wiederholt im eigenen Lager aufgeflammt war, sondern auch jeden zukünftigen für immer ersticken. Wegen Überschwemmungen hatte die Versammlung auf den 16. Mai vertagt und auf das Körömier Feld, im Zempliner Komitat, verlegt werden müssen. Die Nähe des Marktes Ónod gab ihr den Namen, unter welchem sie noch heute bekannt ist. Auf dem ebenen Gelände wurde ein Lager aufgeschlagen. In seiner Mitte erhob sich das „Reichszelt". Die Zelte der rebellischen Stände schlossen es in weitem Kreise ein. Um angeblich die Sitzungen der „konföderierten Stände" vor einem plötzlichen feindlichen Überfall zu schützen und zugleich als Vorbereitung zu einer Expedition gegen den kaiserlichen Generalfeldmarschall Graf *Rabutin* zu sichern, um ihm den neuerlichen Marsch nach Siebenbürgen zu verwehren, in der Tat aber um sich durch Furcht und nötigenfalls auch durch offene Gewalt zum Herrn und Meister der Versammlung zu machen, wurde ein Korps von 10.000 Mann vollkommen verläßlicher einheimischer Kriegsvölker und französischer Hilfstruppen um das Lager zusammengezogen.

Am 24. Mai, 5 Uhr nachmittags, hielt *Rákóczy* mit selten gesehener Pracht seinen Einzug ins Lager. Er wurde von einem langen Zuge von Kriegsobersten, Edlen und Ständen begleitet, die ihm entgegengezogen waren, um ihm ihre Glückwünsche zur erlangten Fürstenwürde von Siebenbürgen und zum Verlauf der anberaumten Versammlung darzubieten. Wegen des verspäteten Eintreffens der Abgeordneten aus den ihm ergebenen Komitaten konnte die erste Senatssitzung erst am 27. Mai erfolgen. Diese und die nachfolgenden Senats- sowie die drei ersten allgemeinen Sitzungen am 31. Mai, 1. und 4. Juni waren den Vorbereitungen und einigen weniger wichtigen Fragen gewidmet. In der vierten öffentlichen Sitzung am 6. Juni wurde endlich, aber früher als es in *Rákóczys* Absicht gelegen hatte, der kühne Wurf getan, welcher neben anderem auch darüber entscheiden sollte, ob er allein den in vollem Laufe dahinrollenden Wagen der Rebellion lenken solle oder sich noch länger einen unliebsamen Hemmschuh in Gestalt der sogenannten Reichsversammlung gefallen lassen müsse.

Rákóczy mußte auch diesesmal nicht vor einem verabredeten gemeinen Mord zurückschrecken, weil die Übernahme des Henkeramtes durch seinen Freund und Generalissimus, Graf *Nikolaus Bercsényi*, im Verein mit den drei *Illosway* ein sicheres Resultat versprach. Die Schändlichkeit des vorbereiteten Attentats sollte durch einen geheuchelten Ausbruch momentaner Entrüstung verhüllt werden.

Zu Opfern der revolutionären Justiz wurden zwei Männer auserkoren, die es gewagt hatten, die weitausgreifenden Pläne *Rákóczys* dadurch zu durchkreuzen, daß sie das Beglückende der Administration der Rebellenführer nicht in allen Dingen anzuerkennen vermochten und diese Überzeugung ihren Mitbürgern mitteilten. Der Vizegespan des Thuroczer Komitats, *Melchior Rakovsky*, hatte nämlich im Einverständnisse mit dem Gerichtstafel-Assessor desselben Komitats, *Christoph Okolicsanyi*, Schreiben abgefaßt, und beide hatten solche in den angrenzenden Komitaten verbreitet, worin diese aufgefordert wurden, sich zur Wahrung des öffentlichen Wohles zu vereinigen und die gemeinsamen Beschwerden gegen das Gouvernement der Häupter der Rebellion in der Versammlung zu Ónod zu verfassen.

Das blutige Ende dieses Landtages hat viele Erzähler gefunden. Weil aber diese immer nur das auf der Schaubühne der Öffentlichkeit abgelaufene Schreckensdrama zum Inhalt ihrer Erzählung machten und keinen Blick hinter die Kulissen tun konnten, oder wenn sie es taten, selbst einen madjarosophilen Vorhang vor das zogen, was ihr forschendes Auge gesehen hatte, mußten ihre Schilderungen im subjektiven Teil, nämlich in der Darstellung des vorsätzlichen Anschlages, den die Urheber und Ausführer an der Schuld hatten, nicht wahrheitsgetreu und mangelhaft bleiben, sofern sie nicht sogar die Glorifizierung des in ein gemeines Verbrechen ausgearteten Terrors versuchten.

Daß diese Schreiben an die Komitate zum Untergange ihres Verfassers und Verbreiters und durch den Anschlag auf *Rakovsky* und *Okolicsanyi* zum Hervorbringen des gewünschten Eindruckes auf die Versammlung benützt werden sollten, darüber waren sich die Rebellenführer einig. Nur über die Art der Durchführung war man nicht gleicher Meinung. *Rákoczy* wollte wenigstens durch eine Art prozessualischen Verfahrens den Schein des Rechtes retten. *Bercsényis* ungezügeltes Temperament hingegen war für eine blutige Lösung. Er setzte seinen Willen durch den Hinweis auf die Unmöglichkeit, die gerichtliche Verurteilung der „designierten Opfer" erwirken zu können, durch und erklärte sich zur Vollstreckung des von ihm ausgeheckten Anschlages mit soviel Emotion bereit, daß *Rákoczy* nicht wagte, ihm zu widersprechen. Kurz vor der Eröffnung der Sitzungen wurde auch Baron *Alexander Károly* in das Geheimnis eingeweiht, ohne ihm jedoch das Endziel, die Lossagung von Österreich, auf die *Rákoczy* und *Bercsényi* zusteuerten, zu verraten. Die französischen Offiziere wurden beeidet, alle erhaltenen Befehle, da sie nur das Beste für ihren König bezwecken, treu und pünktlich zu erfüllen.

Die weiteren Rollen wurden unter die anderen Teilnehmer am Konvent, die am Anschlag mitwirken sollten, folgendermaßen verteilt. Die drei *Ilosvay*, Onkel und Neffen, verpflichteten sich durch einen in *Rákoczys* Hände abgelegten Eid als Werkzeuge des Mordes zu dienen und wurden von ihm über die übernommenen Pflichten instruiert. *Rákoczy* selbst nahm es auf sich, das Signal zum Handanlegen zu geben. Dieses sollte darin bestehen, daß er nach einer Apostrophe über das traurige Schicksal der Konföderierten und über den in ihrem Schoße lauernden Verrat und nach Niederlegung der Gewalt, womit ihn die Széczéner Versammlung ausgestattet hatte, seinen Sitz verlassen wollte, um sich zu entfernen. *Bercsényi* sollte nach Rache rufen und nach dem Säbel greifen.

Für die Truppen sollte ein am Eingange des Reichszeltes von *Johann von Ilosvay* abgefeuerter Pistolenschuß das Zeichen zum Einschreiten sein. Er sollte jedoch erst dann gegeben werden, wenn sich *Rákoczy* entfernt hatte und die Versammlung Miene machen würde, sich der blutigen Exekution zu widersetzen. Ungeachtet der präzisen Rollenverteilung wurden die Verschwörer durch einen nicht vorgesehenen Umstand gezwungen, noch vor dem geplanten Termin loszuschlagen. Als *Rákoczy* seinem vertrauten Haushofmeister *Alexander Ottlik* den Auftrag zur Bereithaltung der Bagage erteilte, entschlüpften ihm einige Worte über die in der Versammlung geplanten Vorgänge, die so schrecklich sein würden, daß die ganze Welt dadurch überrascht werden solle. Diese dunkle Andeutung versetzte *Ottlik* und alle, denen er sie mitteilte, in so große Bestürzung, daß *Rákoczy* sich genötigt sah, früher als er ursprünglich wollte, ans Werk zu gehen. Die nächste vierte allgemeine Sitzung wurde dazu ausersehen. In der Nacht vom 5. auf 6. Juni wurden die Geschütze mit Kartätschen geladen, gegen das Reichszelt aufgefahren und die Truppen in Bereitschaft gestellt. In der Sitzung, die am 6. Juni stattfand, wurde vorerst ein allgemeiner Gegenstand, der Kurs der Kupfermünzen, abgehandelt. Bei der Diskussion erlaubte sich der Waizener Weihbischof, *Andreas Berkesi,* Einwände gegen *Rákoczys* Ansicht. Weil es sich aber zeigte, daß der Weihbischof nur eine persönliche Ansicht vertrat, benützte *Rákoczy* dies als willkommenen Anlaß, um auf den Gegenstand seiner Absicht zu kommen. Er erhob seine Stimme gegen die in der Konföderation einreißenden Spaltungen und Meutereien, und insbesondere gegen die von den Thuroczern verbreiteten Schreiben. Als hierauf *Daniel Esterházy* im Namen des Militärs den Antrag auf Verhängung der gesetzlichen Strafen gegen jeden Versuch dieser Art gestellt hatte, forderte *Rákoczy* die beiden Beschuldigten auf, vorzutreten und hielt ihnen die Schreiben und die darin angeblich enthaltene Verunglimpfung seines Namens mit den bittersten Vorwürfen vor. *Rakovsky* und *Okolicsanyi* anerkannten ohne weiteres das ihnen vorgehaltene „Corpus delicti" als ihr Schreiben, und gegen jede Unterstellung einer bösen Absicht protestierend, versuchten sie, sich zu verteidigen. *Rakovsky* machte nachdrücklich geltend, daß das Thuroczer Komitat weit davon entfernt sei, eine Spaltung hervorzurufen, sondern einzig und allein beabsichtige, daß die gleichgesinnten Komitate nach gemeinsamer Beratung mit vereinten Bitten wegen Abstellung der gegenwärtigen Übel ihre Zuflucht zum Fürsten nehmen sollten! *Rákoczy* sprach über seine Verdienste und den erhaltenen Undank, *Bercsényi* und andere schrien nach Rache. Es wurde für und gegen die Beschuldigten geredet, und die Versammlung ließ die Absicht merken, die Schreiben nach Muße zu untersuchen und nach Recht zu entscheiden.

Diesen Moment hielt *Rákoczy* für geeignet, die genügend vorbereitete Katastrophe eintreten zu lassen. Entrüstung über die Undankbarkeit seiner Genossen heuchelnd, stand er von seinem Sitze auf, um die Versammlung zu verlassen. Damit gab er das erwartete Signal. Unmittelbar darauf erhob sich eine Szene fürchterlichen Tumultes und allgemeiner Verwirrung, in welcher die treuen Verbündeten auf die dem Tode geweihten Opfer eindrangen. Die erste tödliche Wunde erhielt *Rakovsky* von *Bercsényi* durch einen Stich in die

Brust, dem ein Hieb von *Károly* folgte, und was noch zu tun übrig blieb, vollbrachten *Valentin* und *Emmerich Ilosvay*. *Emmerich Ilosvay* beraubte sogar den Gefallenen der Uhr und des Wehrgehänges und schämte sich nicht einmal, noch am selben Tage mit diesen dem Toten gestohlenen Trophäen öffentlich zu erscheinen. *Rakovsky* wurde getötet und aus dem Zelte geschleift. *Okolicsanyi* mit Wunden bedeckt, versuchte zu fliehen, wurde aber von seinen Verfolgern eingeholt. Das große Resultat des Tages war aber der vernichtende Eindruck, den diese Gewalttat auf die Versammlung ausübte. Besorgt um das eigene Leben schrie jeder der Anwesenden den unglücklichen Opfern zu, daß sie um Pardon bitten, daß sie ihre Mörder wegen eines Verbrechens um Gnade anflehen sollen, das sie nicht begangen haben. Erloschen war jede Resistenz, entwaffnet und widerstandsunfähig folgten die eingeschüchterten Gemüter *Rákoczy* überall hin, wohin er sie zu führen für gut fand.

Am 7. Juni wurde die Fahne der Gespanschaft Thurocz über dem Leichnam des unglücklichen *Rákovsky* zerrissen, vom Henker an den Füßen des Toten ein Strick angebunden und die Leiche durch ein vorgespanntes Ochsenpaar aus dem Lager geschleift. Hierauf führte *Rákoczy* den in aller Hast ins Reichszelt zusammenströmenden Ständen das Ereignis des vorigen Tages noch einmal ins Gedächtnis zurück und stellte ihnen vor, wie die Vorsehung selbst die Feinde der Konföderation gestraft habe und eröffnete ihnen, daß eine ausgedehnte Untersuchung notwendig sei. Nach einer von *Károly* gesprochenen allgemeinen Antwort wurde die Verordnung über die Bestrafung der Gegner der Konföderation erneuert, die Einleitung des Prozesses gegen die Thuroczer dekretiert, die angeblichen Bekenntnisse *Rakovskys* und *Okolicsanyis* vorgetragen, deren Güter zugunsten der Witwen und Waisen dieses Krieges konfisziert, die Gespanschaft Thurocz unter die vier an sie angrenzenden aufgeteilt, sein Wappen zertrümmert und sein Siegel beschlagnahmt.

Der Fürst ließ sich den noch am 7. Juni gefaßten Beschluß der Stände wohlgefallen, wonach „jeder Verräter eines solchen Todes sterben sollte"; er hatte damit mit klarem Willen die Bahn des politischen Terrors eingeschlagen.

Am 9. Juni, mittags, wurde der schwerverwundete *Okolicsanyi*, der beim Verhör durch die von *Rákoczy* ernannte Kommission grausam gefoltert worden war, von einem seines Geschäftes unkundigen Henker unter größten Qualen hingerichtet, während die Rebellen in weitem Kreise die Szene umstanden. *Alexander Platthy*, der *Bercsényi* schon einmal in Szécsén kühn entgegengetreten war und *Gabriel Beniczky*, denen die Zerstückelung der Gespanschaft aufgetragen wurde, weigerten sich, den gehässigen Auftrag zu übernehmen und wurden deshalb gefangen gesetzt. In Thurocz wurden der Obergespan Baron *Franz Revay*, *Paul Okolicsanyi*, der Vater des so brutal Hingerichteten und mehrere andere Adelige verhaftet und nach Erlau abgeführt. Dort wurden diese längere Zeit in harter Haft gehalten.

Vom 9. bis 11. Juni wurden Geld- und Steuerprobleme beraten und harte Strafen für jene vorgesehen, die sich weigern würden, die Kupfermünzen zum Nennwert anzunehmen. *Rákoczy* schrieb später nieder: „Durch den Vorfall, den das böse Verfahren der Generale herbeigeführt hatte, höchst betroffen, und dessen eingedenk, weshalb ich die Stände zusammengerufen habe, legte ich dem Staatsrat die Frage vor, ob dessen ungeachtet die Erledigung des Thrones ausgesprochen werden solle, indem es an solchen nicht fehlen werde, die ausschreien werden, die Metzelei sei veranstaltet worden, um von den eingeschüchterten Ständen diesen Beschluß zu erpressen. Die Befragten waren der Meinung, daß die Ränke der Thuroczer nicht den Aufschub, sondern die Beschleunigung des Beschlusses raten." Am 14. Juni wurde hierauf die Lossagung Ungarns vom Hause Österreich beantragt und von den Ständen ausgesprochen. Der Beschluß lautet im Tagebuche des Konvents: „Vom heutigen Tage an erkennen wir den Kaiser Joseph nicht weiter als unsern König an und protestieren gegen seine Herrschaft, denn wir insgesamt sind bereit, lieber zu sterben als seine Untertanen zu bleiben. Diese Erklärung bekräftigen wir durch unsern dem Bunde geleisteten Eid. Der Thron wird erledigt bleiben, bis wir am künftigen Reichstag einen neuen Hof gewählt haben. Wir wünschen, daß die Absetzung Josephs vom Königtume in einem eigenen Gesetzesartikel ausgesprochen werde."

Desalleurs empfahl den Rebellen, den Kurfürsten von Bayern, *Max Emanuel,* zu ihrem König zu wählen und *Rákoczy* außer den mit Siebenbürgen vereinigten Teilen Ungarns noch die 13 nordöstlichen Gespanschaften zu überlassen. Hierauf wurde beschlossen, dem Kurfürsten zu melden, daß die Stände bereit seien, ihn feierlich zu ihrem König zu wählen, sobald er ihnen eröffnet haben werde, daß er geneigt sei, die Krone anzunehmen und daß der König von Frankreich ihm zur Erlangung derselben behilflich sein werde. Für die Zeit des Interregnums bis zum Reichstage und der Königswahl wurde *Rákoczy* mit der Regierungsgewalt betraut, und „weil er bisweilen genötigt sein werde, sich in sein Fürstentum zu begeben", *Bercsényi* zu seinem Stellvertreter gewählt.

Somit hatten die ehrsüchtigen Rebellen erreicht, was sie erreichen wollten, sie waren mit der Regierung Ungarns betraut und *Rákoczy* dazu noch Fürst von Siebenbürgen. Es waren Ehren und Ämter auf Widerruf, denn sie durften nicht damit rechnen, daß der Kaiser sich diese Anmaßungen bieten lassen und sie in ihren Würden etwa bestätigen werde. Der Bruch mit dem Kaiserhaus war aber damit endgültig und unwiderruflich geworden. Daß *Rákoczy* große Gebietsteile Ungarns vom Königreiche abgetrennt und seinem Fürstentum zugeschlagen hatte, ohne daß jemand von den Konföderierten Einspruch erhoben, zeigt nur allzudeutlich, daß diese nichts mehr zu sagen hatten. *Rákoczy* und *Bercsényi* hatten praktisch eine Diktatur errichtet, alle Rechte waren an sie delegiert. Ihr Staatsrat und der Konvent waren zu Zustimmungsinstanzen geworden.

Am 22. Juni bestätigte *Rákoczy* ein aus 24 Artikeln bestehendes Gesetz, das sein Konvent beschlossen hatte. Im Artikel 2 wurde Kaiser *Joseph* des Thrones verlustig erklärt und kundgemacht, „daß die Stände alle Landesbewohner, die sich weigern, binnen zwei Monaten, vom Tage der Veröffentlichung des Gesetzes gerechnet, unserer Konföderation beizutreten, im Gehorsam gegen das Haus Österreich beharren und nicht zur Treue gegen das Vaterland zurückkehren, für unsere offenen Feinde halten", sodaß laut dieses Gesetzes nach Ablauf jener Frist sogleich und ohne weiteres Verfahren ihre Güter dem Fiskus für immer verfallen, sie ihrer Ämter, Würden und Rechte entsetzt und verlustig sind. Zugleich werden alle kirchlichen Stände, die sich unserem Gesetze nicht unterwerfen, ihrer Pfründen unwürdig und aller politischen Rechte für verlustig erklärt.

Rákoczys Verblendung ging so weit, daß er sogar den noch vor dem Konvente angekommenen Protonotar *Gabriel Tolvay*, der aus Wien geschickt worden war, verhaften und über ein Jahr im Kerker sitzen ließ.

Kaiser *Joseph* hielt es unter seiner Würde, die in Ónod von Hochverrätern, die ihre Autorität innerhalb ihrer Anhängerschaft nur mehr durch blutigen Terror aufrechtzuerhalten vermochten, gefaßten Beschlüsse persönlich zu verdammen. Palatin Fürst *Paul Esterházy* sprach im Namen der Sr. Majestät Getreuen aller vier Reichsstände am 29. Juli das Verdammungsurteil und die Nichtigkeitserklärung über die Beschlüsse des Konvents aus und wiederholte dieselbe am 20. August in einem an alle christlichen Staaten gerichteten Manifeste, in dem es hieß: „Leopold und Joseph haben, um die Empörung zu stillen, in mehreren offenen Briefen die Wiederherstellung des früheren gesetzlichen Zustandes verheißen, den Aufständischen Amnestie zugesagt, sich mit ihnen in Unterhandlungen eingelassen und auf ihre Forderungen eine mit den Gesetzen und dem königlichen Ansehen verträgliche gnädige Antwort gegeben; diese aber sandten die erwartete Rückantwort nicht ein, nahmen die Kündigung des Waffenstillstandes zum Vorwande, hielten gesetzwidrige Versammlungen, schmiedeten unheilvolle Pläne, veröffentlichten Schriften unter falschem Namen, und wollten uns, die wir die Empörung verabscheuen, durch Drohungen zum Anschluß an dieselbe nötigen. Als beim Ónoder Konvent die Abgeordneten mehrerer Gespanschaften auf Fortsetzung der Friedensverhandlungen drangen, verzweifelten die Häupter des Aufstandes daran, ihre unsinnigen Pläne durchsetzen zu können; sie fielen deshalb über die Thuroczer Abgeordneten her, hieben sie nieder und erzwangen durch Schrecken die Annahme der schon im voraus fertigen Beschlüsse." In der weiteren Folge des Manifestes werden die Klagen gegen die Könige *Leopold* und *Joseph*, durch welche der Konvent die Thronentsetzung *Josephs* und des gesamten Hauses Österreich rechtfertigte, einzeln widerlegt und erklärt, daß die Beschlüsse des Preßburger Reichstages, die Krönung *Josephs* und die Anerkennung der Erblichkeit der Krone nicht durch tyrannische Mittel erzwungen, sondern von den Ständen einstimmig beschlossen wurde. „Der König", heißt es an einer anderen Stelle weiter, „ist ausschließlich berechtigt, die Stände zum Reichstage zu berufen, und jede andere ohne seine Genehmigung veranstaltete Versammlung ist Verschwörung, und alles, was sie beschließt, schon an sich nichtig. Als Verschwörung muß man aber den Ónoder

Konvent und dessen Beschlüsse als nichtig um so mehr betrachten, weil der einsichtsvollere und mächtigere, auch durch Ämter und Berühmtheit des Geschlechts der dort versammelten Menge überlegene Teil der Stände gegen dessen unerhörtes und tollkühnes Verfahren vor dem König protestiert hat. Und treubrüchige Empörer sind die Häupter des Aufstandes auch darum, weil sie sich ein ausschließlich königliches Recht anmaßten, indem sie jene, die ihrem Bunde nicht beitraten und dem König treu blieben, zum Verlust ihrer Güter und Ämter verurteilten. Demzufolge erklären der Palatin und die Mitunterschriebenen den Ónoder von einigen Treubrüchigen und deren Häuptern zusammenberufenen Konvent und dessen Beschlüsse für null und nichtig, die Urheber und Häupter des Aufstandes und alle, die es mit ihnen halten, für Empörer, die durch die ausgesprochene Thronerledigung der Strafe des Hochverrats verfallen sind. Wir, die getreuen Stände, die Inhaber aller wichtigen Reichsämter, geloben dem König und seinem Hause unverbrüchliche Treue, weil wir überzeugt sind, daß er alle Stände und Volksklassen des Reiches im Besitze ihrer Rechte erhalten und schützen werde." Das Manifest wurde vom Fürstprimas Kardinal Graf *Leopold Kollonitsch*, 14 Erz-, wirklichen und Titularbischöfen, 7 Domkapiteln, dem Palatin Fürst *Paul Esterházy*, 9 Reichsbaronen, 25 Obergespanen, 40 Grafen und Baronen und 13 Freistädten unterschrieben.

Damit hatten der Palatin, der Fürstprimas Ungarns und der ganze Hochadel Ungarns an allen Fürstenhöfen Europas eindeutig klar gestellt, daß sie die Anmaßungen *Rákoczys* und *Bercsényis* am Ónoder Konvent als Hochverrat betrachteten und den blutigen Terror zutiefst verabscheuten, mit dem *Rákoczy* seine Schreckensherrschaft aufrechterhielt. Dazu hatte *Rákoczy* auch alle Glaubwürdigkeit bei den protestantischen Ständen seines Anhangs verspielt, den *Platthy*, der deren Sprecher war und mit *Bercsényi* schon in Szécsén schwere Auseinandersetzungen gehabt hatte, mußte mit eigenen Augen mitansehen, wie seine Freunde *Rakovsky* und *Okolicsanyi* brutal ermordet wurden. Er hätte selber die Thuruczer Gespanschaft aufteilen sollen und war wegen seiner Weigerung, die *Rákoczy* als Befehlsverweigerung aufgefaßt hatte, jetzt in Erlau in Haft. Er konnte dort mit den anderen Thuroczern, die mit ihm und später verhaftet worden waren, sein und das Verhalten der protestantischen Stände *Rákoczy* und *Bercsényi* gegenüber überdenken.

Auf militärischem Gebiet hatte sich im Frühjahr 1707 die Lage in Italien für den Kaiser weiter verbessert, denn nach der gewaltigen Niederlage der Franzosen bei Turin huldigte das Herzogtum Mailand am 16. April König *Karl III.* von Spanien. Die Huldigung für den Bruder des Kaisers nahm *Prinz Eugen* von Savoyen in Mailand entgegen. Hierauf wurde im Hofkriegsrat beschlossen, General *Daun* mit einem Korps von 8.000 Mann nach Süditalien zu entsenden. *Daun* stieß nur hin und wieder auf geringen Widerstand und zog am 7. Juli unter dem Jubel der Bevölkerung in Neapel ein. Mit der Rückeroberung Bayerns, der Niederlande, Mailands und Neapels ging eine beträchtliche Stärkung der politischen, finanziellen und militärischen Position des Kaisers in Europa einher, während *Ludwig XIV.* durch die schweren Niederlagen seiner Armeen in immer größer werdende Schwierigkeiten geriet. Nur im entlegenen Spanien hatten die mit dem Kaiser verbündeten Engländer und Portugiesen harte Rückschläge hinnehmen müssen, war Madrid wieder verlorengegangen und die alliierte Armee bei Alamanze geschlagen worden. Dies erschwerte mehr die Position *Karl III.* in Spanien, aber nicht die *Joseph I.* auf den anderen Kriegsschauplätzen.

Weitere Kämpfe im Grenzgebiet und die Schlacht bei Deutschkreutz

Auf dem Nebenkriegsschauplatz Ungarn ging indessen der Kleinkrieg weiter. Am 20. Jänner waren *Bottyán* und *Bezerédy* in die Oststeiermark eingefallen und hatten im Raum zwischen Hartberg und Burgau wieder 16 Dörfer geplündert und abermals niedergebrannt, um sich, wie sie sich ausredeten, für die Aktionen zu rächen, die durch die Einquartierung von *Rabutins* Truppen erfolgt waren. Die Kuruzzen zogen sich jedoch nach ihrem Einfall sofort wieder zurück. Auch in der Umgebung von Ödenburg brannten die Rebellen in der dritten Jännerwoche mehrere Häuser und Mühlen nieder. In der dritten Februarwoche zog sich *Bottyán* mit seinen Scharen von Güns nach Pápá zurück, denn *Rabutins* Hauptquartier lag bei Steinamanger, und das war *Bottyán,* der auch jetzt vermied mit regulären Truppen zusammenzustoßen, viel zu nahe und zu gefährlich. Im Grenzraum kehrte hierauf für einige Monate Ruhe ein.

In dieser Zeit zog Feldmarschall Graf *Starhemberg* auf der Schütt 15 Regimenter zusammen und versorgte neuerlich die Festung Leopoldstadt, ohne daß *Stephan Balogh* es wagte, ihn dabei zu belästigen. *Starhemberg* errichtete hierauf bei Szered ein befestigtes Lager und wollte *Anton Esterházy* angreifen. Da erfuhr er aber, daß *Ocskay* mit 8.000 Kuruzzen in Mähren und in Niederösterreich einfallen wolle. *Starhemberg* griff ihn sofort an und trieb ihn in blutigen Scharmützeln ins Gebirge zurück. *Ocskay* begnügte sich hierauf damit, kleinere Scharen auszusenden, um zu streifen und die Kaiserlichen zu beobachten. In der Nähe des Schlosses Sasvár konnte einer der Haufen einen Konvoi von Lebensmittelfuhrwerken überraschen und der begleitenden Eskorte ein hartes Gefecht liefern. Ein beträchtlicher Teil der Fuhrwerke wurde zerstört, ehe die Eskortetruppen die Schar zurücktreiben konnten. *Starhemberg* aber ließ sich durch diesen Zwischenfall keineswegs beirren. Nach dreitägiger Beschießung erstürmten seine Truppen am 30. Juli Detrekö, bemächtigten sich bald darauf der starken Befestigungen bei Branyicska und legten selbst bei Wagujhely und an anderen Orten Verschanzungen an und säuberten das Gebiet bis zur Waag von den Kuruzzen. Sein nächstes Ziel war Neutra. *Rákoczy* war von *Starhembergs* Aktionen so bestürzt, daß er zu *Bercsényi* sagte: „Wenn der Feind in dieser Weise fortfährt, macht er in drei Feldzügen dem Krieg ein Ende."

Auch südlich der Donau begannen im Juni die Kriegshandlungen. Am 10. Juni war *Bottyán* mit 4.000 Mann zu Fuß und 2.000 Reitern über die Rabnitz gegangen und am Hanság vorbei bis Weiden vorgedrungen. Am Tag darauf zog das Reiterregiment Rabutin nach Ungarisch-Altenburg, da man vermutete, daß *Bottyán* den Platz angreifen wolle. Am 12. Juni hauste die Kuruzzenreiterei in Halbturn und plünderte. Halbturner Bauern, die in der Nacht nach Neusiedl flohen, wurden am nächsten Tag von Graf *Csáky* mit 13 Fähnlein verfolgt. *Csákys* Reiter ritten bis an die Taborschanze. Von einem Leutnant des Regimentes Salm und seinen Soldaten wurden sie aber mit starkem Gewehr- und Geschützfeuer empfangen. Hierauf zogen sich die Kuruzzen wieder nach Weiden zurück. Eine andere Schar von *Csákys* Reitern hielt zwischen Weiden und Neusiedl und versuchte sich ebenfalls dem Südtor zu nähern. Aber auch hier wurden sie mit Gewehrfeuer begrüßt und als die Kanonen vom Tabor eingriffen, zogen auch sie wieder ab. Graf *Csáky* ritt hierauf nach Halbturn zurück. Gols, das nach wie vor einer ihrer Stützpunkte war, erlitt in diesen Tagen keine Schäden. Nach Halbturn hatte sich *Csáky* auch deshalb zurückgezogen, weil am gleichen Tag, am 13. Juni, Graf *Orzetti* vom Regimente Darmstadt mit 600 Mann in Bruck/Lth. eingetroffen und zwischen Bruck und Parndorf Lager geschlagen hatte. Am 15. Juni erfuhren die Neusiedler von anderen Halbturnern, daß die Kuruzzen wieder von allen Gemeinden im Heideboden Brandsteuern erpreßt hatten und sich noch im Seewinkel aufhalten. In Neusiedl wurde indessen die Mannschaft des Regimentes Salm von einem Fähnrich und 50 Mann des Regimentes Thierheim abgelöst. An der Schanze bei Parndorf ließ *Orzetti* 1 Feldwebel und 25 Mann mit 1 Kanone zurück und rückte mit seinen anderen Soldaten nach Zurndorf ab.

Bezerédy beunruhigte wieder die Umgebung von Ödenburg und streifte mit seinen Reitern bis Mattersburg und Wiener Neustadt, weshalb *Pálffy* den Befehl erhalten hatte, Mitte Juni von Kroatien heraufzukommen, „um den Kuruzzen den Garaus zu machen".

6 Kompagnien des Regimentes Salm wurden von Hainburg und Preßburg nach Ofen in Marsch gesetzt, um *Pfeffershoven* zu verstärken. *Pfeffershoven* war von der Stadt Stuhlweißenburg zu Hilfe gerufen worden, weil der Rákoczysche Oberst *Szekeres* von Palota aus ständig die Stadt belästigte. *Pfeffershoven* überraschte den in Pákozd, östlich der Stadt lagernden *Szekeres,* der die Straße Stuhlweißenburg – Ofen blockierte und fügte ihm schwere Verluste zu. Ein Teil der dem Gemetzel entkommenen Kuruzzen war in den Velencei-See getrieben worden, der Rest floh um Stuhlweißenburg herum nach Palota. *Pfeffershoven* verfolgte mit seiner Kavallerie die geschlagenen Haufen so scharf, daß diese gar nicht mehr dazu kamen, die Tore von Palota

zu schließen. Palota wurde erstürmt, die angehäuften Vorräte und alles Beutegut fielen *Pfeffershoven* in die Hände und die versprengten Haufen von Szekeres wurden tief in den Bakonyerwald hinein getrieben. Bei St. Nikolaus (Szent Miklos) tauchten um diese Zeit 1.800 Kuruzzen auf und wollten das Schloß zerstören. 400 kaiserliche Reiter, die von Ungarisch-Altenburg heranpreschten, vertrieben sie aber. *Pálffy* stand während dieser Ereignisse bereits in der Raabau.

Nicht geklärt ist bis heute die Zerstörung der mächtigen Burg Landsee, die sich mit ihren sieben Türmen, ausgedehnten Gebäuden und imposanten Mauern mit Forchtenstein hatte an Wehrkraft messen können. Am 11. Juli 1707 flog der Pulverturm der Burg infolge einer gewaltigen Explosion in die Luft und verursachte in der ganzen Burg bedeutende Schäden. Auch ein Teil der Besatzung kam dabei ums Leben. Ob der beträchtliche Pulverbestand durch Unvorsichtigkeit der eigenen Besatzung, Blitzschlag, Sabotage oder Feindeinwirkung zur Explosion gebracht wurde, ist nicht belegt. Es hat sich aber *Bezerédy,* der eine Woche später in Landsee plünderte, zu dieser Zeit in dieser Gegend herumgetrieben. Da aber nicht nur Forchtenstein und Landsee dem Palatin Fürst *Paul Esterházy* gehörten, sondern auch die Burg Kobersdorf, die dieser 1704 von den Grafen *Kéry* erworben hatte, scheinen die Überlebenden der Besatzung von Landsee doch erst nach einiger Zeit von Landsee nach Kobersdorf verlegt worden zu sein, das seit 1707 eine deutsche Besatzung hatte. Dem Palatin verblieben damit immerhin noch zwei intakte Festungen.

Am 19. Juli lagerte *Bezerédy* mit einem starken Haufen im Rohrbacher Wald. Einige Hundertschaften streiften, während das Gros stehen blieb, bis Breitenbrunn. *Bezerédy* zog aber dann noch am gleichen Tag selbst mit etwa 1.000 Reitern nach Südwesten und überfiel am 19. Schwarzenbach. Kirche und Ort wurden geplündert, von den Bewohnern, die sich wehrten, in der Kirche vier und etliche später auf der Dorfstraße erschlagen. Den Rückweg nahm *Bezerédy* über Landsee, das ebenfalls geplündert wurde. In Landsee aber wurde die plündernde Schar plötzlich von kaiserlichen Dragonern und berittenen Raizen umringt und sofort attackiert. 50 Kuruzzen wurden dabei getötet, mehrere gefangen und 30 Pferde erbeutet. Mit dem Gros suchte *Bezerédy* bestürzt das Weite.

Am 18. August setzten die Kuruzzen über die Leitha und überfielen die Orte Deutsch-Altenburg, Haslau, die Wangmühle, Hollern, Hundsheim, Prellenkirchen und Schönabrunn. Leute, die sich gegen die Mordbrenner wehrten, wurden erschlagen, das Vieh geraubt und die Gemeinden beim Abzug angezündet.

Über Nacht war auch das Gebiet rund um den Neusiedlersee wieder von Kuruzzen verseucht. In den Wäldern der Gemeinden Gattendorf, Gols und Neusiedl lagerten einige tausend Rebellen, die bis zur Parndorfer Linie (heute Alte Schanze) ritten, um diese zu verwüsten und die Dörfer niederzubrennen. Am Vormittag hausten sie vorerst in Pama und nachmittags zogen sie wieder nach Halbturn hinunter. Am Nachmittage hatte man schon Feuersäulen brennender Dörfer und Meierhöfe aufsteigen gesehen, und der Anblick in Brand geratener Getreidefelder vermittelte das Bild eines Flächenbrandes. Erschrocken ließen die Bauern die Erntearbeiten stehen und flohen mit ihren Familien. Die Heide brannte!

Die Parndorfer Linie war nun stellenweise besser gesichert. Inzwischen war Graf *Ebergeny* mit 800 Mann des Milizregimentes Thierheim in Bruck eingetroffen und hatte einen Teil davon nach Neusiedl am See beordert. Seine Streitmacht sollte durch die einheimische Bevölkerung verstärkt werden. *Pálffy* wurde angewiesen, seine Truppen aus der Nähe von Ungarisch-Altenburg zurückzuverlegen, denn dieser Platz erschien hinreichend gesichert. Als Postierung wurde ihm Neusiedl oder Parndorf angeboten. Während nun *Pálffy* die Schanzanlage zwischen See und Leitha deckte, fielen die Kuruzzen am 30. August wieder in die schon so oft von ihnen heimgesuchte Oststeiermark ein und verwüsteten neuerlich 13 einigermaßen instandgesetzte Ortschaften. Nach ihrem Abzug aus der Steiermark lagerten *Bottyán* und *Bezerédy* mit ihren Kriegsvölkern in Deutschkreutz, Nikitsch und Kroatisch-Minihof. Die Gesamtstärke ihrer Fuß- und Reiterscharen wurde mit ca. 8.000 Mann angegeben. Davon waren 3.000 Mann Fußvolk. Als *Pálffy* von dieser Massierung erfuhr, zog er mit einem Teil seiner Kräfte in die Umgebung von Wiener Neustadt, um einem weiteren Einfall nach Österreich zuvorzukommen, den anderen ließ er unter dem Kommando des Grafen *Draskovich* bei Neusiedl stehen. Graf *Draskovich* sollte mit diesen Truppen Neusiedl decken und allenfalls Graf *Ebergeny* zu Hilfe kommen.

Nach vier Wochen, am 2. Oktober, kam es dann bei Deutschkreutz unverhofft zu einer bedeutenden Schlacht. *Bottyán* hatte lediglich einen Hinterhalt für einen Teil der Ödenburger Garnison geplant. Er hatte seine in Deutschkreutz lagernden Haufen mit den in Nikitsch und Kroatisch-Minihof liegenden Scharen verstärkt. Sein Fußvolk, die Tolpatschen, wurden unter dem Kommando von Oberst *Stephan Moory* in den Häusern und hinter den Gartenzäunen der Hauptstraße in Stellungen eingewiesen. Baron *Revay* nahm mit seinen Schützen hinter der mit Schießscharten versehenen Mauer um die Kirche, am Dach, Turm und an den Fenstern der Kirche Stellung und hatte somit eine den Ort beherrschende Position inne. *Bottyán* verteilte seine starke Reiterei im unübersichtlichen mit Buschwerk dicht bewachsenen Gelände entlang der Straße Deutschkreutz – Kohlnhof. Schon während dieses Aufmarsches war eine etwa 300 Mann starke ortskundige Reiterschar *Bezerédys* mit dem Auftrage nach Ödenburg geritten, Vieh wegzutreiben, herumzuschießen und die kaiserliche Besatzung zur Verfolgung zu verleiten. Als die Kuruzzen vor dem Neustiftertor Ödenburgs erschienen, 13 Ochsen wegtrieben und auf die Stadtmauern schossen, wurden in den Kirchen der Stadt, es war ein Sonntag, gerade die Gottesdienste gefeiert. Die Wachen schlugen Alarm und die unter Oberstleutnant *Budacsky* in Bereitschaft stehenden Wachtruppen, Freireiter (freiwillige Husaren), Raizen und Kroaten in der Stärke von etwa 500 Mann, nahmen sofort die Verfolgung der frechen Kuruzzen auf, um ihnen die Beute wieder abzujagen und sie zu bestrafen. Als General Graf *Nádasdy* (dem Sohn des 1671 hingerichteten Landesoberrichters), dem Kommandanten der in der Stadt liegenden kaiserlichen Regimenter die Verfolgung der 300 Kuruzzen durch die Bereitschaftsgruppen gemeldet wurde, ließ er sofort Alarm blasen und seine Regimenter aufsitzen, denn er ahnte, daß der schlaue *Bottyán* und *Bezerédy* einen Hinterhalt planten und die Bereitschaftstruppen in ihr Verderben ritten. Aber der Vorsprung *Budacskys* war schon zu groß, um ihn noch warnen zu können. Obwohl *Nádasdy Budacsky* in größter Eile nachpreschte, hatte dieser den Reiterhaufen *Bezerédys* schon bis Deutschkreutz verfolgt und ritt, die anscheinend Fliehenden verfolgend, in scharfem Galopp in die Hauptstraße hinein. Auf ein Hornsignal wurden nun aus allen Dachluken, aus Fenstern, Toren und dem Lattenwerk der Zäune von den dort lauernden Tolpatschen *Stephan Moorys* das Feuer eröffnet und die bis schon zur Kirche vorgepreschte Spitze wurde von *Revays* Fußvolk beschossen. In aller Hast machte *Budacsky* kehrt und wollte zurückweichen, doch zu dieser Zeit war Bottyáns Reiterei, die nicht damit rechnete, daß das Gros erst nachkommen könnte, bereits aus dem Gelände gegen den Ort vorgerückt, und Oberstleutnant *Budacsky,* der nochmal durch das Feuer der Tolpatschen mußte, sah sich einer gewaltigen Übermacht gegenüber. Seine schon dezimierte Reiterei wurde in ein blutiges Gefecht verwickelt und völlig aufgerieben. Erst als *Budacsky* gefallen war, ergaben sich die letzten hundert überlebenden Raizen und Kroaten. Die in Gefangenschaft geratenen Raizen, die Todfeinde der Kuruzzen, wurden, samt ihren letzten Offizieren, erbarmungslos niedergemacht, die Kroaten hingegen geschont. Etwa um diese Zeit, aber doch schon zu spät, erschien Graf *Nádasdy* mit der Spitze seiner Truppen vor Deutschkreutz. Er sah auf einen Blick, daß das eingetreten war, was er befürchtet hatte. *Nádasdy* zog sich nun, die Kampfgewohnheiten der Kuruzzen kennend und gegen sie anwendend, gegen den Harkauer Kogel zurück, wobei das Gros seiner Reiterei *Bezerédy* verborgen blieb. *Bezerédy* meinte, es mit einer etwa gleich großen Einheit zu tun zu haben und nahm seinerseits die Verfolgung des anscheinend weichenden Feindes auf, um auch dieser Truppe eine Niederlage zu bereiten. Als *Bezerédy* endlich erkannte, daß er es hier mit starken Kräften zu tun hatte, hielt er in einem *Nádasdy* gegenüberliegenden Buschwerk an, um Verstärkungen herbeizurufen. Auf sein Pfeifen folgten ihm etwa 3.000 Reiter. Indessen rückten aber schon *Nádasdys* Regimenter gegen *Bezerédys* Haufen vor, und als sie sich auf die Entfernung eines Gewehrschusses diesen genähert hatten, ließ *Nádasdy* zur Attacke blasen. In scharfem Galopp und mit donnerndem Hurrageschrei griffen die fünf Regimenter an. Wildes Gewehrfeuer und blitzende Säbel verhießen den Kuruzzen, „Die Armee!" *Bezerédy* ergriff nach alter Manier die Flucht, preschte aber in die ihm nachfolgenden 3.000 Reiter hinein und brachte auch diese in Verwirrung, während *Nádasdys* Regimenter die völlig ineinander verkeilten Haufen erreichten und ihrerseits das Gemetzel begannen. *Bottyán* erkannte, in was sich *Bezerédy* eingelassen hatte und warf *Stephan Moory* mit 2.000 Tolpatschen in den Kampf, um die Situation zu retten. Aber *Bezerédy* und seine Reiter rissen aus und flohen in wilder Panik, von einem Teil der Kaiserlichen verfolgt. Somit stand nun *Stephan Moory* plötzlich allein mit seinen Tolpatschen im Felde und wurde sofort von allen Seiten attackiert. Er fiel mit einem Teil seines Fußvolkes, und die nun führerlos gewordenen Tolpatschen flohen nach allen Seiten. 2 Divisionen, übertreibt *Gratian Leser*, gerieten in Gefangenschaft. Entkommen sind allerdings nur wenige. Als *Bottyán* sah, daß seine Tolpatschen verlorengingen und aufgerieben wurden, warf er sich selbst mit seiner Leibgarde in die Schlacht und *Nádasdy* entgegen. Aber er wurde von *Nádasdys* Dragonern und Husaren so ungestüm angegriffen, daß seine ganze Leibgarde samt dem Fahnenträger nach einem wilden Reitergefecht die Waffen streckte und sich *Nádasdy* ergab. Nur wenige Reiter der Leibgarde waren entkommen, unter ihnen *Bottyán*. Wer während des Reiterkampfes von den Tolpatschen ins Dorf gelangen konnte, bezog hinter den Fenstern Stellung und schoß heraus. Um keine unnötigen Opfer hinnehmen zu müssen, ließ *Nádasdy* zum Sammeln blasen und, mit der Windrichtung, Deutschkreutz an mehreren Stellen anzünden, um die Tolpatschen herauszutreiben. Bald stand der halbe Ort in Flammen und dichte Rauchschwaden hüllten auch die Bastion *Revays* ein. Die Hitze hinter der Kirchenmauer wurde allmählich unerträglich. Fünf Stunden hatte der Kampf gewogt, und mancher der Tolpatschen, der aus den brennenden Häusern zur Bastion *Revays* floh, wurde noch erschossen oder verwundet, bevor Graf *Nádasdy* endlich die Kampfhandlungen abbrach. *Bottyán* war geflüchtet, *Bezerédy* ausgerissen, *Bottyáns* Leibgarde und *Moorys* Fußvolk niedergemacht oder gefangen. Die einbrechende Nacht und die Aussichtslosigkeit die Wehrkirche ohne Artillerie nehmen zu können, trugen zur Entscheidung *Nádasdys* bei. 399 Freireiter, Raizen, Deutsche und Kroaten waren in der Falle umgekommen, ca. 100 in Gefangenschaft geraten. Die Verluste der Kuruzzen aber waren höher. *Nádasdy* sprach von 400 Toten, die Gefangenen sind nicht genannt. Der von *Bottyán* mit *Bezerédy* ausgedachte Hinterhalt für ein Verfolgungskommando, der für sie zu einem ersten Erfolg geführt hatte, war zu einer Schlacht ausgeartet, die weder *Bottyán* noch *Bezerédy* eingeplant hatten. Auf beiden Seiten waren beträchtliche Kräfte aufgeboten gewesen: 5.000 Kuruzzenreitern und 3.000 Tolpatschen waren etwa 5.500 Mann kaiserlicher Truppen gegenübergestanden und General Graf *Nádasdy* hatte letztlich den Platz behauptet und Deutschkreutz in Asche gelegt. Die Schlacht bei Deutschkreutz war eine der größten Kriegshandlungen auf heute burgenländischem Boden, denn auf beiden Seiten waren zusammengerechnet mehr als 13.000 Mann beteiligt gewesen. *Bottyán,* dem der Verlauf der Schlacht völlig aus den Händen geglitten war, hatte letztlich froh sein müssen, daß nicht auch er *Nádasdy* in die Hände gefallen war. Eine beträchtliche Kriegsbeute wurde nach Ödenburg eingebracht und die Gefangenen zum Schanzenbau eingesetzt.

Rabutin vertreibt die Aufrührer aus Siebenbürgen; Rákoczy verliert sein Fürstentum – seine politischen Pläne

Feldmarschall Johann Ludwig Graf *Bussy de Rabutin* wurde wieder zum Kommandanten über ein Armeekorps bestellt und sollte Oberst *Tige* zu Hilfe kommen, um ganz Siebenbürgen und die Gebiete an der Theiß und Maros von den Rebellen zu säubern. Fünf Regimenter zu Pferd, und zwar die Regimenter Rabutin, Gronsfeld, Darmstadt, Cusani und Montecuccoli sowie ein Infanteriekontingent, bestehend aus 2 Bataillonen Pálffy, den Regimentern Neipperg und Virmond, 8 Kompagnien des Regimentes Heister und 11 des Regimentes Löffelholz bildeten die Streitmacht Rabutins. Es fehlte *Rabutin* aber noch an Magazinen, Schiffen und Fuhrwerken und vor allem an Geld.

Mitte Mai schon hatte *Rabutin* den Befehl erhalten, wieder nach Siebenbürgen zu ziehen. Hierauf waren die einzelnen Truppenteile angewiesen worden, in der Stadt Raab zu sammeln. In der Zwischenzeit blieb *Rabutin* in der Residenz, um Artillerie und jene Güter aufzutreiben, die er für den Feldzug noch brauchte. Die Aufstellung des Korps nahm etwa zwei Monate in Anspruch. Allmählich aber waren über die zweite Expedition nach Siebenbürgen auch Bedenken laut geworden, die darauf abzielten, das Fürstentum vorläufig aufzugeben. Am 4. August fand deshalb beim Fürsten *Salm* eine Konferenz statt, an der der oberste Hofkanzler Böhmens Graf *Kinsky*, der oberste Kämmerer Graf *Trautson*, und Hofkammerpräsident Graf *Maximilian Starhemberg*, der österreichische oberste Hofkanzler Baron *Sailern*, der Vizekriegspräsident Graf *Herberstein*, Feldmarschall *Guido Starhemberg*, der österreichische Hofkanzler Graf *Sinzendorf* und Feldmarschall *Rabutin* teilnahmen. Alle bis auf *Rabutin*, waren gegen den zweiten Feldzug. Kaiser *Joseph* aber stellte sich hinter *Rabutin* und ordnete den Feldzug an. Am 7. August war *Rabutin* im Lager zu Lebeny im Heideboden, wo er sich mit *Pálffy* traf. Sie beschlossen, sofort einen Zug gegen die Arpáser-Raabbrücke und von dort nach Pápá zu unternehmen. Am 14. August wurde Pápá besetzt, das *Bottyán* eilends geräumt hatte. Pápá, wo *Bottyán* Vorratslager angelegt hatte, wurde besetzt, die Vorräte verladen und die Stadt beim Abzug angezündet. Mit riesiger Beute kehrten die beiden Generäle am 16. August nach Raab zurück.

Rabutins Truppen hatten in Raab-Genyö gesammelt. Die Infanterie, Artillerie, Munition und Proviantvorräte wurden verschifft und auf dem Wasserweg nach Ofen gebracht. *Rabutin* traf mit der Kavallerie am 19. in Acs, am 23. in Gran und am 26. in Ofen ein. Während des ganzen Marsches hatte nur seine Nachhut ein unbedeutendes Scharmützel mit den Kuruzzen. Am 30. August übersetzte das Armeekorps bei Altofen die Donau, und Mitte September stand *Rabutin* vor Szegedin. Nordöstlich der Stadt schlug er Lager, um seinen Truppen eine Rast zu gönnen, seine Vorräte zu ergänzen und eine Schiffsbrücke über die Theiß zu bauen. Als diese fertig war, übersetzte das Armeekorps den Fluß und marschierte dann am rechten Ufer der Maros bis Arad. *Károly* hatte die schwer armierte Raizenstadt zwar im August belagert, aber nicht erobern können.

Als *Rákoczy* wahrnahm, daß *Rabutin* nach Siebenbürgen marschiere, ließ er seinen Plan, eine größere Streifschar unter *Anton Esterházy* nach Schlesien in Marsch zu setzen, fallen und wies diesen an, mit dem Gros seiner Haufen am linken Donauufer nach Süden zu eilen und *Rabutin* an der Übersetzung des Stromes zu hindern. *Ocskay* hatte mit dem Rest der Streitmacht zurückzubleiben. Aber *Anton Esterházy* war zu spät gekommen, und *Károly* hatte von *Rákoczy* den Befehl erhalten, alle Siedlungen, durch die *Rabutin* kommen würde, wieder zu verwüsten und durch Überfälle *Rabutins* Marsch zu verzögern. *Károly* verheerte zwar wieder seine eigene Heimat, aber *Rabutin* selbst konnte er nichts anhaben.

Bei Halas waren starke Scharen der Raizen zu *Rabutin* gestoßen und verstärkten das Armeekorps beträchtlich. *Lorenz Pekry*, der die Kuruzzen und Siebenbürger Rebellen in Siebenbürgen kommandierte und *Rákoczy* zum Fürsten gemacht hatte, war bestürzt, als er erfuhr, daß *Rabutin* mit einer Armee anrücke. Er bezog bald dort, bald da Stellung und wich, ohne Widerstand zu leisten, immer wieder zurück.

Bei Deva überschritt *Rabutin* am 30. September die Grenze und hielt vor Hunyad. *Pekry* war indessen nach Enyed zurückgegangen. *Károly*, der vorgab, von einem Haufen Raizen aufgehalten worden zu sein, traf erst am 1. Oktober vor Klausenburg ein. Er wurde mit größtem Mißtrauen empfangen, denn *Pekry*, der *Károly* bei der Belagerung von Arad nicht zu Hilfe gekommen war, meinte, dieser wolle es ihm nun heimzahlen und habe sich deshalb Zeit gelassen. *Pekry* und jene Rebellen, die *Rákoczy* zum Fürsten Siebenbürgens erhoben hatten, flohen Hals über Kopf nach Ungarn, in die Moldau und die Walachei. *Károly* stand damit *Rabutin* allein gegenüber. Er war für den Feldmarschall natürlich kein Gegner und sandte Hilferufe an den Fürsten. *Rákoczy* erhob gegen *Pekry* schwere Vorwürfe und setzte ihn von seinem Kommando ab. Gleichzeitig kündigte ihm *Rákoczy* an, ihn vor ein Kriegsgericht zu stellen. Zu *Károlys* Mißgeschick kam noch dazu, daß sich die walachische Bevölkerung gegen ihn stellte und auf seine Kuruzzen das Feuer eröffnete. Am 5. Oktober erreichte *Rabutin* Keresztur bei Deva, am 8. Benczencz und einige Tage später zog er in Hermannstadt ein. Groß war die Freude über das Wiedersehen mit Oberst *Tige*, und beide berieten sofort die weiteren Maßnahmen. Starke Kavalleriekontingente wurden abkommandiert, um die Distrikte von Kronstadt und Fogarasch vom Feinde zu säubern. *Rabutin* selbst entsetzte Mitte Oktober Mediasch. Gleichzeitig waren Marchese *Cusani* mit seinen Reitern und Oberst *Grave* mit seiner Infanterie über Maros-Vasarhely nach Bistritz marschiert. Dort vereinigten sie sich mit jener Kavallerie, die über die Hármoszek und Csik kam. Die kaiserlichen Besatzungen in Dés und Szamos-Ujvár wurden verstärkt und mit Vorräten versehen. Über Doboka und den Zsibopaß zogen die Rebellen aus Siebenbürgen ab und flohen nach Ungarn. Ende November konnte *Rabutin* stolz nach Wien melden, daß er Siebenbürgen zurückerobert und *Rákczys* Rebellenhaufen aus dem Lande gejagt habe. Oberst *Tige* hatte, wie er selbst vorher, die wichtigsten Plätze gehalten und mehrere Märsche im Lande unternommen.

Feldmarschall *Rabutin* hatte seine Aufgabe glänzend gelöst. Er war aber schon 66 Jahre, und die Strapazen des Feldzuges hatten arg an seiner Gesundheit gezehrt. Aus diesem Grunde bat er am Schlusse seiner Siegesmeldung um Geld für die Armee und um seine Enthebung vom Kommando. Seine Truppen legte er indessen, wohl versorgt, in Winterquartiere.

Nach der großspurigen Absetzungserklärung des Kaisers durch den Konvent der Rebellen in Ónod erwartete alle Welt einen Kampf auf Leben und Tod. Den großen Worten der Rebellen folgten aber keine großen Taten. Ihre Kampfkraft erlahmte nach und nach. Auch *Bercsényi* erkannte, wie wenig der Kriegsverlauf den verwegenen Beschlüssen von Ónod entsprach. Er schrieb an *Károly,* der sich über *Pekrys* Verhalten beklagt hatte: „Der Feind hat seine Schanzen von Tótujhely und Becsko bis an die Waag vollendet und streift bis Topolcsány. Die gemeinen Soldaten berauben schon einander; zu befehlen wagt man ihnen nicht mehr. Das Landvolk bittet um Erlaubnis (dem Kaiser) huldigen zu dürfen. Die Zukunft wird schlimmer als die Gegenwart sein. Der Stand der Dinge ist an der Maros derselbe wie an der Waag, dort schießt der Walache auf euch, hier der Slowake auf uns. Das Unglück ist, daß sich die Zuneigung des Volkes gegen uns verliert."

Rákoczy aber hielt an seinen Träumen fest, obwohl er alle Gebiete zwischen der March und Waag, ganz Siebenbürgen, Zentral- und Südostungarn verloren hatte und die protestantischen Stände seit der Ermordung ihrer Sprecher in Ónod und der Verhaftung ihres Thuroczer Adels mit ihrer Abneigung gegen *Rákoczy* und *Bercsényi* nicht mehr hinter dem Berge hielten.

Nachdem nicht nur der ehemalige Kurfürst von Bayern, sondern auch König *August von Polen,* der gegen die Schweden im Kriege stand, die Ehre und den Vorschlag *Rákoczys* dankend abgelehnt hatten, die Krone Ungarns aus seiner Hand empfangen zu wollen und Zar *Peter I.* ihm die Krone Polens angeboten hatte, schrieb die *Lubomirska,* die *Rákoczy* nach seiner Flucht aus Wiener Neustadt auf ihren Gütern Asyl gewährt hatte, am 5. September empört an *Bercsényi:* „Ganz Polen wundert sich, daß Rákoczy, obgleich nur bedingungsweise, die Krone ohne Einwilligung des Reichstages angenommen habe. Der Zar hat zwar einige Stimmen für ihn mit Gewalt erpreßt, aber kein einziger Senator hat für ihn gestimmt. Die Polen wünschen Frieden. Rákoczys Thronbesteigung aber würde Krieg über uns bringen. Die Polen sind der Einmischung des Moskowiters schon überdrüssig und werden, wenn er besiegt wird oder abzieht, sämtlich zum Schützling des schwedischen Königs, zu Stanislaus Leszczynsky übergehen."

Einen Tag vorher war in Warschau ein Vertrag geschlossen worden, demzufolge die polnische Königswahl auf drei Monate hinausgeschoben wurde. In der Zwischenzeit versprach *Rákoczy* die nötigen Schritte zu tun, damit der König von Frankreich die Vermittlung zwischen dem Zar und dem König von Schweden veranlasse. Sollte *Ludwig XIV.* dieselbe ablehnen, so würde die Königswahl vor sich gehen, und *Rákoczy* verpflichtete sich, die Krone, wenn ihn die Polen freiwillig wählen, anzunehmen. Der Zar hingegen sagte zu, *Rákoczy* im Besitze Siebenbürgens und des polnischen Thrones zu schützen und den Ungarn zur Erlangung ihrer Freiheit zu verhelfen. Der Vertrag trägt das Datum vom 4. September. *Bercsényi*, der für *Rákoczy* in Warschau verhandelt hatte, war so fest davon überzeugt, daß der französische Hof den Plan *Rákoczys* bereitwilligst aufgreifen werde, daß er dessen Annahme durch *Ludwig XIV.* als gewiß ankündigte. Zar *Peter* schenkte *Bercsényis* überschwenglichen Worten Glauben und bot *Karl XII.* einen Waffenstillstand auf 12 Jahre an. *Desalleurs* aber, der den Plan *Rákoczys* seinem König zu übermitteln hatte, hielt die Absichten *Rákoczys* für ein Hirngespinst und sah in der Vermittlerrolle, die *Ludwig XIV.* spielen sollte, einen Schaden für das Ansehen und die Interessen Frankreichs. Er schrieb dies unumwunden, und der französische Hof verwarf *Rákoczys* Ambitionen. Inzwischen hatten die Schweden am 22. August ihren Marsch über Schlesien und Polen nach Rußland angetreten, und *Rákoczy* rief mit Eilboten seine Gesandten von Warschau zurück, weil er sich den Zorn des bisher unbesiegten Schwedenkönigs nicht zuziehen wollte, der vorhatte, *Stanislaus Leszczynski* auf den polnischen Thron zu bringen.

Baron *von Vetes*, der bei *Rákoczy* gewesen war, um ihm die wahre Situation in Europa selbst zu schildern, war wieder nach Holland geschickt worden. Er hatte *Rákoczy* nicht beeinflussen können und war von der Uneinsichtigkeit des Fürsten enttäuscht. *Vetes* sollte dem Kurfürsten ausrichten, daß dieser sofort ein Heer von 15.000 Mann zu ihm senden möge. Er selbst wolle sich mit Siebenbürgen begnügen und verlange nur, daß die Gespanschaften Szatmár, Szabolcs und Bihar mit seinem Fürstentum vereinigt, die Besitzungen der Zrinyi und Frangepane ihm als Eigentum zufallen und die Moldau und Walachei, die man den Türken entreißen müsse, mit seinen Ländereien vereinigt werden. Außer Baron *Vetes* spannte *Rákoczy* jetzt auch den französischen Grafen *Tournon* für sich ein. Dieser sollte am französischen Hofe erwirken, daß *Desalleurs* abberufen und ein anderer Gesandter zu ihm geschickt werde. *Desalleurs* war ihm wegen seiner unfreundlichen Berichterstattung schon verhaßt. Von Mitte November bis 5. Dezember hatten dann die Staatsräte und Abgesandten der Gespanschaften in Kaschau einen Konvent abgehalten, denn die Probleme häuften sich, die Streitmacht der Rebellen sollte vermehrt und der immer aussichtsloser werdende Krieg weiterfinanziert werden.

Um die gleiche Zeit hat auch der Palatin, unterstützt von anderen Magnaten, den Kaiser gebeten, den Reichstag, der seit 19 Jahren nicht getagt hatte, einzuberufen, denn viele Anhänger *Rákoczys* seien von den Ónoder Beschlüssen entsetzt und warten auf eine Gelegenheit, um aus dem Bunde der Rebellen aussteigen zu können, der viel weiter gegangen ist, als sie es gewollt hatten. Kaiser *Joseph* hörte auf Fürst *Paul Esterházy*, seinem treuen Palatin, und schrieb den Reichstag für den 28. Feber 1708 nach Preßburg aus.

Das Jahr 1707 ging zu Ende und Kaiser *Joseph* stand gestärkt da. *Rákoczy* aber hatte, bis auf einige Raubzüge, keine militärischen Erfolge erzielen können. Auf politischem Gebiet aber scheiterte er an sich selbst und an seinem Freund *Bercsényi*. Verhandlungen mit Wien waren nicht mehr möglich und die Anhänger seiner Rebellion folgten ihm immer unwilliger.

Da trotz der in vielen Teilen des Landes streifenden Kuruzzen eine große Anzahl der Einberufungsschreiben für den Reichstag in ihren Bestimmungsorten eintrafen und *Rákoczy* vom Palatin aufgefordert worden war, im Interesse des Friedens und des Wohles des Vaterlandes jenen Ständen, die am Reichstage teilnehmen wollen, keine Hindernisse in den Weg zu legen, kam es zwischen *Rákoczy* und dem Palatin zu einer heftigen Kontroverse. *Rákoczy* verschickte, als Antwort auf die Einladungsschreiben des Hofes, nun seinerseits von Nagy *Károly* am 18. Februar ein Rundschreiben an die Stände, in welchem er das Haus Habsburg wieder der Unterdrückung Ungarns bezichtigte und ankündigte, den Krieg fortzusetzen, bis die Freiheit des Landes erreicht sein würde. Dennoch aber wolle er jenen, die an dieser „Versammlung" teilnehmen wollen, die Pässe nicht verweigern, wenn sie vor ihm persönlich erscheinen und nach Darstellung seiner unermüdlichen Bestregungen für das Wohl des Vaterlandes und der Kenntnisnahme der unheilvollen Pläne und trügerischen Verheißungen des Feindes noch immer auf der Teilnahme an dieser Versammlung beharren. Was sein Rundschreiben bedeutete, war somit klar gestellt worden, und alle, die *Rákoczys* Terror fürchten mußten, wußten dies auch. Dem Palatin Fürst *Paul Esterházy* schrieb *Rákoczy* am 28. Februar von Tokaj aus einen beleidigenden theatralischen Brief, in welchem er unter anderem anführte: „Während der Zeit der Unterhandlungen in Tyrnau war die Zeit da gewesen, einen Reichstag einzuberufen . . . Ihr, Fürst Esterházy, seid eurer Nation untreu geworden und habt deren Vertrauen verloren. Hört daher auf, euer Mittleramt zu erwähnen. Ihr und die wenigen, die mit Euch darin, Untertanen des Kaisers zu heißen, größeren Ruhm als in der Freiheit des Vaterlandes suchen, sollen den Namen Ungarns nicht dadurch vor der Welt beschimpfen, daß sie mit aller Gewalt das ganze Volk sein wollen . . . Die mir übersendeten Ausschreibungen sende ich unerbrochen zurück, weil ich deren Inhalt kenne und weil sie vom Kaiser kommen, den niemand unter uns als seinen Herrn anerkennt."

Rákoczy wußte ebenso gut wie *Bercsényi* um die wahren Verhältnisse, aber er hatte durch die von ihm herbeigeführten Ónoder Beschlüsse die Brücke hinter sich abgebrochen. Über den Winter hatte er wieder eine beträchtliche Streitmacht zusammengebracht und alles Geld in deren Ausrüstung und Ausbildung investiert. *Rákoczy* gab Siebenbürgen verloren und wollte den Sommer über den Kampf mit der kaiserlichen Armee vermeiden, um mit seinem neuen Kuruzzenheer im Herbst nach Schlesien ziehen zu können, wo er über den Winter 1708/09 bleiben und die protestantischen Stände Schlesiens zum Aufstand bewegen wollte. Er hoffte auch, Mähren und Böhmen für die Rebellion gewinnen zu können. In Schlesien sollte in diesem Winter dann die 15.000 Mann starke Armee des Kurfürsten von Bayern zu ihm stoßen. Gemeinsam mit dieser wollte *Rákoczy* dann nach Ungarn zurückkehren und die Entscheidung mit den Waffen herbeiführen. *Rákoczy* träumte wieder, denn mit den Realitäten auf den Schlachtfeldern Europas hatten diese Hoffnungen wohl nichts zu tun. Noch im Februar berichtete ihm Baron *Vetes* aus Paris: „Der französische Hof, der sich vormals erfreut zeigte, daß die Ungarn gesonnen seien den Kurfürsten zu ihrem König zu wählen, findet nun dessen Erhebung auf den ungarischen Thron mit unüberwindlichen Schwierigkeiten verknüpft. Er müßte, meinte man, über Polen hingehen, und zwar der großen Entfernung wegen, ohne Armee. Sollte es dem Kurfürsten dennoch gelingen mit einigen Truppen hinzugelangen, so könne er, falls ihn ein Unfall träfe, keine Hilfe erlangen."

Rákoczy war zwar von den Winkelzügen des französischen Hofes enttäuscht, aber nach den Ónoder Beschlüssen noch abhängiger von diesem geworden. Baron *Vetes* sollte wieder darauf dringen, daß *Ludwig XIV.* endlich ein Bündnis mit ihm schließe und die seit langem ausgebliebenen Hilfsgelder anweise, denn: „Ungarn ist nach der langen Anstrengung so erschöpft und von Geld entblößt, daß es ohne Unterstützung den Krieg nicht länger fortsetzen kann. Es hat sich in der Hoffnung von Österreich losgesagt, daß der König und der Kurfürst ihm nun desto reichlichere Hilfe gewähren werden. Bliebe diese Hoffnung aus, müsse Ungarn in Verzweiflung fallen. Auch der Kurfürst darf seinen Marsch oder die Inmarschsetzung einer Armee nicht auf das künftige Jahr (1709) verschieben, sonst könnten alle Pläne vereitelt werden." Aber die Berichte von Baron *Vetes* lauteten nur noch niederschmetternder: „Minister Torcy ist zu keiner bestimmten Antwort zu bewegen." Als Baron *Vetes* sich am 1. Mai wieder zu *Max Emanuel* begab, erklärte ihm dieser, daß er nicht mehr glaube, auf den ungarischen Thron gelangen zu können, weil der König von Frankreich durch die schweren Niederlagen außerstande sei, ihm zu helfen und daß sich *Rákoczy* daher anderwärts um einen Thronkandidaten umsehen möge. Damit war einer von *Rákoczys* Träumen ausgeträumt. *Torcy* erklärte Baron *Vetes,* daß sich die Umstände seit 1705 erheblich geändert hätten. Ein Bündnis müsse daher auf einer anderen Basis als auf der von damals erwogen werden. *Desalleurs*habe bereits diesbezügliche Weisungen. Und wegen der ausständigen Zahlungen gedrängt, fügte *Torcy* hinzu, sein König zahle, wenn er Geld habe. Baron *Vetes* aber ließ nicht locker und erreichte endlich eine Audienz beim König, in der er, im Beisein von Minister *Torcy*, vortrug: „Sollte Ew. Majestät über das Bündnis und die Hilfsgelder keine bestimmte Zusage geben, so wird der Fürst, der ohne Unterstützung die Last des Krieges nicht länger allein zu tragen vermag, gezwungen sein, sich mit dem Kaiser zu versöhnen, was er trotz der Unabhängigkeitserklärung von Ónod noch immer könne." Da unterbrach ihn *Torcy* barsch: „Das ist eitles Gerede! In der Macht Rákoczys steht es nicht mehr, Frieden zu schließen, wenn er will!" Über diese Audienz berichtete *Vetes* ausführlich an *Rákoczy* und schloß sein Schreiben mit dem Aufschrei: „Um Gottes Willen! Durchlauchtigster Herr, zögern Sie nicht, wenn Ihnen nicht Genüge geschieht, und zeigen Sie, daß es in Ihrer Macht steht, Frieden zu schließen!"

Inzwischen hatten die Franzosen, ohne Baron *Vetes* zu informieren, *Rákoczy* eine neue Fata morgana vorgegaukelt. *Bonnac,* der französische Gesandte in Danzig, wandte sich an den Hofkaplan des preußischen Königs und eröffnete *Jablonsky,* er sei beauftragt, dem preußischen König Informationen von großer Wichtigkeit zu machen, wenn dieser das erlaube. *Jablonsky* erlaubte und *Bonnac* schrieb ihm: „Wenn der König von Preußen mit Frankreich Frieden schlösse, seine Truppen aus den kaiserlichen Armeen in Italien und Deutschland abberiefe und künftig neutral bleibe, sei Ludwig XIV. bereit, seinen Königstitel anzuerkennen, ihn für die Schäden des Bündnisbruches mit Kaiser Joseph zu entschädigen, ihn als Vermittler zu akzeptieren, ihm monatlich 50.000 – 60.000 Taler zu zahlen und seinen Sohn den Ungarn als König zu empfehlen." Eine Abschrift dieses Schreibens wurde auch *Rákoczy* übermittelt. Der Fürst wurde in einem Begleitpapier aufgefordert, mit dem preußischen Hof Verbindung aufzunehmen. Er tat dies sofort, denn er war froh, wieder einen Kandidaten für die Krone Ungarns in Aussicht zu haben. Nur glaubte *Rákoczy* dies zu früh, denn es blieb bei der Korrespondenz mit *Jablonsky* und König Friedrich Wilhelm von Preußen trat weder mit ihm noch mit dem französischen Hof in näheren Kontakt. Nur die Ungarn in *Rákoczys* Umgebung munkelten, daß der Preuße den weiteren Verlauf im Erbfolgekrieg und *Rákoczys* Marsch nach Schlesien abwarten wolle, ehe er gegen seinen Kaiser und seine bisherigen Verbündeten etwas unternehmen werde. *Rákoczy* vertraute der Fata morgana, dem Gefühl, daß sich König *Friedrich Wilhelm* seinetwegen und wegen der ungarischen Krone gegen den Kaiser, das Reich, die Niederlande und Großbritannien stellen, seine Bündnisse mit diesen brechen und gegen den Kaiser in Ungarn Krieg führen würde.

In Preßburg hatten indessen die Tagungen der beiden Tafeln des Reichstages begonnen. Von der Oberen Tafel waren der Fürstprimas, die Erzbischöfe, 9 Diözesan-, 10 Titularbischöfe, der Palatin, der Landesoberrichter und 51 weltliche Magnaten erschienen, von der Unteren Tafel Abgeordnete aus den Gespanschaften Preßburg, Neutra, Trencsin, Bars, Gran, Pest, Raab, Ödenburg, Wieselburg, Eisenburg, Szala, Somogy, Baranya, Weißenburg und Komorn, aus 18 Städten, von 2 Kapiteln sowie die Stellvertreter von 25 Magnaten, die wegen der Unsicherheit nicht hatten persönlich kommen können. Hier waren, trotz der Unsicherheit auf den Straßen, der Hochadel des Königreiches und die Inhaber aller Reichsämter versammelt! Fürst *Adam Lichtenstein* und Graf *Otto Traun* waren als kaiserliche Kommissare mit der Wahrnehmung der Interessen *Josephs I.* betraut und überbrachten mehrere Gesetzesvorschläge des Hofes. Der Reichstag sollte sich vorwiegend mit jenen Problemen befassen, die das ganze Land und den Frieden betrafen. Dazu gehörte die Aufhebung der Ónoder Beschlüsse des Rebellenkonvents, Hochverrat und Amnestie, die Angelegenheiten des Heeres- und Finanzwesens, Religionsangelegenheiten sowie die Zusammenstellung der Beschwerden und Vorschläge, wie diesen abzuhelfen wäre.

In den Niederlanden hatte man inzwischen Prinz *Eugen* das Oberkommando übertragen, weshalb Feldmarschall *Guido von Starhemberg* das Oberkommando in Italien übernehmen mußte. Dies hatte zur Folge, daß Feldmarschall *Siegbert Heister,* der von den Rebellen am meisten gefürchtete und gehaßte Heerführer, wieder mit dem Oberkommando in Ungarn betraut wurde. *Heister* standen die Generäle *Pálffy* und *Viard* zur Seite.

Seit Anfang Jänner führte *Ocsay,* der mit 3.000 − 4.000 Reitern in den Wäldern östlich der March kampierte, laufend kleinere Einfälle in das Marchfeld durch, streifte über die mährische Grenze und machte die Zufahrtswege nach Trencsin unsicher. *Anton Esterházy* und die Brigadiere *Bezerédy* und *Kisfaludy* standen im Bakonyer Wald. *Bottyán* war an die Waag abberufen worden, und *Bercsényi* lagerte an der Gran. *Páloczy* führte eine Streifschar zu *Károly,* der nur mehr im Nordwesten Siebenbürgens einige unbedeutende Plätze hielt.

Am 28. Feber hatten *Anton Esterházy, Bezerédy* und *Kisfaludy* etwa 5.000 Kuruzzen gegen Ödenburg geführt. Die Streifschar teilte sich in zwei Haufen. Der eine belästigte Ödenburg, konnte aber nichts ausrichten, während der zweite abermals Mattersdorf (Mattersburg) überfiel. Mattersdorf wurde aber von Hauptmann *Berner* des Dragonerregiments Bayreuth verteidigt. Hauptmann *Reinhard,* der mit seinen Leuten in den Schanzanlagen stand, kam *Berner* zu Hilfe, und beiden gelang es, die Kuruzzen wieder abzuweisen, die sich, unter beträchtlichen Verlusten, hinter die Linien von Rohrbach zurückzogen als General *Nádasdy,* der den ersteren Haufen bereits vertrieben hatte, Verstärkungen sandte. Mattersdorf aber war in den schweren Kämpfen wieder in Flammen aufgegangen. 7 kaiserliche Soldaten waren in diesen Kämpfen am 28. Februar gefallen. Auch die Verluste der Kuruzzen waren beträchtlich. Am 9. März wurde Steinbrunn und am 19. Tattendorf überfallen und von einer Streifschar geplündert.

Bezerédy brach am 30. April von Güns auf und marschierte in die Umgebung von Ungarisch-Altenburg. Tags darauf, am 1. Mai, als Viehhändler und Kaufleute von Gols und Illmitz von Ödenburg her über den See fuhren, folgte ihnen eine Zille mit Kuruzzen aus Wolfs. Diese fielen, als die Leute bei Illmitz an Land gingen, über die Golser und Illmitzer her, fesselten sie und führten sie in Richtung Wolfs davon. Nur einem Illmitzer war es gelungen zu entkommen. Er schlug im Dorfe Lärm. Sofort eilten 40 Fischer und Bauern, davon 20 mit Gewehren, zum Fischerhafen und nahmen die Verfolgung der Entführten auf. Mitten im See holten sie die Kuruzzen, die die Gefesselten in ihren Zillen hatten ein, schwenkten ein weißes Tuch und forderten die Kuruzzen auf, anzuhalten. Als sich die Illmitzer anschickten mit ihnen über die Freilassung der Gefangenen zu verhandeln, feuerten die Entführer. Es kam aber anders als die Kuruzzen gedacht hatten. Plötzlich hatten die Illmitzer 20 Flinten, die bisher in den Zillen gelegen hatten, in den Händen und schossen wild drauf los. In diesem kurzen Feuerkampf wurden 3 Kuruzzen erschossen und die anderen 5 ergaben sich. Die Golser und Illmitzer wurden befreit und die Kuruzzen gefesselt und nach Illmitz mitgenommen, wo sie streng verhört wurden. Am darauffolgenden Tag wurden die Gefangenen nach Ungarisch-Altenburg abgeliefert. Dieser Kampf blieb die einzige „Seeschlacht" im Kuruzzenkriege.

Der Verlust von Neusiedl am See und der Sieg bei Trencsin

Am 20. Mai zeigten sich die Kuruzzen vor Neunkirchen, richteten aber nur geringe Schäden an. Ärger war ein Streifzug am 4. Juni, bei dem sie bis vor Wiener Neustadt kamen und einige namentlich nicht angeführte Orte in der Umgebung der Stadt verwüsteten.

Am 16. Juni näherten sich Rebellenhaufen dem Markte Neusiedl am See, in dem sich gerade Hauptmann *Braun*, der Adjutant des Kommandanten von Bruck a. d. Leitha aufhielt. Sie trieben in Neusiedl 14 Stück Vieh von der Weide weg und requirierten in Weiden Rösser, in St. Andrä Ochsen, in Frauenkirchen, Gols, Habturn, Mönchhof, Podersdorf und Sommerein in der Straß (Wüst-Sommerein) Ochsen und Rösser. Am 18. Juni ritten 4 Fähnlein Kuruzzen nach Prellenkirchen. Am Rückweg plünderten sie Fuhrwerke bei Zurndorf und Gattendorf und raubten aus der 2 Stunden von Bruck entfernten Wangmühle Mehl und Getreide. Als Hauptmann *Braun* im Juni auch noch verwundet wurde, waren die Linien von Bruck bis Neusiedl völlig von Truppen entblößt worden. Die Einheimischen hatten sie ebenfalls verlassen, weil der Feind zu stark war. Die Kuruzzen aber ritten täglich an die Linien. Um dies zu ändern, sandte General *Nádasdy* aus Ödenburg 160 hannoveranische Reiter nach Neusiedl, von denen später 60 nach Ungarisch-Altenburg gehen sollten. Ende Juni wurden 6 Schwadronen Kavallerie von Ungarisch Brod nach Hainburg verlegt. Baden und Wiener Neustadt waren ebenfalls stärker besetzt.

Am 2. August lagerte *Anton Esterházy* mit etwa 8.000 Kuruzzen bei Rust. In den Abendstunden brach die Streifschar auf, marschierte am Westufer des Sees nach Norden und stand am 3. August unerwartet vor Neusiedl. Neusiedl, der Stützpfeiler am Südende der Schanzanlagen (Linie), war in gutem Verteidigungszustand gewesen. Der „Tabor" mit seinen fast 3 m dicken Mauern war der Kern der Befestigungsanlage. Um den Turm war ein Palisa-

denwall mit vorgelegtem Graben im Ausmaß von 50 x 30 m mit 4 Geschütz-
rondellen an den Ecken und einem zweiten Wallgraben an drei Seiten, außer
am Steilhang, angelegt worden. Die Marktbefestigung selbst bestand aus den
befestigten Toren und einem Schanzgraben, hinter dem die Scheunen und
Zäune eine geschlossene Linie bildeten. Beim Nordtor, wo man den Feind
erwartete, waren noch 2 Kanonen in Stellung gebracht worden. In Neusiedl
befanden sich die 160 Reiter des Regimentes Hannover und der Fähnrich des
Milizregimentes Thierheim mit 50 Mann. Zu diesen regulären Truppen kamen die Handwerker, Bauern und Flüchtlinge aus den Nachbargemeinden,
die ebenfalls in Waffen standen und vom Marktrichter *Freidl* befehligt wurden. Auch sie zählten einige hundert Mann. Da *Esterházy* auch Kanonen mit
sich führte, entbrannten bald erbitterte Kämpfe. Nach mehreren Stunden jedoch gelang es der gewaltigen Übermacht die Befestigungsanlagen des Marktes zu durchbrechen und in Neusiedl einzudringen. Die Verteidiger zogen
sich zum Teil in den Tabor, zum Teil ins Paulinerkloster zurück und leisteten
anhaltenden Widerstand. Frauen und Kinder waren in die große Kirche und
in das Paulinerkloster geflohen. Als aber der Hauptmann der Hannoveraner
nach einer schweren Verwundung starb und mehr als die Hälfte der Verteidiger gefallen war, ergaben sich die anderen. Inzwischen fiel auch das Paulinerkloster, wo *Peter Floridan,* der Sohn des gleichnamigen, schon 1696 verstorbenen ehemaligen Marktrichters von den Kuruzzen in hartem Kampfe niedergehauen worden war. (Die Sage verwechselt beide und sagt, der Richter
Peter *Floridan* wäre 1708 von den Kuruzzen vom Ort bis zum (von ihm im
Jahre 1679 am Mautstein von 1616 errichteten) Pestkreuz vor der heutigen
Straßenkreuzung im Norden, an einen Roßschweif gebunden, zu Tode geschleift worden. Es kann ausgeschlossen werden, daß der 1696 Verstorbene
sich im Jahre 1679 ein Kreuz für ein Vorkommnis gesetzt hat, daß man ihm
im Jahre 1708 zuordnete.) *Esterházy* zeichnete in seinem Tagebuch auf, daß
über die Hälfte der Verteidiger niedergehauen wurde. Es werden mehr als
200 Tote gewesen sein, wenn man die Handwerker und Bauern den Soldaten
hinzurechnet. Der Markt wurde hierauf geplündert und samt Kirche und
Kloster in Brand gesteckt. Auf die Nachricht, daß ein Dragonerregiment
nach Neusiedl presche, es war das savoyische Regiment, daß auf dem Marsche zu Nádasdy war, räumten die Kuruzzen den verwüsteten Markt und
zogen überstürzt ab. Sie nahmen nicht einmal die zum Schweigen gebrachten
Kanonen mit. Die niederösterreichischen Stände gestatteten bald darauf, daß
die in der Taborschanze stehenden 8 Kanonen nach Bruck gebracht werden
durften, weil die Gefahr groß und die Linien unbesetzt gewesen waren. General *Nádasdy* schlug nach dem Verlust von Neusiedl vor, 150 Reiter und einige Kompagnien Dänen nach Bruck zu verlegen.

Der Fall von Neusiedl am See war für die ganze Umgebung schmerzlich
gewesen, doch eine militärische Entscheidung von weittragender Bedeutung
ereignete sich gleichzeitig in der Schlacht bei Trencsin. *Rákoczy* hatte zu Beginn des Jahres 1708 die Absicht, nochmals ein schlagkräftiges Kuruzzenheer

aufzustellen und besser auszurüsten. Im Verlaufe des Frühjahres und Sommers sollten alle Kämpfe mit der kaiserlichen Armee vermieden werden, um mit diesen Truppen im Herbst nach Schlesien marschieren zu können. Da er aber wußte, daß seine Unterführer für seine strategischen und politischen Pläne wenig Verständnis aufbringen würden, erfuhr nur seine allernächste Umgebung von seinem Vorhaben. Erst Mitte Juni, als er dem Drängen seiner Generäle nicht mehr standzuhalten vermochte, die nicht begriffen, warum er mit so starken Kräften nichts unternehme, brach er von Erlau auf und rückte bis zur Waag vor. *Rákoczy* ließ Lager schlagen und rief seinen Kriegsrat zusammen, um den Tatendurst seiner Offiziere zu zähmen. Er eröffnete seinen Generälen seine Idee von der Expedition nach Schlesien, der Vereinigung mit einem preußischen Heere und dem gemeinsamen Einmarsch in Ungarn. Seine Idee fand wenig Gegenliebe, denn seine Parteigänger glaubten nicht daran, daß Preußen auf seine Seite treten würde, nachdem auch die Bayern abgesagt hatten. Sie schlugen vor, die kaiserliche Armee anzugreifen, Leopoldstadt und Trencsin zu erstürmen, in Österreich und Mähren einzufallen und später die schlesische Expedition durchzuführen. *Rákoczy* war zu wenig Herr seiner Offiziere als daß er sich über ihre Gegenvorschläge hinwegsetzen hätte können. Dazu hatten Spione gemeldet, daß Leopoldstadt und Trencsin reif zur Übergabe wären und daß sich deren Besatzungen ergeben würden, wenn *Rákoczys* Scharen vor dem Eintreffen der kaiserlichen Verstärkungen vor den Festungen stehen würden. *Rákoczy* ließ sich dazu überreden, diese beiden Festungen im Waagtale anzugreifen, weil es auch gut für seine schlesische Expedition wäre, wenn ihm die eroberten Festungen im Waagtale den Rücken decken würden. Ende Juli gab er den Befehl zur neuerlichen Belagerung der beiden Plätze. Auf *Bercsényis* Vorschlag ernannte *Rákoczy* hierauf Graf *Pekry,* der schon in Siebenbürgen kläglich versagt hatte, zum Kommandanten über ein starkes berittenes Korps. Auch *Ocskay* mit seinen Reitern wurde ihm unterstellt. *Pekry* sollte gegen General *Viard* ziehen und dessen Regimenter nach Österreich zurückwerfen. Bei Skalnitz kam es in der Folge zum Kampf, in dem *Pekry* vernichtend geschlagen und seine Haufen versprengt wurden. *Viard,* ein erfahrener Reitergeneral, hatte *Pekry* so ungestüm angegriffen, daß er, trotz zahlenmäßiger Überlegenheit, das Treffen verlor. Wieder hatte es sich gezeigt, daß die Kuruzzen der regulären Armee nicht gewachsen waren. Es dauerte einige Wochen, bis *Pekrys* Haufen wieder zusammenfanden, so daß *Rákoczy* erst am 29. Juli den Vormarsch gegen Trencsin anordnete. Dem ging ein stürmischer Kriegsrat voraus, in dem *Rákoczy* Bedenken geäußert hatte. Sein französischer Oberst *La Motte* hatte mit einer Vorausabteilung gegen die Festung vorzurücken. Er sollte die Waagbrücke westlich der Stadt besetzen und sich vor dieser verschanzen, um den Anmarsch kaiserlicher Verstärkungen zu verhindern und die Stellung solange halten, bis *Rákoczy* mit dem Gros nachkommen würde. *Rákoczy* teilte seine 14.500 Mann starken Kräfte in drei Kolonnen. Er selbst rückte an der Spitze seiner Fußvölker am östlichen und *Bercsényi* mit den berittenen Haufen am westlichen Ufer der Waag vor. Der Troß hatte unter *Ocskay* in der Ortschaft Ban das Schicksal von Trencsin abzuwarten. Außerdem sollten *Ocskays* Reiter die Bewegungen Feldmarschall *Heisters* beobachten und die Verbindung zu *Bottyán* aufrechthalten.

Als Feldmarschall *Siegbert Heister* durch seine Kundschafter erfahren hatte, daß *Rákoczy* mit seiner ganzen Macht an der Waag stehe, sammelte er seine Kavallerieregimenter bei Preßburg, ließ seine Infanterie und seinen Troß zurück und ritt mit 5.200 Reitern in Gewaltmärschen bis Szakolcza, um ein weiteres Vorrücken *Rákoczys* gegen Westen verhindern zu können. Am 2. August waren sich die Kaiserlichen und Rebellen schon ziemlich nahe gekommen. *Heister* erreichte Waagujhely und erhielt von seinen Kundschaftern die irrige Nachricht, daß sich die Streitmacht *Rákoczys* geteilt habe und daß der Fürst mit den Fußvölkern nach Osten abmarschiert sei. *Heister* meinte daher, es nur mit der Reiterei *Bercsényis* zu tun zu haben. Indessen hatten sich aber die getrennt vorrückenden Kräfte *Rákoczys* und *Bercsényis* vereinigt. Während die Rebellen noch auf dem Marsche waren, kehrte Oberst *La Motte* zurück und meldete dem Fürsten, daß er seinen Auftrag nicht habe ausführen können, weil General *Viard* bereits die jenseitigen Höhen besetzt gehalten und am Nachmittag eine starke Proviantkolonne in die Festung Trencsin gebracht hatte. *La Motte* war zu spät gekommen und an eine leichte Eroberung von Trencsin war nicht mehr zu denken. *Rákoczy* beschloß daher, am Inocz-Berge Lager zu schlagen und abzuwarten, was *Heister*, *Pálffy* und *Viard* unternehmen würden. In einem großen halbkreisförmigen Bogen am Bergabhang, etwa 4 − 5 km südlich von Trencsin, brannten die Lagerfeuer der Kuruzzen. Der westliche Teil des Lagerplatzes war von mehreren steilwandigen Bachbetten durchfurcht, im Unterteil mit Gestrüpp und im oberen Teil mit dichtem Hochwald bedeckt. Am Fuße des Inocz-Berges lagen die Orte Turna und Hamri und in einem Seitental Baratlehota. Der östliche Teil des Lagerplatzes war im Frühjahr teilweise versumpft, wurde jetzt von ausgetrockneten Bachbetten zerfurcht und ging in die Ebene von Trencsin über. Bei Szoblaho befanden sich zwei durch einen schadhaften Damm getrennte Teiche. Dieses hauptsächlich aus Wiesen und Ackerland bestehende Gelände eignete sich für den Reiterkampf, weil die sonst sumpfigen Teile im Hochsommer weitgehend passierbar waren. Der westliche Teil hingegen eignete sich wie schon angedeutet, mehr für den Infanteriekampf bzw. die Verteidigung.

In der Nacht auf den 3. August, um 2 Uhr, stieß *Heisters* Vorhut auf die Sicherung der Kuruzzen, die *Bercsényi* unter Oberst *Cselder* in einem Engpaß, einige Kilometer talabwärts vom Lager als Nachhut zurückgelassen hatte. Nach kurzem Scharmützel wurden die Kuruzzen zersprengt, und zwischen 5 und 6 Uhr erreichte die kaiserliche Reiterei bei Szedlicsna die Ebene von Trencsin. *Heister* war überrascht, denn er sah sich der ganzen Streitmacht *Rákoczys* gegenüber. *Rákoczy* hatte, wie er in seinen Memoiren später schrieb, 27 Regimenter (Gardetruppen reguläre Infanterie und Kavallerie sowie irreguläre Feldtruppen und einige französische Grenadierbataillone) und 14 Kanonen unter seinem Kommando stehen, die bei *Heisters* Erscheinen bereits zwischen Szoblah und Szedlicsna aufgestellt waren. Da *Heister* seinen Gefechtstroß in Waagujhely zurückgelassen hatte, stand er nur mit den Reiterregimentern der gut postierten dreifachen Übermacht gegenüber. Er versuchte, die schwächste Stelle bei den Kuruzzen auszumachen, um dort allenfalls einen Angriff zu versuchen. Außerhalb der Schußweite rückte er mit seinen Regimentern in einem Flankenmarsch in Angriffsposition, sah aber ein, daß er ohne Infanterie und Artillerie die Kuruzzen würde schwer überwältigen können und befahl daher einen Kontremarsch und wollte nach einer Linksschwenkung nach Trencsin abrücken, um eine günstigere Gelegenheit zum Schlagen abzuwarten. *Rákoczy* hatte am rechten Flügel das Gros seiner Reiterei konzentriert, die Graf *Pekry* kommandierte. Im Zentrum standen die Fußvölker und die Artillerie des Obersten *La Motte* beiderseits der Straße nach Baratlehota. Am linken Flügel befanden sich die restlichen Haufen der Fußvölker und Reiterei. *Rákoczy* hielt sich hinter dem Zentrum auf einem Hügel, von wo er die Bewegungen der Kaiserlichen beobachten konnte. Als *Heister* seine Schwenkung vollzog, ließ *Rákoczy Pekry* vorrükken, um den Abmarsch *Heisters* zu stören. *Pekry* begann sein Vorrücken mit der irregulären Reiterei, die über den schadhaften Damm bloß einzeln und in kleinen Gruppen vorrücken konnten. Als nach und nach ein größerer Haufen zusammengekommen war, ritt Oberst *Ebeczky* zu *Pekry* und machte ihm Vorwürfe. Ein Hindernis wie der durchbrochene Damm und die beiden Teiche könne im Falle eines Rückzuges zur Katastrophe führen. *Pekry* befahl hierauf *Ebeczky,* wieder in seine Ausgangsstellung zurückzukehren. Das geschah wieder einzeln und in kleinen Gruppen.

Die Vorhut der kaiserlichen Reiterei befehligte hingegen der erfahrene und kampferprobte Reitergeneral Graf *Pálffy.* Sofort bemerkte er die Unordnung, die durch das Hin- und Herreiten der Kuruzzenreiterei am rechten feindlichen Flügel entstand und bat *Heister,* diesen Flügel attackieren zu dürfen. Damit sich die habsburgischen Regimenter nicht ganz ohne Kampf vom Feinde lösen, stimmte *Heister* zu, mit einigen Esquadronen in das Durcheinander hineinzustoßen. Ohne Zögern griff *Pálffy* an und gab damit den Auftakt zu einer Schlacht, die keine der beiden Seiten von Haus aus gewagt hatte. Durch den unerwarteten Angriff *Pálffys* verwirrt, rissen nicht nur die irreguläre Reiterei *Ebeczkys,* sondern auch andere Teile des angegriffenen rechten feindlichen Flügels aus. *Pekrys* Streitmacht bröckelte bald ab, und seine Haufen flohen in größter Unordnung und zogen sich in die Wälder des Inocz-Berges und gegen Baratlehota zurück. *Pálffy* nützte die Stunde, verfolgte den fliehenden Feind und metzelte nieder, was er erreichen konnte. *Heister* erkannte mit scharfem Blick den sich immer mehr ausdehnenden Erfolg des anfangs bloß als kleinen Reiterkampf gedachten Angriffs *Pálffys* und erteilte neue Order. Der schon begonnene Abmarsch wurde gestoppt und die Regimenter zum allgemeinen Angriff gegen *Rákoczy* formiert. Zwischen 8 und

9 Uhr morgens begann am ganzen Frontverlauf der Kampf, der bis gegen 11 Uhr andauerte und mit größter Erbitterung ausgetragen wurde. Aber durch die Flucht der Reiterei *Perkys* war der ganze rechte Flügel der Kuruzzen aufgerissen, so daß *Pálffy*, der von der Verfolgungsjagd zurückgekehrt war, den Rest dieses Flügels bis zum Zentrum aufrollen konnte. *Rákoczys* Zentrum leistete in einem kleinen Wäldchen bei der Ortschaft Hamri zwar tapferen Widerstand, doch *Heisters* abgesessene Grenadiere eroberten indessen in einem blutigen Häuserkampf Hamri und die Ortschaft Turna, worauf im Kuruzzenheer eine allgemeine Panik ausbrach. Schon in den ersten Mittagsstunden flutete die gesamte Streitmacht *Rákoczys* in ungeordneten Haufen nach Süden und floh in die Täler und Wälder des Inocz-Bergmassivs. Die Schlacht war entschieden. *Rákoczy* wollte die in Panik fliehenden Haufen an einer neuralgischen Stelle persönlich aufhalten und zum Stehen bringen. In kühnem Sprung setzte er mit seinem Jagdpferd über zwei Gräben. Beim Sprung über den dritten stürzte er aber, das edle Tier brach sich das Genick und begrub *Rákoczy* unter sich. Vom schweren Sturze benommen und aus einer Platzwunde in der Schläfengegend blutend, blieb der Fürst bewußtlos liegen. Seiner Leibgarde gelang es jedoch noch, ihn zu bergen und in Sicherheit zu bringen. Spätabends erreichte *Rákoczy* in Begleitung weniger Getreuer die Ortschaft Neutra-Szerdahey. Das von ihm so sorgsam, mit letzten Mitteln aufgebaute, gehegte und gepflegte Heer war geschlagen, aufgerieben und der Rest in alle Himmelsrichtungen versprengt. Feldmarschall *Heister* hatte in wenigen Stunden *Rákoczys* bestes Heer vernichtet und dem Fürsten die schmählichste Niederlage des ganzen Kuruzzenkrieges beigebracht. Sie war aber nicht nur die schmählichste, sondern auch die entscheidende Niederlage der Rebellen, denn erst nach vielen Monaten konnten einige Haufen wieder gesammelt werden. Diese waren aber derart demoralisiert, daß sie auch im darauffolgenden Jahre, 1709 nahezu kampfunfähig blieben.

Feldmarschall *Heister* verfolgte zwar den Feind eine Strecke, gönnte dann aber seinen durch den Nachtmarsch und die Kämpfe ebenfalls erschöpften Reitern Ruhe. Mehr als 6.000 Kuruzzen wurden getötet oder verwundet, nur 400 gerieten in Gefangenschaft. *Rákoczys* Fußvölker waren gänzlich aufgerieben worden, seine 14 Kanonen fielen *Heister* in die Hände, ebenso die Bewaffnung der Gefallenen und Gefangenen, 40 Fahnen und fast der ganze Troß. *Heister* verlor 160 Mann. Dies beweist, daß eine entschlossen angreifende Armee unter geringen Verlusten selbst eine dreifache Übermacht zerschlagen kann. In dieser Niederlage ging *Rákoczys* Glücksstern für immer unter, der Tiefpunkt der schon acht Jahre währenden Rebellion war erreicht.

Nach diesem großartigen Sieg zog *Heister* die endlich eintreffenden dänischen Hilfstruppen an sich und rückte mit seiner gesamten Heeresmacht vor Neutra. *Heister* forderte Baron *Revay* auf, die Stadt und Festung zu übergeben. *Revay* ergab sich, und *Heister* erließ von Neutra aus eine Amnestie für alle, die binnen zwei Monaten zur Treue gegen den Kaiser und König zurückkehren und ordnete die Ablieferung aller Waffen in den Gespanschaften

Preßburg, Neutra und Trencsin an. Von Neutra zog *Heister* gegen Neuhäusl, der stärksten Festung der Rebellen nördlich der Donau. Da *Heister* keine Zeit verlieren wollte, ließ er einen Teil seiner Truppen zur Belagerung zurück und rückte mit dem Gros seiner Armee nach Komorn ab, überschritt die Donau und zog gegen *Anton Esterházy,* der Neusiedl am See zerstört hatte und Streifzüge nach Österreich und in die Steiermark durchführte. *Heister* hoffte, daß er die Rebellion im Südwesten Ungarns werde niederwerfen können, weil es *Pálffy* gelungen war, *Bezerédy* zu überreden, in kaiserliche Dienste überzutreten. *Bezerédys* Absicht sickerte aber durch und über Befehl *Anton Esterházys,* nahm Oberst *Horvath* in einem Handstreich den Brigadier *Bezeredy,* seinen Adjutanten Oberstleutnant *Adam Botka,* Baron *Szegedi* und die Hauptleute *Ujkery* und *Pöstyenyi* am 5. September im Hauptquartier in Güns gefangen, ließ sie nach Erlau, zu *Rákoczy* eskortieren und führte die Kuruzzenhaufen, die diese bisher kommandiert hatten, *Anton Esterházy* zu, der zu dieser Zeit im Gebiet zwischen Mur und Drau heerte. *Heisters* Plan, die Kuruzzen im Südwesten Ungarns in die Zange zu nehmen und zu vernichten, mußte nach dem Fehlschlagen des Parteiwechsels *Bezerédys* auf den Herbst verschoben werden. *Heister* wollte nicht soweit nach Süden ziehen, um die eroberten Gebiete nördlich der Donau nicht wieder zu verlieren, überließ den Kampf gegen *Esterházy* den Raizen und kehrte ins Slowakische zurück. Als *Heister* vor Neuhäusl einlangte, hatte General *Pálffy* den Oberst *Ocskay* bereits überredet, mit seinem Regiment in den Dienst des Kaisers zu treten. Am 28. August wechselte *Ocskay* die Partei. Er hielt, ebenso wie *Bezerédy,* die Sache *Rákoczys* für verloren, die Rebellion, in deren Diensten sie all die Jahre bisher gestanden hatten. *Ocskay,* eine der abenteuerlichsten Figuren jener Zeit, ein Freibeuter, der ein Dutzend Jahre voller Ruchlosigkeit und Verbrechen, aber auch voll verwegener Taten und außerordentlicher Leistungen hinter sich hatte, hatte sich nach schweren Zerwürfnissen mit *Rákoczy* entschlossen, diesen Schritt zu tun. Der Parteiwechsel *Ocskays* sprach sich bei den Kuruzzenhaufen wie ein Lauffeuer herum und deprimierte viele. Die Niederlage *Rákoczys* bei Trencsin und die päpstliche Bulle vom 17. August, welche die Anhänger der Konföderation aus den Reihen des Klerus zum Abfalle von *Rákoczy* aufforderte, bewirkte die Zerfallserscheinungen bei seinen Anhängern. Da die Besatzung der Festung Neuhäusl weiter Widerstand leistete, blieb es bei der Zernierung. Um der Besatzung ihre Versorgung zu erschweren, ließ *Heister* die Orte in der Umgebung Neuhäusls niederbrennen. Hierauf ging er gegen die Bergstädte vor. *Bercsényi,* der es nicht wagte, *Heister* entgegenzutreten, legte Leva in Asche, damit *Heister* dort keine Vorräte finde und zog sich hinter die Eipel zurück. Die Verwüstung der Stadt Leva wurde *Bercsényi* von der Bevölkerung sehr übel genommen. *Heister* hatte *Bercsényis* Vandalentum wenig geschadet. Ohne Widerstand besetzte *Heister* die Bergstädte Schemnitz, Kremnitz, Neusohl sowie die übrigen Karpathendörfer und die Gold- und Silbergruben. Damit hatte *Rákoczy* auch seine Geldquellen verloren. Ab sofort wurde in den Prägestätten wieder für die kaiserliche Finanzkammer gearbeitet. In Oberungarn, wo die slowakische Bevölkerung einmal im Namen des rechtmäßigen Königs und dann wieder von den Rebellen traktiert wurde, herrschte tiefe Niedergeschlagenheit. Während die einfachen Menschen, die eigentlichen Opfer dieser unheilvollen Rebellion, auf den Trümmern und Brandstätten ihrer Häuser sorgenvoll der Zukunft entgegensahen, wurden die Mitglieder des Bundes der Rebellen durch die Siege *Heisters* in Bestürzung und Schrecken versetzt. Die Treue der bewaffneten Haufen wankte, und viele Adelige, die weder durch Gesinnung noch durch aufrührerische Taten mit den „Konföderierten" verbunden waren, ergriffen die Gelegenheit die ihnen *Heister* mit der Amnestie anbot und huldigten dem König. Jene aber, die befürchteten, wegen ihrer Teilnahme am Aufruhr von der Amnestie ausgeschlossen zu werden, flohen mit ihren Familien in die östlichen Gespanschaften, wo sie auch jene trafen, die aus Siebenbürgen geflüchtet waren. *Károly* war von den kaiserlichen Generälen aus dem Fürstentum verjagt worden und hatte auch die letzten Stützpunkte an *Kriechbaum* und *Chusani* verloren. Das östliche Ungarn wurde somit nicht nur von *Heister,* vom Westen her, sondern auch von General *Kriechbaum,* der *Rabutin* abgelöst hatte, von Siebenbürgen aus, bedroht.

Schwierigkeiten und erste Auflösungserscheinungen bei Rákoczys Anhang

Nach der Niederlage von Trencsin war *Rákoczy* nach Erlau gereist, wo ihn *Ukrainzow,* der Gesandte des Zaren erwartete. *Ukrainzow* versicherte *Rákoczy,* daß ihm *Peter I.* gewogen sei und die Vollziehung des Warschauer Vertrages wünsche. *Rákoczy* wußte inzwischen, daß dies unmöglich sei und begab sich nach Nagy-Károly, wo er sich mit Baron *Károly* beriet, wie es mit der Rebellion weitergehen solle. Beide wußten, daß es notwendig gewesen wäre, wieder eine Armee aus dem Boden zu stampfen und auszurüsten. Sie wußten aber auch, daß dies unmöglich war, weil nicht nur der Adel sondern auch die leibeigene Bevölkerung gegen die Fortführung des Krieges waren. So beschlossen denn beide, Siebenbürgen sich selbst, das heißt den Kaiserlichen zu überlassen und die ihnen verbleibenden Möglichkeiten und Mittel gegen *Heister* zu mobilisieren. Dies und die Sorge für den Unterhalt der Flüchtlinge aus den verlorenen Gebieten im Westen und Osten veranlaßten sie, für den 22. November die verbündeten Stände nach Sáros-Patak einzuberufen. Als aber der Konvent in Pátak eröffnet wurde, fehlten viele der bisherigen Mitglieder, denn *Heisters* Truppen waren bereits bis in die Gespanschaften Gömör und Neograd vorgedrungen. Sie redeten sich aber aus, daß sie nicht kommen könnten, weil sie Angst hätten, von der Pest befallen zu

Franz II. Rákoczy

Emmerich Graf Tököly

Johann Graf Pálffy

Alexander Graf Károly

Nikolaus Graf Bercsényi

Johann Ludwig de Rabutin

Anton Graf Esterházy

Kuruzze

werden, die bereits dort und da ausgebrochen war. Aber selbst die Anwesenden sahen, von bangen Ahnungen erfüllt, der Zukunft entgegen. Eine größere Gruppe von ihnen war für den Frieden und beauftragte *Alexander Ottlik*, den Kanzler *Rákoczys*, in ihrem Namen dem Fürsten die Versöhnung mit dem Kaiser vorzuschlagen. Wieder, wie in Ónod, stellte sich *Bercsényi* gegen *Ottlik* und die Friedenspartei und forderte deren Liquidierung. Aber diesesmal machten die Anwesenden nicht mit und ließen sich auch nicht einschüchtern. Wütend mußte *Bercsényi*, der selbst vor *Heister* ausgerissen war, zurückstecken und *Rákoczy* übernahm es, *Bercsényi* von einer beabsichtigten Bluttat, die aber schon die Stände selbst verhindert hatten, abzuhalten. Dafür setzte *Bercsényi* aber durch, daß wenigstens *Bezerédy* und *Adam Botka* geköpft wurden. Es war ein blutiger Trost, den *Rákoczy Bercsényi* gewährte. Zu spät sah *Bezerédy* ein, daß er jahrelang auf der falschen Seite gekämpft hatte. Er und *Botka* wurden am 18. Dezember hingerichtet, *Szegedy*, *Ujkery* und *Pöstyenyi* zu Festungshaft begnadigt. Am 20. Dezember löste sich die Versammlung auf. Sie hatte den Gespanschaften harte Abgaben auferlegt und den obersten Organen des Bundes beachtliche Gehälter genehmigt. *Rákoczy* wurden jährlich 100.000, *Bercsényi* 50.000, dem Oberlandeskommissar *Stephan Csáky* 25.000 und *Rákoczys* Oberhofmeister *Adam Vay* 20.000 Gulden genehmigt. *Rákoczy* wurde von den Ständen aber auch darauf aufmerksam gemacht, daß er es nach der Zertrümmerung seiner bisher besten Armee bei Trencsin nicht mehr zuwege brächte, das Vordringen *Heisters* zu verhindern und daß es bei der rasch überhandnehmenden Unlust der Bevölkerung unmöglich sei, eine so starke Armee auf die Beine zu bringen, die dies vermöchte. *Rákoczy* mußte hierauf sich und den Ständen eingestehen, daß es ihm nicht mehr möglich sei, die Rebellion zum Siege zu führen und die Losreißung Ungarns von Österreich und die Behauptung Siebenbürgens gewährleisten zu können. Aber auch die Hoffnungen auf die Hilfe des französischen Hofes erwiesen sich als trügerisch.

Nur einige Wochen nach der Zertrümmerung des Rákoczyschen Kuruzzenheeres bei Trencsin erlitt auch die französische Armee bei Oudenaarde eine vernichtende Niederlage. Nach der Generalkapitulation Frankreichs in Italien hatte *Ludwig XIV*. die Apenninenhalbinsel räumen lassen, womit für den weiteren Kriegsverlauf in Italien die Waffen ruhten. *Ludwig XIV*. war nicht mehr imstande gewesen einen Mehrfrontenkrieg zu führen und hatte alle Kräfte zusammengefaßt, um in den spanischen Niederlanden einen Sieg über den Herzog *von Marlborough* und die Holländer zu erfechten. Ein vortrefflich gerüstetes Heer in der Stärke von 80.000 Mann wurde nach Norden entsandt. Kommandiert wurde es vom Herzog *von Bourgogne*, dem ältesten Sohn des Dauphin, dem der erfahrenste Heerführer Frankreichs, Marschall *Vendôme*, zur Seite stand. Er sollte dem Enkel des Sonnenkönigs zum Siege verhelfen. *Marlborough* wich vorerst nach Löwen zurück, denn die Franzosen waren mehr als doppelt so stark. *Bourgogne* und *Vendôme* nahmen Gent und Brügge und belagerten Oudenaarde. *Prinz Eugen* von Savoyen, der nach der Generalkapitulation der Franzosen in Italien mit seinem Heer ebenfalls nach Norden aufgebrochen war, traf noch rechtzeitig in den Niederlanden ein, vereinigte sein Heer mit dem der Engländer und Holländer und zog gemeinsam mit *Marlborough* gegen die Franzosen. Am 11. Juli zwangen sie den Herzog *von Bourgogne* und Marschall *Vendôme* unter den Mauern der von diesen belagerten Stadt und Festung Oudenaarde zur Schlacht. *Bourgogne* hatte gerade unter solchen Umständen, zwischen zwei Feuern, den Kampf vermeiden wollen. Von den alliierten Truppen, nach schwerem Artilleriefeuer aus der Stadt und von den Höhen angegriffen, büßte *Bourgogne* 8.000 Tote, ebensoviele Verwundete und weitere 8.000 Mann ein, die in Gefangenschaft gerieten. Marschall *Vendôme,* der in Wahrheit die Armee führte, hatte ein Drittel seiner Truppen, seine ganze Artillerie und seinen ganzen Troß verloren. Die übrigen Teile der geschlagenen Armee flohen, verfolgt von der alliierten Reiterei, nach Süden. Gent und Brügge wurden zurückerobert und Lille (Ryssel) nach erbitterten Kämpfen erstürmt. Der Augenblick wäre dagewesen, bis Paris durchzustoßen, aber damals dachte man anders als in unserer Zeit und begnügte sich mit dem Sieg auf dem Schlachtfeld.

Kökényesdy von Vetes, der wieder auf seinen Posten in Paris zurückgekehrt war, beschwor *Rákoczy,* sich nicht länger durch das erschöpfte Frankreich hinhalten zu lassen, auf Siebenbürgen zu verzichten und mit dem siegreichen Kaiser sofort Frieden zu schließen, damit er sich nicht dem Fluch aller Ungarn aussetze. *Friedrich Wilhelm* von Preußen bleibe der Bundesgenosse *Kaiser Josephs* und der Königin *Anna* von Großbritannien. Es gäbe keine Anzeichen dafür, daß er willens sei, seinen Sohn den Ungarn als König zu geben. Dies hätten nur die Sekretäre *Clement* und *Jablonsky* gewollt, die sich vom Wunsche leiten ließen, den Protestanten Ungarns zu helfen. Nach der vernichtenden Niederlage *Rákoczys* und *Bercsényis* bei Trencsin schickte *Jablonsky Clement,* den Sekretär des Fürsten, nach Ungarn zurück und ließ *Rákoczy* von *Friedrich Wilhelm* ausrichten, „er möge sich mit dem Kaiser versöhnen". Unter dieser Voraussetzung war der Preußenkönig bereit, sich für *Rákoczy* beim Kaiser, der Königin von Großbritannien und bei den Generalstaaten der Niederlande zu verwenden und diese zu bewegen, sich abermals vermittelnd einzuschalten. Der Traum von einem preußischen Hilfsheer war damit ebenfalls ausgeträumt.

Alles erwartete, daß *Rákoczy* endlich den Frieden, die Versöhnung mit dem König, suchen würde, daß ihm gar nichts anderes mehr übrig bleibe, wenn er und die Rebellen nicht gezwungen werden wollten, sich über kurz oder lang auf Gnade und Ungnade zu unterwerfen. Auch der Bericht, den *Pápay,* sein Geschäftsträger in Konstantinopel, sandte, hätte ihn in dieser Situation aufhorchen lassen müssen. Die Pforte, von Frankreich bewogen, deutete an, ihn unterstützen zu wollen, wenn *Rákoczy* bereit sei, ihr Erlau und einige andere feste Plätze dafür abzutreten, wenn sich also die Türkei wieder in Oberungarn festsetzen könne. *Rákoczy* aber drohte in einem Schreiben vom 18. Oktober, in dem er dem König von Preußen eine Allianz zwischen Schweden, Preußen, Britannien, den Niederlanden und Ungarn vorschlug: es könne auch jetzt, wie schon zu *Zápolyas* Zeit geschehen, daß er sich, wie dieser, um Hilfe an die Pforte wende, falls sich die Mächte seiner Sache nicht annehmen sollten. Aber andere Bedingungen als in Tyrnau könne er nicht zugestehen, er müsse daher auch auf der Garantie auswärtiger Mächte bestehen, wenn es wieder zu Friedensverhandlungen kommen würde. In einem Schreiben an den Herzog von *Marlborough* vom gleichen Tage fügte er noch hinzu, „daß die Ungarn, deren Kraft noch nicht erschöpft sei, nur dann Frieden schließen würden, wenn ihnen die Sonderstellung Siebenbürgens und die Garantie auswärtiger Mächte zugestanden werde". In einem Schreiben vom 22. Oktober drohte *Rákoczy Ludwig XIV.*, daß er Schritte zu seiner Rettung unternehmen werde. Er ließ am 18. November *Gabriel Tolvay*, der bei der Überbringung eines Waffenstillstandsangebotes von Wien von ihm in Haft genommen worden war, zu sich kommen und schickte ihn mit einer Botschaft an den Hof nach Wien zurück. In dieser führte er an: „Der Fürst und die mit ihm verbündeten Stände sind bereit Frieden zu schließen, wenn der Kaiser einwilligt, daß die Königin von England und die Generalstaaten der Niederlande die Rechte und Freiheiten Ungarns garantieren; daß Siebenbürgen seinen Fürsten selbst wähle, der jedoch zum König im selben Verhältnis stehen solle, in welchem die Fürsten des Römischen Reiches zum Kaiser stehen; daß aus der Eroberung hergeleitete Recht der Kommission, welche über den Besitz der Güter in den dem Türken wieder abgenommenen Landesteilen (commissio neoaquistica) entscheidet, für immer abgeschafft seien; daß die verbündeten Stände ohne Ausnahme hinsichtlich ihrer Person und ihres Vermögens vollständige Amnestie erhalten und daß der nächste Reichstag die Beschwerden einzelner und des ganzen Landes abstelle." *Rákoczy* tat, als ob er die Bedingungen noch diktieren könnte, unter denen er Frieden schließen würde und ging weder auf die reale Situation in Ungarn ein noch auf jene in Westeuropa. Kein Wort sagte er zu den hochverräterischen und terroristischen Anschlägen von Ónod! Daß auf ein so arrogantes Verhalten eine entsprechende Antwort erfolgen würde, war vorherzusehen.

Indessen hatten die Rebellen ihre Streifzüge im heutigen Burgenland fortgesetzt. Mitte September waren sie wieder im Raume Ödenburg aufgetaucht, hatten am 16. September in Klein- und Großhöflein Vieh geraubt und waren am 17. September in der Stärke von 3 Fähnlein in Oslip und mit 4 Fähnlein in Gschieß (Schützen am Gebirge) gewesen und hatten auch dort Vieh weggetrieben. Am 18. September waren sie in 8 kleineren Formationen in Stinkenbrunn (Steinbrunn) gewesen, wo sie plünderten. General *Cusani* stand zu dieser Zeit mit 5 Regimentern bei Ödenburg und verhinderte ärgere Schäden. Ein anderes Kuruzzenkorps, das unter *Anton Esterházy* auf der Murinsel gestanden hatte, war am Allerheiligentag in die Steiermark eingefallen und hatte den Markt Luttenberg überfallen und geplündert. Mit einem Überfall der Kuruzzen auf Untereggendorf am 20. Dezember endete die Aktivität der

Kuruzzen im Jahre 1708. Dänische Truppen, die im Dezember in Eisenstadt, Rust und Ödenburg im Quartier gelegen hatten, wurden, wegen Versorgungsschwierigkeiten, in die Gespanschaft Preßburg verlegt.

Die Intensität der Raubzüge der Kuruzzen in Westungarn hatte 1708 zwar nachgelassen, aber so entspannt wie im Marchgebiet, wo *Heister* große militärische Erfolge errungen hatte, war die Lage noch nicht.

Neuerliche Kuruzzeneinfälle und Erfolge Feldmarschall Heisters

Am 11. Jänner 1709 hatte sich bei Steinberg ein Kuruzzenhaufe von ca. 4.000 Mann versammelt. Sie zogen um den Hanság herum, und am 14. Jänner überfielen sie den von kaiserlichen Truppen besetzten Ort Wallern und bemächtigten sich nach harten Kämpfen des Ortes und der Schanze. 4 weitere Orte (vermutlich St. Andrä, Andau, Tadten und Pamhagen) gingen dabei ebenfalls in Flammen auf. Bis 22 Uhr tobten die Kämpfe um Wallern, und über 200 Kuruzzen blieben tot am Platz. 17 Reiter und 1 Musketier fielen auf Seite der Kaiserlichen. Wallern ging hiebei in Flammen auf, und der kaiserliche Kommandant konnte sich in einer kleinen Schanze halten, bis Verstärkungen von St. Johann her anrückten. Hierauf zogen sich die Rebellen zurück.

Am 2. April drangen die Kuruzzen wieder bis Mattersdorf vor, das von Hauptmann *Berner* mit 100 Soldaten, die ihm von den Regimentern Bayreuth, Brandenburg und Savoy zur Verfügung gestellt worden waren, verteidigt wurde. Er sah sich an diesem Tage plötzlich 700 Kuruzzen gegenüber, die er nach einem dreistündigen Gefecht in die Flucht schlagen konnte. Er verfolgte sie hierauf eine Wegstrecke von zwei Stunden. Die Kuruzzen ließen 40 Tote, 50 Verwundete und 2 Gefangene zurück. 20 Pferde wurden eingefangen. In der Umgebung von Mattersdorf wurde aber viel Vieh von den Rebellen weggetrieben. Am nächsten Tag kam eine noch größere Schar abermals nach Mattersdorf und versuchte, *Berner* herauszulocken. Als ihnen das nicht gelang, zogen sie ab und wandten sich gegen Deutsch-Brodersdorf, wo sie 80 Rinder raubten.

Graf *Croix* zog wegen dieser alarmierenden Nachrichten mit 8 Kompagnien nach Neusiedl am See. Die Kuruzzen erschienen bald vor dem Markt, zogen aber ab, als sie merkten, daß Neusiedl stark besetzt war und wandten sich abermals gegen Mattersdorf. Auch hier hatten sie kein Glück. Nach kurzem Feuerwechsel ließen sie 2 Tote und 2 Verwundete, die später starben, zurück und sammelten sich hierauf im Raume Ödenburg.

Am 23. April fielen etwa 1.000 Kuruzzen unter *Adam Balogh* in Au und Hof am Leithagebirge ein, 300 andere überfielen abermals Deutsch-Brodersdorf. Alle drei Orte wurden dabei ebenfalls wieder geplündert und verheert. Auf ihrem Rückweg, am 24. April, gerieten die Kuruzzen in einen von den Kaiserlichen angelegten Hinterhalt. Der in Eisenstadt kommandierende dänische Grenadierhauptmann und Oberstwachtmeister *Klopp* lauerte mit 60 Grenadieren, 30 Savoyschen Dragonern, einem Leutnant des Savoyschen Regiments und anderen Soldaten oberhalb von St. Georgen in einem Hohlweg im Wald, tötete einige Rebellen, erbeutete mehrere Pferde und Wägen. Aber *Adam Balogh* kam mit 600 Kuruzzen dazu und umringte *Klopp*. Hierauf ließen die Soldaten der Eisenstädter Garnison die Beute fahren und wehrten sich gegen die Übermacht. Sie taten dies mit solcher Bravour, daß *Balogh* unter beträchtlichen Verlusten weichen mußte. Wie berichtet wurde, führten die Kuruzzen 10 Gespane mit Toten und Verwundeten mit sich fort. 3 Kuruzzenoffiziere waren bei diesem Gefecht gefallen, mehrere wurden, schwer verwundet, von ihren Pferden, die ausrissen, in Sicherheit gebracht. 6 tote Pferde blieben im Hohlweg zurück. *Klopp* konnte den Kuruzzen 10 Pferde abnehmen, 5 seiner Soldaten waren verwundet worden. Am 22. Mai erschien wieder ein Kuruzzenhaufe in St. Georgen und entführte mehrere Leute. Aus Berichten von Reisenden aus Eisenstadt und Wiener Neustadt vom 25. Mai ging hervor, daß *Anton Esterházy* in der Umgebung von Ödenburg mehr als 3.000 Mann an sich gezogen habe. Noch am gleichen Tage überfielen *Georg Kis* und *Adam Balogh* mit Scharen *Esterházys* Wimpassing. Es waren 200 Mann gewesen. Aber der Oberstleutnant des Regimentes Savoy griff sie mit seinen eigenen und einer Kompagnie Dragoner des Regimentes Schönborn an und schlug sie in die Flucht. 45 Kuruzzen wurden getötet, 30 Pferde erbeutet, einige Bauern befreit und das geraubte Vieh sichergestellt. 2 Dragoner fielen dabei, mehrere wurden verwundet. Beim Rückzug über die Leitha, die Hochwasser führte, wurden einige Kuruzzen, die sich an die Zügel ihrer Pferde klammerten, im Wasser treibend, angeschossen und ertranken. Und dennoch fielen schon vier Tage später, am 29. Mai, andere Haufen in die Gemeinden Au, Hof und Mannersdorf ein, entführten die Dorfrichter und raubten Vieh. Hierauf zogen die Haufen nach Wienerherberg weiter und verursachten dort beträchtliche Schäden. Als sie aber Pottendorf am Rückweg angreifen und die dort stationierten 300 Dragoner des Regimentes Savoy überrumpeln wollten, holten sie sich blutige Köpfe. Diese waren gewarnt worden und töteten in einem Gefecht 50 Rebellen; 20 gerieten in Gefangenschaft. Andere Haufen tauchten am 30. Mai vor Wiener Neustadt auf und raubten in den Nachbargemeinden Vieh.

Unterdessen waren *Heisters* Truppen im Slowakischen ohne Widerstand vorgerückt. In den ersten Jännertagen hatte *Gaspar Révay* Rosenberg an *Pálffy* übergeben und war mit der ganzen Besatzung zu ihm übergegangen. Dies hatte zur Folge, daß der ganze Adel der Gespanschaft Liptau dem Kaiser huldigte. Hierauf fielen auch die Zips und Sáros von *Rákoczy* ab und seine Bemühungen, eine neue Armee auf die Beine zu bringen, waren weitgehend fehlgeschlagen. Die aus Ostungarn eingeschleppte Pest zwang beide Seiten bis Juni die Waffen ruhen zu lassen.

Rákoczys Gesandte fanden in Preußen, England und den Niederlanden insoweit Gehör, als diese Länder sich bereit erklärten, für den Frieden wirken
und zwischen den feindlichen Parteien vermitteln zu wollen, obgleich der
baldige Zusammenbruch der Rebellion vorauszusehen war.

Fürst *Salm* berief die in Wien anwesenden Magnaten hierauf zu einer Beratung zusammen. Es wurde beschlossen *Gabriel Tolvay*, den *Rákoczy* im November aus der Haft entlassen und mit Friedensvorschlägen nach Wien geschickt hatte, nach Neuhäusl zu entsenden und mit Abgeordneten *Rákoczys*
Kontakt aufzunehmen. Aber die Zeiten waren vorbei, wo Kaiser *Joseph* Zugeständnisse hätte machen müssen. Die Gespräche führten, wie zu erwarten,
zu keinem Erfolg. Die von *Rákoczy* um Schutz und Vermittlung ersuchten
Mächte rieten dem Fürsten, sich statt Siebenbürgens mit einem anderen Teil
Ungarns zu begnügen. Hiezu käme namentlich die Zips und einige benachbarte Gespanschaften in Frage. Auch die Überlassung dieser Gebiete würde
ihn in den Stand versetzen, die Interessen seiner Anhänger zu wahren. Zugleich warnten sie ihn davor, ein Bündnis mit den Türken zu schließen. Was
die angesprochenen Mächte aber *Rákoczy* geraten hatten, genügte diesem bei
weitem nicht, denn er wußte, daß Kaiser *Joseph* keine Zugeständnisse machen werde und weder daran denke ihm Siebenbürgen noch ein anderes Gebiet mit allen Hoheitsrechten zu überlassen. *Rákoczy* sah vorher, daß er
selbst bei einem noch günstigen Frieden, wenn ein solcher durch die Vermittlung Englands, Preußens und der Niederlande zustande käme, gezwungen
sein würde, in den Privatstand zurückzutreten und die weitere Rebellion ein-
zustellen hätte. Dies wollte aber *Rákoczy*, der durch mehrere Jahre hindurch
sich souveräne Rechte angemaßt hatte, nicht. Am 25. April trug er daher Baron *von Vetes* auf, dem französischen Hof anzuzeigen, daß er nie einen Frieden schließen werde, der ihm den Besitz Siebenbürgens nicht sichere, selbst
wenn er darob ins Exil wandern müßte. Da der Wiener Hof den von ihm vorgeschlagenen Waffenstillstand abgelehnt habe, stehe der Ausbruch neuerli-
cher Kampfhandlungen unmittelbar bevor. Er habe daher von der Pforte die
Erlaubnis erbeten und erhalten, 7.000 Albaner in Sold zu nehmen. Er müsse
aber dafür 100.000 Taler im voraus erlegen. *Ludwig XIV.* möge daher sein
ihm gegebenes Wort einlösen und diese Summe baldigst auf Abrechnung von
den ausständigen Hilfsgeldern in Konstantinopel zahlen lassen, sonst sei sein
Untergang unvermeidlich. Aber weder diese noch spätere Bitten wurden von
Frankreich beachtet, weil *Ludwig XIV.* selbst die Alliierten um Frieden bat
und gar nicht daran dachte, wegen *Rákoczy* seine Bemühungen aufs Spiel zu
setzen. *Rákoczy* aber wäre, wie einst *Zápolya*, bereit gewesen, die Türken ins
Land zu rufen, nur die Pforte war nicht bereit, ihm diesen Gefallen zu erwei-
sen, wie aus den Bedingungen zu ersehen ist, die sie für die Anwerbung von
Albanern stellte. Auch in Konstantinopel wußte man, in welcher Lage sich
Rákoczy befand.

Die gewaltigen Siege, die Kaiser *Josephs* Heere in den Niederlanden und in
Ungarn erfochten hatten, enthoben ihn der Notwendigkeit, unter Vermitt-

lung seiner Verbündeten *Rákoczy* zum Frieden zu bewegen. Dennoch blieb *Joseph* bei seinem Entschlusse, den er schon bei seinem Regierungsantritt gefaßt hatte, Ungarn durch die Wiederherstellung seiner Verfassung und Anerkennung der Vorrechte der Stände, jedoch mit notwendig erachteten Beschränkungen, zu versöhnen. Am 9. April erhielt Fürst *Paul Esterházy* den Auftrag, die Stände für den 16. Mai nach Preßburg einzuberufen, um den unterbrochenen Reichstag fortzusetzen. Nach längeren Beratungen ersuchten die Stände den König, folgendes Reskript zu erlassen:

1. Ungarn erhält nach Aussterben der männlichen Nachkommen *Leopolds I.* das Recht, seinen König zu wählen, wieder.
2. Behält, während die Erblichkeit der Krone besteht, seine konstitutionelle Regierung und Rechtspflege.
3. Mithin bleiben auch die Rechte des Adels ungeschmälert. Eine adelige Person darf nur nach ihrer Verurteilung oder wenn sie, vor ihre Richter gerufen, sich zu erscheinen weigert, verhaftet werden.
4. Steuern dürfen nur am Reichstage mit Bewilligung der Stände ausgeschrieben werden. Falls aber das Land so plötzlich angegriffen wird, daß keine Zeit bleibt, den Reichstag einzuberufen, darf ein Ständeausschuß Steuern auswerfen.
5. Wiewohl grundsätzlich nicht ausgesprochen werden darf, daß die Rebellen, die zur Treue zurückkehren, ihre sämtlichen Güter zurückerhalten, soll doch auf ihre schuldlosen Familien Bedacht genommen werden.
6. Die Ordnung des Finanzwesens fordert es unerläßlich, daß die Ungarische Kammer im Zusammenhange mit der Wiener Kammer stehe.
7. Die die Religionssachen betreffenden Gesetze des Preßburger und des Ödenburger Reichstages sollen streng vollzogen, die neuen gegenseitigen Beschwerden am gegenwärtigen Reichstage in der Art beigelegt werden, daß niemandem eine Kränkung des Gewissens widerfahre.

Am 14. Juli wurde der Reichstag wegen der umsichgreifenden Pest abermals vertagt. Die Rebellen hingegen unterstellten dem König, daß er nur die weitere Erstarkung seiner Partei abwarten wolle, die ihm das ununterbrochene Vorrücken seiner Truppen versprach. Mit einem königlichen Manifest wurden *Rákoczy* und *Bercsényi* für Majestätsverbrecher und Landesfeinde erklärt, ihren Anhängern hingegen, die binnen einem Monat dem König huldigen und Treue schwören, allgemeine Amnestie verheißen.

Von *Tálya* schrieb *Rákoczy* am 21. Mai an Baron von *Vetes*, er sehe, daß der französische Hof mit ihm wie mit einer ausgepreßten Pomeranzenschale verfahren wolle, die man wegwerfe. *Kökényesdy* beauftragte er, Minister *Torcy* zu fragen, ob man ihm im Kriege, den er gesonnen sei, bis zum allgemeinen Frieden fortzusetzen, helfen, und ihn und Ungarn in diesen einschließen wolle; wenn nicht, so werde er lieber gleich ins Exil gehen. Weiters gab *Rákoczy* Baron *Vetes* die Weisung, die rascheste Auszahlung der rückständigen Hilfsgelder, die sich schon auf 650.000 Livres beliefen, zu betreiben.

Auf die Aufforderung der Briten, Preußen und Niederländer, *Rákoczy* möge dem Kaiser Frieden anbieten, antwortete er diesen, daß er dies nicht könne, weil dies vom Wiener Hof als Flehen um Gnade aufgefaßt werden würde. Wenn die Verbündeten des Kaisers hingegen beide Seiten auffordern würden, Friedensverhandlungen zu führen, so würde er dazu bereit sein. Für seinen Verzicht auf Siebenbürgen wollte *Rákoczy* mit Gebieten in Ungarn entschädigt werden. Siebenbürgen müsse aber das Recht erhalten, seinen Fürsten selber zu wählen.

Wenige Tage später schrieb *Rákoczy* dennoch an Fürst *Lamberg*, einen der Minister Kaiser *Josephs*, versicherte diesem, daß er zu ihm volles Vertrauen habe und daß er, wenn der Kaiser der ungarischen Nation Frieden gewähren wolle, bereit sei, am Zustandekommen desselben redlich mitzuwirken. Er bitte daher den Fürsten, mit ihm in brieflichen Verkehr zu treten. Eine Abschrift dieses Schreibens schickte *Rákoczy* an den niederländischen Gesandten *Hammel Bruyninx* in Wien mit dem Ersuchen, falls sein Anerbieten bei Hofe eine günstige Aufnahme fände, einen Paß für den Abgeordneten zu erwirken, den er nach Wien schicken wolle.

Lamberg beantwortete den Brief *Rákoczys* nicht selbst, sondern ersuchte *Hammel Bruyninx*, dem Fürsten mitzuteilen, daß er sich in keinen Briefwechsel mit ihm einlassen könne, weil dergleichen Angelegenheiten auf Befehl des Kaisers nur vom Ministerrat behandelt werden dürfen. *Rákoczy* habe sich zu spät entschlossen, Unterhandlungen anzuknüpfen, obwohl der Kaiser ihm mehrmals die Hand zum Frieden geboten habe. Vorläufig werde es *Rákoczy* nicht gestattet, einen Unterhändler nach Wien zu senden, wenn er Vorschläge unterbreiten wolle, so möge er sie schriftlich vorlegen, der Ministerrat werde sie dann ohne Verzug behandeln. *Rákoczy* bequemte sich nun, folgende Vorschläge an den Niederländischen Gesandten zu übersenden: „Das Krönungsdiplom Leopolds I. werde in Wirksamkeit gesetzt, und Joseph verpflichte sich durch einen Eid zur Beobachtung desselben. Die Religionsangelegenheit werde dem Beschlusse des Szécsényer Konvents gemäß geordnet. Die Mitglieder des Ständebundes sollen unbeschränkte Amnestie, die Häupter desselben hinreichende Bürgschaft für ihre Sicherheit erhalten. Der Nation werde verbürgt, daß das erbliche Königtum nicht in unumschränkte Herrschaft ausarte. Das aus der Eroberung hergeleitete Recht sei für immer abgeschafft. Dies alles werde am nächsten Reichstage unter Vermittlung des russischen Zaren in Vollzug gesetzt."

Verärgert, daß sich *Rákoczy* auch jetzt noch anmaßte, das ungarische Volk als ganzes zu vertreten und, als wäre er dem Kaiser ebenbürtig, solche Bedingungen zu stellen, antwortete Graf *Wratislaw* dem Gesandten: „Der Kaiser hat den Ausspruch getan, Rákoczy schicke Abgeordnete zum Reichstage, dessen Wiedereröffnung in Preßburg bevorsteht, das ist der einzige gesetzliche Weg zum Vergleiche mit ihm und seiner Partei. Die Vermittlung auswärtiger Mächte, welche die Partei zur Zeit der Tyrnauer Unterhandlungen hochmütig abgelehnt hat, werde der Kaiser nicht annehmen."

Noch niederschmetternder als Graf *Wratislaws* Antwort war der Brief, den *Hammel Bruyninx* am 2. November an *Rákoczy* schrieb: „Wenn der Fürst die Erfolglosigkeit der Tyrnauer Verhandlungen, die Unabhängigkeitserklärung des Ódoner Konvents, die durch dieselbe verursachte Erbitterung des Wiener Hofes, das siegreiche Vordringen der kaiserlichen Armee, die Rückkehr der meisten seiner Parteigenossen zum Gehorsam gegen den Kaiser, das über die Häupter des Aufstandes ausgesprochene Verdammungsurteil bedenke, werde er nicht fordern, daß ich die Vermittlung, trotz der Ablehnung des Kaisers, ohne nochmaligen Befehl von meiner Regierung zu betreiben fortfahre."

Noch hoffnungsloser wurde die Lage *Rákoczys* durch den Verlauf, den der Krieg im Sommer 1709 für ihn nahm. Feldmarschall *Heister* rückte zwar wegen der verheerenden Pest erst spät und mit weniger Truppen als vorher vor, aber *Rákoczy* hatte keine so starken Streitkräfte mehr zusammengebracht, um ihm Widerstand leisten zu können. Selbst die wenigen altgedienten Kuruzzen, die noch *Rákoczy* gehorchten, waren durch die schweren Niederlagen und den Übertritt mehrerer ihrer Führer auf die Seite des Königs entmutigt und die Anwerbung neuer Mannschaften war weitgehend fehlgeschlagen, weil endlich alle von *Rákoczy* genug hatten und in den befreiten Gebieten, dessen Terror nicht mehr zu fürchten brauchten. Außerdem wurde die Rebellion auch gebietsmäßig auf einen engen Bereich eingeschnürt.

Feldmarschall *Heister* zerstreute zuerst im Südwesten der Donau die dort noch operierenden Haufen *Anton Esterházys* und *Baloghs,* eroberte Güns, Steinamanger, Sümeg und Simontornya und zwang am 25. August Veßprém zur Kapitulation. Der Kommandant von Veßrém, der ehemalige zu Beginn der Rebellion zu *Rákoczy* übergetretene kaiserliche Leutnant *Eckstein* und sieben andere Überläufer, die es bei den Kuruzzen zu Offiziersehren gebracht hatten, wurden hingerichtet. Nach der Zerschlagung der Haufen Anton *Esterházys* huldigten die Gespanschaften und Städte Transylvaniens, die nur durch *Bezerédys* und *Bottyáns* Terror gezwungen worden waren, *Rákoczy* zu huldigen und der Konföderation beizutreten, wieder dem König und die aus dem Lande geflohenen Familien des königstreuen Adels konnten wieder heimkehren. *Heister* kündigte in öffentlichen Anschlägen an, daß er ab nun die Rebellen diesseits der Donau nicht mehr als Miliz, sondern nur noch als Räuber und Mörder betrachte und daher keine Gefangenen mehr machen werde.

Die Generäle *Pálffy* und *Viard* trieben unterdessen *Bercsényi* immer weiter nach Osten und zwangen ihn, sich hinter die Gran zurückzuziehen. Von Preßburg bis an die Grenze der Zips wurde König *Joseph* jetzt als Herr des Landes anerkannt. Nur Neuhäusl wurde noch belagert, aber auch dessen Fall stand bevor, denn Entsatz durch *Bercsényi* war nicht mehr zu erhoffen. Nach der Vertreibung der Kuruzzen aus den westlichen Landesteilen Oberungarns bzw. der Slowakei setzte *Heister* am 1. Oktober über die Donau und verkündete am 17. die Verlängerung der Frist für die Amnestie. Hierauf rückte der Marschall gegen die Eipel vor, verjagte die dort noch stehenden Haufen der Rebellen und eroberte die Schlösser Szécsény und Gács. General Graf *Sickingen* rückte indessen bis Rimaszombat vor, in dessen Nähe er einen der letzten noch kampffähigen Kuruzzenhaufen überraschte, angriff und vernichtend schlug.

Hierauf war Kishont, der südliche Teil von Gömör, der nördliche von Heves und ganz Neograd besetzt worden. In der Gespanschaft Neograd bezog *Heister* Winterquartiere. Überall wurde dem rechtmäßigen König gehuldigt. In der Zips hielt Baron *Stephan Andrássy* noch die Städte Leutschau und Käsmark. Im November rückte *Heister* mit einem Teil seiner Truppen vor Leutschau, das sich aber nicht ergab. *Lubomirsky*, der Starost der von *Rákoczy* an Polen verpfändeten Städte schloß sich *Heister* an. Leutschau wurde vom Kuruzzenbrigadier *Zelder* und dem Franzosen *Duprès*, der die Artillerie befehligte, verteidigt. *Heister* hielt sich aber vor Leutschau nicht auf, drohte der widerspenstigen Stadt Vergeltung an und marschierte vor Käsmark. Am 11. November wurde das Artilleriefeuer auf die Stadt eröffnet, am 12. in der Nacht geriet sie in Brand und tags darauf öffneten die Verteidiger die Tore. *Heister* zog in die Stadt ein, setzte den kalvinischen Magistrat ab und ernannte einen katholischen. Eine Anzahl Bürger, die *Rákoczy* besonders unterstützt hatte, wurde verhaftet und am 16. Dezember die Magistratsräte *Jakob Kray*, *Martin Lányi* und *Sebastian Toperzer* öffentlich enthauptet. *Heister* übertrug den Oberbefehl in der Zips General *Löffelholz*, der im Jänner des Jahres 1710 die Belagerung Leutschaus ernstlich begann. Von *Löffelholz* bestochen, sprengte *Duprés* am Abend des 23. Jänners den Pulverturm von Leutschau in die Luft. Den Verteidigern aber gelang es, die Bresche zu schließen und sich weiter zu behaupten. Am 13. Feber aber ging Baron *Andrássy* mit der ganzen Besatzung zu General *Löffelholz* über und trat mit seinen Leuten in kaiserliche Dienste. Er öffnete *Löffelholz* die Tore, Leutschau war in kaiserlicher Hand.

Im Herbst und Winter waren die Kampfhandlungen größeren Ausmaßes an den Grenzen Österreichs und der Steiermark erloschen. Nur mehr Räuberbanden in der Stärke von 10—30 Mann vagabundierten noch in den Wäldern und verübten Überfälle. Sie dienten nicht mehr in den in Fähnlein gegliederten Haufen der Kuruzzen und wurden zum Großteil den Winter hindurch aufgerieben. Endlich, nach unsäglichen Leiden und Verlusten an Menschen und Vermögenswerten konnte die so schwer geprüfte Genzbevölkerung aufatmen. Das ganze Land hatte in Flammen gestanden, denn die Kuruzzenkriege waren mit größter Grausamkeit geführt worden und hatten fast durchwegs den Charakter eines fanatischen Glaubenskrieges gehabt. Es waren daher, bei allen Einfällen der Kuruzzen in Österreich, der Steiermark und Mähren von den zu 90 % aus Kalvinern bestehenden Heerhaufen immer auch die katholischen Kirchen verwüstet worden. Regelmäßig wurden von den Fanatikern überall in den katholischen Kirchen die Heiligenbilder, meist Kunstwerke, zerstört, die Tabernakel erbrochen und die Hostien auf den

Boden geschüttet und zertreten, ehe die Gotteshäuser in Flammen aufgingen. Als Feldmarschall *Heister* während all seiner Feldzüge in Ungarn mit gleicher Härte reagiert hatte, empörten sich die Kalviner, die es nicht anders gemacht hatten und benahmen sich so, als ob ihnen allein Unrecht widerfahren wäre. So auch jetzt, als *Heister* die Rebellion zerschlagen konnte und die Kalviner für ihre rückhaltslose Unterstützung *Rákóczys* und *Bercsényis* zur Rechenschaft zog und bestrafte. Es soll klar ausgesprochen werden, daß die Kalviner Ungarns, die schon 1683 Schulter an Schulter mit den Türken in Österreich eingefallen waren, auch jetzt, in den Kuruzzenkriegen, wieder an der Seite Frankreichs gestanden hatten und, im Bunde mit den Franzosen, Österreich zerstören wollten. Damit hatten die Raubzüge der kalvinischen Streifscharen nach Österreich, in die Steiermark und nach Mähren auch eine politische, eine nationale Dimension erhalten, waren alle Rebellen auch Hochverräter gewesen. Es soll auch nicht übersehen werden, daß die kalvinischen bzw. protestantischen Religionsinseln in Westungarn während der Kuruzzenkriege Stützpunkte und Operationsbasen der die Raubzüge durchführenden Rebellenführer gewesen waren und daß sich die Bevölkerung dieser Religionsinseln in Westungarn in vielen Fällen tatkräftig an den Einfällen in die habsburgischen Länder beteiligt hatte. Dies soll keine Rechtfertigung für das ebenso brutale und harte Zurückschlagen *Heisters* und seiner meist katholischen Soldaten sein, aber doch eine Richtigstellung jener Geschichtsdarstellung, die antihabsburgisch, den kaiserlichen Heerführern und ihren Truppen alle Gemeinheiten unterstellt und aufhalst, die eigenen Schandtaten aber geflissentlich übersieht und vergessenmachen will. Der Krieg in Ungarn wurde ja nicht von Kaiser *Leopold* begonnen, sondern von *Rákóczy*, der den Abzug fast aller kaiserlichen Truppen aus Ungarn und deren Verlegung an die Fronten in Italien und am Rhein ausgenützt hatte, um die Fackel des Aufruhrs entfachen zu können.

Im Sommer 1709 hatte auch General *Kriechbaum* den Versuch *Károlys* in Siebenbürgen wieder Fuß zu fassen vereitelt und *Károly* aus dem Fürstentum vertrieben. *Károly* hatte hierauf seinen Haufen aufgelöst und in kleinere Scharen eingeteilt, die den dort und da noch aktiven Resten der siebenbürgischen Rebellen Hilfe bringen sollten. Alle diese Haufen wurden der Reihe nach aufgerieben und General *Kriechbaums* Truppen standen Gewehr bei Fuß, um in Ostungarn einzumarschieren.

Rákoczys Verhältnis zu Zar Peter I.; Kämpfe in Ostungarn

Während *Rákoczys* und *Bercsényis* Rebellion begann in sich zusammenzu-
brechen, tobten in den Steppen der Ukraine schwere Kämpfe. *Karl XII.* von
Schweden hatte die Russen am 7. September 1708 geschlagen, war gegen
Moskau vorgerückt, hatte aber bei Smolensk seine Marschrichtung geändert
und war in die Ukraine eingefallen. Auf seinem langen Marsch durch die end-
losen, pfadlosen Steppen, die riesigen Wälder und ausgedehnten Moräste erlitten *Karls* Truppen schwere Verluste. Auch General *Löwenhaupt*, der ihm
Verstärkungen zuführen sollte und mit 16.000 Mann und Vorräten aller Art
aus Livland am Wege zu ihm war, hatte in dreitägiger Schlacht gegen die
überlegenen Russen seine halbe Armee, alles Geschütz und den Troß verloren und kam mit nur mehr 6.000 Mann im Lager seines Königs an. Dort erschien auch als Flüchtling der Kosakenhetman *Mazeppa,* der dem Schwedenkönig Hilfstruppen, Proviant, Kriegsmaterial zuführen wollte. Auch er
war von den Truppen des Zaren geschlagen worden. Der eisige Winter des
Jahres 1708/09 vermehrte die Not der Armee *Karl XII.* derart, daß ganze
Scharen seiner Truppe erfroren oder verhungerten, denn die russischen
Heerführer hatten die Dörfer in der Umgebung des Lagers verwüstet und alle
Lebensmittel vernichtet. Im Frühjahr 1709 hatte *Karl XII.* mit seiner auf
28.000 Mann zusammengeschmolzenen Armee abermals den Marsch nach
Norden, nach Moskau angetreten. Er hoffte, Pultawa erobern zu können,
wo die Russen große Vorratslager angelegt hatten. Aber Pultawa war gerade
deswegen stark befestigt worden, und die Schweden waren nicht imstande,
die Stadt zu bezwingen. Noch während der Belagerung, die schon vom März
bis Juni gedauert hatte, erschien Zar *Peter I.* mit einem gewaltigen Entsatzheer. Am 27. Juni kam es zur Entscheidung, die Schweden wurden vernichtend geschlagen. 10.000 Schweden waren gefallen, und der schon am Vortage
verwundete König mußte flüchten. Mit nur geringen Kräften entkam er über
den Dnjepr auf türkisches Gebiet. Etwa 2.000 Schweden, Polen, Kosaken
und Franzosen konnten ebenfalls zu den Türken fliehen. Der Rest des einst
so mächtigen Schwedenheeres mußte sich dem nachrückenden Marschall
Menschikow ergeben und geriet in Gefangenschaft. Schweden, die bisher
Nordeuropa beherrschende Macht, war mit einem Schlage ausgeschaltet. Ein
größeres Volk, ein mächtigeres Reich, Rußland, trat an seine Stelle.

Rákoczy, der schon bisher ein gutes Verhältnis zum Zaren gehabt hatte,
nahm jetzt die über den Dnjepr geflohenen Polen, die mit den Schweden gegen die Russen gezogen waren und ein schwedisches Regiment bei sich auf,
um wieder zu einer Armee zu kommen. Sie wurden vom Palatin *Potocky* geführt, der *Rákoczy* nach dessen Flucht aus Wiener Neustadt bei sich beher-
bergte und es diesem ermöglicht hatte, seine ersten Truppen anzuwerben,
mit denen der Fürst dann in Ungarn eingerückt war. Diese Gastfreundschaft

brachte *Rákoczy* in Gegensatz zu *Peter I.*, der die Auslieferung *Potockys* und seiner Scharen forderte und, als der Fürst dieser Forderung nicht nachkam, an den Nordgrenzen der Zips Truppen aufmarschieren ließ. Um einerseits einer militärischen Konfrontation mit den Russen auszuweichen und mit den fremden Truppen etwas für sich tun zu können, ließ *Rákoczy* eine Gesandtschaft zum Zaren abgehen und diesem melden, daß er die zu ihm Geflohenen in seine Dienste genommen und diesen weder die Rückkehr nach Polen noch die der Schweden zu *Karl XII.* erlauben werde. Er führe diese Truppen gegen die kaiserliche Armee ins Feld. Bald darauf zog er mit diesen *Graf Sickingen*, der in Winterquartieren lag, entgegen. Im Feber 1710 schon schrieb ihm Baron *Vetes*, den *Rákoczy* nach Rußland entsandt hatte, er müsse, „insonderheit die czarische und pohlnische Höffe menagieren"und brauche hiefür die Hilfe Preußens, denn man müsse trachten, an beiden Höfen *Rákoczys* Benehmen in der Affäre mit dem Palatin *Potocky* zu rechtfertigen, da sie „am Czarischen und König Augusts Höffen übel genommen" worden. Aber nicht nur *Rákoczy*, sondern auch der Wiener Hof verfolgte die Bewegungen der russischen Truppen an der Karpathengrenze mit Besorgnis, denn diese rückten in die Zips ein. Aber General *Golz,* der Kommandant des russischen Expeditionskorps, erklärte General *Löffelholz*, Wien sei in einem schweren Mißverständnis befangen, wenn man in den Operationen seiner Truppen auf dem Boden der Zips Feindseligkeiten gegen den Kaiser vermute. Er strafe nur die polnischen Rebellen, die Anhänger *Stanislaus Leszczinskis,* den Günstling *Karl XII.,* der auch der Verbündete *Rákoczys* sei, und es wäre eigentlich recht und billig, daß sich die österreichischen Truppen mit ihrer Macht mit der seinigen zur Vernichtung der gemeinsamen Feinde verbänden! Es schien aber, daß es die Russen vor allem auf den Fürsten *Lubomirsky,* den Vertreter der französischen Partei des polnischen Adels, der schon einmal versuchte, den Prinzen *Conti* auf den Thron zu bringen, abgesehen hatten. Sie heerten in den 13 Zipser Orten *Lubomirskys* greulich und fielen, auch um *Rákoczy* ihren Unwillen fühlen zu lassen, in die benachbarte Gespanschaft Sáros ein und hausten auch dort furchtbar. „Sie haben die ganze Gespanschaft ‚arg ranzioniert'", schrieb der Fürst an *Bercsényi*. Fürst *Lubomirsky* war damals, wie wir aus dem Briefe der *Lubomirska* an *Rákoczy*, wegen dessen Einwilligung, sich vom Zaren auf den polnischen Thron setzen zu lassen, wissen, ebenfalls nicht gut auf *Rákoczy* zu sprechen und bekämpfte seinerseits den schwedischen Prätendenten *Leszczinski*. Seit Ende Jänner 1710 hatten die Russen unter *Golz* und *Gordon* die *Lubomirskyschen* Städte Lublau, Pudlein und Gniesen belagert. Aus einem Briefe *Bercsényis* vom 18. März wissen wir, daß die Russen in Kirchdrauf und Wallendorf eingedrungen, *Lubomirskys* Truppen umgangen, eingeschlossen und zur Kapitulation gezwungen hatten. So erledigten die Russen gleich zwei anstehende Probleme in Polen, versetzten Wien in Besorgnis und zeigten *Rákoczy,* wie die Uhren in Moskau und Petersburg gingen. Kleinlaut gab der sonst so selbstsichere Rebell bei und wagte nicht einmal gegen die Verwüstung der Gespanschaft Sáros zu protestieren.

Ludwig XIV. aber versuchte, von *Lubomirsky* um Hilfe gebeten, die Türkei zum Kriege gegen Rußland zu bewegen, was den Zarenhof seinerseits veranlaßte, den Wiener Hof von seinen friedlichen Absichten zu überzeugen. Im August räumten die Russen die Zips, und vergebens bemühte sich *Rákoczy* Safiroff, Menschikow und Golowkin durch Schenkungen von Weingärten in der Hegyallya, wo, wie er diesen wissen ließ, das Gold der besten Rebe Ungarns glüht, von ihrer österreichfreundlichen Politik abzuhalten. Am 14. Februar schloß *Bercsényi* ein Schreiben an *Károly*, das er von Ungvár abgesandt hatte, mit den Worten: „Was wir für Mühsal mit dem moskowitischen Handel hatten, wird Euer Liebden von Herrn Vay erfahren; doch Gott sei Dank, jetzt haben wir, wie es scheint, von ihm nichts zu befürchten gemäss der letzten Antwort des Golcz." Am 21. Feber schrieb er aus Kaschau an *Károly:* „Die Russen sind noch still. Golcz selbst ging zurück; aber General Gordon ist dort, zu welchem Szent-Iványi abging, dem jener 40 Reiter als Ehrengeleite entgegensandte." Und am 23. wettert *Bercsényi* in einem weiteren Schreiben: „Herrgott, hetze alle Moskowiter (Mücken, Wortspiel) Mäuse und Ameisen auf die verfluchten Deutschen!"

Seit der Niederlage der Schweden bei Pultawa war König *Karl XII.* für die ungarischen Rebellen, die einst ein Bündnis zwischen diesem, dem Zar und *Ludwig XIV.* gegen Österreich angestrebt hatten, ein toter Mann. *Karl XII.* hatte zwar am 19. August 1709 aus seinem Lager von Wisocko in Weißrußland durch die zu ihm gesandten Kalviner *Daniel Krmann* und *Samuel Pohorski* den kalvinischen Ständen sagen lassen, „daß jeder, der um seines evangelischen Glaubens willen Ungarn verlassen müsse, im Schwedenreiche und seinen Provinzen gastliche Aufnahme und Gleichberechtigung mit den Einheimischen finden werde". Aber was jetzt noch von dieser Zusage zu halten war, war fraglich geworden. Rußland warf sein Schwergewicht in die Waagschale der europäischen Politik und König *August* von Sachsen-Polen, der sich ohnedies im Schlepptau der zaristischen Politik befand, konnte für sie mit Moskau und Wien reden und ihnen allenfalls in der Zips, im Nordkarpathenland, eine Zufluchtsstätte sichern. Sachsen-Polen wurde daher noch in der letzten Stunde von *Rákoczy* mit dem Antrag bedacht, daß sich der sächsische Kurprinz um die ungarische Krone bewerben solle, meinte man doch, daß diese einst auch für König *August* selbst zeitweise begehrenswert gewesen wäre und dieser nur eine „favorable Gelegenheit" abgewartet habe, um *Rákoczys* Angebot anzunehmen. Der sächsische Kurprinz war damit der dritte Kandidat für jene Krone, die er zu vergeben sich erdreistete, den *Rákoczy* aufgestöbert hatte und das noch nach dem Frieden von Szatmár, als für ihn längst alles verloren war!

Die Rebellen hatten aber doch noch einen anderen Erfolg. Ende Dezember 1709 erfuhr *Bercsényi*, daß sich *Ocskay* auf seinem Familienschloß in Ocskó aufhalte. Er stellte ein Sonderkommando zusammen, dem es gelang, *Ocskay* am 1. Jänner 1710 in einer heimtückischen Aktion auszuheben und vor *Rákoczy* zu bringen. Er wurde „wegen Hochverrates" am 3. Jänner zum Tod durch den Pfahl verurteilt, dann aber doch geköpft. Es war für Österreicher unfaßbar, daß Hochverräter wie *Rákóczy* und *Bercsényi Ocskay* wegen Hochverrates hinrichten ließen. Und diese Akteure, die nicht nur Österreich in zwar vorübergehende, aber doch schwierige Situationen gebracht, sondern auch Ungarn, ihre eigene Heimat hatten verwüsten lassen, verlangten vom Kaiser Sicherheit für ihre Person und die Rückgabe aller Güter und maßten sich in ihren Vorschlägen weiterhin hoheitliche Rechte an. Die Unverschämtheit der Häupter der Rebellion trieb Blüten, die, hätte nicht der ganze Kontinent in Flammen gestanden, überall Empörung hervorgerufen hätten. Bald nach der Hinrichtung *Ocskays,* der *Rákóczy* ins Gesicht geschleudert hatte, daß er und *Bercsényi* das Unglück Ungarns seien, war *Rákóczy* mit den Polen, Schweden, Franzosen, Kosaken und den ihm verbliebenen Resten seiner Heerhaufen aus der Sároser Gegend nach Südwesten aufgebrochen, um den Russen auszuweichen und den habsburgischen General Graf *Sickingen* in seinen Winterquartieren bei Vadkert, nördlich von Waitzen, zu überrumpeln. Unterwegs zog er auch *Károly* an sich, so daß *Rákóczy* noch einmal über eine Streitmacht von 12.000 Mann verfügte. Auch einige Kanonen führte er mit sich. Die Überrumpelung der Kaiserlichen gelang nicht, und am 22. Jänner meldeten Späher *Rákóczy,* daß stärkere habsburgische Kavallerie im Anmarsche sei. General Graf *Sickingen,* der Kommandant der um Vadkert liegenden kaiserlichen Truppen hatte zwar vom Heranrücken der Scharen *Rákóczys* und *Károlys* gehört, war aber der Meinung, es vorerst nur mit *Károlys* Haufen zu tun zu haben, weil das Gros des Kuruzzenheeres von seinen Patrouillen noch nicht gesehen worden war. Graf *Sickingen* ließ daher seine Infanterie in den Winterquartieren zurück und rückte mit nur 1.500 Reitern gegen Romhany vor. Auf der Ebene nördlich von Romhany kam es zur Schlacht, auf einem Gelände, welches als Überschwemmungsgebiet des um diese Jahreszeit stark verschlammten Lokus-Baches diente. Beide Seiten stellten ihre Streitkräfte in zwei Linien auf, und das Gefecht nahm anfangs für die Kuruzzen infolge ihrer zahlenmäßigen Überlegenheit einen günstigen Verlauf, denn ihr rechter Flügel konnte Sickingens linken Flügel zurückdrängen. Über den vermeintlich schon errungenen Sieg erfreut, begannen die Kuruzzen die Trainfuhrwerke Sickingens zu plündern. Während des Kampfes war aber auch eine Lücke zwischen dem rechten Flügel der Rákóczyschen Hajducken und den im Zentrum kämpfenden Schweden entstanden. Der hinter dem linken Flügel Sickingens mit der Reserve stehende Graf *Saint Croix* bemerkte dies und stieß an der Spitze seiner Schwadronen in diese Lücke hinein. *Rákóczy* meinte, daß weitere Kavallerieregimenter anreiten würden. Durch die Attacke von *Croix* entstand bei den Kuruzzen ein riesiges Durcheinander, denn er trieb die Hajducken auseinander, die davonliefen. Aber auch Sickingens rechter Flügel griff an, und es gelang dem fast schon geschlagenen General, seinem linken Flügel Luft zu verschaffen, worauf auch dieser sich wieder formierte. *Croix* aber hatte die Mitte der Kuruzzenmasse ins Wanken gebracht, und als die Hajducken flohen, brachen auch die anderen Teile den Kampf ab und begannen in südlicher Richtung abzuziehen. Als *Rákoczy* dies sah, sprengte er dorthin, wo die Lage am bedrohlichsten war. Bei einer Brücke über den Lokus-Bach wollte er seine retirierenden Haufen aufhalten, aber *Károly* hielt ihn davon ab, damit sich die unglückliche Szene von Trencsin wiederhole. Graf *Croix* hatte durch sein entschlossenes Eingreifen die Schlacht gerettet. *Sickingen* sammelte die in mehrere Teile aufgeteilt kämpfenden Reiter seines Korps und führte die durch den Abzug der Kuruzzen siegreich gebliebene Kavallerieeinheit in die Winterquartiere zurück. *Rákoczy,* der hiemit noch einmal das Glück der Waffen appelliert hatte, war, trotz achtfacher Überlegenheit nicht imstande gewesen, einen Sieg zu erringen. Während die Rákoczyaner 20 Offiziere, 350 Kuruzzen, 80 Polen und Schweden und einige hundert Verwundete zu beklagen hatten, war der Verlust Sickingens größer gewesen. Er hatte einen Ausfall von zusammen 600 Toten und Verwundeten. Es war *Croix* gelungen, die sich schon abzeichnende blutige Niederlage Sickingens gegen die achtmal so starke Streitmacht *Rákoczys* in einen glänzenden Sieg zu verwandeln. Der einzige Erfolg des Feldzuges bestand für *Rákoczy* darin, daß es *Károly* gelang, die Besatzung der Festung Neuhäusl mit Proviant zu versehen. Dann mußte aber *Károly* sofort den Rückzug antreten, um nicht selbst abgeschnitten zu werden. Es war vorherzusehen, daß Neuhäusl nicht mehr lange gehalten werden konnte, denn ihr Entsatz war durch die Niederlage *Rákoczys* gegen ein einziges kaiserliches Reiterkorps unmöglich geworden. *Rákoczy,* der sich von Frankreich, Rußland, ja selbst von den Alliierten *Josephs* Hilfe erhoffte, versuchte den Krieg solange als möglich hinauszuziehen, um diese zu unterstützenden Schritten bewegen zu können. Er beschloß daher, Erlau, Szolnok und Munkács in Verteidigungszustand zu versetzen und einen Teil seiner Heerhaufen über die Donau zu schicken und in Transylvanien einfallen zu lassen, um die kaiserlichen Generäle von einem weiteren Vordringen nach Osten abbringen zu können. Er hoffte auch, daß die Bevölkerung jenseits der Donau für ihn zu den Waffen greifen werde. *Rákoczy* selbst begab sich mit seinen Haustruppen nach Apáti, wohin er auch *Károly* mit den an den Grenzen Siebenbürgens lagernden Haufen befahl. *Rákoczy* ernannte den Kuruzzengeneral Baron *Palocsay* und die Obersten *Balogh* und *Borbély* zu den Anführern der Streifschar. Kähne und Plätten wurden von der Theiß herangefahren, um den Übergang über die Donau bewerkstelligen zu können, dann brach der Heerhaufen auf. Es gelang ihnen die Donau zu übersetzen und, ohne die verlorenen Plätze anzugreifen, bis in den Bakonyer Wald durchzustoßen. Da *Palocsay* erkrankte, übernahm *Balogh* den Oberbefehl, brach nach einiger Zeit aus dem Bakonyerwald hervor und streifte bis in die Nähe von Ödenburg. General *Nádasdy* vertrieb seine Scharen aber, worauf *Balogh* versuchte, Güns zu erobern. Aber auch von hier wurde er vertrieben und mußte in den Bakonyerwald zurückweichen. Als *Balogh* drei Monate herumgezogen war, ohne das geringste auszurichten, weil die Bevölkerung ihm jedwege Unterstützung versagte, trat *Balogh* den Rückzug an die Donau an. Er wurde aber, ehe er noch die Donau erreichen konnte, von den Kaiserlichen eingeholt, nochmals geschlagen und geriet in Gefangenschaft. Sein ganzer Heerhaufe ging hierauf, führerlos geworden, zugrunde. *Balogh* wurde General *Pálffy* vorgeführt, der ihn zum Tode verurteilte und enthaupten ließ. Die Absicht *Rákoczys*, in Transylvanien abermals den Aufruhr zu entfachen, war gescheitert. Im August begann *Pálffy* mit der Belagerung von Neuhäusl. Schon am 13. August waren dessen Kommandanten Szluha und Ordódy bereit, die Festung zu übergeben, wenn nicht innerhalb von 14 Tagen Entsatz käme. *Károly*, der bei Waitzen lagerte, erfuhr davon und sandte den Brigadier *Nagyszegi* in die Festung und übertrug ihm das Kommando. *Nagyszegi* hielt Neuhäusl etwa noch einen Monat. Am 23. September kapitulierte er. Damit war die letzte von *Rákoczys* Festungen im Westen gefallen. Feldmarschall *Heister* erkrankte während dieses Feldzuges und bat, ihn vom Kommando zu entbinden. Neuer Oberbefehlshaber in Ungarn wurde hierauf Graf *Pálffy*. Dieser begann mit einem konzentrischen Angriff und marschierte von Neuhäusl gegen Erlau, der damals stärksten Festung zwischen der Donau und der Theiß. General *Viard* rückte gegen die Hegyalja vor, wo *Rákoczy* mit seinen Haustruppen stand. *Cusani* wurde von General *Kriechbaum* mit einem Teil der in Siebenbürgen stehenden kaiserlichen Truppen nach Solnok entsandt, das *Csajághy* ihm schon nach dreitägiger Belagerung übergab. General *Löffelholz* endlich rückte von der Zips her in Sáros ein. Dieser konzentrische Vormarsch der kaiserlichen Heeresteile versetzte die Rebellen in panischen Schrecken. Die einzelnen Haufen des Kuruzzenheeres stoben, teils geschlagen, teils kopflos auseinander. Nur *Rákoczys* Haustruppen blieben ihm in dieser Gegend. *Rákoczys* Anhänger, die entweder nicht hoffen durften der Amnestie teilhaftig zu werden oder diese nicht erbitten wollten, flüchteten in das noch nicht von den Kaiserlichen besetzte Gebiet im Nordosten. *Rákoczy* übertrug den Befehl über seine Hausregimenter seinem General *Anton Esterházy* und trug ihm auf, sich in keine Kämpfe mit den habsburgischen Truppen einzulassen. Sollte er angegriffen werden, solle er sich nach Munkács zurückziehen. *Rákoczy* wollte nach Polen reisen, um sich mit dem Fürsten *Dolgoruky* zu beraten. Unterwegs traf er mit einem ganzen Heer von Flüchtlingen zusammen. „Nie in meinem Leben hat mich schmerzlicheres Mitleid ergriffen . . ." schrieb er später in seinen Memoiren. „Schnee bedeckte schon den Boden, als ich einer langen Reihe von Wagen der aus der unteren Gegend flüchtenden Familien der Edelleute und Offiziere begegnete. Frauen streckten nach mir die Hände aus, beteuerten schluchzend die Treue ihrer Gatten und flehten um Obdach und Nahrungsmittel. Vor Kälte klappernde Kinder füllten die Wagen, die sich im halbgefrorenen Kote kaum bewegen konnten. Ihr trauriger Zustand ergriff mich tief, und ich tat für sie, was möglich war." Dazu hatte *Rákoczy* allen Grund, denn er hatte ihr Elend verursacht.

Anton Esterházy ließ sich von General *Viard* bei Liszka überrumpeln. Sämtliche Haustruppen des Fürsten wurden, bis auf ein Regiment, aufgerieben. Nur Charriès Leute, 800 Polen und deutsche Überläufer, konnten sich noch retten und geordnet zurückziehen. *Rákoczy* hatte auch seine Elite verloren. Die Niederlage *Esterházys* aber hatte zur Folge, daß Sáros-Patak und Tokaj in kaiserliche Hände fielen. Hierauf rückte *Viard* in die Gespanschaft Sáros ein, zwang Eperjes nach kurzer Belagerung zur Kapitulation und erschien am 4. Dezember vor Bartfeld, das ihm noch am selben Tage die Tore öffnete. Erlau war schon am 1. Dezember *Pálffy* übergeben worden. Die Besatzung hatte ihren Kommandanten *Prényi* gezwungen, ihr die Vorräte zu übergeben und öffnete die Tore. Nach diesen schweren Verlusten war die Kraft *Rákoczys* zu weiterem Widerstande gebrochen. *Pálffy* war erfolgreich gewesen. Am 16. November hatte *Rákoczy Simon Forgács,* den er bisher auf Munkács gefangen gehalten hatte, freigelassen. *Forgács* ging nach Polen. Auch *Anton Esterházy* erhielt die Erlaubnis, sich nach Polen zu begeben. Da *Daniel Esterházy* in Kaschau befehligte und *Bercsényi* in einer politischen Mission in Polen weilte, hatte *Rákoczy* von seinen angeseheneren Befehlshabern nur noch *Károly* an seiner Seite.

Feldmarschall Pálffy verhandelt mit den Rebellen

Graf Johann *Pálffy,* zum Feldmarschall avanciert, beschritt den Weg zu Verhandlungen. Er war Ungar und genoß das Vertrauen der Ungarn ebenso wie das des Hofes. Er hatte dafür zunächst keine Vollmacht, war aber mit *Károly* in Verbindung getreten, dem *Rákoczy,* da *Bercsényi* abwesend war, nicht nur den Oberbefehl über die restlichen Truppen, sondern auch politische Vollmachten erteilt hatte. Zu dieser Zeit hielten die Rebellen von den größeren Orten nur mehr Kaschau, Ungvár, Huszt und Munkács besetzt. Als der Winter einbrach, konnte Kaiser *Joseph* beruhigt dem kommenden Frühjahr entgegensehen, in dem es möglich sein würde, der Rebellion den Gnadenstoß zu versetzen.

Sowenig der Kaiser bereit war, mit *Rákoczy* wieder in Verhandlungen zu treten, so sehr bemühte er sich nun, allen *Rákoczy* noch verbliebenen Streitkräften Amnestie zu erteilen. Graf *Pálffy* erhielt entsprechende Vollmachten. Da sich *Rákoczy* und *Bercsényi* noch immer in Polen aufhielten und vom Amtssitz des russischen Fürsten *Dolgoruky* aus mit dem Zar verhandelten, hatte *Pálffy* in einem offiziellen Schreiben vom 17. November eindringlich gebeten, doch an das Schicksal Ungarns und seiner eigenen Familie zu denken und dem hoffnungslosen Kampf und Blutvergießen ein Ende zu bereiten, zur Treue gegen den König zurückzukehren und einen vertrauenswürdigen Mann zu ihm zu senden. *Pálffy* sagte *Károly* zu, daß dieser diesen Schritt nicht bereuen werde. *Károly* teilte dem Fürsten mit, was ihm *Pálffy* vorgeschlagen hatte und antwortete diesem mit Zustimmung *Rákoczys,* ,,es werde dem Grafen zu höchstem Ruhme gereichen, wenn er zur Beendigung des unheilvollen Krieges ein anderes Mittel fände als die Waffen, denn gegenwärtig lasse sich von Unterhandlungen mehr Erfolg als früher erwarten. Er möge daher einen Waffenstillstand bewilligen". Der Vertrauensmann, der zu *Pálffy* reiste und *Károlys* Antwort überbrachte, war der Biharer Vizegespan und Debreziner Stadtrichter Georg *Komáromy*. *Pálffy* bewilligte einen kurzen Waffenstillstand und erklärte seine Bereitschaft, diesen, bei einem sichtlichen Erfolg zu verlängern. Auch wollte er sich mit *Károly* persönlich treffen.

Inzwischen waren Pálffys Truppen aber bis Kálló vorgerückt gewesen, und *Pálffy* hatte mehrere Schreiben an *Károly* gerichtet. Am 10. Jänner 1711 berief *Pálffy Károly* dringend zu sich und verpfändete diesem seine Ehre und sein noch nie gebrochenes Wort, daß ihm die geringste Kränkung widerfahren solle, wenn er seiner Einladung Folge leiste. Am 13. Jänner antwortete *Károly* aus Gyula. Er dürfte sich dann nach Kálló begeben haben und eilte nach Munkács, um *Rákoczy* die Nachricht zu überbringen, daß *Pálffy* wünsche, auch mit ihm in persönlichen Verkehr zu treten. Da aber *Rákoczy* noch nicht aus Polen zurückgekehrt war, ersuchte *Károly Pálffy*, den Waffenstillstand zu verlängern. Trotz mancher Bedenken, die *Pálffy* inzwischen wegen des Waffenstillstandes gekommen waren, für den er keine Gegenleistungen eingehandelt hatte, stimmte er einer Verlängerung bis 30. Jänner zu, „um zu beweisen, wie sehr ihm der Friede am Herzen liege". Wenn der Fürst bis zu diesem Tage zurückkehre, so möge er ihm einen Geleitbrief senden, eine weitere Verlängerung des Waffenstillstandes könne und werde er nicht mehr gewähren. *Károly* reiste *Rákoczy* nach und sandte *Pálffy* den Geleitbrief *Rákoczys* mit der Meldung, daß sich der Fürst am 29. Jänner mit ihm in Vaja treffen wolle. Am Wege dorthin hielt *Rákoczy* in Kis-Várda an, wo 12.000 Kuruzzen versammelt waren. Er musterte sie und hielt eine Ansprache, in der er den Männern eröffnete, daß er sich, von Vaterlandsliebe und dem Verlangen nach Frieden bewogen, nach Vaja begebe, um dort mit *Pálffy* zu verhandeln, der im Namen des Kaisers der Nation die Wiederherstellung und Erhaltung ihrer Freiheit verspreche. Er selbst wolle alles tun, damit ein Vergleich und der Friede zustande komme. Gelinge ihm dies nicht, dann bleibe nichts anderes übrig, als für das Vaterland zu sterben. Hierauf ordnete er an, daß die anwesenden höheren Offiziere, Staatsräte und Adeligen ihn in Apáti erwarten mögen, denn er wolle ihnen am Rückwege sagen, ob die Verhandlungen Erfolg gehabt hätten. Noch am gleichen Tag verhandelten *Pálffy* und *Rákoczy*. *Pálffy* riet dem Fürsten, ein Bittgesuch an Kaiser *Joseph* zu richten, weil an dessen wohlwollender Gesinnung nicht gezweifelt werden brauche. Am folgenden Tag bestätigte *Rákoczy* den in Apáti versammelten Offizieren, Staatsräten und Edelleuten, daß er *Pálffy* für einen redlichen Mann halte und auf dessen Wunsch ein Huldigungsschreiben an Kaiser *Joseph* absenden wolle, damit man ihm später nicht vorwerfen könne, eine Gelegenheit, dem Land den Frieden zu geben, versäumt zu haben. Sollte es aber nicht möglich sein, einen Vertrag zuwege zu bringen, wo werde man die letzten Kräfte aufbieten, um das Vaterland und die Familie zu retten.

Am 3. Feber 1711 übersandte *Rákoczy* sein Huldigungsschreiben an Kaiser *Joseph I.* als König von Ungarn an *Pálffy* und bat diesen in einem Begleitschreiben, seine Huldigung an den Hof weiterzuleiten. Diese begann mit den Worten: „Gleichwie der Kampf und die Einigung des Volks während sieben Jahren von der Beeinträchtigung seiner Freiheiten zeugte, so könnte ich jetzt, nachdem die meisten Gespanschaften zur Treue gegen Ew. Majestät zurückgekehrt sind, der Rachsucht und Halsstarrigkeit beschuldigt werden, wenn ich es unterließe, die Wiederherstellung des Friedens auf solche Art zu suchen, daß sowohl der Vergießung des Bürgerblutes ein Ende gemacht, als auch dem gänzlichen Verderben des Vaterlandes vorgebeugt werde. Ich weiß, es werden sich viele finden, die über meine Huldigung so denken, daß sie die Veranlassung des Krieges auf mich schieben, um die Gültigkeit des wider mich verkündigten Urteils auch ferner behaupten zu können. Ich bitte jedoch untertänig, daß Ew. Majestät mir erlaube, die Gründe, die ich zu meiner Verteidigung vorbringen kann, zu wiederholen." In der Folge bittet *Rákoczy* König *Joseph*, sich zu erinnern, daß er während seines Aufenthaltes in Wien sich um dessen Huld beworben habe, durch die geheimen Verfolgungen seiner Feinde ins Gefängnis geworfen worden sei, in den Briefen und Bittgesuchen, die er im Kerker zurückgelassen, auch die Ursachen seiner Flucht angegeben habe. „Zwei Jahre hatte ich das Elend des Exils erduldet, als ich meine Verurteilung durch ein gesetzwidriges Gericht vernahm, und nur von meiner Nation, die ihre Freiheiten auch in meiner Person gekränkt sah, Rettung hoffen konnte. Ich kehrte also nicht mit fremdem Kriegsvolke, sondern auf das Recht gestützt, in mein Vaterland zurück und verkündigte das mir und dem Lande angetane Unrecht in einem Manifeste, welches nichts anderes enthält als das, was jüngst auch der Reichstag zu Preßburg Ew. Majestät vorgetragen hat. Die Nation fühlte es und ergriff zur Verteidigung ihrer Rechte und Freiheiten (die auch der Vater Ew. Majestät beschworen hatte), die Waffen . . . Unter dem Geräusche derselben berief ich den Reichstag nach Szécsény und legte dort alle Gewalt, welche mir bis dahin durch das Gesetz zur Führung der Waffen war gegeben worden, in die Hände der Reichsstände nieder; sie gaben mir dieselbe zurück, erwählten mich zum anführenden Fürsten der Ungarn und verpflichteten mich zur Verteidigung der Rechte durch Angelobung gegenseitiger Treue . . . Ich strebte, meinem Eide und meiner Pflicht zu genügen, wie ich es schuldig war" . . . *Rákoczy* verwies weiters auf seine Bemühungen für einen Vergleich und Frieden und schloß mit den Worten: „Wenn die in Kürze angeführten Gründe in den Augen Ew. Majestät als rechtfertigend erscheinen, so flehen wir die Gerechtigkeit, wo nicht, die väterliche Gnade Ew. Majestät an, daß auch wir alle, die wir bisher die Waffen zu führen genötigt waren, der Wiedereinsetzung in die Rechte und Freiheiten des Landes (die auch durch den Schwur Ew. Majestät bestätigt sind) und in unsere Güter teilhaftig werden mögen."

Pálffy setzte an *Rákoczys* Huldigungsschreiben aus, daß er die gebräuchlichen Höflichkeitsformen mißachtet habe und den Hof glauben machen wolle, er und sämtliche Ungarn, die es mit ihm hielten, seien berechtigt gewesen, die Waffen zu ergreifen. Weiters rügte *Pálffy,* daß *Rákoczy* für alle Teilnehmer am Aufstande die Rückgabe der Güter erbitte, statt nur für sich und *Károly* und hinsichtlich der übrigen nur nebenbei die Hoffnung auszusprechen, Seine Majestät werde auch sie nicht ohne Trost lassen. *Pálffy* sandte das Huldigungsschreiben *Rákoczys* dennoch nach Wien weiter, und der Fürst antwortete *Pálffy:* „Glauben Sie, Herr Graf, ernstlich, oder wollen Sie blos mir die Meinung beibringen, daß das Ministerium jene Titulaturen so, wie Sie schreiben, aufnehmen werde? Ich wollte damit die Seiner Majestät schuldige Ehrfurcht nicht verletzen, und wenn nur die Verbesserung derselben nötig war, so wäre ich bereit gewesen, noch einmal zu Schreiben. Was den zweiten Punkt anbelangt, so gehört die Seele des Menschen Gott, sein Blut seinem Herrn, seine Ehre aber ihm selbst, woraus folgt, daß ich mich als Rebellen nicht bekenne und nie bekennen werde; hierüber mögen Sie selbst urteilen, möge Johann Pálffy dem kaiserlichen Feldmarschall Antwort geben. Hinsichtlich des dritten Punktes habe ich in Vaja erklärt, daß ich meinen Schwur nicht brechen und ohne jene, an die mich und die an mich ein gegenseitiger Eid bindet, die Waffen nicht niederlegen darf."

Bald darauf berief *Rákoczy* seine ungarischen und siebenbürgischen Staatsräte nach Salánk. Den ungarischen Räten eröffnete er, daß er zwar mit dem Kaiser in Unterhandlungen getreten sei, aber ohne ihre Zustimmung nichts zugestehen dürfe. Auf seine Frage, was man in dieser schlimmen Lage von den Beschlüssen von Neuhäusl, die vor den Tyrnauer Verhandlungen gefaßt worden waren, aufgeben könne, ohne den Eid, die Waffen nicht niederlegen zu wollen bis die Freiheit erkämpft sei, zu brechen, entschieden sie sich dafür, daß man Wien nichts zugestehen dürfe. Hierauf informierte sie *Rákoczy* über seine Verhandlungen mit dem Zaren, und welche Hilfe er von diesem erhoffe. Er fragte die Räte, ob es in ihren Augen besser sei, wenn er sich auf Munkács einschließe oder ob er zum Zaren reise und dessen Hilfe persönlich betreibe. Sie waren dafür, daß *Rákoczy* nach Polen reise und selbst mit dem Zar verhandle. Den siebenbürgischen Räten, die alle aus Siebenbürgen geflohen waren, eröffnete er, daß er ihrer Versöhnung mit dem Kaiser nicht im Wege stehen wolle und bereit sei, dem Fürstentum zu entsagen, wenn sie ihn seines Eides entbänden. Sie wiesen dieses Angebot natürlich zurück und erklärten, ihm überallhin folgen zu wollen, wenn er für ihren Unterhalt sorge.

Rákoczy reiste nach Lemberg, wo er den Zaren zu erreichen hoffte. Von Alsó-Vereczke erließ er am 20. Feber ein Patent an seine Anhänger: „Wir wünschen sehnlich, unsere Freiheit entweder durch beharrlichen Kampf zu erringen oder durch einen aus demselben sich ergebenden Friedenstraktat zu erlangen. Um dieselbe auf die letztere Art zu erlangen schritten wir zu den gegenwärtigen Verhandlungen. Da aber der Erfolg, bevor wir die Resolution des Kaisers erhalten haben, zweifelhaft ist, bringt es mein, des anführenden Fürsten, Beruf mit sich, daß ich mich auch an fremde Mächte wende, damit wir entweder durch die gegenwärtigen Unterhandlungen den Frieden oder, wenn dies nicht gelänge, durch Fortsetzung des Krieges unser Ziel erreichen. Ich halte es daher für zweckdienlich, mit fremden Mächten persönlich zusammenzutreffen, und übertrage für die kurze Zeit meiner Abwesenheit die Führung der Angelegenheiten meinem Feldmarschall Károly. Demzufolge verbiete ich jedermann, hinzugehen und eidbrüchig zu werden, oder ohne Paß vom Marschall sich ins Ausland zu begeben, wo jetzt noch keine Sicherheit zu finden ist, und befehle ich allen aufs strengste, bis zu meiner Rückkehr sich nach Anordnungen des Marschalls bei ihren Abteilungen aufzuhalten, und der gemeinen Mannschaft, bei ihrem Regimente zu bleiben. Allen jenen, die sich hiernach richten, verbürge ich mich, wenn sie vom Vertrage ausgeschlossen würden, oder dieser nicht zustande käme, im Ausland nicht blos einen sicheren Aufenthalt, sondern auch Dienst bei auswärtigen Mächten zu verschaffen."

Baron Alexander *Károly*, der von *Rákoczy* zu seinem Stellvertreter ernannt worden war, dürfte damals schon von *Pálffy* gewonnen gewesen sein und benützte die ihm übertragene Gewalt dazu, den Frieden zuwege zu bringen. Aber auch die Aussicht auf Amnestie, Rückgabe der konfiszierten Besitzungen und die Wiederherstellung der Freiheit Ungarns, die *Pálffy* im Namen Kaiser *Josephs* verheißen hatte, machte die Edelleute, Offiziere und selbst *Rákoczys* Räte geneigt, die Waffen niederzulegen.

Am 11. Februar hatte beim Hofkriegsrat eine geheime Beratung stattgefunden, in der beschlossen wurde, der Intervention der neuen englischen Regierung zuvorzukommen, die den Krieg mit Frankreich beenden und wieder auf Friedensverhandlungen mit *Rákoczy* drängen wollte, und selbst initiativ zu werden. *Pálffy* erhielt weitgehendere Vollmachten als bisher und wurde ermächtigt, Verhandlungen zu führen, jedoch mit der Auflage, nicht mit der Gesamtheit der Stände, sondern mit den Häuptern der Rebellion zu unterhandeln und diese zu gewinnen. Damit er in seiner Loyalität Ungarn gegenüber nicht unbedacht agiere, wurde ihm der Hofkriegsrat Locher als Berater zur Seite gegeben. Als der neue britische Gesandte am 23. Februar bei *Prinz Eugen* und am darauffolgenden Tag vom Kaiser empfangen wurde, erfuhr er, daß *Rákoczy* dem Kaiser ein Huldigungsschreiben übersandt habe und daß die Verhandlungen mit den Aufständischen bereits im Gange seien und in Kürze zu einem positiven Ergebnis führen würden.

Kökényesdy von Vetes, der von *Rákoczy* zum Zaren gesandt worden war, kam in Moskau in Schwierigkeiten. Der russische Gesandte in Konstantinopel hatte nach Moskau berichtet, daß der französische Gesandte *Desalleurs* ständig bemüht sei, die Pforte für Schweden zum Krieg gegen Rußland zu bewegen. *Golowkin*, der Kanzler des Zaren, war so empört, daß Baron *von Vetes* befürchten mußte, statt einer Audienz bei *Peter I.* zu erlangen nach Sibirien geschickt zu werden. Er wurde aber nur aus Rußland ausgewiesen und riet daher *Rákoczy*, Polen zu verlassen, nach Ungarn zurückzukehren und sich mit *Pálffy*, so gut er ginge, zu einigen, sonst werde der von seinem Anführer verlassene Adel ohne ihn von der Amnestie Gebrauch machen.

Rákoczy verläßt Ungarn;
Károlys neuerlicher Parteiwechsel

Rákoczy begab sich hierauf zwar nach Munkács, auf das Stammschloß seiner Vorfahren, aber nicht um mit den Ständen Verbindung aufzunehmen, sondern um seine Schätze nach Polen in Sicherheit zu bringen. Am 29. Februar 1711 verließen *Rákoczy* und Baron *Vay* mit mehreren schwerbepackten Fuhrwerken Munkács wieder und erreichten am 3. März Zawadka, wo sie rasteten, um hierauf von dort aus die polnische Grenze zu überschreiten. *Rákoczy* hatte 1703 bei Zawadka, aus Polen kommend Ungarn betreten, um in seiner von allen kaiserlichen Truppen entblößten Heimat den Aufruhr gegen Habsburg zu entfachen. Jetzt, nach acht Jahren, nachdem seine blutige Rebellion zusammengebrochen war, verließ er, über den gleichen Ort ausreisend, Ungarn für immer. *Rákoczy* begab sich nach Kukszow, auf ein Gut seines alten Freundes und Gönners, des Palatins und *Hetman Sziniavscki,* das in der Nähe der Stadt Stry am gleichnamigen Fluß lag und nahm in diesem Schlosse für längere Zeit Quartier. *Sziniavscki* hat ihn hier vor aller Welt versteckt gehalten. Zu dieser Zeit weilte *Bercsényi,* der unversöhnlichste Gegner eines Ausgleiches mit dem Kaiser, in Lemberg. Von dort aus sandte er am 18. März eine vertrauliche Depesche an *Klement,* der in Berlin weilte und teilte diesem, im Auftrage *Rákoczys,* mit, den Standpunkt zu vertreten, daß nur die ungarische Konföderation als solche, also als politischer Körper, mit dem Wiener Hofe verhandeln könne, nicht aber, wie der Hof wünsche, einzelne Mitglieder derselben. Der schroffe selbstbewußte Ton der Note erklärte sich aus der verzweifelten Hoffnung, mit dem Zaren doch noch zu einem Einvernehmen zu kommen. Umsoweniger konnte *Bercsényi* seinen Ärger darüber verhehlen, daß die Wiener Regierung alles aufbiete, um den Ausbruch eines neuen Türkenkrieges, hervorgerufen durch den Einfall *Potockis* und der Tataren in die polnische Ukraine, dem moskowitischen Hofe als ein Werk der französischen Politik, im Einvernehmen mit *Rákoczy* zu signalisieren und *Peter I.* gegen die Konföderation aufzubringen. *Clement* wußte nicht, was er von all dem halten sollte, denn der vom Fürstenprimas, über Weisung des Papstes am 18. Dez. 1709 abgesetzte Zipser Titularpropst *Brenner, Rákoczys* Resident in Königsberg, schrieb ihm am 8. Februar, daß man im Rate der Konföderation beschlossen habe, „für die schlimmsten Fälle" ein Bündnis mit der Pforte zu erwägen. Wie er das mit der von *Rákoczy* angestrebten Freundschaft mit Rußland vereinbaren sollte?

In einem weiteren Schreiben vom 30. März, das Baron *von Vetes* aus Königsberg *Rákoczy* sandte, warnte dieser den Fürsten davor, sich dem Zaren zu nahen, weil er den dringenden Verdacht habe, daß ihn dieser gefangensetzen werde. *Rákoczy* erhielt dieses Schreiben in Kukszow. Dorthin schrieb ihm auch *Pálffy,* der ihn und *Károly* einlud, nach Debrezin zu kommen, um auf der Vollmacht des Kaisers aufbauend, mit ihm über den Frieden zu verhandeln.

Rákoczy folgte zwar der Einladung *Pálffys* nicht, beauftragte aber *Károly* nach Debrezin zu reisen. *Karoly*, der die Lage der Rebellen realistischer beurteilte, mit *Pálffy* in ständiger Verbindung stand und von diesem schon durch Zusagen für seine Sicherheit gewonnen war, einigte sich mit *Pálffy* und *Locher* bald über die Bedingungen, die *Locher* den Aufständischen bewilligen konnte. Am 14. März schwur Baron *Károly* heimlich König *Joseph* die Treue, und *Locher* schrieb hierüber an *Prinz Eugen*: „Der koruzzische Beelzebub ist ausgetrieben und der gute Geist kommen." *Károly* reiste hierauf, im Auftrage *Pálffys* und *Lochers* nach Stry in Polen, um *Rákoczy* ein letztes Mal zu bewegen, sich zu unterwerfen. Dort waren aber *Károlys* Gegner, *Bercsényi, Anton Esterházy* und *Forgács* bei *Rákoczy* versammelt. *Bercsényi* riet dem Fürsten, *Károly* verhaften zu lassen. Aber *Rákoczy* hegte noch keinen Verdacht gegen *Károly*, dem er noch immer am meisten vertraute und gab *Károly* den Auftrag, die verbündeten Stände nach Huszt zu berufen. Aber *Pálffy* lehnte eine Verlängerung des Waffenstillstandes ab; sie wäre erforderlich gewesen, um die zerstreuten, teils ins Ausland geflohenen Staatsräte *Rákoczys* zusammenzurufen. Dazu kam, daß auch die Pest im Lande grassierte. *Pálffy* vermutete richtig, daß *Rákoczy* nur Zeit gewinnen wolle und bewog *Károly*, von dem ihm durch *Rákoczy* erteilten Auftrag Gebrauch zu machen und die kampfmüden Stände – soviele er auftreiben könne –, sofort nach Szatmár einzuberufen. Von der Sehnsucht, daß endlich Frieden geschlossen werde, getrieben, kamen die Anführer der letzten Heerhaufen, der Adel aus den benachbarten und die Flüchtlinge aus den westlichen Gespanschaften und von Siebenbürgen nach Szatmár. Am 4. April legte ihnen *Károly* die von *Pálffy* verkündeten Friedensartikel vor, welche sie hierauf berieten. Als aber dann noch am 6. April der Debreziner Stadtrichter *Georg Komáromy* eine neue Kundmachung *Pálffys* brachte, die die Einwände *Rákoczys* entkräfteten, erfolgte allgemeine Zustimmung. König *Joseph* ließ ihnen durch *Pálffy* anbieten:

„1) *Rákoczy* und seinen Parteigängern wird hinsichtlich ihrer Person und ihrer Güter vollständige Amnestie gewährt, wenn sie bis 27. April, mit dem auch der Waffenstillstand endet, den Treueid leisten und die in ihrer Gewalt befindlichen Festungen übergeben.

2) Dieselbe Amnestie wird den Offizieren und den in Waffen stehenden Ständen erteilt.

3) Die Witwen und Waisen jener verstorbenen Gatten und Väter, deren Güter konfisziert wurden, sollen den Gesetzen gemäß befriedigt werden.

4) Die Siebenbürger, die sich in die Moldau und in die Walachei flüchteten, haben vermittels des Generals Steinville um ihre Amnestierung einzukommen.

5) Seine Majestät wird die Gesetze und Freiheiten Ungarns wahren und aufrecht erhalten."

Da das weit mehr war, als die Versammelten erwartet hatten, nahmen sie ohne Bedenken, ohne die Zustimmung des Fürsten abzuwarten, die angebotenen Bedingungen an und verlangten deren Verkündigung, ohne jeden Aufschub.

Károly berichtete dies noch am selben Tage *Rákoczy* und meldete diesem daß viele, die öffentlich dem Bunde entsagt haben, den sofortigen Frieden fordern. *Rákoczys* Anwesenheit in Ungarn sei daher dringend, und er möge sofort heimkommen. Er, *Károly*, wolle die Stände später nach Huszt einberufen. Die versammelten Adeligen, Offiziere und Staatsräte *Rákoczys* entsendeten aber schon am 7. April Abgeordnete an den Fürsten und ließen ihm bestellen, daß er und die Stände einsehen müssen, daß sie außerstande seien, den Krieg fortzusetzen und die Ankunft russischer Truppen abzuwarten. Selbst wenn er mit dem Zaren ein Übereinkommen erzielt hätte, müßten sie dennoch, wenn sie die Friedensbedingungen zurückweisen würden, sich entschließen, ins Exil zu gehen. Sie halten es daher für besser, daß *Rákoczy* in ihre Mitte komme, um den Frieden zu unterzeichnen. Wenn aber der Fürst und seine Anhänger sich nicht zur Rückkehr entschließen, so werden ihn die Abgeordneten bitten, daß er die Stände von der Eidespflicht gegen ihn, den anführenden Fürsten, entbinde.

Es ist verständlich, daß die Vorgänge in Szatmár *Rákoczy* empörten. In einem Schreiben an die Stände machte er seiner Bitterkeit und seinem Zorne Luft. Er warnte die Stände, sich durch die trügerischen Friedensbedingungen nicht verlocken zu lassen, nicht ihre Nachkommen und das Vaterland ins Verderben zu stürzen. Da *Rákoczy Károly* jetzt verdächtigte, der Urheber dieser Vorgänge zu sein, goß er über ihn seinen ganzen Unwillen aus: „Derjenige", drohte er, „den ich in meine innigste Freundschaft aufgenommen, mit dem ich gleichsam meine Liebe und Seele geteilt hatte, hat mein Vertrauen mißbraucht, seine Befugnisse überschritten, nicht allein mich, sondern auch das Vaterland ins Verderben gestürzt; aber auch ihn wird die Strafe, der Ocskay und Bezerédy verfielen, um so schwerer treffen, je größer und gefährlicher seine Gottlosigkeit ist!" In seinen Memoiren schrieb *Rákoczy*, daß er gehofft habe, mit diesem Schreiben einen Aufstand gegen *Károly* inszenieren zu können. Aber *Rákoczys* Drohungen verhallten wirkungslos. Seine Anhänger trennten sich von ihm. Obwohl sie aus allen Teilen Ungarns stammten, hatten sie alle einstimmig auf *Pálffys* Vorschläge reagiert und waren bereit gewesen, für das Angebot der vollen Amnestie zur Treue gegen den rechtmäßigen König zurückzukehren. *Rákoczys* Anhänger hatten zwar eine Delegation nach Stry abgeschickt, die *Rákoczy* auffordern sollte, sich ebenfalls *Pálffys* Bedingungen zu unterwerfen, aber es war ebenso klar gewesen, daß die Rebellen auch ohne die Zustimmung ihres Anführers dem aussichtslos gewordenen Krieg ein Ende bereiten wollten.

Da es *Rákoczy* abermals ablehnte, sich zu ergeben, verhandelten seine Anhänger tatsächlich ohne ihn mit *Pálffy* und *Locher*. Er konnte ihnen das weder vergessen noch vergeben.

Kaiser Joseph I. Tod und der Friede von Szatmár

Da trat ein unvermutetes Ereignis ein, das zwar die politische Lage in Europa völlig verändern, sich letztlich aber auf Ungarn nicht mehr auswirken sollte. Am 17. April 1711 starb Kaiser *Joseph I.* an den Pocken. Mit ihm, dem von unserer Zeit fast vergessenen Kaiser, trat eine der bedeutendsten Herrscherpersönlichkeiten des Hauses Habsburg von der Bühne der europäischen und österreichischen Geschichte ab. Unerbittlich hatte er dem „Sonnenkönig" die Stirne geboten, die Größe Österreichs begründet und Frankreich, wenn auch mit Hilfe der Alliierten, in die Knie gezwungen. *Joseph* hatte, gegen den Willen des Papstes, Österreichs Oberhoheit über Italien durchgesetzt und selbst das Schwert, das er als Kaiser des Heiligen Römischen Reiches deutscher Nation für die Kirche führte, gegen den Papst gezogen und Rom in die Schranken verwiesen. *Ludwig XIV.* hatte in Italien kapituliert und die Halbinsel geräumt. *Max Emanuel,* dem Kurfürsten von Bayern und seinem Bruder, dem Erzbischof von Köln, hatte *Joseph* ihre Reichsämter aberkannt und sie aus dem Reich verwiesen, seine Heere waren, unter *Prinz Eugen,* nach einer Reform des Finanz- und Heerwesens, an allen Fronten siegreich gewesen. Daß *Joseph I.* trotz der zu Anfang des Jahres 1711 aussichtslosen Lage der Rebellen nicht härter durchgegriffen und die Aufrührer nicht noch mehr gedemütigt hat, beweist seine Großzügigkeit. Aus den Befehlen an *Pálffy* vom 18. Februar geht hervor, daß der Kaiser die Absicht gehabt hat, weiterzukämpfen, wenn seine Angebote nicht angenommen werden sollten. So beharrlich *Joseph I.* auf gewissen Standpunkten verharrt hatte, so klar hatte er vom ersten Tage seiner Regierung an gewollt, daß ein künftiger Friedensvertrag mit Ungarn auch für den ungarischen Adel akzeptierbar sein müsse. Daher war es *Joseph I.* mit seinem wiederholten Versprechen, die Verfassung des Königreiches und dessen Autonomie innerhalb der habsburgischen Staatengemeinschaft zu beachten, immer ernst gewesen. Er wußte, daß von der Krone nicht eingehaltene Kompromisse von der brüchigen Loyalität der Madjaren nicht verkraftet werden konnten. Aus diesem Grunde hatte *Joseph I.* konsequent die Linie verfolgt, eine Lösung zuwege zu bringen, die für beide Seiten annehmbar war. Um so tragischer war es daher, daß *Rákoczy* dem ehrlichen Bemühen *Josephs* nicht vertraute und trotz der vielen Warnungen seines Geschäftsträgers am französischen Hof blind auf *Ludwig XIV.* setzte. Immer hatte sich *Josephs* staatsmännischer Realismus, dem die existentiellen Interessen seines Hauses in Ungarn weit näher gelegen hatten als die dynastischen im fernen Spanien, sich vorteilhaft von *Rákoczys* politischen Querellen unterschieden. *Joseph* hatte sich daher mit einiger Risikobereitschaft auf die Weiterführung der unter seinem Vater in Ungarn ausgebrochenen Kämpfe eingelassen. Aber er hatte es auch unter dem Gesichtspunkt getan, daß die Opfer der mit deutschem Geld, deutschem Blut und deutschen Waffen den Osmanen entrissenen Ländereien in Ungarn und Siebenbürgen nicht vergeblich gewesen sein durften. Trotz bewußt tendenziöser späterer antihabsburgischer Ressentiments bleibt es Tatsache, daß *Joseph I.*, der beinahe von allen vergessene Kaiser, im Herzen ein österreichischer, in seiner Haltung aber einer der größten deutschen Fürsten der Geschichte gewesen ist. Der Tod des menschenfreundlichen Kaisers konnte im allgemeinen nicht verborgen bleiben, aber im Lager der Kuruzzen scheint er erst mit einiger Verspätung bekannt geworden sein. Es haben auch *Pálffy* und *Locher* die Verhandlungen so fortgeführt, als ob nichts geschehen wäre. Am 26. April legten achtzehn ungarische Magnaten auf Schloß Károly den Treueid ab. Baron *Alexander Károly* hatte unterdessen alles unternommen, um General *Daniel Esterházy* und seine Besatzung zur Übergabe von Kaschau zu bewegen. Von seinem Lager in Barcsa sandte er *Krucsay* und *Johann Szatmáry* mit einem Briefe der Kaiserinwitwe *Eleonore* vor die Stadt und der städtische Kommissär *Nyári* übernahm am Galgenberg das Schreiben und brachte es in das Rathaus. Nachdem sich die Bürger und *Esterházy* beraten hatten, wurden *Kurcsay* und *Szatmáry* in die Stadt geholt, und diese verkündeten, daß Kaschau in den Waffenstillstand einbezogen sei. Da die Bedingungen günstig waren und das kaiserliche Belagerungsheer unter General *Viard* die Kampfhandlungen einstellte, wurde vereinbart, daß die kaiserlichen Generäle *Ebergényi*, *Löffelholz* und *Viard* am 25. April in die Stadt kommen würden, wenn *Esterházy* und die Bürger bereit seien, Geiseln zu stellen. Sie waren es, worauf an diesem Tage bis in die Abendstunden die Kapitulation ausgehandelt wurde. Am darauffolgenden Tag zogen die Kaiserlichen in die Metropole Oberungarns ein. Damit war *Rákoczys* wichtigste Stadt, die nicht einmal *Rabutin* hatte erobern können, wieder kaiserlich geworden.

Am selben Tage formulierten *Pálffy, Hocher* und *Károly* auf dem Schlosse Károlys die Artikel des Friedensvertrages. Am 29. April begab sich Hofkriegsrat *Locher* zu den von *Károly* einberufenen Ständen, die mehr als 10.000 Reiter mitgebracht hatten und zwischen Szatmár und Majtenyi lagerten. Die Vereinbarungen *Pálffys* und *Károlys* wurden von *Locher* vorgelesen und von den Ständen nach kurzer Beratung angenommen. Am darauffolgenden Tag kam *Pálffy* selbst ins Kuruzzenlager. Er ritt die Front der in Parade aufgestellten Reiterei ab. Hierauf bildeten 149 Fahnenträger der Reiterei *Károlys* einen Kreis. In der Mitte des Kreises schwuren *Károly* und die Kuruzzenoffiziere feierlich und vor ihren Reitern den Treueid. Hierauf dankte *Károly* in einer zierlichen Rede für „die verwilligte Amistialgnad", worauf *Pálffy* kurz antwortete und für das ihm geschenkte Vertrauen dankte. Darauf wurden die 149 in die Erde gesteckten Fahnen von den kaiserlichen Dragonern übernommen. *Károly* löste das Lager auf und sandte die Männer der letzten Streitmacht *Rákoczys* zu ihren Familien nach Hause. Am 30. April wurde der von allen im Lager anwesenden Adeligen und Offizieren unterfertigte Friedensvertrag von Szatmár veröffentlicht. Die Rebellion in Ungarn war, ohne *Rákoczys* Zustimmung, beendet. Nach glaubwürdigen Schätzungen waren während der acht Jahre währenden und mit aller Grausamkeit geführten Kämpfe 85.000 Ungarn auf den Schlachtfeldern gefallen und 410.000 an Seuchen gestorben. 1711 war die Anzahl der Bevölkerung auf die Hälfte der um das Jahr 1500 gezählten 5 Millionen zusammengeschmolzen. Kaiser *Joseph* hatte sich gezwungen gesehen, wegen der Pestplage sogar den Handel zwischen Ungarn und den habsburgischen Erbländern aus Sicherheitsgründen vorübergehend zu untersagen, um das Einschleppen der Seuche in diese zu verhindern.

Wie großzügig die Bedingungen des Friedens waren, ist aus deren Wortlaut zu ersehen:

„1) Dem Fürsten Rákoczy wird hinsichtlich seines Lebens und sämmtlichen unbeweglichen und beweglichen Vermögens, mit Ausnahme des zur Ausrüstung der Festungen Gehörenden, sowohl in Ungarn als auch in Siebenbürgen, Begnadigung zugesichert, jedoch unter der Bedingung, daß er binnen drei Wochen den Treueid leiste und die in seinem Besitz befindlichen Festungen kaiserlichen Besatzungen übergebe und die seinigen entlasse. Wenn der Fürst in Ungarn nicht wohnen wollte, darf er nach abgelegtem Eide sich nach Polen entfernen. Nach Erfüllung der Bedingungen werden ihm auch seine Söhne zurückgegeben.

2) Dieselbe Amnestie bezüglich auf Personen und Güter wird allen ungarischen und siebenbürgischen Herren geistlichen und weltlichen Standes, Adeligen und Oberoffizieren erteilt, sowohl jenen, die im Lande gegenwärtig, als auch jene, die beim Fürsten im Auslande sind, selbst wenn manche unter ihnen früher einen Revers von sich gegeben und denselben später gebrochen hätten, nur müssen sie binnen drei Wochen Treue schwören. Sie alle erhalten ihre Güter sogleich zurück, auch wenn diese durch Schenkung oder Kauf sich schon im Besitz anderer befänden. Vor der neoaquistischen Kommission hat niemand etwas zu befürchten, denn dieser wahrhaftige Friede schließt jeden ähnlichen Hintergedanken aus. Auch wird unter der Niederlegung der Waffen nichts anderes als das Aufhören der Feindseligkeiten verstanden, sodaß die Herren, die Adeligen und deren Diener, der nationalen Sitte gemäß, ihre Waffen auch fernerhin tragen dürfen. Sämmtliche gemeine Mannschaft erhält ebenfalls Begnadigung, ohne in kaiserlichen Dienst zu treten gezwungen zu sein. Den Ausländern werden Pässe zur Rückkehr in die Heimat ausgestellt. Auch den Überläufern von den kaiserlichen Regimentern soll kein Leid wiederfahren; sie müssen jedoch zu ihren Regimentern zurückkehren.

3) Seine Majestät wird die Gesetze der Glaubensfreiheit sowohl in Ungarn als auch in Siebenbürgen treu beobachten; hätten die Religionsparteien noch etwas zu bitten, so dürfen sie es entweder jetzt gleich oder am Reichstage vorbringen.

4) Die Witwen und Waisen, deren Gatten und Väter während des innern Kriegs umgekommen sind, werden alle jene Güter zurückgegeben, die nicht anderen verkauft oder verschenkt worden sind, hinsichtlich dieser aber wird der Reichstag verfügen.

5) Die sich in weiterer Entfernung von Ungarn aufhalten, als daß sie bis zur festgesetzen Zeit zurückkehren könnten, erhalten die im zweiten Artikel zugesicherte Gnade, wenn sie sich, sobald es möglich ist, beim Hofe oder bei Pálffy oder, wenn es Siebenbürgen sind, bei Steinville melden und eine genügende Ursache der Verspätung angeben. Wiedereinsetzung in ihre Ämter und Würden haben jedoch sowohl diese wie auch alle anderen nur im Wege der besonderen Gnade Sr. Majestät zu erwarten.

6) Die Amnestie erstreckt sich in ähnlicher Weise auch auf die Kriegsgefangenen.

7) Der während des letzten Waffenstillstandes verursachte Schade soll gegenseitig ersetzt werden.

8) Damit alle Besorgniß und alle Ungewißheit beseitigt werde, soll der gegenwärtige Friedensvertrag, nachdem derselbe von Sr. Majestät bestätigt worden, unverzüglich an die Gespanschaften zur Veröffentlichung versendet werden.

9) Se. Majestät wird sowohl Ungarns wie auch Siebenbürgens Rechte, Freiheiten und Gesetze auch künftig aufrecht halten und nicht erlauben, daß irgendjemand der gewährten Begnadigung zuwider verfolgt und bedrängt werde.

10) Den Landesbewohnern bleibt das Recht am künftigen Reichstage alle ihre Beschwerden vorzubringen und deren Erledigung von Sr. Majestät mit voller Freiheit zu erbitten; daher darf niemand bezweifeln, daß Se. Majestät durch treue Beobachtung der ungarischen und siebenbürgischen Gesetze und Verleihung der Ämter an Eingeborene beweisen wolle, er sei gegen Ungarn und Siebenbürgen väterlich gesinnt; dagegen erwartet Se. Majestät, das so ganz den Gesetzen und der Konstitution gemäß regierte Volk werde sich von keinem andern an Treue gegen den König übertreffen lassen.

11) Wenn der Fürst, durch triftige Ursachen verhindert, bei der Eidesleistung und Vollziehung der Artikel nicht persönlich zugegen sein könnte, ist ihm gestattet, beides durch einen Bevollmächtigten vollziehen zu lassen und die Amnestie anzunehmen. Dergleichen soll ihm erlaubt sein, die Übergabe der Festungen, die Entlassung der Truppen und die Eidesleistung nach der vorgeschriebenen Formel auf zwei oder drei Wochen hinauszuschieben."

Es gab keinen Zweifel, daß nach dem Tod Kaiser *Josephs* dessen in Spanien weilender Bruder *Karl* der rechtmäßige Erbe der Stephanskrone sei, doch mußte für ihn, bis zu seiner Rückkehr nach Österreich, die unvermeidlich geworden war, eine vorübergehende Regentschaft eingerichtet werden. Fürst *Paul Esterházy* war als Palatin des Königreiches der gesetzliche Vertreter des Königs, aber er sprach sich dafür aus, daß die für die österreichischen Erbländer als Regentin eingesetzte Kaiserinmutter *Eleonore*, die ja gekrönte Königin von Ungarn war, auch in Ungarn als Regentin angenommen werde, bis ihr Sohn *Karl* zurückkehre. Es erhob sich dagegen auch kein wesentlicher Widerspruch, doch tat Königin *Eleonore* selber einen Schritt, der für den Fortgang der Friedensverhandlungen hätte verhängnisvoll werden können.

Sie berief schon am 20. April Graf *Pálffy* nach Wien, um mit den anderen ungarischen Magnaten ihr beratend zur Seite zu stehen, und ernannte den General Marchese *Cusani* zum Oberkommandierenden in Ungarn, der auch die weiteren Friedensverhandlungen führen sollte.

Gewiß war die Berufung der Magnaten nur der Vorwand für diese überraschende Entschließung, „die ratio intrinseca" war aber, wie Graf *Wratislaw* sagte, die „Tochter". *Pálffys* Tochter, Gräfin *Marianne,* war jahrelang die Freundin Kaiser *Josephs* gewesen und jetzt, nach *Josephs* Tod, entlud sich der Groll der schwergekränkten Gemahlin des Kaisers und der überaus sittenstrengen Kaiserinmutter gegen die verhaßte Favoritin und gegen deren Vater. Gegen Feldmarschall *Pálffy* werden gewiß auch andere Kräfte intrigiert haben, die ihm ein zu großes Entgegenkommen gegen die Rebellen vorwarfen und mit diesem Vorwurf eigene Interessen verbanden. Graf *Pálffy* aber und Hofkriegsrat *Locher* durchkreuzten die Intrige, und *Locher* war es, der sehr energisch darauf hinwies, daß die Entfernung *Pálffys* in diesem Augenblick, in dem der endliche Abschluß der Friedensverhandlungen schon so weit gediehen war, von den schlimmsten Folgen begleitet sein werde und die Verantwortung für ein Scheitern der Verhandlungen jenen Kreisen zuwies, die *Pálffy* schaden wollten. Zum Ungarn *Pálffy* hätten die ungarischen Rebellen Vertrauen, das hätten die Ergebnisse gezeigt, zu einem anderen, vor allem einem Ausländer, würden sie das nicht haben. Er würde auch nicht zögern, die Schuldigen an einem Abbruche der Friedensgespräche König *Karl* anzuzeigen. Am 28. und 29. April war hierauf *Pálffy,* der ebenfalls darauf hingewiesen hatte, was seine Abberufung für Folgen haben könnte, abermals bevollmächtigt worden, die Verhandlungen zum Abschluß zu bringen.

Feldmarschall Graf *Pálffy* hatte sich in den vergangenen Wochen noch mehr um den Abschluß des Friedens mit *Károly* bemüht, und am 29. April wurde ein von ihm und *Locher* unterfertigtes Exemplar des Friedensvertrages von Szatmár *Rákoczy* zugeschickt. Der Friede trat mit 1. Mai in Kraft. Da der Fürst aber den Termin von drei Wochen verstreichen ließ, ohne selbst oder durch einen Bevollmächtigten gehuldigt zu haben, besetzte *Pálffy* die Festungen Ecsed, Huszt, Somlyó und Kövár. Sie ergaben sich ohne Widerstand. Nur Munkács, das Stammschloß seiner Ahnen, das *Rákoczy* dadurch vor der Besetzung durch kaiserliche Truppen retten wollte, indem es von ihm einseitig zu neutralem Boden erklärt wurde, verteidigte *Sennyey* noch länger als einen Monat. Aber am 23. Juni kapitulierte dann auch er und übergab Stadt und Festung.

Am 2. Mai schrieb Hofkriegsrat *Locher* an den Hof: „Nun erwindet alles an dem, daß was Gott hierin wundertätig gewirket hat, auch unverzuckt bestätigt und aufrecht erhalten werde, absonderlichen, da nun allseits durch offene Blatten und Zeitungen der allertraurigste Todfall unseres allergnädigsten Herrn kund worden ist." *Locher* und *Pálffy* verlangten, daß unverzüglich durch offene Patente der Regentin an alle Komitate die treue Einhaltung alles Versprochenen zugesichert und alle Feindseligkeiten eingestellt werden, bis

Se. Majestät König *Karl* aus Spanien selbst alles bestätigen würde. Die von *Locher* und *Pálffy* vorgeschlagenen Maßnahmen waren zur Sicherung des Friedenswerkes von Szatmár notwendig geworden, weil *Rákoczy* wieder alles versuchte, um seine verlorene Sache zu retten. Durch offene Schreiben, die er nach Oberungarn einschmuggeln ließ versuchte er *Pálffy* als ehr- und gewissenlosen Menschen hinzustellen und den Ungarn glauben zu machen, daß Königin *Anna* von England durch ihren Gesandten am Wiener Hof Lord *Peterborough* seine Sache zur ihren machen werde und daß Zar *Peter I.*, geäußert habe, seine Miliz in seine Dienste aufzunehmen und ihm, *Rákoczy*, im Kriege der Russen gegen die Türken das Kommando über eine halbe russische Armee übertragen und ihm das Fürstentum Moldau verleihen werde.

Pálffy, der zumindest nicht ausschloß, daß an *Rákoczys* Ankündigungen irgend etwas wahr sein könnte, verlegte Truppen an die polnische Grenze, um diese gegen einen neuerlichen Einfall des Fürsten nach Ungarn zu sichern. Gleichzeitig wurde das schwedische Regiment, das in *Rákoczys* Dienste getreten war und nun unter seinem Kommandanten Oberst *Charriere* an der Mármaros plündernd durch das Land zog, energisch bekämpft.

Um diese Zeit tauchte, wie es scheint im Hofkriegsrat der Plan auf, *Rákoczy* und *Bercsényi*, die unversöhnlichen Häupter der zusammengebrochenen Rebellion gefangenzunehmen und lebend oder tot einzubringen. Graf *Pálffy*, der mit dieser Aufgabe betraut wurde, bestimmte Oberst Graf *Wallis*, Hauptmann *Scholtz* und einen Mann namens *Johann Erasmus Hartl* mit der Durchführung der „Aufhebung". Es wurde hierüber aber auch an *Prinz Eugen* berichtet, der am Rhein kommandierte. Es war für den Savoyer und seine Unbefangenheit bezeichnend, was er zu diesem Vorhaben zu sagen hatte: „Ich möchte,,, schrieb *Eugen* am 28. Juli 1711 aus Frankfurt an den Hofkriegsrat in Wien, „von des Rákoczy Gefangennehmung oder Massakrierung kein so großes Wesen machen, denn einesteils, nachdem die Rebellion nunmehr glücklich gestillet, wüßte ich nicht, was an ihm so viel gelegen und was mit demselben zu tun sei; und andrerseits dürfte uns dieser Passus große Schädlichkeiten nach sich ziehen, da es bei dem Zaren und nicht weniger auch bei den Polen ein disgusto erwecken kann." Wegen der kühlen Ablehnung *Prinz Eugens* und wohl auch deshalb, weil *Rákoczy* von dem Vorhaben Kenntnis erlangt hatte, wurde die „Aufhebung" abgeblasen.

Am 26. Mai erfolgte die Ratifikation des Friedens von Szatmár durch die Kaiserin-Regentin und Königin von Ungarn *Eleonore* und am 1. August darauf die vorläufige Bestätigung durch König *Karl*.

Karl nahm zu den ungarischen Angelegenheiten eine bemerkenswerte Haltung ein. Am 27. Mai schon schrieb er an Graf *Wratislaw:* „ Man soll achtgeben, die Ungarn mit mehr Klimpf zu tractieren und ihnen die Aprehension zu nehmen, daß sie von den Deutschen unterdrückt werden, und ihnen zu zeigen, daß ich von ihnen gleich andern Confidenz mach und sie ästimiere, auch scharf den dort commandierenden Generalen anzubefehlen, daß sie die möglichst gute Ordre in selben Land observieren und die Extorsionen nicht zulassen, auch den Ungarn zeigen, daß man sie mit aller Justiz und Lieb gubernieren will." *Karl* beanstandete auch seiner Mutter gegenüber, daß in der Ratifikationsurkunde einzelne Änderungen an den Abmachungen von Szatmár vorgenommen worden waren und wies mit allem Ernst darauf hin, daß ein solches Vorgehen das Vertrauen der Ungarn erschüttern könne und auch gegenüber Graf *Pálffy* unangemessen sei. *Karl* wiederholte, daß er, nachdem nun die Widerwärtigkeiten abgetan seien, Ungarn mit Glimpf und so viel es möglich, zu allgemeiner Zufriedenheit zu regieren und zu beschützen fest entschlossen sei. „Ich weiß", schrieb er an *Wratislaw,* „daß durchgehends geglaubt wird, man ist mit den Ungarn etwas verächtlich und hart umgegangen, und sie sind zwar nicht von den Königen, wohl aber von den Ministern gedrückt und zu ihrem desparaten Verhalten gutenteils oftermalen genötigt worden." Aus *Karls* Äußerungen sieht man, daß er sogar im entfernten Spanien einiges gehört hatte, worüber sich die Ungarn allgemein beschwerten, und es konnte jeder loyale ungarische Patriot mit einer solchen Gesinnung des künftigen Monarchen zufrieden sein. Sie war ein gutes Omen für die Regierung des neuen Herrschers. Der von *Rákoczy* so drangsalierte und aus dem Lande geflohene Adel Ungarns, der wegen seiner Königstreue so unerbittlich verfolgt und von den Rebellen beraubt worden war, hatte natürlich versucht, sich nach der Niederwerfung der Rebellion für die erlittenen Schäden schadlos zu halten. So war es zu Ausschreitungen und Konfiskationen gekommen, die, nach seiner Intervention *Károlys* am Hofe, verboten wurden. Die Güter jener Rebellen aber, die nicht bereit waren, dem König zu huldigen, verfielen dem Fiskus.

Rákoczy lehnt auch Ausgleich mit Karl VI. ab; vergebliche politische Intrigen; Aufenthalt in Danzig

Rákoczy war am 25. April noch von seinem Sekretär *Clement* aus Berlin gewarnt worden: ein preußischer Staatsmann hätte sich geäußert, der Friede zwischen Frankreich und den verbündeten Mächten werde nach Kaiser *Josephs* Tod zwar bald geschlossen und die spanische Monarchie, die man nicht zur Gänze an Österreich angliedern wolle, geteilt werden; das bedeutet aber für Ungarn, daß sich weder England noch Holland für den Fürsten verwenden werden, weil man dem Kaiser, dem man die Teilung der spanischen Monarchie zumuten wolle nicht auch noch in Ungarn verkürzen werde. Auch *Kökényesdy von Vetes* schrieb: „Frankreich hat Ew. Hoheit zu seinem Vorteil gebraucht. Jetzt bedarf es Ihrer nicht mehr und wird sich um Sie so wenig kümmern, als wenn es Sie nie gekannt hätte. Nach meiner Ansicht täte Ew. Hoheit am besten, sich in die Arme des Erzherzogs Karl zu werfen, der, um das Volk nicht abzuschrecken und die Kaiserkrone zu erlangen, Sie besser aufnehmen wird als Sie vermuten." Aber *Rákoczy* blieb uneinsichtig und lief weiter jeder Fata morgana nach, die man ihm vorgaukelte. Er mißtraute auch *Karl.* Dazu kam die Scham, von jenen Gnade anzunehmen, die er jahrelang bekriegt und des Thrones verlustig erklärt hatte, der Widerwille, von dem Range eines Landesfürsten in den Stand eines Privatmannes und Untertans hinabzusteigen, und er beschloß, den Frieden nicht zu akzeptieren, womit sich sein weiteres Schicksal, sein von ihm selbst heraufbeschworenes Unglück, erfüllte. Die Alliierten Österreichs, vor allem England, durften wohl Kaiser *Joseph* raten, daß er mit Siebenbürgen oder einigen ungarischen Gespanschaften den Frieden mit *Rákoczy* erkaufe, um mit allen seinen Truppen Spanien mit allen Nebenländern und ungeheuren Kolonien für *Karl* zu erkämpfen. Sie konnten aber *Karl,* den sie selbst nach Spanien geleitet und dort im Stiche lassen wollten und dem sie nur die Nebenländer der spanischen Monarchie zugestehen wollten, nicht zumuten, daß er noch *Rákoczy,* dessen Rebellion zusammengebrochen war, Zugeständnisse mache und auf Siebenbürgen oder andere Gebiete verzichte.

Noch schien es aber als ob *Peter I.* und dessen Schützling König *August* von Polen *Rákoczy* als nützlichen Vermittler betrachten wollten. Am 18. Juni schrieb *Rákoczy* an Fierville, der in der letzten Zeit in seinem Lager Frankreichs Interessen vertreten hatte, daß ihn der französische Hof gänzlich vernachlässige. Trotz seiner bedrängten Lage seien die Zahlungen der Hilfsgelder eingestellt worden, und man hülle sich ihm gegenüber in tiefes Schweigen. Dabei höre er nicht auf, im Interesse des Königs tätig zu sein, für den er eben jetzt einen Erfolg erzielt habe. Der Zar wünscht die Vermittlung König *Ludwigs,* um mit Schweden und der Türkei zu einem Frieden zu gelangen. Für diesen Dienst bietet der Zar seine Vermittlung bei einem allgemeinen Frieden an. Er wird seinen Gesandten am französischen Hof beauftragen, ein Bündnisangebot ins Gespräch zu bringen. Gelinge das dem Zaren, so wolle dieser auch seine, *Rákoczys* Sache, mit Waffen unterstützen. Auch König *August* sei bereit, seine Truppen vom Heer der Alliierten vom Rhein abzuziehen, und er sei auch gewillt, die Krone Ungarns anzunehmen. Wolle König *Ludwig* dies nicht, so möge er erwägen, ob es nicht zu einer geheimen Neutralität zwischen den Truppen beider Herrscher kommen könne. Als Baron *von Vetes* bei Minister *Torcy* diesbezüglich vorsprach, erklärte ihm dieser, kurz angebunden: „Se. Majestät kann sich nicht entschließen Rákoczy, der im Begriff stehe sich dem österreichischen Monarchen zu unterwerfen und sich vom Landesfürsten zum Privatmann erniedrigt habe, noch ferner zu unterstützen und habe ihm befohlen, ihn, Baron Vetes, solange nicht als Geschäftsträger anzuerkennen, bis man wissen werde, welchen Entschluß Rákoczy fasse." *Ludwig XIV.* selbst äußerte sich abfällig über *Rákoczy* und sagte vor seinen Hofbeamten: „Das Glück Rákoczys war immer größer als sein Verhalten. Würde er dasselbe genützt haben, so besäße das Haus Österreich jetzt keinen Fuß breit Land in Ungarn. Aber Rákoczy ist eine löcherige Tasche, hat sein Geld auf Prunk verschwendet, und ihm Geld geben, wäre absichtliche Verschwendung." Erst als Baron *Vetes* den französischen Hof überzeugte, daß *Rákoczy* dem Szatmárer Frieden nicht beigetreten sei und nicht an Unterwerfung denke, bequemte sich der französische Hof wieder zu freundlicheren Redensarten.

Aber nicht nur *Rákoczy* hatte sich im Verlaufe der letzten Jahre um die Gunst des Zaren *Peter I.*, der jetzt der Große genannt wurde, bemüht, sondern auch der Wiener Hof. Nach dem Siege über die Schweden, die sich auf türkisches Territorium geflüchtet hatten, hatte der Zar in aller Hast einen Vertrag über einen 30jährigen Waffenstillstand mit der Hohen Pforte abgeschlossen, der auch den Abzug der Schweden einschloß. Dieser Vertrag hatte in Wien beträchtliche Unruhe ausgelöst, denn man hatte befürchtet, daß die Türkei wegen Siebenbürgen in Ungarn eingreifen und Rußland sich in diesem Falle neutral verhalten könnte. In den Konferenzen vom 15. und 16. Feber 1710 hatte *Prinz Eugen* daher auf den sofortigen Abschluß eines Beistandspaktes mit Rußland gedrängt. Aber der Kurier, der zum Zaren abgesandt worden war, war mit einer abschlägigen Antwort zurückgekommen, was das Unbehagen in Wien erheblich vermehrte, ließ dies doch den Schluß zu, daß der Zar seine Absichten, *Rákoczy* zu unterstützen, trotz der gegenteiligen Versicherungen am Wiener Hof, doch noch realisieren könnte und die Schatten einer doppelten Bedrohung durch die Türkei und durch Rußland hätten zur Entladung eines schweren Gewitters über Ungarn führen können. Aber schon nach wenigen Monaten hatten sich die düsteren Wolken für Wien wieder verzogen. Es war dem Sultan nicht gelungen, *Karl XII.* zum Verlassen des Osmanischen Reiches zu bewegen, wie er dem Zaren zugesagt hatte. *Karl XII.* hatte von seinem Lager bei Bender eine rege diplomatische Tätigkeit entfaltet, und es war ihm, mit Hilfe Frankreichs, gelungen, die Türkei zu einem Krieg gegen *Peter I.* zu bewegen. Als im November dann der türkische Angriff begann, tat es zwar dem Zaren leid, daß er das Bündnis mit Kaiser *Joseph* ausgeschlagen hatte, aber Wien war seinerseits froh, jetzt nicht dem Zaren zuhilfe kommen zu müssen. *Peter I.* wurde mit einem Teil seiner Armee am Pruth eingeschlossen und wurde dadurch vor einer Kapitulation bewahrt, daß es seiner Gemahlin *Katharina* gelungen war, einen Zwist zwischen *Karl XII.* und dem Großvezier *Baltadschi Mehemed*, der vom Schwedenkönig beleidigt worden war, auszunützen und den Großvezier durch reiche Geschenke zu bewegen, *Peter I.* einen Weg zu öffnen und Frieden zu schließen. Nach dieser Demütigung der Russen durch die Hohe Pforte, gab auch *Ludwig XIV.* alle Pläne auf, mit dem Zaren ein Bündnis zu schließen, wie es *Rákoczy* dem französischen Hof offeriert hatte. Von diesen Ereignissen überrollt, hatte auch *Rákoczy* seine letzte Hoffnung, den Krieg in Ungarn noch einmal anfachen zu können, begraben müssen. Dem Zaren, der wegen der Schweden immer andere Sorgen gehabt hatte, war es mit der Entsendung eines russischen Hilfskorps für *Rákoczy* wohl nie ernst gewesen, und um *Rákoczy* abzuschütteln und nicht immer an seine Versprechen erinnert zu werden, bot er dem Fürsten an, auf einem seiner Güter bei Kiew in der Ukraine ständigen Aufenthalt zu nehmen. Dies lehnte *Rákoczy*, der erriet, daß ihn der Zar nicht nur von der ungarischen, sondern auch von der polnischen Grenze weit weg haben wolle, aus entgegengesetzten Gründen ab.

Am 29. August 1711 verließen *Rákoczy* und seine 24 letzten Gefolgsleute, die ihn nach Polen begleitet hatten, ihr bisheriges Asyl und begaben sich, im Gefolge des Zaren nach Elbing und von dort nach Danzig. In Danzig, wo die Rákoczyaner am 1. Oktober eintrafen, ließ sich der Fürst unter dem falschen Namen eines russischen Offiziers, für etwa ein Jahr nieder. In Thorn hatten sie ihre ungarische Nationaltracht abgelegt und sich nach französischer Mode eingekleidet. Von Danzig aus versuchten *Rákoczy* und *Bercsényi* eine Berücksichtigung ihrer Interessen beim bevorstehenden Friedensschlusse zu erreichen und betrieben ihre Sache in Frankreich, England, Holland und Preußen mit allem Nachdruck. Ende August und im September ließ er diesen Mächten zwei Denkschriften zustellen, in denen er vor allem Königin *Anna* von Großbritannien bat, darauf zu bestehen, daß König *Karl* sich noch vor seiner Krönung zur Wahrung der Rechte Ungarns verpflichte, ihm Siebenbürgen als Lehen der ungarischen Krone überlasse und Ungarn und er in den Frieden mit Frankreich einbezogen würden. Die Antworten aber lauteten, daß er sich, durch die Vermittlung *Károlys*, mit dem Kaiserhofe versöhnen möge. *Rákoczy* verharrte jedoch auf seinem Standpunkt, daß er nur als Fürst Siebenbürgens in der Lage sei, die Freiheit Ungarns zu schützen, weshalb er nur als solcher dorthin zurückkehren könne. Alles andere würde bedeuten, daß er das anerkennen würde, was bisher in Ungarn geschehen sei.

Inzwischen war durch die neue Regierung der Tories in England, die nach dem Sturz des Whigministeriums und den Tod Kaiser *Josephs* die Friedensverhandlungen mit Frankreich angebahnt hatten, Utrecht als Ort der Verhandlungen vorgeschlagen und von allen Beteiligten akzeptiert worden. Graf *Strafford,* den britischen Bevollmächtigten bei den Verhandlungen, wollte *Rákoczy* mit 30.000 Gulden bestechen, damit er ihm zu Siebenbürgen verhelfe. *Strafford* lehnte ab und wies darauf hin, daß England am kaiserlichen Hofe, dessen Zorn es sich zugezogen habe, für *Rákoczy* nichts tun könne. Er sei zwar bereit, sich für *Rákoczy* zu verwenden, aber auch dieser müsse alles tun, damit seine Sache dort zur Sprache gebracht und behandelt werden könne. Auch an *Ludwig XIV.* wandte sich *Rákoczy* wieder durch seinen Geschäftsträger, Baron *von Vetes* und den Zipser Probst *Brenner*. Baron *Vetes* überreichte eine Denkschrift, die die gleichen Bitten enthielt. Aber *Ludwig XIV.* ließ ihm durch Minister *Torcy* antworten: „Die Ungarn haben den Szatmárer Frieden geschlossen und den Erzherzog Karl als ihren rechtmäßigen König anerkannt. Er könne ihnen daher nicht helfen und wolle von ihnen auch nichts mehr wissen. Für den Fürsten selbst wolle er sich insoweit verwenden als es sein eigenes Interesse erlaube, dessen Aufopferung ihm nicht zugemutet werden könne. Sollte es nicht gelingen, dem Fürsten Siebenbürgen zu verschaffen, so werde Se. Majestät ihm in Frankreich eine solche Stellung bereiten, daß er darüber sein Mißgeschick vergessen werde." *Lud-*

wig XIV. ließ aber die rückständigen Hilfsgelder, 600.000 Livres an *Rákoczy*
auf ein Pariser Haus anweisen und genehmigte ihm einen Monatsbezug von
20.000 Livres, damit er für sich und seine ihm ins Exil gefolgten Anhänger
sorgen könne.

Rákoczy und die Friedensverhandlungen von Utrecht; vergebliche Bestechungsversuche

Am 29. Jänner 1712 wurden die Friedensverhandlungen in Utrecht eröffnet. Da sich der Zipser Propst geweigert hatte, *Rákoczys* Interessen dort zu
vertreten, wurde diese Aufgabe von *Rákoczy* an seinen Sekretär *Clement*
übertragen. Er versuchte abermals die britischen Vertreter Graf *Strafford*
und den Bischof von *Bristol* durch je 50.000 Taler zu bestechen, wenn sie ihm
zu Siebenbürgen verhelfen. Aber beide lehnten wieder ab, sie wollten das von
England so schmählich verlassene Österreich nicht noch mehr beleidigen.
Den Franzosen war es mit Siebenbürgen nicht ernst gewesen, und Holland,
das sich von England den Franzosen preisgegeben sah, schloß sich noch inniger an Österreich an und wollte daher gar nicht dessen unversöhnlichsten
Gegner vertreten. Worüber geredet wurde, war, soweit es Ungarn betraf, die
Religionsfreiheit der Evangelischen. Da Graf *Sinzendorf,* der kaiserliche Bevollmächtigte bei den Verhandlungen, dies den evangelischen Ständen hatte
wissen lassen, sandten diese *Körtvéyesy* nach Utrecht, der verlangte, daß die
Religionsangelegenheiten in Ungarn für sich, ohne sie mit dem Fall *Rákoczys*
zu vermengen, behandelt werden, da sie von diesem katholischen Magnaten,
der selbst in Schwierigkeiten sei, weder Schutz noch Hilfe erwarten könnten.
Körtvéyesy, der auf der Trennung der religiösen Fragen von jenen *Rákoczys*
bestand, schwächte mit dieser Forderung nur noch die ohnehin schon aus-
sichtslose Lage des Fürsten, *Clement,* sein Vertreter, versuchte dem entge-
genzuwirken, ließ sogar eine Denkschrift drucken, richtete damit aber letztlich doch nichts aus. Die Bevollmächtigten Preußens, Englands und Hollands empfahlen dem Wiener Hof nur, daß der Kaiser die evangelischen Kirchen Ungarns in den Stand von 1647 zurückversetze. Vergeblich versuchten
Rákoczys Sekretär und er selber, die Trennung der Religionsfragen von der
der Rebellion zu hintertreiben.

Ein gewissermaßen formeller Abschluß der Rákoczyschen Rebellion erfolgte, als Kaiser *Karl VI.* (als ungarischer König Karl III.) nach Wien zurückkehrte, wo er am 26. Jänner seinen prächtigen Einzug hielt. Am 2. Februar hatte er den ungarischen Reichstag einberufen, der am 3. April in
Preßburg eröffnet worden war. Am 30. März aber, schon vor der Eröffnung
des Reichstages, hatte *Karl* den Frieden von Szatmár ratifiziert. Die Ratifika-

tion war also auch vor der Krönung *Karls*, die erst am 22. Mai stattfand, erfolgt, womit der Hof betonen wollte, daß *Karls* Erb- und Regierungsrecht von der Krönung unabhängig sei. Nicht nur bei Hofe, sondern auch in den loyalen Kreisen Ungarns pflichtete man der Auffassung bei, daß nach dem Tode König *Josephs* sein Rechtsnachfolger ipso facto, unmittelbar und ohne irgendeine Zwischenzeit regierender König sei. So war es auch 1705 gewesen, als der Palatin Fürst *Paul Esterházy* den Grundsatz ausgesprochen hatte, daß *Joseph* seinem Vater *Leopold* sofort und ohne jede Unterbrechung wie im Reich so auch in Ungarn, Böhmen und den anderen Ländern nachgefolgt sei. Die für 22. Mai anberaumte Krönung *Karls* sollte somit nur die Proklamation des neuen Königs bedeuten, nicht aber Ursprung und Beginn der Königsrechte. Nach dem Niederbruch der Rebellion war damit das Werk von 1687 endgültig gesichert.

Rákoczys Exil in Frankreich; der Friede von Rastadt; der Tod Ludwig XIV.

Da sich weder *Rákoczy* noch seine mit ihm ins Exil gegangenen Gefolgsleute binnen der im Friedensvertrag von Szatmár vorgesehenen Frist von insgesamt sechs Wochen bereit gefunden hatten, dem König den Treueid zu leisten, wurden sie verbannt und ihre Güter konfisziert. Keine der in Utrecht verhandelnden Parteien hatte *Rákoczys* Sache zur ihren gemacht, um Schwierigkeiten aus dem Wege zu gehen. Aber auch in Polen empfand man die Anwesenheit *Rákoczys* in Danzig als unerwünscht, und *Karl August*, dem *Rákoczy* einst die Krone Ungarns angeboten hatte, ließ ihm mitteilen, daß er ferner nicht mehr für seine Sicherheit bürgen könne. Hierauf bat *Rákoczy* Königin *Anna* von Großbritannien, ihm und seinen Freunden ein Schiff zur Verfügung zu stellen, mit dem sie von Danzig nach England fahren könnten. Die britische Regierung sandte ihm den Dampfer St. Georg, mit dem sich die letzten Rebellen nach London begaben. Kaum in England angelangt, protestierte der österreichische Gesandte gegen *Rákoczys* Anwesenheit auf englischem Boden, und *Rákoczy* mußte, ohne von Königin *Anna* empfangen worden zu sein, die Reise nach Frankreich fortsetzen. Im Februar 1713 nahmen *Rákoczy* und seine Gefolgsleute zuerst in Challiot, in der Nähe von Paris und später, als sein Wohnsitz von einer Feuersbrunst zerstört worden war, in Passy Aufenthalt. Dort sah er seine letzte Hoffnung scheitern. Der Friede von Utrecht war nach dem Diktate Englands zustande gekommen, das für eine Politik des europäischen Gleichgewichts eingetreten war. Nur der Kaiser unterzeichnete diesen nicht, ebenso verweigerte auch das Deutsche Reich die Ratifizierung. *Karl,* den ja die Engländer unter der Whigsregierung nach Spanien gebracht hatten, war nun von der Toriesregierung im Stiche gelassen worden und hatte nach und nach auf die spanische Monarchie verzichten müssen. Am 11. April 1713 wurde von England, Holland, Preußen, Savoyen und Portugal der Friede mit Frankreich unterzeichnet, der dem Enkel König *Ludwigs XIV.* Spanien und die überseeischen Besitzungen zusprach. Der Kaiser sollte, so wurde von seinen Alliierten mit Frankreich vereinbart, alle ehemals spanischen Gebiete in Italien erhalten, ausgenommen Sizilien, das für den Herzog von Savoyen, und Sardinien, das für *Max Emanuel,* den ehemaligen Kurfürsten von Bayern bestimmt war. Frankreich hatte auf dem Kongreß den Sieg errungen. *Prinz Eugen,* dessen Feldzug in Nordfrankreich im Vorjahre an der Treulosigkeit der Engländer gescheitert war, war enttäuscht. Er zog seine Truppen am 26. April 1713 aus Belgien ab und vereinigte sie Mitte Mai bei Mannheim mit den Reichskontingenten. *Prinz Eugen* traf am 23. Mai in Mühlburg ein, wo er sein Hauptquartier aufschlug. Nach dem Ausscheiden der Alliierten, brachte er nun nur mehr eine Streitmacht von 66.000 Mann zusammen, während sein Gegner, Marschall *Villars* über 130.000 Mann verfügte. An eine offensive Strategie war nun nicht mehr zu denken, und *Prinz Eugen* mußte sich darauf beschränken, die lange Frontlinie von Ettlingen, über die Höhen des Schwarzwaldes bis an den Rhein zu besetzen, um den Vormarsch der Franzosen nach Schwaben abwehren zu können. Vergeblich hatte er den Wiener Hof vor zu hohen Forderungen gewarnt und geraten, wenn auch schweren Herzens, den Vertrag von Utrecht anzuerkennen. Kaiser *Karl* hatte, beeinflußt von seiner spanischen Umgebung, den Vertrag nicht unterzeichnet, und nun mußte *Prinz Eugen* mitansehen, wie am 20. August das vom Prinzen *Alexander von Württemberg* verteidigte Landau kapitulieren mußte. Bald trat in diesem ja für den Kaiser aussichtslos gewordenen Krieg das ein, was *Prinz Eugen* befürchtet hatte. *Villars* brach bei Straßburg über den Rhein, besetzte die Stadt und wandte sich gegen Freiburg. General *Harsch,* der Freiburg heldenmütig verteidigte, mußte letztlich doch auch am 20. November die weiße Fahne hissen. Die tapfere Besatzung konnte unter militärischen Ehren abziehen. Unter diesen unnötigen Verlusten mußte der Wiener Hof nun einlenken. *Prinz Eugen* wurde mit der zwar ehrenden aber sehr schwierigen Aufgabe betraut, die Separatfriedensgespräche zu führen. Sein Gegenüber am Verhandlungstisch war sein Kriegsgegner Marschall *Villars.*

Am 26. November begannen im badischen Schloß Rastadt die Unterredungen und *Villars* hatte hohe Forderungen *Ludwigs* zu vertreten. Er hatte ja nur mehr den Kaiser zum Gegner und war durch die letzten Erfolge klar im Vorteil. Nur der Verhandlungstaktik *Prinz Eugens* war es zu danken, daß die Verhandlungen doch noch erfolgreich abgeschlossen werden konnten. Er hatte sie abgebrochen, *Ludwig XIV.* ein Ultimatum gestellt, aber die Tür zu weiteren Verhandlungen offen gelassen. Auch *Ludwig XIV.* hatte sein letztes Heer im Felde stehen und lenkte nun seinerseits ein. So kam es zur Wiederaufnahme der Gespräche. *Prinz Eugen* und *Villars* setzten sie am 6. Februar 1714 fort, und am 6. März konnte der Friede von Rastadt unterzeichnet werden. *Karl VI.* erhielt die spanischen Niederlande (Belgien), die zum burgundischen Kreis des Reiches gehört hatten, die Königreiche Neapel und Sardinien sowie die Herzogtümer Mailand und Mantua. Der Friede mit dem Reich wurde am 14. September 1714 in Basel in der Schweiz unterzeichnet. Auch hier hatten *Prinz Eugen* und *Villars* den Vertrag ausgearbeitet. Es blieb bei dem Besitzstand vor dem Kriege. Straßburg blieb bei Frankreich. *Ludwig XIV.*, der noch immer die Möglichkeit gehabt hätte, sich für *Rákoczy* zu verwenden, unterließ dies nicht nur abermals, sondern setzte *Rákoczys* Monatsbezug von 20.000 Livres auf 6.000 herab. Dafür gewährte der französische Hof aber *Bercsényi, Forgács, Esterházy* und *Csáky* eine Jahresrente von 8.000, *Vay* 5.000, *Gerhardt* 2.000, *Pápay, Krucsay* und anderen jedoch nur 1.500 Livres.

Am 1. September 1715 starb König *Ludwig XIV.*, und weil sein Urenkel *Ludwig XV.* erst fünf Jahre alt war, übernahm Herzog *Philipp II.* von Orleans für diesen die Vormundschaftsregierung. Der Kontinent war aufgeteilt, die Waffen ruhten, und für kurze Zeit atmeten die geplagten Völker Mittel- und Westeuropas auf.

Neuerlicher Türkenkrieg – Siege Prinz Eugens bei Peterwardein und Belgrad; der Friede von Passarowitz und Rákoczys Ausschaltung

Während die Hohe Pforte dem Wiener Hof im Frühjahr 1715 neue Friedensversicherungen überbringen ließ, rückten ihre Truppen auf die Halbinsel Morea ein und besetzten sie bis auf wenige venezianische Stützpunkte. Am 8. Dezember erfolgte die offizielle Kriegserklärung an Venedig. Papst *Clemens XI.*, der von den Absichten der Pforte erfahren haben dürfte, sandte schon 1714 Gesandte an den Kaiserhof und die Höfe der deutschen Fürsten, um sie gegen den Erbfeind der Christenheit zum Kampfe aufzurufen. Kaiser *Karl* zögerte, denn er befürchtete, daß Spanien während eines Krieges am Balkan sein Königreich Neapel überfallen konnte. Erst als der Papst die Neutralität Spaniens auf die Dauer des Türkenkrieges zugesagt erhielt und dem Kaiser große Geldmittel zur Verfügung stellte, konnten neue Rüstungen begonnen werden. *Prinz Eugen* verwies auf die Gelegenheit, die Eroberung Ungarns zu vollenden und die Donau- und Savegrenze zu sichern. Venedig wandte sich als Miglied der Heiligen Liga an den Kaiser um Hilfe, und im Frühjahr 1716 mußten die neuen kaiserlichen Armeen den Krieg in Ungarn eröffnen.

Rákoczy hatte sich inzwischen theologischen Studien zugewandt und seine Revolution schriftlich aufgezeichnet. Als sich 1716 ein neuer Krieg zwischen

Österreich und der Türkei abzeichnete, nahm *Rákoczy* durch *Pápay,* den er nach Konstantinopel gesandt hatte, Verbindung mit der Pforte auf. Im März des Jahres 1717 kam *Pápay* in Begleitung eines türkischen Admirals und mit Briefen des Sultans und des Großveziers zurück. In diesen Schreiben wurde *Rákoczy* aufgefordert, als Fürst von Siebenbürgen und Ungarn in die Türkei zu kommen und mit Geldmitteln der Pforte aus christlichen Gefangenen ein Korps aufzustellen und gemeinsam mit den türkischen Heeren gegen Österreich ins Feld zu ziehen. *Rákoczy* versuchte nun, *Philipp V.* von Spanien zum Kriege gegen Habsburg zu bewegen und Neapel anzugreifen, aber *Philipp* hatte dem Papst schon seine Neutralität zugesichert, und *Rákoczy* reiste, mit einem halben Jahr Verspätung, in die Türkei ab. Am 17. September 1717 verließ er Frankreich und schiffte sich in Marseille ein. Am 10. Oktober landete er in Gallipoli, wo er mit militärischen Ehren empfangen wurde. *Charlotte Amalia, Rákoczys* Gemahlin, die zu ihm nach Frankreich gekommen war, mußte dort wieder zurückbleiben. *Charlotte Amalia* starb 1723, sie hat *Rákoczy* nie wieder gesehen. Mehrere seiner älteren Gefolgsleute aber hatten ihn begleitet und hofften, mit neuen Kampfhandlungen auch wieder zu Ehren zu kommen.

Im April 1716 wurden die entscheidenden Schritte gesetzt. *Franz Anselm von Fleischmann,* der Resident *Karls* bei der Pforte, überreichte in Konstantinopel eine Botschaft des Kaisers, der sich zu friedlichem Ausgleich bereit erklärte, falls die Türkei Morea räume und der Republik Venedig Genugtuung leiste. Dies wurde abgelehnt, und *Fleischmann* mußte als Gefangener dem Türkenheere folgen. Am 1. Juli antwortete Großvezier *Damad Ali* mit einem Ultimatum, daß von Schmähungen strotzte. Es wurde vom Wiener Hofe nicht beantwortet, der Kriegszustand war eingetreten. Es war *Prinz Eugen* gelungen, das stärkste Heer aufzustellen, das bisher gegen die Türken in Marsch gesetzt worden war, 80.000 Mann. Dazu kamen weitere 40.000 Mann, die an der Donau, der Save und in den Festungen lagen, um die Grenzen zu sichern. Die Konzentrierung der kaiserlichen Armee, die sich aus Soldaten aus den deutschen Erblanden, Böhmen, aber auch aus Italien und den Niederlanden rekrutierte, sollte bei Futak und Peterwardein erfolgen. Das unrsprüngliche Ziel *Prinz Eugens* war die Eroberung von Belgrad.

Die türkischen Heere hatten sich bei Adrianopel gesammelt, wo der Krieg „gegen die Deutschen" endgültig beschlossen worden war. Ihr erster Plan, gegen Dalmatien zu ziehen, um die Venezianer ganz vom Balkan zu vertreiben, wurde von *Damad Ali* fallen gelassen. Er sandte jedoch ein Armeekorps gegen die Insel Korfu aus, das mit Hilfe der Flotte den wichtigsten Stützpunkt der Venezianer in der Adria erobern sollte. Das Hauptheer, das über 100.000 Mann Kampftruppen zählte, marschierte von Adrianopel nach Nisch und von dort nach Belgrad, wo es sich in der zweiten Julihälfte sammelte. Hatte *Rákoczy* diese Marschroute durchgesetzt? *Damad Ali* entschied sich für die Übersetzung der Save und den Vormarsch nach Peterwardein, das er nur schwach besetzt wähnte. Drei Tage benötigte *Damad Ali,* um die Save zu übersetzen. Am 2. August erreichte er, über Slankamen kommend, die Gegend von Peterwardein. Schon an diesem Tage kam es zu einem Reitergefecht zwischen kaiserlichen und türkischen Aufklärungstruppen, bei dem Feldmarschall *Johann Pálffy* zwar die Oberhand behielt, Graf *Siegfried Breuner* aber von den Türken gefangen wurde. Zur selben Zeit wurde das Gros der kaiserlichen Armee von Futak auf das rechte Donauufer nach Peterwardein überführt. Vor der mächtigen Festung, die von der Donau im Bogen umflossen wird, fand *Prinz Eugen* noch die Reste der 1694 angelegten Verschanzungen vor. Er ließ sie sofort ausbessern und seine Infanterieregimenter am 3. August zwischen und hinter diesen Linien lagern. Das Gros seiner Kavallerie stand noch auf dem linken Donauufer. *Damad Ali* hatte seine Truppen im Süden der Festung auf den Abhängen und Hügelrücken der Fruška Gora gelagert. Er ließ sofort Laufgräben anlegen und das kaiserliche Heer in weitem Halbkreis umschließen. Die Lage war nicht unbedenklich, aber das Genie *Prinz Eugens* und die Siegeszuversicht seiner tapferen Regimenter wogen alles auf. Er entschloß sich zu einer überraschenden Offensive, und am 4. August, am Nachmittag, wurde die Order für die am nächsten Tag anberaumte Schlacht ausgegeben und der Angriffsplan besprochen. Während der Nacht zog die Kavallerie über die Donau heran. Um sieben Uhr begann der Angriff. Der linke Flügel, befehligt vom Prinzen *Alexander von Württemberg* eröffnete ihn mit einer Attacke auf den rechten Flügel *Damad Alis,* der im ersten Stoß über seine Laufgräben zurückgetrieben wurde. Die Infanterie nahm und hielt eine Höhe und die Kavallerie drang noch weiter vor. Inzwischen war auch das Zentrum aus den Ausfallstoren ausgerückt, wurde aber von den Janitscharen, die in großer Übermacht waren, im Gegenangriff zurückgedrängt. Ebenso Teile des rechten Flügels. Die Janitscharen drangen „mit unbeschreiblichem Fureur" ihrerseits in die ersten Tranchen ein und spalteten so die beiden Flügel des Zentrums. In dieser kritischen Situation sprengte *Prinz Eugen* heran, sammelte die zurückgewichene Infanterie und führte sie mit unerschütterlichem Siegeswillen zum Gegenstoß. General *Ebergenyi* der am rechten Flügel kommandierte, warf sich mit seiner Reiterei mit aller Wucht auf den rechten Flügel des Feindes und verschaffte so dem Zentrum Luft. Dies war der entscheidende Wendepunkt des gewaltigen Kampfes. Der mächtige Angriff *Ebergenyis* warf den feindlichen Flügel und *Prinz Eugen* ließ die Reserve vorrücken. Als *Alexander von Württemberg* mit seiner Reiterei schon das türkische Lager erreicht und auch die Janitscharen durch das verstärkte Zentrum zurückgeworfen werden konnten, setzte eine allgemeine Flucht der Türken ein. Den Janitscharen wurden auf der Flucht ihre eigenen Laufgräben zu schweren Hindernissen, sie gerieten in Panik und liefen, von allen Seiten bedrängt, um ihr Leben, verfolgt von den unerbittlichen Siegern, die alles niedermetzelten, was sie erreichten. Großvezier *Damad Ali* mußte sein ganzes Lager preisgeben. Vergeblich versuchte er, seine weichenden Truppen zum Stehen zu bringen, stürzte sich mit seiner Leibgarde selbst in den Kampf, wurde schwer verwundet und mußte, von seiner Leibgarde geborgen, ebenfalls fliehen. Er starb auf der Flucht nach Belgrad. Um die Mittagszeit dieses Tages, dem 5. August, war die Schlacht für die kaiserlichen Truppen siegreich beendet, das feindliche Lager mit allen Schätzen, der Kriegskasse, mit reichen Vorräten an Munition und Lebensmitteln und aller Artillerie in die Hände *Prinz Eugens* gefallen. Die Verluste der Türken waren enorm, aber auch auf kaiserlicher Seite waren 2.100 Mann gefallen und über 2.300 Soldaten teils leicht, teils schwer verwundet worden. Feldmarschalleutnant Graf *Breuner*, der am 2. August in Gefangenschaft geraten war, fand man zerhauen und verstümmelt vor dem erbeuteten Zelt des Großveziers. Ebenso mehrere Reiter, die mit ihm gefangengenommen worden waren. Der Sieg von Peterwardein wurde in Rom und allen kaiserlichen Landen gefeiert und Kaiser *Karl* sandte dem Prinzen sein Bild und dankte ihm in herzlichen Worten. Papst *Clemens XI.* verlieh dem Savoyer die Ehrenzeichen des geweihten Hutes und Degens, welche dieser, nach Beendigung des Feldzuges am 8. November in Raab in feierlicher Weise mit einem Breve des Papstes überreicht wurden. Am 31. August bewilligte der deutsche Reichstag dem Kaiser eine Türkenhilfe von 50 Römermonaten und eine weitere Folge des Sieges war, daß die Türken auch die Belagerung von Korfu aufgaben. Damit war auch die Gefahr für Italien abgewendet, die auch den Papst dazu bewogen hatte, selbst im Kirchenstaat Befestigungen anzulegen.

Prinz Eugen, der ursprünglich vor hatte, Belgrad anzugreifen, änderte jetzt seinen Plan, weil er zuwenig Schiffsmaterial hatte und dessen Besorgung zu viel Zeit in Anspruch nehmen würde. Um die verbleibende Zeit des Herbstes nützen zu können, beschloß der Prinz, Temesvár anzugreifen. Dies empfehle sich, schrieb er an den Hof, weil dadurch Oberungarn und die Verbindung nach Siebenbürgen gedeckt werden könne, weil es für die Winterquartiere und die Kontributionen aus der Walachei vorteilhaft sei, das Banat gewonnen und, die spätere Belagerung und Eroberung von Belgrad erheblich erleichtert werde.

Am 26. August war das ganze Heer, nach anstrengenden Märschen, die noch bei großer Hitze durchgeführt wurden, vor Temesvár vereinigt. Die Festung, die von *Mustapha Pascha*, einem mutigen Mann, verteidigt wurde, hatte eine Besatzung von 15.000 Mann, unter denen sich auch noch Reste der Rebellenhaufen *Rákoczys* befanden. Die Stärke der in gutem Zustand befindlichen Feste war, daß sie auf der einen Seite von den Sümpfen der Bega umschlossen wurde, was die Belagerer nötigte, in weiterer Entfernung Stellungen zu beziehen und daß sie auf der Nordseite durch die „große Palanka" gedeckt wurde. Am 1. September eröffnete *Prinz Eugen* den Angriff gegen die große Palanka durch Geschützfeuer. Ausfälle die *Mustapha Pascha* am 10. und 11. September unternahm, wurden zurückgeschlagen, ebenso ein Entsatzversuch am 23. September, der von einer gewaltigen Reitermasse, die von Belgrad kam, unternommen wurde. Am 1. Oktober wurde die große Palanka in schweren und verlustreichen Kämpfen erstürmt. Inzwischen waren zwei große Artillerietransporte in *Eugens* Lager eingetroffen. Die Geschütze wurden in Stellung gebracht und Stadt und Festung unter schwerstes Feuer genommen. Das Feuer wurde durch zehn Tage fortgesetzt. Stadt und Festung standen in Flammen, und am 12. Oktober ließ *Mustapha Pascha* die weiße Fahne hissen. Am 13. Oktober wurde die Kapitulation unterzeichnet. Die Türken konnten mit Weib und Kind nach Belgrad abziehen und alle Habe mitnehmen. Auch den Rebellen *Rákoczys* gewährte der Prinz freien Abzug. Er schrieb in sein Tagebuch: „Die Canaglia kann hingehen, wohin sie will!"

Temesvár war nach 164 Jahren türkischer Herrschaft wieder in kaiserlicher Hand. Die für diese Zeit ungewöhnliche Massierung von schwerer Artillerie hatte ihre Wirkung getan. Der neue Großvezier, der mit 40.000 bis 50.000 Mann bei Belgrad stand, war untätig geblieben und die von ihm herbeigerufenen Tataren, die ihren Entsatzauftrag nicht erfüllten, dafür aber in der Walachei heerten, mieden jeden Kampf mit der Armee.

Auch an den Grenzen Bosniens und Serbiens kam es zu mehreren erfolgreichen kleineren Unternehmungen der kaiserlichen Grenztruppen, die aber keine Auswirkungen auf den großen Verlauf der Ereignisse genommen hatten. In der Walachei hingegen war dem Grenz-Oberkapitän *Dettina* ein spektakuläres Unternehmen gelungen. Mit etwa 1.000 Reitern war er im November 1716 von Siebenbürgen aus im Alutatale vorgestoßen, hatte Bukarest erreicht und dort den von Bojaren und Volk gehaßten Hospodar Nikolaus *Maurocordato*, den Sohn des bekannten Dolmetschers und Vizeaußenministers Alexander *Maurocordatos*, gefangengenommen und nach Siebenbürgen gebracht. Das Land atmete auf, denn der gewalttätige Tyrann hatte es seit langem bedrückt. Die walachischen Bojaren wandten sich dem Kaiser zu, aber die Pforte ernannte Johannes, den Bruder des gefangenen Nikolaus, zum Hospodaren. Dieser kam mit 4.000 Türken ins Land, schloß aber, um sich halten zu können, mit General *Steinville* einen Vertrag, nach welchem die Kaiserlichen im ungestörten Besitze des Gebietes westlich der Aluta blieben und sandte hierauf die türkischen Truppen wieder zurück. Gegen einen Tribut von 150.000 Gulden, die er *Steinville* zu erlegen hatte, wurde der Walachei eine bis zum Kriegsende während Neutralität zugestanden. Mit diesem Gelde ließ *Steinville* eine fahrbare Straße durch den Rotenturmpaß herstellen, die er zu Ehren des Kaisers „Via Carolina" nannte.

Noch im Herbst wurden von der Pforte Friedensfühler ausgestreckt. Ihre Forderung nach Rückgabe von Temesvár ließ aber die Gespräche scheitern. Von britischer und holländischer Seite wurden, obwohl man überall wußte, daß die Türken rüsten, Gesandte nach Konstantinopel entsandt, die einen Waffenstillstand vermitteln sollten. Sir *Worthley Montagu* reiste zu diesem Zwecke über Wien. Hier fanden seine Ansichten wenig Verständnis, und als er von Konstantinopel aus die Rückgabe von Temesvár vorschlug, schrieb der Kaiser an *Prinz Eugen:* „Die Proposition ist recht zum Lachen."

Indessen suchte der Wiener Hof mit allen Mitteln die Gelder für die weitere Fortsetzung des Krieges aufzubringen. Die Armee wurde verstärkt, mit dem Grafen von *Ansbach*, dem Landgrafen von Hessen-Kassel und selbst mit dem wieder in seine Reichsämter eingesetzten Kurfürsten *Max Emanuel von Bayern* Verträge über die Stellung von Hilfstruppen abgeschlossen. Besonders gesorgt wurde für die schwere Artillerie, Magazine wurden errichtet, Ingenieure aus Belgien angeworben und die Donauflottille auf 10 große Kampfschiffe aufgestockt.

Am 14. Mai verließ *Prinz Eugen* Wien. Am Vortage, am 13. Mai 1717 war Kaiser *Karl VI.* eine Tochter geboren worden – *Maria Theresia.* Am 21. Mai traf *Prinz Eugen* in Futak ein, wo sich die Armee im Lager vom Vorjahre sammelte. Es war eine Streitmacht von fast 100.000 Mann. Aus vielen Ländern hatten sich auch Freiwillige vornehmen Standes eingefunden, die bei der Eroberung von Belgrad dabei sein wollten. Nicht weniger als 42 Fürstensöhne bevölkerten das Hauptquartier des Prinzen, wodurch dieser sich „einigermaßen embarassirt" vorkam. Am 14. Juni stand die Armee vor Pancsova, am 15. und 16. wurde die Donau überquert. Graf *Mercy* hatte die Brücke zeitgerecht fertig gebracht. Der Übergang war von den Türken nicht bemerkt worden. Die kaiserliche Armee lagerte bei Visnica, östlich von Belgrad. In wenigen Tagen war Belgrad in einem Halkreis, dessen Enden an Donau und Save stießen, umschlossen worden. Ein mächtiges Lager mit einer Linie gegen die Festung und einer zweiten gegen das zu erwartende Entsatzheer wurde in der Zeit vom 20. Juni bis 9. Juli fertiggestellt. Die Schiffsbrücke *Mercys* wurde von Pancsova weiter aufwärts verlegt, eine zweite Brücke über die Save geschlagen und Semlin besetzt. Die Artillerie traf nach und nach ein, und am 16. Juli waren auch die starken bayrischen Hilfsvölker angekommen. Am 22. Juli begann das Bombardement Belgrads durch die schwere Artillerie, die ebenso, wie bei Temesvár massiert worden war. Ende Juli zog der Großvezier *Chalil* mit seinen Heeresmassen durch das Moravatal heran. Beherrschte *Prinz Eugen* von seinem Lager aus die Wasserstadt, so beherrschte *Chalil* von den Höhen ringsumher das Lager des Savoyers. Aber die Lage war ungünstiger als im Vorjahr, denn damals hatte *Prinz Eugen* Peterwardein in seinen Händen, während er jetzt zwischen zwei Feuern lagerte. Das Feuer der türkischen Batterien verursachte zwar im kaiserlichen Lager empfindliche Verluste, aber auch in Belgrad waren durch den furchtbaren Beschuß mehrere Pulvertürme in die Luft geflogen. In einem Fall waren 3.000 zu einem Ausfall versammelte Janitscharen durch die schwere Explosion getötet worden. Ende Juli hatte darüberhinaus auch *Regeb* Pascha Mehadia erobert und konnte Temesvár bedrohen oder zur Verstärkung *Chalils* heranrücken. Dies zwang Prinz Eugen zu einer Entscheidung. Am 15. August nachmittags verkündete er seinen Generälen im Kriegsrat, daß er den Angriff auf das Entsatzheer für den folgenden Tag anberaumt habe. Abends ergingen die Befehle an die Truppen. 10.000 Mann blieben im Lager, um einen Ausfall der Besatzung zu verhindern oder zurückzuschlagen. Die übrige Armee, immerhin noch in der Stärke von mehr als 60.000 Mann, wurde so gegliedert, daß im Zentrum die Infanterie in zwei Treffen Aufstellung nahm. Sie wurde von

Prinz *Alexander* von Württemberg befehligt. An den Flügeln stand die Kavallerie, ebenfalls in zwei Treffen. Die Flügel wurden von den Reitergenerälen *Pálffy* und *Ebergenyi* kommandiert. 15 Bataillone bildeten die Reserve. Um Mitternacht rückten erst die Reiterregimenter, dann die Infanterie vor die äußere Verteidigungslinie. Als aber der Morgen graute, fiel dichter Nebel ein, so daß die Sicht nur wenige Schritte betrug. Der rechte Flügel stieß unvermutet auf den Feind, der während der Nacht weitere Laufgräben vorgetrieben hatte. Spahi und Tataren verwickelten das erste Treffen in schwere Kämpfe. Erst als das zweite Treffen eingriff, wurden sie vertrieben. Auch der rechte Flügel der Infanterie wurde in die Kämpfe hineingezogen und erstürmte bei der Verfolgung des Feindes die vor ihm liegenden Höhen mit den türkischen Batterien. Dadurch wurde aber die Verbindung mit dem linken Flügel zerrissen. Der linke Flügel, der den Kampf hätte eröffnen sollen, kam erst verspätet vorwärts und verlor im dichten Nebel die Richtung. Da man weder Freund noch Feind unterscheiden konnte, operierte jeder General auf gut Glück. Keiner konnte den anderen unterstützen, und niemand wußte über das ganze Kampfgeschehen Bescheid. Janitscharenverbände, die zum Gegenangriff angetreten waren, stießen in die klaffende Lücke, die sich zwischen den Flügeln der Infanterie aufgetan hatte. Die Lage war kritisch geworden. Endlich, gegen acht Uhr, zerriß der Nebel, und *Prinz Eugen* erkannte die Gefährlichkeit der Lage. Sofort befahl er den Prinzen von Württemberg und Braunschweig-Bevern mit dem zweiten Treffen einzugreifen. In erbitterten Kämpfen wurden die Janitscharen zurückgetrieben und die Lücke geschlossen. Erst jetzt konnte der linke Flügel die ihm zugedachte Aufgabe erfüllen und die Bajdinahöhe mit der Hauptbatterie des Großveziers erstürmen. *Prinz Eugen* griff persönlich ein und führte die tapferen Bayern in den Kampf. Die Höhe wurde genommen, die Hauptbatterie der Türken erobert und sofort gegen diese gerichtet. Das brachte die Wende. Der Widerstand noch kämpfender türkischer Truppen wurde gebrochen, und der Feind begann an mehreren Stellen zu weichen. *Chalil* versuchte zwar, seine weichenden Truppen zum Stehen zu bringen, aber es gelang ihm nicht mehr. Am 16. August 1717, um 10 Uhr war die Schlacht entschieden, das riesige Entsatzheer geschlagen und in die Flucht gejagt. Jetzt entfaltete die kaiserliche Reiterei eine wilde Verfolgungsjagd und vernichtete den Feind. Belgrads starke Besatzung hatte sich wegen des dichten Nebels nicht gerührt, nicht sehen können, wie die Kämpfe verliefen. Als aber das Entsatzheer in wilder Panik floh, der Nebel sich gelichtet hatte und die Besatzung sah, daß die kaiserlichen Truppen alle Höhen erstürmt hatten, wußte sie, was geschehen war. Am Tag darauf hissten die entmutigten Verteidiger die weiße Fahne, und am 18. wurde die Kapitulation vollzogen. Die Besatzung durfte abziehen, Weiber und Kinder und ihre Habe mitnehmen und erhielt eine sichere Eskorte bis Nisch oder auf dem Strom bis Kladova zugesagt. Belgrad, das, mit einer kurzen Unterbrechung, seit 200 Jahren in türkischer Hand gewesen war, war genommen.

Jubel erfüllte die Kaiserstadt Wien und die mit dem Kaiser befreundeten Staaten Europas.

Nur noch ein Einfall der Tartaren, mit denen auch *Anton Esterházy* von der Moldau her am 22. August noch einmal in das nördliche Siebenbürgen eindrang und über Bistritz durch das Szamostal in die ungarische Marmaros und in deren benachbarte Komitate gelangte und dort greulich heerte, verdüsterte das Gesamtbild. Aber am Rückweg durch die unwegsamen Karpathen wurde die 15.000 Mann starke Schar von der Besatzung der Festung Huszt und dem Landaufgebot der Miliz in schwere Kämpfe verwickelt und von den erbitterten Siebenbürgen völlig aufgerieben. Die von den Tataren verschleppten Gefangenen wurden dabei wieder befreit. *Rákoczy* aber war erst am 10. Oktober in die Türkei gekommen.

Chalil war nach dieser furchtbaren Niederlage in Ungnade gefallen und *Mehemed* Pascha wurde neuer Großvezier. Dieser war durch die britischen und holländischen Vermittler schon für den Frieden gewonnen worden, weil sie nichts Geringeres in Aussicht gestellt hatten, als die Rückgabe von Belgrad. Wenn man in Wien auch alle Vorbereitungen für einen weiteren Feldzug traf, so war man doch bereit, einen vorteilhaften Frieden zu schließen, weil Spanier Sardinien überfallen hatten. Am 4. Februar 1718 beschloß daher die Geheime Konferenz, dem Plan eines Friedenskongresses beizupflichten. Der Friede sollte auf dem gegenwärtigen Besitzstand basieren. General *Virmond* und die Hofkriegsräte *Talmann* und *Fleischmann* wurden als Delegierte auserwählt und hatten mit *Prinz Eugen,* der von Belgrad aus den Verlauf der Verhandlungen dirigierte, ständigen Kontakt zu pflegen. Als Tagungsort wurde Passarowitz ausersehen. Von der Pforte wurde der *Silihdar Ibrahim* und der Befehlshaber der Artillerie *Mohammed Effendi* für den Friedensvertrag und *Seifullah Effendi* für den Handelsvertrag entsandt. Für Venedig nahm der erfahrene *Carlo Ruzzini,* für England Sir *Robert Sutton* und für die Niederlange Graf *Jakob Colyer* an den Verhandlungen teil. Der Grundsatz *Prinz Eugens,* der jetzige Besitzstand, wurde auch von der türkischen Abordnung anerkannt: In der Moldau wurde nichts gefordert, weil nichts besetzt war. In der Walachei blieben die westlich der Aluta gelegenen Gebiete kaiserlich. In Serbien hatten der Timok, Orsova und Kladova die Ostgrenze zu bilden. Widdin und Nisch blieben türkisch. An der Save wurde das rechte Ufer als Grenze beansprucht, über das Banat und über Syrmien war gar nicht mehr zu verhandeln. Die Grenze in Serbien hatte von Bjelina an der Drina über Câund Stolać zum Timok zu führen. Die Religionsfreiheit wurde beibehalten, und die ungarischen Rebellen *Rákoczy* und *Bercsényi* und ihr Anhang konnten in der Türkei bleiben aber an einem Ort, der weit von der Grenze entfernt war. Am 21. Juli 1718 wurde der Friede feierlich ratifiziert. Sein Zustandekommen war ein gewaltiger Erfolg, denn die dauernde Erwerbung des Banats bildete erst den Abschluß der Rückeroberung ganz Ungarns. Durch den Gewinn des Banats, des nördlichen Teiles von Serbien und der westlichen Walachei, durch den Besitz Belgiens und den von der

Quadrupelallianz beschlossenen Eintauschs von Sizilien für Sardinien war die größte Ausdehnung des Hauses Österreich erreicht worden. Das Habsburgerreich war das flächenmäßig größte in Mittel- und Westeuropa geworden.

Rákoczy, Bercsényi und ihre Gefolgschaft hatten am 24. April 1718 in Rodosto am Marmara-Meer ihren ständigen Aufenthalt nehmen müssen. Hier verbrachte *Rákoczy* die letzten 15 Jahre seines Lebens. Hier vollendete er die in Frankreich begonnene Aufzeichnung seiner Rebellion. Vergebens bemühte er sich bis zu seinem letzten Tag damit, fremde Mächte für einen Krieg gegen Österreich zu gewinnen und nährte so seine Hoffnung, doch noch eines Tages nach Ungarn zurückkehren zu können. Am 8. April 1735 starb er, 59 Jahre alt, nach einem bewegten Leben. *Rákoczy* wurde in der damaligen Jesuitenkirche (später Benediktinerkirche), neben dem Grabe seiner ebenfalls im Exil verstorbenen Mutter *Ilona Zrinyi* beigesetzt. Seine Begleiter blieben auch nach seinem Tode in der Türkei, obwohl es ihnen die Pforte freigestellt hatte, das Land zu verlassen.

Romantik und Wahrheit

Unter den vielen tragischen Gestalten der ungarischen Geschichte, die aus dem 16. und 17. Jahrhundert in unsere Zeit herüberragen, wurde von den Ungarn keine andere mit soviel Romantik umwoben wie *Franz Rákoczy II.* Genügt den Ungarn nicht schon der „Rákoczymarsch" allein, um jenen, die von seinen wahren Absichten nur wenig wissen oder wissen wollen, die Erinnerung an „Rákoczy den Rebellen" in Ohr und Seele zu zaubern? Für die Chauvinisten unter den Madjaren ist er die letzte populäre Größe an der Wende zweier Zeiten, deren vorhergehende der Friede von Szatmár begrenzt, während er die darauffolgende einleitet. Eine lange Epoche aufeinanderfolgender blutiger Aufstände gegen das Haus Habsburg, dem die Madjaren ihre völkische und politische Existenz verdanken, von *Bocskay* angefangen, fand in *Rákoczys* Sturz ihren Abschluß. Nie wieder, bis 1848, wurde vom Schicksal soviel Macht, Gelegenheit zu Aufruhr und Abneigung gegen Österreich und das Deutschtum schlechthin in die Hände eines Rebellen gelegt. Das blutige aber vorhersehbare Scheitern der Rebellion, der sogenannten Kuruzzenkriege, die Selbstverbannung *Rákoczys*, sein bedeutungsloses Leben in Frankreich, – das ihm Graf *Wratislaw* mit den Worten voraussagte: „Mein Fürst, Ihr setzt Euer Vertrauen auf Frankreich, das Hospital der Fürsten, die durch seine gebrochenen Versprechen und Gelöbnisse ins Unglück geraten sind. Ihr werdet ihre Zahl vermehren und dort sterben!" – und seine traurige Rolle, zu der er auf türkischem Boden verurteilt blieb, der Tod des uneinsichtigen Empörers und rastlosen Agitators zu Rodosto am unwirtlichen Gestade des Marmarameeres, fern von der Heimat und den Seinen, bilden den düsteren Hintergrund seines Lebens.

Er ist der Erbe eines großen ungarischen Namens, der Enkel *Peter Zrinyis,* dessen Kopf 1671 in Wiener-Neustadt unter dem Beile des Henkers gefallen, der Sohn *Franz Rákoczys I.,* der in der gleichen Sturmepoche Schiffbruch erlitten, *Helene Zrinyis,* die den blutigen Schatten des Vaters stets vor den Augen behielt und von glühendem Hasse gegen die „deutsche Regierung" beseelt war, der Stiefsohn *Emmerich Tökölys,* des türkischen Vasallenkönigs und Insurgentenführers, der die Hohe Pforte zum Feldzug von 1683 anstiftete, dem *Helene Zrinyi* in die kleinasiatische Verbannung gefolgt war und demzuliebe sie nicht gesäumt hatte, das Muttergefühl gegen ihn, *Franz II.* und seine Schwester *Juliana* aufzuopfern. So schien *Franz Rákoczy II.* schon in der Wiege zu der Rolle, die er im Mannesalter spielte, bestimmt worden zu sein. Der Antrieb zur Schilderhebung gegen die habsburgische Herrschaft hatte sich gewissermaßen im Blute *Franz II.* vererbt. Sein Leben hat also auch einen düsteren, gestaltenreichen Vordergrund. Es wirkten Name, Herkunft, Glück und Fall dieses Mannes zusammen, die einen romantischen Nimbus entstehen ließen, der über dem gleißenden aber doch anmaßenden Verhalten den hochverräterischen, den wahren Kern seiner Taten, übertünchen sollte.

Rákoczys Leben und Taten wurden von der chauvinistisch-madjarischen und der madjarosophilen deutschsprachigen Literatur zu einer unnatürlichen dramatischen Höhe emporgeschraubt. Es fehlte aber dem „Helden der Handlung" die wahre Größe, so wie der Handlung selbst der wahre tragische Abschluß. Man wand den Glorienschein des Märtyrertums um sein Haupt und vergaß geflissentlich, nüchtern und unbefangen zu prüfen, ob der ein Märtyrer genannt werden dürfe, den einerseits der ehrgeizige Wahn Fürst von Siebenbürgen und Ungarns Reformator zu werden, andererseits Gelegenheit und Einfluß gegebener Verhältnisse und leidenschaftlicher Naturen in seiner Umgebung zu einem Unternehmen drängte, das eisernen Willen, unerschütterliche Folgerichtigkeit des Handels, die Eigenschaften eines Staatsmannes und Feldherrn ersten Ranges in Anspruch nahm, sämtliche Vorbedingungen, welche *Rákoczys* eigenstem Wesen nicht im entferntesten innewohnten. Er selbst gesteht dies in den Denkwürdigkeiten seines Lebens: „Ich war damals 26 Jahre alt, ohne Militärkenntnis und äußerst oberflächlich unterrichtet über die politischen und geschichtlichen Angelegenheiten. Ich verstand wohl die Fehler und Mängel zu erkennen, doch wußte ich schwerlich sie zu verbessern. Ich bekenne daher, ich war ein Blinder, der Blinde befehligte."

Manche Historiker stützten sich zu sehr auf die bedenklichste Quelle, *Rákoczys* Selbstbiographie, seine in französischer Sprache abgefaßten Memoiren, die durch starke Auflagen für ganz Europa berechnet waren und ließen ihn ohneweiters als Sachwalter für die Lauterkeit seines Patriotismus, als Herold seiner eigenen Verdienste vor die Schranken der Nachwelt treten.

War aber *Rákoczys* Aufruhr gegen Habsburg und sein von ungarischen und madjarophilen Historikern glorifizierter Kampf für Ungarns Freiheit auch ein Kampf für die Freiheit des ungarischen Volkes? Ließ er nicht immer die Fahnen seiner eigenen Freiheit von seinen unfreien Leibeigenen zum Sturme tragen? War das Vaterland, von dem *Rákoczy* in so pathetischen Worten redete, für diese armen Teufel mehr als eine Anstalt für leibhaftige Sklaverei? Auch *Rákoczy* und seine „Konföderierten Stände" kämpften für die Aufrechterhaltung ihrer Privilegien, für ihr Vorrecht zum Unrecht! Keine einzige der vielen Revolutionen vor dieser, die in Ungarn im Namen der Freiheit vom Zaune gebrochen wurden, hatte zum Ziele, die für den Adel und die Prälaten angestrebte Freiheit auch dem Großteil des wirklichen Volkes, den Leibeigenen zuteil werden zu lassen. Jene, die es als legal empfanden, mit der Waffe in der Hand ihrem König Widerstand leisten zu dürfen, wenn dieser ihre Vorrechte antasten sollte, fanden es ebenso natürlich, ihr eigenes Volk zu unterdrücken und erbarmungslos auszubeuten. Seit Jahrhunderten kämpfte in Ungarn die oligarchische Selbstsucht gegen die dynastische der Arpaden, Jagelonen, Luxemburger und Anjou, stand in Wahrheit Unrecht gegen Unrecht, Anmaßung gegen Anmaßung! Für wessen und für welche Freiheit kämpften und starben die Kuruzzen, deren Herren weder daran dachten die Leibeigenschaft über sie aufzuheben noch die diesen aufgezwungene Verpflichtung zur Robot zu erleichtern? Der Vergleich der „Goldenen Bulle„ Ungarns von 1222 mit der „Habeas-Corpus-Akte" Englands ist daher sinnwidrig und irreführend, denn die englische „Habeas-Corpus-Akte" brachte allen Bewohnern Britanniens Freiheit und Recht, die „Goldene Bulle" Ungarns den Ungarn aber nicht! Dies wollte der Primas Ungarns Kardinal Graf *Leopold Kollonitsch* mit seinem modernen „Einrichtungswerk für das Königreich Ungarn" ändern, den leibeigenen Bauern einen Rechtsstatus vor Gericht geben und vor allem die Steuerlasten gerechter verteilen; er wurde wegen seiner Angriffe auf die Privilegien der Stände bald der von den Ungarn meistgehaßte Ungar, ja der „Bannerträger der habsburgischen Tyrannei", weil auch die Kaiser *Leopold I.* und *Joseph I.* dem Volk mehr Rechte zukommen lassen wollten als seine eigenen ungarischen Herren. *Rákoczys* Ziel war daher, die Macht zu erringen, um seine Untertanen, ja ganz Ungarn beherrschen und am Haus Habsburg dafür und aus persönlichen Motiven Rache üben zu können. Der bescheidene Preis, den sich *Rákoczy* für diese Stillung seines wahnwitzigen Ehrgeizes selbst bewilligte, war der Fürstenstuhl Siebenbürgens.

Der Krieg um die spanische Monarchie schwellte die Segel seines Rebellenschiffes, die Erbfolge der Heerführer *Prinz Eugen, Marlborough, Starhemberg, Herbeville* und *Heister* ließ es sinken; und er, der Hauptschuldige für den blutigen Landtag von Ónod, der Rebell, der für den Terror gegen den königstreuen Adel ebenso verantwortlich ist, wie für die Verwüstung Ungarns und der Erbländer während des Kuruzzenkrieges, der Mensch *Rákoczy*, war mit ebensovielen Vorzügen und Tugenden des Privatmannes als Fehlern des Politikers und Agitators ausgestattet. Auf der Höhe seines Lebens eine Marionette der französischen Politik, von *Ludwig XIV.* besoldet, ausgenützt und dann fallengelassen, pries er sich glücklich, Gastfreundschaft bei jenem König zu finden, dem er sich angebiedert und der ihn auf dem von ihm selbst eingeschlagenen Weg ins Verderben mit Geld und vagen Hoffnungen weitergedrängt hatte. Daß *Rákoczy, Bercsényi, Forgács, Anton Esterházy* und deren Genossen den Szatmárer Frieden nicht annahmen, sondern die Selbstverbannung wählten, kann man, wenn man an das Blutbad von Zistersdorf und die gnadenlosen Raubzüge nach Niederösterreich und in die Steiermark denkt, begreifen, nicht aber als erhabene Tat männlicher Vaterlandsliebe hinstellen. Nicht die Ruhe im Lande war für die Rebellenführer maßgebend, sondern das bittere Gefühl nicht erfüllter Erwartungen, verbunden mit der vagen Hoffnung unter dem Schutze österreichfeindlicher Mächte für ihre Ziele günstigere Tage abwarten zu können. Am Ende der acht Jahre währenden blutigen Kämpfe setzte sich auch bei *Rákoczys* einsichtigeren Ständen diese Überzeugung durch, und sie trennten sich von ihrem Anführer. Gegen seinen Willen, schlossen sie mit ihrem rechtmäßigen Königshaus Frieden und standen in den darauf folgenden Türkenkriegen wieder an der Seite Österreichs.

Erläuterungen zu den wichtigsten Personen

Anne, Königin von Großbritannien (1702–1714).

Apafy, Michael, vom Serdar Ali-Pascha eingesetzter Fürst (Woiwode) von Siebenbürgen; unterstellte sich am 9. Mai 1688 dem Schutze Kaiser Leopolds I.

Aspremont, Juliana, Schwester Franz Rákoczys II., Gemahlin des Grafen Aspremont.

August II., der Starke (1670–1733), König von Polen 1697–1733, als Friedrich August Kurfürst von Sachsen 1694–1733.

Bercsényi von Székes, Nikolaus Graf, Urheber und Organisator der Rebellion Franz Rákoczys II., Stellvertreter des Fürsten, Oberbefehlshaber der Streitkräfte der Kuruzzen und Verhandlungsleiter in Tyrnau.

Bezerédy, Emmerich, Kuruzzenoberst, organisierte den Kuruzzenkrieg im westungarischen Raum und die Einfälle in die Steiermark und nach Niederösterreich. Nach Parteiwechsel von Rákoczy hingerichtet.

Bonnac, französischer Gesandter in Danzig.

Bottyán, Johann, erst kaiserlicher Oberst, später Kuruzzengeneral.

Breuner, Siegfried Graf, Feldmarschalleutnant.

Bruyninx, Hamel, niederländischer Gesandter in Wien.

Bucellini, Julius Graf, österreichischer Hofkanzler, leitete den Prozeß gegen Franz Rákoczy II.

Caraffa, Antonio Graf, kaiserlicher General (berüchtigt durch das Blutgericht von Eperjes), Feldmarschall und Oberkommandierender in Siebenbürgen.

Charlotte-Amalia von Hessen-Rheinfels, Gemahlin Franz Rákoczys II.

Clemens XI., Papst, 1700–1721. Im Spanischen Erbfolgekrieg auf kaiserlicher Seite. Hochverdient um die Abwehr der Türken.

Clement, Sekretär und Agent Rákoczys am preußischen Hof.

Desalleurs, Pierre Puchot Marquis, französischer General und Geschäftsträger Ludwigs XIV. bei Rákoczy.

Eleonore Magdalena von Pfalz-Neuburg (1655–1720), Kaiserin, dritte Gemahlin Kaiser Leopolds I.

Erdödy, Niklas Graf, Ban von Kroatien.

Esterházy, Anton Graf, kaiserlicher Oberst, dann Kuruzzengeneral.

Esterházy, Paul Fürst, Palatin des Königreiches Ungarn.

Eugen von Savoyen-Carignan, Prinz, Hofkriegsratspräsident, Feldmarschall und Oberbefehlshaber der kaiserlichen Armee.

Forgács, Simon Graf, kaiserlicher Oberst, dann Kuruzzengeneral; wegen Ungehorsam von Rákoczy in Haft gehalten.

Friedrich Wilhelm I., Kurfürst von Brandenburg 1688–1713, König in Preußen 1701–1713.

Harrach, Ferdinand Bonaventura Graf (1637–1706), kaiserlicher Gesandter in Madrid, dann Geheimer Rat, Obersthofmeister.

Heister, Siegbert Graf, General, Feldmarschall, dreimal Oberkommandierender der kaiserlichen Truppen in Ungarn.

Herbeville, Ludwig Graf (gest. 1709), kaiserlicher General, Feldmarschall, Oberkommandierender der kaiserlichen Truppen; erobert Siebenbürgen zurück.

Innozenz XI., Papst, 1676–1689. Gegensatz zur französischen Politik.

Innozenz XII., Papst, 1691–1700. In seiner Politik franzosenfreundlich.

Joseph I. von Habsburg, (älterer Sohn Leopolds I. und Bruder Karls VI.), Kaiser 1705–1711, König von Ungarn, König von Böhmen. Kabinett Josephs I.: Es bestand aus Prinz Eugen (Hofkriegsratspräsident), Graf Traun (Landmarschall), Fürst Salm (Erster Minister), Graf Bucellini (österreichischer Kanzler), Graf Kinsky (böhmischer Kanzler), Graf Oettingen (Reichshofratspräsident), Graf Kaunitz, Graf Jörger (österreichischer Staatskanzler), Graf Harrach, Graf Sinzendorf, Graf Wratislaw, Baron Seilern und den Ungarn Fürst Paul Esterházy (Palatin des Königreiches Ungarn), Graf Matyasowsky (ungarischer Kanzler) und Graf Kollonitsch (Präsident der ungarischen Kammer).

Karl VI. von Habsburg, (jüngerer Sohn Leopolds I. und Bruder Josephs I.), Erzherzog von Österreich, als Karl III. König von Spanien und später von Ungarn, Kaiser von 1711–1740.

Karl XII., König von Schweden (1697–1718).

Karl V., Herzog von Lothringen und Bar (1643–1690), Oberkommandierender der kaiserlichen Armee.

Károly, Alexander, Baron, Graf, Rebellenführer; schließt mit Graf Pálffy den Frieden von Szatmár.

Kery, Franz Graf, Oberstallmeister (hohes Hofamt) Kaiser Josephs I., Schwiegersohn Graf Bercsényis.

Kökenyesdi von Vetes, Ladislaus Baron, Agent Rákoczys beim französischen Hof, nach dem Sturz Rákoczys begnadigt und zuletzt kaiserlicher Feldmarschalleutnant.

Kollonitsch, Leopold Graf, Kardinal, Fürstprimas von Ungarn, Präsident der ungarischen Kammer, verfaßt das „Einrichtungswerk für das Königreich Ungarn".

Kuruzzen, ungarische Rebellen, die zu 90% aus Kalvinern bestanden, sich mehreremale gegen das katholische Haus Habsburg erhoben und mit den Türken gegen Österreich zogen (in älterer Zeit „cruciati" – Kreuzfahrer); Fluch: Kruzitürken!

Lehmann von Lehensfeld, Gottfried, ermöglicht als Wachkommandant Rákoczy die Flucht aus der Burg Wiener Neustadt; wird am 24. Dezember 1701 in Wiener Neustadt hingerichtet.

Leopold I. von Habsburg, Kaiser 1658–1705, König von Ungarn 1655–1705, König von Böhmen 1656–1705, gewissenhafter Herrscher, zögernd, aber beharrlich in der Verfolgung seiner Ziele. Kriege während seiner Regentschaft: 1. Nordischer Krieg 1657–1660; 1. österreichischer Türkenkrieg 1661 bzw. 1663–1664; Niederwerfung der Magnatenverschwörung 1670–1671 und des Kuruzzenaufstandes unter Emmerich Tököly 1678–1687; 2. österreichischer Türkenkrieg 1683–1699; 2. Raubkrieg Ludwigs XIV. 1672–1679; 3. Raubkrieg Ludwigs XIV. 1688–1697; Spanischer Erbfolgekrieg 1701–1714. Österreichs Aufstieg zur Weltmacht (Heldenzeitalter) beginnt.

Longueval, Joseph Franz, Kapitän der kaiserlichen Burgbesatzung von Eperjes, als „agent provocateur" gegen Franz Rákoczy II. eingesetzt; später in den Freiherrnstand erhoben.

Ludwig XIV. von Bourbon, König von Frankreich 1643–1715 (Sonnenkönig). Kriege: sh. Leopold I.; wird von Leopold I. und Joseph I. mit Hilfe Großbritanniens, der Niederlande und Savoyens in die Schranken verwiesen; absoluter Monarch; von den Teilnehmern an der Magnatenverschwörung als „Conservator Hungariae" gefeiert, bestärkt Franz Rákoczy II. in seinem Aufstand gegen Österreich 1703–1711, unterstützt dessen Rebellion mit Geld, Offizieren und Diplomaten, weigert sich aber ein Bündnis mit ihm zu schließen, verleitet ihn zur Absetzungserklärung von Ónod und gewährt diesem Pension und Asyl bei Paris.

Ludwig Wilhelm, Markgraf (Reichsfürst) von Baden-Baden, (1655–1707) kaiserlicher General, zuletzt Reichsfeldmarschall.

Marlborough, John Churchill Herzog von (1650–1722), Oberkommandierender der an der Seite Österreichs kämpfenden Truppen Großbritanniens am Rhein; kämpft mit Prinz Eugen in großen Schlachten gegen die Franzosen (Höchstädt usw.); Sonderfrieden mit Ludwig XIV. gegen seinen Willen.

Max Emanuel von Wittelsbach, Kurfürst von Bayern 1679–1726, Schwiegersohn Kaiser Leopolds I., in zweiter Ehe mit einer Tochter Johann Sobieskis vermählt, erst kaiserlicher Feldherr, läßt sich von Ludwig XIV. zu einem Bündnis gegen Österreich verleiten (Spanischer Erbfolgekrieg), wird, gemeinsam mit Villars, bei Höchstädt geschlagen und muß Bayern verlassen. Er und sein Bruder Joseph Clemens, Erzbischof von Köln, werden nach Zustimmung der Kurfürsten (27. November 1705) von Kaiser Joseph I. mit der Reichsacht belegt (Achtbriefe vom 29. April 1706).

Mehmed (Mohammed) *IV.*, Sultan des Osmanischen Reiches 1648–1687; Kriege: gegen die Republik Venedig (Insel Lemnos u. a. werden erobert); der unbotmäßige Georg Rákoczy II. von Siebenbürgen wird verjagt und erschlagen; Kämpfe mit den Truppen Kaiser Leopolds I. um Siebenbürgen 1661–1663, wobei die Festung Neuhäusl u. a. Plätze erobert werden; 1664 Schlacht bei Mogersdorf und Friede von Eisenburg; die Festung Candia und die ganze Insel Kreta werden 1669 erobert; 1683 Krieg gegen Kaiser Leopold I. und Niederlage vor Wien, anschließend Verlust von Neuhäusl, Gran und Ofen; 1687 schwere Niederlage bei Mohács – Verlust ganz Ungarns und der besetzten Teile Kroatiens und Slawoniens; noch im gleichen Jahre von den Janitscharen gefangengenommen und abgesetzt.

Nádasdy, Franz IV. (Sohn des 1671 enthaupteten Hochverräters Franz III.), kaiserlicher General, schlägt Bottyán bei Deutschkreutz (2. Oktober 1707).

Ocskay, Ladislaus, adeliger Abkunft, berüchtigter Freibeuter und Abenteurer, Kuruzzenführer; von Pálffy vor Kriegsende zum Parteiwechsel überredet, von Bercsényis Sonderkommando auf Schloß Ocska heimtückisch ausgehoben, zum Tod verurteilt und hingerichtet.

Oettingen-Wallerstein, Wolfgang Graf, Reichshofratspräsident, Minister Kaiser Josephs I., setzt Longueval als „agent provocateur" gegen Rákoczy ein.

Okolicsanyi, Paul, kalvinischer Adeliger, versuchte den gemäßigten Teil des kalvinischen Adels für den Kaiser zu gewinnen (sein Sohn Christoph wurde auf dem blutigen Landtag von Ónod ermordet).

Pállfy, Johann Graf, Ban von Kroatien, kaiserlicher General, Feldmarschall, hat Baron Alexander Károly zum Frieden von Szatmár und zur Trennung von Rákoczy bewogen.

Pálffy, Marianne Gräfin, Tochter Johann Pálffys, Mätresse Kaiser Josephs I.

Pekry, Lorenz Graf, siebenbürgischer Rebell, ließ Rákoczy vom Anhang des inhaftierten Kanzlers Bethlen widerrechtlich zum Fürsten von Siebenbürgen wählen.

Peter I., der Große, Zar von Rußland (1682–1725), spielte zeitweise den Beschützer Rákoczys ohne mit Kaiser Joseph I. zu brechen.

Pfeffershoven, Graf, kaiserlicher Gouverneur von Ofen.

Philipp V. (von Anjou), Enkel Ludwig XIV., König von Spanien; König Karl III., Kaiser Josephs I. Bruder, muß nach dem Tod Josephs, von den Engländern und Niederländern im Stiche gelassen, Spanien verlassen und dem Anjou den Thron überlassen.

Rabutin, Johann Ludwig Bussy de, kaiserlicher Feldmarschall, geheimer Rat und kommandierender General in Siebenbürgen; erklärt die Wahl Rákoczys zum Fürsten von Siebenbürgen mit dem kaisertreuen Adel für ungültig und rechtswidrig.

Rákoczy, Franz II., ungarischer Magnat (1676–1735), widerrechtlich gewählter Fürst von Siebenbürgen, am 30. April 1702 mit Urteil, das erst ein Jahr später publiziert wurde, wegen Hochverrates zum Tode verurteilt, aus der Burg Wiener Neustadt mit Hilfe Hauptmann Lehmanns entflohen, läßt nach 18monatigem Aufenthalt in Polen durch seine Verwalter auf seinen Gütern den Aufstand beginnen, an dessen Spitze er sich bitten läßt. Zur Rebellion wurde er von Nikolaus Bercsényi bewogen, der der geistige Urheber, Organisator und eigentliche „Erzrebell" war. Rákoczy suchte ein Bündnis mit Ludwig XIV. zu erreichen und paktierte vergeblich mit Russen und Türken. Im Solde des französischen Hofes verhinderte er, daß Frankreich vor dem Tode Josephs I. in die Knie gezwungen und die ganze spanische Monarchie in der Folge mit Österreich vereinigt werden konnte. Er war weder ein erfolgreicher Staatsmann, noch ein erfolgreicher Feldherr. Er ließ Joseph I., der ihm ehrlichen Frieden anbot, für abgesetzt erklären und haftet vor der Geschichte für den blutigen Terror am Landtag zu Ónod. Er ließ Bezerédy und Ocskay hinrichten und hatte Károly das gleiche Schicksal zugedacht. Vor seinem Terror flohen Hunderte angesehene königstreue Adelsfamilien, deren Besitzungen er konfiszieren ließ, nach Österreich. Er war mit seiner stets gewaltigen zahlenmäßigen Übermacht weder imstande die geringen kaiserlichen Kräfte aus Ungarn zu vertreiben, noch hat er eine einzige große Schlacht gewinnen können. Nach dem Zusammenbruch seiner acht Jahre währenden Rebellion, während welcher er halb Ungarn von seinen Kuruzzen in Asche legen ließ, floh er nach Polen und verließ, dort unerwünscht, auch dieses Land und ging nach Frankreich, wo er von einer beachtlichen Pension Ludwig XIV. lebte. Eingeladen in die Türkei hoffte er, wieder in Ungarn einfallen und den Aufruhr neuerlich entfachen zu können. Nach den Niederlagen der Türken bei Peterwardein und Belgrad wurde er zu Rodosto am Marmarameer samt seinen letzten Anhängern interniert und starb dort 1735. Ungarische Historiker versuchten, ihn als Herold seiner eigenen Verdienste vor die Schranken der Geschichte treten zu lassen. Ihr Vorhaben ist gescheitert, obgleich Romantik Legenden um ihren „Helden" geflochten hat.

Rákoczy, Juliana, Schwester Franz Rákoczys II., vermählt mit dem Grafen Aspremont.

Rakovsky, Melchior, kalvinischer Adeliger und Vizegespan der Gespanschaft Thurocz, am blutigen Landtag von Ónod ermordet, weil er für den Frieden und Ausgleich mit dem König eintrat.

Rechteren, Hendrik Graf, holländischer Gesandter in Wien, als Vermittler zwischen Rákoczy und dem Wiener Hofe tätig.

Rouille, Präsident der Regierung Ludwigs XIV. und Bevollmächtigter bei den Friedensverhandlungen.

Salm, Karl Theodor Otto, Feldmarschall, Obersthofmeister und Präsident des Ministerrats, war während der ersten vier Jahre der Regierung Kaiser Josephs I. dessen einflußreichster Minister. Er haßte Frankreich und alles Französische und stand dennoch oder deshalb in ständigem Gegensatz zu Prinz Eugen, aber auch zu Graf Wratislaw.

Seilern, Johann Friedrich Freiherr, dann Graf, österreichischer Hofkanzler, Bürokrat, Vertreter der absoluten Herrschaft und konsequenter Gegner der Rebellenführer.

Starhemberg, Guido, Feldmarschall, zeitweise Oberkommandierender in Ungarn, Italien und Spanien.

Stepney, George, englischer Gesandter am Wiener Hof, Vermittler bei den Friedensverhandlungen, Freund Rákoczys und Gegner der kaiserlichen Minister; wurde wegen seiner österreichfeindlichen Argumentation von seinem Posten abgezogen.

Sunderland, Charles Earl of, englischer Gesandter nach Stepney, Schwiegersohn des Herzogs von Marlborough.

Széchenyi, Paul, Erzbischof von Kalocsa, zeitweise Führer der kaiserlichen Verhandlungsdelegation, Sympathisant Rákoczys und Gegner von Feldmarschall Heister und Kardinal Kollonitsch.

Tököly, Imre (Emmerich) Graf, Protestant, tritt 1678 an die Spitze der Exulanten (Kuruzzen, nennt sich Fürst und Herr einiger Teile Ungarns; Vasall Mohammeds IV., heiratet Ilona (Helene) Zrinyi, die Witwe des 1676 verstorbenen Franz I. Rákoczy und gelangt so in den Besitz des riesigen Vermögens dieser Familie; kann die Hohe Pforte durch den Vezier von Ofen zum Krieg von 1683 bewegen, wird von den Türken verhaftet, wieder freigelassen und stirbt in Kleinasien im Exil.

Torcy, Jean Baptist Colbert Marquis (1665–1746), französischer Minister des Äußeren.

Vendôme, Louis Joseph de, Herzog, französischer Feldmarschall, bedeutendster Heerführer Ludwigs XIV.

Viktor Amadeus II., Herzog von Savoyen 1675–1730.

Villars, Louis Hector, Marquis de (1653–1732), französischer General.

Villeroi, Francois de Neufville, Herzog von (1644–1730), französischer Marschall.

Wilhelm III. von Oranien, König von England (1689–1702).

Wilhelmine Amalie von Braunschweig-Lüneburg (1673–1742), Kaiserin, Gemahlin Josephs I.

Wratislaw von Mitrowitz, Johann Wenzel, Graf, Gesandter in England, dann böhmischer Hofkanzler, vertrauter Minister Kaiser Josephs I.

Zrinyi, Helene (Ilona), Mutter Franz Rákoczys II. und Julianas, zweite Ehe mit Emmerich Tököly geschlossen, Verteidigerin von Munkacs, folgt Tököly ins Exil.

Literaturverzeichnis

Acsády, Ignácz, Magyorszag története. I. Lipót es I. József korában (1657–1711). Budapest 1898

Allgemeine Landestopographie des Burgenlandes. Bde. I, II/1/2, III/1. Hg. vom Bgld. Landesarchiv. Eisenstadt 1963–82

Aull, Otto, Burgenland. Gedichte und Erzählungen (Kuruzzenrummel). Eisenstadt 1938

Baumstark, Reinhold, Kaiser Leopold I. (Slg. hist. Bildnisse). Freiburg im Breisgau 1873

Bibl, Viktor, Prinz Eugen – Ein Heldenleben. Wien/Leipzig 1941

Bubics, Zsigmund, Herczeg Esterházy Pal, Nádor (bearb. von Merény Lajos). Budapest 1896

Csuday, Eugen, Die Geschichte der Ungarn (Übers. von M. Darvai). Wien 1898

End=Urthl, In der auß Befelch Ihrer Kayerl. auch zu Hungarn und Böhaimb Königl. Majestät wider Frantzen Ragozi, in puncto Rebellionis & Perduellionis, allergnädigst anbefolchenen Inquisitions-Sach / und den darüber ex Officio vorgenohmenen Criminal Process. Wien 1703

Esze, Tamás, II. Rákoczy Ferencz tiszántuli hadjárata. Budapest 1951

Feldzüge des Prinzen Eugen von Savoyen. Bde. III–XIII. Wien 1876–92

Fessler, Ignaz Aurelius, Geschichte von Ungarn (bearb. von Ernst Klein), Bde. 4, 5. Leipzig 1877

Fiedler, Joseph, Actenstücke zur Geschichte Franz Rákoczy's und seiner Verbindung mit dem Auslande aus den Papieren Ladislaus Kökenyesdi's von Vetes . . . 1705–1715 (Frontes Rerum Austriacum, IX, 1855)

Fiedler, Joseph, Actenstücke zur Geschichte Franz Rákoczy's und seiner Verbindung mit dem Auslande . . . 1706, 1709 und 1710 (Archiv für österreichische Geschichte, XLIV, 1871)

Fiedler, Joseph, Der blutige Landtag von Ónod. Sitzungsberichte der Wiener Akademie. Wien 1885

Gerhartl, Gertrude, Wiener Neustadt-Geschichte, Kunst, Kultur, Wirtschaft. Wien 1978

Gross, Lothar, Die Reichspolitik der Habsburger. Neue Jahrbücher für Wissenschaft und Jugendbildung. Bd. XIII. Wien 1937

Grubmüller, Josef, Geschichte der Marktgemeinde Petronell. Petronell 1965

Gutkas, Karl, Geschichte des Landes Niederösterreich. II. Teil. St. Pölten 1959

Hengelmüller, Ladislaus, Freiherr von, Franz Rákoczy und sein Kampf für Ungarns Freiheit. Stuttgart/Berlin 1913

Herchenhahn, Johann Christian, Geschichte der Regierung Kaiser Josephs, des Ersten. 2 Bde. Leipzig 1786

Hlavka, Gertrud, Johann Ludwig Bussy de Rabutin. Feldmarschall, geheimer Rat und kommandierender General in Siebenbürgen. 1642–1716. Diss. Wien 1941

Hopfinger, Gertrude, Biographie des Feldmarschalls Heister. Diss. Wien 1939

Ingrao, Charles W., Josef I. Der „vergessene" Kaiser. Graz 1982

Katzer, Ernst, Die Flucht des Fürsten Rákoczy aus der Wiener Neustädter Burg. In: Unser Neustadt – Blätter des Wiener Neustädter Denkmalschutzvereines, Folge 3, 25. Jg. Wiener Neustadt 1981

Krainz, Othmar, Aufruhr gegen Habsburg. Leipzig 1938

Krones, Franz, Zur Geschichte Ungarns im Zeitalter Franz Rákoczys II. Archiv für österreichische Geschichte, XLII. Wien 1870

Lassmann, Hans, Aus der Zeit Franz II. Rákoczy. Beiträge zur Steirischen Geschichte. Diss. Graz 1932

Lassmann, Hans und Heinrich Kunnert, Verzeichnis der Schäden der Kuruzzeneinfälle 1704–1711 in der Steiermark. Das Joanneum II. Graz 1940

Lukinich, Imre, A Szatmári béke története okirattára. Budapest 1925

Márki, Sándor, II. Rákoczy Ferencz. 3 Bde. Budapest 1907–1910

Maurer, Josef, Kardinal Leopold Graf Kollonitsch – Primas von Ungarn – Sein Leben und Wirken. Innsbruck 1887

Mayer, Josef, Geschichte von Wiener Neustadt. Wiener Neustadt 1927

Posch, Fritz, Flammende Grenze. Die Steiermark in den Kuruzzenstürmen. Graz – Wien – Köln 1968

Redlich, Oswald, Das Werden einer Großmacht. Österreich von 1700–1740. Brünn – München – Wien 1942

Ritter, Hans Georg, Ödenburger Chronik. Geschichte der Rákoczyschen Belagerung im Jahre 1704. (Hg. von Ivan Paur) Ödenburg 1874

Rittsteuer, Josef, Neusiedl am See. Ein Beitrag zur Orts- und Kirchengeschichte des Burgenlandes. Neusiedl am See

Rittsteuer, Josef, Die Beziehungen des Stiftes Lambach zu Burgenland. Bgld. Forschungen, Heft 19 (Hg. vom Bgld. Landesarchiv und Landesmuseum). Eisenstadt 1952

Rittsteuer, Josef, Kirche im Grenzraum. Eisenstadt 1968

Ružička, Franz, Studien zur Geschichte der Kuruzzeneinfälle in Niederösterreich in den Jahren 1703–1709. Diss. Wien 1976

Theuer, Franz, Verrat an der Raab. Als Türken, Tataren und Kuruzzen 1683 gegen Wien zogen. Salzburg – Stuttgart – Zürich 1976

Tschany, Hanns, Ungarische Chronik vom Jahre 1670–1704. (Hg. von Ivan Paur). Budapest 1858

Wagner, P. Franz, Historia Josephi Caesaris Augusti. Wien 1745

Verzeichnis der Orte in Burgenland, Niederösterreich, Steiermark und angrenzenden Gebieten

Kgr. Böhmen

Mgf. Mähren

Passau

Donau

March

Wien

Neusiedler See

K

Habsburg-

Ungarn

r.   U n g a

Budapes
Ofen

Platten See
(Balaton)

Drau

Don

Rep. Venedig

Save

Save

Dalmatien

O s m a n i s c h e